刑事检察法律文书系列丛书

陈国庆　总主编

刑事名案
优秀检察法律文书评述

李聪明　主编

XINGSHI MINGAN
YOUXIU JIANCHA FALÜ WENSHU PINGSHU

中国检察出版社

图书在版编目（CIP）数据

刑事名案优秀检察法律文书评述 / 李聪明主编 . -- 北京：中国检察出版社，2024. 10. -- ISBN 978 - 7 - 5102 - 3122 - 3

Ⅰ. D926. 13

中国国家版本馆 CIP 数据核字第 2024KG5697 号

刑事名案优秀检察法律文书评述

李聪明　主编

责任编辑： 彭羽涵

技术编辑： 王英英

封面设计： 徐嘉武

出版发行： 中国检察出版社

社　　址： 北京市石景山区香山南路 109 号（100144）

网　　址： 中国检察出版社（www. zgjccbs. com）

编辑电话：（010）86423798

发行电话：（010）86423726　86423727　86423728

（010）86423730　86423732

经　　销： 新华书店

印　　刷： 北京联兴盛业印刷股份有限公司

开　　本： 710 mm × 960 mm　16 开

印　　张： 49. 75

字　　数： 733 千字

版　　次： 2024 年 10 月第一版　　2024 年 10 月第一次印刷

书　　号： ISBN 978 - 7 - 5102 - 3122 - 3

定　　价： 168. 00 元

《刑事名案优秀检察法律文书评述》

主　编：李聪明

副主编：杨鹏飞

编　委：魏宏溥　李璐君　李红霞　吴佳伟
李　敏　石丁心　南晨阳　张韩旭

点评专家名单

（按姓氏笔画顺序排列）

学　者

车　浩　北京大学法学院副院长、教授、博士生导师，北大犯罪问题研究中心主任

王贞会　中国政法大学诉讼法学研究院副院长，教授、博士生导师

许身健　中国政法大学法律硕士学院院长，教授、博士生导师，中国法学会法律文书学研究会副会长兼秘书长

江　溯　北京大学法学院研究员、博士生导师

张建伟　清华大学法学院教授、博士生导师

陈　璇　中国人民大学法学院刑法教研室主任，教授、博士生导师

何　挺　北京师范大学法学院副院长，教授、博士生导师

李怀胜　中国政法大学网络法学研究所所长，博士生导师

李会彬　北京市社会科学院综合治理研究所副研究员

罗　翔　中国政法大学刑事司法学院教授、博士生导师

董　坤　中国社会科学院法学研究所研究员、博士生导师

熊秋红　中国政法大学诉讼法学研究院院长、教授

检察官

马晓华　广东省珠海市人民检察院第一检察部副主任、四级高级检察官

于伟香　北京市西城区人民检察院四级高级检察官

王雁飞　四川省广安市人民检察院检察长

王　伟　北京市西城区人民检察院副检察长、三级高级检察官

刘　哲　北京市人民检察院第一检察部副主任、三级高级检察官

多丽华　上海市人民检察院第二分院第三检察部副主任、四级高级检察官

张和林　广东省珠海市人民检察院检察长、二级高级检察官

吴春妹　北京市顺义区人民检察院党组书记、代检察长

李振娣　广东省珠海市人民检察院一级检察官

杨　帆　天津市人民检察院第一分院副检察长

征汉年　江苏省建湖县人民检察院检察长、三级高级检察官

夏雪莲　广东省珠海市人民检察院第一检察部副主任、四级高级检察官

曹　杰　上海市人民检察院第三分院第一检察部副主任、三级高级检察官

法　官

于同志　最高人民法院刑事审判第二庭审判长、二级高级法官

石　魏　北京市东城区人民法院刑事审判庭法官

白春子　安徽省高级人民法院刑事审判第二庭副庭长

吴小军　北京市高级人民法院刑事审判第二庭副庭长

谷　升　北京市高级人民法院申诉审查庭三级高级法官

林辛建　北京市第一中级人民法院督察室主任

周岸崇　云南省高级人民法院刑事审判第一庭副庭长

姜远亮　最高人民法院刑事审判第五庭审判长、三级高级法官

黄玉良　广东省高级人民法院刑事审判第二庭副庭长

律　师

叶衍艳　北京衍星律师事务所主任

朱勇辉　北京市京都律师事务所主任

许兰亭　北京君永律师事务所名誉主任

李春斌　北京德恒（杭州）律师事务所高级权益律师

赵运恒　北京星来律师事务所创始合伙人

赵春雨　北京市盈科律师事务所高级合伙人

郝春莉　北京市东卫律师事务所主任

徐宗新　上海靖霖律师事务所主任

总　序

最高人民检察院二级大检察官
全国政协社会和法制委员会副主任　陈国庆

习近平总书记反复强调，“努力让人民群众在每一个司法案件中感受到公平正义”，要求“所有司法机关都要紧紧围绕这个目标来改进工作”。最高检党组提出，要让“高质效办好每一个案件”成为新时代新征程检察履职办案的基本价值追求，在实体上确保实现公平正义，在程序上让公平正义更好更快实现，在效果上让人民群众可感受、能感受、感受到公平正义，做到检察办案质量、效率、效果有机统一于公平正义。刑事检察是检察机关的基本业务，承担着追诉犯罪、诉讼监督等重要职能，在维护国家安全和社会秩序、保障人民群众安居乐业、维护社会公平正义等方面发挥着重要作用。刑事检察文书作为国家法律规范实践应用的书面载体，是检察机关办理刑事案件和履行法律监督职责的重要方式，更是折射我国司法制度和依法治国理念的法治产品、检察产品。

刑事检察文书既是刑事检察办案履职过程和结果的客观记录，也是向社会公众释法说理、传播法治理念的生动教材，更是学思践悟习近平法治思想、以“三个善于”做实高质效办好每一个案件的重要载体。“高质效办好每一个案件”必然要求高质量的检察文书。检察文书的制作应该依法有据、内容清晰、释法说理扎实，做到在事实阐释部分打牢案件事实基础、建构证据体系，在法律依据部分准确适用实体法和程序法条款，在格式上规范严谨精当，才能达到高质量的标准，才能真正体现检察官对“三个善于”的深刻领悟，体现检察机关为大局服务、为人民司法、为法治担当的履职要求。

为贯彻落实《中共中央关于加强新时代检察机关法律监督工作的意见》中关于“加强法律文书说理和以案释法”的要求，充分发挥法律文书的多元价值和特殊功用，整体提升刑事检察文书制作水平，我们组织最高人民检察院普通犯罪检察厅、重大犯罪检察厅、职务犯罪检察厅和经济犯罪检察厅及地方检察机关的有关同志，并邀请在法律文书写作方面有专门研究和丰富经验的专家学者、法官、律师共同编写了这套刑事检察法律文书系列丛书。

丛书的编写工作坚持以习近平新时代中国特色社会主义思想为指导，深入贯彻习近平法治思想，遵循理论与实践相统一、案件办理与文书制作相结合的思路，努力体现以下特点：一是权威规范。丛书依据最新刑事检察文书格式样本及最高检相关要求撰写，作者绝大多数都是刑事检察文书格式样本的制定者、具体案件的办理者和文书的起草人，选取的优秀文书范例皆为最高检指导性案例文书、具有典型意义的案件文书及在全国范围内评选出的优秀文书，确保内容权威准确、格式规范统一。二是内容全面。丛书全面覆盖刑事检察业务各领域全流程的所有文书。文书样本既包括法律文书，也包括工作文书；填充式文书按照办案流程进行梳理，重在规范准确、不重不漏；叙述式文书着墨于撰写技巧、要点及优秀范例评述，重在写作要义指导。三是实用管用。丛书各分册从不同角度详述如何撰写高质量刑事检察文书，写作重点放在点明制作要点、总结实用技巧、分享办案思路，在公开优秀文书原文的基础上剖析说理方法、说透思维逻辑。整套丛书旨在帮助检察人员掌握文书写作本领，提高文书制作能力，提升文书运用效果。

丛书共有四个分册。《刑事检察文书写作规范与指导》以刑事检察办案流程为纲，以文书制作基本规范为基础，围绕各流程所适用文书的写作要求和方法展开，辅以优秀文书范例，系统、全面介绍刑事检察文书的通用内容，可作为刑事检察文书基础性教材、刑事检察文书格式大全和刑事检察文书写作一本通。《刑事检察重点文书撰写技巧及范例》选取办案中常用、具有释法说理性的十六类叙述式文书，采用专题式写作，透彻分析此类文书的撰写重点难点、注意事项、如何释法说理及办案重点问题等，是资深检察官们有关如何撰写重点文书的经验总结，突出问题导向，具有针对性、实务性、指导性，可作为快速提升刑事检察文书写作能力和水平的教科书。《刑事名案优秀检察法律文书评述》聚焦近年来广受关注的刑事名案要案，选取其中优秀说理性检察文书，邀请知名学者、法官、检察官、律师等从不同角度进行评述。读者在重温这些跌宕起伏的影响性案件的同时，可以感受到法律文书的独特魅力，是集可读性、思想性、应用性于一体的创新之作。《优秀刑事检察法律文书点评》精选自最高人民检察院组织的第一届全国检察机关优秀刑事检察文书评选获奖文书，由承办检察官剖析文书撰写思路，并请司法界、法学界人士进行点评。本书充分展示了刑事检察文书制作的较高水准，从中看到其何以成为优秀以及还存在哪些不足，可以作为刑事检察文书写作的范式。

希望本丛书能够对大家写作检察法律文书、工作文书，加强相关研究工作有所裨益，敬请批评指正。

是以为序。

目　录

1. 陆某某妨害信用卡管理和销售假药案：司法亦有温度

【案情简述】

2018 年暑期，电影《我不是药神》在各大影院上映，在全国引发广泛关注，无数观众为之泪目。这部电影获多项大奖，被称为电影界的“封神之作”，而电影的主人公原型就是本案的被不起诉人——陆某某。

陆某某是江苏无锡的一名私营企业主，同时也是一位慢性粒细胞白血病（俗称“血癌”）患者，当时医生推荐陆某某服用从瑞士进口的抗癌药“格列卫”。服用这种药品，可以稳定病情，正常生活，但需不间断服用。这种药品的售价是 23500 元一盒，一名慢粒白血病患者每个月需要服用一盒，药费加治疗费用几乎掏空了陆某某的家底。后来，陆某某偶然了解到印度也生产类似“格列卫”抗癌药，药效几乎相同，但一盒仅售 4000 元。印度和瑞士两种“格列卫”对比检测结果显示两种药物的药性相似度高达99.9%。陆某某遂开始服用印度产“格列卫”，并在病友群里分享了这一消息。此后，千余名白血病患者开始去银行汇款，从印度直接购买这种廉价抗癌药来维持生命。但因汇款程序复杂，许多人在购买时都请托陆某某帮忙，陆某某便通过网购信用卡的方式无偿为病友从印度代购抗癌药，走上了海外代购国外仿制抗癌药的道路，并将“团购价”降到了每盒 200 元左右，被称为“抗癌药跨境代购第一人”。然而，陆某某的行为却违反了我国的药品管理制度和信用卡管理制度相关规定，公安机关在查办一网络银行卡贩卖团伙时，将曾购买信用卡的陆某某抓获，侦查终结后以涉嫌妨害信用卡管理罪和销售假药罪移送检察院审查起诉。数百名白血病患者联名写信为陆某某求情，湖南省沅江市的检察官们经过对事实证据的严格审查和评判，最终于 2015 年对陆某某作出了不予起诉的决定。检察官在不起诉决定书中写道，“如果认定陆某某的行为构成犯罪，将背离刑事司法应有的价值观”。

陆某某案件结束了，可他的故事引发了药品管理乃至案件办理中有关法理和人伦的激烈讨论，也引发了有关单位和部门的高度关注。电影播出的2018年，包括抗癌药物在内的28项进口药品实行零关税，包括“格列卫”在内的17种抗癌药物被纳入医保。最高人民法院、最高人民检察院出台司法解释，病患者实施的不以营利为目的的带有自救、互助性质的生产、进口、销售药品的行为，不作为犯罪处理。2019年新修订的《药品管理法》出台，进口境外新药不再按假药论处。

有趣的是，电影把陆某某的人物原型进行了改编，陆某某觉得卖“印度神油”、打老婆等剧情是对自己的丑化，向法院起诉了剧组，双方最终以剧组捐出200万元作为肿瘤患者公益基金为条件达成了和解。陆某某案折射出了人们对生命健康权的朴素向往，也体现了司法为民的温度和情怀。面对病友们赋予的英雄称号，陆某某说，真正的英雄是办案的检察官们。湖南省检察机关“陆某某案办案团队”被评为“长安剑2018年度致敬英雄”和“改革开放40周年全国政法系统新闻影响力人物”。

【文书原文】

湖南省沅江市人民检察院

不起诉决定书

沅检公刑不诉〔2015〕1号

被不起诉人陆某某，男，1968年**月**日出生，身份证号码：********，汉族，大学本科，私营企业主，无锡**针织品有限公司和无锡**国际贸易公司法定代表人，户籍所在地：江苏省无锡市崇安区**。因涉嫌妨害信用卡管理罪，于2013年11月23日被沅江市公安局刑事拘留，同年12月25日经沅江市人民检察院批准，由沅江市公安局执行逮捕，2014年3月30日由沅江市公安局决定取保候审。同年12月24日，经沅江市人民法院决定，2015年1月10日，由沅江市公安局执行逮捕，同月29日，由本院决定对其取保候审。

辩护人张某甲、张某乙，北京市某某律师事务所律师。

本案由沅江市公安局侦查终结，以陆某某涉嫌妨害信用卡管理罪、销售假药罪，于2014年4月15日向本院移送审查起诉。本院于同年5月12日将本案退回沅江市公安局补充侦查，沅江市公安局于同年6月10日将本案重新移送起诉至本院，同年7月10日本院将本案审查期限延期15天，同年7月22日，本院对陆某某以妨害信用卡管理罪、销售假药罪向沅江市人民法院提起公诉。

沅江市人民法院受案后，因陆某某经传唤不到案，于同年12月23日裁定中止审理，次日对陆某某作出逮捕决定。2015年1月10日，陆某某被沅江市公安局执行逮捕。同月27日，本院向沅江市人民法院撤回起诉，同月29日，由本院决定对其取保候审。

沅江市公安局移送审查起诉意见书认定的犯罪事实：

2013年8月间，陆某某先后在互联网上以“samchina68 ****”名义从“诚信卡源”的淘宝店主郭某某（另案处理）手中以500元每套的价格购买了3套他人身份信息的银行卡。陆某某购买了这3张卡以后使用了1张户名为夏某某的农业银行卡用来吸收销售假药的资金。2012年间，印度人J某甲在江苏省无锡市农业银行开办了J某甲和J某乙两个账户来吸取贩卖印度药物的涉案资金，在其两个账户无法操控的情况下，从2013年1月开始，J某甲与陆某某合伙采用网上发邮件和QQ群联系客户等方式在中国国内销售印度“cyno **”公司生产的“VEENATlOO”“IMATINIB400”“IMATINIB100”等药物，陆某某先后使用云南省普洱市病人罗某某和杨某某两人的农业银行账户为其收取售药资金。

直至2013年8月陆某某为了逃避打击，周转销售印度药物的资金，从互联网上郭某某的“诚信卡源”网店上购买了以夏某某身份证办理的这张农业银行卡。用于收取印度“cyno **”公司J某甲在中国销售药物的资金。经益阳市食品药品监督管理局证实：陆某某帮印度“cyno **”公司在中国销售的药物均未经中国进口药品许可销售。自2013年以来，陆某某销售这几种药物的金额达300余万元，其间又多次按照J某甲的授意将这些钱款汇给浙江省义乌市从事外贸的张某某账户上。

经本院依法审查查明：

2002年，陆某某被查出患有慢粒性白血病，需要长期服用抗癌药品。我国国内对症治疗白血病的正规抗癌药品“格列卫”系列系瑞士进口，每盒需人民币23500元，陆某某曾服用该药品。为了进行同病患者之间的交流，相互传递寻医问药信息，通过增加购同一药品的人数降低药品价格，陆某某从2004年4月开始建立了白血病患者病友网络QQ群。

2004年9月，陆某某通过他人从日本购买由印度生产的同类药品，价格每盒约为人民币4000元，服用效果与瑞士进口的“格列卫”相同。之后，陆某某使用药品说明书中提供的联系方式，直接联系到了印度抗癌药物的经销商印度**公司，并开始直接从印度**公司购买抗癌药物。

陆某某通过自己服用一段时间后，觉得印度同类药物疗效好、价格便宜，遂通过网络QQ群等方式向病友推荐。网络QQ群的病友也加入到向印度**公司购买该药品的行列。陆某某及病友首先是通过西联汇款等国际汇款方式向印度**公司支付购药款。

在此过程中，陆某某还利用其懂英文的特长免费为白血病等癌症患者翻译与印度**公司的往来电子邮件等资料。随着病友间的传播，从印度**公司购买该抗癌药品的国内白血病患者逐渐增多，药品价格逐渐降低，直至每盒为人民币200余元。由于前述支付购药款方式，既要先把人民币换成美元，又要使用英文，程序烦琐，操作难度大。求药的患者向印度**公司提出了在中国开设账号便于付款的要求。

2013年3月，经印度**公司与最早在该公司购药的陆某某商谈，由陆某某在中国国内设立银行账户，接收患者的购药款，并定期将购药款转账到印度**公司指定的户名为张某某的中国国内银行账户，在陆某某统计好各病友具体购药数量、告知印度**公司后，再由印度**公司直接将药品邮寄给患者。印度**公司承诺对提供账号的病友将免费供应药品。

陆某某在QQ病友群里发布了印度**公司的想法，云南籍白血病患者罗某某即与陆某某联系，愿意提供本人及其妻子杨某某的银行账号，以换取免费药品。陆某某通过网银U盾使用管理罗某某提供的账号，在病友向该账号支付购药款后，将购药款转至张某某账户，通知印度**公司向病友寄送药品，免除了购药的病友换汇、翻译等以往的一些烦琐劳动。

在使用罗某某、杨某某账号支付购药款一段时间后，罗某某听说银行卡的交易额太大，有可能导致被怀疑为洗钱，不愿再提供使用了。2013年8月，陆某某通过淘宝网从郭某某处以500元每套的价格购买了3张用他人身份信息开设的银行借记卡，在准备使用中发现有2张因密码无法激活而不能用，仅使用了1张户名为夏某某的借记卡。陆某某同样通过网银U盾使用管理该账号，将病友购药款转账到印度**公司指定的张某某账户。

根据在卷证据，被查证属实的共有21名白血病等癌症患者通过陆某某先后提供并管理的罗某某、杨某某、夏某某3个银行账户向印度**公司购买了价值约120000元的10余种抗癌药品。陆某某为病友们提供的帮助全是无偿的。对所购买的10余种抗癌药品，有“VEENAT100”“IMATINIB400”“IMATINIB100”3种药品经益阳市食品药品监督管理局出具的相关鉴定，系未经我国批准进口的药品。

以上事实，有如下证据证实：

1. 证明陆某某购买3张借记卡的证据有：（1）扣押的网银U盾与绑定的手机卡；（2）银行借记卡开户资料；（3）淘宝交易记录；（4）银行交易明细；（5）郭某某的证言；（6）陆某某的供述等。

2. 证明陆某某提供用于向印度**公司支付购药款账号的证据有：

（1）证人潘某某的证言证实，其认识陆某某是2005年，其女儿在网上发表一篇名为“谁能拯救我父亲”的文章，该文章被陆某某得知后，主动与其联系并为其提供帮助。陆某某建立QQ群的目的：一是为方便病友，用于病友之间交流、交换问药的信息；二是在病友群扩大之后，组织病友与药品生产厂家协商降低药品价格。

（2）证人罗某某、杨某某的证言证明，提供个人银行账号给陆某某使用。

（3）证人钟某某、张某某等患者证言证实，通过西联汇款等国际汇款方式购买该药品非常烦琐，并有部分病友难以弄明白操作过程，陆某某为方便病友支付药款提供账户，使得患者及时获得药品，延续生命，患者对陆某某深表感谢。

（4）有21名购药患者的证言及对应的银行账户明细证明，购药患者或通过网络搜寻或直接与陆某某联系获知购药渠道后，汇款到陆某某管理的罗某某、杨某某、夏某某等银行账户，随后收到了印度**公司邮寄的抗癌药品，同时，21名购药患者中多数的证言证明该药物确有疗效无不良反应，无人证明因服用该药物对人体健康造成损害。

（5）陆某某的供述，其先后向购买印度**公司抗癌药品的病友提供了罗某某、杨某某、夏某某等账户，用于病友支付购药款。其供述还称，在网络QQ群或病友交流会上对印度药品的推荐目的是“与病友间进行交流，提高白血病患者的生存质量”，“提供人民币账户更多的是为了解决患者不懂英文和国际汇款程序复杂的难题，而不是为了帮助印度**公司销售”。

（6）有部分购药者与陆某某的QQ聊天记录、手机短信，证明病友联系陆某某咨询购药及陆某某要求付款至指定账户的情况。

（7）益阳市食品药品监督管理局出具《关于协查“VEENAT100”等药物进口销售许可信息的复函》证明，公安机关来函中提到的“Cyno **”公司生产的“VEENAT100”“IMATINIB400”“IMATINIB100”3种药物在国家食品药品监督管理总局数据查询库中未查到药物进口许可的相关信息。

本院认为，陆某某的购买和帮助他人购买未经批准进口的抗癌药品的行为，违反了《中华人民共和国药品管理法》的相关规定，但陆某某的行为不是销售行为，不符合《中华人民共和国刑法》第一百四十一条的规定，不构成销售假药罪。

陆某某通过淘宝网从郭某某处购买3张以他人身份信息开设的借记卡，并使用其中户名为夏某某的借记卡的行为，违反了金融管理法规，但其目的和用途完全是白血病患者支付自服药品而购买抗癌药品款项，且仅使用1张，情节显著轻微，危害不大，根据《中华人民共和国刑法》第十三条的规定，不认为是犯罪。根据《中华人民共和国刑事诉讼法》

第十五条第（一）项和第一百七十三条第一款的规定，决定对陆某某不起诉。沅江市公安局在办理本案中所冻结、扣押款项应依法处理。

陆某某如不服本决定，可以自收到本决定书后七日内向本院申诉。

沅江市人民检察院

2015 年 2 月 26 日

关于对陆某某妨害信用卡管理和销售假药案
决定不起诉的释法说理书

根据《中华人民共和国刑事诉讼法》第十五条第一项和第一百七十三条第一款的规定，我院决定对涉嫌销售假药和妨害信用卡管理的陆某某依法作出不起诉决定。其理由如下：

一、陆某某的行为不构成销售假药罪

1. 陆某某的行为不是销售行为

所谓销售即卖出（商品）。在经济学上，销售是以货币为媒介的商品交换过程中卖方的业务活动，是卖出商品的行为，卖方寻求的是商品的价值，而买方寻求的则是商品的使用价值。全面系统分析该案的全部事实，陆某某的行为是买方行为，并且是白血病患者群体购买药品整体行为中的组成行为，寻求的是印度 ** 公司抗癌药品的使用价值。

首先，陆某某与白血病患者是印度 ** 公司抗癌药品的买方。

一是早在向印度 ** 公司买药之前，作为白血病患者的陆某某就与这些求药的白血病患者建立了 QQ 群，并以网络 QQ 和病友会等载体相互交流病情，传递求医问药信息。患者潘某某的证言说，建立 QQ 群还能扩大病友群，组织病友与药品生产厂家协商降低药品价格。

二是陆某某是在自己服用印度 ** 公司的药品有效后，才向病友作介绍的。所购印度 ** 公司抗癌药品的价格开始时每盒 4000 元，后来降至每盒 200 元。

三是陆某某为病友购买药品提供的帮助是无偿的。陆某某不仅帮助病友买药、付款，还利用懂英语的特长，为病友的药品说明书和来往电子邮件提供翻译。在此过程中，陆某某既没有加价行为，也没有收取代理费、中介费等任何费用。

四是陆某某所帮助的买药者全部是白血病患者，没有任何为营利而从事销售或者中介等经营药品的人员。

其次，陆某某提供账号的行为不构成与印度 ** 公司销售假药的共犯。

根据我国《药品管理法》第四十八条第三款第二项的规定，依照该法必须批准而未经批准生产、进口，或者依照该法必须检验而未经检验即销售的药品，以假药论处，也就是法律拟制的假药。印度 ** 公司在我国销售未经批准进口的抗癌药品，属于销售假药的行为。“两高”发布的《关于办理危害药品安全刑事案件适用法律若干问题的解释》第八条第一项规定，明知他人生产销售假药而提供账号的，以共同犯罪论处。本案中，陆某某先后提供罗某某、杨某某、夏某某 3 个账号行为的实质是买方行为，而不能认为是共同销售行为。

一是从账号产生的背景看，最初源于病友方便购药的请求。在陆某某提供账号前，病友支付印度 ** 公司购药款是以西联汇款等国际汇款方式，既要先把人民币换成美元，又要使用英文，程序繁琐，操作难度大。求药的患者向印度 ** 公司提出在中国开设账号便于付款的要求，印度 ** 公司与最早向该公司购药的陆某某商谈，并提出对愿意提供账号的可免费提供药品。

二是从账号的来源看，3 个账号中先使用的两个账号由病友提供。陆某某向病友群传递这一消息后，云南籍病友罗某某即愿意将本人和妻子杨某某已设立的账号提供给陆某某使用。在罗某某担心因交易资金量增加可能被怀疑洗钱的情况下，才通过淘宝网购买户名为夏某某的借记卡。

三是从所提供账号的功能看，就是收集病友的购药款，以便转款到印度 * * 公司指定的张某某的账号，是用于收账、转账的过渡账号，承担方便病友支付购药款的功能，无需购药的病友换汇和翻译。

四是从账号的实际用途看，病友购药向这 3 个账号支付购药款后告知陆某某，陆某某通过网银 U 盾使用管理这 3 个账号，将病友的付款转至印度 ** 公司指定的张某某的账号，然后陆某某再告知印度 ** 公司，

印度 ** 公司根据付款账单发药。可见，设置这 3 个账号就是陆某某为病友提供购药服务的，是作为白血病患者的求药群体购买药品行为整体中的组成行为。

根据我国《刑法》的规定，共同犯罪是指二人以上共同故意犯罪，具体到本案，如果构成故意犯罪，应当是陆某某与印度 ** 公司共同实施销售假药犯罪，更具体地说，应是陆某某基于帮助印度 ** 公司销售假药而为印度 ** 公司提供账号。

而本案，购买印度 ** 公司抗癌药品的行为是白血病患者群体求药的集体行为，陆某某代表的是买方而不是卖方，印度 ** 公司就设立账号与陆某某的商谈是卖方与买方之间的洽谈，陆某某作为买方的代表自始至终在为买方提供服务。当买卖成交时，买方的行为自然在客观结果上为卖方提供了帮助，这是买卖双方成交的必然的交易形态，但绝对不能因此而认为买方就变为共同卖方了。正如在市场上买货，买货的结果为销售方实现销售提供了帮助，如果因此而把买方视为共同卖方，那就根本上混淆了买与卖的关系。同理，如果将陆某某的行为当成印度 ** 公司的共同销售行为，也就混淆了买与卖的关系，从根本上脱离了判断本案的逻辑前提，进而必将违背事实真相。

2. 陆某某的行为没有侵犯他人的生命权、健康权

犯罪行为的社会危害性表现为对刑法所保护的客体的侵害。关于销售假药罪，我国 1997 年《刑法》规定为“生产、销售假药，足以严重危害人体健康的”；《刑法修正案（八）》去掉了本罪“足以严重危害人体健康”的要求，其宗旨是强化对民生的保障，以避免司法实践中出现的尴尬，这就是因“足以严重危害人体健康”的取证困难而影响对该罪的惩治。对此，前述“两高”《关于办理危害药品安全刑事案件适用法律若干问题的解释》第十一条第二款规定：“销售少量未经批准进口的国外、境外药品，没有造成他人伤害后果或者延误诊治，情节显著轻微危害不大的，不认为是犯罪。”以上种种说明，保护人的生命权、健康权是销售假药罪立法的核心意旨。

本案中的假药是因未经批准进口而以假药论处的法律拟制型假药，根据本案证据，得到陆某某帮助的白血病患者购买、服用了这些药品后，

身体没有受到任何伤害，有的还有治疗效果，更有的出具证言，感谢陆某某帮助其延续了生命。同时，还应指出的是，如前所述，陆某某的行为也有违反《药品管理法》规定的地方，但存在无奈之处，目前合法的对症治疗白血病的药品价格昂贵，使得一般患者难以承受。正因为如此，陆某某是在自己及病友无法承担服用合法进口药品经济重负的情况下，不得已才实施本案行为。

二、陆某某通过淘宝网从郭某某处购买3张以他人身份信息开设的借记卡、并使用其中户名为夏某某的借记卡的行为，违反了金融管理法规，但因情节显著轻微、危害不大，不认为是犯罪

《刑法修正案（五）》第一条第四项规定，购买以虚假的身份证明骗领的信用卡的行为，属于妨害信用卡管理行为。按照最高人民检察院、公安部关于该条的追诉标准规定的解释，违背他人意愿使用其居民身份证等身份证明申领信用卡的，应当认定为使用虚假的身份证明骗领信用卡。

根据全国人大常委会《关于〈刑法〉有关信用卡规定的解释》，借记卡属于刑法意义上的信用卡范围。陆某某上述购买和使用借记卡的行为属于购买使用虚假的身份证明骗领信用卡的行为，但情节显著轻微，危害不大，根据《刑法》第十三条的规定，不认为是犯罪。

1. 陆某某所购买的是借记卡

虽然借记卡与贷记卡、准贷记卡都属于刑法意义上的信用卡，但借记卡不具有透支功能。同时，陆某某所购买的3张借记卡能够使用的只有1张，客观上也只使用了1张。

2. 陆某某购买信借记卡的动机、目的和用途是方便白血病患者购买抗癌药品

除了用于为病友购买抗癌药品支付药款外，陆某某没有将该借记卡账号用于任何营利活动，更没有实施其他危害金融秩序的行为，也没有导致任何方面的经济损失。

3. 陆某某购买和使用借记卡的行为客观上为白血病患者提供了无偿的帮助

一是购买借记卡所支付的500元由陆某某自己承担；二是使用借记

卡支付购药款，免去了病友群体以前为付购药款所需的换汇、英文翻译等麻烦；三是陆某某使用此借记卡带来的结果，是用增加自己的工作量来减少病友的劳动量，并且是一种无偿的为身患白血病的弱势群体提供的帮助。

三、如果认定陆某某的行为构成犯罪，将背离刑事司法应有的价值观

1. 与司法为民的价值观相悖

综观全案事实，呈现四个基本点：

一是陆某某的行为源起于自己是白血病患者而寻求维持生命的药品；

二是陆某某所帮助买药的群体全是白血病患者，没有为营利而从事销售或中介等经营药品的人员；

三是陆某某对白血病病友群体提供的帮助是无偿的；

四是在国内市场合法的抗癌药品昂贵的情形下，陆某某的行为客观上惠及了白血病患者。

刑事司法的价值取向表现为人权保障与社会保护两个方面，对社会秩序的保护从根本上讲也是维护人民的共同利益需求。党的十八届四中全会决定强调“要坚持人民司法为人民”，“通过公正司法维护人民权益”；同时强调“必须坚持法治建设为了人民、依靠人民、造福人民、保护人民，以保障人民根本权益为出发点和落脚点”。

陆某某的行为虽然在一定程度上触及了国家对药品的管理秩序和对信用卡的管理秩序，但其行为对这些方面的实际危害程度，相对于白血病群体的生命权和健康权来讲，是难以相提并论的。如果不顾及后者而片面地将陆某某在主观上、客观上都惠及白血病患者的行为认定为犯罪，显然有悖于司法为民的价值观。

2. 与司法的人文关怀相悖

在刑事司法中，根据我国《刑法》和《刑事诉讼法》的有关规定，对于不满18周岁的未成年人、已满75周岁的老年人、又聋又哑的人或者盲人、尚未完全丧失辨认或者控制自己行为能力的精神病人、孕妇或者正在哺乳期的妇女，在刑罚适用或诉讼权利、诉讼程序上，适用相应区别对待的规定，体现了对弱势群体的特别保护，所彰显的就是刑事司法的人文关怀，与坚持法律面前人人平等的原则并行不悖的。

本案中，陆某某及其病友作为白血病群体，也是弱势群体，陆某某的上述违反药品管理法和妨害信用卡管理的行为发生在自己和同病患者为维持生命而进行的寻医求药过程中，并且一方面这些行为发生在其实有能力难以购买合法药品的情形下，另一方面这些行为给相关方面并未带来多少实际危害，如果对这种弱势群体自救行为中的轻微违法行为以犯罪对待，显然有悖于刑事司法应有的人文关怀。

3. 与转变刑事司法理念的要求相悖

随着国家尊重和保障人权的宪法原则载入修改后的刑事诉讼法，保障人权成为《刑事诉讼法》的基本任务之一，与惩治犯罪共同构成刑事诉讼的价值目标。从保障人权出发转变刑事司法理念，就是要重视刑事法治、慎用刑事手段、规范刑事司法权运行。

既要强调刑罚谦抑原则，真正把刑法作为调整社会关系的最后的手段、不得已才运用的手段；又要严格规范执法，坚持程序与实体并重，严守法定程序，准确适用实体法律，坚持理性、平和、文明执法。本案中的问题，完全可通过行政的方法来处理，如果不顾白血病患者群体的生命权和健康权，对陆某某的上述行为运用刑法来评价并轻易动用刑事手段，是不符合转变刑事司法理念要求的。

综上，陆某某有违反国家药品管理法的行为，如违反了《药品管理法》第三十九条第二款有关个人自用进口的药品，应按照国家规定办理进口手续的规定等，但陆某某的行为因不是销售行为而根本不构成销售假药罪；陆某某通过淘宝网从郭某某处购买3张以他人身份信息开设的借记卡、并使用了其中户名为夏某某的借记卡的行为，属于购买使用以虚假的身份证明骗领的信用卡的行为，违反了金融管理法规，但其目的和用途完全是支付白血病患者因自服药品而买药的款项，且仅使用1张，情节显著轻微危害不大，不认为是犯罪；从本案的客观事实出发，全面考察本案，根据司法为民的价值观，也不应将陆某某的行为作犯罪处理。

沅江市人民检察院

2015年2月26日

【学者点评】

2015年发生的“陆某某妨害信用卡管理和销售假药案”，引起社会各界高度关注，曾获评“2015年度检察机关十大法律监督案例”。2015年2月26日，湖南省检察院公开发布沅江市检察院对陆某某作出的不起诉决定书以及释法说理书，产生了良好的社会反响。

检察机关对本案的办理，有力地推动了刑事司法理念的转变。第一，彰显了对刑法最后手段性的重视。刑法是调整社会关系、实现社会治理目标不得已而采取的方法，如果运用民事、行政等其他方式能够达到治理的效果，司法机关应该慎用刑事手段。第二，反映了对司法人文关怀的重视，即刑事司法应当体现对弱势群体的特别保护。陆某某虽然实施了违反药品管理法和妨害信用卡管理的行为，但是该行为发生在行为人自己和同病患者为维持生命而进行的寻医求药过程中，而且是在难以购买合法药品的情况下实施的，司法者应该对这一值得谅解和怜恤的情节予以充分重视。第三，体现了实质的价值判断以及解释方法的适当运用，对于实现刑事司法公正性的重要意义。销售假药罪属于行政犯，所以其违法性的判断不可避免地需要借助《药品管理法》等相关行政法律规范，但是司法者不能简单和机械地套用行政法律规范，而需要在刑法解释中有机地融入价值判断，根据本罪的规范保护目的对构成要件的范围进行合理限缩，从而使解释的结论符合公平正义的需要。

据报道，检察机关撤回起诉，主要做了五方面的工作：一是湖南省人民检察院调卷对该案事实和证据进行全面严格审查。二是湖南省人民检察院和益阳市人民检察院指导沅江市人民检察院对该案事实进行公开审查，有关办案机关、陆某某及其辩护人出席，还特邀人大代表、政协委员参加。三是检察机关派员到江苏无锡等地对重要证据进行实地复核。四是邀请数名具有刑法专业背景的特约检察员参加对该案事实证据的审查工作，进行民主监督和法律指导。五是召开检委会全面审查案件。检察机关对陆某某作不起诉决定，是坚持以事实为根据，以法律为准绳的结果，反映了检察机关敢于监督、有错必纠的法律责任和担当精神。[①]

从法律适用的角度来看，本案主要涉及《刑法》第 141 条规定的销售假药罪以及第 177 条之一的妨害信用卡管理罪。沅江市人民检察院的不起诉决定书以及释法说理书，对于这两个犯罪的认定提出了一系列具有指导意义的观点。

一、销售假药罪

首先，强调对于作为本罪对象的“假药”，应该结合本罪的保护法益来进行实质的解释。通说认为，销售假药罪侵害的是双重法益，即国家对药品的管理制度以及不特定多数人的身体健康、生命安全。[②] 关于销售假药罪，1997 年《刑法》规定为“生产、销售假药，足以严重危害人体健康的”。由于在司法实践中证明假药与严重危害人体健康之间的因果关系比较困难，导致本罪往往不被适用，不利于保护人民身体健康。所以，《刑法修正案（八）》删去了“足以严重危害人体健康”的要求。但是，这一修改的宗旨在于强化对公民身体健康和生命安全的保障。对于“假药”的认定需要参照《药品管理法》的规定，2019 年修订前的《药品管理法》第 48 条对于假药的范围界定得比较宽泛，按照该条第 3 款第 2 项，必须批准而未经批准进口境外上市的药品即为假药。但在刑事司法中，有必要从刑法的独立判断出发，借助本罪的规范保护目的，对“假药”的范围进行合理的限缩。本案中，得到陆某某帮助的白血病患者购买、服用了相关药品后，身体没有受到任何伤害，有的有治疗效果，更有的出具证言，感谢陆某某帮助其延续了生命。因此，这些药品不具有危害公民健康的危险，不宜认定为本罪中的“假药”。最高人民法院、最高人民检察院《关于办理危害药品安全刑事案件适用法律若干问题的解释》第 11 条第 2 款规定：“销售少量未经批准进口的国外、境外药品，没有造成他人伤害后果或者延误诊治，情节显著轻微、危害不大的，不

---

① 参见《2015 年度检察机关十大法律监督案例》，载《检察日报》2016 年 2 月 1 日，第 4 版。

② 参见高铭暄、马克昌主编：《刑法学》，北京大学出版社、高等教育出版社 2022 年版，第 376 页。

认为是犯罪。”该规定进一步确认了这一解释原则。

其次，提出应当从实质上来把握“销售”的含义。本案的释法说理书指出，当买卖成交时，买方的行为自然在客观结果上为卖方提供了帮助，这是买卖双方成交的必然的交易形态，但不能据此认为买方就变为共同卖方了。在经济学上，销售是以货币为媒介的商品交换过程中卖方的业务活动，是卖出商品的行为，卖方寻求的是商品的价值，而买方寻求的则是商品的使用价值。本案中，之所以不能认为陆某某的行为属于销售行为，是因为其行为是白血病患者群体购买药品整体行为的内在组成部分。其一，陆某某为病友购买药品提供的帮助是无偿的，既没有加价行为，也没有收取代理费、中介费等任何费用。其二，陆某某之所以为印度 ** 公司提供账号，其目的是为病友提供购药服务，而并非帮助印度 ** 公司销售假药，购买抗癌药品是白血病患者群体求药的集体行为，陆某某代表的是买方而不是卖方。检察机关对于“销售”概念所进行的这一分析，既符合法理也契合经济学的一般原理以及公民的普遍认知，值得赞同。

最后，指出陆某某的行为即便违法，其客观上的法益侵害性以及主观上的可谴责性也存在大幅度下降。释法说理书指出，尽管陆某某的行为有违反《药品管理法》规定的地方，但该行为存在无奈和值得理解之处。事实上，根据《刑法》第 21 条的规定，陷入险境的公民在不得已的情况下为了保护较大利益牺牲他人较小利益的行为，成立紧急避险，可以阻却违法。在因为不符合利益衡量要件而不成立阻却违法的紧急避险的情况下，如果行为人是为了保护生命、健康等重大法益而不得已实施避险行为，也能够根据欠缺期待可能性而阻却行为人的责任。就本案来说，由于目前合法的对症治疗白血病的药品价格昂贵，一般患者难以承受，故陆某某是在自己及病友无法承担服用合法进口药品经济重负的情况下，迫不得已才实施了违反《药品管理法》的行为。即便认为该行为不能完全满足紧急避险的所有要件，但由于它一方面保护了陆某某及其病友的生命和健康这类重大法益，另一方面又确实是在缺乏其他救助途径的情况下被迫为之，所以至少可以认为，行为的不法和责任都有大幅度下降。

二、妨害信用卡管理罪

本罪的保护法益是金融管理秩序。不起诉决定书和释法说理书指出，尽管陆某某购买和使用借记卡的行为，形式上属于购买、使用以虚假的身份证明骗领的信用卡的行为，但可以根据《刑法》第13条但书的规定，以“情节显著轻微，危害不大”为由予以出罪。这种从实质的社会危害性的角度出发进行出罪的做法，具有合理性。能够说明行为社会危害性大幅减弱的最关键的理由有二：其一，除了用于为病友购买抗癌药品支付药款外，陆某某没有将该借记卡账号用于任何营利活动，更没有实施其他危害金融秩序的行为，也没有导致任何方面的经济损失。其二，陆某某购买和使用借记卡的行为客观上为白血病患者提供了无偿的帮助，实现了对生命健康这一重大法益的保护。

沅江市人民检察院的不起诉决定书对于案件的事实进行了详细描述，并且简要地说明了作出不起诉决定的根据；释法说理书则围绕本案体现出的犯罪认定问题，进行了详细而具有说服力的分析论证，实现了法理和情理的统一，政治效果、法律效果和社会效果的统一，具有典范性意义。

（**点评人**：陈璇，中国人民大学法学院刑法教研室主任，
教授、博士生导师）

【检察官点评】

陆某某案进入刑事程序后，引发了社会和媒体对白血病患者这一特殊弱势群体的广泛关注。白血病患者眼中的“救命药”却被认定为“假药”；通过一己之力让众多白血病患者不用花大价钱就能吃上救命药的陆某某，被病友群体视为“药侠”，却一度被认定为“销售假药”的犯罪嫌疑人。不少病友联名反映陆某某的行为实为侠行义举，不应被视为犯罪。该案还引发了关于代购行为性质的讨论，以此案为原型的电影《我不是药神》更是将社会舆论推向高潮。虽然我们并不苛求道德评价等同

于法律评判，但案件办理的社会效果与法律效果相去甚远，不得不引起立法者、司法者乃至全社会的深刻反思。究竟是法的逻辑本身存在问题，还是法的适用过程出现差错？检察机关对陆某某提起公诉后，在认真倾听民声后，经过对案件证据的综合审查、对案件事实审慎认定、对法律适用精准推敲后，向法院撤回起诉。这是检察机关自我审视和及时纠错的生动体现。检察机关最终对陆某某作出不起诉决定，认定事实清楚，适用法律正确，顺应民意民心，实现了政治效果、法律效果、社会效果的有机统一。

该案的不起诉决定书在本质上契合了最高人民检察院应勇检察长提出的“三个善于”，即善于从纷繁复杂的法律事实中准确把握实质法律关系是基础，善于从具体法律条文中深刻领悟法治精神是关键，善于从法理情的有机统一中实现公平正义是目标。不起诉决定书对陆某某的行为究竟是否构成销售假药罪和妨害信用卡管理罪进行了深入分析。

一、陆某某的行为不构成销售假药罪

由于《刑法》第 141 条规定的销售假药罪只处罚销售行为而不处罚购买行为，那么我们就需要严格考察，陆某某的行为究竟是不是销售行为？根据本案查明事实，国内白血病患者与印度 ** 公司之间抗癌药品交易的完成，有赖于陆某某从中沟通联络以及使用罗某某、杨某某、夏某某的银行账号帮助转账，但不能据此想当然地认为陆某某的行为属于销售行为。事物的性质是由主要矛盾的主要方面决定的。销售是一种有偿转让行为，陆某某并未像经销商一样购入药品后再卖出或者加价转让药品，也没有接受印度 ** 公司委托、指派或管理并从公司领取销售报酬，而是在国内白血病病友需要印度 ** 公司的抗癌药品维持生命的情况下，基于患者的服用需求，协助患者向印度 ** 公司转账支付药费购买药品，表达购药需求，让印度 ** 公司的抗癌药品直接到达需要服药的患者手中，而未在国内进入流通领域。在此过程中，陆某某帮助病友压低药品价格和简化付款程序，解决了此前药价过高和付款烦琐的问题，得到病友的一致感激。陆某某上述行为的主要方面显然是基于购买方的利益和需求，为购买方提供帮助，可以理解为购买的帮助行为，陆某某的行为不应被评价为销售行为，也不能视为销售行为的帮助行为。因此，陆某某的行为不构成《刑法》第141条规定的销售假药罪。

二、陆某某的行为不构成妨害信用卡管理罪

陆某某通过淘宝网购买3张以他人身份开设的信用卡并使用1张用于转账支付购药款的行为，违反金融管理法规，但没有用于恶意透支，没有用于其他违法犯罪活动，属于《刑法》第177条之一第1款中规定的情形之一“非法持有他人信用卡”的情形，但根据最高人民检察院、公安部《关于公安机关管辖的刑事案件立案追诉标准的规定（二）》第25条的规定，非法持有他人信用卡，数量累计在5张以上的，才符合立案追诉条件。陆某某非法持有他人信用卡未达到刑事立案标准，属于情节显著轻微，危害不大，故不认为是犯罪。

三、不同于自然犯可凭朴素的是非判断，法定犯则依靠规范设定来评判

只有规范设定得更加科学合理，法的适用才更趋于公平正义。难道患者以身试药后将其奉为“救命药”，竟不抵司法机关简单适用法律后得出“假药”的结论更可靠？法律层面的拟制与客观实际容许存在差距云云或许是专业人士的讨论，但更多的解释也无法弥合人民群众切身体会的反差。说到底，不仅这个矛盾和尴尬要解决，癌症患者这一特殊弱势群体的生存权更应当得到足够的尊重和法律的保障。由此推动司法和立法进一步完善，更加贴近实际，更加关注民生。2016年最高人民检察院《关于全面履行检察职能为推进健康中国建设提供有力司法保障的意见》指出，对于销售少量根据民间传统配方私自加工的药品，或者销售少量未经批准进口的国外、境外药品，没有造成他人伤害后果或者延误诊治的行为，以及病患者实施的不以营利为目的带有自救、互助性质的制售药品行为，不作为犯罪处理。2019年12月1日，《药品管理法》对于“假药”的定义进行了修改，将未获国家有关部门批准的进口药拟制为假药的规定删除，即“非法进口药”不再被认定为假药，对其的销售行为不构成“销售假药罪”。此外，该案还推动了抗癌药物进口关税减低及纳入医保进程。

四、检察机关办案，要正视法的价值冲突并善于在冲突中寻求解决方案

法的价值是多元、多层次的，主要包括自由、秩序、安全、效益、公平、正义等。这些价值目标反映了社会对法律的期望和追求，法律通过其具体功能和作用，满足社会和个人对这些价值的需求。而当司法实践中法的价值发生冲突时，需要执法者根据具体情况判断哪一价值更为优先。比如，当药品管理秩序与健康安全两项发生冲突，我们要看到，药品管理秩序的目的就是保障公众健康安全。正确的价值判断，将指引我们在冲突中作出正确的抉择。

五、站稳人民立场，坚持以人民为中心

基于维护天理人伦、顺应民意的考虑，可以获得社会公众的广泛认可。高度关注社情民意，在释法说理时自觉地将案件置于天理、国法、人情之中综合考量，既不能背离法律，也不能违背文化传统、常情常理以及人民群众的公平正义观念。法治应当是人性之治、良心之治，常识、常情、常理的具体化、规则化。进入新时代，资讯更加发达，司法更加公开，检察办案不是闭门造车，司法公开呼吁更高水平的司法公正，人民群众要求司法公正更加可见可感。新时代更高水平的检察办案，既要倾听民声，关注舆论，也要头脑清醒，不仅要符合法律，更要符合天理、人情，这是法律的温情所在！

（**点评人**：王伟，北京市西城区人民检察院副检察长、三级高级检察官；于伟香，北京市西城区人民检察院四级高级检察官）

【法官点评】

不起诉是起诉裁量权的重要组成部分。检察机关对于侦（调）查机关移送起诉的案件，根据案件具体情况不同，依法作出起诉或者不起诉决定。依法作出不起诉决定，是检察机关在刑事诉讼中充分发挥诉前主导和过滤把关作用的重要体现，对于保障犯罪嫌疑人合法权益、有效防范冤假错案具有积极意义。不起诉决定书是检察机关作出不起诉决定的书面载体，是涉及公民、组织重要权利处置或者诉讼重要进程的法律文书，关系着当事人的重大权益，决定着案件处理的走向，具有终止诉讼、不追究或免予追究被不起诉人刑事责任的法律效力，其释法说理是否充分、处理结果是否准确，直接关系着司法公信力的实现。

陆某某案因涉及特殊患病群体，关系药品安全和药品管理制度，关乎人民群众的生命权、健康权，故案发之初即备受各方关注。检察机关撤回起诉后，对该案事实和证据进行全面严格审查，举行公开听证，开展实地复核，并邀请具有刑法专业背景的特约检察员进行民主监督和法律指导，最终依法作出（法定）不起诉决定。本案不起诉决定书用语规范，要素齐全，结构完备，逻辑清晰，认定事实全面，证据确实、充分，结论客观准确。本案的办理坚持以事实为根据，以法律为准绳，取得了“三个效果”的有机统一，反映了检察机关敢于监督、有错必纠的法治担当精神，彰显了司法为民价值取向和人文关怀，是做实“高质效办好每一个案件”的生动体现。该案在当年被评选为检察机关十大法律监督案例。

一、透过现象看本质，准确把握实质法律关系

社会生活丰富多元、纷繁复杂，映射到法律层面则表现为事实证据复杂、法律关系多样。司法实践中，并不是每个案件都能很容易查清看懂弄透。案件真相的探究，往往需要经历一个由表及里、由浅入深、由繁化简、由现象到本质的过程。唯有全面查明案件事实，准确把握实质法律关系，才能正确适用法律，作出客观公允的评价。本案中，陆某某的行为从形式上看貌似销售假药行为，但实质上系购买行为而非销售行为。销售是卖出商品的行为，卖方寻求的是商品的价值，而买方寻求的则是商品的使用价值。陆某某的行为是买方行为，是白血病患者群体购买药品整体行为中的组成部分，寻求的是印度 ** 公司抗癌药品的使用价值；陆某某提供账号的行为不构成与印度 ** 公司销售假药的共犯；陆某某的行为虽有违国家药品管理法规，但并未侵犯刑法所保护的客体——公民的生命权、健康权。综上所述，陆某某购买和帮助他人购买未经批准进口的抗癌药品的行为，虽违反了《药品管理法》的相关规定，但其行为不是销售行为，不构成《刑法》第 141 条规定的销售假药罪。

二、坚持实质考察，准确把握犯罪的本质特征

社会危害性、刑事违法性、应受刑罚处罚性是犯罪的三个基本特征，其中社会危害性是犯罪的本质特征，没有社会危害性或者社会危害性没有达到刑事法律所规制程度的行为，就不是犯罪。办理刑事案件，要抓住犯罪的本质特征，坚持系统思维、实质考察，避免机械办案、就案办案，特别是要注意《刑法》总则与分则的统一，把社会危害性与事实情节、主观恶性等综合衡量，在法律规定的范围内寻求最优的处理方式。本案中，陆某某通过网络购买 3 张以他人身份信息开设的借记卡并使用其中 1 张借记卡的行为，违反了金融管理法规，属于妨害信用卡管理的行为，但其购买借记卡的目的和用途是方便白血病患者购买抗癌药品，客观上为白血病患者提供了无偿帮助。陆某某没有将该借记卡账号用于任何营利活动，亦没有实施其他危害金融秩序的行为，其行为情节显著轻微，危害不大，根据《刑法》第 13 条的规定，不认为是犯罪。

三、坚持法、理、情有机统一，实现“三个效果”的统一

“天理”是国家整体利益和人民根本利益，注重的是“政治效果”；“国法”是国家法律，侧重的是“法律效果”；“人情”是社情民意，讲求的是“社会效果”。《刑法》是保障法，要秉持刑罚谦抑原则，真正把刑法作为调整社会关系的最后手段。案件办理要努力在法律框架内寻求公平正义“最大公约数”，实现罪刑法定、罪责刑相适应、法理情相统一。本案中，陆某某及病友均系白血病患者，是弱势群体，陆某某的行为源于自己是白血病患者而寻求维持生命的药品，其所帮助买药的对象全是白血病患者，提供的帮助均是无偿的，在国内市场合法抗癌药品昂贵的情形下，陆某某的行为客观上惠及了白血病患者。陆某某的行为虽然在一定程度上触犯了国家对药品和信用卡的管理秩序，但面对白血病群体的生命权和健康权，如果将这种弱势群体自救行为中的轻微违法行为认定为犯罪，显然不符合人民群众朴素的“正义观”，亦有悖于司法为民的价值观和司法应有的人文关怀。故检察机关综合全案的客观事实和具体情节，对陆某某的行为不作为犯罪处理，依法作出（法定）不起诉决定。

如果说一份优秀的法律文书就是一道亮丽的司法风景线，那么文书说理部分则是这道风景的灵魂所在。当然，本案法律文书在说理方面可进一步加强，特别是针对本案的焦点问题，充分阐释不起诉决定的理由和依据，从而有利于促进诉讼参与人和社会公众全面准确理解检察机关办案行为依据，认同检察机关的司法决定，从源头上化解矛盾、促进社会和谐稳定。

（**点评人**：吴小军，北京市高级人民法院刑事审判第二庭副庭长）

【律师点评】

2002 年，陆某某因患有慢粒白血病需要长期服用抗癌药品。彼时，国内对症治疗白血病的正规抗癌药品系瑞士进口，每盒药品人民币 23500 元。2004 年 9 月，陆某某通过他人购买由印度公司生产的同类药品，每盒售价人民币 4000 元。因印度同类药疗效好、价格便宜，陆某某开始直接从印度公司购买抗癌药物，并向病友推荐，利用其懂英文的特长帮助病友翻译与印度公司的往来资料。随着病友间的传播，购买印度抗癌药品的患者越来越多，药品价格降至每盒人民币 200 余元。由于从印度公司购药涉及换汇、翻译等问题，程序烦琐，2013 年 3 月，经印度公司和陆某某商谈，由陆某某在国内设立银行账户接收药款，定期向印度公司在国内的指定银行账户转账。同时，由陆某某统计病友的购药信息，印度公司直接将药品邮寄给患者。在此过程中，陆某某所提供的帮助均为无偿，在所购买的十余种抗癌药品中，有三种药品系未经我国批准进口的药品。2014 年，陆某某因涉嫌妨害信用卡管理罪和销售假药罪被提起公诉。

按照当时的 2013 年《药品管理法》第 58 条第 2 款第 2 项的规定，凡是未经批准进口的药品即为假药。而 2011 年《刑法》第 141 条第 2 款明确，生产、销售假药罪所称“假药”，是指按照《药品管理法》的规定属于假药和按照假药处理的药品、非药品。因此，生产、销售假药罪是抽象危险犯，入罪门槛低，无论药品是否有疗效，只要是生产、销售未经国家药监部门审批的药品就构成犯罪，而药物是否对人体健康造成危害仅作为加重处罚情节。由于陆某某从印度购买的仿制药并未事先获得批准，仅从法律规范的形式要件上来看，其无疑构成犯罪。

然而，对陆某某定罪处罚使公众在感情上难以接受。陆某某本人作为慢粒白血病患者，因高昂的医药费而被迫开始购买仿制药，他是在自己服用有效后才开始无偿为病友“代购”，所有买药者都是白血病患者，全程没有任何营利性质。在国内抗癌药品费用极其高昂的情况下，陆某某的行为不仅减轻了患者的经济负担，而且从药效上有利于延缓病情。基于这些现实情况，陆某某案在伦理上引起公众的无限同情和尊敬，相应地，陆某某被追诉也受到了质疑。

面对形式逻辑和实质价值的强烈冲突，检察机关并未机械适用法律，而是于2015年2月26日对陆某某作出了不起诉决定。对于陆某某涉嫌的销售假药罪，检察机关认为陆某某购买和帮助他人购买未经批准进口的抗癌药品的行为违反了《药品管理法》，但因不是销售行为，不构成销售假药罪。对于陆某某涉嫌的妨害信用卡管理罪，检察机关认为陆某某购买并使用以他人身份信息开设的借记卡违反了金融管理法规，但其目的和用途是白血病患者支付自服药品而购买抗癌药品款项，且仅使用1张，情节显著轻微，危害不大，不认为是犯罪。根据2012年《刑事诉讼法》第15条第1项以及第173条第1款的规定，决定对陆某某不起诉。

检察机关用实质解释出罪，以不起诉决定为陆某某案画上了句号。该案充分展示了检察机关对国法与人情的平衡，产生了积极的示范效应，对于制度进步和刑事法治的推进具有重要意义。

一方面，检察机关透过现象看本质，以实质判断准确界定罪与非罪。从形式上来看，陆某某为病友代购未经批准的仿制药似乎已构成销售假药罪。但销售的本质是一种卖出商品的行为，卖方追求商品的价值，买方则寻求商品的使用价值。陆某某和所有购买药品的白血病患者群体一样，都是追求印度公司抗癌药品的使用价值，不论是提供账号还是和印度公司洽谈，都是一种买方行为。检察机关认定陆某某的行为不是销售行为，就是在全面系统分析案件事实的基础上穿透表象，把握住了销售假药罪的本质特征，准确认定罪与非罪。

另一方面，陆某某案促进了司法理念和执法观念的转变，表现出刑事司法对人权保障的重视。销售假药罪保护国家对药品的管理秩序，但其立法的核心意旨在于保护人的生命权和健康权。陆某某的行为在主观上、客观上都惠及白血病患者，这种弱势群体自救过程中的轻微违法行为完全可以通过行政方法来处理。检察机关的不起诉决定充分体现了宽严相济的司法理念，检察机关从保障人权的角度出发，促进刑事司法权的有序运行。

陆某某案的意义不只在司法领域，该案还推动了我国药品管理制度的改革。2019年修订的《药品管理法》删除了未经批准进口的药品这一项假药认定标准，更注重药品的质量功效。越来越多人因陆某某案关注到慢粒白血病人群体，国家通过医保谈判等方式将许多常见抗癌药物纳入医保，患者的医疗费用显著降低。

检察机关对陆某某案决定不起诉的释法说理书中提到，如果认定陆某某的行为构成犯罪，将与司法为民的价值观相悖、与司法的人文关怀相悖、与转变刑事司法理念的要求相悖，背离刑事司法应有的价值观。检察机关不仅代表国家行使公诉权，同时是国家法律监督机关，是中国式刑事司法现代化的参与者、推动者。陆某某案之所以能成为名案，正是因为检察机关以不起诉决定展现了司法的温度，最大限度实现了案件法律效果和社会效果的统一，是刑事司法现代化的具体实践。

（**点评人**：许兰亭，北京君永律师事务所名誉主任）

2. “涞源反杀案”：唤醒沉睡的第二十条

【案情简述】

张艺谋执导的电影《第二十条》在2024年的春节档引发了对正当防卫制度的关注，片名取自《刑法》第20条关于正当防卫的规定，整个影片为观众和司法从业者上了一堂生动的法治课。最高人民检察院近年来加强对基层办案督导，以“昆山反杀案”、福州赵宇案和“涞源反杀案”等真实的案例，唤醒沉睡多年的第20条。

2018年7月，河北省涞源县发生了一起因情感纠葛男子深夜持凶器翻墙闯入女子家中发生冲突被合力“反杀”的案件。王某丙追求王某乙未果后多次上门滋扰，7月11日23时许，王某丙携带两把水果刀、甩棍翻墙进入王某乙家院中，王某乙父亲王某甲拿铁锹冲出住房与王某丙打斗，王某丙用刀划伤其手臂。王某乙母亲赵某某后持菜刀跑出住房加入打斗，王某丙甩棍击打其头手部并将菜刀打掉。此时，王某乙持菜刀跑到院中后被王某丙追赶，王某甲、赵某某为保护王某乙追打王某丙，三人扭打在一起。王某乙上前拉拽，被王某丙划伤腹部。王某丙用右臂勒住王某乙脖子，赵某某上前拉拽王某丙，王某甲用铁锹从后面猛击王某丙。王某丙勒着王某乙脖子躲闪并将王某乙拉倒在地，王某乙挣脱起身后回屋拿出菜刀，向王某丙砍去。王某甲、赵某某继续持木棍、菜刀与王某丙对打，王某丙倒地后两次欲起身。王某甲、赵某某担心其起身实施侵害，就连续先后用菜刀、木棍击打王某丙，直至王某丙不再动弹。案发后，一家三口被采取刑事羁押强制措施，经媒体报道引起社会广泛关注和舆论持续热议。涞源县公安局侦查终结后，于2018年10月17日移送涞源县人民检察院审查起诉。检察机关受理案件审查起诉期间，两次退回公安机关补充侦查。2019年2月24日，涞源县公安局以王某甲之女王某乙行为系正当防卫为由，终止侦查免除其刑事责任，但对王某乙父母王某甲、赵某某以涉嫌故意杀人罪重新向检察机关移送审查起诉。涞源县人民检察院审查全案后认为王某甲、赵某某构成正当防卫，于2019年3月3日作出不起诉决定。

对于这样一起发生在人民群众身边的案件，其走向深深牵动国民的神经。因为这不只关乎普通群众的安全感，更关乎在纷繁复杂的社会生活中，公民面对不法侵害如何把握防卫边界的困惑。不同于“昆山反杀案”事件起因的偶然性和案发现场的公开性，“涞源反杀案”中，王某丙因求爱不得反复骚扰威胁王某乙，王某乙及家人尽其所能进行躲避和防范也未换来生活的安宁。案发又时值农村冬季深夜，王某丙携凶器非法闯入王家住宅，案发现场相对独立私密，回溯还原案发过程更加困难，也正是这些特别的因素，使得“涞源反杀案”在司法处理上变得更加复杂。最终，检察机关全面审查后认为，王某甲、赵某某的行为属于正当防卫，不负刑事责任。从犯罪嫌疑人到正当防卫者的过程虽然颇为艰难，但本案的最终处理再一次弘扬了“法不能向不法让步”的法治精神，契合了社会公众朴素的正义观念。

如果说“昆山反杀案”唤醒了沉睡的正当防卫制度，那么“涞源反杀案”则是进一步打消了正当防卫者顾虑，赋予公民在受到不法侵害时反抗的信心和底气。《刑法》第20条成为正当防卫、见义勇为者“该出手时就出手”的法律保障，也向那些意欲施加侵害者传达了鲜明的警醒信号。本案入选2019年“十大刑案”，写入2020年最高人民检察院工作报告，还为2020年9月“两高一部”联合出台《关于依法适用正当防卫制度的指导意见》所吸收，明确规定对于非法侵入他人住宅等不法侵害，可以实行防卫，以维护公民人身权利和住宅安全。

【文书原文】

河北省涞源县人民检察院

不起诉决定书

涞检公诉刑不诉〔2019〕1号

被不起诉人王某甲，男，1966年**月**日出生，居民身份证号码1324241966********，汉族，小学文化，群众，务农，户籍所在地河北省涞源县**乡**村**号，住本村，因涉嫌故意杀人罪，于2018年7月12日被监视居住，同年7月15日被刑事拘留，同年8月18日被逮捕。现在押。

本案由涞源县公安局侦查终结，以被不起诉人王某甲涉嫌故意杀人罪，于2018年10月17日向本院移送审查起诉。因事实不清、证据不足，本院于2018年11月14日、2019年1月25日两次退回侦查机关补充侦查，侦查机关于2019年2月24日重新移送起诉。

经本院依法审查查明：

2018年1月，被不起诉人王某甲之女王某乙在北京某餐厅打工时与王某丙相识，此后王某丙多次要求与王某乙进一步交往但遭到拒绝。同年5月至6月期间，王某丙为逼迫王某乙与其谈恋爱多次到王某乙学校和涞源县**村家中对王某乙及其家人进行骚扰、威胁。

2018年7月11日17时许，王某丙到达涞源县城，购买了两把水果刀和霹雳手套，预约了一辆小轿车，并于当晚乘预约车到**村王某乙家。23时许，王某丙携带两把水果刀、甩棍翻墙进入王某乙家院中，引起护院的狗叫。王某甲在住房内见王某丙持凶器进入院中，即让王某乙报警，并拿铁锹冲出住房，与王某丙打斗。王某丙用水果刀（刀身长11cm、宽2.4cm）划伤王某甲手臂。随后，王某乙之母赵某某持菜刀跑出住房加入打斗，王某丙用甩棍（金属材质、全长51.4cm）击打赵某某头部、手部，赵某某手中菜刀被打掉。此时王某乙也从住房内拿出菜刀跑到院中，王某丙见到后冲向王某乙，王某乙转身往回跑，王某丙在后追赶。王某甲、赵某某为保护王某乙追打王某丙，三人扭打在一起。王某乙上前拉拽，被王某丙划伤腹部。王某丙用右臂勒住王某乙脖子，王某甲、赵某某急忙冲上去，赵某某上前拉拽王某丙，王某甲用铁锹从后面猛击王某丙。王某丙勒着王某乙脖子躲闪并将王某乙拉倒在地，王某乙挣脱起身后回屋拿出菜刀，向王某丙砍去。其间，王某乙回屋用手机报警两次。王某甲、赵某某继续持木棍、菜刀与王某丙对打，王某丙倒地后两次欲起身。王某甲、赵某某担心其起身实施侵害，就连续先后用菜刀、木棍击打王某丙，直至王某丙不再动弹。事后，王某甲、赵某某、王某乙三人在院中等待警察到来。

经鉴定，王某丙头面部、枕部、颈部、双肩及双臂多处受伤，符合颅脑损伤合并失血性休克死亡；王某甲胸部、双臂多处受刺伤、划伤，伤情属于轻伤二级；赵某某头部、手部受伤，王某乙腹部受伤，均属轻微伤。

认定上述事实的证据：物证；书证；证人证言；犯罪嫌疑人的供述；尸体检验鉴定意见书，DNA 鉴定意见书；现场勘验、检查笔录，辨认笔录；电子数据、视听资料及其他证明材料。

本院认为，被不起诉人王某甲为使自己及家人的人身权利免受正在进行的暴力侵害，对深夜携凶器翻墙入宅行凶的王某丙，采取制止暴力侵害的防卫行为，符合《中华人民共和国刑法》第二十条第三款之规定，属于正当防卫，不负刑事责任。

依据《中华人民共和国刑事诉讼法》第一百七十七条第一款的规定，对王某甲作出不起诉决定。

被不起诉人如不服本决定，可以自收到本决定书后七日内向本院申诉。

被害人近亲属如不服本决定，可以自收到本决定书后七日以内向保定市人民检察院申诉，请求提起公诉；也可以不经申诉，直接向涞源县人民法院提起自诉。

涞源县人民检察院

2019 年 3 月 3 日

河北省涞源县人民检察院
不起诉决定书

涞检公诉刑不诉〔2019〕2号

被不起诉人赵某某，女，1965年**月**日出生，居民身份证号码1324241965********，汉族，小学文化，群众，务农，户籍所在地河北省涞源县**乡**村**号，住本村，因涉嫌故意杀人罪，于2018年7月12日被刑事拘留，同年8月18日被逮捕。现在押。

本案由涞源县公安局侦查终结，以被不起诉人赵某某涉嫌故意杀人罪，于2018年10月17日向本院移送审查起诉。因事实不清、证据不足，本院于2018年11月14日、2019年1月25日两次退回侦查机关补充侦查，侦查机关于2019年2月24日重新移送起诉。

经本院依法审查查明：

2018年1月，被不起诉人赵某某之女王某乙在北京某餐厅打工时与王某丙相识，此后王某丙多次要求与王某乙进一步交往但遭到拒绝。同年5月至6月期间，王某丙为逼迫王某乙与其谈恋爱多次到王某乙学校和涞源县**村家中对王某乙及其家人进行骚扰、威胁。

2018年7月11日17时许，王某丙到达涞源县城，购买了两把水果刀和霹雳手套，预约了一辆小轿车，并于当晚乘预约车到**村王某乙家。23时许，王某丙携带两把水果刀、甩棍翻墙进入王某乙家院中，引起护院的狗叫。王某乙之父王某甲在住房内见王某丙持凶器进入院中，即让王某乙报警，并拿铁锹冲出住房，与王某丙打斗。王某丙用水果刀（刀身长11cm、宽2.4cm）划伤王某甲手臂。随后，赵某某持菜刀跑出住房加入打斗，王某丙用甩棍（金属材质、全长51.4cm）击打赵某某头部、手部，赵某某手中菜刀被打掉。此时王某乙也从住房内拿出菜刀跑到院中，王某丙见到后冲向王某乙，王某乙转身往回跑，王某丙在后追赶。王某甲、赵某某为保护王某乙追打王某丙，三人扭打在一起。王某乙上前拉拽，被王某丙划伤腹部。王某丙用右臂勒住王某乙脖子，王某甲、赵某某急忙冲上去，赵某某上前拉拽王某丙，王某甲用铁锹从后面猛击王某丙。王某丙勒着王某乙脖子躲闪并将王某乙拉倒在地，王某乙挣脱起身后回屋拿出菜刀，向王某丙砍去。其间，王某乙回屋用手机报警两次。王某甲、赵某某继续持木棍、菜刀与王某丙对打，王某丙倒地后两次欲起身。王某甲、赵某某担心其起身实施侵害，就连续先后用菜刀、木棍击打王某丙，直至王某丙不再动弹。事后，王某甲、赵某某、王某乙三人在院中等待警察到来。

经鉴定，王某丙头面部、枕部、颈部、双肩及双臂多处受伤，符合颅脑损伤合并失血性休克死亡；王某甲胸部、双臂多处受刺伤、划伤，伤情属于轻伤二级；赵某某头部、手部受伤，王某乙腹部受伤，均属轻微伤。

认定上述事实的证据：物证；书证；证人证言；犯罪嫌疑人的供述；尸体检验鉴定意见书，DNA 鉴定意见书；现场勘验、检查笔录，辨认笔录；电子数据、视听资料及其他证明材料。

本院认为，被不起诉人赵某某为使自己及家人的人身权利免受正在进行的暴力侵害，对深夜携凶器翻墙入宅行凶的王某丙，采取制止暴力侵害的防卫行为，符合《中华人民共和国刑法》第二十条第三款之规定，属于正当防卫，不负刑事责任。

依据《中华人民共和国刑事诉讼法》第一百七十七条第一款的规定，对赵某某作出不起诉决定。

被不起诉人如不服本决定，可以自收到本决定书后七日内向本院申诉。

被害人近亲属如不服本决定，可以自收到本决定书后七日以内向保定市人民检察院申诉，请求提起公诉；也可以不经申诉，直接向涞源县人民法院提起自诉。

涞源县人民检察院

2019 年 3 月 3 日

【学者点评】

本案被新闻媒体称为"涞源反杀案"，与"昆山反杀案"等被视为近年来检察机关激活正当防卫制度的典型案例，对于推动司法机关正确适用正当防卫条款、践行"法不能向不法让步"的司法理念，具有重要的指导和示范意义。

该案于2018年10月17日被移送涞源县人民检察院审查起诉。涞源县人民检察院依法审查了全部案件材料，两次退回补充侦查。2019年2月24日，涞源县公安局以王某甲之女王某乙行为属于正当防卫为由，终止侦查，解除取保候审，以王某甲、赵某某涉嫌犯故意杀人罪重新移送审查起诉。涞源县人民检察院对公安机关补充移送的现场监控视频等证据依法进行了审查，为准确查明案件事实打下了坚实基础。涞源县人民检察院和保定市人民检察院在上级检察机关的指导下，对案件涉及的法律适用问题进行了充分的研究和论证。检察机关认为，根据审查认定的事实并依据上述法律规定，本案中王某甲、赵某某、王某乙的行为属于特殊正当防卫，对王某丙的暴力侵害行为可以采取无限防卫，不负刑事责任，2019年3月3日决定对王某甲、赵某某不起诉。当天，保定市人民检察院对本案决定不起诉有关情况向社会作了通报（以下简称《情况通报》），收到了良好的社会反响。①

从本案的不起诉决定书以及《情况通报》来看，检察机关依据《刑法》规定以及相关原理，并且根据最高人民检察院第十二批指导性案例以及近期处理的正当防卫相关案件所体现的精神，对正当防卫作出了准确的分析判断，有以下两方面的亮点：

第一，明确了携带凶器夜晚闯入他人住宅实施伤害的行为，属于《刑法》第20条第3款规定的"严重危及人身安全的暴力犯罪"。尽管最

① 参见史兆琨：《"让老百姓越来越相信法治的力量"——检察机关通报"涞源反杀案"，依法认定王某甲、赵某某的行为属于正当防卫，不负刑事责任，决定对二人不起诉》，载《检察日报》2019年3月4日，第2版；谢文英：《三位法律界人大代表热议"正当防卫"》，载《检察日报》2019年3月5日，第5版。

终王某甲受轻伤、赵某某和王某乙受轻微伤，但是一方面王某丙使用的水果刀、甩棍是足以严重危及人身安全的凶器，另一方面王某丙闯入他人住宅，而住宅是公民最为私密的个人空间，也是公民最有理由期待享有绝对自由与安全的地方，一旦遭遇他人无故侵入，势必使其人身安全面临无法预测和控制的威胁。综合这些因素，可以认定行为人对此类行为有权实施特殊防卫。

第二，明确了对于不法侵害是否结束应该采取情境化的事前判断标准。在正当防卫的司法实践中，存在着这样一种情形：侵害人已经丧失了继续侵害的能力，或者侵害人已经自动放弃了侵害行为，又或者侵害行为已经实现既遂，但防卫人不能确定不法侵害是否已经结束，由于担心侵害人会继续发动袭击，故而在防卫意图支配下对侵害人造成了损害。例如，本案中，在面临王某丙持水果刀等器械进入王某乙家中实施暴力侵害时，王某甲、赵某某持木棍、菜刀与王某丙对打，王某丙倒地后两次欲起身，王某甲、赵某某担心其起身实施侵害，连续先后用菜刀、木棍击打王某丙，直至王某丙不再动弹，导致其死亡。在这种情况下，对于不法侵害是否结束的问题，应当采取事前的标准来加以判断。这一原则的学理依据在于[①]：

毕竟是被防卫者以不法行为引起了利益冲突在先。由此带来两个后果。其一，作为利益冲突的始作俑者，侵害者法益的值得保护性已经出现了大幅下降。其二，相对于被动应战的防卫人而言，主动发起进攻的侵害者在对侵害事实的认知和支配方面具有明显的优势，侵害行为将会进行到何种程度、冲突状态将会持续至哪一时点，在很大程度上都处于侵害者的掌控之下。因此，由侵害者对于侵害事实所具有的“管控优势”所决定，风险分配的天平应当向侵害人一方倾斜。假如侵害人想要终结冲突状态，从而使自身法益的值得保护性复归至冲突发生前的正常水平，那么，要么他已根本失去了继续侵害的身体条件，如因为被反击行为所伤或者因为突发疾病而瘫倒在地、不省人事；要么他必须在停止侵害的

① 参见陈璇：《正当防卫：理念、学说与制度适用》，中国检察出版社2020年版，第225—227页。

同时准确无误地向防卫人表明自己放下屠刀、偃旗息鼓的决心，以更为明晰和可信的方式彻底打消防卫人的担忧与疑虑。

结合本案来看，第一，王某丙身材高大，年轻力壮，所持凶器足以严重危及人身安全，尽管王某丙被打倒在地后，侵害能力已经发生了一定减弱，但日常生活经验表明，在打斗过程中，体力较好者负伤跌倒后起身再战的情况并不鲜见。故仅从侵害人倒地这一事实本身，并不足以得出他已彻底丧失侵害能力的结论。在双方激烈对阵的过程中，战机往往稍纵即逝，胜负时常定于一瞬，许多情况下短暂的一刻就足以导致形势翻转。既然王某丙被打倒后仍两次试图起身，那么防卫人就有理由认为侵害者并未被完全制伏。第二，王某甲家在村边，周边住宅无人居住，案发时已是深夜，院内无灯光，王某丙突然持凶器翻墙入宅实施暴力侵害，王某甲、赵某某精神高度紧张，心里极度恐惧。因此，在王某丙倒地后仍两次试图起身的情况下，王某甲、赵某某二人为彻底排除其侵害能力而继续用菜刀、木棍击打被害人的行为，正如《情况通报》所言“与之前的防卫行为有紧密连续性，属于一体化的防卫行为”，没有超出为及时、有效和安全地制止不法侵害的限度。涞源县人民检察院认定王某甲、赵某某的行为构成正当防卫，决定对其不起诉，这一处理决定是正确的。

涞源县人民检察院的不起诉决定书对于案件的事实进行了详细描述，并且简要地说明了作出不起诉决定的根据；《情况通报》则围绕本案体现出的正当防卫问题，进行了详细而具有说服力的释法说理，实现了法律效果和社会效果的统一，具有典范性意义。

（**点评人**：陈璇，中国人民大学法学院刑法教研室主任，
教授、博士生导师）

【检察官点评】

2018年7月11日深夜，王某丙携带凶器翻墙进入王某甲、赵某某家中行凶，王某甲、赵某某为使自己及家人的人身权利免受正在进行的暴

力侵害，先后用铁锹、木棍、菜刀等对王某丙进行击打，最终导致王某丙死亡，王某甲因王某丙行凶受轻伤、赵某某及二人女儿王某乙受轻微伤。2019 年 3 月 3 日，涞源县人民检察院作出不起诉决定，该院认为，王某甲、赵某某的行为符合《刑法》第 20 条第 3 款之规定，属于正当防卫，不负刑事责任。这就是当年闻名全国的“涞源反杀案”。

在 2020 年《关于依法适用正当防卫制度的指导意见》（以下简称《指导意见》）出台前，即使最高人民检察院已发布第十二批指导性案例，但司法机关对《刑法》第 20 条即正当防卫条款的适用仍然较为谨慎，对于《刑法》第 20 条第 3 款特殊防卫条款的适用更是慎之又慎。本案公安机关已认定本案犯罪嫌疑人构成故意杀人罪的基础上，涞源县人民检察院经二次退回补充侦查后，最终“唤醒”无限防卫条款，对王某甲、赵某某作出法定不起诉的处理，在当时仍属难能可贵。

根据《指导意见》，成立正当防卫必须具备五个条件。一是起因条件：不法侵害现实存在；二是主观条件：具有防卫意识；三是时间条件：不法侵害正在进行；四是对象条件：针对侵害人防卫；五是限度条件：没有超过必要限度。而成立无限防卫，除需符合上述条件外，还要求侵害人实施的是严重危及人身安全的暴力犯罪。王某甲案办理之时，虽然《指导意见》尚未出台，但是其不起诉决定书，无论是事实认定还是法律适用方面，均完全符合《指导意见》的精神，让无限防卫条款在个案中“闪闪发光”。

首先，不起诉决定书对事实的叙写非常详细，目的就是能将本案中的起因、行为人主观方面、时间、对象、侵害程度等要素予以明确，以正视听。根据文书中的事实表述，综合王某丙非法侵入王某甲一家住宅的地点、时间、方式、所持凶器的情况以及侵入后实施侵害的手段，可以明确案发当时王某丙携带水果刀、甩棍等凶器夜闯他人住宅，先后针对王某甲夫妇及其女儿王某乙实施伤害行为，对王某甲一家的住宅安宁和人身安全已造成明显的严重威胁，事实所示的情景很容易让人认同王某丙正在实施“严重危及人身安全的暴力犯罪”，也能明确当时王某甲夫妇的行为系防卫行为。

其次，本案是否成立无限防卫，可能存在两处争议点。一是正当防卫的时间条件是否成立，如果说在王某丙行凶时进行防卫是正当的，那么在王某丙倒地之后，行凶是否已经结束，行为人是否属防卫不适时；二是正当防卫的限度条件是否成立，无限防卫其实亦应有限度，王某丙倒地后，王某甲等人已对其进行压制，是否还能对其打击至死，是否可能存在防卫过当。不起诉决定书在处理这两个问题时，对某些事实细节的描写非常到位，同时加入了检察机关对行为人主观要素的审查结论，且相应的描述合情合理。一是关于“王某丙倒地”，不起诉决定书随即表述王某丙“两次欲起身”，短短五个字，就反映出案发现场行凶人仍然有继续行凶的现实可能；关于行为人当时的主观心态，不起诉决定书的表述为“王某甲、赵某某担心其起身实施侵害”明确 2 名行为人仍基于防卫意识心态实施打击行为；而对于“限度问题”，不起诉决定书则表述为“直至王某丙不再动弹”，亦与“严重危及人身安全的危险现实消除”的限度具有相当性。

最后，是关于“一体化的防卫行为”的认定。在本案检察机关的案情通报中，对本案中行为人的防卫行为从主客观两个角度予以分析，明确行为人因精神紧张、心里恐惧，仍然担心王某丙起身继续行凶，要求行为人在王某丙倒地后即刻停止防卫行为不具有合理性和现实性，故在王某丙倒地后实施的打击行为与之前的防卫行为有紧密连续性，属于一体化防卫行为。该案的这种认定方式充分结合了法理、情理，具有很强的实践指导意义。

本案的不起诉决定书明确了正当防卫法律适用的价值取向。《刑法》的目的不仅是惩罚犯罪行为，更重要的是维护社会秩序和公共安全。该案的处理，明确了法律优先保护守法者和受害者的利益，即“法不能向不法让步”。苛责防卫者，等于放纵了施暴者。“诸夜无故入人家者，笞四十。主人登时杀者，勿论。”这是《唐律疏议》第 269 条的部分内容。如果对于正当防卫的行为苛以惩罚，可能会阻碍他人在面对不法侵害时采取必要的防卫手段。通过制发不起诉决定书，检察机关向社会传递了公正、客观的信号，维护了法律应有的权威和公信力。

一个案例胜过一打文件。“涞源反杀案”不起诉决定书很好地诠释了《刑法》第 20 条第 3 款的真谛，该案和“昆山龙哥案”“赵宇见义勇为案”等案件一样，以个案助推法治进程，也为之后出台《指导意见》提供了丰富的实践样本，为探索健全正当防卫制度提供了宝贵的经验，向社会公众传递了检察机关始终践行公平正义的初衷。2024年最高人民检察院在工作报告中回顾2023年工作时提到，审查认定属正当防卫依法不捕不诉261人，同比上升25.5%；2024年春节档，讲述正当防卫故事的电影《第二十条》热映；这都说明，社会在进步，法治在进步，正当防卫理念已逐渐深入人心，“法不能向不法让步”，让我们一起在法律框架内共同寻求公平正义的“最大公约数”。

（**点评人：**曹杰，上海市人民检察院第三分院第一检察部副主任、三级高级检察官）

【法官点评】

备受关注的河北省保定市涞源县发生的王某丙持刀夜闯王某甲、赵某某之民宅被“反杀”一案，检察机关认定王某甲、赵某某的行为属于特殊防卫，依法不负刑事责任，并作出不起诉决定。检察机关的不起诉决定书是对《刑法》第20条正当防卫条款的准确适用，充分彰显了“法不能向不法让步”的立法理念，符合人民群众内心朴素的公平正义观念，体现出法理、事理与情理的有机统一，对于鼓励公民同不法行为做斗争，传递和弘扬社会主义核心价值观，具有重要意义。

一、特殊防卫设置的实践价值及成立要点分析

1997年增设的特殊防卫规定，旨在扩大正当防卫的适用范围，强化公民的防卫权利。特殊防卫的适用需结合《刑法》第20条第1款、第2款正当防卫的一般条款加以理解。在面临严重危及人身安全的暴力犯罪时，防卫人所必需之防卫行为当然包括针对不法侵害人的暴力反抗行为。亦即，此时防卫人采取的防卫行为尽管会造成不法侵害人重伤或死亡的严重后果，但其防卫行为与不法侵害相比，不能认定为“明显超过必要限度”，依据《刑法》第20条第1款的规定仍然成立正当防卫。

特殊防卫成立的核心要素在于“严重危及人身安全的暴力犯罪”的认定。行凶、杀人、抢劫、强奸、绑架等行为具有类型化的暴力特征，通常情况下具有严重危及防卫人人身安全的特点，因而立法将上述行为予以明确列举。但类型化设定并不意味着无须进行个别化判断，即使不法侵害人实施上述行为，如若并未产生严重危及人身安全的现实危险，亦应否定特殊防卫的成立。

特殊防卫设立，旨在消除民众面对严重暴力犯罪的后顾之忧，激活正当防卫的司法适用。同时，特殊防卫的设立，起到对防卫行为进行过滤判断之功效。亦即，应首先对防卫行为进行特殊防卫的检验，在满足特殊防卫情形下直接予以出罪，在否定特殊防卫成立时方才需要进行一般正当防卫的检验，由此避免错误适用防卫过当条款。

二、本案符合特殊防卫的成立条件，检察机关作出不起诉决定的事实认定清楚、适用法律准确，实现了三个效果的有机统一

检察机关的不起诉决定书依据特殊防卫的成立要件，结合具体案情，条分缕析地进行了剖析，论理严谨、分析透彻：

首先，防卫人面临不法侵害，且时间紧迫、情势危急。本案不法侵害人王某丙深夜携带两把水果刀、甩棍翻墙进入被害人王某乙家中，意图打击报复、暴力行凶。王某丙使用水果刀（刀身长 11cm、宽 2.4cm）先后刺伤、划伤王某甲、王某乙，用甩棍（金属材质、全长 51.4cm）打伤赵某某，并用胳膊勒住王某乙脖子，应当认为其正在实施严重危及人身安全的暴力犯罪，王某甲一家三口的人身安全处于严重的暴力威胁之中，处于现实的、紧迫的危险之下。

其次，王某甲、赵某某、王某乙实施的行为属于制止不法侵害的防卫行为。家作为个人最安全的港湾，是退无可退的安身之所。不法侵害人王某丙夜闯民宅，手持凶器对一家三口实施行凶行为，且不法侵害在持续进行当中，防卫人具备采取防卫手段实施制止或排除的时效条件，为使自己和家人的人身权利免受正在进行的严重暴力侵害，王某甲、赵某某用铁锹、菜刀、木棍反击王某丙的行为，具有防卫的正当性，且属于特殊防卫，即使造成不法侵害人死亡的后果，仍属于在合理限度之内，依法不负刑事责任。

最后，防卫人的防卫行为没有明显超过必要限度。认定防卫过当要求同时具备“造成重大损害”和“明显超过必要限度”两个条件。本案中，不法侵害人王某丙采取的是手持凶器之“行凶”行为，此行为具有攻击性、暴力性、严重性，此时防卫人使用铁锹、木棍等进行反抗，并未超越明显的必要限度，此种情况下不能苛求防卫人精准防卫。正如最高人民检察院在“昆山反杀案”的“指导意义”中所言：“司法实践中，如果面对不法侵害人‘行凶’性质的侵害行为，仍对防卫人限制过苛，不仅有违立法本意，也难以取得制止犯罪，保护公民人身权利不受侵害的效果。”

值得注意的是，在制止不法侵害过程中，在王某丙倒地后，王某甲、赵某某担心王某丙起身实施侵害，仍然连续先后用菜刀、木棍击打王某丙，直至王某丙不再动弹。针对上述行为的法律评价，涉及防卫时间的准确把握。判断侵害行为是否已经结束，应当结合不法侵害人的行为是否仍然存在继续实施的可能。本案中，王某丙倒地后两次欲起身，作为身强力壮且手持凶器的闯入者，其存在继续实施攻击行为的高度可能，王某甲、赵某某面对突如其来的不法侵害，精神高度紧张，内心极度恐惧，此时如若要求他们准确判断王某丙倒地后是否会继续实施侵害行为，并在王某丙不具备侵害能力时即刻停止防卫行为，既不合理，也不现实。

检察机关的不起诉决定书，体现了司法机关的专业性、公正性，将专业的司法判断和公众的朴素感情相融合，信守立法精神、恪守法律理念、遵循法律规定，释法析理，精准剖析，确保裁判结果深孚众望，树立了司法机关在公众心目中的良好形象，对于激活防卫制度，彰显司法权威、推进法治进程、引导舆论导向，起到了重要的引导作用、示范作用。

（**点评人**：石魏，北京市东城区人民法院刑事审判庭法官）

【律师点评】

“高质效办好每一个案件”是检察工作适应新时代发展新需求的必然

选择。检察机关在办案过程中，要始终遵循“高质效”的基本价值追求，坚持客观公正、实体程序并重等理念，强化证据审查运用，全面查明案件事实，精准适用法律，确保依法准确办理案件。“高质效”既体现在案件质量上，也体现在法律文书的制作上。本案是一起涉嫌故意杀人最终以正当防卫为由，认为不构成犯罪而作出法定不起诉决定的案件，通过观察本案不起诉决定书，个人认为这份优秀文书具有以下四个特点：

一、向社会宣扬了“法不能向不法让步”的法治精神

正当防卫，不是“以暴制暴”，而是“以正对不正”，要切实防止“谁闹谁有理”“谁死伤谁有理”的错误做法，坚决捍卫“法不能向不法让步”的法治精神。法律不仅要镌刻在大理石上，更要铭刻在公民心中，只有让公民真正感受到正义力量，才能滋养公民的法治信仰。“涞源反杀案”是司法机关确认的公民正当防卫权扩展的标志性案件，充分体现了国家真正为人民群众伸张公平正义的积极导向。

二、检察机关敢于正确适用法律、勇于履职担当

法律对正当防卫是原则性规定，没有写明什么情况下是正当防卫，什么情况下不是，司法人员掌握办案尺度不仅涉及如何理解适用法律，也需要考量公众对正义观念的审视，以及法治精神的引导和宣扬，即达到政治效果、法律效果和社会效果的统一。“涞源反杀案”在检察阶段即被认定为正当防卫，对于反杀、追砍的行为是否符合正当防卫这样存有争议的问题，不仅会引发社会公众的高度关注，也会引发实务部门的争论。从昆山于海明案、福建赵宇案、山东于欢案到现今的涞源反杀案，可以看出办案机关逐步走上敢于适用正当防卫的轨道上来，尤其是办理本案的检察机关，在审查起诉阶段即敢于厘清争议正确适用法律，值得赞赏和肯定。从不起诉书的引导功能看，司法机关在办案过程中要注意区分公民在遭受不法侵害而进行正当防卫时的防卫过当行为与在防卫限度内做的正当防卫行为，做到既惩治犯罪又支持正义行为。这既契合我国社会主义核心价值观的内核，也合理鼓励公民正确行使防卫权，增加社会有机体的凝聚力，宣传社会正能量。

三、评价“反杀”行为是正当防卫具有示范作用

本案中王某甲、赵某某反杀、追砍的行为是否符合正当防卫适用条件是争议的核心，可从防卫的时间条件和限度条件入手分析。首先是防卫的时间条件。本案中王某甲、赵某某曾经有一个用菜刀连续劈砍王某丙颈部的行为，这也是案件引起普遍争议的一个焦点：王某丙倒地后能不能说明不法侵害已经停止？王某甲、赵某某这一行为是否构成犯罪？本案中，王某丙携带刀具、甩棍翻墙进入王某甲住宅，用水果刀先后刺伤、划伤王某甲、王某乙，用甩棍打伤赵某某，并用胳膊勒住王某乙脖子，应当认定王某丙已着手实施暴力侵害行为。王某甲一家三人为使自己的人身权利免受正在进行的严重暴力侵害，用铁锹、菜刀、木棍反击王某丙的行为，具有防卫的正当性，不属于防卫过当。王某丙倒地后，王某甲、赵某某继续刀砍棍击的行为仍属于防卫行为。王某丙身材高大，年轻力壮，所持凶器足以严重危及人身安全，王某丙虽然被打倒在地，还两次试图起身。办理案件不仅要考虑法律规定，更要考虑日常生活经验。深夜闯入他人家中，手持凶器并使用暴力的侵害人虽然倒地了，但被侵害人在当时情境下不免会怀疑对方会不会再次起身，或者是说再利用其他的工具来继续进行侵害的行为。王某甲、赵某某当时不能确定王某丙是否已被制伏，担心其再次实施不法侵害行为，又继续用菜刀、木棍击打王某丙，与之前的防卫行为有紧密连续性，属于一体化的防卫行为。目前，在我国司法实践中，还存在只看结果、不分是非的唯结果论，因而导致对案件的处理失当的情况。本案对反杀、追砍的行为界定，对类似的正当防卫案件的处理起到了示范作用。其次是防卫的限度条件。如何判定正当防卫的限度在刑法理论上存在一定的争论。在具体案件中，防卫行为是否超过必要限度的判断是十分复杂的，应当结合具体案情进行客观的分析。防卫过当在刑法理论上归纳为行为过当和结果过当，一是强调超过必要限度的明显性；二是造成重大损害。这里的重大损害显然不是制止不法侵害所必需的。只有在两者同时具备的情况下，才能认定为防卫过当。案发时已是深夜，王某丙突然持凶器翻墙入宅实施暴力侵害，王某甲、赵某某受到惊吓，精神高度紧张，内心极度恐惧。在上述情境下，要求他们在无法判断王某丙倒地后是否会继续实施侵害行为

的情况下，即刻停止防卫行为不具有合理性和现实性。从近些年的法学界意见和舆论呼吁可以看出，对防卫人不做完美预设、过苛要求，已渐成共识。加害人的行为是违法且不受限制的，如果对防卫人的限制过严，事实上就是变相纵容了侵害行为。本案王某甲、赵某某的行为属于正当防卫，不负刑事责任。这样处理有利于制止不法侵害行为，有利于保障公民正当权益，有利于维护公民人身权利和住宅安全。

四、重视法律文书价值，传导司法办案理念

刑事检察法律文书是检察机关依法履行刑事检察职能的重要载体，是刑事案件办理质效的集中体现，也是人民群众感受公平正义最重要、最直观的载体。本案不起诉决定书制作规范、表述逻辑严谨，将证据证实的案发现场各方行为进行充分、翔实的论证，最终得出犯罪嫌疑人的行为属于正当防卫的结论，对于今后司法实践中办理同类案件具有较强的参考意义。

（**点评人：**郝春莉，北京市东卫律师事务所主任）

3. 胡某某等人故意杀人、非法拘禁案：深藏湖底的证据

【案情简述】

被告人胡某某从事高利借贷活动，与内蒙古商人张某乙有巨额资金往来。为索取债务，2012 年 6 月，胡某某纠集指使他人将张某乙从浙江省杭州市某酒店带离杭州，关押看管近 3 个月，其间向其亲友索得 623 万元。2012 年 8 月 31 日深夜，胡某某等人将身高 1 米 83、体重 100 公斤的张某乙关入不足 1 米高的预制铁笼，晚上驾车运至浙江省青田县人迹罕至的北山大桥，次日凌晨将张某乙推入水深百余米的滩坑水库致其死亡。胡某某于 2012 年 9 月潜逃偷渡出境，2013 年 2 月在泰国曼谷被泰国警方抓获，后押解回国。

这起有预谋、有策划、有分工的恶性命案，手段残忍隐秘，被告人对生命自由的无情漠视，对法治人权的赤裸践踏，让身处现代法治社会的人们震惊之余，更是隐忧社会治安和自身安全。在被害人尸体被打捞出水后，该案迅速成为全国媒体关注的热点。正所谓“法治必须被信仰，否则它将形同虚设”。惩罚践踏法治者，最好的方式就是以法治之。2014 年 5 月，杭州市人民检察院以胡某某等人涉嫌故意杀人罪、非法拘禁罪向杭州市中级人民法院提起公诉。面对被害人尸体和铁笼等关键核心证据缺失、被告人翻供否认等复杂情况，司法机关始终坚持命案证据底线，依法审查评判全案证据，同时投入大量人力物力，持续开展打捞工作。在公安机关不懈努力和检察机关配合下，在专家团队及全球顶尖技术公司协助下，于 2015 年 1 月 6 日将沉尸湖底 28 个月的被害人尸体打捞上岸，实现该案证据体系完美构建。2015 年 3 月 16 日，杭州市中级人民法院一审以故意杀人罪、非法拘禁罪判处胡某某死刑，剥夺政治权利终身，

其他同案犯也分别被判处死缓、无期徒刑等刑罚。一审宣判后，被告人胡某某不服，提起上诉，该案二审期间，被告人亲属代为赔偿取得了被害人的谅解，但浙江省高级人民法院审理后维持原判并报经最高人民法院核准。该案历经三年侦查、两次退查、四次庭审、一审宣判、上诉、二审、报请最高人民法院核准。2016 年 12 月 13 日，胡某某被押赴刑场执行死刑，这件全国轰动一时、过程无比曲折艰辛的命案终于画上句号。

在这场正与邪的较量中，司法机关为追寻事实真相、守护公平正义，锲而不舍、不枉不纵，在命案中准确贯彻宽严相济刑事政策，严把案件事实关、证据关和法律关，以司法的正义弘扬了法治精神，树立了法治权威，增强了社会公众对法治的信心。余热褪去，但警示犹在。该案后又被编写为最高人民法院《刑事审判参考》第 1239 号指导案例，对严重危害社会治安和人民群众安全感的故意杀人案件，被告人亲属积极代为赔偿取得被害人谅解的，如何准确把握死刑政策给出了明确的类案指导。

【文书原文】

浙江省杭州市人民检察院

公诉意见书

（节　录）

在案证据已足以证明胡某某等三人犯有故意杀人的犯罪事实，公诉人依法对本案证据、定罪量刑问题发表如下意见：

一、被告人胡某某、张某甲、金某某的行为构成故意杀人罪，犯罪事实清楚，证据确实、充分

在前两次庭审中，公诉人对全案证据进行了系统的举证、示证，出示（或宣读了）被告人的供述和辩解、证人证言、书证、视听资料、照片以及辨认笔录、侦查实验等证据；上述相关证据均当庭进行了质证，证据客观、真实、合法，能够形成证据锁链。

今天，公诉人又当庭出示了打捞日志、法医学尸体检验鉴定书、法庭科学DNA鉴定书、侦查实验情况说明等证据、当庭播放了水底探测、打捞视频，当庭出示了关人的铁笼，上述证据证实杭州市公安局下城区分局在丽水市青田县滩坑水库北山大桥八号桥墩南岸东侧12米水底公路内，水深83.3米处，发现了这个60cm×70cm×70cm的铁笼，而该铁笼内所关的死者，正是被害人家属期盼三十多个月，正是侦查机关辛苦寻找两年多的本案被害人张某乙。

公诉人在法庭上继续就案件事实讯问了被告人。被告人张某甲、金某某在铁证面前，放弃侥幸心理，承认二人在第一次庭审中辩称把被害人释放的辩解是完全虚假的，并称以往在公安局及本院所作供述属实。当然公诉人也注意到，被告人张某甲在今天的庭上，尽管供述笼子掉入水中的事实，但否认其直接参与杀害张某乙，表明其仍拒不认罪的态度。尽管被告人胡某某直到此刻仍辩称其将被害人在桥头释放，但其辩解根本没有任何证据予以佐证，且与现有证据相矛盾，特别是已经从水库底发现被害人尸体及铁笼这一事实完全矛盾。被告人胡某某所作辩解仅是其一面之词，实属无理狡辩，不足采信。对于被告人胡某某的无理辩解，亦表明其时至当前仍拒不认罪，拒不悔罪的态度，提请合议庭予以注意。

二、本案的办理体现了杭州司法机关敢于担当、锲而不舍、不枉不纵的精神

有一句话叫“让真相浮出水面”。办理本案，让公诉人对这句话有了更深刻的感触。在被害人尸体被打捞出水后，这一案件迅速成为全国媒体关注的热点。我想，大家都已经在媒体的报道中了解到了本案侦查工作的艰难，了解到了侦查人员为了破获案件所花费的努力，也了解到了本案作案手段的残忍。

结合刚才展示的视频，大家可以回顾一下案发现场。本案的被告人胡某某之所以选择了北山大桥这一地点作案，就是因为看中了水库这一有利地理环境。沿库一带道路曲折，人迹罕至。被告人胡某某又选择午夜时分作案，以为其和被告人张某甲、金某某等人的罪恶行径可以遮天蔽日、人不知鬼不觉。事实证明，被告人的侥幸是有一定的基础的，那就是水库深不见底。本案抛笼杀人地点在滩坑水库北山大桥，该水库系我省第二大水库，北山大桥桥长944米，最高墩高116米，桥下最深处水深近百米。北山大桥建造时库底淹没有村庄、道路、桥梁等建筑物及大量建筑垃圾，地形地貌极为复杂，传统声学探测和金属探测都无法实施。由于桥下最深处近百米，超出国内人体下潜打捞的极限，只能采用机械设备，而限于山区道路原因，潜水艇等设备又无法在现场施展使用。取证难度不言而喻，以至本案在侦查阶段、本院审查起诉用尽两次退查手段，仍未发现尸体。因此，也导致被告人胡某某、张某甲、金某某在第一次法庭审判时，还心存侥幸，试图颠倒是非、隐瞒真相、掩盖罪行。但想必被告人胡某某、张某甲、金某某没有料到，杭州的司法机关从未放弃对被害人尸体的搜寻打捞工作。

当被害人尸体被打捞发现后，公诉人也注意到，有网友质疑说，如果死者不是一个有钱人，公安机关还会去打捞吗？

党的十八届四中全会指出："公正是法治的生命线。司法公正对社会公正具有重要引领作用，司法不公对社会公正具有致命破坏作用。"我们所在的杭州，正在努力建设一个"法治杭州"。我们深知，司法工作关系到社会稳定，关系到每一个案件当事人的切身利益。作为司法工作者的我们，必须秉持公平正义的基本原则，平等对待我们所办理的每起案件，而不是从案件当事人的年龄、性别、地位、背景、财富、籍贯进行选择性的执法。在面对这样一个重大的刑事案件，我们从未考虑过被害人是富裕还是贫困，我们的眼中，只有一件事情值得考虑，那就是尽我们的一切努力，去查明案件真相，将犯罪分子绳之以法。

1. 侦查机关为本案付出了极大的心血和努力。

本案案发至今，历时近三年，在案件办理中，侦查机关付出了极大的努力和辛劳。本院与杭州市公安局下城区分局一直未放弃对被害人尸体的搜寻和打捞工作，这项工作一直持续进行着。侦查机关四上水库，从2013年的酷暑到2014年的严寒，又历经一个寒来暑往，想尽各种办法联系打捞团队、研讨打捞方案。杭州市公安局下城区分局三十余名办案同志，在那个偏僻的小山村里，住着简陋的小旅馆，夏天顶着烈日，冬天吹着寒风，"白加黑""五加二"地工作。两年多来，坚持不懈、夜以继日地开展工作，终于找到了沉尸湖底28个月的被害人张某乙，推动本案的证据体系更加完美的构建。特别是当被害人被发现后，公安人员分批在桥上警戒，他们是在刺骨的寒风中度过了2014年到2015年的新年跨年。我两次去过案发现场，我深深为这批公安干警感动。

2. 本院起诉符合事实清楚，证据确实、充分的标准。

很多人可能认为这个案子的特殊性是作案手段的残忍和作案地点的特殊。而从法律职业角度来说，这是一个在起诉时尚未发现尸体的案件。客观地说，本案在起诉时被害人尸体没有发现，案件证据链确实存在一定欠缺。在上次的庭审中，公诉人也指出，检察机关对待这个案件一直很慎重，我们也担心出现类似“亡者归来”的错案。为了确保案件质量，严防冤假错案的发生，作为法律监督机关，我们不仅要坚持“疑罪从无”，保障无辜的人不受到错误追诉；也要坚持防错防漏，不放过任何一个犯罪分子，让被害人及其家属、让全社会感受到正义的力量。在本案的审查起诉、分析研判、决策部署中，本院严格落实中央政法委、高检院有关防止冤假错案的相关工作意见，始终严把案件事实关、证据关和法律关。在本院审查起诉期间，在案证据可以证明三被告人的故意杀人行为：被害人在被非法拘禁期间，已丧失所有生命信息长达两年之久；被告人张某甲、金某某均供述了相关事实，特别是关于车辆滑坡、大桥特征等描述，应属“内知性证据”，被告人有罪供述可以得到其他在案证据的印证。我们实地复勘了案发现场，调取和收集了大量证据，加强客观性证据的补强工作；认真审查了被告人供述的同步录音录像；加强与侦查机关的沟通配合，特别是从未放弃对被害人尸体的搜寻和打捞工作。本案在起诉时已不属于“疑罪”，第二、第三被告人在第一次庭审中的翻供不足采信。在今天的庭审中，第二、第三被告人也放弃了狡辩。因此，我院起诉本案时，案件证据符合事实清楚，证据确实、充分的起诉标准。

3. 杭州市中院以高度负责的态度对待本案。

杭州市中级人民法院依法保障被告人和辩护人的合法权益，以高度负责的态度对待本案，先后三次开庭审理本案，依法贯彻证据裁判原则，贯彻以审判为中心的诉讼制度，力求保证案件的公正审理。

本案的成功办理，恰恰反映了杭州市司法机关对案件质量高度负责，坚持公平正义，勇于担当，敢于负责，共同体现了杭州司法应有的担当。

三、本案的量刑情节

本案中，被告人胡某某、张某甲、金某某结伙作案，犯罪手段残忍、犯罪情节恶劣。第一被告人胡某某因为经济纠纷，无视国家法律法规，纠集本案各被告人先后在浙江温州、丽水等地参与非法拘禁被害人张某乙，限制被害人人身自由，拘禁期间定制铁笼关押被害人，并屡有殴打被害人的行为，践踏被害人的基本人权，时间长达近三个月。在未能获得被害人家属如其所望汇付钱款时，决意杀害被害人，精心踏勘和选择作案现场，生生地将一个身高180余厘米、重约200斤的被害人装入这个不足1立方米的铁笼中，从北山大桥抛入深达近百米的水库中。从刚才展示的视频，可以看见被害人的惨状。作案手段极其残忍，犯罪后果极其严重。

我不知道，当你们在把人装入铁笼那刻在想些什么？岂可以把人如动物般对待？我不知道，当你们把人推入水库时在想些什么？怎可视人的生命如草芥一般？我不知道，你们在作案后又如何平静生活？做了这样错事居然没有任何反省？我不知道，在第一次庭审时，你们面对庄严的法庭竟然违背事实、妄图颠倒黑白，企图就此脱罪？我更不知道，你们所作所为，如何面对被害人的亲属，面对你们自己的亲人、朋友？

在今天的庭审中，胡某某直到目前仍拒不认罪，表明其认罪态度极差。被告人张某甲、金某某在第一次开庭时，抱着侥幸心理，当庭翻供，企图以此脱罪。今天庭审中，被告人张某甲尽管承认笼子掉入水库，但仍拒绝承认自己参与犯罪，其当庭所供述的内容仍不属于认罪。因此，对于被告人张某甲的量刑应比照被告人胡某某的量刑处理。被告人金某某在今天的庭审中，能认识到自身的错误，如实供述罪行，考虑其认罪态度及作用，可以比照胡某某、张某甲二人从轻处罚。

本案系被告人胡某某企图运用暴力解决经济纠纷而引发，最终恶化成故意杀人犯罪。我们痛心地看到，法治的信仰被一些人完全无视。

在被告人胡某某看来，他确信可以无视法律和社会规则，他把一个应当有序守法的社会视为一个弱肉强食、可以依靠凶残和武力的社会。

我们要构建一个法治社会，前提是“法律必须被信仰”，否则它将形同虚设。法律信仰是依法治国的基石，法律的权威源自公民内心拥护和真诚信仰。公民法治理念的养成，是培育法治社会的基础。如果各被告人能够信仰法律，懂得遵守法律，本案这样的悲剧就不会发生。

庭审至此，公诉人想以这样一段话作为结束。米兰·昆德拉说过："永远不要认为我们可以逃避，我们的每一步都决定着最后的结局，我们的脚正在走向自己选择的终点。"当三被告人把被害人装入铁笼的那一刻，当三被告人将笼子抬到栏杆的那一刻，当他们把铁笼抛入水库的那一刻，就注定了把自己引向了今天这个不归的结局。

所以这个案子也警醒世人，每一名公民都要守法、知法、懂法，要发自内心地信仰法律。

公诉人：鲍某某、林某某、潘某某

于2015年2月11日当庭发表

【学者点评】

公诉人在庭审中所发表的公诉意见，是彰显检察机关办案质效、反映公诉指控能力的重要窗口。高质量的公诉意见能够准确、全面地补充起诉书的指控功能，能够清楚地阐释事实、证据的全貌，从而成为提升办案质效的重要载体。它要求其内容应当在构建证据体系的基础上认定案件事实，准确适用法律进行定罪量刑，引领正确的社会价值观。

在胡某某故意杀人、非法拘禁案中，被告人胡某某从事高利借贷活动，被害人张某乙是其债务人。为向张某乙追索债务，被告人先是于2012年6月至8月，纠集被告人张某甲、金某某等人将张某乙带离浙江省杭州市，分别在浙江省温州市永嘉县、丽水市青田县等地关押并严格看管被害人。其间，被告人胡某某多次前往前述地点向张某乙索债。2012年8月31日，被告人胡某某伙同金某某、张某甲驾车至青田县关押点，在其他被告人协助下将张某乙带出并关入铁笼，后驾车逃离。9月1日凌晨，胡某某伙同金某某、张某甲一道，将关于铁笼中的被害人张某乙从北山大桥上推入滩坑水库中。

该案共开庭审理三次，在前两次庭审中，杭州市人民检察院出庭支持公诉的检察官对全案证据进行了系统的举证、质证，表明该案证据能够形成证据锁链。在第三次开庭时，重点围绕该案证据、定罪量刑问题发表了公诉意见，并且补充说明了杭州司法机关为补充犯罪证据——被害人的尸体所付出的艰辛努力，此外还对被告人的主观恶性进行了淋漓尽致的剖析，针对犯罪原因，阐述了“法律必须被信仰”“天网恢恢疏而不漏”等法治社会的基本理念，对旁听庭审者进行了生动的法治教育。杭州市人民检察院所发表的公诉意见，严格依据证据证明案件事实，结合被告人各阶段的现实表现客观评价量刑情节，同时法庭教育部分能够动之以情、晓之以理，完整地实现了公诉目的，具有借鉴意义。

一、该公诉意见书通过缜密的证据链条证明案件事实

公诉人在所发表的公诉意见中，结合被告人的供述和辩解、证人证言、书证、视听资料、辨认笔录、照片、尸体打捞日志、法医学尸体检验鉴定书、法庭科学 DNA 鉴定书、侦查实验情况说明，以及当庭出示的用于关押被害人的铁笼等证据，证实被告人胡某某、张某甲、金某某的行为构成故意杀人罪，犯罪事实清楚，证据确实、充分。

事实上，浙江“投笼沉尸”案之所以在当时备受社会关注，不仅仅在于该案被告人所采取的犯罪手段极其残忍、犯罪后果极其严重，更是在于本案在起诉时仍未发现被害人的尸体这一关键证据。对此，公诉人在公诉意见中综合除被害人尸体外的全案证据，证明了该案在起诉时已不属于“疑案”，证明了起诉的合法性，但不可否认的是，在故意杀人罪的证明中，被害人的尸体属于关键性的证据。办案机关倘若在不能确认被害人已死亡的情况下便认定被告人故意杀人，势必难以形成缜密的证据链条，无法细致而周全地论证故意杀人这一犯罪行为的成立。

由于该案在起诉时未能发现被害人的尸体，这一关键证据的缺失使得证据链条客观上存在着一定欠缺；由于“死不见尸”，被告人存在侥幸心理，拒不认罪。要完善证明被告人胡某某等人故意杀人的证据链，必须找到被害人的尸体，否则将难以绝对避免“亡者归来”情形的出现而铸成错案。根据中央政法委发布的《关于切实防止冤错案件的规定》第 7 条，对于定罪证据不足的案件，应当坚持疑罪从无的原则。《刑事诉讼法》第 175 条和第 200 条也强调，证据不足、不能认定被告人有罪时，应当作出有利于被告人的处理决定。公诉人在所发表的公诉意见书中特别注意到了这一点，提出检察机关作为法律监督机关，一方面，要坚持“犯罪事实清楚，证据确实、充分”的法定证明标准，当案件现有证据不足以证明被告人有罪时，坚持疑罪从无，作出存疑时有利于被告人的决定；另一方面，又要防错防漏，不放过任何一个可疑的犯罪人。为了“让真相浮出水面”，杭州公安机关穷其一切努力打捞被害人的尸体，经过两年多的时间，终于在2014年12月成功搜索到被害人张某乙的尸体及铁笼，并于次年1月成功起获尸体及铁笼这一该案关键证据，完善了证据链条。公诉意见书详细说明了被害人张某乙的尸体及铁笼的寻找过程，包括案发现场的情况，作案地点的隐蔽性，水库深不见底所带来的探测与打捞的困难等，展示了杭州市司法机关处理本案时所秉持的高度负责的态度，有助于让人民群众通过个案的处理感受到公平正义。

二、该公诉意见书审慎适用法律定罪量刑

在适用法律定罪量刑方面，该公诉意见书能够较为清晰地认定应予适用的罪名，并结合各被告人诉讼期间及庭审中的表现，综合衡量对被告人胡某某、张某甲和金某某的量刑，发表客观、全面的定罪量刑意见。

其一，罪名认定方面。公诉意见书根据在案证据，认定被告人胡某某、张某甲和金某某将被害人张某乙关进铁笼、沉入水库导致被害人死亡的行为构成故意杀人罪；被告人胡某某纠集张某甲和金某某先后在浙江温州、丽水等地拘禁被害人张某乙，拘禁期间定制铁笼关押被害人张某乙，构成非法拘禁罪。根据现行《刑法》第238条，以及2000年发布的最高人民法院《关于对为索取法律不予保护的债务，非法拘禁他人行为如何定罪问题的解释》的规定，为索取债务而非法扣押、拘禁他人的，构成非法拘禁罪，属于该罪的一种特殊情况，常被称为“索债型非法拘禁罪”。该案中，胡某某为索取高利贷这一法律不予保护的债务，非法扣押、拘禁他人，应当依照《刑法》第238条的规定，按照非法拘禁罪定罪处罚。公诉人认定其长期扣押、拘禁被害人的行为构成非法拘禁罪，符合法律及相关司法解释的规定。

其二，量刑情节方面。公诉意见书对该案的量刑情节做了分析。一方面，认为该案被告人结伙作案，且犯罪手段极其残忍、犯罪情节非常恶劣、犯罪后果极其严重。被告人拘禁被害人近3个月、定制铁笼关押并屡屡殴打被害人的行为，已经严重践踏了被害人的基本人权。被告人因向被害人家属索要钱款未果，决意杀害被害人，将身材高大的被害人装入一个不足1米见方的铁笼抛入深不见底的水库，导致被害人惨死。另一方面，对三名被告人的认罪悔罪表现做了逐一分析。其中被告人胡某某在整个诉讼过程中认罪态度极差，直至庭审阶段仍然拒不认罪、拒不悔罪；其余两名被告人在第一次庭审期间当庭翻供，第三次庭审时承认第一次庭审时称将被害人释放的辩解是虚假的；被告人张某甲在第三次庭审中仍然否认其直接参与杀害张某乙，拒不认罪；被告人金某某在第三次庭审中能够认识到自身错误，如实供述罪行。根据三名被告人各自的认罪态度及其在共同犯罪中的作用，建议对于被告人张某甲的量刑比照胡某某的量刑处理，对于被告人金某某比照胡某某、张某甲从轻处罚。上述意见助益了法庭其后对各被告人的量刑工作。

三、该公诉意见书较好地实现了庭审教育效果

公诉意见书所涵括的法治宣传和教育内容，旨在教育被告人悔过自新，同时教育广大公众能够引以为戒，形成示范效应。为此，公诉人在发表公诉意见时，一方面，应当注意以言语叩问被告人的内心深处，触及其不愿示人或其尚未意识到的认知和情感，令其对自身的行为能够形成更为全面的反思，促使其认罪悔罪，一定程度上减少对抗情绪；另一方面，公诉人需要基于法律视角，在法庭上对被告人所实施行为进行正确的价值评判，同时借助社会舆论和媒体的力量，触动社会上一般人的内心，帮助他们基于个案对某个行为形成法律和道德层面的双重认识，对于违法犯罪行为引以为戒，树立遵纪守法的观念。

具体到该案，公诉人从三个方面渲染了法庭教育效果。一是对该案被告人行为合法性的否定及对其犯罪心态的叩问。公诉人所发表的公诉意见直接否定了胡某某等人非法拘禁、故意杀人行为的合法性，并在公诉意见书中以一连串的反问句对犯罪人实施犯罪行为时的心理状态、拒不认罪悔罪以及翻供时的侥幸心理进行了沉重叩问，一定程度上能够引人深思和反省。二是充分肯定了公安机关在办理该案时的高度负责的态度，尤其是杭州市公安局下城区分局干警们为该案侦破及证据收集所付出的艰辛努力，展示了公安机关对于犯罪行为决不姑息的决心。为了将被关押于笼中沉入水底的被害人打捞出水，杭州下城公安分局的专案组前后奋战了900多天，实施了全国公安史上最艰难的深水打捞，在杭州公安史上，甚至是全国公安史上都留下了重重的一笔，淋漓尽致地展现了公安机关对于犯罪行为惩治到底的决心。公诉人以平白朴实的言语，将基层公安干警不辞劳苦、夜以继日开展工作的情况娓娓道来，他们对于事实真相和公平正义的不懈追求，与被告人怀揣侥幸、拒不认罪悔罪的散漫态度，形成了鲜明对比，充分渲染了公安机关努力让人民群众在每一个司法案件中感受到公平正义的决心。三是强调了培养公民法治观念的重要性。“投笼沉尸”案之所以由最初欠债不还的经济纠纷，演变恶化成为非法拘禁、故意杀人案，很大程度上源于被告人胡某某等人无视法律和规则，信奉暴力。公诉人指出，法律信仰是依法治国的基石，公民法治理念（知法、懂法、守法）的养成，是培育法治社会的基础。该案之所以酿成悲剧，其根源在于被告人缺乏基本的守法观念。将被告人绳之以法，能够对试图以身试法者起到警示作用。该案所发表的公诉意见，由表及里，由浅入深，用语平实且有力，能够恰到好处地渲染法庭教育氛围，取得良好的法庭教育效果。

四、该案公诉意见书所带来的经验和启示

第一，司法机关应当严格把握“犯罪事实清楚，证据确实、充分”这一法定证明标准，不断摸索“不冤枉”与“不纵容”之间的平衡点。一方面，公安机关应当有意识地提升证据收集能力，尽可能地在案件处理的先期掌握全部与定罪量刑相关的证据，避免关键证据缺失影响其后的审查起诉和审判。另一方面，尽管现代社会科学技术已经得到了快速发展，侦查技术与能力显著提高，但是，缺乏“关键证据”的疑案在司法实践中仍不鲜见。检察机关和审判机关不能一味地苛求侦查机关在每一起刑事案件中，都能搜寻到包括各项关键证据在内的与定罪量刑相关的全部证据，这并不具有现实性。正确的态度应当是，侦查机关尽力收集当下能够收集到的全部证据，当客观上缺乏一些关键证据时，司法机关应当在“不冤枉”和“不纵容”之间寻找平衡点，既不能轻易作出“疑罪从无”的处理，也不能在证据不足的情况下勉强认定有罪。在该案的第一、第二次庭审中由于缺乏“被害人的尸体”这一关键证据，公诉人在所发表的公诉意见中直接承认“案件证据链确实存在一些欠缺”，但随着被害人尸体打捞工作的顺利进行，最终完善了证据链。虽然尸体打捞工作难度大、成本高，但公安机关竭尽全力，终于取得了突破，使该案绝对避免了“亡者归来”的可能性。可见，面对“疑案”，首先应当积极取证，尽最大努力排除疑点，在穷尽一切努力仍然不能排除合理怀疑的情况下才能做“疑罪从无”的处理。

第二，法治社会建设应当重视公民法治观念的培养。在该案中，如果发生经济纠纷的双方在争端初期能够诉诸法律，在法律许可的范围内维护自己的合法利益，就能避免悲剧的发生。司法机关在办案的同时应当重视以案释法，引导民众运用法律手段解决纠纷，而不是诉诸暴力。从犯罪的源头治理来看，该案是由于高利贷所引发，这表明，有关方面需要加强对民间借贷行为的监管，防止民间借贷催生出暴力催讨、套路贷等一系列问题；应当依法惩治非法放贷犯罪活动，有效防范因非法放贷诱发涉黑涉恶以及其他违法犯罪活动，保护公民、法人和其他组织的合法权益。

（**点评人**：熊秋红，中国政法大学诉讼法学研究院院长、教授；
梁泽敏，中国政法大学刑事司法学院博士研究生）

【检察官点评】

2012年，张某乙因经济纠纷，被胡某某等人非法拘禁在铁笼内将近3个月，在取财未果后，胡某某等人将关在铁笼内的张某乙沉入冰冷的水库之中。当年，“铁笼沉湖案”以犯罪手段极其残忍，犯罪情节极其恶劣闻名全国。

文书是杭州市人民检察院“铁笼沉湖案”的公诉人在该案第三次开庭时当庭发表的公诉意见书。

公诉意见书，又称“公诉词”，是公诉人在法庭辩论阶段当庭发表的有关案件事实、证据、适用法律及法治教育的总结性意见，是对起诉书提出的主张的进一步论证和补充说明。

在此次开庭之前，本案已历经两次庭审，在本案法庭调查过程中，被告人胡某某始终否认杀害张某乙，辩称已将张某乙放走。2名曾在侦查阶段、审查起诉阶段供述参与杀害张某乙的同案犯，也因为司法机关迟迟未找到尸体，当庭翻供。

戏剧性的是，就在法庭审判阶段，经历28个月的不懈努力，浙江司法机关最终在丽水的水库中打捞出了本案被害人张某乙的尸体和关押其的铁笼。公诉人在第三次庭审中当庭出示了涉案铁笼的物证、打捞日志、法医学尸体检验鉴定书等证据，当庭播放了水底探测、打捞视频等，原本翻供的部分被告人也重新在庭审中如实供述故意杀人的事实，本案在此刻终于尘埃落定。

但是也有意见认为，本案证据，直到尸体被找到才算真正达到《刑事诉讼法》第55条所规定的“证据确实、充分”的证明标准，那么这是否意味着检察机关在提起公诉时的证据并不充分？这与“疑罪从无”的原则是否相悖？公诉人在本案的公诉意见书的事实、证据部分，着重对此进行了论证，以正视听。

本案检察机关在提起公诉时起诉书的指控主张，是建立在司法机关即使未找到被害人尸体，本案仍然证据确实、充分基础上的，而在公诉意见发表时，又出现新的关键性证据，所以，公诉人当庭发表公诉意见既要注意将新证据融入原有证据体系强化指控，也要明确原指控证据体系是确实、充分的，以捍卫起诉指控的主张。

首先，公诉人简单回顾、总结了三次开庭的庭审调查情况，将第三次庭审中举证的铁笼这一物证、打捞日志、法医学尸体检验鉴定书、法庭科学DNA鉴定书、侦查实验情况等新证据与前两次庭审举证的证据作出有机融合，向法庭阐述了检察机关的指控思路，以全案角度分析本案已达到“证据确实、充分”的证明标准，同时，当庭确认各被告人的认罪态度变化情况，为之后提出量刑建议打好基础。

之后，公诉人在公诉意见发表中开始重点论述，即使在提起公诉时，本案也完全符合事实清楚，证据确实、充分的起诉标准。在此段论述伊始，公诉人也承认，“本案在起诉时被害人尸体没有发现，案件证据链确实存在一定欠缺”。那么检察机关又是如何严把案件事实关、证据关和法律关，以防止冤假错案的呢？

针对被害人尸体没有找到，但被告人张某甲、金某某在侦查阶段、审查起诉阶段多次供述将关押在铁笼内的被害人沉入水库的经过，公诉人做了以下行之有效的审查工作：一是通过查看讯问被告人同步录音录像排除侦查机关非法取证的可能，进而通过在审查起诉阶段的讯问复核，强化内心确信；二是对被害人可能存活的轨迹进行不间断追查，确认被害人在被 3 名被告人非法拘禁后，已丧失所有生命信息长达 2 年之久；三是认真审查有罪供述内容，确认 2 名被告人关于故意杀人事实所供述的犯罪地点“车辆滑坡、大桥特征”等，均属于只有作案人通过亲自实施犯罪行为才能知晓的证据，属于“内知性证据”；四是运用证据印证规则，通过先供后证的方法对被告人供述的案发现场、沉湖现场附近实地复勘了案发现场，调取和收集了大量证据，加强客观性证据的补强工作，使客观证据能够和被告人供述相互印证，形成完整证据锁链，最终排除合理怀疑。

笔者认为，此处正显示出检察机关的担当作为。一般而言，在故意杀人案件中，尸体属于最重要的证据之一，如果被害人尸体未找到，很多承办人都会担心“亡者归来”这种可能。出于种种考虑，放弃追诉、全案作存疑不起诉可能是最保险的做法，但是浙江司法机关始终没有轻言放弃，通过不断努力侦查、补充侦查、自行侦查完善证据体系，最终在被害人尸体未找到的情况下，完成本案的证明。同时，司法机关锲而不舍地搜寻，最终让被害人的尸体浮出水面，更是“让真相浮出水”，进一步证实司法机关的努力是正确的。本案可以说是在“不枉不纵”之间寻找到了完美的平衡点，值得办案人员学习借鉴。

本案的公诉意见书另一处亮点，是公诉人对本案社会危害性阐述以及法庭教育方面。公诉意见的发表，不仅需要通过对事实、证据、法理的分析，让听者认为指控有理，体现指控的“理性”；也需要通过对被告人的人物刻画、犯罪动机、社会危害性的揭露，让听者能够“共情”，从而真心实意认可指控，体现指控的“感性”。本案中，公诉人通过公诉意见的发表，对被告人实施铁笼拘禁、沉湖杀人残忍性的揭露可以说是入木三分，在公诉意见的发表过程中，能让听者深深感受到被告人的人性之恶，也同样能够深深感受到被害人当时的绝望，从而对犯罪分子深恶痛绝，并期待法律能够践行公正。

2015 年 3 月 16 日，杭州市中级人民法院一审宣判，被告人胡某某因故意杀人、非法拘禁罪被判处死刑，剥夺政治权利终身。另两名主犯张某甲、金某某也分别被判处死刑缓期二年执行和无期徒刑。2016 年 12 月 13 日，经最高人民法院核准，“铁笼沉湖案”故意杀人、非法拘禁罪首犯胡某某被验明正身，押赴刑场，执行死刑。笔者相信，正义最终得以声张，关注此案的人民群众，也会因此更加信仰法律。

（**点评人：**曹杰，上海市人民检察院第三分院第一检察部副主任、三级高级检察官）

【法官点评】

本案系一起社会影响重大的恶性杀人案件。胡某某纠集他人结伙作案，残忍杀人，铁笼沉尸，罪行极其严重，而又自认为作案手段隐蔽高明，认罪态度极差。此类案件严重危害社会安全、影响人民群众安全感，历来是刑法打击重点、锋芒所向。而要达致这一目的，有赖于规范的取证、扎实的指控。本案社会关注度高，检察机关能否指控成功将犯罪分子绳之以法，涉及国家公诉人的职责使命，更关涉人民群众的安全感。杭州检察机关不负众望，一方面，会同并指导侦查机关开展艰苦的搜寻打捞工作，凭借顽强的意志和不懈的努力，终于在近百米的深度打捞出被害人尸体；另一方面，通过法庭上的唇枪舌剑，让犯罪分子要么认罪、要么辩解破绽百出，增强了裁判者内心确信。通过以上锲而不舍的补查补证和精彩绝伦的庭审指控，检察机关让犯罪分子得到应有惩罚，不仅赢得公诉的成功，也赢得人民群众对法治的信心，宣示了天网恢恢、疏而不漏的人间至理。

一、浮出水面的不只是笼中的尸体，还有苦觅的真相

胡某某等人为逃避法律惩处，可谓是处心积虑，精心谋划作案过程，踏勘和挑选作案地点和方式，将被害人塞入不足 1 米见方的铁笼中沉入近百米的水库，自以为作案天衣无缝，真相会随同尸体一起沉入冰冷的湖水中，永无再见天日之时。对于故意杀人案件，未找到尸体，往往就难以完全排除被害人生存的可能，也难以让裁判者下定适用极刑的决心。死刑案件要坚持证据裁判的最高标准和最严要求，确保案件处理结果经得起法律和历史的检验。在日益强调人权保障的当下，在死刑案件证明标准愈益规范的今天，如找不到尸体或尸块，是很难判处刑罚的，更遑论最高人民法院核准死刑，甚至定案都会存在很大障碍。犯罪分子也深知这一点，所以在第一次庭审时三被告人要么翻供，要么心存侥幸仍否认犯罪。去查明并还原真相，让事实浮出水面，成为本案突破的关键，也成为侦查、检察人员最大的心结。寒来暑往，经过长期的搜寻打捞，沉尸湖底 28 个月的被害人终于浮出水面。当尸体打捞出来后，在如山铁证面前，胡某某的辩解显得多么苍白无力，他的两个同案犯更是心理破防，承认前次庭审否认杀人的供述虚假，尽管还在推卸罪责。尸体浮出水面，真相重见天日，检察机关通过坚持不懈、艰苦细致的工作，让错案的可能、疑案的两难化为乌有，将本案办成确定无疑的铁案。

二、展现于法庭的不仅是案件的全貌，更有司法的精神

在以审判为中心的诉讼格局中，检察机关无疑是法庭上的主角，其启动审判程序，向法庭提供证据证明犯罪成立，并通过庭审中的证据出示、法庭辩论等说服裁判者采信己方指控。杭州检察机关与公安机关秉持公平正义的基本原则，在案件进入审判阶段后仍锲而不舍地开展尸体搜寻打捞工作，弥补了证据链的欠缺，让指控的事实有了更为坚实的证据基础，证据体系更加完善。当庭播放的水底探测、打捞视频，当庭出示的关人铁笼、鉴定文书，向法庭展现了案件的全貌，使法庭和社会公众能够直观感受到犯罪分子作案手段之凶残，诠释了另一种意义上的“正义不仅要实现，而且要以人们看得见的方式实现”。正义的终究实现，天网的疏而不漏，不是自然而然就能达致的，需要司法机关忠诚履职尽责、勇毅负重前行。杭州检察机关在庭外完善证据，在法庭上运用证据慷慨陈词，充分展现了对案件质量高度负责的态度，坚持公平正义，勇于担当，敢于负责的精神。

三、传递给社会的不仅是个案的正义，更有法治的底气

胡某某置国家公器于不用，置国家法律于不顾，私自采取暴力解决纠纷，动辄行凶杀人，视法律如儿戏，毫无法治信仰可言。本案的处理不仅还被害人以公道，还重拾了人们的法治信仰，正告那些胆敢挑战法治权威、蔑视法律尊严的，必然遭到司法的严厉惩处。同时，检察机关办案中的两点做法，更是增强的法治底气。一是对于生命本身的敬畏。生命大于天，责任重如山。尸体的打捞、案件的指控，都无关被害人与被告人身份，仅是还死去的生命以公道，给受审的生命以公正，以法治思维和法治方式实现对被告人的惩治乃至生命的剥夺。二是对司法至高目标不枉不纵的不懈追求。检察机关在已经有相当证据指控犯罪的情况下，仍坚持证据裁判原则，坚守防范冤假错案底线，防止出现“亡者归来”，确保不冤枉一个好人；又坚持防错防漏，不放过一个坏人，让全社会感受到法治的力量，坚定了人们的法治信仰。

本案检察机关工作可圈可点。对外界而言，检察机关工作有三种表现形式：一是背后工作。如杭州检察机关及时介入侦查，引导公安机关规范取证补证，完善指控证据体系，为法院定罪量刑奠定坚实的证据基础。二是纸面工作。起诉书是检察机关工作成果的重要体现和集中展现。本案起诉书事实叙述条理清晰、文字流畅、表达严谨，罪行指控和罪责评价精准恰当。三是出庭工作。指控犯罪的基本功还在于庭审中的表现，特别是对于重大疑难复杂案件，更是考验公诉人的能力。精彩的庭审离不开公诉人的舌战和雄辩，本案三次庭审中公诉人既有对事实证据的严谨分析论证，又有充满法理、饱含哲理的真情实感流露，同时起到法治宣传、道德教化的作用，效果良好。

（**点评人**：姜远亮，最高人民法院刑事审判第五庭审判长、三级高级法官）

【律师点评】

本案因其手段残忍、性质恶劣，一经公布，立即在全国范围内造成重大社会影响。胡某某及其同案犯为索债，实施非法拘禁和极端的故意杀人行为，严重侵犯了被害人的基本人权，特别是将被害人关进铁笼并沉入水库这一罕见、残忍的犯罪手段，极大地挑战了社会公众的朴素正义感，危害了当地的社会治安和人民群众安全感。侦查机关、检察机关历经近3年艰苦卓绝的工作，终于找到关键证据，为本案的起诉奠定了坚实的基础，并最终使胡某某等人受到法律的制裁。

作为一起受到全社会广泛关注的重大故意杀人案件，本案的办理体现出多重典型意义：

一、本案体现了司法机关打击犯罪、维护社会公平正义的决心

本案中，被告人胡某某选择水库大桥作为抛笼杀人地点，给侦查、检察机关的取证造成了极大的困难，以致检察机关用尽两次退回补充侦查仍未发现被害人尸体，被告人心存侥幸一度当庭翻供。然而，侦查、检察机关从未放弃对本案的调查取证工作，在第四次搜寻打捞中终于找到装有被害人尸体的铁笼，进一步完善了本案的证据链，也使得第二、第三被告人放弃了此前作出的虚假辩解。办案人员克服重重困难获取关键物证的过程，展现了司法机关对正义和真相的不懈追求，凸显了司法机关对恶性暴力犯罪“零容忍”的坚定态度，也向公众传递了司法机关保护人民生命财产安全、维护社会公平正义的坚定决心，有助于增强人民群众的安全感和对法律的信任感、认同感。

二、本案反映了检察机关严格证据审查、兼顾“不枉”与“不纵”的努力

本案的特殊性，不仅在于犯罪手段的残忍、后果的严重，更在于本案起诉时尚未发现被害人尸体。在故意杀人案的起诉中，被害人尸体属于关键物证，过往一些“亡者归来”式的冤错案件正是因为未发现尸体便草率定案导致的。在缺乏关键物证的案件中，既要防止出现冤假错案，又要确保不放过一个犯罪分子，在“不枉”与“不纵”间取得平衡，这对检察机关的证据审查工作提出了更高的要求。检察机关在本案中展现了高度的专业性，利用现场勘查收集调取补强客观证据，梳理胡某某及其同案犯的行为轨迹、细致论证犯罪经过，通过对现有证据及其相互之间印证关系的审查实现证据链的构建，最终达到排除合理怀疑的程度，使得公诉人能自信地说出“本案在起诉当时已不属于‘疑罪’”。后续在检察机关与侦查机关的配合努力下，被害人尸体也终于“浮出水面”。尽管随着现代科技的发展，司法机关的证据收集水平有了质的飞跃，但始终会有缺乏关键证据的疑难案件出现，而在这些案件中，如何判断在案证据是否达到刑事证明标准，也始终是司法机关要面对的问题。本案中，检察机关以自身的尽职履责，为被告人的定罪和量刑奠定了坚实的基础，也为同类案件中，如何在缺乏常规的关键证据的情况下处理案件的证明问题提供了有力的借鉴。

三、本案落实了宽严相济的刑事政策、形成对同类犯罪的警示威慑

宽严相济是我国的基本刑事政策，即要根据犯罪的具体情况，实行区别对待，做到该宽则宽，当严则严，宽严相济，罚当其罪。最高人民检察院也曾多次表态，对于严重暴力等严重影响人民群众安全感的犯罪，就要体现当严则严，该捕即捕，依法追诉，从重打击。本案虽然也存在被告人家属代为赔偿等从宽量刑的因素，但司法机关在全面考察犯罪的事实、性质、情节和被告人认罪悔罪态度的基础上，依然决定对其从严处理，尤其是胡某某被判处死刑并执行。公诉人在公诉意见书中，结合犯罪具体情节，详细论证了被告人作案手段之残忍、后果之严重、认罪态度之恶劣，使对其从重处理的结果有理有据、合理可信。本案对胡某某等人依法从严追诉、从严惩治，是检察机关贯彻宽严相济刑事政策的具体实践，既维护了社会公众的安全感和朴素正义感，也对类似预谋性强、手段残忍的犯罪行为形成了警示、威慑效果，在人民群众心目中树立了法律的严肃性、权威性和正义性，实现了法律效果和社会效果的有机统一。

四、本案公诉意见书结合法、理、情，有效回应社会关切，具有深刻的教育意义

本案公诉意见书是一篇法、理、情并重的优秀检察文书。首先，公诉意见书法律适用和定性准确，对起诉达到证明标准的论证充分、翔实，对被告人量刑情节的分析客观全面，在事实认定、证据审查、量刑建议方面均体现出深厚的法学素养和公正的法治精神，且内容前后呼应、重点突出，呈现出良好的指控效果。其次，公诉意见书积极回应社会关切，不仅对网友提出的质疑进行了清晰有力的解答，更对公正、法治与司法工作的关系进行了阐述，让读者及听者在阅读或旁听指控的同时，培养法治意识，增强法治信心，树立法律信仰。最后，公诉意见书立足人文关怀立场，秉持同理心和常理常情，对被告人突破底线的犯罪行为作出了人性的考问，对其犯罪的心理成因和责任后果进行了发人深省的探讨，字里行间透露出对人的生命、尊严和权利的尊重，展现了法、理、情的统一。

本案公诉意见书作为凝结检察机关工作成果的载体，体现了法治的力度与温度，具有深刻的教育意义。而本案作为一起兼具借鉴意义、警示意义和教育意义的案件，不仅在案发当年造成广泛的社会影响，也必将在法治工作的历史上产生深远的影响。

（**点评人：**赵运恒，北京星来律师事务所创始合伙人）

4. 辛某某故意杀人案：滥杀无辜必被严惩

【案情简述】

2018年4月，被告人辛某某因怀疑在乘坐西安市302路公交车时被人恶意扎针，遂产生对302路公交车乘客报复泄愤的恶念。同年6月22日15时38分，辛某某携带剔骨刀乘坐302路公交车。当车行驶至红光路西凹里村村口的铁路闸口时，辛某某持剔骨刀对车上人员进行砍杀。车内人员纷纷从门窗逃离。辛某某持续对从公交车上逃离的乘客及过往群众进行砍杀，先后砍杀群众11人，致4人死亡、7人轻伤。后辛某某被接警赶来的民警当场抓获。

面对这起重大刑事案件，陕西省西安市人民检察院受理审查起诉后，启动重大刑事案件办理程序，成立专案组全程及时引导公安机关补充固定证据。基于辛某某的行为同时也构成以危险方法危害公共安全罪，按照想象竞合犯择一重罪论处的原则，2018年10月17日，西安市人民检察院以被告人辛某某犯故意杀人罪向西安市中级人民法院提起公诉。庭审中，辛某某辩解称案发当日其本想自杀，并没有想伤害他人，其辩护人提出辛某某是初犯，认罪态度较好，且案发前饮酒导致其神志不清促使犯罪。公诉人进行了有力驳斥，指出本案事实清楚，证据确实、充分，足以证明辛某某预谋准备作案及实施犯罪过程中，思维清晰、犯罪目的明确、砍杀行为坚决，不具有从轻处罚情节，辩护意见不成立。2019年1月25日，西安市中级人民法院一审公开开庭宣判，以辛某某犯故意杀人罪判处死刑，剥夺政治权利终身。宣判后，辛某某不服一审判决提出上诉。同年8月23日，陕西省高级人民法院二审公开宣判，裁定驳回上诉，维持原判，并依法报请最高人民法院核准。2020年7月3日上午，西安市中级人民法院对辛某某依法执行死刑。

这起案件在社会上造成恶劣的影响。被告人辛某某将自己对生活的不满归责于社会，精心预谋报复社会，在载有多名乘客的公交车内和闹市区的街头，肆无忌惮地持刀砍杀手无寸铁的乘客和过路群众，迁怒无辜的妇女和儿童，视生命为草芥，视法律为无物，公然挑战法律底线和社会安全秩序，手段特别残忍，情节特别恶劣，社会危害性极大。泄愤型杀人严重危害社会和谐稳定，也事关人民群众生活安全感，报复行为既祸及他人，更无法救赎自己，最终难逃法律和道德的审判。司法机关充分发挥法律的惩治和震慑作用，庄严昭示了法律不容挑战，正义不会缺席。同时，该案也为平安中国法治建设、矛盾风险评估、重点人员管控等带来深入的思考和无尽的启迪。

【文书原文】

陕西省西安市人民检察院

公诉意见书

审判长、审判员、人民陪审员：

根据《中华人民共和国刑事诉讼法》的规定，我们受西安市人民检察院的指派，以国家公诉人的身份，出席法庭支持公诉，并依法对刑事诉讼实行法律监督。现就本案发表如下公诉意见：

一、本案事实清楚，证据确实、充分，被告人辛某某的行为触犯了《中华人民共和国刑法》第232条之规定，构成故意杀人罪

在法庭调查和示证过程中，公诉人针对起诉书指控的犯罪事实，依法讯问了被告人，展示了监控视频，宣读了证人证言、被害人陈述、被告人供述等言词证据，出示了鉴定意见、现场勘验笔录、物证以及相关书证。这些证据经过当庭质证，证据来源合法、内容客观真实，且具有关联性，能够相互印证，形成完整的证明体系，因此我院起诉书指控的犯罪事实清楚，证据确实、充分。

对于具有完全刑事责任能力的被告人辛某某，我院以故意杀人罪提交法庭审判立足于犯罪事实和法律适用两个方面。

根据庭审查明的事实，被告人辛某某在2018年6月22日下午携带事先准备好的剔骨刀，在302路公交车内持刀砍杀无辜乘客，后下车追砍行人，最终致4人死亡、7人受伤。虽然被告人辛某某在庭审过程中始终以饮酒、记忆不清等理由否认自己罪行，但是现场公交车内，** 村周边等大量监控视频以及多名目击证人证言清晰完整地还原了案发过程。视频中的辛某某下手决绝而冷静，证人所见的辛某某残忍到令人发指。辛某某本人当庭对视频的内容进行了确认，案发当天所抽取的血样检测结果证明了被告人辛某某血液内乙醇含量为零。辛某某故意剥夺他人生命，其行为已经构成故意杀人罪。

但同时，被告人辛某某在公共交通工具以及公共场合持刀对不特定对象进行侵害，严重危害到公共安全，其行为亦符合以危险方法危害公共安全罪的构成要件。辛某某的犯罪行为同时触犯两个罪名，按照想象竞合犯择一重罪论处的原则，从刑罚适用上看，故意杀人罪重于以危险方法危害公共安全罪，因此，我院对被告人辛某某以故意杀人罪提起公诉是基于事实和法律适用的正确选择。

二、公诉人建议法庭综合犯罪性质、情节后果、主观恶性、社会危害性、人身危险性以及从轻、从重情节，对被告人辛某某处以相应的刑罚

故意杀人罪，是性质最为恶劣，处罚最为严重的刑事犯罪，历来是我国刑法严厉打击的对象。人的生命权高于一切，任何人不能非法剥夺。《刑法》第232条规定，故意杀人的，处死刑、无期徒刑或者十年以上有期徒刑。本案中，被告人辛某某并不具有法定或酌定的从轻、减轻情节，同时公诉人建议法庭在对辛某某进行综合评价时考虑如下因素：

一是他的作案时间，本案的案发是在2018年6月22日的下午4时许，那是一个星期五的下午，辛苦奔波了一周，本应是人们放松心情迎接周末的美好时刻，辛某某却残忍地将人们的记忆定格在罪恶之中，可以说是在光天化日之下行凶。

二是他的作案地点，本案的案发地点是在正在行驶的公交车上以及

路村的村口，从监控视频可以看到，车内多名乘客，车外人来人往，辛某某选择在这样一个闹市区的街头作案，肆无忌惮，不仅多人死伤，更有多名群众目睹了这幕惨剧，我想除了死者伤者以及他们的家属所受到的伤害之外，这些不幸目击案件的人们，他们的恐惧、愤怒和不安全感也是辛某某的犯罪行为所造成的，是他这种毫无节制、公然践踏法律的行为所造成的。

三是他的作案动机和手段，辛某某因生活不顺，情绪低落，怀疑自己染上重病，遂产生报复社会的恶念。他提前一个月准备好剔骨刀，有选择性地坐上了302路公交车，并坐在车内的最后一排座位上，当车在行驶过程中，在所有人都没有防备的情况下，掏出刀从后往前依次砍杀，在大部分乘客逃离后，他本人也下车后又再次返回车上对已经被砍倒的母子二次砍杀。公诉人实在难以理解，辛某某他也有家庭，也有父母，也有子女，他如何能对一个九岁的孩子痛下杀手，如何能对一个死死护住自己孩子的母亲痛下杀手。公诉人不禁要问，辛某某，他的是非标准到底是什么，他的道德底线到底在哪里。时至今日，公诉人在被告人的当庭表现中仍然看不到一丝悔意，仍然在回避自己的所作所为，仍然在辩解和强调自己的理由，你纵然有再多的不如意，但这些与这4名死者有什么关系，与这7名伤者有什么关系，与被你持刀追赶的无辜群众有什么关系？

审理至此，被告人辛某某故意杀人一案的犯罪事实已经全部呈现于法庭，案件事实、全部证据、法律依据公诉人也已经在上述意见中予以详细阐述。虽然辛某某的犯罪行为卑劣残忍，后果严重，但是在案件中我们仍然能够看到，面对持刀的辛某某，有开车经过的路人，不顾个人安危，停下车来，用砖块试图阻止辛某某的行凶；有路边的商户，打开门让惊慌失措的人们进来躲避；有勇敢的行人和警察一起将辛某某制伏，这些给我们带来安慰，也告诉我们辛某某的行为违背法律，更为社会所不容。

在办理案件的过程中，在一个个难眠的夜里，公诉人也曾想过如何通过释法说理让被告人辛某某认识到自己行为的性质，正确面对自己的罪行，能够认罪悔罪。但是经过今天的庭审，面对辛某某的种种表现，公诉人只想说，希望法庭能够给予被告人辛某某最严厉的制裁。

最后希望合议庭能够结合本案的性质、后果以及被告人的认罪态度，依法作出公正的判决。

公诉人：***

20**年*月*日当庭发表

【学者点评】

2018年6月22日下午4时许，辛某某为泄愤报复社会，在陕西省西安市302路公交车内持刀砍杀无辜乘客，后下车追砍行人，最终致4人死亡、7人受伤，造成了极其恶劣的社会影响。在本案庭审过程中，出庭公诉的检察官从法理情多个方面发表了公诉意见，达到了良好的政治效果、法律效果和社会效果。

一、对不认罪案件举证充分、说理清楚

本案中被告人始终以饮酒、记忆不清等理由否认自己罪行，导致案件事实缺乏口供这一重要的直接证据支撑。一般认为，不认罪案件常常因缺乏直接证据给侦查机关的取证和检察机关的举证带来较大困难。有鉴于此，本案的公诉意见书详细阐明了在案的各类证据对案件事实的证明作用和价值。具体而言，公诉人通过展示监控视频（直接证据），宣读证人证言、被害人陈述、被告人供述等言词证据，出示鉴定意见、现场勘验笔录、物证以及相关书证等，在对证据的客观性、关联性、合法性当庭质证，以及就证据间的相互印证进行释理后，完整还原了案发过程，达到了指控犯罪"事实清楚，证据确实、充分"的证明标准，为接下来的定罪量刑奠定了坚实的事实基础。

值得注意的是，公诉意见书还就被告人饮酒、记忆不清的说辞进行了有力驳斥。一是从视频监控和证人描述来看，"辛某某下手决绝而冷静"，并非醉酒行凶；二是"案发当天所抽取的血样检测结果证明了被告人辛某某血液内乙醇含量为零"。这样的驳斥针锋相对，打消了被告人的侥幸心理，虽然不能直接作为定罪证据，但动摇了被告人辩解的可信性，进一步强化了法官对被告人有罪的内心确信，提升了庭审中指控犯罪的效果。

二、对想象竞合犯的分析逻辑严密、观点清晰

从本案的证据事实出发，该案被告人持刀砍杀公交车上乘客、过路群众，致多人死亡和轻伤，犯罪手段特别残忍，情节特别恶劣，后果特别严重，人身危险性极大，构成故意杀人罪并无异议。但从法律角度分析，被告人无差别地随意砍杀乘客、行人，行为已侵犯了公共安全及不特定多数人的人身安全，最终造成4死7伤的严重后果，也符合以危险方法危害公共安全罪的构成要件。如何定罪，曾有不同意见。考虑到这一争议问题，公诉意见作出积极回应，指出辛某某的犯罪行为同时触犯两个罪名，按照想象竞合犯择一重罪论处的原则，从刑罚适用上看，故意杀人罪重于以危险方法危害公共安全罪。因此，检察院对被告人辛某某以故意杀人罪提起公诉。

三、晓之以理、动之以情，法治教育得当，法治宣传有力

《刑事诉讼法》一方面通过保障《刑法》的正确实施，将什么是犯罪，犯罪的危害性以及应负的法律责任等晓谕民众，使其知法、敬法、守法，从而达到明刑弼教的作用；另一方面则是通过诉讼程序的展开，以一系列仪式化的场景将立案、侦查、起诉、审判和执行的具体程序展现在民众面前，让民众了解和感知整个司法过程，将《刑法》等法律所要保护的集体情感、价值共识内化于每个人的认知，增强他们的法治观念，实现民众的普遍守法。最好的仪式化的法律教育场景莫过于公开进行的法院庭审。“审判公开，是教育和改造犯罪分子的一种有效方法。在公开的法庭上，揭露犯罪分子的犯罪事实，更会使犯罪分子感到难于诡辩，这对于他端正认罪态度和今后的改造是有利的。……审判公开，也是开展法治教育的一种良好形式。”① 良好的庭审不仅要有法官的娴熟驾驭，更要有控辩双方的有效互动。在法庭辩论环节，一份高质量的公诉意见书不仅能有效指控犯罪，也是对社会公众进行法治宣传教育的重要载体。本案的公诉意见书恰好体现了这些要求。

该案发生后迅速引发全国范围的广泛关注，也引发了公众对公共秩

---

① 袁红兵、张丽岐：《刑事诉讼法学》，时事出版社1987年版，第59页。

序与人身安全的忧虑和关心。本案的公诉意见书积极回应民众关切，不仅充满了理性思辨，更富有强烈的感染力。这其中既有对被告人的谴责和教育，如“公诉人实在难以理解，辛某某他也有家庭，也有父母，也有子女，他如何能对一个九岁的孩子痛下杀手，如何能对一个死死护住自己孩子的母亲痛下杀手……时至今日，公诉人在被告人的当庭表现中仍然看不到一丝悔意，仍然在回避自己的所作所为，仍然在辩解和强调自己的理由”。也有对民众正义行为的褒扬，如“面对持刀的辛某某，有开车经过的路人，不顾个人安危，停下车来，用砖块试图阻止辛某某的行凶；有路边的商户，打开门让惊慌失措的人们进来躲避；有勇敢的行人和警察一起将辛某某制伏，这些给我们带来安慰”。正与邪的鲜明对比、强烈反差很自然地使普通民众对是非对错、法与不法有了客观评断和深刻认识。公诉人通过发表公诉意见与社会公众产生一种无形的交流，将司法机关对于该案的判断以及背后的司法理念、价值取向传递到法庭之外，内化到普通民众的意识行动中，真正实现民众普遍的知法、守法、敬法、用法，同时彰显法治社会应有公平正义理念。

总体而言，本公诉意见书证据事实阐释清楚，法律适用说理透彻，情感真挚富有感染力，真正做到了释之以法、晓之以理、动之以情，体现了检察办案人员深厚的法律素养和宽广的人文情怀。

（**点评人：**董坤，中国社会科学院法学研究所研究员、博士生导师）

【检察官点评】

本案是一起公共安全领域的故意杀人案。被告人辛某某因生活不顺报复社会，蓄意在公交车、闹市区行凶，致无辜群众 4 人死亡、7 人受伤。该案的公诉意见书重点突出、层次分明、逻辑严密、感染力强，精准指控犯罪之余展现出了高度的社会责任感和正义感，向公众传达了检察机关维护法律公正、促进社会稳定、保障人民安宁的决心。

一、重点突出、层次分明

公诉意见书的内容主要应包括对证据状况的总结和分析、对法律适用的论证和解释、对犯罪情节和危害后果进行阐述、提出量刑建议、对被告人犯罪原因剖析、对案件警示教育意义的阐述等。同时，由于个案不同，每一份公诉意见书都应根据案情、庭审情况有所侧重，而不是面面俱到。

辛某某一案的公诉意见书分为三个层次，在突出重点上表现得尤为鲜明。第一部分简单阐明犯罪事实。本案受害者、目击证人众多，证明犯罪事实的证据数量庞杂但易于理解，文书删繁就简，仅对该部分内容进行简单列举即足以证明主要犯罪事实。第二部分精准论证法律适用。辛某某在公共交通工具以及公共场合持刀对不特定对象进行侵害，其行为同时侵害了公共安全和生命权两个法益，根据想象竞合犯择一重罪论处原则，应认定为故意杀人罪。这一部分阐述清晰，论证准确，展现了检察官高度专业素养和深厚的法律功底，为法院裁判提供了坚实的法律依据。第三部分是该公诉意见书的特色和亮点所在。由于辛某某在公交车、闹市区行凶，致无辜群众 4 人死亡、7 人受伤，情节恶劣、后果严重、社会关注度极高，极大地影响了人民群众对公共安全的信心。公诉意见书将辛某某犯罪行为的社会危害性分析作为重点，并强调相关情节对量刑的影响，充分体现了宽严相济的刑事政策、体现了检察机关的责任担当，也为今后类似案件出庭支持公诉发表公诉意见提供了可资借鉴的模式。

二、逻辑严密、感染力强

通常情况下，逻辑严密与感染力强应该是评论两个维度的词语，甚至可能存在冲突。逻辑严密重在强调论证过程规律性，感染力强常用于形容语言冲击性，但本案的公诉意见书将两者很好地融合在了一起。

在分析被告人量刑情节时，一方面条分缕析紧扣案件特点，论理充分，另一方面形容生动、感情充沛、态度鲜明，这种独特的分析论证方式有利于宣传法治、警示旁听者，增强庭审效果。常规的量刑情节分析，一般是简明扼要地罗列被告人法定和酌定的从重从轻情节，往往让旁听群众听得云山雾罩。基于本案涉公共安全的特殊性，发表公诉意见尤其需要得到群众的认同和理解，公诉意见书从“作案时间”“作案地点”“作案动机和手段”三个角度详细阐释了被告人辛某某行凶的恶劣程度，使用了“星期五的下午”“行驶的公交车上”“闹市区的街头”等平实鲜活的日常生活描述，将自己置于被害人、目击者的视角，将犯罪场景尽可能地重现在庭审现场，对被告人的犯罪情节、应承担的法律责任作出实事求是的评价，同时显示了对受害者及社会公共利益的深切关怀。

三、责任担当、价值引领

引领社会价值观是公诉意见书容易忽视的一个重要功能。核心价值观是一个民族赖以维系的精神纽带，是一个国家共同的思想道德基础。如果没有共同的核心价值观，一个民族、一个国家就会魂无定所、行无依归。

检察机关作为法律监督机关，承担着明断是非、定分止争、惩恶扬善、维护正义的职责，在培育和践行社会主义核心价值观方面承担着神圣使命。检察机关的一纸公诉意见书不仅是对一起具体案件的处理，更是对社会行为准则的一种引领。本案公诉意见书填补了实践中引领社会价值观功能缺失的遗憾。在这起涉公共安全的故意杀人案中，公诉人不仅着眼于案件本身，还看到了阻止被告人行凶的路人、帮助被害人躲避的商户、协助警察执法的勇者，在公诉意见书中对这些值得肯定的行为大加褒扬，弘扬社会主义核心价值观的同时，也进一步夯实了指控被告人犯罪行为的基础。出庭支持公诉的表现成效，不仅关系到能否使被告人认罪服法，实现公诉的法律效果，而且直接关系到检察机关的形象和声誉。现实中，涉及社会稳定、公共安全这类热点刑事案件之所以在社会上引发广泛关注和讨论，往往是因为案件的发生触碰到了社会痛点，这就要求检察人员在开展刑事公诉工作时，既要充分发挥专业素养和公诉技能，又要切实树立司法同理心，密切关注社情民意，重视当事人、社会公众的朴实情感和朴素正义观。

这份公诉意见书也存在一定的不足之处：对法庭调查阶段未进行归纳总结；针对被告人抗辩焦点的回应不够充分；在分析证据及犯罪构成

时过于简单。

（**点评人：**张和林，广东省珠海市人民检察院检察长、二级高级检察官；夏雪莲，广东省珠海市人民检察院第一检察部副主任、四级高级检察官）

【法官点评】

2018 年 6 月 22 日，发生在西安公交车上的被告人辛某某持刀杀人案，致 4 人死亡、7 人受伤，引发媒体及公众的持续关注，该案被告人辛某某行为凶残、心理扭曲、危害严重、影响恶劣，后被西安市中级人民法院依法判处死刑，并报最高人民法院核准后执行死刑，该案是对严重侵犯公民生命权益的依法惩处，是对现行死刑政策和死刑适用标准的准确把握，有利于震慑严重暴力犯罪，增强人民群众的安全感和满意度。

检察机关的公诉意见书情理交融，对被告人辛某某故意杀人行为，坚持证据裁判原则、罪刑法定原则，指控内容定性精准、量刑适当、条理清晰、论证严谨、证据充足，集犯罪指控、释法析理、宣传教育于一体，达到了政治效果、法律效果和社会效果的统一。

一、公诉意见书结合全案证据，辨析合理、逻辑严密、定性准确

《刑法》第 114 条规定了放火罪、决水罪、爆炸罪、投放危险物质罪、以危险方法危害公共安全罪，其中以危险方法危害公共安全罪是指故意使用放火、决水、爆炸、投放危险物质以外的危险方法危害公共安全的行为。根据同类解释原理，以危险方法危害公共安全罪中的“危险方法”应当与放火、决水、爆炸、投放危险物质具有相当程度的危险性和破坏性，而非泛指其他所有危害公共安全的行为。本案被告人辛某某携带提前一个月准备好的剔骨刀，有选择性地乘坐 302 路公交车，并在车辆正常行驶、所有人都未加防备情况下，对车内乘客进行疯狂砍杀，甚至在大部分乘客逃离后，其本人仍下车追砍行人，后再次返回车上对已经被砍倒的母子二次砍杀，最终导致 4 人死亡、7 人受伤严重后果的发生。上述行为与放火、决水、爆炸、投放危险物质一样，具有危险相当性和危害同质性，且辛某某的砍杀行为对不特定多数人的生命健康安全造成紧迫且严重的威胁，足以导致不特定多数人重大人身伤亡后果，因而其行为依法构成以危险方法危害公共安全罪。同时，辛某某的行为符合故意杀人罪的构成要件。从其提前准备作案工具、有选择性地乘坐公共交通工具、对乘客无差别地疯狂砍杀等一系列行为中，可以认定辛某某具有积极追求他人死亡后果的故意，根据主客观相统一原理，依法可认定为故意杀人罪。即被告人辛某某故意砍杀不特定被害人的暴力行为，同时构成以危险方法危害公共安全罪和故意杀人罪，根据想象竞合犯理论，应从一重罪处断。《刑法》对以危险方法危害公共安全罪设定的法定刑为“尚未造成严重后果的，处三年以上十年以下有期徒刑，致人重伤、死亡或者使公私财产遭受重大损失的，处十年以上有期徒刑、无期徒刑或者死刑”，而故意杀人罪的法定刑为“处死刑、无期徒刑或者十年以上有期徒刑；情节较轻的，处三年以上十年以下有期徒刑”，尽管两个罪名的最高法定刑均为死刑，但对于刑罚轻重排序的差异，体现出罪名的轻重差别。具体到故意杀人罪中，对情节特别恶劣的故意杀人行为，应优先考虑死刑，而以危险方法危害公共安全罪最先考虑的是10年以上有期徒刑，因此故意杀人罪量刑更重，检察机关以故意杀人罪依法指控，是在对以危险方法危害公共安全罪与故意杀人罪竞合处断准确把握的基础上，作出的合理、恰当的判断。

二、公诉意见书刑罚考量全面，论证严谨、条理清晰、精准

公诉意见书建议对辛某某依法判处死刑，是对现行死刑政策和死刑适用标准的准确把握，有利于震慑严重暴力犯罪。我国现行死刑政策贯彻“保留死刑、严格控制和慎重适用死刑”的原则，《刑法》第48条明确规定，“死刑只适用于罪行极其严重的犯罪分子”。2010年最高人民法院关于《贯彻宽严相济刑事政策的若干意见》指出，“宽严相济刑事政策中的从‘严’，主要是指对于罪行十分严重、社会危害性极大，依法应当判处重刑或死刑的，要坚决地判处重刑或死刑”，“尤其对于极端仇视国家和社会，以不特定人为侵害对象，所犯罪行特别严重的犯罪分子，该重判的要坚决依法重判，该判处死刑的要坚决依法判处死刑”。本案中辛某某完全满足上述判处死刑的要求，其犯罪手段残忍、犯罪情节恶劣、罪行十分严重、社会危害性极大。从作案时间看，本案案发是在2018年6月22日的下午4时，辛某某持刀行凶可谓发生在光天化日之下。从作案地点看，本案的案发地点是在正在行驶的公交车上以及闹市街头，车内有多名乘客，车外人来人往，辛某某选择在上述地点作案，人身危险性和社会危害性极大。从作案动机和手段看，辛某某因生活不顺，情绪低落，怀疑自己染上重病，遂产生报复社会的恶念。他提前准备作案工具，有选择性地乘坐公交车，将无辜的乘客作为发泄内心情绪的对象，对不特定乘客疯狂砍杀，犯罪手段极其残忍，犯罪情节极其恶劣。从犯罪结果看，辛某某的故意杀人行为造成4死7伤的严重后果，属于犯罪后果特别严重，依法应对其判处死刑。

综上所述，公诉意见书严格贯彻证据裁判原则，切实做到了事实清楚，证据确实、充分，程序合法。该公诉意见书格式具有规范性、内容具有清晰性、论证具有严谨性、语言具有鲜明性、情理具有交融性。辛某某故意杀人案中死刑的准确适用，充分彰显了我国司法机关准确贯彻宽严相济刑事政策，对罪行特别严重的暴力犯罪，坚决判处死刑，以维护人民群众生命财产安全，强力威慑严重暴力犯罪，以维护社会的安定祥和。

（**点评人**：石魏，北京市东城区人民法院刑事审判庭法官）

【律师点评】

依据《人民检察院刑事诉讼法律文书格式样本（2020版）》，公诉意见的发表旨在基于法庭调查的综合情况，对起诉书中的指控进行深入分析与论证，明确检察机关的量刑立场，并结合案件具体情况进行法治宣传与教育，从而实现惩治犯罪、弘扬正义的目的。本案的公诉意见书在犯罪指控的深化论证、量刑建议的精准提出、法治宣传和教育的有效开展等方面表现出诸多亮点：

一、准确指控犯罪，精准制定量刑建议，为法院的公正裁判奠定基础

在对犯罪定性时，检察机关指出辛某某的行为同时符合故意杀人罪与以危险方法危害公共安全罪的构成要件；并指出该情形属于想象竞合犯（即行为人的一个犯罪行为同时触犯两个或两个以上罪名），应选择其中法定刑较重的罪名定罪处罚。由于故意杀人罪的法定刑更重，检察机关据此对被告人辛某某以故意杀人罪提起公诉，体现了法律适用的准确性。

在提出量刑建议时，检察机关综合考量了被告人犯罪的时间、地点、动机与手段等要素，深入分析了其行为的严重性与社会危害性。在此基础上，充分结合被告人当庭表现，向法院明确提出了“给予最严厉制裁”的建议，体现对严重犯罪行为的严厉打击和对法律尊严的维护。

二、谴责犯罪行为的同时，强调社会正义力量的存在，起到良好的舆论引导效果

尽管辛某某的犯罪行为严重破坏了社会的安全感，对社会心理造成巨大冲击，但在公诉意见书中，检察机关也特别指出了案件中出现的各种见义勇为行为。比如，在辛某某行凶的过程中，有的路人在自身安全受到威胁的情况下，仍毅然停下车辆，用砖块试图阻止被告人的暴行；有的商户在危急时刻敞开门户，为恐慌的群众提供了安全的避难所；更有勇敢的市民与警察携手，共同制伏了被告人。

公诉意见书中提及的这些温情之举，不仅给人们被冲击的心理安全感带来了慰藉与支撑；更是向社会传递了一个明确的信息：我们社会的基本面是正义美好的，任何违背法律、侵害公共利益的行为，都将受到法律的严惩和社会的唾弃。这有助于恢复和提升公众的安全感和对社会正义的信心。

三、挖掘案件的情感点，注重法理情相融合，实现了良好的警示和教育效果

公诉意见书注重结合案件细节，充分阐述本案行为人犯罪手段的残忍性、主观恶性的程度以及对社会的具体危害，增强了公诉意见发表时的感染力。

例如，公诉意见书披露了辛某某提前一个月准备好剔骨刀、从后往前依次砍杀、对已经被砍倒的母子二次砍杀等关键情节，以此论证其行为的残忍性并加强指控的力度。又如，公诉意见书指出辛某某因个人生活挫折产生报复社会的念头，且在庭上未表现出悔意，继续回避责任，凸显其深重的主观恶性。再如，公诉意见书特别提到了犯罪发生的时间“星期五下午”和地点“闹市区街头”等，明确指出其行为不仅导致多人死伤，还对众多目击者造成心理创伤、冲击社会安全感，进一步揭示了其行为的社会危害性。

上述这些关键作案细节的披露，不仅有助于法庭全面了解案件事实，还能够引起社会大众的情感共鸣，更加深刻地揭示犯罪对个人和社会的严重伤害，进而增强对法律正义和社会责任的认识。

透过辛某某故意杀人案的公诉意见书，我们能充分感受到检察机关严谨审查案件细节、精确运用法律条款的高度责任感以及坚守法律公正、严厉打击犯罪、捍卫民众生命安全和社会秩序的坚定立场。我们还能透过这份公诉意见书在严重刑事犯罪的惩治中感受到社会中普遍存在的“善”与“美”，坚定并增强对良好社会秩序和法治价值的追求与信心。

（**点评人：**叶衍艳，北京衍星律师事务所主任）

5. 陈某甲等人诈骗、侵犯公民个人信息案：电信诈骗下陨灭的少女生命

【案情简述】

2016 年 8 月 19 日下午，已经被南京邮电大学录取的山东临沂女孩徐某某接到一个陌生电话，来电通知她马上可以领到一笔 2600 元的助学金，这让家境贫寒的她欣喜不已。殊不知，这个自称教育局工作人员的来电实际来自江西九江，背后暗藏着电信诈骗的巨大阴谋。犯罪分子陈某甲从杜某某手中购买了其利用黑客技术获取的数万条高考信息，雇用郑某乙、黄某某等人冒充教育局工作人员以发放助学金名义实施电话诈骗，而徐某某收到的来电正是这群人所拨打，在犯罪分子的引诱和欺骗下，徐某某将家人辛苦积攒的 9900 元学费全部取出后存入骗子发来的银行账户。发现被骗后，徐某某立即和家人前往派出所报案。在回家的路上，徐某某因伤心欲绝突发心脏骤停，虽经医院全力抢救，但仍未能挽回生命，这个 18 岁的花季少女没能走进憧憬中的大学，带着悲愤永远离开了这个世界。

案发后，公安部发布 A 级通缉令，公开通缉本案在逃嫌疑人。最高人民检察院、公安部下发《关于联合挂牌督办第一批电信网络诈骗犯罪案件的通知》，将本案作为一号案件挂牌督办，要求各地公安机关、检察机关加大工作力度，确保案件质效，持续推动打击治理电信网络新型违法犯罪专项行动深入开展。最高人民检察院组织山东省检察机关成立批捕专案组和公诉专案组，迅速开展工作，由于该案涉案人员多、作案地域广、侦查难度大，临沂市人民检察院提前介入侦查，依法引导取证，审理查明了被告人陈某甲等人交叉结伙，通过网络购买学生信息和公民购房信息，冒充教育局、财政局、房产局工作人员，以发放贫困学生助

学金、购房补贴为名，以高考学生为主要诈骗对象，通过拨打电话的形式骗取他人钱款共计人民币 56 万余元，并造成徐某某死亡的相关事实。2017 年 4 月 17 日，临沂市人民检察院向临沂市中级人民法院依法提起公诉。最终，主犯陈某甲以诈骗罪、侵犯公民个人信息罪被依法判处无期徒刑，其他六名被告人分别被判处 3 年到 15 年不等有期徒刑并处罚金。

电信诈骗危害性大、辐射面广、社会反响强烈。陈某甲等人的行为，毁掉的不仅是一个花季少女的生命、一个幸福的家庭，还是人与人的信任、社会的和谐稳定。面对人民群众的呼声和期盼，检察机关依法对电信网络诈骗案快捕快诉，对案情重大的组成专案组集中办理，出台了一系列机制加强对重点地区的源头治理和综合施治。2016 年 12 月，最高人民法院、最高人民检察院、公安部共同出台《关于办理电信网络诈骗等刑事案件适用法律若干问题的意见》，2017 年 5 月，“两高”共同出台《关于办理侵犯公民个人信息刑事案件适用法律若干问题的解释》，对电信网络诈骗犯罪、侵犯公民个人信息犯罪的定罪量刑标准和有关法律适用问题作了全面、系统的规定。同时，该案暴露出工信部、虚拟运营商等多家单位监督管理漏洞。大力打击电信诈骗离不开对公民个人信息的保护、对虚拟运营商的严格监管、对违规行为的坚决肃清，以及公民防范电信诈骗的教育和宣传力度的不断增强。徐某某的生命不幸陨灭了，但案件带给中国法治和社会管理进步的影响却意义深远，该案被列为最高人民法院发布的“2017 年推动法治进程十大案件”之首。

【文书原文】

山东省临沂市人民检察院

公诉意见书

审判长、审判员：

又是一年高考季。近日，2017 年的高考成绩陆续公布，又到了填报志愿、等待录取通知书的时刻，又到了莘莘学子圆梦高校、人生起航的时刻。而就在一年前，2016年8月，一封来自南京邮电大学的录取通知书带给徐某某无尽的欢乐和对未来生活的美好憧憬；8月19日一个发放学生助学金的诈骗电话却骗走了父母为她准备的9900元学费，让这个年轻而鲜活的生命永远定格在18岁，定格在即将踏入高校大门的那一天。

今天，诈骗徐某某等高考学生的被告人陈某甲、郑某甲、黄某某、熊某某、陈某乙、郑某乙、陈某丙犯诈骗罪、侵犯公民个人信息罪一案在此开庭，为揭露骗局、警醒大众，打击诈骗犯罪、弘扬法治正义，根据《中华人民共和国刑事诉讼法》第一百八十四条、第一百九十三条、第一百九十八条和第二百零三条的规定，我们受临沂市人民检察院的指派，代表本院，以国家公诉人的身份出席法庭支持公诉，并依法对刑事诉讼实行法律监督。

通过刚才的法庭调查，公诉人讯问了被告人，询问了鉴定人、具有专门知识的人，向法庭宣读了证人证言、被害人陈述，播放了视听资料，出示了物证、书证等相关证据，这些证据，均系侦查机关通过合法程序取得，被告人及其辩护人对上述证据进行了充分质证，法庭对被告人的犯罪事实进行了全面详尽的审理。这些证据形成完整的证据体系，构成指控犯罪的基石，充分证明本院起诉书指控七名被告人的犯罪事实清楚，证据确实、充分，适用法律准确。现对本案证据和案件情况发表如下意见，请法庭注意。

一、被告人陈某甲、郑某甲、黄某某、熊某某、陈某乙、郑某乙、陈某丙的行为构成诈骗罪，犯罪事实清楚，证据确实、充分

《中华人民共和国刑法》第二百六十六条规定，诈骗罪是以非法占有为目的，用虚构事实或者隐瞒真相的方法，骗取他人财物的行为。

被告人陈某甲、郑某甲、黄某某等七人交叉结伙，以非法占有为目的，通过网络购买学生信息和公民购房信息，分别在江西省九江市（以下简称九江市）、江西省新余市（以下简称新余市）、广西壮族自治区钦州市（以下简称钦州市）、海南省海口市（以下简称海口市），冒充教育局、财政局、房产局工作人员，以发放贫困学生助学金、购房补贴为名，以高考学生为主要诈骗对象，拨打电话，骗取他人钱财，构成诈骗罪。

其中，在九江市、新余市诈骗犯罪中，被告人郑某甲明知陈某甲等人实施诈骗犯罪，介绍、组织他人帮助陈某甲接收、转移诈骗赃款，成立诈骗罪的共犯。在九江市诈骗犯罪中，被告人熊某某、陈某丙，明知他人实施诈骗犯罪，受郑某甲指使，提供银行卡，帮助陈某甲接收、转移诈骗赃款，成立诈骗罪的共犯。

对于上述事实，有七名被告人的在案供述和当庭供述，供述稳定且相互印证，证明诈骗犯罪的共谋过程、具体分工、分赃比例、拨打电话次数等犯罪情节；被害人的陈述和证人证言，证明被害人被诈骗的具体过程；现场勘查笔录、房屋租赁合同等证明被告人租赁诈骗场所情况；通讯数据报告、通话详单、银行交易明细等，证明被告人在各犯罪地点拨打诈骗电话的次数和诈骗金额。

上述证据之间能够相互印证，形成完整的证据体系，结合今天的庭审，足以证明陈某甲等七名被告人的行为构成诈骗罪，犯罪事实清楚，证据确实、充分。

二、被告人陈某甲的行为构成侵犯公民个人信息罪，犯罪事实清楚，证据确实、充分

《中华人民共和国刑法》第二百五十三条之一规定，窃取或者以其他方法非法获取公民个人信息的，以侵犯公民个人信息罪定罪处罚。

本案中被告人陈某甲从杜某某处通过QQ非法购买公民个人信息10万余条，构成侵犯公民个人信息罪。

证人杜某某、宋某某、刘某某、周某某的证言与平台漏洞详情、移动硬盘中提取的高考学生信息等证据相互印证，证明杜某某侵入普通高等学校招生考试信息平台，非法获取高考学生信息的事实。

被告人陈某甲的供述与证人杜某某的证言、QQ聊天记录截图、支付宝交易明细等证据相互印证，证明陈某甲从杜某某处非法购买高考学生信息10万余条并用于电信诈骗活动。

上述证据之间能够相互印证，形成完整的证据体系，结合今天的庭审，足以证明被告人陈某甲的行为构成侵犯公民个人信息罪，犯罪事实清楚，证据确实、充分。

三、被告人陈某甲、郑某甲、黄某某、熊某某、陈某乙、郑某乙、陈某丙应负的法律责任

（一）犯罪数额及拨打电话次数的认定

1. 被告人陈某甲组织、指挥他人实施电信诈骗，在九江市、新余市分别拨打诈骗电话7000余人次、6000余人次，共计拨打1.3万余人次，情节特别严重；诈骗31.199万元，数额巨大。被告人陈某甲非法获取公民个人信息10万余条，情节特别严重。

2. 被告人郑某甲组织、帮助他人在九江市、新余市、钦州市、海口市实施电信诈骗，分别诈骗22.81万元、6.3444万元、18.35万元、6.9988万元，共计诈骗54.5032万元，数额特别巨大；拨打诈骗电话1万余人次，情节特别严重。其中，在新余市诈骗中，被告人郑某甲介绍的取款人于2016年6月帮助陈某甲接收、转移诈骗赃款，其应对6月份6.3444万元的诈骗金额负责。在九江市诈骗中，前期由郑某甲为陈某甲介绍取款人，后期由郑某甲亲自组织陈某丙、熊某某帮助陈某甲接收、转移诈骗赃款，郑某甲参与九江市诈骗的全过程，应对22.81万元的诈骗金额负责。

3. 被告人黄某某积极实施电信诈骗，在九江市、新余市、钦州市，个人分别拨打2000余人次、3000余人次、1000余人次，分别与同案犯共同拨打诈骗电话3000余人次、6000余人次、1000余人次，共计1万余人次，情节特别严重。被告人黄某某伙同他人在九江市、新余市、钦州市分别诈骗11.5826万元、8.389万元、2.5777万元，共计22.5493万元，数额巨大。

4. 被告人熊某某积极参与并组织吴某某参与钦州市电信诈骗，二人分别拨打诈骗电话3000余人次，熊某某应当对自己及吴某某共同拨打的6000余人次诈骗电话负责，情节特别严重。被告人熊某某帮助在九江市实施诈骗的陈某甲接收、转移诈骗赃款，与他人共同诈骗3.4133万元，数额巨大。

5. 被告人陈某乙积极参与电信诈骗，在九江市、新余市分别拨打诈骗电话1000余人次、2000余人次，共计3000余人次，情节严重。

6. 被告人郑某乙积极参与九江市电信诈骗，拨打诈骗电话1000余人次，

情节严重。

7. 被告人陈某丙明知他人实施电信诈骗，提供银行卡帮助接收、转移诈骗赃款，与他人共同诈骗 8.4666 万元，数额巨大。

（二）主从犯的认定

《中华人民共和国刑法》第二十六条规定："在共同犯罪中起主要作用的，是主犯。"第二十七条规定："在共同犯罪中起次要或者辅助作用的，是从犯。"

1. 被告人陈某甲应认定为主犯。其组织、指挥九江市、新余市电信诈骗，主动提起犯意，选择犯罪地点，购买犯罪工具，承担犯罪成本，组织犯罪人员，指挥犯罪活动，拨打诈骗电话，决定分赃比例，获得最多赃款，实施诈骗并造成徐某某死亡。其在共同犯罪中起主要作用，系主犯。

2. 被告人郑某甲应认定为主犯。其组织、参与九江市、新余市、钦州市、海口市电信诈骗。在钦州市诈骗中，主动提起犯意，选择犯罪地点，购买犯罪工具，承担犯罪成本，组织犯罪人员，指挥犯罪活动，拨打诈骗电话，决定分赃比例，获得最多赃款。在九江市、新余市诈骗中，介绍、组织他人帮助陈某甲接收、转移诈骗赃款，造成徐某某死亡。在海口市诈骗中，全程参与，拨打诈骗电话。其在共同犯罪中起主要作用，系主犯。

3. 被告人黄某某应认定为主犯。其积极参与九江市、新余市、钦州市电信诈骗。分别与被告人陈某甲、郑某甲共谋实施犯罪；分别帮助陈、郑二人进行犯罪前期准备；积极拨打诈骗电话。其在共同犯罪中起主要作用，系主犯。

4. 被告人熊某某、陈某乙、郑某乙，在共同犯罪中，冒充教育局、房产局工作人员拨打诈骗电话，分赃比例较低，起次要作用；另外，被告人熊某某在九江市电信诈骗中，帮助接收、转移诈骗赃款，起次要作用，上述三名被告人均系从犯。

5. 被告人陈某丙在九江市电信诈骗中，提供银行卡，帮助接收、转移诈骗赃款，起次要作用，系从犯。

综上，被告人陈某甲、郑某甲、黄某某在共同犯罪中起主要作用，系主犯，应依照《中华人民共和国刑法》第二十六条第四款的规定处罚。被告人熊某某、陈某乙、郑某乙、陈某丙在共同犯罪中，起次要作用，系从犯，应依照《中华人民共和国刑法》第二十七条第二款的规定处罚。

（三）自首的认定

《中华人民共和国刑法》第六十七条第一款规定："犯罪以后自动投案，如实供述自己的罪行的，是自首。"

最高人民法院《关于处理自首和立功具体应用法律若干问题的解释》规定："如实供述自己的罪行，是指犯罪嫌疑人自动投案后，如实交代自己的主要犯罪事实。共同犯罪案件中的犯罪嫌疑人，除如实供述自己的罪行，还应当供述所知的同案犯，主犯则应当供述所知其他同案犯的共同犯罪事实，才能认定为自首。"

1. 被告人陈某甲不构成自首。

被告人陈某甲投案后，对于九江市诈骗犯罪，未如实供述同案犯吴某某、陈某乙、陈某丁及其犯罪事实，对于新余市诈骗犯罪，未如实供述同案犯黄某某、陈某乙及其犯罪事实，直到侦查机关掌握后再次对其讯问，其才做如实供述，因此，对于诈骗罪不构成自首。被告人陈某甲未如实供述侵犯公民个人信息罪的主要犯罪事实，在侦查机关掌握后再次对其讯问，其才做如实供述，因此，对于侵犯公民个人信息罪，不构成自首。

2. 被告人郑某乙不构成自首。

被告人郑某乙投案后，未如实供述同案犯陈某丁参与九江市电信诈骗犯罪，直到侦查机关掌握后，再次对其讯问，其才做如实供述，其不构成自首。

3. 被告人陈某乙自动投案，如实供述自己的罪行，构成自首，应依照《中华人民共和国刑法》第六十七条第一款的规定处罚。

（四）其他量刑情节

1. 被告人陈某甲、郑某甲、熊某某、郑某乙、陈某丙实施电信诈骗，造成徐某某死亡，应酌情从重处罚。

2. 被告人陈某甲、郑某甲组织、指挥被告人黄某某、熊某某、陈某乙、郑某乙冒充国家机关工作人员，对不特定多数人拨打诈骗电话，骗取在校学生的财物，应酌情从重处罚。

四、被告人陈某甲、郑某甲、黄某某、熊某某、陈某乙、郑某乙、陈某丙的行为极其恶劣，后果极为严重，理应严惩

（一）从案件本身看，被告人交叉结伙、分工明确、流窜多地、危害性大

七名被告人交叉结伙，在九江市、新余市、钦州市、海口市实施诈骗。首先，被告人陈某甲、郑某甲分别网购公民个人信息、台词剧本，租赁房屋，准备手机、手机卡等作案工具；其次，被告人黄某某、熊某某、陈某乙、郑某乙冒充教育局、房产局工作人员拨打一线诈骗电话，照本宣读发放助学金、购房补贴的台词剧本，诱骗被害人拨打二线诈骗电话领取钱款；再次，被告人陈某甲、郑某甲分别冒充财政局工作人员，接听被害人回拨的二线电话，以发放助学金、补贴款为名，千方百计诱骗被害人向特定账号转账、汇款；最后，被告人郑某甲雇用、介绍取钱人或直接指使熊某某、陈某丙，提供特定账户并将账户中接收的诈骗赃款予以转移，完成犯罪。

被告人陈某甲、郑某甲等短短5个月时间内，在三个省份四个地市疯狂拨打诈骗电话2万多人次；分工协作、环环相扣，形成完整链条；不同角色扮演，引人入局，骗取钱财；专业团队接收、转移赃款，隐蔽性极强，危害性极大。

（二）从案件后果看，七名被告人损一家团圆、乱国家公信、扰社会安定，后果极其严重

18岁，应该是单纯得像花儿一样的年龄；18岁，应该是享受全新大学生活的年龄；18岁，本是有着无数种可能性的年龄，却因为一通诈骗电话，而被彻底改写，让徐某某从金榜题名到含恨离去，从鲜花怒放到突然凋零，从人生巅峰到生命终结。徐某某的父母家人、亲朋好友从捷报传来的满心欢喜到噩耗传来的悲痛难忍，从与徐某某的朝夕相处到只能在照片中回忆她的音容笑貌。孩子是家庭的希望，学生是国家的未来。青年兴则国家兴，青年强则国家强，谁伤害他们，谁就在动摇国本，就在毁灭未来。

被告人陈某甲、郑某甲等冒充国家机关工作人员，以发放助学金的名义，诈骗贫困学生，造成徐某某死亡，其行为不仅突破了道德底线，更破坏了国家机关形象及其正常活动，扰乱社会安定，触犯刑事法律；不仅冲击社会大众心灵，引起社会各界震动，更凸显电信业运营中的漏

洞，冲击正常的社会管理模式。

（三）从案件影响看，本案受到社会极大关注，改变社会管理模式，影响极其深远

徐某某被骗致死，牵动社会大众的心，为我们敲响警钟，更引发整个社会的思考：如何避免类似悲剧重演，如何重拳出击捍卫公众生命财产安全，成为大家共同的诉求。全国人民，特别是那些受过电信诈骗之苦的人们，更是时刻关注事态发展变化。

“人民对美好生活的向往就是我们的奋斗目标”，本案发生后，全国各有关部门迅速掀起打击电信诈骗的热潮。最高人民法院、最高人民检察院、公安部、工业和信息化部、中国人民银行、中国银行业监督管理委员会六部门发布《关于防范和打击电信网络诈骗犯罪的通告》；中国人民银行发布《关于加强支付结算管理防范电信网络新型违法犯罪有关事项的通知》；工业和信息化部发布《关于进一步防范和打击通讯信息诈骗工作的实施意见》，上述文件就电话实名、手机卡申办数量、银行汇款到账时间等方面作出明确规定。最高人民法院、最高人民检察院、公安部发布《关于办理电信网络诈骗等刑事案件适用法律若干问题的意见》，最高人民法院、最高人民检察院联合发布《关于办理侵犯公民个人信息刑事案件适用法律若干问题的解释》，对电信网络诈骗犯罪、侵犯公民个人信息犯罪的定罪量刑标准和有关法律适用问题作了全面、系统的规定。

（四）从被告人应吸取的教训看，诈骗不义之财，罪责难逃

被告人，当你们的儿女十年寒窗、金榜题名时，是否会无比的激动、自豪？当你们接到助学金发放电话时，是否会感谢国家的好政策，帮你们解决燃眉之急？当这电话之后隐藏的骗局将你们的血汗钱骗走时，是否会无比的愤怒、悲伤？正所谓己所不欲勿施于人，你们将这谁也不能承受之痛强加于徐某某、强加于受骗者的身上，那你们必然要为自己的罪行付出代价，必然会被公众所唾弃，被道德所不齿，被法律所审判。正所谓害人终害己，正是你们的诈骗行为，使自己的家庭失去顶梁柱，年幼的儿女失去父亲，年迈的父母失去依靠。

今天在法庭上，我们作为公诉人指控犯罪，更重要的是通过指控犯罪来警醒和告诫，被告人的行为已经构成犯罪，希望你们能直面错误、正视所犯罪行，从中吸取教训、认罪服法、接受改造、重新做人。那些即将或者正在从事电信诈骗犯罪的人们，天网恢恢疏而不漏，希望你们能悬崖勒马、回头是岸。

五、本案带给我们的启示

痛苦的经验往往是最有力的教训，而教训一旦被接受，则往往比经验本身要可贵得多。

对于社会管理层面而言，电信运营部门应进一步加强对手机卡、基站的管理；银行系统应进一步加强账户管理；助学金、住房补贴金等各类惠民资金发放部门应进一步规范发放程序，公布发放流程；各相关部门应进一步查漏补缺、建章立制、堵塞漏洞，防止利用社会管理漏洞、谋取钱财案件的发生。

对于教育部门和家长而言，应进一步加强学校基础教育，更新教学教育体系；进一步加强普法教育，提高学生的法治意识；进一步加强防骗教育，提高学生防骗意识，对骗术形成基本的辨别和应对能力；进一步加强挫折教育，提高学生对挫折的适应能力、心理免疫力。

对于学生而言，“读万卷书、行万里路”，不仅要在课堂上学习科学文化知识，更要通过各种方式认知社会、了解社会。在学习之余，走出家门、走出学校、走近社会，多参加社会实践，丰富社会经验，增强抗挫折能力，提高自我保护能力，防范受到不法侵害，避免下一个悲剧发生。

综上所述，请法庭依据被告人陈某甲、郑某甲、黄某某、熊某某、陈某乙、郑某乙、陈某丙犯诈骗罪、侵犯公民个人信息罪的事实、性质、情节、对社会的危害程度及其认罪态度，依法作出公正的判决，以安慰本案受骗的高考学生，安抚徐某某的家人，警示潜在的诈骗犯，彰显公平正义，还受害人一个公道，还社会一朗朗乾坤。

公诉人：谭某某、胡某某、李某某、宋某某

2017 年 6 月 27 日当庭发表

【学者点评】

陈某甲等诈骗、侵犯公民个人信息案，7 名被告人交叉结伙，通过网络大量购买公民个人信息，在海南省、江西省、广西壮族自治区多地冒充国家机关工作人员，以发放贫困学生助学金、购房补贴为名，以高考学生为主要诈骗对象，电话骗取受害人钱款高达56万余元，通话次数多达2.3万余次，并造成高考学生徐某某死亡的悲痛后果。本案涉案人员较多，犯罪次数和所涉地区较多，案情复杂影响恶劣，同时也反映出电信诈骗、个人信息保护、社会管理等较为深层的社会问题，受到了广泛的舆论关注与谴责。为回应群众之关切、加强社会之安定，法院在开庭审理前提前向社会发布开庭公告，就本案公开开庭审理，与此同时邀请人大、政协、教育部门、媒体、学生等多方代表参与旁听。

本案公诉意见书的撰写和庭上发表是本案办理取得良好办案效果的考验和关键。本篇公诉意见书不仅结构布局科学精巧，语言表达简洁生动，而且内容设计繁简得当，观点论述清晰规范，深入浅出地将事实描述清楚，条分缕析地公正适用法律，有情有理地将警示教育渲染到位，最终实现政治效果、法律效果和社会效果的有机统一，彰显出高质量检察办案的“尺度”“温度”与“深度”，具有很强的学习借鉴价值。

综观通篇，本篇公诉意见书行文规整严谨，结构合理分明。第一，本文书格式妥当，要素齐全。形式上，公诉意见书应包括案件背景引入、法庭调查概括、被告人行为定性、量刑相关问题和教育宣传五个部分，本文书实现了五要素的全面涵盖。与此同时，法律条文的阐明、案情全貌的揭露、行为证据的对应、犯罪主体的分析、犯罪后果的启示等核心内容亦属于公诉意见书撰写的实质要求，此文书将形式要素与实质信息有针对性地归纳融合，夹叙夹议，有理有据，内容全面，兼顾形式表现与实质内容要求之规范。第二，本文书布局精当，重点突出。公诉意见书虽有标准格式要求，但不可千篇一律，须因案而异。本案公诉人恰恰发掘并抓准了重点，实现了有的放矢。具体而言，鉴于本案案情本身的复杂性与案件后果的严重性，7名被告人之间的量刑区分及各自的量刑幅度关注较多、争议较大，故本公诉意见书的撰写着更多笔墨于量刑论述部分，一方面客观分析作案细节、共同犯罪、自首等法定量刑情节，另一方面综合案情全貌评价，结合案件本身、后果、影响等提出严惩建议，充分释法明理，进而促使被告人的知罪认罚、社会问题的重视修正及公众认知的觉醒启发。第三，本文书语言恰当，准确灵动。本公诉意见书在法理和情理之间切换，在理性和感性之间变换，平实地概括案件情况，精准地分析证据细节，一语中的、干脆易懂地进行法律阐释；形象地描述危害后果，生动地三连反问被告人，引经据典、声情并茂地进行情感传递，不仅成功教育被告人认罪服法、自我悔过，而且引导听众引以为戒、树立积极的价值观念，进而形成社会秩序正向循环。总而言之，本文书处处可见规范，通篇体现严谨。

着眼细节，本篇公诉意见书论述全面严密，内容翔实精妙。一则事实证据清楚，分析得当。一方面以指控为中心，定罪上一罪一分析（诈骗罪、侵犯公民个人信息罪）、量刑上一事一分析、共犯关系方面一人一分析，条理清晰；另一方面重视事实与证据的结合与转化，叙议并行。尤其是在本案论述焦点与难点的量刑分析中，本文书论述确实、充分，不仅对各被告人的犯罪情节进行多方面阐述解释，还从社会一般观念出发评判被告人行为的社会危害性，并且将犯罪行为的影响后果吸纳作一体化考量（如高考学生徐某某被骗致死的结果），实现对被告人从重处罚情节的全面概括，同时也关注到自首等有利于被告人的量刑情节，确保罪责刑相适应原则的贯彻。二则教育启示深刻，宣导到位。首先是直击被告人的心灵深处，生动述明其行为的恶劣及危害，详细分析其罪行付出的代价（“被公众所唾弃，被道德所不齿，被法律所审判……使自己的家庭失去顶梁柱，年幼的儿女失去父亲，年迈的父母失去依靠”），促使被告人对自己的行为有更为全面、深刻的认识，进而认罪认罚、真诚悔悟。其次是提升司法公信力，通过揭示并分析案件事实真相，阐述法律适用依据，综合考量被告人行为之社会危害性进行定罪量刑，有效回应媒体和社会公众之关切并展示出案件办理的公平正义，进而夯实公众对法治的信仰。最后是引导公众以理性、平和、深入的视角认识并理解案件，点明案件及其隐含的社会问题（电信诈骗、信息泄露、网络安全、社会管理、教育等），推动大众形成法律和道德双维的正向认知，促进认识趋同与情感共鸣的产生，进而形成良好社会风气、促使社会运作模式革新，即社会管理、教育部门和家长学生等社会主体各司其职，自我约束，以实现社会安定、高质量发展之根本目标。

综上所述，本公诉意见书不论是宏观框架还是细节阐述均展示出诸多亮点，捋清了事理、阐明了法理，融合了情理，兼顾了理性思辨、情感渲染、价值倡导的效用，实现了指控犯罪、感化被告、普法宣传的目标，充分展示了本案公诉人的专业造诣、实践经验和文字素养，是一份优质公诉意见书之范例。

（**点评人**：何挺，北京师范大学法学院副院长，教授、博士生导师）

【检察官点评】

陈某甲诈骗团伙的恶劣罪行，不仅骗走了被害人的钱财，更夺走了一个即将步入大学校园的女孩的所有希望，导致一个灿烂如花的生命戛然而止。徐某某的悲剧引起社会广泛关注，人们在对徐某某的不幸遭遇表示深切的同情，对陈某甲诈骗团伙表示极大的愤慨的同时，也对电信网络诈骗的危害性有了新的认识。不同于前些年我们司空见惯的中奖短信、公检法电话等的常见手法，电信网络诈骗一旦与侵犯公民个人信息犯罪相结合，精准施诈程度可能让人深信不疑，造成的后果也将不堪设想。试想，如果不是陈某甲、郑某甲知晓徐某某申请了助学金，冒充国家机关工作人员，以发放助学金的名义与徐某某联系，正中徐某某当时所思所盼，也许结果不致如此。而陈某甲等人通过网络购买公民个人信息10万余条，冒充教育局、财政局、房产局工作人员，以发放贫困学生助学金、购房补贴为名，以高考学生等为主要诈骗对象，拨打上万次电话，在广泛“撒网”的同时，又结合所购公民个人信息重点“捕捞”。而对于一些特殊群体，比如老幼病残者、在校学生，被骗的财产对他们有更重要的意义，比如就学、治病、养老等，一旦被骗，可能丧失就学、治病机会或者难以维持生计，甚至可能造成被害人自杀、死亡、精神失常等严重后果。

陈某甲诈骗团伙的猖獗犯罪，徐某某的含恨离世，给社会敲响警钟，是时候对电信网络诈骗犯罪重拳出击了，是时候对侵犯公民个人信息犯罪进一步重视了。该案推动了相关司法解释出台，进一步完善了电信网络诈骗、侵犯公民个人信息犯罪法律适用标准，加大了对电信网络诈骗犯罪和侵犯公民个人信息犯罪的打击力度。2016 年 12 月 19 日，最高人民法院、最高人民检察院、公安部发布《关于办理电信网络诈骗等刑事案件适用法律若干问题的意见》，坚持全链条全方位打击，坚持依法从严从快惩处，明确诈骗造成被害人自杀、死亡或者精神失常等严重后果的，冒充司法机关等国家机关工作人员实施诈骗的，组织、指挥电信网络诈骗犯罪团伙的，诈骗在校学生财物的等多项恶劣情形，均作为实施电信网络诈骗犯罪的酌情从重处罚情节。2017 年 5 月 8 日，最高人民法院、最高人民检察院联合发布《关于办理侵犯公民个人信息刑事案件适用法律若干问题的解释》，明确了侵犯公民个人信息犯罪的定罪量刑标准和有关法律适用问题，将“造成被害人死亡、重伤、精神失常或者被绑架等严重后果的”作为侵犯公民个人信息犯罪的“情节特别严重”情形。而上述司法解释的及时出台，对检察机关办理陈某甲团伙的电信网络诈骗犯罪和侵犯公民个人信息犯罪提供了重要法律依据。

近年来，个人信息保护法、反电信网络诈骗法先后出台，反诈工作力度持续加大。2023 年 4 月，最高人民检察院印发《关于加强新时代检察机关网络法治工作的意见》，要求加强与有关部门协同联动，推动构建“全链条反诈、全行业阻诈、全社会防诈”打防管控体系。最高人民检察院发布《检察机关打击治理电信网络诈骗及其关联犯罪工作情况（2023 年）》，持续释放从严惩治强烈信号，坚持以人民为中心，坚持系统观念、法治思维，坚持惩防治并举，全面履行四大检察职能，坚决遏制电信网络诈骗犯罪多发高发态势。2023 年，全国公安机关共破获电信网络诈骗案件 39 万余起，共有 4.1 万名电信网络诈骗犯罪嫌疑人从缅甸移交我国警方，全国检察机关 2023 年共起诉电信网络诈骗犯罪 5.1 万人，打击治理工作取得显著成效。

陈某甲诈骗团伙的犯罪活动带给人们更深一层的反思。网络、电话、银行转账等科技进步带给我们生活便利的同时，如果安全防范措施不足，容易被犯罪分子利用，轻松达到窃取信息、远程诈骗、转移赃款的目的。因此，加强行业综合治理和网络安全防范确有必要。网络、电信、银行等有关部门迅速反应，制定措施，堵塞漏洞，完善机制，加强防范。2016 年 9 月 23 日，最高人民法院、最高人民检察院、公安部、工业和信息化部、中国人民银行等六部门发布《关于防范和打击电信网络诈骗犯罪的通告》，表明坚决依法严惩电信网络诈骗犯罪，指出公安机关及电信企业、银行、支付机构要加强防范和打击电信网络诈骗犯罪相关事项。2016 年 9 月 30 日，中国人民银行发布《关于加强支付结算管理防范电信网络新型违法犯罪有关事项的通知》，要求银行加强账户实名制管理、转账管理、银行卡业务管理等，强化可疑交易监测，健全紧急止付和快速冻结机制，提供实时到账、普通到账、次日到账等多种转账方式选择。2016 年 11 月 4 日，工业和信息化部发布《关于进一步防范和打击通讯信息诈骗工作的实施意见》，要求全面落实电话用户实名制，严格限制“一证多卡”，坚决整治网络改号问题，建立网络改号呼叫源头倒查和打击机制，不断提升技术防范和打击能力，进一步打击“伪基站”“黑广播”，严格保护行业用户个人信息。

综观本案公诉意见书，在阐述陈某甲诈骗犯罪团伙的犯罪事实和法律适用问题后，结合犯罪成员诈骗金额、拨打电话次数、在犯罪中所起的作用、是否自首以及其他酌定量刑情节等，一一列明犯罪团伙中每名犯罪成员的应负的法律责任，量刑情节把握全面、准确。此外，公诉意见书不仅从犯罪方式特点、犯罪后果、社会影响等角度充分论述了犯罪行为极其恶劣，后果极为严重，请法庭对犯罪分子予以严惩。而且通过发表庭审意见，将公诉人办案中关于如何防范的思考传达给社会公众，如电信运营部门应进一步加强对手机卡、基站的管理；银行系统应进一步加强账户管理；助学金、住房补贴金等各类惠民资金发放部门应进一步规范发放程序，公布发放流程等；教育部门和家长要进一步加强普法教育、防骗教育；学生要丰富社会经验，增强抗挫折能力，提高自我保护能力等，避免悲剧再次发生，体现了惩防并举、综合治理的法治思维和系统观念。

（**点评人**：王伟，北京市西城区人民检察院副检察长、三级高级检察官；于伟香，北京市西城区人民检察院四级高级检察官）

【法官点评】

2016年8月，一纸高考录取通知书带给山东18岁女生徐某某对美好未来的无尽憧憬，然而，一通诈骗电话骗走了她9900元的学费，也将她的生命及梦想永远定格在了18岁。最高人民检察院和公安部重拳出击，对包括徐某某案等电信网络诈骗犯罪案件挂牌督办，要求侦办单位查清电信网络诈骗犯罪事实，深挖泄露公民个人信息源头犯罪，实现全链条打击。

徐某某案是社会高度关注的敏感案件，案件的处理结果牵动着社会公众的心。在最高人民检察院、山东省人民检察院指导下，临沂市检察机关提前介入案件指导侦查，要求公安机关对徐某某的死亡原因出具鉴定意见；调取全部涉案诈骗电话通信数据，并且制作数据分析报告；调取全部涉案银行卡交易明细，查清洗钱账户资金往来去向；调取洗钱取款录像，深挖涉案犯罪嫌疑人洗钱事实；依法讯问各犯罪嫌疑人，查清犯罪嫌疑人在共同犯罪中的地位作用，确保在案物证、书证、证人证言、鉴定意见等系列证据形成完整证据链，为检察机关指控犯罪奠定坚实的基础。

2017年6月27日，徐某某被电信网络诈骗案在山东省临沂市中级人民法院公开开庭审理。在公诉检察官构建的扎实证据体系面前，陈某甲等7名被告人认罪悔罪。各被告人稳定的有罪供述，与在案通信数据报告、通话详单、银行交易明细、证人证言等证据能相互印证，再现了7名被告人诈骗犯罪共谋过程、具体分工、分赃比例、拨打电话次数等犯罪事实，以及陈某甲侵犯公民个人信息罪犯罪事实。本案公诉意见书格式规范、引据精准、论理翔实，把固定徐某某死亡原因的证据作为本案重点问题处理，强化分析论证，突出庭审效果，对诈骗造成被害人死亡后果这一特别严重情节的认定具有重要借鉴意义。

公诉意见书聚焦案件重点问题，层层推进展开论证。陈某甲等人诈骗行为与徐某某的死亡之间是否存在刑法因果关系是本案的核心问题。刑法上的因果关系是指危害行为与危害结果之间引起与被引起的合乎规律的联系。徐某某家境不是太好，9000多元对她来说不是小数目，在考上大学充满喜悦情况下被诈骗，产生不良情绪，打击很大。徐某某平时身体状况良好，在高考体检中，亦没有发现其他疾病或遗传病史。案发当天下午，徐某某被骗后，回到家中一直哭泣，情绪低落。当晚到当地派出所报案后，回家途中突然不省人事，失去呼吸和心跳，经抢救无效死亡。徐某某死亡原因分析意见书证明，徐某某被诈骗后出现忧伤、焦虑、情绪压抑等不良精神和心理因素的情况下发生心源性休克，经心肺复苏后继发多器官衰竭而死亡。为强化出庭效果，检察机关申请鉴定人、知名法医学专家出庭。鉴定人出庭证实，根据医院抢救病历资料记载，可以排除徐某某因机械性损伤、机械性窒息、电击及高低温损伤、中毒、脑源性疾病、正常的心脏疾病所导致的死亡。徐某某在被骗后出现忧伤、焦虑、情绪压抑等不良精神和心理因素情况下，发生心源性休克引起呼吸心跳骤停。专家证人出庭，对徐某某的死亡原因作出了专业解释，解答了公众和辩护律师心中的疑惑，对于案件事实的认定起到重要作用。徐某某被骗后，在很短的时间内发生呼吸心跳骤停，从时间和事件上关系密切，应认定被告人的诈骗行为对被害人徐某某的死亡起主要作用，徐某某死亡与陈某甲等人诈骗行为之间具有刑法上的因果关系。

公诉意见书直面争议问题，规范解释适用法律。关于陈某甲自动投案行为能否认定自首，公诉意见书对认定自首具备的基本要件进行释明：一是必须自动投案，二是如实地供述自己的罪行。在共同犯罪案件中，被告人除如实供述自己的罪行外，还应当供述所知的同案犯，主犯则应当供述所知其他同案的共同犯罪事实，才能认定为自首。本案中，陈某甲在案发后虽然主动到公安机关投案，但其仅供述了在江西省九江市实施诈骗时的部分同案犯，对在九江市的主要诈骗犯罪事实、在网上大量购买公民个人信息的犯罪事实、在江西省新余市实施的诈骗犯罪事实，均未如实供述。侦查人员通过审讯其他同案犯，在掌握陈某甲的全部犯罪事实后，陈某甲才陆续供述在九江市实施诈骗的同案犯及具体犯罪事实，但对在新余市实施诈骗的其余同案犯和作案地点仍未如实供述，直至陈某乙归案后，陈某甲才如实供述全部犯罪事实。陈某甲作为本案犯意的提起者和共同犯罪的纠集者，虽能主动到公安机关投案，但未能如实供述所知的同案犯和全部犯罪事实，依法不能认定为自首。

公诉意见书树立争议焦点理念，把争议焦点作为合理调节庭审节奏、提高公诉质量和效率、加强当庭释法说理的切入手段。对控辩双方没有争议的诈骗、侵犯公民个人信息罪犯罪事实引入“快车道”，重点围绕各被告人犯罪数额、在犯罪中的地位作用、自首认定等量刑情节进行论证、说理。公诉意见书在震慑犯罪的同时，提醒社会公众加强防范意识，提高自身防范能力，避免徐某某的悲剧再次上演，集指控犯罪、释法说理、普法宣传于一体，展现了检察机关依法履职延伸法律监督职能与效果的具体做法。稍显不足的是，徐某某因被诈骗致死是本案最为重要的量刑情节，公诉意见书对徐某某死亡结果与陈某甲等人诈骗行为之间存在的因果关系论证稍显不足，若是指控徐某某死亡结果为陈某甲等被告人所犯诈骗罪的特别严重情节，法律效果和社会效果会更好。

（**点评人：**白春子，安徽省高级人民法院刑事审判第二庭副庭长）

【律师点评】

一、本案的重大社会影响

2016 年，徐某某因遭受电信诈骗而死亡，引起社会各界关注，拉开了一场打击电信诈骗的“人民战争”，一批又一批电信诈骗案例被相继曝光。2016 年最高人民法院和最高人民检察院都将“打击电信网络犯罪”作为重点工作。2016 年 9 月 23 日，国务院打击治理电信网络新型违法犯罪工作部际联席会议第三次会议暨深入推进专项行动电视电话会议在北京召开，就进一步深化打击治理电信网络新型违法犯罪专项行动进行再部署、再推进、再落实，很快掀起全民反诈的热潮。在社会各界的关注下，在司法机关的努力下，徐某某案也在不到一个月的时间内宣告侦破，所涉及的犯罪嫌疑人均悉数到案。

徐某某案直接推动了相关法律规范的完善。该案发生之前，诈骗类犯罪的司法解释仅有 2011 年 3 月 1 日最高人民法院、最高人民检察院颁布的《关于办理诈骗刑事案件具体应用法律若干问题的解释》（以下简称

《解释》)。该《解释》对于实践中电信网络诈骗的规定较为概括，无法解决网络时代遇到的新问题。司法机关统一、正确适用法律亟需新的指导性意见。本案发生后，最高人民法院和最高人民检察院于2016年12月19日制定了《关于办理电信网络诈骗等刑事案件适用法律若干问题的意见》(以下简称《意见》)，专门针对电信诈骗案中管辖、取证、认定标准等疑难问题作出详细规定。徐某某案也成为适用该《意见》的第一例大要案。针对徐某某案所暴露出的侵犯公民个人信息的问题，最高人民法院、最高人民检察院又于2017年5月发布了《关于办理侵犯公民个人信息刑事案件适用法律若干问题的解释》，织密打击电信诈骗的法律网。

徐某某案对于推动打击电信诈骗治理具有里程碑式的意义，被评为“2017年推动法治进程十大案件”。

二、本案的主要法律问题

第一，关于案件管辖问题。本案被告人陈某甲等人的犯罪地分布在江西省九江市、新余市，广西壮族自治区钦州市，海南省海口市等多地，并在山东省临沂市造成一人死亡的结果。根据《意见》的规定，被害人被骗时所在地属于“犯罪结果发生地”。本案最终将管辖地确定在徐某某所在的山东省临沂市，既符合法律规定，也体现了对被害人家属的便利原则。

第二，关于因果关系问题。徐某某平时身体状况良好，受骗后情绪低落，报案回家途中突然不省人事，失去呼吸和心跳，经抢救无效死亡。公安机关出具的徐某某死亡原因分析意见书及法庭审理中出庭的鉴定人、有专门知识的人均认为，徐某某在被骗后出现忧伤、焦虑、情绪压抑等不良精神和心理因素的情况下，可能会发生心源性休克而直接导致死亡，也可能引起潜在的极为罕见的心脏病发作，进而导致死亡。法院据此认定徐某某的死亡结果与被告人的诈骗行为之间存在因果关系。

第三，关于共同犯罪问题。本案的7名被告人中，陈某甲、郑某甲、黄某某三人在犯意的提起、行为的实施、利益的分配等方面所起作用相对较大，被认定为主犯，其余人员为从犯。根据《意见》规定，明知他人实施电信网络诈骗犯罪而提供信用卡、资金支付结算账户、手机卡、通信工具的，以共同犯罪论处。因此，被告人陈某丙提供银行卡、帮助接收、转移诈骗赃款的行为，被认定为诈骗罪的共同犯罪。

第四，关于量刑情节问题。《意见》对于电信诈骗犯罪从重处罚的量刑情节进行了专门规定。本案中，被告人陈某甲拨打诈骗电话共计 1.3 万次，可认定为“其他特别严重情节”，且具有冒充国家机关工作人员对不特定多数人拨打诈骗电话、骗取在校学生的财物等从重情节，法定刑幅度范围为“十年以上有期徒刑或无期徒刑”。考虑到被告人陈某甲的行为极其恶劣，造成人员死亡的后果极其严重，对其顶格判处无期徒刑是合理的。

三、本案的检察履职情况

一是提前介入，引导侦查。案发后，山东省临沂市检察机关在最高人民检察院和山东省人民检察院的指导下，成立批捕专案组和公诉专案组，提前介入案件，针对通信数据分析报告、银行卡交易明细、取款录像等重点证据和事实认定问题引导公安机关进行取证，以高质效履职助推案件侦破。

二是申请专家证人出庭，精准指控犯罪。“诈骗导致被害人死亡”作为从重处罚的量刑情节，死亡结果与诈骗行为之间是否存在因果关系成为论证的焦点和难点。本案开庭审理前，检察机关专门邀请徐某某主治医生进行沟通交流、邀请全国知名法医学专家座谈，申请了两位专家证人出庭作证，对徐某某的死亡原因予以说明，在庭审中对徐某某死亡原因和诈骗行为之间的因果关系给出专业意见，为认定事实和确定刑罚提供了充分依据。

三是提出系统治理的意见。在庭审中，检察机关针对案件折射出的各职能部门责任缺位的问题，针对电信运营部门、网络运营者、银行系统、教育部门提出查漏补缺、建章立制、堵塞漏洞的公诉意见，力求做到办理一案、治理一片。

四是全链条打击，全方位保护人民利益。本案庭审后，检察机关又针对本案电信诈骗上游泄露贩卖公民个人信息源头犯罪提起公诉，展现出从源头上阻断电信诈骗行为的决心，真正做到让电信诈骗无计可施、无所遁形。

（**点评人：**赵春雨，北京市盈科律师事务所高级合伙人）

6. 曹某某交通肇事、故意杀人案：一错再错，罪责难逃

【案情简述】

2013年3月3日晚9时30分许，河北省邯郸市大名县北京路与京府大街路口东侧发生一起恶性交通事故，涉案司机曹某某醉酒超速驾驶机动车，撞上同向行驶的徐某某驾驶的电动自行车，致使徐某某当场死亡。肇事后，曹某某继续驾车逃逸，致使乘坐电动自行车的赵某某（徐某某女儿，殁年16岁）被拖挂至肇事车辆底部，曹某某在知道车下可能拖挂人员并下车确认的情况下，再次驾车行驶约300米，并突然倒车将赵某某甩出，致其当场死亡。肇事车辆继续逃离现场，后被交警逼停。

该案在当地造成恶劣影响，引发全国近五十家媒体、网站广泛报道。在本案办理过程中，被害人家属强烈要求以危险方法危害公共安全罪和故意杀人罪对曹某某及3名乘车人追责。面对被害人家属的激烈情绪和社会舆论的广泛关注，对曹某某的行为精准定性以及妥善化解社会矛盾，成为检察机关要啃的“硬骨头”。审查起诉阶段，针对部分关键事实不清的情况，检察官加强对客观证据、关键证据的调查核实，专程到案发现场勘查了解情况，进行侦查实验还原事发过程，听取痕检专家、法医学专家专业意见，准确把握曹某某犯罪行为和主观故意的发展和变化过程，结合全案证据，将其犯罪行为分为三个“节点”、三个“阶段”；全面评价其不同阶段的行为性质，准确认定罪名，将其醉酒驾车不慎致徐某某死亡的行为认定为交通肇事罪，将其交通肇事后逃逸过程中致赵某某死亡的行为认定为故意杀人罪。庭审过程中，检察官从肇事司机应履行的报告义务和救助义务立论，深入分析曹某某在逃逸过程中明知被害人拖挂于车底仍继续开车、倒车，并将被害人甩出行为的性质，剖析隐藏于

背后的曹某某的主观故意，揭示其对生命的极大漠视，同时积极促成曹某某当庭向被害人家属道歉，在一定程度上对被害人家属进行了情绪安抚。法院采纳检察机关意见，判决认定被告人曹某某犯故意杀人罪，判处死刑，剥夺政治权利终身；犯交通肇事罪，判处有期徒刑5年，数罪并罚决定执行死刑，剥夺政治权利终身。二审期间，因被告人取得被害人家属谅解，二审改判死刑，缓期二年执行，剥夺政治权利终身。

生命权高于一切，漠视他人生命终将遭到法律的严惩。曹某某案敲响了醉酒驾车的警钟，也提醒每一个行驶在马路上的司机，既要把好手中的方向盘，也要握住“人性”的罗盘，唯有如此，人生才不会偏航。

【文书原文】

河北省邯郸市人民检察院

公诉意见书

审判长、审判员：

根据《中华人民共和国刑事诉讼法》第一百八十四条、第一百九十三条、第一百九十八条和第二百零三条的规定，我们受河北省邯郸市人民检察院的指派，代表本院，以国家公诉人的身份，出席法庭支持公诉，并依法对刑事诉讼实行法律监督。现对本案证据和案件情况发表如下意见，请法庭注意。

根据《中华人民共和国刑事诉讼法》第一百八十六条及第一百九十条的规定，今天的法庭调查合法公正。公诉人依法讯问了被告人，并向法庭依次宣读，出示了物证、书证、现场勘查笔录、鉴定意见、证人证言等大量证据。这些证据，由侦查机关通过合法的程序取得，亦已经过控辩双方的质证，形成了严密的证据体系，充分证实了本院起诉书指控被告人的犯罪事实清楚，证据确实、充分。虽然被告人当庭避重就轻、拒不供认，但有大量的证人证言与现场勘查笔录、尸检报告等证据，互相印证，客观、全面地证实了被告人犯罪的全过程，也证实了被告人所应承担的责任。为进一步揭露犯罪，证实犯罪，惩罚犯罪，弘扬国法，宣传法治，现发表如下公诉意见。

一、被告人曹某某构成交通肇事罪、故意杀人罪

纵观被告人曹某某的犯罪过程，涉及三个“节点”、经过三个“阶段”、触犯两个“罪名”。

首先，本案有三个关键的“节点”：第一个节点是“撞车点”，位于北京路与京府大街路口东侧；第二个节点是“下车查看点”，位于北京路与万大路口东侧；第三个节点是“倒车点”，位于大名县质量技术监督局门前。

其次，与三个“节点”对应的是犯罪的三个阶段：

第一个阶段：被告人曹某某醉酒、超速驾驶机动车，行驶至北京路与京府大街路口东侧路段时，追尾撞上同向行驶的由大名县人民医院护士徐某某（殁年48岁）驾驶的电动自行车，致徐某某当场死亡。在第一阶段，曹某某醉酒、超速驾驶，致一人死亡，构成交通肇事罪。

第二个阶段：肇事后，曹某某驾车逃逸，致使乘坐电动自行车的赵某某（徐某某女儿，殁年16岁）被卷入轿车车底。赵某某腰部被挤压在左后轮前位置，车辆左后轮不能正常转动。曹某某在发现车辆行驶困难，同车人要求停车的情况下，仍加大油门、以S形线行驶至北京路与万大路口东侧。在第二阶段，曹某某明知车下可能有人，仍驾车逃逸，放任被害人死亡结果的发生，构成（间接）故意杀人罪。

第三个阶段：曹某某下车查看发现车下的赵某某后，继续上车行驶至大名县质量技术监督局门前，倒车将赵某某从车底甩出，后驾车逃逸，致赵某某当场死亡。在第三个阶段，曹某某明知车下有人，仍继续开车并倒车甩脱被害人，构成（直接）故意杀人罪。

二、被告人曹某某犯罪事实清楚，证据确实、充分

1. 被告人曹某某醉酒驾车致徐某某死亡，构成交通肇事罪，理由如下：

本案破案及时，公安人员接警后立即赶赴现场，将肇事逃逸车辆截停并抓获了被告人曹某某。抓获被告人曹某某后，经对其血液酒精定量检测，结果为213.8mg/100ml；经技术鉴定，发生碰撞时被告人曹某某所驾驶轿车的瞬时速度不小于87公里/小时；被告人曹某某属醉酒、超速驾驶。公安机关道路交通事故责任认定，被告人曹某某负事故的全部责任。经检验，被告人曹某某所驾肇事车辆前机器盖、前保险杠、前牌照与被害人所骑电动自行车后载物架、后挡泥板、支架有撞擦接触。被害人徐某某的尸检报告与现场勘查、检验鉴定、分析意见、侦查实验等相吻合。证人苗某某、宋某某、董某某等人的证言证实，曹某某肇事后逃逸。

综上，被告人曹某某违反交通运输管理法规，醉酒、超速驾驶车辆，发生事故致徐某某死亡的行为，构成交通肇事罪且交通肇事后逃逸。

2. 被告人曹某某交通肇事后逃逸，明知车下有人仍继续行驶，并通过倒车甩脱被害人，致被害人赵某某死亡，构成故意杀人罪，理由如下：

(1) 被告人曹某某交通肇事后，明知车下有人，为逃逸拖行并倒车甩脱被害人。

首先，发生交通肇事时，被告人曹某某应当知道其撞到了人。经检测，曹某某视力正常；大名县住房和城乡建设局及大名县气象局出具的证明以及公安机关侦查实验证明，案发时事故现场路段能见度较好，坐在车内可清晰看到前方30米的电动自行车；证人苗某某等证明碰撞后被告人表现异常紧张；被告人供述其当时听到了巨大的碰撞声，感觉撞了东西。

其次，被告人曹某某驾车逃逸，应当知道车下可能拖挂被害人。被告人有八年驾龄，对车辆性能、行驶状态、特性等有一定的了解。侦查实验说明，由于被害人赵某某腰部被挤压在左后轮前位置，造成车辆左后轮不能正常转动，车辆行驶困难，被告人逃逸过程中加大油门、以S形线行驶的行为，系其故意为之，否则车辆会自动熄火。以上证明，以曹某某的驾驶经验和当时的车辆状况，其可以判断出车下可能拖挂被害人，但其为了逃逸，故意加大油门、以S形线行驶，放任被害人死亡结果的发生。

再次，被告人曹某某中途下车查看，看到了车下的被害人赵某某。证人宋某某、董某某证实，其二人与曹某某停车下车查看，宋、董二人走到车左前灯外侧时，均看到了车下的被害人，曹某某下车也曾站在此位置。经过侦查实验，曹某某站在此位置时被害人的状态能够自然进入其视野。宋、董二人回到车上曾谈及车底下可能有人。以上证明被告人在停车查看过程中应当看到被害人挂在车下的状态。

最后，被告人曹某某再次上车行驶约300米，突然倒车，进一步证明曹某某明知车下有人。证人证言、公安机关现场分析意见证实，在被害人掉落位置，被告人所驾车辆有停车、倒车动作；坐在副驾驶的苗某某证实，被告人倒车时前方没有车辆、行人、障碍物等东西。上述证据可以推断出被告人倒车的目的是甩脱车下的被害人。

（2）被害人赵某某被卷挂在车底时尚未死亡。

经尸检，死者赵某某符合交通事故造成多脏器损伤、体表大面积软组织挫灭、内源性异物阻塞呼吸道死亡。且已经出现“两眼睑结膜有多量针样出血点”“局部急性肺水肿”的尸体征象，说明其窒息过程至少已进入“呼气性呼吸困难（惊厥期）”，从机体受机械性外力作用开始到进入“呼气性呼吸困难（惊厥期）”，需要2.5—3.5分钟。假使赵某某从碰撞的瞬间，就开始呕吐，并将食物残渣吸入气管引起窒息，那么至少从其进入车底后的2.5—3.5分钟，赵某某尚未死亡。根据肇事后行驶距离（约420米）以及供证的被告人车速（约40迈），推断从撞车点到被告人下车查看点，用时应不到1分钟。所以在被告人下车查看及再次上车行驶时，被害人赵某某尚未死亡。

综上所述，被告人曹某某在交通肇事后逃逸过程中，明知车下有人、继续行驶会造成被害人死亡结果的发生，仍驾车行驶并甩脱被害人，其行为已构成故意杀人罪。

三、被告人犯罪情节和后果均特别严重、社会影响恶劣，应依法予以严惩

根据《中华人民共和国道路交通安全法》第七十条规定：“在道路上发生交通事故，车辆驾驶人应当立即停车，保护现场，造成人身伤亡的，车辆驾驶人应当立即抢救受伤人员，并迅速报告执勤的交通警察或者公安机关交通管理部门。”被告人曹某某在发生交通肇事后，不仅没有停车抢救伤者，反而继续驾车逃逸。在发现车辆行驶困难，明知车下可能拖带被害人的情况下，故意加大油门、以S形线行驶。更为恶劣的是，在下车查看发现车底的被害人后，继续开车、倒车，将被害人甩出。主观恶性极大，行为极其恶劣。

由于曹某某的犯罪行为，导致两个生命的逝去。被害人赵某某年仅16周岁，是大名县新一中的学生，品学兼优。尸检照片显示，赵某某“死未瞑目”。可以想见，这个16岁的花季少女在死之前，经历了一段怎样的痛苦过程。两位被害人的死亡，令被害人家属悲痛欲绝，一个原本幸福美满的家庭就这样支离破碎。

案件发生后，不仅在当地引起轰动，而且，全国近五十家网站及媒体对该案进行了报道。人们震惊之余，更多的是悲痛与愤怒。然而，在今天的庭审中我们却看到，被告人曹某某无认罪、悔罪表现，不能如实供述犯罪事实，避重就轻、推卸责任。我们希望，被告人在受到法律制裁的同时，能够接受灵魂的拷问。人非草木，孰能无情？扪心自问，被告人曹某某你能感受到被害人家属心灵永远的痛吗？你能体会到一夜之间失去妻子、女儿的被害人家属的心情吗？但愿这样的人间悲剧不再上演。

四、本案带给人们的警示

随着我国经济社会高速发展，机动车保有量快速增长，机动车驾驶人大幅增加，在极大地方便了人民群众的同时，醉酒驾车犯罪呈多发、高发态势，严重危害了道路交通安全和广大人民群众的生命、健康。本案的发生再次为驾驶员朋友们敲响警钟：请尊重他人的生命，不要违规驾驶，更不要在交通事故发生后，心存侥幸，置他人生命安危于不顾。否则，将受到法律最严厉的制裁。

审判长、审判员，被告人曹某某违反交通运输管理法规，醉酒后驾驶车辆夜间载人上路超速行驶，发生交通事故造成一人死亡的后果，负事故的全部责任，且交通肇事后逃逸；在逃逸过程中，曹某某明知车下可能拖带被害人，继续驾车逃逸，下车查看发现被害人赵某某后，继续开车、倒车，将被害人甩出，最终造成被害人赵某某死亡的后果。其行为触犯了《中华人民共和国刑法》第一百三十三条、第二百三十二条，犯罪事实清楚，证据确实、充分，应当以交通肇事罪、故意杀人罪追究其刑事责任。特提请法庭根据被告人的犯罪事实、情节、性质以及对社会的危害程度以及被告人的认罪态度，依法作出公正的判决。

公诉人：刘某某
2014 年 4 月 24 日当庭发表

【学者点评】

交通肇事致被害人死亡的案件常常面临罪与非罪、此罪与彼罪、一罪与数罪的认定难题。如何区分交通肇事罪与故意杀人罪、以危险方法危害公共安全罪等关联罪名，当同时涉及两个以上罪名时，如何判断属于想象竞合还是数罪并罚，曹某某交通肇事、故意杀人一案提供了重要的实践样本。

宏观上，检察机关从案件三个关键“节点”入手，将被告人的犯罪行为分为三个阶段，解决了交通肇事罪和故意杀人罪的罪名区分与罪数认定难题。

在罪名区分上，交通肇事罪中的逃逸致人死亡与故意杀人罪的最大区别在于，被告人主观上是否具有故意杀人的心态。本案第一阶段，被告人醉酒、超速驾驶机动车，致一名被害人当场死亡，构成交通肇事罪无疑。第二、第三阶段，被告人肇事后驾车逃逸，致使另一名被害人被卷入车底，被告人仍继续驾车行驶并倒车甩脱被害人，致第二名被害人死亡，该行为应被评价为交通肇事逃逸致人死亡还是故意杀人，关键在于被告人对“车下（可能）有人”这一事实是否具有主观明知。主观故意是行为人内心的心理活动，具有较大的证明难度。面对被告人拒不供认的情形，本案承办检察官以证据为中心，结合被告人视力情况、驾龄与驾驶经验、住建局与气象局出具的证明、被害人掉落位置、倒车时周围环境、侦查实验等客观证据，以及被告人部分供述、证人证言等主观证据，点式印证与链式印证相结合，认定被告人知道或者应当知道车下（可能）拖挂被害人，仍继续行驶拖行甚至倒车甩脱被害人，对第二名被害人的死亡结果具有主观故意，应当构成故意杀人罪。

在罪数认定上，第一阶段的交通肇事罪和第二、第三阶段的故意杀人罪属于想象竞合还是数罪并罚，关键在于行为是否明显可以被切割，是否可以被视为两个独立的犯罪行为。想象竞合的本质是一个行为触犯数个罪名，如果在社会一般人看来行为之间具有一定的时空间隔，明显可以被切割为两个独立的犯罪行为，就属于数个行为触犯数个罪名，应该数罪并罚。类似的案如醉酒驾车行驶50公里后，发生交通事故致人死亡，就应以危险驾驶罪和交通肇事罪数罪并罚。交通肇事罪与故意杀人罪亦是如此，如果前行为构成交通肇事罪，后行为构成故意杀人罪，原则上应当数罪并罚。① 本案中，故意杀人行为发生于肇事逃逸过程中，被告人行驶一段距离后曾下车查看，根据尸检结果，第二名被害人此时尚未死亡。随后，被告人再次上车行驶一定距离，突然倒车甩脱被害人，致使被害人死亡。被害人被卷入车底虽系前阶段的交通肇事行为所致，但导致被害人死亡的直接原因，是后阶段独立的倒车甩脱行为，该行为与前阶段的交通肇事存在一定时空间隔，在行为方式与行为对象上均具有明显的独立性，应当被评价为独立的故意杀人行为，与交通肇事罪数罪并罚。

再者，本案对于故意杀人罪和以危险方法危害公共安全罪的区分，于当下的司法实践而言仍具有较大的参考价值。

故意杀人罪和以危险方法危害公共安全罪的一个重要区别在于侵犯的法益不同，后者侵犯法益的是公共安全，即不特定多数人的生命健康或者重大财产的安全。如何理解和判断“不特定”，是区分两罪的关键。司法实践常出现将“不特定”理解为“对象不特定”的情形，导致将部分故意杀人行为认定为以危险方法危害公共安全罪。例如，《刑法修正案（十一）》增设高空抛物罪之前，2019年最高人民法院《关于依法妥善审理高空抛物、坠物案件的意见》中规定：“故意从高空抛弃物品，尚未造成严重后果，但足以危害公共安全的，依照刑法第一百一十四条规定的以危险方法危害公共安全罪定罪处罚。”但是，如果行为人仅抛掷一个不具有扩散性的物品（如一块砖头），即使侵害对象具有随机性，但“只可能导致少数人伤亡”这一侵害结果是确定的，且不具有危险扩大的可能性。因此，公共安全的“不特定”既包括“对象不特定”，也包括“后果不特定”，其中的“后果不特定”还应当包含危险扩大的可能性。本案

① 参见张明楷：《刑法学》（第六版），法律出版社2021年版，第926页。

中，承办检察官准确区分了针对随机个体的故意杀人行为和针对不特定多数人的危害公共安全行为，被告人拖行并倒车甩脱被害人的行为，是针对随机个体的杀人行为，可能侵犯的对象数量和可能造成的结果范围均是确定的，且行为造成的危险不具有随时扩大的可能性，因此不构成以危险方法危害公共安全罪，而是构成故意杀人罪。

此外，检察机关未将被告人肇事逃逸的行为认定为“肇事后继续驾车冲撞”，把握了肇事后继续驾驶情形中不同类型的行为危险性程度，符合司法解释规定。

2009年最高人民法院《关于印发醉酒驾车犯罪法律适用问题指导意见及相关典型案例的通知》中指出：“行为人明知酒后驾车违法、醉酒驾车会危害公共安全，却无视法律醉酒驾车，特别是在肇事后继续驾车冲撞，造成重大伤亡，说明行为人主观上对持续发生的危害结果持放任态度，具有危害公共安全的故意。对此类醉酒驾车造成重大伤亡的，应依法以以危险方法危害公共安全罪定罪。”根据该意见，肇事后继续驾驶的情形实际上可以区分为一次碰撞的“肇事后逃逸”和多次碰撞的“肇事后继续驾车冲撞”，二者在行为危险性上具有本质不同。2009年公布的两起醉酒驾车犯罪案件“黎某全案”和“孙某铭案”中，2名被告人均是在严重醉酒状态下驾车肇事，连续冲撞，造成重大伤亡。其行为已经上升至与放火、爆炸等行为等同的水平，对公共安全产生了严重危害，因而成立以危险方法危害公共安全罪。

而本案中，检察机关并未将被告人肇事逃逸的行为认定为“肇事后继续驾车冲撞”，准确把握了危险方法的同质性。被告人肇事逃逸过程中致第二名被害人死亡，但并不存在肇事后继续驾车冲撞导致多次碰撞的情形，客观上未达到与放火、决水、爆炸以及投放危险物质相当的危险程度，不具有等价值性，未产生同样的具体的公共危险。

本案虽然发生于2014年，但是检察机关对于交通肇事罪与关联犯罪此罪与彼罪、一罪与数罪的准确把握于当下仍具有重要的参考意义和示范价值。承办检察官以证据为中心，走出卷宗，将阅卷审查与现场勘查相结合，同时向技术鉴定、侦查实验等借智借力，提升案件办理质效；以事实为依据，以法律为准绳，全面准确查明案件事实，正确适用法律，展现出良好的证据判断能力、事实认定能力和法律适用能力。在罪刑法定的范围内，实现了打击犯罪与保障人权的统一，有力维护了人民群众生命财产安全和道路交通安全，牢牢守住了案件质量生命线，做到检察办案质量、效率、效果有机统一于公平正义。

（**点评人**：罗翔，中国政法大学刑事司法学院教授、博士生导师）

【检察官点评】

本案的公诉意见书在充分证明案件事实的基础上，抓住法律适用难点问题，先后从认定犯罪事实、法律适用罪名、造成社会影响、引发警示意义等方面展开层层推进式论述。整篇文书结构完整、层次分明、逻辑严密，对复杂事实的叙述脉络清晰、说理透彻。

一、对被告人曹某某交通肇事犯罪事实和故意杀人犯罪事实分层论述，结合案件证据充分印证，层次分明，画面感强

公诉意见书通过准确锁定全案事实涉及的三个关键“节点”、三个发展“阶段”，从法律视角描绘出被告人曹某某先行交通肇事致 1 人死亡、后续故意杀人致 1 人死亡的犯罪发展全景画面。在论证交通肇事犯罪事实过程中，把握住了被告人曹某某血液酒精定量检测结果 213.8mg/100ml 及驾驶轿车瞬时速度不小于 87 公里/小时等重大违规事项，结合公安机关道路交通事故责任认定和被害人撞擦接触等物证痕迹检验，得出被告人曹某某违规驾驶车辆致被害人徐某某死亡的结论。在论证故意杀人犯罪事实过程中，一方面从“呼气性呼吸困难（惊厥期）”发展时间需要 2.5—3.5 分钟的专业结论结合被告人曹某某的行驶距离，推断出被告人曹某某继续驾车行驶并甩脱被害人的行为是导致赵某某死亡的直接原因。另一方面根据事故现场能见度、事故现场人员感知度、车辆行驶状态、下车查看情节、突然倒车动作等相关证据展开层层递进印证，进一步明确被告人曹某某实施继续驾车行驶、拖曳、甩脱等行为时明知车下有人。最终得出被告人曹某某明知车下有人仍驾车行驶并甩脱被害人，致被害人赵某某死亡的结论。

二、对被告人曹某某交通肇事定性和故意杀人定性区分重点论证，结合刑法条文和故意犯罪构成理论充分论证，逻辑清晰，说理性强

本案的核心争议问题是被告人曹某某后续驾车行驶并甩脱被害人赵某某致其死亡的行为能否认定为故意杀人罪。司法实践中，行为人酒后驾驶发生交通事故的情形较为复杂，定性上涉及交通肇事罪、以危险方法危害公共安全罪、故意杀人罪等罪名。虽然在因果关系上都是因醉酒驾驶引发了被害人死亡的后果，但因具体案情不同而可能出现案件定罪量刑的不同。稍有不慎，可能引发人民群众的关注和社会舆论的争议，甚至导致刑事检察工作陷入被动。行为人酒后驾驶致人死亡，其行为构成交通肇事罪还是故意杀人罪，从理论上较容易区分，通说认为行为人对被害人死亡结果在意志上持放任态度的构成故意杀人罪；在意志上持反对、否定态度的构成交通肇事罪。然而在司法实践中，对于行为人将被害人撞倒后，为逃离现场，而驾车冲撞、碾压、拖拽被害人致被害人死亡情形的，因驾驶行为具有连续性，加之行为人系酒后驾驶，辨认能力和控制能力在不同程度上受到酒精的影响，其是否能够认识到驾车时冲撞、碾压、拖拽了被害人认定起来比较难，进而影响到对其行为的定性。对于此种情形，需要结合发生交通事故的具体情形、被害人损伤痕迹、行为人的醉酒程度、行为人后续的驾驶形态、现场的感知环境等因素综合分析行为人的主观意志状态。该公诉意见书中对被告人曹某某的认知状态结合全案证据展开递进式逻辑推演和反复论证，将其明知车下有人这一主观要件牢牢锁定，并根据其继续驾驶、拖曳、甩脱的客观行为证明被告人曹某某为逃离现场不计后果、无视他人生命，进而论证其对被害人死亡后果的主观心态，构成故意杀人罪。

三、对犯罪行为导致的严重危害后果和恶劣社会影响进行深刻揭露，结合被害人的悲惨遭遇提醒被告人换位思考，感情真挚，说服力强

公诉人发表的公诉意见，不仅应做到对案情进行分析总结、揭露事实真相、详细阐述法律适用理由，而且应当揭露被告人犯罪行为的社会危害性，有效回应媒体和社会公众关切，让人民群众在每一个司法案件中都感受到公平正义。该公诉意见书中对被告人曹某某在明知车下有人的情况下不管不顾，故意加大油门、以S形线行驶、倒车等行为体现出的对他人生命的漠然、残忍予以深刻揭露，对本案母女两名被害人先后死亡的后果充满人文关怀和怜悯之心，对被告人曹某某提出灵魂的考问。通过上述内容帮助法庭和旁听群众对案件形成法律和道德层面上的双重认识，继而对指控意见形成认识上的趋同和情感上的共鸣，树立对法律的信仰。

四、对该起案件引发的警示意义进行总结，结合醉酒驾驶导致的刑事案件呼吁驾驶人员遵守交规、尊重生命，令人深思

近年来，醉酒驾驶导致的刑事犯罪呈多发、高发态势，严重危害了道路交通安全和广大人民群众的生命、健康。被告人曹某某之所以一错再错，在犯下交通肇事罪后又犯下故意杀人罪，本质上是其放纵自私、不守规则、漠视他人生命的结果。任何漠视人民生命、破坏法律底线的行为都必将受到法律的严惩。公诉意见通过总结案件警示意义，给每个驾驶人员敲响警钟，提出遵守交规、尊重生命的呼吁，令人深思。

该公诉意见书也有一些改进空间。论证被告人曹某某构成故意杀人罪时存在部分逻辑矛盾，将犯罪的第二阶段论证为间接故意杀人罪，犯罪的第三阶段论证为直接故意杀人罪。从故意犯罪构成理论上分析，将第二阶段和第三阶段作为整体间接故意杀人犯罪中的主观认知递进阶段更为合理。

（**点评人：**张和林，广东省珠海市人民检察院检察长、二级高级检察官；马晓华，广东省珠海市人民检察院第一检察部副主任、四级高级检察官）

【法官点评】

曹某某交通肇事、故意杀人案是一起涉及醉酒驾驶、交通肇事以及故意杀人行为的严重刑事案件，曹某某在醉酒、超速驾驶及驾车逃逸的情况下，先后导致两人死亡，其行为触犯了《刑法》第133条和第232条，最终被以交通肇事罪和故意杀人罪提起公诉。本文将从案件本身的重要社会影响、对法治进程的意义、检察工作的履职情况、法律条文解析释义及文书撰写精要等方面进行点评。

一、案件的重要社会影响

1. 对醉酒驾驶行为的警示作用。随着我国国民经济的高速发展，机动车数量也迅速增加，再加上我国“酒文化”盛行，醉酒驾驶就成为严重的社会问题。本案中，曹某某醉酒驾驶不仅违反了交通法规，而且在交通肇事后选择逃逸，并在明知车下有人的情况下继续驾驶和倒车，最终导致2人死亡。这一案件再次警示社会，醉酒驾驶不仅是对个人和他人生命安全的极大威胁，更可能带来严重的刑事后果。

2. 积极回应公众的关注和对法治的期盼。本案在全国范围内引起了广泛关注，许多媒体和网站对此进行了大量报道，公众的悲痛和愤怒不仅表现在对案件本身的震惊，也反映出人们对司法公正的期盼。检察机关及时提起公诉，依法诉请人民法院对曹某某进行严惩，不仅是对被害人及其家属的告慰，更是对全社会的交待，不仅增强了检察机关的公信力和司法权威，也增强了公众对法治的信心和信念。

二、对法治进程的意义

1. 强化了法律的震慑、警示作用。通过曹某某案，法律表明了对醉酒驾驶和交通肇事逃逸等行为的零容忍态度，也展示了检察机关严厉打击交通肇事延伸犯罪，坚决保护人民群众生命、财产安全的使命和责任。检察机关在以交通肇事罪、故意杀人罪追究曹某某刑事责任的同时，也希望通过刑罚的震慑作用，引导社会公众应尊重他人的生命、认真遵守交通法规，自觉杜绝醉酒驾驶等违法犯罪行为。

2. 体现了司法效率和公信力，有力地支持了法治社会建设。案件的迅速破获、证据的全面收集、检察机关的及时起诉和人民法院的及时审判，显示了我国司法机关在应对重大刑事案件中的司法效率和公信力。在提起公诉时，检察机关从证据裁判原则出发，通过认真审查、判断和使用证据，确保了案件事实清楚，为人民法院的准确定罪量刑奠定了基础，从而也为法治社会的建设提供了有力支持。

三、检察工作的履职情况

1. 及时介入侦查。本案发生后，检察机关迅速介入，指导侦查机关依法侦查。检察机关的及时介入，有助于保障侦查工作的规范性和证据的合法性，确保案件的侦查过程符合法律规定，为后续的起诉和审判奠定了坚实基础。

2. 严把证据关、事实关，确保证据确实、充分，犯罪事实清楚。在本案的公诉过程中，检察机关依法讯问了被告人，并向法庭展示了物证、书证、现场勘查笔录、鉴定意见、证人证言等大量证据，通过控辩双方的质证，在曹某某避重就轻、拒不供认的情况下，通过形成严密的证据锁链，有力地证实了曹某某的犯罪事实，确保了起诉指控的规范性。

3. 依法提出公诉意见，全面揭露被告人罪行。检察机关依据《刑法》的相关条款，依法对被告人的犯罪行为进行分析、论证，提出了交通肇事罪和故意杀人罪的指控，通过详细的事实陈述和规范分析，检察机关的公诉意见全面揭露了曹某某的犯罪行为，在法庭审理中展示了依法履行公诉职责的能力和效果。

四、法律条文解析

1. 根据《中华人民共和国刑法》第 133 条的规定，交通肇事罪是指违反交通运输管理法规，发生重大交通事故，致人重伤、死亡或者使公私财产遭受重大损失的行为。本案中，曹某某醉酒、超速驾驶车辆，发生交通事故导致 1 人死亡，完全符合交通肇事罪的构成要件。曹某某交通肇事后非但没有对被害人展开积极救治，反而为逃避法律追究而逃离现场，构成交通肇事后逃逸情节，法定刑应作顶格处理。

2. 根据《刑法》第 232 条的规定，故意杀人罪是指故意非法剥夺他人生命的行为。曹某某在交通肇事后逃逸的过程中，明知车下可能有人，但为逃逸仍驾车拖行被害人放任被害人的死亡。由于被害人此时尚未死亡，曹某某构成（间接故意型）故意杀人罪，但随后曹某某下车查看并发现车下的被害人时，采用倒车方式将被害人从车底甩出后继续驾车逃逸，说明其犯罪故意的意志因素已由放任转变为希望，构成（直接故意型）故意杀人罪。

五、文书撰写精要

1. 本公诉意见书中，事实陈述部分详细描述了曹某某的犯罪过程，从醉酒驾驶、交通肇事、逃逸拖行至倒车甩脱被害人，逐步揭示出其犯罪行为的严重性和恶劣性。在具体的撰写中，事实陈述部分不仅要做到条理清晰，还需确保案件证据链的完整性和逻辑性，以便法院准确认定案件的事实经过进而准确定罪量刑。

2. 法律分析部分是公诉意见书的核心，通过对交通肇事罪和故意杀人罪的详细解析，结合案件的具体情节，公诉人有力论证了对曹某某的指控。在具体的撰写中，应当紧扣相关法律条文，既要体现法律的严肃性和权威性，又要结合案件实际，使公诉意见具有规范性和说服力。

3. 公诉意见书应当关注案件的社会影响和教育意义，本案中检察机关不仅展示了对违法犯罪行为的严厉打击，也借此引导和警示广大社会公众遵守法律，以杜绝类似犯罪行为的发生。在具体撰写中，应立足于具体案件有感而发，但又不能就案论案，陷入低层次的重复，应择一定的高度和角度，进行归纳概括和延伸演绎。

4. 总结部分，公诉意见书应对案件的整体情况进行归纳，在列举证据的基础上，对犯罪事实进行概括认定并提出定罪量刑的法律依据。在具体的撰写中，应简明扼要，突出重点，体现出检察机关的法治精神和责任担当。

曹某某交通肇事、故意杀人案不仅是一件严重的刑事案件，更是对我国道路交通法规和刑事法律的一次重要实践，通过公诉意见书的详细解析，我们不仅看到了法律的威严和公正，也感受到了检察机关在维护法律权威、保障社会公共安全、公民生命权利方面的公信力和专业能力，但就本公诉意见书而言，犯罪成立的论证通常应该遵循证据—事实—规范评价的逻辑顺序，证据分析和犯罪事实的确认一般不能置于规范评价之后。

（**点评人：**周岸崇，云南省高级人民法院刑事审判第一庭副庭长）

【律师点评】

曹某某交通肇事、故意杀人罪一案，由河北省邯郸市人民检察院提起公诉，检察官以国家公诉人身份出庭支持公诉。在本案的公诉意见书中，检察机关认定被告人曹某某违反交通运输管理法规，醉酒、超速驾驶机动车，发生交通事故致被害人徐某某死亡，构成交通肇事罪；且其交通肇事后逃逸过程中，明知车下可能拖带被害人赵某某而继续行驶、倒车，将被害人赵某某甩出，以致被害人赵某某死亡，构成故意杀人罪。该公诉意见书格式规范、引据精准、论理翔实，客观准确地阐明事理，细致严密地释明法理，透彻易懂地讲明情理，规范清晰地讲究文理，对同类案件审查起诉工作的开展具有极强的现实借鉴意义，在 2018 年 8 月 21 日被最高人民检察院评为“优秀说理检察法律文书”。

第一，该公诉意见书聚焦案件核心事实，条分缕析同时层层推进，通过对不同类型证据的组织，为在庭审中客观、公正地还原案件事实奠定了坚实的基础。

公诉意见书以事件发生进展为轴，将被告人曹某某的犯罪过程划分为三个关键的“节点”，从而引发出三个与犯罪事实紧密关联的“阶段”。第一阶段，被告人曹某某醉酒、超速驾驶，致被害人徐某某当场死亡，构成交通肇事罪。第二阶段，被告人曹某某驾车逃逸，致使被害人赵某某被卷入轿车车底，曹某某明知车下可能拖带被害人却仍加大油门、以 S 形线行驶，构成（间接）故意杀人罪。第三阶段，被告人曹某某下车查看车下的被害人赵某某后，继续行驶并倒车将其甩出、致其死亡，构成（直接）故意杀人罪。经过分段，不同阶段的犯罪事实得以互相区分，案件事实也愈发清晰。

就前述案件事实，公诉人有针对性地出示了尸检报告、现场勘查、检验鉴定、分析意见、侦查实验、证人证言、被告人供述和辩解等证据。其中，为了证明被告人曹某某存在放任被害人赵某某死亡的主观故意，公诉人以侦查实验为证，说明被告人曹某某系故意加大油门、以 S 形线行驶，否则基于被害人赵某某腰部被挤压在左后轮前位置，造成车辆左后轮不能正常转动的事实，车辆会自动熄火。为了证明被害人赵某某被卷挂在车底时尚未死亡，公诉人以尸检报告为证，说明被害人赵某某经 2.5—3.5 分钟才会出现“呼气性呼吸困难（惊厥期）”，而经由车速和行驶距离推断的撞车点到被告人曹某某下车查看点用时不足 1 分钟。该公诉意见书关于案件事实撰写的论证角度类型多样、列举充分，确保了全案证据链条的完整性和还原事实的可信度。

第二，该公诉意见书立足《刑法》条文，以案件事实为依据，精准区分适用“交通肇事罪”与“故意杀人罪”的不同罪名构成要件，充分表现出了公诉人对法律适用方法的熟练掌握和准确运用能力。

被告人曹某某因违反交通运输管理法规，发生重大事故，致被害人徐某某死亡这一事实情节清楚，法律适用清晰，构成交通肇事罪，且有肇事后逃逸情节。但就被告人曹某某后续引致被害人赵某某死亡这一事实，是否同时构成故意杀人罪，抑或是仅构成交通肇事罪，是公诉人在公诉意见书中的又一个说理要点。为此，公诉人围绕故意杀人罪的主观要件与客观要件，细致完备地论述了被害人赵某某被卷挂在车底时尚未死亡这一事实，明确其死亡并非仅由上一阶段的交通肇事罪所导致，而是与交通肇事后的继续行驶并甩脱有关；同时，逐步分析被告人曹某某对车底有人系明知，且故意加大油门、以S形线行驶、在无障碍物的情况下倒车，放任被害人赵某某死亡结果的发生。基于公诉人翔实准备的关于法律适用的说理，案件事实与法律规定得以充分结合，被害人死亡、被告人曹某某获罪的事实也至此“水落石出”。

第三，该公诉意见书在高强度的社会舆论关注及被告人曹某某当庭避重就轻、拒不供认的情况下，以法律人、以理服人、以情感人，切实体现了公诉人在履职过程中法、理、情三者的有机结合。

被告人曹某某交通肇事罪、故意杀人罪一案，因其情节恶劣、造成的后果惨烈，在案发时便引起了广泛的社会关注，先后有几十家媒体竞相报道相关案件情况。公诉人在发表公诉意见书时，除了专业、客观地论述之外，更结合对受害人家属与社会公众的共情，代替他们向被告人曹某某发出灵魂考问，体现了公诉人作为国家检察机关工作人员的人文关怀。公诉人在公诉意见书中亦警示广大人民群众，为驾驶员朋友们敲响警钟，切勿心存侥幸，置他人安危于不顾，否则将受到法律最严厉的制裁，展示了检察机关在办理案件时对主流价值观的引导与高度的社会责任感，以及预防和遏制类似犯罪行为的发生、促进社会治安和公共安全的决心。

2017年，最高人民检察院陆续出台了《关于实行检察官以案释法制度的规定》和《关于加强检察法律文书说理工作的意见》等文件。本公诉意见书积极响应了文件精神，贯彻落实文件内涵，在本案中打击了被告人的恶劣犯罪行为，维护了司法公正。同时，作为公诉人在办案过程的外在体现，本公诉意见书更是体现了公诉人正确处理了高度社会关注的重罪要案，展示了司法活动的内在逻辑，彰显司法理性；详细阐明事实认定与法律适用背后的依据与理由，促进了检察公开的不断深化，提高司法权威；向诉讼当事人和社会公众准确传递了检察机关的办案过程，体现了恢复性司法的理念，维护社会和谐。

（**点评人：**李春斌，北京德恒杭州律师事务所高级权益律师）

7. 李某某故意杀人案：司法有边界，正义无国界

【案情简述】

2007年1月9日，美国警方在洛杉矶某公园湖内发现一垃圾桶内装有女尸，后确认为中国公民高某某的尸体并展开侦查，但因没有直接证据未能锁定犯罪嫌疑人。2014年7月，美国警方发现新证据，确认高某某丈夫李某某有高度作案嫌疑，加州高等法院对李某某签发了逮捕令，但此时李某某已回中国定居并娶妻生子。2014年，美国警方将案件交由中国办理。2016年11月9日，李某某在扬州被抓获，2016年11月9日，扬州市人民检察院经两次退回补充侦查、三次延长审查起诉期限，对李某某以涉嫌故意杀人罪提起公诉。2017年12月25日，扬州市中级人民法院以被告人李某某犯故意杀人罪判处无期徒刑，剥夺政治权利终身。至此，这一起时间跨度近11年，地点相距11000多公里，跨越中美两国的“洛城杀人案”落下帷幕。

在该案的办理过程中，由于时间跨度近11年，杀人地点在美国洛杉矶，而侦查、起诉和审判地点在江苏扬州，办案单位面临着中美司法协助、固定和转换证据、关键物证重新鉴定、化解矛盾等重重难题。一是妥善解决侦查管辖，依法移交案件。李某某虽然在美国犯罪，但是根据属人管辖原则，中方对其有侦查管辖权，经中美双方多次协商，2014年10月该案正式移交中方办理，中方旋即派员第一次赴美接收案件线索、证据。二是及时转化和补强证据。赴美的中方人员及时审核了证人证言、鉴定结论、痕迹物证提取情况等证据材料，依据我国证据规则向美国警方提出补充完善要求，在美方的帮助下将一批重要物证运回国内。同时中方开展证据补强工作，进一步锁定李某某犯罪的证据，为后

续抓捕奠定基础。三是依法抓捕犯罪嫌疑人，巩固证据体系。2015 年 9 月，江苏警方在扬州市一小区门前将李某某抓获，经过审讯，李某某交代了其杀人抛尸的犯罪经过。为完善证据链，2016 年 1 月，检察机关与公安机关组成联合工作组，第二次赴美调查核实证据。此次赴美，工作组复勘了凶案现场、抛尸地点、抛尸路线，并查找到了其他重要证据，经过 3 次侦查实验，查明了李某某客观上具备杀人抛尸的时间和运送尸体的工具等作案条件，全面印证了李某某口供中交代的一些作案细节，起到了查明案情、补强证据和排除合理怀疑的作用。同时，为适应中国法律有关证据的相关规定，美方组织办案警员逐项签字确认移交证据，提供了法医、毒化、DNA 鉴定机构和人员的 30 多份资质证书，完成了中方对于证据转化采信的要求，为案件审判奠定坚实的基础。四是强化公诉庭审指控。法庭调查阶段，公诉人采取多媒体示证系统进行示证，借助谷歌地图、实景照片还原案发现场，用动画演示模拟被害人生前活动轨迹，再现抛尸路线和过程，以直观生动的方式模拟还原案发全过程。公诉人将情、理、法贯彻庭审始终，李某某在庭审中多次落泪，当庭承认所犯罪行，认罪悔罪。旁听庭审的美方检察官对中国司法机关顺利突破口供、严谨的证据展示和激烈的法庭论辩表示高度赞许。

该案是全国首例通过跨国警务合作移交、补强命案证据的案件，为此后办理涉外案件中进行境外证据移交和转化提供了借鉴。该案公诉意见书获评最高人民检察院优秀说理检察法律文书。

【文书原文】

江苏省扬州市人民检察院

公诉意见书

审判长、审判员：

今天依法公开开庭审理被告人李某某故意杀人一案，根据《中华人民共和国刑事诉讼法》第一百八十四条、第一百九十三条、第一百九十八条和第二百零三条的规定，我们以国家公诉人的身份，出席法庭支持公诉，并依法履行法律监督职责。

一、认定的事实、证据和适用法律

起诉书指控被告人李某某因感情纠纷、言语冲突，于2006年12月13日，在位于美国洛杉矶县圣盖博市**街的住处，以卡扼颈部的手段杀害其妻高某某，后抛尸沉湖。针对上述犯罪事实，公诉人讯问了被告人，出示了相关证人证言、书证、鉴定意见及现场勘验照片等书证，美国警方相关机构及人员的资质、相关证明信，且物证及生物检材的提取人、提取时间明确，证据来源合法，内容客观真实，具备证明效力。被告人李某某在侦查、审查逮捕和审查起诉阶段、庭前会议中共有40余份供述稳定一致，且有同步录音录像证实取证的合法性，今天当庭亦如实供述。证人岳某某、叶某某、章某某等人证实被告人李某某因婚姻家庭矛盾日益加深而心生不满，具备犯罪动机。证人杨某某的证言、被害人高某某的手机通话记录及基站位置图、美国警方提供的DNA分析报告证实了李某某具有作案时间。特别值得注意的是：被告人李某某供述的故意杀人过程中用绳索固定垃圾桶及抛尸过程的细节，与美国警方提供的现场勘查记录、尸体检验记录、DNA分析报告相吻合，属于非亲身经历不能供述，足以证实起诉书指控犯罪事实清楚。从两次庭前会议的内容来看，控辩双方对管辖、回避等程序性问题不持异议，对大部分证人证言不持异议，对法医鉴定、DNA检验报告的真实性、合法性不持异议。针对两次庭前会议及今天庭审中辩护人所提出试剂盒、基因位点、估算值、毒物鉴定等问题，在质证程序控方已经逐一回应。从现有客观证据体系来看，美国验尸官于2007年3月31日作出“根据腐烂变化，不排除因窒息、缺氧和身体或颈部受压迫而死”的尸检意见，江都区公安局的法医杨某某对该份尸检报告作出详细的解读和说明。美国警方还于2011年4月20日出具了DNA分析报告，证明从女性身体内提取的DNA图谱中主要贡献者的图谱与被告人李某某相匹配，而且主要贡献者的匹配概率估算是基于ID试剂盒中全部位点作出的；美国警方同时针对绳索、铁丝所作出的DNA检测报告也已经经过了国内法医的专业解读，形成客观真实的证据锁链。综上，被告人李某某故意非法剥夺他人生命，致人死亡，其行为触犯《中华人民共和国刑法》第二百三十二条，犯罪事实清楚，证据确实、充分，应当以故意杀人罪追究其刑事责任。

二、被告人李某某走向犯罪的根源及造成的社会危害

挖掘本案的犯罪根源，必须了解矛盾的起源和发展。从被告人李某某与高某某的相识、交往过程来看，父母的阻力之下，是李某某的坚持使二人成婚；艰难的移民生活之初，是李某某的辛劳让高某某有了一技之长和稳定的收入。一方倾其所有提供条件，另一方抓住机遇立足发展。随着双方语言能力、薪酬待遇、融入美国社会程度的差距逐渐拉开，平衡被打破了，最终因为感情、经济等诸多分歧使矛盾不断升级，直至发生杀人惨剧。挖掘本案的犯罪根源，有必要剖析当事人双方的情感变化历程。充分了解案情以后我们发现：在杀人行为发生以前很长一段时间，被告人李某某和高某某之间持续冷战。从李某某的角度来看：是我的亲戚关系，把你从江都农村带到美国；是我的加班加点，让你有房有车有美容师执照，我的付出没有得到回报。高某某的所有行为特征都围绕“我要更好的生活，得不到想要的生活，我至少要自由”。一旦这种思维方式、行为方式的差异不能及时沟通，价值观的激烈冲突极易导致恶性刑事案件的发生。挖掘本案的犯罪根源，要全面了解社会生活的发展变化规律。随着我国经济的高速发展，走出国门已屡见不鲜。打工、留学，都会面临语言的障碍、沟通途径的缺乏和情绪抚慰的缺失。在生活压力、文化冲突之下，竞争更激烈、关系更紧张，舒缓情绪的路径更狭窄，矛盾双方的视野焦点里只有对方的过错，只有冲突本身，一旦形成积怨即容易引发恶性事件。十多年前发生在大洋彼岸的故意杀人案件，随着侦查、审查、审判的进程即将尘埃落定，然而伤痛远不能随着审判而结束。谈到本案的社会危害性，首先是对被害人及其父母造成无法弥补的伤痛。被害人高某某的童年和成长过程都有些曲折，或许正是特殊的经历影响了她特定的追求，无论现实社会中道德如何评价，生命是人的最高人格权益，任何人不能非法剥夺。高某某过世以后，其父母陷于悲痛难以自拔，得知嫌疑人竟然是女婿李某某，其父在巨大的心理压力之下罹患癌症很快即不治身亡，生母、养母都要独自面对悲怆的晚年。谈到本案的社会危害性，也要提到本案对李某某后半生轨迹的改变。被告人李某某2006年在美国实施杀人行为，2010年回国定居，已经重新娶妻生子，内心却一直经受着煎熬：既有东窗事发的恐惧，也有良心谴责的内疚，更有不堪设想的焦虑……如今归案受审即将面对的是刑罚处罚。一起发生在家庭内部的故意杀人案件，更使千千万万的老百姓对亲情产生质疑，被告人李某某的行为在引起中美社会极大关注的同时，造成了严重的负面影响。

三、本案留给人们的思考

一个家庭的悲剧，折射出很多社会问题：第一，我们该如何约束自己的行为？能不能真正敬畏法律？“法网恢恢，疏而不漏”绝不是一句空话，时隔11年，相距11000公里，被告人李某某依然会因为自己的行为被绳之于法。案发至今，美国、中国警方锲而不舍、通力合作，锁定李某某有重大作案嫌疑、签发逮捕令，直至缉拿归案、顺利告破。在此，我们也要向美国同行的认真和敬业表示敬意。构建一个法治社会，前提是“法律必须被信仰”，否则它形同虚设。如果被告人李某某能够信仰法律、约束自己的行为，他本来可以有其他选择……第二，我们该如何面对冲突？能不能常常换位思考？被告人李某某在自己的悔过书中提到：“在我与高某某有矛盾、发生争吵的时候，我没有选择解决问题而是选择逃避、导致问题复杂化……随着高某某拿到了美容证书，有了稳定的收入，我也应该多学习、多沟通，但自己做得远远不够，缺少交流、缺乏沟通，加之自己脾气也不好，致使二人的关系越来越冷淡。”回到案发当天，两人争吵过程中家人打来电话，缓和关系的契机却变成了破釜沉舟的利器，如果他们能够更多的换位思考，彼此多一些体谅和忍让，矛盾不积累、冲突就不会升级。第三，我们该如何实现成长？能不能把反思与面对当成必修课？社会在前进，每个人却要不断反思过去、面对当下才能实现成长。什么是成功？什么是幸福？富裕是不是快乐的唯一源泉？我们还需要传承勤奋诚实、知恩图报吗？不同的人会给出不同的答案，然而遵纪守法是底线、尊重生命是红线。大洋彼岸是不是天堂？移民人群应该如何构建社会支持系统、保证心理健康？本案也给人们留下了诸多思考……审判长、审判员，公诉意见发表到此，请合议庭充分考虑并采纳。

公诉人：戴某某、王某某、顾某某
2017 年 5 月 4 日当庭发表

【学者点评】

2006 年 12 月，李某某于美国洛杉矶住处内杀害其妻高某某，并抛尸沉湖。此后不久，高某某尸体被发现。2013 年 12 月，美国警方向中国请求司法协助并赴中国调查取证。2014 年 7 月，美国加州高等法院对李某某发出逮捕令。然而，李某某已于 2010 年回国定居并娶妻生子。此后，美国警方将案件交由中国办理。2015 年 9 月，李某某于扬州被抓获。案件发生在美国，犯罪嫌疑人却在中国，该案的时间跨度之大和空间跨度之广给中美司法协作、相关证据固定及分析、案件事实梳理等工作制造了不小的障碍。面对这些难题，检察机关迎难而上，在中美两国侦查机关侦办基础上，充分做好前期准备，并于 2016 年 11 月对本案提起公诉，出色地完成了公诉工作。在本案中，检察机关充分实践“高质效办好每一个案件”理念，积极履行法律监督职责，回应了中美两国民众关切，实现了政治效果、法律效果和社会效果的有机统一。总体来看，本案公诉意见书主要有以下亮点：

一、检察机关对证据的分析丝丝入扣，证据链条清晰完整

从该公诉意见书中可以看出，检察机关将事实梳理得十分清楚、明确，在阐释证据体系时也做到了既简明扼要又扎实有力。

首先，检察机关使用大量证据进行说理，综合运用各种证据分析案情，真正做到了“让证据开口说话”。言词证据中不仅有被告人供述等直接证据，还有证人证言等间接证据。在这些主观证据以外，检察机关还通过物证、书证等客观证据来增强案件事实认定的可靠性和稳定性。其次，检察机关在公诉意见书中特别深挖了本案中的隐蔽细节信息，将被告人供述中的用绳索固定垃圾桶及抛尸过程的细节，与美国警方提供的

现场勘查记录、尸体检验记录、DNA分析报告相印证，进一步夯实证据链条。尤其值得肯定的是，检察机关针对美方提供的证据如何转化成符合中国法律要求的合法证据这一问题，作出了大量说明。由于中国和美国的证据制度存在很大差异，美国警方提供的很多证据可能不符合我国法律对证据客观性、关联性、合法性的要求，因而不能直接用于认定案件事实。然而，这些证据对本案来说又举足轻重，若被轻易排除可能会导致案件事实认定与客观事实之间偏差过大。为此，美国警方提供的各种证据均经我国刑事程序检验、补强之后，才被检察机关用于指控被告人。检察机关这一做法最大化地发挥了中美协同办案作用，为日后中美刑事司法协作打下样板、留下典范。最后，检察机关充分利用庭前会议这一环节，使控辩双方在诉前已经对程序性问题和部分证据达成了一些共识，为案件的顺利起诉以及审判环节有效质证、集中质证构筑了坚实的基础。

二、检察机关全面探究犯罪根源，令被告人真正认罪服法

本案作为一起看似简单的刑事案件，背后却有着复杂的家庭关系、情感纠葛，折射出身处社会之人的发展抉择、家庭观念以及价值观塑造。有鉴于此，检察机关不只是就案论案、一案一诉，而是坚持系统治理的创新实践，继续挖掘案件背后的犯罪成因。这不仅有利于证明被告人的犯罪动机，从而准确认定被告人的主观恶性、精准量刑，而且能够晓之以理、动之以情，使被告人真正认罪悔罪，修复受损法益。在公诉意见书中，检察机关从三方面深刻剖析了被告人的犯罪根源：其一，被告人和被害人双方之间矛盾产生和演进过程；其二，双方彼此之间情感问题与价值观的不合；其三，社会生活发展变化规律的影响。通过这些分析，检察机关将情、理、法融为一体，使用较为平和的方式以情动人、以理服人、以法教人，使被告人认罪服法且深刻意识到自己的行为给双方家庭造成的巨大伤害，以及给中、美两国带来的严重的社会危害。

三、检察机关提出一系列开放性问题，警示社会，引发思考

扬州市人民检察院的公诉意见书还有一大亮点，就是检察机关没有止步于释法说理，而是提出了一系列具有开放性的问题，引人深思：

第一，人们应当如何约束自己的行为，从而真正敬畏法律？第二，人们该如何面对冲突，能不能常常换位思考？第三，人们应如何实现成长，把反思与面对当成必修课？倘若被告人能对这些问题、哪怕只对一个问题，有自己的正确答案，并将其付诸实践，也许这一悲剧就不会发生。值得深思的是，这些问题又何尝仅针对被告人，在社会转型、快速发展的当下，每个人在家庭、单位、社会中都会或多或少地面临规则约束、现实冲突、个人成长以及职业发展，如何建立规则意识，知法守法、平和理性地应对矛盾冲突，有序规划个人成长和职业发展，建立并维持和睦的家庭关系都是普通民众所要解决平衡的问题。对于这些问题，检察机关有的给出了答案，有的则是在法治宣传中为民众启智开慧，但无论如何，检察机关都很好地实现了公诉的社会效果，发挥了公诉的警示作用，是一堂生动的普法教育课。

总体来讲，扬州市人民检察院的公诉意见书行文用语简明流畅，证据推理层层递进，案件分析清晰细致，情理交织令人动容。透过这份公诉意见书可以发现，扬州市人民检察院在案件办理中不仅高质效履行好公诉职能，还在检察监督实践中落实普法宣传工作，积极引领社会法治意识，努力让人民群众在每一个司法案件中感受到公平正义，这充分体现出扬州市人民检察院深入贯彻习近平新时代中国特色社会主义思想、全面落实习近平法治思想的努力和担当。

（**点评人：**董坤，中国社会科学院法学研究所研究员、博士生导师）

【检察官点评】

2006 年 12 月 13 日，远赴美国洛杉矶工作的李某某因感情纠纷、言语冲突，掐死妻子高某某，后将被害人尸体装进垃圾桶，驾车至加利福尼亚州，抛尸沉湖。碍于侦查技术，美国警方当年并未能侦破。直至 2014 年，经比对 DNA，美国警方才确认李某某有高度作案嫌疑，但李某某已于 2010 年回国定居。2014 年 7 月 31 日，美国洛杉矶郡检察官通过中国驻美国大使馆邀请中方赴美国接收案件，2014 年 10 月 23 日，美国警方将案件移交给中国公安部。同年10月27日，公安部指定江苏省扬州市公安机关对本案立案侦查。2016年3月15日，江苏省扬州市江都区公安局以李某某涉嫌故意杀人罪移送扬州市江都区人民检察院审查起诉，同年4月30日移送扬州市人民检察院审查起诉。2016年11月9日，江苏省扬州市人民检察院以李某某犯故意杀人罪向江苏省扬州市中级人民法院提起公诉。2017年5月4日，扬州市中级人民法院公开开庭审理本案。2017年12月25日，江苏省扬州市中级人民法院作出一审判决，以故意杀人罪判处被告人李某某无期徒刑，剥夺政治权利终身。一审宣判后，被告人李某某未提出上诉，判决生效。

“李某某美国杀妻案”的成功获判，被业内誉为“中美刑事司法协作的典范”，此次评析的公诉意见书，正是江苏扬州检察机关当庭指控李某某犯故意杀人罪所发表的公诉意见，其中，有不少值得借鉴之处。

作为全国首例通过警务合作移交、补强命案证据的案件，本案最大的亮点在于“证据”。本案作为10余年前发生在境外的命案，立案伊始就面临着很多证据缺失，证明体系薄弱的问题，而赖以定罪的很多证据又属于境外证据，要将本案办成铁案，这对我们中国司法机关提出了很高的要求，而最终，扬州司法机关给出了完美的答案。

一是围绕证据“三性”，打造指控证据体系。根据公诉意见书的内容可知，本案被告人李某某本人对于杀害妻子高某某的犯罪事实供认不讳。但是即使李某某本人曾作有罪供述40余次，定案时是否能够将其供述作为定案依据，仍须对其供述的合法性、客观性、关联性作详尽的审查，所以公诉人首先明确能通过同步录音录像证实李某某的供述均系合法取得。然后通过论证李某某供述的部分内容属于只有作案人通过亲自实施犯罪行为才能知晓的证据，即“内知性证据”来强化其客观性论证。针对本案证据缺失，证明体系薄弱的问题，扬州司法机关在办案中首先依据《公安机关办理刑事案件程序规定》“刑事司法协助和警务合作”的相关规定，派员赴美接收案件证据。同时通过中美组成联合工作组，通过中美警务合作途径共同赴美取证，进一步完善证据锁链，补充勘查抛尸路线，使控方证据体系更加严密。最后根据证据印证规则，将李某某的有罪供述与本案其他证据予以综合评判，最终证成指控所需证据体系。

二是立足本土证据规范，成功转化境外证据。境外命案中，境外证据的证据能力和证明力成为诉讼活动的核心问题。境外证据不能直接采用，需进行转化、补强，且中美两国在不同证据类型的取证规范、习惯上存在差异，故需要扬州司法机关对不同类型的境外证据，进行不同的转化处理。1. 针对美方所取证人证言，检察机关与公安机关组成联合工作组，在美国加州当地治安官的组织下，在美方指定的场所，由中国警方对案件的关键性证人使用汉语进行访谈并制作了询问笔录，并录音录像。2. 针对所有由美国警方收集、调取的物证、书证，均由中方专案组协调美方办案警员逐项签字确认，并通过警务合作方式移交境外命案涉案证据材料所有的移交证据，以明确相应证据的合法性、客观性。3. 针对美方法医、毒化、DNA 鉴定机构所作鉴定意见，均协调美方出具鉴定机构、人员的资质证书，对于中美在鉴定时关于检材、表述等不一致之处，均由国内有专门知识的人作出专业解读和说明，以消除误读的可能。其中，委托扬州市公安局刑事科学研究所对境外法医尸检报告出具书面解读意见，认为该份验尸报告鉴定过程和方法专业、规范，与我国法医鉴定实践中对命案尸体（块）检验规范基本相符，具有科学性、客观性。4. 针对美国警方讯问记录进行调查补强。根据美国联邦证据规则，警方的访谈报告是一种工作报告形式的记录，属于传闻证据，不能直接作为证据使用。扬州检察机关尊重并遵循了当地规则，作为传闻证据举证示证，但在此基础上进行了证据补强，包括赴美补充警员签名、听取美国警员意见、对其中关键证人进行访谈、进行侦查实验、过程同步录音录像等。

从公诉意见书的内容上看，因为扬州司法机关严把证据关，将补证工作做在前面，在庭前会议中，被告人和辩护人对于本案的证据的合法性基本没有提出什么异议。而针对辩护人所提出的 DNA 鉴定中“ID 试剂盒并非针对华人”“较低估算值能否支持同一性认定”以及“尸检报告中或然性描述能否得出必然性结论”等专业性问题，显然检察机关也已做好了充分的庭前准备，无论是在质证环节还是在公诉意见发表过程中，均能够根据扎实的庭前准备来予以回应。

公诉意见书的第二、第三部分，公诉人详细阐述了被告人李某某走向犯罪的根源、造成的社会危害以及本案留给人们的思考。本案作为一起国人赴美后发生在家庭内部的故意杀人案件，在当年引起中美社会极大关注的同时，也造成了一定的负面影响，不少老百姓对亲情产生质疑，也对被告人李某某杀人的动机等议论纷纷。庭审，是最好的宣传讲台，在公开开庭的场合，只有公诉人能够为被害人发声，为被害人正名，宣扬法治精神，让人民群众不再拘泥于案件中的“事实细节”，而是能够通过案件来学会反思、学会面对，真正信仰法律。

（**点评人：**曹杰，上海市人民检察院第三分院第一检察部副主任、三级高级检察官）

【法官点评】

高质量法律文书是提升司法公信力的重要载体，亦是展示司法成效的重要媒介，对于促进法治进步、引导社会舆情具有重要的导向作用。公诉意见书作为重要的法律文书之一，是展示公诉人法律智慧、法学造诣、司法理念、法治精神、案件指控质效的重要载体。

“李某某故意杀人案”案发地是美国、结案地是中国，横跨中美，且时间跨度长达十余年，案情复杂，事实查清难、证据收集难、证据形式转换难、关键物证重新鉴定难、家庭矛盾维稳难，但检察机关恪守罪刑法定原则、证据裁判原则，对案发的行为进行高度还原，并结合物证、书证、证人证言、鉴定意见、被告人供述等证据，加强论证，注重证据之间证明功效的衔接与配合，指控精准、有力。该公诉意见书具有准确性、严谨性、论理性、规范性。

首先，该公诉意见书说理透彻、剖析到位、论证严谨、结论正确。法律是维护国家安全、社会稳定、公众权益的“保护神”，而证据是回溯案件事实、追寻案件真相的利器。本案审理过程中，公诉人采用多媒体示证系统进行证据展示，借助地图、实景照片等还原案发现场，通过动画演示、模拟被害人生前活动轨迹、再现抛尸路线、过程，与公诉意见书的论证高度配合，证据出示流程顺畅、清晰、合理、有力。此外，公诉意见书针对辩护人诉前所提的相关意见，如DNA鉴定中较低估算值能否支持同一性认定、尸检报告中或然性描述能否得出必然性结论等辩护意见，依照庭审质证的证据（既包括证人证言、鉴定意见、书证、现场勘验照片等，还包括物证及生物检材的提取说明、手机通话记录及基站位置图、DNA分析报告等），充分运用逻辑思维及法律规则，通过对证据的分析研判，阐明对被告人被定罪处罚的具体依据，如结合美国警方移交的尸体现场勘验照片，证实被害人被抛尸所使用的垃圾桶的捆绑方式，与被告人的供述可相互印证，而被告人供述的细节内容，属于非亲身经历不可能供述的情形。至于尸检报告的或然性叙述，另有专家意见、DNA分析报告等证据予以佐证，证实从被害人身体提取的DNA图谱中主要贡献者的图谱与被告人相匹配，足以排除合理怀疑。该公诉意见书体现了公诉人较强的归纳能力和论证能力、分析能力，通过纷繁芜杂的各类证据，梳理出清晰主线，逻辑严密，上述证据相互印证，足以形成排除合理怀疑的唯一、确定的裁判结果。

其次，该公诉意见书追根溯源，深刻剖析被告人走向犯罪的根源及社会危害，为精准量刑奠定基础。本案被告人李某某与被害人高某某原系夫妻关系，均系中国公民。两人一同赴美打工，伴随着双方发展机遇、速度等的不同，导致两者的感情、经济等纠纷不断升级。由于双方缺乏及时沟通、价值观发生碰撞，最终导致故意杀人案件的发生。公诉意见书在还原双方矛盾产生、演变、激化全过程的基础上，通过分析被告人的心理变化，深刻剖析犯罪起因，结合双方矛盾滋生的缘由、发展态势、情感变化历程、价值观冲突，以及对法律的藐视，得出被告人走上茫茫不归路的必然性。

此外，公诉意见书在剖析被告人手段凶残、行为恶劣、危害严重的同时，对被害人价值观的变化等亦有阐述，确保公诉意见书客观中立，公正对待案件事实及双方当事人。

最后，该公诉意见书针对此家庭悲剧折射出的社会问题，提出发人深思的考问，引发公众广泛的思考。该公诉意见书依赖既有证据，在对案件事实追诉的同时，对其深层问题提出考问，如面对家庭矛盾如何有效化解等，引导公众从激昂的感性认识向理性从容进行反思，在探寻真相、捍卫正义的同时，对案件背后问题产生的根源进行分析，提出信守法律、坚定信仰的必要性。

总而言之，该公诉意见书在分析案件发生缘由、剖析原因、解析经过、论证过程、阐释危害的同时，将法律规定、社会关切与具体案情有机融合，做到了情、理、法的融合，集犯罪指控、释法析理、宣传教育于一体，既有高度，又有力度，还有温度，是一篇不可多得的优秀文书。

（**点评人：**石魏，北京市东城区人民法院刑事审判庭法官）

【律师点评】

一、案件本身的重要社会影响

李某某故意杀人案是一起备受关注的跨国刑事案件。2007 年 1 月 9 日，美国洛杉矶某公园湖内发现一垃圾桶装有女尸，经确认为中国公民高某某，其丈夫李某某为主要犯罪嫌疑人。案件从发生到李某某被抓获、指控并被判处无期徒刑，历时 10 余年。该案因其复杂的程序和实体问题，引起了各方广泛关注。程序上，该案涉及中美两国的跨国司法协作，是全国首例通过警务合作移交、补强命案证据的案例；实体上，这是一起因家庭矛盾激化导致的恶性杀人事件，涉及伦理价值冲突以及社会支持系统的构建。

二、检察机关履职情况及价值

侦办境外命案时，境外证据的采信是诉讼活动的核心难题。对此，检察机关始终恪守职责使命、依法履行检察职能，秉承司法有国界，正义无国界的宗旨，在跨国司法协作体系的支持下，通过专业人员意见确认、现场询问、补强讯问记录等方式，补强在案证据的证据能力和证明力，完成了证据体系的立体构建，有效推动了案件的公正、妥善处理。

首先，对美国尸检报告进行专家解读。检察机关委托扬州市公安局刑事科学研究所对境外法医尸检报告出具书面解读意见，认为该份验尸报告鉴定过程和方法专业、规范，与我国法医鉴定实践中对命案尸体（块）检验规范基本相符，具有科学性、客观性。

其次，对境外证人证言实地再收集、再固定。检察机关与公安机关组成联合工作组，在美国加州当地治安官的组织下，在美方指定的场所，由中国警方对案件的关键性证人使用汉语进行访谈并制作了询问笔录，并录音录像。

最后，对美国警方讯问记录进行调查补强。根据美国联邦证据规则，警方的访谈报告是一种工作报告形式的记录，属于传闻证据，不能直接作为证据使用。本案检察机关尊重并遵循了当地规则，将该证据作为传闻证据举证示证，但在此基础上积极开展证据补强工作，包括赴美补充警员签名、听取美国警员意见、对其中关键证人进行访谈、进行侦查实验、过程同步录音录像等。

上述境外证据经庭审质证最终均得到法庭的认可与采纳，检察机关在案件侦办过程中的积极履职为该案的公正审判提供了坚实有力的支撑。

三、该份公诉意见书的亮点

一份优秀的公诉意见书不仅需要在事实和法律层面进行严谨论证，而且应该在社会价值引导与社会秩序构建层面进行综合考量，以此促进法治进程的稳步发展。本案公诉意见书在犯罪指控及法治教育等方面展现了诸多亮点，充分展现了检察机关的专业素养与司法智慧。

（一）精炼案件事实、严格证据审查，确保犯罪指控的客观性和精准性

首先，公诉意见书对案件相关事实进行了全面而精炼的总结。通过描述案件的起因、经过、结果，公诉意见书清晰地勾勒出了案件的完整轮廓，确保了关键信息的准确传达。

其次，公诉意见书对在案证据进行了严格而充分的审查。该公诉意见书不仅对各类证据的真实性、合法性进行了逐一审查，还对其关联性进行了深入分析：通过证人证言，证实被告人李某某因婚姻家庭矛盾日益加深而心生不满，具备犯罪动机；综合证人证言、被害人手机通话记录及基站位置图等，证实了被告人具有作案时间；通过审查比对被告人的供述与美国警方提供的勘查记录、尸检记录、DNA 分析报告等，认定

被告人对作案细节的供述属于“非亲身经历不能供述”，证实作案过程。据此，该公诉意见书清晰构建起犯罪指控的完整证据链条，充分确保犯罪指控的客观性和精准性。

（二）剖析犯罪根源，重构犯罪成因，体现司法的严谨深厚与人道关怀

该公诉意见书除犯罪指控外，还详细梳理了李某某与被害人高某某的关系发展脉络，揭示了双方矛盾的起源和逐步升级的过程。通过分析双方心理、探究犯罪根源，充分体现了司法的严谨深厚与人道关怀。

1. 在关系发展层面，公诉意见书指出，李某某与高某某面临着移民生活的诸多压力和挑战。在移民之初，李某某持续付出让高某某有了一技之长和稳定的收入。而随着双方语言能力、薪酬待遇、融入美国社会程度的差距逐渐放大，两人之间的矛盾逐渐加深。特别是在李某某感受到双方在价值观和生活目标上的分歧后，家庭矛盾不断激化，最终演变成悲剧。

2. 在个体心理层面，公诉意见书还深入分析了李某某的心理状态，指出其在长期的家庭冷战和沟通障碍中积累的不满和压力，探究了这些因素如何成为推动其走向极端的犯罪根源。

公诉意见书对双方心理的分析、犯罪根源的探寻，不仅有助于被告人深刻反思、真心悔过，还有助于促进社会对心理健康、家庭关系和社会支持系统的重视，避免家庭矛盾演变为恶性犯罪。

（三）弘扬法治精神，倡导法治价值，兼顾法律效果与社会效果的实现

该公诉意见书的尾部巧妙地提出了三个开放式问题，这些问题旨在引导公众进行自我认知，并激发对法律与道德、社会秩序与自我关系的深入思考。通过思考“我们该如何约束自己的行为、能不能真正敬畏法律”，公众认识到自身行为对维护社会秩序和法律尊严的重要性；通过思考“我们该如何面对冲突、能不能常常换位思考”，公众学会在面对冲突时保持冷静与理性，促进人际关系的和谐；通过思考“我们该如何实现成长、能不能把反思与面对当成必修课”，公众认识到在成长过程中不断反思与面对的重要性，实现个人和社会的共同进步。

总体而言，这是一份优秀的公诉意见书，既体现了对案件事实的全面把握，又展现了对证据链条的严格审查。从犯罪指控到法治教育，从个案正义到社会治理，无不彰显了检察机关克服困难、坚守使命的责任与担当，实现了社会效果与法律效果的高度统一。

（**点评人**：叶衍艳，北京衍星律师事务所主任）

8. 于某甲故意伤害案：正当防卫的限度

【案情简述】

高利借贷家庭卷入旋涡，暴力催收家庭不堪其扰。于某甲的母亲苏某某在山东省冠县经营一家工贸公司，于某甲系该公司员工。2014 年至 2015 年，苏某某及其丈夫于某丙向吴某某、赵某甲等人先后借款 135 万元，口头约定月息 10%，并以家庭房产做抵押。后苏某某于 2014 年至 2016 年 1 月，已先后还款 183 万余元。其间，吴某某、赵某甲因苏某某还款不及时，曾指使被害人郭某甲等人采取在苏某某公司车棚内驻扎、在办公楼前支锅做饭等方式催债。此外，双方因还款金额存在争议，吴某某、赵某甲多次催促苏某某夫妇继续还款或者办理住房过户手续。

连日遭受骚扰侮辱，多方求助未获结果。2016 年 4 月 1 日，赵某甲与被害人杜某乙、郭某甲等人将于某丙抵押的房产门锁更换并强行入住，苏某某报警，民警调解后离去。同月 13 日上午，吴某某、赵某甲与杜某乙、郭某甲、杜某甲等人将房内的物品搬出，苏某某报警，吴某某称系房屋买卖纠纷，民警告知双方协商或通过诉讼解决。民警离开后，吴某某责骂苏某某，并将苏某某头部按入坐便器接近水面位置。当日下午，赵某甲等将上述住房内物品搬至公司门口。其间，苏某某、于某丙多次拨打市长热线求助。4 月 14 日，赵某甲再次纠集郭某乙、郭某甲、苗某某、张某乙到苏某某公司滋扰讨债。

当面辱母亵渎人伦，少年被逼持刀伤人。4 月 14 日 20 时 48 分，苏某某按郭某甲要求到办公室一楼接待室，于某甲陪同。21 时 53 分，杜某乙等人将苏某某、于某甲的手机收走放在办公桌上。杜某乙用污言秽语辱骂苏某某、于某甲及其家人，将烟头弹到苏某某胸前衣服上，裸露下体，朝坐在沙发上的苏某某等人左右转动身体。在李某某等人的劝阻下，杜某乙穿好裤子，又脱下于某甲的鞋让苏某某闻，被苏某某打掉。杜某乙还用手拍打于某甲的面颊，其他讨债人员实施了揪抓于某甲头发或者按压于某甲肩部不准其起身等行为。22 时 07 分，民警朱某某带领辅警宋某某、郭某丙到公司接待室了解情况，苏某某和于某甲指认杜某乙殴打于某甲，杜某乙等人否认并称系讨债。22 时 22 分，朱某某警告双方不能打架，然后带领辅警到院内寻找报警人，并给值班民警徐某某打电话通报警情。于某甲、苏某某欲随民警离开接待室，杜某乙等人阻拦，并强迫于某甲坐下，于某甲拒绝。杜某乙等人卡于某甲颈部，将于某甲推拉至接待室东南角。于某甲持刃长 15.3 厘米的单刃尖刀，警告杜某乙等人不要靠近。杜某乙出言挑衅并逼近于某甲，于某甲遂捅刺杜某乙腹部一刀，又捅刺围逼在其身边的程某某胸部、严某某腹部、郭某甲背部各一刀，致使 1 人死亡、2 人重伤、1 人轻伤。

2016 年 4 月 15 日，于某甲因涉嫌犯故意伤害罪被刑事拘留，同年 4 月 29 日被批准逮捕。2016 年 11 月 21 日，山东省聊城市人民检察院以于某甲涉嫌故意伤害罪向法院提起公诉。2017 年 2 月 17 日，聊城市中级人民法院一审以故意伤害罪判处于某甲无期徒刑，剥夺政治权利终身，并承担相应民事赔偿责任。宣判后，于某甲不服并提出上诉。

案件经媒体报道后，引发广泛关注，2017 年 3 月 26 日，最高人民检察院派员赴山东阅卷并听取山东省检察机关汇报，对案件事实、证据进行全面审查，调查认为，山东省聊城市人民检察院的起诉书和聊城市中级人民法院的一审判决书认定事实、情节不全面，对于案件起因、双方矛盾激化过程和讨债人员的具体侵害行为，一审认定有遗漏；于某甲的行为具有防卫性质，起诉书和一审判决书对此均未予认定，适用法律确有错误，根据我国《刑法》第 20 条第 2 款“正当防卫明显超过必要限度造成重大损害的，应当负刑事责任，但应当减轻或者免除处罚”的规定，应当通过第二审程序依法予以纠正。同年 5 月 27 日，山东省高级人民法院二审开庭审理于某甲故意伤害案，检察官在法庭上充分阐述了检察机关的意见，6 月 23 日，山东省高级人民法院认为一审认定事实不全面，部分刑事判项适用法律错误，量刑过重，依法改判于某甲犯故意伤害罪，判处有期徒刑 5 年。

【文书原文】

山东省人民检察院

上诉案件出庭检察员意见书

审判长、审判员：

根据《中华人民共和国刑事诉讼法》第二百二十四条的规定，我们受山东省人民检察院指派，代表本院，出席今天山东省高级人民法院公开开庭审理的上诉人于某甲故意伤害案二审法庭，依法履行职务。本案备受社会关注，最高人民检察院高度重视，专门派出工作组，通过实地查看现场、复核主要证据、审查关联事实等方式，对本案做了深入调查核实，并广泛听取了专家学者的意见。收到山东省高级人民法院的阅卷通知书后，在最高人民检察院的指导下，我们依照法律规定，审查了一审判决书、上诉人的上诉状及全部案卷材料，围绕一审认定事实与法律适用全面、细致地开展了复核、取证工作：一是查看、测量了案发现场；二是讯问了上诉人于某甲；三是复核了苏某某、马某某、于某乙、张某甲、张某乙和郭某甲、严某某、程某某等主要证人、被害人；四是调取了侦查实验笔录、办案说明、通话记录、报警记录、鉴定人资格证书等；五是向技术人员、法医咨询了案件中相关专业问题。在刚才的法庭调查中，检察员当庭询问了证人苏某某、杜某甲，对一审证据进行了详细说明，宣读、出示了检察员调取的新证据并进行了质证，听取了上诉人的辩解及辩护人的辩护意见、被害人及诉讼代理人的意见。经审查查明，本案由违法逼债引发，是一起具有防卫性质的伤害案件，一审判决认定事实不全面、适用法律确有错误。现检察员将用证据还原事实的真相，依照法律对于某甲的行为进行客观、公正的评判。

一、一审公诉、判决，对案件事实的引发原因、激化过程，尤其是杜某乙等人不法侵害的事实认定不全面

经全面审查，本案事实如下：

（一）案件的起因——高息借款、无力偿还

2014年7月28日，山东 ** 工贸有限公司（以下简称 ** 工贸公司）负责人苏某某与其夫于某丙，为解决 ** 工贸公司资金困难，向冠县 ** 房地产公司负责人吴某某、会计赵某甲借款100万元，双方口头约定月息10%。2015年11月1日，苏某某、于某丙再次向吴某某、赵某甲借款35万元，其中10万元双方仍口头约定月息10%；另外，25万元双方以二手房买卖合同形式，用苏某某、于某丙所有并居住的房屋一套作担保。截至2016年1月6日，苏某某、于某丙向赵某甲银行账户转账还款共计183.8万元。

（二）案件的发展——违法逼债、引发纠纷

2016年4月10日，吴某某、赵某甲以苏某某、于某丙未及时还款为由，强占了苏某某、于某丙的房屋；4月13日，吴某某、赵某甲纠集人员搬走房屋内家具，吴某某还在苏某某家中将其头部按入马桶，派人盯梢并到其公司叫骂滋扰。在上述违法逼债期间，苏某某多次拨打110报警电话、聊城市长热线12345寻求保护。2016年4月14日16时许，赵某甲纠集郭某甲、郭某乙、苗某某、张某乙、李某甲、程某某、么某某、严某某、张某丙陆续赶到苏某某公司，以盯守、限制离开、不时叫骂、扰乱公司秩序的方式向苏某某索债，后赵某甲先行离开。18时许讨债人员在公司办公楼门厅前烧烤、饮酒，19时许，苏某某、于某甲被允许到公司食堂吃饭，其间么某某、苗某某等人轮流盯守，苗某某先行离开，之后杜某乙、杜某甲驾车赶到。20时48分许，郭某甲要求苏某某、于某甲返回公司办公楼，公司员工马某某、张某甲陪同进入一楼接待室。

（三）案件的激化——不法侵害、报警处警

21时53分起，杜某乙、张某乙、李某甲、程某某、么某某、严某某、张某丙、杜某甲8人相继进入接待室继续向苏某某逼债，并先将苏某某、于某甲的手机收走。随后，杜某乙将烟头弹至苏某某身上，辱骂苏某某，褪下裤子暴露下体左右晃动，最近时距离苏某某约30公分。后杜某乙又向于某甲发出“啧啧”唤狗声音进行侮辱，以不还钱还穿耐克鞋为由扒下于某甲一只鞋子让苏某某闻，苏某某挡开后，杜某乙又扒下于某甲另一只鞋子扔掉。杜某乙继而扇拍于某甲面颊，杜某乙及其同伙

揪抓于某甲头发、按压于某甲不准起身。其间，杜某乙还以苏某某、于某甲本人及其姐姐为对象进行辱骂，内容污秽。22时01分许马某某走出接待室，告诉室外的公司员工刘某某报警，22时07分许刘某某拨打110电话报警。22时17分许，民警朱某某带领辅警宋某某、郭某丙到达**工贸公司处警。在接待室内，杜某乙等人声称无人报警只是索要欠款，苏某某、于某甲向民警指认杜某乙等人有殴打行为，杜某乙等人不予承认，民警朱某某现场警告“要账归要账，不能打架”“打架就不是欠钱的事了”。22时22分许，三名警员走出接待室，于某甲、苏某某欲跟随出去被杜某乙等人阻拦。朱某某随后给民警徐某某打电话通报警情，并安排宋某某、郭某丙“给他们说说不要动手”。

（四）案件的发生——于某甲捅刺、一死三伤

处警民警离开接待室后，于某甲、苏某某打算离开继续受阻，杜某乙强迫于某甲坐下，于某甲不肯，杜某乙等人遂采用推搡、勒颈等强制手段把于某甲逼至接待室东南角。22时25分许，于某甲拿起身旁办公桌上公司日常削水果所用的一把单刃刀，朝杜某乙等人挥舞并大喊“别过来”，杜某乙边骂边靠近于某甲，于某甲先后向杜某乙、程某某各捅刺一刀，随后又朝围住他的严某某、郭某甲各捅刺一刀。民警听到响动迅速赶回接待室将于某甲控制。受伤的杜某乙、程某某、郭某甲、严某某被杜某甲、李某甲、郭某乙等人驾车送往冠县人民医院救治，次日凌晨杜某乙因抢救无效死亡。经法医鉴定，杜某乙被捅刺上腹部一刀，造成肝固有动脉裂伤及肝右叶创伤导致失血性休克死亡；严某某被捅刺左腹部一刀，造成小肠距屈氏韧带100cm处贯通伤，有肠内容物溢出，伤情构成重伤二级；郭某甲被捅刺右背部一刀，致血气胸伴肺萎陷、失血性休克等，伤情构成重伤二级；程某某被捅刺左胸部一刀，存在左侧腹腔积血，伤情构成轻伤二级。综上所述，一审公诉、判决对案件事实认定不全面：一是没有认定苏某某、于某丙向吴某某、赵某甲高息借款共计135万元；二是没有认定2016年4月1日、4月13日吴某某、赵某甲纠集人员违法逼债；三是没有认定2016年4月14日下午赵某甲等人以盯守、限制离开、扰乱公司秩序等方式向苏某某索债；四是没有认定2016年4月14日晚，杜某乙等人实施的强收手机、弹烟头、辱骂、暴露下体、脱鞋捂嘴、扇拍于某甲面颊、揪抓头发、限制苏某某和于某甲人身自由等具体不法侵害的事实。

二、一审公诉、判决认定于某甲持尖刀捅刺被害人不具有正当防卫意义的不法侵害前提，未认定防卫性质，属于适用法律确有错误

正当防卫是法律赋予公民的一项权利，任何公民在面对国家、公共利益、本人或他人的人身、财产和其他权利遭受正在进行的不法侵害时，均有权对不法侵害者采取必要的行动。因而正当防卫是针对不法侵害行为实施的合法行为，它不仅没有社会危害性，反而对社会有益，并受到法律的保护、支持和鼓励。但是，正当防卫以不能明显超过必要限度为条件，除符合法定情形之外，不得无限制行使，否则即为法律所不允许的滥用行为，应当承担相应的刑事责任。我国《刑法》第二十条第一款规定，“为了使国家、公共利益、本人或他人的人身、财产和其他权利免受正在进行的不法侵害，而采取的制止不法侵害的行为，对不法侵害人造成损害的，属于正当防卫，不负刑事责任”；第二款规定，“正当防卫明显超过必要限度造成重大损害的，应当负刑事责任，但应当减轻或者免除处罚”。

本案中，于某甲的行为具有防卫的性质，但明显超过必要限度造成重大损害，符合刑法第二十条第二款的规定，构成防卫过当，理由如下：第一，从防卫意图看，于某甲的捅刺行为是为了保护本人及其母亲合法的权益而实施的。为了保护合法的权益，这是正当防卫的目的性条件。合法的权益，并不限于生命健康，还包括人身自由、人格尊严等其他合法权益。本案中，于某甲在认识到自己和母亲的人身自由、人格尊严受到严重不法侵害、人身安全受到严重威胁的情况下，持刀捅刺杜某乙等人的行为，正是为了保护自己和母亲的人身自由、人格尊严、人身安全等合法权益免受不法侵害而实施的。聊城市中级人民法院一审判决书认为，“对方均未有人使用工具、派出所已经出警、其生命健康权被侵犯的现实危险性较小”，这一法律评价只关注到生命健康权，却忽视了对于某甲及其母亲人身自由、人格尊严等合法权益的保护，是对正当防卫保护对象的错误理解。第二，从防卫起因看，本案存在持续性、复合性、严重性的现实不法侵害。针对不法侵害行为才能实施防卫，这是正当防卫的前提条件。这里的不法侵害，既可以是犯罪行为，也可以是一般违法行为，包括对非法拘禁，公民可以进行防卫。本案中，杜某乙等人并不是苏某某高利贷借款的直接债权人，而是被赵某甲纠集前去违法讨债。对讨债一方的不法侵害行为，必须整体把握。在案证据证实，讨债方存在持续进行的严重不法侵害行为，按时间顺序可分三个阶段：一是2016年4月1日赵某甲等人非法侵入于某甲住宅、4月13日擅自将于某甲住宅家电等物品搬运至**工贸公司堆放，吴某某将苏某某头部强行按入马桶；二是2016年4月14日下午至当晚民警处警，讨债方采取盯守、围困等行为限制剥夺于某甲、苏某某人身自由，实施辱骂、脱裤暴露下体在苏某某面前摆动侮辱等严重侵害于某甲、苏某某人格尊严的行为，采用扇拍于某甲面颊、揪抓于某甲头发、按压于某甲不准起身等行为侵害于某甲人身权利，收走于某甲、苏某某的手机，阻断其与外界的联系，在**公司办公楼门厅前烧烤、饮酒扰乱企业生产秩序；三是从处警民警离开接待室至于某甲持刀捅刺之前，讨债方持续阻止于某甲、苏某某离开接待室，强迫于某甲坐下，并将于某甲推搡至接待室东南角。这三个阶段的多种不法侵害行为，具有持续性且不断升级，已经涉嫌非法拘禁犯罪和对人身的持续侵害。面对这些严重的不法侵害行为，于某甲为了予以制止，反击围在其身边正在实施不法侵害的加害人，完全具有防卫的前提。聊城市检察院起诉书没有认定防卫起因，聊城市中级人民法院的一审判决书认为“不存在正当防卫意义的不法侵害前提”，是错误的。第三，从防卫时间看，于某甲的行为是针对正在进行的不法侵害实施的。防卫适时，是正当防卫的时间性条件。本案中，处警民警离开接待室是案件的转折点。民警处警本应使事态缓和，不法侵害得到有效制止。但在案证据证实，杜某乙一方对于某甲的不法侵害行为，没有因为民警处警被控制和停止，相反又进一步升级。在苏某某、于某甲急于随民警离开接待室时，杜某乙一方为不让于某甲离开，对于某甲又实施了勒脖子、按肩膀等强制行为，并将于某甲强制推搡到接待室的东南角，使于某甲处于更加孤立无援的状态。于某甲持刀捅刺杜某乙等人时，不法侵害的现实危险性不仅存在，而且不断累积升高，于某甲面对的境况更加危险。如果他不持刀制止杜某乙一方的不法侵害，他遭受的侵害行为将会更加严重。于某甲在持刀发出警告无效后，捅刺了围在其身边的人。一审判决认定“不存在防卫的紧迫性”，显然是对矛盾激化的原因作出了错误的判断，这也是在认定事实不全面情况下得出的错误认定。第四，从防卫对象看，于某甲是针对不法侵害人本人进行的反击。针对不法侵害人本人实施防卫行为，这是正当防卫的对象性条件。这里的不法侵害人本人，是指不法侵害的实施者和共犯。本案中，于某甲持刀捅刺的对象，包括了杜某乙、程某某、严某某、郭某甲四人。在案证据证实，这四人均属于参与违法讨债、涉嫌非法拘禁犯罪的共同行为人，杜某乙还在非法拘禁过程中实施了污秽语言辱骂和暴露阴部、扇拍于某甲面部等严重侮辱行为。虽然目前没有证据证实严某某、郭某甲、程某某三人对于某甲母子有言语侮辱和暴力殴打行为，但他们围挡在于某甲身边且在杜某乙被捅刺后仍然没有走开，同样限制了于某甲的人身自由，于某甲为制止不法侵害而捅刺的四人，均是不法侵害人。第五，从防卫结果看，明显超过必要限度，造成重大损害。不能明显超过必要限度造成重大损害，这是正当防卫的适度性条件，也是区分防卫适当与防卫过当的标准。衡量必要限度时必须结合不法侵害的行为性质、行为强度和可能造成的危害后果等进行综合考量。本案中，于某甲的行为具有防卫的性质，采取的反制行为明显超出必要限度且造成了伤亡后果，应当认定为防卫过当。首先，于某甲不具备特殊防卫的前提条件。刑法第二十条第三款规定的特殊防卫，其适用前提是防卫人针对严重危及人身安全的暴力犯罪的加害人而实施防卫行为。本案中，虽然于某甲母子的人身自由权遭受限制乃至剥夺、人格尊严权遭受言行侮辱侵犯、身体健康权遭受轻微暴力侵犯，但直至民警处警后均未遭遇任何严重危及人身安全的暴力侵害，因而不具有实施特殊防卫的前提。其次，本案属于违法逼债激发的防卫案件。本案中，杜某乙等人的目的就是把钱要回，手段相对克制，没有暴力殴打于某甲母子的意思和行为；讨债一方（李某甲）对杜某乙脱裤暴露下体的行为给予了制止；当于某甲捅刺杜某乙、程某某后，严某某、郭某甲、么某某等人围站在于某甲身边，也没有明显的暴力攻击。最后，防卫行为与不法侵害相比明显不相适应。本案中，于某甲为了制止不法侵害、摆脱困境，使用致命性工具刺向加害人，造成一死、二重伤、一轻伤的后果，其行为结果明显属于“重大损害”。从不法侵害行为看，虽然加害人人数众多但未使用工具，未进行严重暴力攻击，于某甲身上伤情甚至未达到轻微伤程度；从防卫紧迫性看，处警民警已到场，虽然离开接待室，但仍在**工贸公司院内寻找报警人、了解情况，从接待室可以清晰看到门前警车及警灯闪烁；从防卫行为保护的法益与造成结果体现的法益衡量看，要保护的是人身自由和人格尊严，造成结果体现的法益是生命健康，两者相比不相适应。从防卫行为使用的工具、致伤部位、捅刺强度及后果综合衡量看，于某甲使用的是长26厘米的单刃刀，致伤部位为杜某乙身体的要害部位（肝脏），捅刺强度深达15厘米，造成1死2重伤1轻伤的严重后果，其防卫行为“明显超过必要限度”。综合以上五点，于某甲的行为属于防卫过当。

三、关于上诉人于某甲的上诉理由

（一）上诉人于某甲关于“构成防卫过当，一审判决未认定苏某某系向吴某某借款，案发前吴某某、赵某甲多次向苏某某暴力讨债，认定杜某乙等人侮辱言行不全面、未考虑防卫过当应减轻处罚的法定量刑情节”等上诉理由成立对此检察员在前述出庭意见中已经进行了详细分析论证，在此不再赘述。

（二）上诉人于某甲关于“杜某乙自行开车前往医院治疗”“没有去较近的冠县中医院”“在医院时因琐事与门卫发生冲突，最后才导致失血过多死亡”等上诉理由不成立。

二审期间，检察员对此专门询问证人马某某、杜某甲、张某丙、程某某，调取杜某乙急诊接诊医生李某乙自书证言，询问杜某乙主治医生赵某乙，并对**工贸公司至冠县人民医院、冠县中医院行驶路线进行侦查实验，经依法审查查明：2016年4月14日22时26分前后，杜某甲驾驶杜某乙黑色歌诗图轿车载杜某乙、张某丙、程某某前往冠县人民医院抢救，10分钟左右后到达冠县人民医院，因在车上杜某乙出现休克，为尽快抢救，杜某甲撞断医院门口横杆将车辆开至急诊楼门口。程某某下车后自行找医生救治，张某丙、杜某甲扶杜某乙下车抢救，急诊医生李某乙接诊，在对杜某乙纱布加压包扎后急送普外科病房，后因杜某乙伤情严重又送重症监护室抢救。马某某证言对“杜某乙自行开车”作出解释“是受伤的人还是其他人开车我没注意，我的意思是没有叫120，自行开车走的”；杜某甲、张某丙证实上述过程“在急救科救人的时候，保安过来了，我在找医生就没管”“没有因为保安延误对杜某乙的抢救”；程某某证实“我们这边都比较认可县医院，一般有什么病都去那里”；李某乙、赵某乙证实整个抢救过程及时并按照医院规定；侦查实验笔录证实“模拟从**工贸有限公司至医院抢救路线并录像，分别为冠县人民医院6.9公里，用时约9分钟；冠县中医院5.2公里，用时约7分钟”。综上所述，上述证据充分证实杜某乙受伤后被送往医院的抢救过程，未出现上诉人于某甲提出的延误抢救情形，于某甲该上诉理由不能成立。

（三）上诉人于某甲关于“构成自首”的上诉理由不成立。

经依法审查后认为，于某甲的行为不符合《中华人民共和国刑法》第六十七条第一款规定的“犯罪以后自动投案”。1. 本案证据证实，处警民警控制在前，于某甲配合抓捕在后。执法记录仪视频（2）非常清晰地证实了这点，在于某甲捅刺严某某、郭某甲的同时，处警民警已经到达接待室，并要求于某甲交出单刃刀接受控制。在民警已经控制于某甲的情况下，即使于某甲主观上产生了向公安机关投案的故意，亦不存在投案行为。2. 本案属于传唤于某甲到案。《中华人民共和国刑事诉讼法》第一百一十七条规定，“对在现场发现的犯罪嫌疑人，经出示工作证件，可以口头传唤”，本案中处警民警在现场发现犯罪嫌疑人于某甲，并经收缴单刃刀、隔离双方后，将于某甲口头传唤到公安机关，符合上述法律规定。3. 于某甲的行为亦不符合投案自首的相关情形。最高人民法院《关于处理自首和立功若干具体问题的意见》规定了主动投案的情形，包括“犯罪后主动报案，虽未表明自己是作案人，但没有逃离现场，在司法机关询问时交代自己罪行的；明知他人报案而在现场等待，抓捕时无拒捕行为，供认犯罪事实的”，本案中于某甲既没有主动报案，也并非明知他人报案而在现场等待，因此不符合上述司法解释的规定，只能认定为抓捕时无拒捕行为。

（四）关于上诉人于某甲提出案发当晚处警民警严重不作为的问题。

处警民警的行为性质问题，是舆论关注和我们调查工作的重点之一。最高人民检察院工作组会同山东省人民检察院专案组先后询问了所有处警人员和主要的在场证人，提取了执法记录仪、处警记录等重要物证、书证，反复查看了案发地 ** 工贸公司的厂区监控录像；山东省人民检察院渎职侵权检察部门还对案发当晚处警民警是否存在失职渎职犯罪问题做了专门的调查。检察机关调查认定的事实是：2016 年 4 月 14 日 22 时 07 分，山东 ** 工贸公司员工报警称“有人打架”。22 时 17 分，冠县经济开发区派出所民警朱某某带辅警 2 人到达现场。处警民警联系报警人，电话未能接通。民警发现公司办公楼一层接待室聚集多人，遂进入接待室进行询问。室内双方均表示没有报警并各执一词，民警警告在场人员不准打架。于某甲的母亲苏某某提出可能是外面员工报的警，民警于是准备出去寻找报警人。苏某某母子打算与民警一同离开接待室，被讨债人员阻拦，民警再次警告不准动手。22 时 22 分，处警人员走出房间，** 工贸公司员工（非报警人）上前向民警反映情况，民警听取情况并给副班民警打电话，通报“现场很多要账的，双方说的不一样，挺乱的”，通话记录和电话回声录音证实，副班民警表示马上开车过来增援。民警再次安排辅警“给里面的人说不能打架”。22 时 23 分，处警人员进入警车商量要不要给领导打电话，商量的结果是先不打，约 40 秒后处警人员下车往室内走，** 工贸公司两名员工（仍不是报警人）继续向民警反映情况。22 时 25 分，接待室突然传出吵闹声，民警闻讯跑进室内，发现有人受伤、于某甲手里拿着刀，民警立刻将刀收缴、将于某甲控制住，同时安排打 120 电话，伤者同伴表示开他们自己车去医院更快。民警随后对现场及证据做了保护和固定。22 时 35 分，副班民警带 2 名辅警赶到现场。另外，公司厂区监控录像显示，警车到达现场后未再有任何移动。检察机关调查认为，案发当晚处警民警接到 110 指令后，遵循了立即响应、核实警情、现场处置、请求支援等基本程序并迅速开展处置工作，但在处警过程中也存在对案发中心现场未能有效控制、对现场双方人员未能分开隔离等处警不够规范的问题。根据调查认定的事实和证据，案发当晚处警民警的行为不构成玩忽职守罪，山东省检察机关依法决定对朱某某等人不予刑事立案。聊城市冠县纪委、监察局已对相关处警民警作出了党政纪处分。

四、本案所引发的思考

本案引发社会广泛关注，值得思考。检察员在审查案件事实、研究法律适用的过程中，也对这一问题进行了认真的考虑。

（一）关于公民行使防卫权的思考

我国宪法和法律规定，公民的人身自由、人格尊严、住宅等不受侵犯，禁止非法拘禁和以其他方法非法剥夺或者限制人身自由，禁止用任何方法对公民进行侮辱，禁止非法侵入公民的住宅。当公民的这些合法权益受到不法侵害时，有权要求国家机关提供保护，也有权采取法律规定的方式展开自卫、予以制止。本案中，面对违法讨债行为、严重侮辱和非法拘禁，于某甲有权采取防卫行为来制止不法侵害。但需要注意的是，当防卫超过了必要限度，就可能转化成了犯罪行为，这同样是为我国法律所不允许的。

（二）关于司法和舆论关系的思考

于某甲案引发广泛舆论关注，始于媒体报道，体现了舆论对于司法的监督。应当说，舆论监督是连接司法与公众的重要管道之一，是促进司法机关做好工作并与公众展开良性互动的重要保障。检察机关欢迎广大群众和媒体网络对自身办案行为的监督，高度重视网络舆情背后民众对司法的价值诉求，尊重媒体网络对案件客观、理性的报道。但同时司法是专业性很强的工作，案件事实需要经过法定程序，用确实、充分的证据加以证实。司法与舆论的目的是一致的：既要让无辜者不致蒙冤，也要让有罪者承担责任。司法与舆论都是推动法治进步的重要力量，我们期待司法与舆论的良性互动，共同促进法治中国的建设。

审判长、审判员，于某甲案件从引发社会广泛关注到今天二审程序依法公开开庭审理，已历时两个月。在此期间，对于舆论监督，我们常怀警醒，又心存感激；对于案件的审查，我们秉持检察官的客观公正立场，坚守法律与良知，以事实为依据、以法律为准绳，依法履行监督职责。通过今天的庭审，我们已经用证据还原了于某甲案件的事实真相，以法理、情理辨析了案件的定性与法律的适用，相信于某甲也必将最终得到公正的裁判！综上所述，聊城市中级人民法院（2016）鲁15刑初33号《刑事附带民事判决书》认定事实不全面，适用法律错误，根据《刑法》第二十条第二款“正当防卫明显超过必要限度造成重大损害的，应当负刑事责任，但应当减轻或者免除处罚”的规定，建议山东省高级人民法院依法判处。

检察员：郭某某、扈某某、李某某

2017年5月27日当庭发表

【学者点评】

于某甲故意伤害案曾经引起社会的高度关注，引发了人们对于正当防卫的热烈讨论。2018年6月20日，最高人民法院将其作为第18批指导性案例之一（第93号）发布。本案对于推动正当防卫理论的发展、促进正当防卫制度的正确适用，具有标志性的意义。

对于本案，最高人民检察院高度重视，专门派出工作组，通过实地查看现场、复核主要证据、审查关联事实等方式，对本案做了深入调查核实，并广泛听取了专家学者的意见。在最高人民检察院的指导下，山东省人民检察院依照法律规定，审查了一审判决书、上诉人的上诉状及全部案卷材料，围绕一审认定事实与法律适用全面、细致地开展了复核、取证工作。

本案出庭检察员意见书肯定于某甲的行为具有防卫性，但认为其构成防卫过当。意见书对于防卫前提、防卫时间、防卫限度等方面的论述颇为深入、精到，澄清了司法实践存在的一些误区，有利于正当防卫制度的准确适用。其中特别值得关注的有如下几个方面：

第一，明确了侵害的严重程度不影响行为人享有防卫权的原则。聊城市中级人民法院一审判决书认为：“虽然当时其人身自由权利受到限制，也遭到对方辱骂和侮辱，但对方均未有人使用工具，在派出所已经出警的情况下，被告人于某甲和其母亲的生命健康权利被侵犯的现实危险性较小，不存在防卫的紧迫性。”司法实践中也常有类似的观点，认为只有当行为人面临针对人身安全的严重侵害时，才允许其进行正当防卫。但这一看法明显误解了《刑法》关于正当防卫前提要件的规定。《刑法》第20条第1款关于防卫前提的规定，并未对不法侵害的严重程度作出任何限制。按照该条款的规定，只要是合法权益遭受不法侵害，原则上都允许行为人实施正当防卫。只有《刑法》第 20 条第 3 款规定的特殊防卫权，才要求行为人面对的必须是“严重危及人身安全的暴力犯罪”。本案中，既然于某甲及其母亲的人身自由、人格尊严等合法权益正在遭受侵害，那么即便其生命健康权遭受侵犯的危险性较小，也不能认为缺少防卫的前提条件。本案出庭检察员意见书正确地指出一审判决“只关注到生命健康权，却忽视了对于某甲及其母亲人身自由、人格尊严等合法权益的保护，是对正当防卫保护对象的错误理解”。

第二，指出对于侵害严重程度的判断，要注意其可能累计升高的发展趋势。在涉正当防卫的案件中，不法侵害的发展过程往往已经被防卫措施打断，有的司法人员以防卫人并未遭受严重伤害为由，认为其所面临的不法侵害程度不高。这种做法单纯站在侵害被打断的时间点去判断侵害的强度，却忽略了侵害还存在着持续升级的可能。本案中，在苏某某、于某甲急于随民警离开接待室时，杜某乙一方为不让于某甲离开，对于某甲又实施了勒脖子、按肩膀等强制行为，并将于某甲强制推搡到接待室的东南角，使于某甲处于更加孤立无援的状态。出庭检察员意见书指出：“于某甲持刀捅刺杜某乙等人时，不法侵害的现实危险性不仅存在，而且不断累积升高，于某甲面对的境况更加危险。如果他不持刀制止杜某乙一方的不法侵害，他遭受的侵害行为将会更加严重。”这一观点对不法侵害作了动态式、整体性的评价，值得赞同。

第三，指出不能仅仅以“派出所已经出警”为由否定行为成立正当防卫的可能。因为，只有当在场的其他公民或者警察已经切实控制住了或者确定能以更优的方式控制不法侵害时，才可以认为第三人已经有效接管了事态，不允许行为人防卫。具体来说，应当区分以下三种不同的情况来加以分析：一是当其他公民或者警察已经通过劝阻、扣押等方式使侵害人停止了侵害或者丧失了继续加害的能力时，由于不法侵害已经结束，故行为人此后对侵害人所实施的打击行为无法成立正当防卫。二是在场的其他公民或者警察虽然尚未完全控制侵害人，但确定能够以更为理想的防卫手段有效制止不法侵害。尤其是对于警察来说，由于他们经过了严格和专业的体能、技术训练，配备了较为齐全和精良的防暴器具，故其在有效制止不法侵害的前提下尽量降低侵害人所受损害的能力，就远远高于普通公民。若行为人能够有效地获得其帮助，则法律有理由要求他将防卫权交由这类人员行使。三是如果其他公民或者警察由于救助意愿不坚定、防卫能力有欠缺等原因而未能成功地接管事态，那么他们的在场便无法保证受侵害者的法益安全，在此情况下应当允许行为人实施防卫以自保。本案中，虽然民警接到报警后旋即抵达案发现场，但他们只是询问、警告一番，在没有解除于某甲及其母亲受拘禁状态的情况下，就离开了接待室。这说明，民警并未有效地将事态置于自己的管控之下，没有从根本上使于某甲及其母脱离险境。因此，于某甲依然有权针对杜某乙等人实施正当防卫。

第四，对于防卫限度的认定，采取了折中说的基本立场。关于防卫限度的判断标准，我国刑法理论曾经存在过必需说和基本相适应说之间的对立。前者认为，决定防卫限度的关键在于防卫行为是否属于有效制止不法侵害所必不可少的反击手段；后者则强调，防卫限度的判断应当以防卫行为和侵害行为这两者在强度上的均衡关系为核心。在 20 世纪 80 年代中期以前，两派的力量大致相当。20 世纪 80 年代末以后，声称对必需说和基本相适应说进行了融合的折中理论逐渐取得了通说的地位。该说认为："必要限度的掌握和确定，应当以防卫行为是否能制止住正在进行的不法侵害为标准，同时考察所防卫的利益的性质和可能遭受的损害的程度，同不法侵害人造成损害的性质、程度大体相适应。"[①] 出庭检察员意见书认定于某甲的行为属于防卫过当的核心理由有二：一是于某甲不具备特殊防卫的前提条件；二是防卫行为与不法侵害相比明显不相适应。因为，从不法侵害行为看，虽然加害人人数众多但未使用工具，未进行严重暴力攻击；从防卫行为保护的法益与损害的法益两相比较看，于某甲要保护的是人身自由和人格尊严，损害的法益却是生命健康，两者相比不相适应。当然，这种要求防卫手段与不法侵害保持平衡的观点，究竟是否符合正当防卫的本质，能否契合正当防卫战胜不法侵害的目的，还可以进一步商榷。

① 高铭暄主编：《刑法专论》，高等教育出版社 2006 年版，第 427 页。

这份意见书说理透彻、论证充分，寓情于理，既肯定公民遭遇不法侵害时享有防卫权，又强调对防卫权的行使不能过限；既坚持司法判断的专业性，又高度重视网络舆情背后民众对司法的价值诉求，对于正确理解和适用正当防卫制度具有很好的指导意义和参考价值。

（**点评人**：陈璇，中国人民大学法学院刑法教研室主任，教授、博士生导师）

【检察官点评】

于某甲故意伤害案，因为全社会的高度关注，已不是一个普通的司法案件，更是公民行为的“方向标”，大众情绪的“稳压器”和社会价值的“丈量尺”。面对正在进行的不法侵害，自身权益受到损害，母亲受到羞辱，当事人于某甲该怎么办？如何把握防卫的“度”，也可能是每一个“我”将会面临的选择。本案在案发后立即产生了巨大的网络舆情，社会各界纷纷发声，关注度极高。一审判决以故意伤害罪判处于某甲无期徒刑后，舆论更是“一边倒”地支持于某甲，质疑司法判决。二审立足案件事实，充分考虑案件的起因、经过和造成的危害结果，认定于某甲防卫过当，依法改判有期徒刑5年，得到了社会普遍认可。2018年6月，最高人民法院将于某甲故意伤害案作为指导性案例发布（指导案例93号）。

本案的处理，特别是二审环节，检察机关深入调查案件起因及发展经过，充分论证于某甲既有防卫性质，又明显超过必要限度造成重大损害，属于防卫过当。既从法律角度回答了正当防卫和防卫过当的界限，也从情理角度阐释了“该出手时就出手”和“下手要知轻与重”的关系。检察机关用证据还原案件的事实真相，以法理情辨析案件的定性与法律适用，充分体现了法理情相融合，法律效果和社会效果相统一。同时，二审通过出庭检察员意见书对司法与舆论的关系发表了意见，表明了态度，提出了期望，实现了司法与舆论良性互动，起到了纠偏差、正视听的作用，有利于共同促进法治中国建设。

结合二审出庭检察员意见书，可知检察官主要履职特点有：一是主动调查核实，避免“关门办案”。二审环节有效开展自行补充侦查，进行了全面、细致的复核、取证工作，包括查看、测量案发现场，讯问于某甲和复核相关主要证人、被害人证言，调取侦查实验笔录、通话记录、报警记录等重要书证，向技术人员和法医咨询案件中的专业问题等，增强了亲历性，也有利于掌握案件全貌。二是全面聚焦重点，避免遗漏关键。根据复核调查情况，二审检察员对案件进行了复盘，全面阐述了案件的四个环节：案件的起因——高息借款、无力偿还，案件的发展——违法逼债、引发纠纷，案件的激化——不法侵害、报警处警，案件的发生——于某甲捅刺、一死三伤。准确指出了一审公诉、判决对案件事实的引发原因、激化过程特别是在不法侵害的事实认定上存在疏漏。三是法理情相融合，避免机械司法。从防卫意图、防卫起因、防卫时间、防卫对象等角度充分论证了于某甲的行为具有防卫性质；同时从防卫结果角度论证，于某甲的行为明显超过必要限度，造成重大损害，属于防卫过当。分析有理有据，入情入理，令人信服。此外，对于上诉人的上诉理由进行了逐一分析，坚持客观公正立场，对上诉理由成立的依法采纳，不成立的充分释法说理，有利于上诉人对照自省，认罪服判。

本案主要涉及的法律条文是《刑法》第20条关于正当防卫及防卫过当的规定。结合本案检察员分析论证可知：对正在进行的非法限制本人及他人人身自由的行为，应当认定为“不法侵害”，可以进行正当防卫。这是基础和前提。对非法限制他人人身自由并伴有侮辱（如杜某乙对于某甲母亲的侮辱）、轻微殴打（如杜某乙扇拍于某甲面颊等）的行为，不应当认定为“严重危及人身安全的暴力犯罪”。同时，判断防卫是否过当，应当综合考虑不法侵害的性质、手段（非严重暴力侵害）、强度、危害程度（未造成于某甲一方人员受伤），以及对应的防卫行为的时机、手段（致命性工具捅刺）、强度、所处环境和损害后果（一死、二重伤、一轻伤）等情节。基于此，对并不十分严重、紧迫的不法侵害进行防卫，致人死亡、重伤的，应当认定为“明显超过必要限度造成重大损害”，属于防卫过当。在处理防卫过当案件中，如系因被害人实施严重贬损他人人格尊严或者亵渎人伦的不法侵害引发的，量刑时应予充分考虑，确保司法结论既经得起法律和历史检验，也符合人民群众朴素的公平正义观念。

于某甲故意伤害案出庭检察员意见书有以下特征：一是全面还原案件事实，正本清源。在深入、直接复核及取证的基础上，二审全面还原了案件起因、发展、激化、发生全过程，指出了一审公诉、判决认定事实的重要遗漏，为后续论证法律适用奠定了坚实的基础。二是深入细致阐释焦点问题，有理有力。针对于某甲的行为是否具有防卫性质、是否属于防卫过当这一焦点问题，从防卫意图、防卫起因、防卫时间、防卫对象和防卫结果五个维度，结合事实、证据和法理进行了全面分析说理，指出了一审未认定防卫性质的错误，同时明确了于某甲的行为属于防卫过当。并通过对于某甲上诉理由的逐一分析，有利于二审法院全面公正评价，也帮助于某甲正确认识自身行为性质及造成的后果。三是立足本案启发思考，回应舆论。鉴于本案引发社会广泛关注，所以“关于公民行使防卫权的思考”和“关于司法和舆论关系的思考”可谓点睛之笔。在发生不法侵害时，既倡导公民有权依法捍卫自身权益，又提醒注意不能超过必要限度，否则可能转化为犯罪行为。在舆论广泛关注司法办案的背景下，检察机关既要高度重视、尊重媒体客观、理性的报道，也要坚守法律与良知，与舆论良性互动。

（**点评人：**王雁飞，四川省广安市人民检察院检察长）

【法官点评】

于某甲故意伤害案发生后，一审法院以故意伤害罪判处于某甲无期徒刑，剥夺政治权利终身，并附带民事赔偿。宣判后，于某甲提出上诉。在法院二审审理期间，该案经媒体报道进入公众视野。因“辱母”情节、是否属于防卫过当、高利贷恶意逼债等因素，该案审理引爆了国内的舆论，受到社会广泛关注。为回应社会关切，二审庭审时，山东省高级人民法院邀请了各界人士100余人参加了旁听，并通过微博全程直播了庭审过程。在长达15小时的直播过程中，共发布包括文字、图片、视频在内的微博133条，以公开透明的方式将庭审全面呈现给社会公众，《人民日报》刊文称于某甲案的庭审是“一堂生动的法治课”。该案入选“2017年推动法治进程十大案件”。

本案二审出庭检察员意见书以实事求是、开诚布公的态度，对社会各界关注的问题给予了积极回应，重视运用证据全面还原案件事实真相，严格依照法律并充分考虑情理，对于某甲的行为进行客观、公正的评判，获得了法庭的认可、支持，赢得了社会的理解、信任，达到了法律效果与社会效果的有机统一。综观全篇，本意见书具有以下突出特点：

一是客观认定案件事实。案件事实是司法认定的物质基础，对处理结论的形成具有关键性意义。这里的案件事实，既包括直接关乎案件定性的关键事实、核心事实，也包括可能影响量刑的案件前因后果等方面的关联事实、边际事实，只有把涉及案件定罪量刑的事实全面发掘出来，才能够客观、准确地认定案件性质并适当量刑。同时，也有助于澄清网传不实事实、情节，回应人民群众的关切，并实现司法的公开透明。于某甲案的原审裁判之所以引发社会的广泛关注和炒作，也与一审公诉、判决未能查明和完整表述案件全部事实有直接关系。本意见书首先一针见血地指出：“一审公诉、判决，对案件事实的引发原因、激化过程，尤其是杜某乙等人不法侵害的事实认定不全面”，进而按照案件发生发展的时间顺序，从“案件的起因——高息借款、无力偿还”“案件的发展——违法逼债、引发纠纷”“案件的激化——不法侵害、报警处警”“案件的发生——于某甲捅刺、一死三伤”四个方面，客观地还原了本案的全部案情，既揭示出案件事实的基本脉络，为后续的司法认定打下坚实的物质基础，同时也展示了人民群众关注的相关细节，通过“让证据说话”，澄清了网传的一些失实的事实、情节，稳妥且有效地回应了社会的关切。

二是准确理解适用法律。本案的核心问题是于某甲的行为是否构成正当防卫。对此，社会各界有不同认识。本意见书鲜明指出：“一审公诉、判决认定于某甲持尖刀捅刺被害人不具有正当防卫意义的不法侵害前提，未认定防卫性质，属于适用法律确有错误。”意见书先是阐述了《刑法》关于正当防卫制度的规定及其立法精神，进而围绕《刑法》规定的正当防卫构成要件，通过摆事实、讲道理的方式，从防卫意图、防卫起因、防卫时间、防卫对象和防卫结果五个方面，对于某甲的行为性质做了深入分析，特别是重点分析了于某甲的防卫行为是否属于“明显超过必要限度”，这就为防卫过当结论的得出做好了铺垫。同时，为了回应社会上的无罪观点，意见书还结合《刑法》关于特殊防卫制度的规定，具体阐释了于某甲行为不适用特殊防卫的原因。通过上述精准分析，意见书就顺理成章地得出了于某甲行为属于防卫过当的结论。这样的论证分析深入细致、层层推进、逻辑严密，用证据还原事实真相，以法理、情理辨析法律适用，既容易获得法庭的共鸣、支持，也有助于赢得社会的信任、认可。

三是全面回应辩方意见。一审宣判后，被告人及其辩护人从本案事实认定、法律适用、刑罚裁量、办案程序等方面提出多项上诉理由和诉讼主张。其中一些方面也是社会公众关注的重要问题。二审检察机关对此高度重视，在出庭检察员意见书中不仅介绍了自身办案所做出的大量工作，还特别提出系在最高检察机关的悉心指导下开展相关工作，从而增强了公诉意见的权威性和说服力。出庭检察员意见书开宗明义：“本案由违法逼债引发，是一起具有防卫性质的伤害案件，一审判决认定事实不全面、适用法律确有错误。”在客观还原事实、分析法律适用的基础上，针对上诉人及其辩护人提出的各项上诉理由和辩护意见，立足于事实证据和法律规定，逐一进行了回应。特别是，对于上诉人于某甲提出案发当晚处警民警严重不作为的问题以及处警民警的行为性质问题，鉴于该问题也是舆论关注的焦点之一，本意见书做了重点回应，通过列出证据、陈述事实，明确指出民警在处警过程中存在对案发中心现场未能有效控制、对现场双方人员未能分开隔离等处警不够规范的问题，但根据调查认定的事实和证据，案发当晚处警民警的行为不构成玩忽职守罪，故检察机关依法作出不予刑事立案的决定，并由纪检监察机关对相关处警民警作出党政纪处分。由于敢直面问题，不回避问题，并尊重事实，依法依规妥善处理，这样也就容易赢得社会的理解和尊重。

四是提高站位拓展效果。针对本案舆情汹涌的情况，本案二审出庭检察员意见书还专门以“本案所引发的思考”的形式，引导社会公众深入思考和正确认识公民自卫权的限度问题以及司法与舆论的良性关系问题。这两个问题都是本案办理中的突出问题，并在司法工作中具有普遍性。在法治社会中，应当鼓励和引导人民群众通过合法途径来保护自己的权利。在有合法救济程序的情况下，如果纵容当事人采取非法的手段保护自己的权利，就是把私力救济凌驾于国家权力之上，其结果很可能导致社会的混乱。所以，评判本案必须平衡国家管理与私力救济之间的关系，引导公民通过正常渠道救济权利，以维护社会稳定与和谐。意见书既肯定了“当公民的这些合法权益受到不法侵害时，有权要求国家机关提供保护，也有权采取法律规定的方式展开自卫、予以制止”，同时也明确指出公民自卫权行使的限度，这样就为社会公众划出了清晰的行为边界，从而有效发挥了司法的导向作用。此外，意见书还就舆论如何监督司法以及司法如何接受舆论监督，审慎而妥切提出了指导意见、建议，引导社会公众正确对待司法与舆论的关系问题，助力打造“法治公开课”，让法治精神更加深入人心，取得良好的办案效果。

（**点评人**：于同志，最高人民法院刑事审判第二庭审判长、二级高级法官）

【律师点评】

《刑法》第 20 条规定了正当防卫制度，旨在确保公民在面对不法侵害时能够行使自我保护的权利，同时为其提供法律的保障和合理的行为边界。在现实生活中，公民在遭受不法侵害时，可以通过强力将来犯者驱逐出自己所辖之权利空间，宣示他人对自己不享有优越地位和支配特权。这种权利不仅是为了个人的利益，更是社会秩序的维护和安全的保障。然而，正当防卫并非一种无限制的权利，而是受到法律的限制，正当防卫必须符合一定的条件和程度。这种限制旨在确保正当防卫不会演变成私刑或滥用暴力的行为，同时保护被侵害者的基本权利。然而，正当防卫制度在《刑法》中得到确立，并不等于能够在司法活动中得到切实的贯彻落实，其从虚置的法律规范到鲜活的司法规则，经历了一个起死回生的演变过程，于某甲故意伤害案便是其苏醒开始。

在本案中，于某甲在母亲受辱、自身及母亲受到追债者攻击、殴打、求助警察救助效果不佳的情况下，在母亲的办公室用水果刀刺伤四名追债者，致一人死亡、二人重伤、一人轻伤。一审法院以不存在侵害的紧迫性为由，否定于某甲的行为具有防卫性，最终以故意伤害罪判处于某甲无期徒刑。一审法院认为，被告人于某甲持尖刀捅刺多名被害人腹背部，虽然当时其人身自由权利受到限制，也遭到对方辱骂和侮辱，但对方均未使用工具，在派出所已经处警的情况下，被告人于某甲和其母亲的生命健康权利被侵犯的现实危险性较小，不存在防卫的紧迫性，所以于某甲持尖刀捅刺被害人不存在正当防卫的不法侵害前提，辩护人认为于某甲系防卫过当并以此要求减轻处罚的意见本院不予采纳。这引起了学界、社会和媒体的高度关注、热议和质疑。最高人民检察院随即派员对案件事实、证据进行全面审查，并组织专家进行论证。山东省人民检察院认为，于某甲的行为有防卫性质，属于防卫过当。

首先，正当防卫的前提条件是客观上存在紧迫的不法侵害。《刑法》未对“不法侵害”作出进一步限定，没有明文规定紧迫性要件。但在现实中，存在一些不具有攻击性、破坏性、紧迫性，且通过报案、控告、举报就可以有效救济的不法侵害行为。对此，刑事司法实践和理论通说一般认为，如果将上述行为纳入正当防卫的对象，不仅将原本可以通过平和方式解决的问题诉诸暴力、造成更大权益的受损，并且因相关行为性质界定中的争议，可能导致防卫错误，所以对正当防卫的前提条件进行了一定的限定，增加了“紧迫性”要件。例如，言语侮辱是一种不法侵害行为，由于侵犯人格尊严程度较轻，且仅涉及精神层面的权利侵害，一般不属于被防卫的对象；而对于肢体侮辱类的不法侵害行为，公民可以对其进行防卫。就本案而言，于某甲及其母亲面临的对肢体进行侮辱，伴有非法拘禁、轻微殴打，系同时侵害人格名誉权、人身自由权以及健康权等权利的不法侵害行为，当然符合正当防卫的前提条件。

其次，正当防卫的限度条件是防卫行为没有超出必要限度，造成重大损害。司法实践对此一般采取基本相适应说：防卫行为的性质、手段、强度及造成的损害应当与不法侵害行为的性质、手段、强度及可能造成的损害基本相适应。根据此种观点，一方面，从不法侵害行为的角度，于某甲及其母亲的人身自由和人格尊严受到侵害，虽然侵害人人数众多但未使用工具，未进行严重暴力攻击，于某甲身上伤情甚至未达到轻微伤程度；另一方面，从防卫行为使用的工具、致伤部位、捅刺强度及后果的角度，于某甲使用的是长 26 厘米的单刃刀，致伤部位为杜某乙身体的要害部位（肝脏），捅刺强度深达 15 厘米，造成 1 死 2 重伤 1 轻伤的严重后果。因此，于某甲的防卫行为明显超过必要限度，且造成了重大损害。

本案的检察文书对正当防卫的前提条件和限度条件进行了全面、客观、准确的评价，不仅正确把握了正当防卫条款在鼓励公民与犯罪行为作斗争方面的立法精神，还在准确适用法律的基础上充分考虑案件涉及的人情事理，认为于某甲的行为具有防卫性质，但属于防卫过当，这对今后司法实践的认定具有重要的借鉴价值，为正当防卫条款的司法适用树立了正确的导向。

从于某甲故意伤害案起，到“昆山龙哥反杀案”“河北涞源反杀案”等案件，在最高人民检察院直接指导下办理的一系列正当防卫案件激活了《刑法》第 20 条这沉睡多年的条款。2020 年 8 月 28 日，最高人民法院、最高人民检察院、公安部联合发布了《关于依法适用正当防卫制度的指导意见》，其第 1 条开宗明义地指出，正当防卫是法律赋予公民的权利，要准确理解和把握正当防卫的法律规定和立法精神，要切实防止“谁能闹谁有理”“谁死伤谁有理”的错误做法，坚决捍卫“法不能向不法让步”的法治精神。这里的“法不能向不法让步”的本意是，一项权利没有必要向侵害这一权利的行为屈服，任何一项权利的背后都自然而然地包含着一项防御性的反制权，包含着对侵犯该权利的行为进行反抗和驱逐的权利。“法不能向不法让步”的理念在正当防卫案件中的适用，不仅激活了《刑法》中正当防卫的有关条款，为司法实践带来了生机与活力，而且在社会上树立了法律和正义的坚强而高大的形象，改变了人们对守法的消极看法，使人们敢于拿起法律的武器同一切违法犯罪作斗争。

（**点评人：**徐宗新，上海靖霖律师事务所主任）

9. 张某甲故意杀人、故意毁坏财物案：没有凌驾于法律之上的正义

【案情简述】

2018年农历除夕，正是**村村民祭祖返回之际，中午12时许，张某甲发现邻居王某乙（被害人，殁年38岁）及其长兄王某丙（被害人，殁年46岁）与十多名亲属上山祭祖，便携带事先准备好的尖刀、玩具手枪尾随王某乙、王某丙等人至本村村委会门前守候。待王某乙、王某丙祭祖返回行至村委会门前村道时，张某甲趁王某乙不备，上前持刀朝王某乙颈部猛割一下，又连续捅刺其胸腹部等处数刀。王某丙见状逃跑，张某甲追上王某丙，持刀朝其胸腹部捅刺。王某丙摔进路边沟渠，张某甲跳进沟渠继续捅刺其数刀，致王某丙心脏、肺脏等多脏器破裂死亡。而后，张某甲返回倒在路边的王某乙身旁，再次捅刺王某乙数刀，致王某乙右颈总动脉、肺脏、肝脏等胸腹腔脏器破裂大失血死亡。随后，张某甲闯入王某甲（男，殁年70岁）家院子，朝坐在堂屋门口的王某甲胸腹部、颈部等处捅刺数刀，致王某甲右颈动、静脉及心、肺等多脏器破裂死亡。随后，张某甲回家取来一把菜刀和两个自制汽油燃烧瓶，用菜刀将王家停放在路边的轿车左后车窗玻璃砍碎，并点燃两个汽油燃烧瓶，分别扔在车后排座椅和右后车窗玻璃处，致车后部燃烧，车辆毁损严重。

张某甲为何刀刀致命？为何要残忍灭门？这源于20多年前的那场“杀母案”。张某甲家与被害人王家在村里南北相邻而居。1996年8月27日，王某甲三子王某乙因邻里纠纷将张某甲之母汪某某伤害致死。同年12月5日，汉中市原南郑县人民法院鉴于王某乙犯罪时未满18周岁、汪某某在案件起因上有一定过错等情节，以故意伤害罪判处王某乙有期徒

刑7年，此后，两家未发生新的冲突，但张某甲对其母被王某乙伤害致死始终心怀怨恨，甚至认为真正的凶手并没有得到惩处，加之工作、生活多年不如意，心理逐渐失衡。最终开始了自己的“复仇”之路，经过预谋和精心准备，实施了上述报复杀人毁财的行为。

张某甲逃离现场后，于2018年2月17日7时许到公安机关投案。“为母报仇”“忠义孝子”“当代侠客”等各种标签、符号备受媒体追捧、社会关注。针对张某甲自己的种种辩解，针对公众关切的“杀母案是否另有真凶”“法律与道德为何两难”“本案罪与非罪、如何罚当其罪”等，陕西检察机关在办案中，严把事实关证据关，准确把握焦点问题，精心准备庭审预案，出庭指控有力，正面回应社会关切，释法说理注重情理法相交融，取得了较好的庭审效果和法治宣传效果。2019年1月8日，陕西省汉中市中级人民法院作出一审判决，认定被告人张某甲犯故意杀人罪，判处死刑，剥夺政治权利终身；犯故意毁坏财物罪，判处有期徒刑4年，决定执行死刑，剥夺政治权利终身。宣判后，张某甲提出上诉。陕西省高级人民法院经依法开庭审理，于2019年4月11日作出刑事裁定，驳回上诉，维持原判，并依法报请最高人民法院核准。2019年7月6日，最高人民法院作出核准死刑的刑事裁定。2019年7月17日，张某甲被依法执行了死刑。

张某甲究竟是现代侠士还是杀人凶犯，为母复仇究竟代表了正义还是无视规则的狂妄自大，不同的立场反映了不同的正义观。张某甲的律师在辩护意见中说，张某甲对其母亲挨打致死和解剖的场景难以释怀，给其造成了巨大创伤，这也是人们对张某甲同情动容之处。但民众情感超越法律本身对正义与否进行评价，对法治建设并非福音。从历史发展的视角和现代法治的精神来看，法治更强调规则中的正义，而禁止私力复仇的滥用，正如马丁·路德·金所说：“手段代表着正在形成的正义和正在实现中的理想，人无法通过不正义的手段去实现正义的目标，因为手段是种子，而目的是树。”① 严格遵循法治手段，才能真正体现法律的刚性和价值，实现法治的最终目标。

---

① 罗翔：《法制的细节》，云南人民出版社2021年版。

【文书原文】

陕西省汉中市人民检察院
公诉意见书

审判长、审判员、人民陪审员：

2018 年 2 月 15 日，正值农历年三十，人们都处在欢度春节的喜庆、祥和气氛中。被告人张某甲故意杀人、故意毁坏财物案，因其作案手段特别残忍，情节特别恶劣，危害后果特别严重，引起了当地人民群众的惊愕恐慌，更是引发了全国人民的震惊和广泛关注。

案件发生后，检察机关高度重视，在随后的审查逮捕、审查起诉过程中，严格执行各项办案规定，遵守办案期限，以程序合法确保案件实体公正。

根据《中华人民共和国刑事诉讼法》第一百八十九条、第一百九十八条和第二百零九条的规定，我们受陕西省汉中市人民检察院的指派，以国家公诉人的身份出席今天的法庭，支持公诉，并依法履行法律监督。现对本案证据和案件情况发表如下意见，请法庭注意。

一、被告人张某甲犯故意杀人罪、故意毁坏财物罪事实清楚，证据确实、充分

通过今天的当庭举证，我们已经充分证明了起诉书指控的被告人张某甲的犯罪事实。

1. 现场二十余位群众目睹了被告人张某甲行凶及毁坏财物的全过程。

案发时正值 2018 年大年三十的中午，** 村村民祭祖返回之际，被告人张某甲头戴黑色长檐帽子、面戴深色口罩、脖缠粉色 T 恤，突然窜入人群，手持事先准备的单刃尖刀，首先对毫无防备的王某乙进行割喉、捅刺致其倒地；在众人惊慌逃散时追上王某丙捅刺其胸部，并将其追至路边水沟中反复戳刺其要害部位，将其杀死后又迅速返回对王某乙进行第二次捅刺；接着窜入王某甲家院中，对王某甲反复捅刺致其当场死亡。

后返回自家，取出事先准备好的菜刀及自制汽油燃烧瓶，到被害人王某丙的小轿车停放处，对该车进行砍击、燃烧，并对前来阻止的村民持枪威胁。上述各细节过程均有多位证人予以证明。

2. 收集在案的多组客观性证据可以锁定本案系被告人张某甲所为。

在被告人张某甲所穿衣物上分别鉴定出了三被害人的血迹，证明这些血迹是张某甲在三处不同地点连续向三被害人行凶时喷溅所致。在张某甲指认下打捞出的作案工具单刃刀上检出两人以上血迹，该隐蔽性证据证明其为张某甲杀害三名被害人时所持凶器，并于案发后被其丢弃；在烧损车辆后座上提取的菜刀上检测出张某甲的血迹，证明张某甲是在连续用力向三名被害人捅刺时致自己手部受伤，后又手持该菜刀击打毁损被害人车辆的事实；以上物证分别经被告人、相关证人的辨认予以确认，与鉴定意见相互印证，能够确认是被告人张某甲实施了本案的犯罪行为。

上述证据结合现场勘查、尸检鉴定意见、相关证人证言及被告人供述等其他证据，已形成完整的证据锁链，充分证明了起诉书所指控的被告人张某甲故意杀人、故意毁坏财物的犯罪事实。

二、被告人张某甲犯罪手段特别残忍、后果极其严重，社会危害性极大

1. 本案是一起有预谋，有准备的严重暴力犯罪。

被告人张某甲作案前几日便通过其家中窗户。观察分析被害人一家的活动情况。在掌握了被害人一家的进出活动规律之后，伺机作案。先后在集镇上购买了单刃刀、玩具手枪。考虑到被害人可能驾车躲避，又借用他人摩托车，从中抽出汽油做了多个燃烧瓶。同时还准备了用来伪装自己的口罩、长檐帽等物品，精心地进行犯罪准备工作。案发过程中，被告人持单刃刀，直接对三名被害人致命部位进行反复捅刺。当王某丙被刺倒后，又返回对已经倒在血泊中的王某乙继续进行捅刺；在连续多刀捅刺年过七旬的王某甲之后，怀疑其倒地装死，又扯开其衣领，在脖颈补刀。尸检表明，被害人王某乙身中24刀，王某丙身中9刀，王某甲身中16刀；这49刀主要围绕被害人的胸、腹、颈部等要害部位，足见其杀人犯意之坚决、作案手段之凶残。

2. 本案是一起社会影响极其恶劣的恶性案件。

被告人张某甲选择的作案时间是中国人最重要的传统节日春节，在年终岁末的大年三十的正午；其选择的作案地点是在村委会旁、村民返乡回家的必经之路上；其选择的作案时机是在大多数村民阖家团圆、祭祖回乡之时；在光天化日之中、在众目睽睽之下、在老弱妇孺之前，刻意伪装、公然行凶连杀三人，其恐怖的行为造成周围群众惊愕、恐惧和逃散。又在纵火烧损汽车之后，掏枪威胁前来劝阻之人，并在作案后潜逃。其极大的人身危险性，给人民群众心理蒙上了阴影，也给社会造成了巨大的恐慌。

三、被告人张某甲主观恶性极深，罪行极其严重，应当依法予以严惩

综观全案，无论是犯罪前、犯罪中，还是犯罪后，其藐视法律实施暴力犯罪的故意坚决，甚至至今仍无任何悔罪表示，足见其主观恶性之深。

1. 作案前，其选择的作案对象不仅仅是三名被害人。张某甲曾多次供述“本来我想等老二回来一起动手报仇，但是老二一直没有回来，我等不及就动手了”；事实上，从其犯罪预备来看，其就是在等待被害人全家祭祖时，四名男性同时在场的杀人时机，其杀害对象还包括王家二子王某丁，只是王某丁因故一直未返回，张某甲才未能得逞。

2. 作案后，投案并非其接受法律制裁的真实意思表示。在投案后其供述“从我作案之后我一直都在逃跑，躲避你们民警对我的抓捕，我逃跑累得没办法了，身上又没有钱和吃的东西，以我的性格是不会束手就擒的，我选择投案主要是身上没有钱，如果有钱的话我肯定不会投案，我能跑多远就跑多远”，可见其投案只是出于走投无路，在本人没有钱财证件、没有可以信赖的亲朋、同时又受到公安机关布网抓捕的客观压力下，才做出的被迫之举。

3. 到案后，故意误导侦查，浪费司法资源。张某甲起初对于杀人凶器的去向故意作虚假供述，误导侦查人员耗费大量人力物力财力在错误的地点进行打捞，其目的是“我随便说个地方让你们警察慢慢去捞，鹿头堰水域比较复杂，水面比较大，打捞比较困难，给你们警察增加工作难度，反正就是不想让你们捞到刀，好毁灭证据”，足见其对抗侦查，不愿悔罪，浪费司法资源的恶意。

4. 时至今日，被告人仍无任何悔罪表现。被告人张某甲当众行凶杀害被害人三人，应当认识到任何人都无权非法剥夺他人生命；应当认识到其行为会造成被害人家属的极度痛苦；应当认识到其行为造成了群众的恐慌不安，破坏了安定祥和的节日氛围；应当认识到其行为严重破坏了社会秩序和社会和谐。对此，被告人张某甲应当对被害人亲属表示忏悔，应当对父老乡亲表示忏悔。但是被告人张某甲直到今日庭审，仍然坚持其所谓的“报仇有理”，认罪但不悔罪。

以上四点表明，被告人张某甲虽当庭认罪具有自首情节，但其主观恶性极深，犯罪后又无悔罪表现，属于罪行极其严重的犯罪分子，不足以对其从轻处罚，应当依法予以严惩。

四、被告人张某甲走向犯罪的根源

案件发生后，被告人张某甲称其杀人是“为母报仇”，其父张某乙、其姐张某丙也向媒体宣称是由于1996年其母被杀、判案不公引发本案，事实真相真是如此吗?

1. 揭示本案的犯罪根源，需要了解被告人的工作生活经历。

被告人张某甲初中毕业后即外出打工，其间曾因找工作被骗；2003年服役两年后的张某甲回乡，用曾经辛苦劳作积攒的钱款，两次帮助家里修建新房，但这与其想要有钱有车，能够自驾游的目标相去甚远；为赚取更多钱财，其选择与他人合伙做生意，辗转于安徽、河南等地时，却又两次被传销所骗；后由于被告人自身文化程度不高、学习适应能力不强、也无一技之长，虽然在杭州等地打工，还是收入不高，不能满足其旅游爱好。后为能尽快挣大钱而远赴阿根廷、斐济，在远洋货轮上打工，但仅三个月就因工作环境艰苦、收入比预想要低，又与同事交恶等原因，于2017年8月返乡；至案发前，其再未外出打工。在家期间，又因未成家、需要钱交电费、修房子等琐事与其父多次争吵。

综观张某甲工作生活经历，不难看出随着我国经济的高速发展，外出打工、经商都会面临各种困难和挑战，需要不断丰富自身知识储备、增强竞争意识、提高自身技能、增加社会经验来应对。但张某甲对自身能力认识不清，遇到挫折后不从自身寻找原因，反省自身的短板和不足，没有通过改变和提高自我来适应当下的竞争环境，反而好高骛远，一蹶不振，正如其供述的“打工打工，两手空空，穷得只剩一条命了，对未来看不到希望，对人生也迷茫了”。

2. 揭示本案的犯罪根源，需要探寻被告人的真实心理活动。

被告人张某甲遇到挫折不能正确面对，他自己供述“我在外面打工好多次被骗，生活工作也不太顺利。这个社会没有人情味，人与人之间没有信任感。从我被骗以后，我不相信任何人，我只相信钱，因为钱是万能的，所以我就想办法挣钱，没有挣到钱，加上我多次外出旅游，相当花钱，手头上也没有多少存款，思想压力非常大，经常晚上睡不着觉”；这说明张某甲已经因其工作生活的不如意，陷入了金钱至上的错误观念；后在其二次返乡之时，因为无法自我排解而将负面情绪完全归结于他人，陷入了更大的错误逻辑之中，他说：“我是一个不甘平平凡凡过一辈子的人，如果平凡过一辈子还不如死了。那天我在我家窗口又看到王某甲的三儿子王三娃，我当时就在想我妈22年前被他用棒打死，王三娃认为这个事情对他来说过去了，但是对我来说这事还没有结束。我认为报仇的机会来了，于是我就产生了把王三娃杀了的想法。”可见此时的张某甲已经因为没有宣泄途径，而选择了被害人一家作为宣泄对象。他其实是打着“为母报仇”的旗号，掩盖其宣泄工作生活不如意之实；其杀人动机的产生并非是由1996年案件引起，而是因为其自身原因，对生活现状不满，对未来失去信心，为宣泄其情绪所寻找的出口。所以其才供述“如果我生活过得好了，自己有钱娶妻生子了，也不会发生今天杀人的悲剧”。对此，其姐张某丙也证明“我弟弟张某甲如果早点结婚成家了，就不会发生杀人的事情了，他自己有家庭了，心里头就有牵挂，做事情考虑得就多了”；所以说，1996年案件只不过是张某甲杀人的借口而已。

3. 揭示本案的犯罪根源，需要明辨1996年案件的事实真相。

1996年案件在本案案发之后，经过张某甲家人申诉和上诉，已经由汉中市中级人民法院和陕西省高级人民法院两级法院审查，认定1996年案件判决依法有效，不存在司法不公的问题。两级法院依照法律规定，均对该案进行了实体部分和程序部分的复查，对包括媒体关注的如张某乙申诉原审判决内容是什么、案发时王某乙是否为未成年人、是否存在他人顶包的情形、对王某乙为何以故意伤害罪定罪、是否存在影响公正审判的情形、赔偿款是如何确定的、王某乙为何被准予假释等问题均进行了审查，并依法作出裁定，刚才质证环节也已经详细出示。我院也本着实事求是、客观公正的态度对1996年案件进行了调卷审查，对其事实认定是否准确，证据是否确实、充分，适用法律是否正确，量刑是否适当，服刑是否符合法律规定，均进行了核查，未发现任何不当之处，与两级法院对该案刑事部分的认定结论相一致。

1996年案件系邻里之间的琐事引发，张某甲母亲汪某某先向王某丁脸上吐唾沫，引起争吵后又先持扁铁打伤王某乙头面部并致其流血，王某乙才临时起意从现场捡起木棒，向其头部击打一下，之后再无其他加害行为。这些事实都有张某甲的父亲张某乙、姐姐张某丙及其他数名目击证人证明，且张某丙证明王某乙与她同岁当时未满18周岁；故原审判决认定被害人张某甲之母汪某某有过错无疑，认定伤害行为系王某乙实施不存在顶包问题无疑，认定王某乙作案时系未成年人无疑，对其以故意伤害定罪适用法律正确，对其处以七年有期徒刑的量刑适当。这说明无论是对现在还是对过去的案件审查，司法部门都是以事实为依据，以法律为准绳，让证据来说话，而非任何个人的主观臆断。22年前对于1996年案件，有6名现场目击证人的证言都一致，其中包括张某甲的父亲张某乙、姐姐张某丙，为何现在因为张某乙、张某丙做出与当初证言完全相反的陈述，就引起了对1996年案件的质疑？这些质疑很多都是对事实的误解。为何在22年前，张家任何人都未对案件的任何问题提出质疑？为何张某甲之姐张某丙明知王某乙当年不满十八岁，却在现在质疑其年龄？为何在本案案发后张某丙和张某乙向媒体作出与之前完全相反的陈述？显然，在1996年案件判决刑事部分处理没有任何问题的情况下，张某甲家人提出的这些质疑理由，其根本目的不是针对原1996年案件，而是为张某甲杀人所寻找的借口。

所以，以上所揭示的张某甲犯罪根源的三个方面，足以说明本案系多因一果。张某甲将自己生活工作中的种种不如意完全归结为其母的死亡和王家人所为，在这种荒谬逻辑下，在这种严重扭曲的心理支配下，最终用这种违反天理、国法、人情的，极端残忍的方式，来发泄自己对生活的不满，来逃避现实中的困境，这才是张某甲杀人的真实动机所在。

五、本案的警示教育

本案之所以受到媒体和社会公众的高度关注，其焦点问题就在于本案和1996年案件的关联性，“为母报仇”是否是其杀人动机？1996年案件是否存在司法不公？这两个问题引起社会大众的广泛关注，而网络上的大多数讨论也是没有任何证据基础的，基于证据和事实的法律判断，才是现代文明社会对于任何不法行为应有的态度。围绕这两个问题，公诉人以本案的事实证据为基础，结合本案特点提出如下意见。

1. 极端自私的个人“恩仇”，绝不是凌驾于法律之上的借口和理由。

本案的被告人张某甲实施其所谓“为母报仇”的杀人行为，是我国刑法严厉禁止的犯罪行为。众所周知，杀人行为根本没有对错之分，法治社会只能用法律的手段来解决矛盾和问题，任何人都无权使用法律之外的手段来惩罚他人。如果人人都把自己当作正义的使者滥用私刑，那么人人都可以罔顾法律，任意犯罪，如此社会秩序如何稳定，社会和谐如何实现？以牙还牙，以暴制暴，只会让社会处于混乱和无序的状态，必须坚决杜绝。如果给连杀三人的张某甲贴上“为母报仇”的“英雄标签”，那就混淆了一个法治社会基本的是非观念。

更何况本案的被告人张某甲只是以“替母报仇”为借口，来肆意宣泄自己的压力和生活不如意的怨气。如果每个人在遇到挫折、困难、不快时，不寻求正当合法的途径解决问题，而是违背法律规定、打击报复他人或社会，那还有何安全感可言？在法治社会中，善良公允的行为准则从来都不是快意恩仇，不是个人好恶，而是体现群体共同意志的良法之治。

2. 促进司法公信力提升，推进国家法治进程，需要大众、媒体更加合法、理性，有效参与。

该案发生至今，大众通过网络参与度极高，体现了人民群众的法治理念在不断提高。司法机关也将群众监督与舆论作为提高司法公信力的“加速器”，因此，我们司法机关也要始终将事实和法律作为我们坚守的原则，让人民群众在每一起案件中都能够感受到公平正义。但是，法治社会的建设，良好秩序的维护，司法公信力的树立，不仅需要司法机关的公正司法，也需要大众共同努力和维护，需要大家用理性平和的视角来观察，不要想当然地提出质疑。例如在本案当中，被告人张某甲的父亲张某乙、姐姐张某丙在案发后，发表一些与1996年案件真相不符的言论，引发了大家的各种质疑，造成了恶劣的社会影响。今天，我们已经当庭揭示了本案的事实真相，当再次面对其他案件时，我们应该有怎样的反思？在试图去了解、探寻真相的同时，除了好奇心、同情心，我们是否更需要平和的心态、理性的认识、严谨的思考和对未知的敬畏？面对那些我们没有亲身经历的司法案件，我们能否不再轻信那些没有证据支持的猜测和推断，不再轻信谣言、传播谣言？我们能否擦亮双眼，对那些杜撰案情、利用我们朴素的正义感来恶意炒作的行为坚决地说"不"？尤其是对那些血腥暴力、恐怖惊悚、网络谣言、标题党、仇恨煽动等负面有害信息清晰辨别、坚决遏制。

我们相信，通过广大人民群众、法律工作者、各级司法机关、职能部门与舆论宣传媒体等的共同努力，公众对法治的信仰和司法的公信力将会不断提高，全面依法治国的目标才能早日实现。

陕西省人民检察院
出庭检察员意见书

审判长、审判员：

根据《中华人民共和国刑事诉讼法》第235条之规定，我们受陕西省人民检察院指派，代表本院，出席法庭，依法履行职务。

张某甲故意杀人、故意毁坏财物一案案发以来，引起社会广泛关注。负有法律监督职责的检察机关，有责任用确实、充分的证据还原事实真相，确保法律在本案中的准确适用，也有义务回应社会关切，让人民群众从中感受到公平正义。这是我们秉承的原则。

庭前，检察员认真审阅了案卷材料，核实并补正了本案证据，审查了"1996年张某甲母亲被伤害致死案"三级法院相关法律文书，提审了上诉人，出席了庭前会议，在今天的法庭调查中，我们又认真听取了上诉人及其辩护人的意见，并围绕上诉人对部分事实的辩解、辩护人对证据提出的异议和法庭审理的焦点问题进行了举证和质证。

下面，检察员将依照法律规定，紧紧围绕本案的证据，对案件的事实、定性和适用法律，以及上诉理由、辩护观点和舆论热点等焦点问题发表出庭意见。

一、一审判决认定上诉人张某甲犯故意杀人罪、故意毁坏财物罪的事实清楚，证据确实、充分，定性准确

一审庭审、二审庭前会议以及今天的法庭调查中，张某甲对其杀害三名被害人并毁坏财物的行为均供认不讳，张某甲及其辩护人对印证该事实的证据亦不持异议。

检察员认为：张某甲对犯罪事实的供述前后均保持稳定，与在卷二十余名目击证人的证言、物证、现场勘查笔录、辨认笔录、鉴定意见等证据相互印证，张某甲犯故意杀人罪、故意毁坏财物罪的事实清楚，证据确实、充分，定性准确。

二、一审判决认定上诉人张某甲犯罪动机卑劣符合客观事实，“报仇”是其宣泄对个人现状不满情绪的借口

本案发生后，张某甲声称是“为母报仇”，是1996年其母被伤害致死案“判决不公”，并列举了本案被害人一家所谓的“罪状”，22年保持沉默的其父亲和姐姐也随后在媒体发声附和。张某甲及家人的悲情描述、网络媒体上的众说纷纭，一时间使普通大众陷入了重重迷雾——事实真相究竟是什么？

检察员认为，厘清23年前张某甲母亲被伤害致死案对本案尤为重要，这不仅涉及对张某甲犯罪主观恶性的评价，还涉及刑法和刑事政策在本案中的准确适用，更涉及法治社会舆论监督与司法独立的关系，以及司法公信力的提升。因此，在这里我们有必要按照“重证据，不轻信口供”的原则，用证据的标尺来衡量23年前原案件判决是否公正，以及张某甲所谓王某乙家人的“罪状”是真还是假。

1. 1996年张某甲母亲被伤害致死案判决认定的事实，是六名目击证人与其他证据相互印证的结果。

2018年本案发生后，张某甲父亲才就1996年案件刑事附带民事部分，先后向汉中市和陕西省两级法院提出申诉。两级法院经调查核实后，均依法予以驳回，并就其对原判刑事部分提出的诸多质疑，在驳回申诉通知书中予以了答复。答复内容表明，首先，1996年案件发生时，现场包括张某甲父亲、姐姐在内的六名目击证人和被告人王某乙共七人在场，六名证人的证言和王某乙的供述均能相互印证，判决认定的事实清楚，证据确实、充分；其次，1996年案件庭审时，有一名证人出庭作证，作为附带民事诉讼原告出庭的张某甲父亲，对该证人的当庭证言并没有提出异议；最后，本案发生前的22年间，申诉人及家人并未以任何方式对原判提出过任何异议，且至今申诉人不能拿出足以推翻包括其本人和女儿证言在内的七份定案证据的有效新证据。由此可见，1996年张某甲母亲被伤害致死案原判认定事实无误，定案证据确实、充分，且定性准确。本案一审审查起诉期间，一审公诉人也查阅了1996年原案卷，得出的结论与两级法院相同。

2. 张某甲及其家人所谓王某乙家人的“罪状”与事实不符，本案被害人王某甲、王某丙纯属无辜。

张某甲在本案发生后声称，王家父子四人对其母的死亡和案件处理不公都负有责任，其杀害王家父子三人没有伤及无辜，并列举了王家人的种种所谓“罪状”。检察员经审查发现，这些只是张某甲及其家人的一面之词，并无任何证据能够佐证。相反，这些所谓“罪状”随着本案诉讼过程的进行已经被证明是虚假的：

一是1996年案件发生时张某甲是否在场无证据支持。1996年案卷中既没有张某甲作为现场目击证人的证言在案，也没人证实其当时就在现场。其关于在现场目睹母亲被杀的说法无证据佐证；二是张某甲描述案发时王某乙父亲王某甲喊“往死里打，打死我负责”，以及王某乙二哥王某丁将其母按倒在地进行殴打的情节，原判的七份证据均不能予以证实，至今也没有新的证据能够佐证；三是张某甲及其家人关于王家霸凌一方、当年仅23岁刚参加工作的王某乙大哥王某丙利用干部身份干扰司法办案，以及原审审判人员徇私舞弊、枉法裁判的推断，均属主观臆断，没有任何证据支持；四是张某甲及其家人提出的王某乙年龄可能造假、王某乙替其二哥王某丁“顶包”的说法亦不能成立。张某甲如今供述当年伤害其母的就是老三王某乙。另外其姐在本案中的证言“王某乙和我当年都是17岁；我说王某乙替王某丁‘顶包’没什么理由”，同样也否认了上述说法。

以上充分证明，张某甲及其家人对王某乙家人所谓“罪状”的描述与证据证明的事实有悖，其对事实“添油加醋”的意图在于增加王某乙家人的可责性，为张某甲杀戮行为和指责“原判不公”寻找牵强的理由。

3. 1996年张某甲母亲被伤害致死案判决对王某乙行为的定性准确，判处有期徒刑七年的量刑并无不当。

张某甲及其家人之所以声称“原判不公”，还有一个理由就是定罪量刑也存在问题，认为定性应为故意杀人罪，而量刑仅仅才七年明显畸轻。网络媒体也有同样的质疑声。

检察员认为，法院量刑时需要考虑犯罪事实、性质、情节、起因、责任能力以及法定、酌定量刑情节等因素，但张某甲及其家人在对当年案件描述时，却刻意回避了有利于被告人王某乙的五个关键量刑事实和情节：一是张某甲母亲先向王某丁脚边吐口水，后又朝其脸上吐口水，系该案事端的挑起者；二是张某甲母亲接过其女递过来的扁铁击打王某乙，是首先持械的伤人者；三是王某乙是在头面部被张母持扁铁打伤流血后，才从现场捡拾木柴棒击打张母头部，属于突发事件中的临时起意；四是王某乙击打张母仅是一棒，之后再无继续实施加害行为；五是王某乙当时年仅十七岁，属未成年人，依法应当从轻或减轻处罚。上述事实和情节，既是原判认定王某乙构成故意伤害罪而不是故意杀人罪的事实依据，也是依法对王某乙从轻处罚的主要理由。根据我国法律规定，认定犯罪必须遵循主客观相一致的原则，王某乙主观上不具有剥夺他人生命的故意，客观上仅实施了击打一棒的伤害行为，原判认定王某乙构成故意伤害罪定性准确。结合被害人存在一定过错、王某乙又属于未成年人等事实和情节，根据1979年《刑法》的规定，判处王某乙七年有期徒刑的量刑并无不当。张某甲及其家人声称原判定罪量刑不公的理由不能成立。

4. 张某甲及其家人歪曲事实无端指责“原判不公”，是在极力为其滥杀无辜、减轻罪责寻找“挡箭牌”。

张某甲及家人既在1996年案件庭审中不对事实和证据提出异议，又在之后漫长的22年间不提出申诉，但却在张某甲疯狂杀戮王家三人后，即将面临法律严厉制裁时，才提出完全背离客观事实的所谓“原判不公”，其意图不言自明：虚构事实刻意夸大对方罪责，颠倒是非有意忽略己方过错，营造“司法不公”“救济无门”假象，打着“为母报仇”的“孝子”旗号，企图通过媒体混淆视听、欺世惑众，从感情上博取民众对所谓“悲情英雄”的同情，以达到鼓动大众情绪裹挟司法，掩盖罪恶减轻处罚的目的。

检察员认为，在现代法治社会中，任何试图通过歪曲事实来博得大众同情，继而通过舆情来影响司法审判和裁决的丑恶目的，最终都将无法得逞，原因就在于其忽视了证据裁判原则在当代司法中的重要作用。在我国全面依法治国，以审判为中心的诉讼制度改革和司法责任制改革的大背景下，大家应该相信，作为代表国家行使权力的司法者，面对民众的呼声、舆论的监督，必然会更加全面倾听、依法甄别各种信息和观点，必然会更加审慎对待案件中每一个事实和情节，必然会更加严格遵循诉讼规则和证据裁判原则，以公开透明的审理过程和公平公正的裁决结果来回应社会关切。

5. 张某甲在工作、生活长期不如意的巨大压力下心理逐渐失衡，才是其产生杀人动机的根本原因。

如前所述，张某甲母亲被伤害致死案当初就有了司法机关公正的裁判，之后张王两家再无其他矛盾和纠纷，两家也都进入了各自正常的生活。如今，张某甲及其家人却将本案的发生完全归咎于1996年案件，显然不符合情理，也不符合事物发展的规律。

检察员认为，不可否认，童年丧母的确会给张某甲心理造成不小的影响，但这种影响随着时间的推移，已不足以成为导致其22年后杀人动机产生的主要原因。人格的形成，心态的变化绝非一朝一夕，张某甲主观世界是随着其二十多年的个人生活、经历而逐步发展变化的。

根据张某甲本人的供述和亲戚、朋友、战友、工友、同学等多人的证言可证实，张某甲对生活曾有过梦想，也曾有过追求，但事与愿违，其有钱有车能够自驾游的梦想始终不能实现，心中的不如意体现在方方面面：虽四处打工，却积蓄甚少，且多次被骗——个人生活艰难；人近中年却未成婚，又与家人少沟通，且与其父言语不合——家庭生活不如意；经历虽多却交友甚少，情感抒发缺少渠道，信钱不信人——社会融入感缺失。现实生活的种种负累使得张某甲有些绝望，正如其所说的“对未来看不到希望”。案发前与其父的争吵更增加了其烦恼，其心中日渐滋生的不满、不服、不平无处宣泄。恰在此时，张某甲正好看到了回家过年的王某乙，心中的郁闷终于找到了发泄点，一切的不如意都归咎于其母的早亡、归咎于王某乙当年的所为，于是王家人便成为其迁怒的对象。正如张某甲供述的“看不到王某乙我也不会想过去的事”“我要是娶妻生子了，也不会干这事儿”。

由此可见，1996 年案件对本案的发生来讲，只是一个“导火索”，1996 年案件确与本案有一定关联，但绝非是张某甲杀人动机产生的主要和唯一原因，更不能成为滥杀无辜的理由，长期以来工作、生活的巨大压力造成其心理失衡才是根本原因。王家人只是其冲破法律和道德约束而肆意宣泄不满情绪的发泄对象，所谓“为母报仇”也只不过是其掩饰承受不住生活压力而走向极端的一个借口。

三、上诉人张某甲主观恶性极深，犯罪手段特别残忍，犯罪后果和罪行极其严重，一审判决量刑适当

上诉人张某甲辩称，其杀人行为只是针对王家男人，因为他们都对其母亲的死亡和判决不公负有责任，其并没有对王家女人和王家以外的其他人施暴，所以其没有滥杀无辜。但是，事实胜于雄辩。正如我们前述，1996 年张某甲母亲被伤害致死案并不存在判决不公问题，而导致张母死亡的直接责任人只是王某乙一人，虽然王某甲、王某丁两人在现场，但是他们与张母死亡结果的发生并无因果关系，更何况王某丙当时根本就不在现场。张某甲残忍杀害无辜的王某甲、王某丙，事后又编造王家父子所谓的“罪状”，企图嫁祸于人，于情不合、于理不通、于法不容。

检察员认为，在现代法治社会中，“血亲复仇”作为民间陋习早已被摒弃，国家救济渠道畅通，不允许私力救济，除非如正当防卫等紧急情况，这是维护社会公共秩序的必然，也是公诉案件排除私力救济的根本原因。当然，法律也是有温度的，对事出有因的案件，根据我国刑事司法政策，在量刑时可以作为酌定从轻情节予以考量。本案张某甲因其母被伤害致死，确实给其幼小的心理蒙上了阴影，这也是22年后其选择王家人而不是其他人作为宣泄对象的“导火索”，在对其量刑时可以按照酌定从轻情节予以对待。可是，张某甲将杀人对象的选择不仅仅指向当年的直接责任人王某乙，而是肆意扩大了其泄愤的对象，直指王家另外三个无辜之人，事实上王某丁只是因事未能回家而幸免于难。这样卑劣的行径，已经不仅仅是简单的“报仇”，而是超出了普通大众情感承受力的“灭门”，足见其人性泯灭的真实一面，对张某甲这种滥杀无辜的行为理应依法严惩。

本案一审检察机关的公诉意见，已经就上诉人张某甲主观恶性极深，犯罪手段特别残忍，犯罪后果和罪行极其严重，以及虽有自首情节但不足以对其从轻处罚的理由，进行了充分的阐述，检察员完全同意。刚才，检察员就认定上诉人张某甲犯罪动机卑劣，以及其滥杀无辜又进行了详细的阐述。综合考量本案的事实、性质、情节、后果及主观恶性后，检察员认为，一审判决对张某甲判处死刑的量刑并无不当，罚当其罪。

四、对上诉人张某甲上诉理由及其辩护人辩护观点的综合答辩意见

（一）关于张某甲提出其未二次返回捅刺王某乙的上诉理由

该上诉理由明显与证据和客观事实不符，不能成立。王某戊证明“从窗户上看见那个凶手又返回到王某乙跟前，用刀戳了王某乙几刀”；王某己证明“那个拿刀的男的从沟里爬上来之后，就骑到在路边的那个人身上用刀乱戳”；王某庚证明“这个戴口罩的人从渠沟爬上来，又返回到王某乙的身上乱戳，戳了很多刀”；张某丁证明“那人爬上来以后，窜到路上，来到躺着的那个男人的身边，弯着腰用刀朝在地上的那个男人身上乱戳”。

上述四名目击证人的证言能相互印证，清晰地证实了张某甲二次返回捅刺王某乙的犯罪事实。

（二）关于辩护人提出张某甲在作案时有精神障碍的可能，应对其做司法精神病鉴定的意见

判定被告人的刑事责任能力是对其定罪量刑的前提和基础。刑事责任能力由辨认能力和控制能力组成。辨认能力是指行为人对自己的行为在刑法上的意义、性质、作用、后果的分辨认识能力。控制能力是指行为人具备决定自己是否以行为触犯刑法的能力。对辨认能力和控制能力的评定，根据司法部《精神障碍者刑事责任能力评定指南》2016版总则第4.5条的规定，主要从作案动机、作案时间、地点、对象选择、对作案后果的估计等方面进行。结合本案：

1. 张某甲母系、父系亲属均能够证实张某甲身体健康，无家族精神病史。

2. 张某甲的入伍体检单、战友、工友、朋友、邻居证言等证据，均能证实张某甲在案发前身体素质良好，工作、生活正常，与人交往正常，生活能够自理，无异常行为表现。

3. 作案前，张某甲进行了周密策划。在作案时间和对象的选择上，专门挑选大年三十王家人齐聚之时，实施“灭门式”杀害；在地点选择上，专门挑选王家众人祭祖归来之时，趁人不备实施杀害行为；在作案工具选择上，精心准备用于杀人的单刃刀、用于恐吓的玩具枪以及防止被害人驾车逃跑的汽油燃烧瓶等。

4. 作案时，张某甲为防止被认出，使用深色帽子、口罩、围巾精心伪装。杀人时其准确锁定被害人，对被害人头、颈、胸、腹等要害部位连续捅刺，致当场死亡。烧被害人车时，为避免朋友张某戊车受损，还提醒“小心你的车”。

5. 作案后，张某甲迅速逃离现场，为防止暴露行踪，特意不带手机。夜间到姨夫家索要钱财、购买食物藏匿、中途回家观望后再次逃逸、将杀人所用单刃刀丢至水塘当中。

6. 归案后，回答问题思路清晰、逻辑正常。故意虚假供述抛刀地点，后经思想工作才如实交代。

检察员认为，上述事实足以判定张某甲能清楚认知杀人的性质和应受刑罚处罚的后果，却依然按照自己的意志实施犯罪行为，足见其辨认能力和控制能力完整，不需要也不应当对其进行精神病鉴定。

正因为如此，一审判决和二审庭前会议合议庭对辩护人启动精神病鉴定的申请予以驳回。今天当庭，辩护人又申请启动精神病鉴定，并向法庭提交了三名论证专家出具的书证审查意见。但检察员认为，一是从形式上，该书证审查意见书不属于《刑事诉讼法》规定的证据种类，不能作为证据使用。二是从依据上，该书证审查意见依据的《精神障碍者刑事责任能力评定指南》2011版已于2016年被司法部废止。三是从审查对象上，其审查的讯问笔录、律师与张某甲谈话记录及证人证言均属言词证据，不属于书证。对言词性证据的审查不属于书证审查。四是从审查范围上，书证审查是对书证形式和内容的审查，而对张某甲精神状态和刑事责任能力进行评估属司法鉴定的委托内容，明显超出了书证审查的范围。五是从程序上，三名论证专家对张某甲没有做任何精神检查，仅凭言词证据就得出了精神疾病的医学诊断，不符合精神医学诊断程序规范，也不符合普通大众关于医学判断需要医生亲历性，需要“望闻问切”的一般认知。综上，该书证审查意见得出的结论不具有科学性，不能作为辩护人申请启动精神病鉴定的依据。

对于辩护人所提其他辩护观点，检察员在其他部分已经进行了说明，在此不再赘述。

综上，上诉人的上诉理由及辩护人的辩护观点均不能成立。本案一审判决认定事实清楚，证据确实、充分，量刑适当，建议法庭驳回上诉，维持原判。

五、本案的启示

本案引发社会广泛关注，检察员在审查案件事实，研究法律适用的过程中，注意到本案反映的诸多问题，值得我们深思。

（一）尊重事实与崇尚法治

法律是维护社会秩序和公众利益的保护神，证据是回溯案件事实、追寻案件真相的利器。1996年案件的真相，最终就是通过全案的证据予以还原的。人们对张某甲的同情和声援，并不是支持其凶残的杀人行为，而是基于张某甲所称的“原判不公、为母报仇”，才对其宽宥和同情。但回溯案件事实，“原判不公”并不存在，张某甲理应为其杀戮行为承担罪责。通过本案，我们希望倡导全民树立崇尚法治的意识。

崇尚法治，需要倡导证据意识。时代飞速发展，眼见、耳听也许依旧无法辨别真伪，因为存在许多“背后”的故事、无处安放的情绪、被刻意裁剪的“真相”、极端自私的“个人正义观”……所以在泥沙俱下的信息洪流中，拿什么确保我们的评判趋近事实和真相？唯有让证据说话。

崇尚法治，需要坚决摒弃“同态复仇”“以牙还牙”“以暴制暴”的陈旧陋习。民间私斗，冤冤相报，相互杀戮，破坏的不仅是我们共有的社会秩序，更大的危害是任何人都将根据自己内心的“公正”成为纠纷的裁决者。如果人人都可以冲破法律的约束，践踏司法的权威，肆意生杀予夺以实现自己内心的正义，那么法律将形同虚设，司法将毫无意义，社会秩序也将无法保障。依靠法律，理性解决矛盾纠纷是文明社会的法治根基。

崇尚法治，需要维护司法权威。在现代文明的法治社会里，尊重法院的判决是每一个公民应尽的责任和义务，也是法律信仰的基础，是法治建设的基石。司法应当得到绝对的尊重，尊重生效判决就是尊重法律。面对纷繁复杂的海量信息，要做到不信谣不传谣。面对矛盾和纠纷，要选择合法途径解决。

（二）司法裁判与舆论监督

张某甲幼年丧母的境况我们不难想象，曾是被害者家属的张某甲，曾被他人犯罪行为所伤害的张某甲，值得同情。然而，当悲情的张某甲亲手为自己戴上杀戮的面具使三个家庭支离破碎，无辜的孩子永失父爱，他们的伤痛需要更多的关爱和同情。

面对一起社会民众普遍关切的热点案件，把案件置于媒体监督的聚光灯下是确保司法透明、司法公正的有效方式。依据法律，依靠证据认定事实，独立地作出专业判断是司法机关作出公正裁决的基础。媒体应当尊重司法所具有的独立性、公正性、权威性，引导公众从激昂的感性认识转向理性从容的思考，从“全民陪审”到尊重司法的专业裁判。在探寻真相，捍卫正义，追寻法治梦想的共同目标上，司法机关与媒体是一致的。公平正义是司法机关永恒的追求。在实现公平正义的道路上我们不遗余力。我们真诚接受媒体的监督、虚心倾听民众的呼声，共同努力，形成良性互动，使犯罪者罚当其罪，使无辜者不致蒙冤，让人民群众在每一个司法案件中都感受到公平正义。

【学者点评】

陕西省人民检察院的出庭检察员意见书形式要素齐全，结构完整，详略得当，对事实、证据的表述逻辑清晰、语言精炼。出庭检察员意见书对本案的争议焦点进行逐一分析，说理透彻，依据充分，展现出高度的专业素养和严谨的工作态度，为张某甲案的公正审判提供了坚实的基础，同时也彰显了法治社会中公平正义的核心价值。

一、事实认定清晰，证据确凿充分

在这份出庭检察员意见书中，检察员对案件的事实进行了详尽的阐述，并以确凿的证据链条支撑了张某甲犯故意杀人罪、故意毁坏财物罪的指控。从张某甲的供述、目击证人的证言、物证、现场勘查笔录、辨认笔录到鉴定意见，所有证据环环相扣，充分证明了张某甲的犯罪行为。

特别是检察员对张某甲母亲被伤害致死案的复查，体现了检察机关对历史案件的严谨态度。检察员用 6 名目击证人和其他相关证据相互印证，证明 1996 年案件判决的公正性。这不仅为张某甲的犯罪动机提供了客观背景，也驳斥了其“为母报仇”的辩解，揭示了其报复行为的真实动机。

出庭检察员意见书在证据方面的收集和整理，体现了检察机关在办案中的严谨态度和专业水平，确保了案件的事实清楚、证据确凿。

二、法律适用精准，逻辑严密

出庭检察员意见书认定张某甲犯故意杀人罪和故意毁坏财物罪，适用《中华人民共和国刑法》相关条款，明确指出张某甲的行为已构成这两项罪名。对故意杀人罪，出庭检察员意见书详细说明了被告人如何非法剥夺他人生命，例如，张某甲在春节期间，先后捅刺多名被害人致死，手段残忍，社会危害性极大。

出庭检察员意见书中提到，尽管被告人具有自首情节，但根据其犯罪的事实、性质、情节和对社会的危害程度，依法不足以对其从轻处罚。这个量刑建议符合法律规定和刑事政策，既考虑到了被告人的自首情节，也没有忽视其犯罪行为的严重性和社会危害性。出庭检察员意见书详细说明了张某甲的犯罪动机和作案过程，特别指出其选择在春节期间作案，且对多个被害人实施了多次加害行为，手段极其残忍，主观恶性极深，社会危害性极大。

同时，出庭检察员意见书中还详细论述了张某甲母亲被伤害致死案的定性问题，充分解释了当年判决将王某乙行为定性为故意伤害罪而非故意杀人罪的法律依据。这种基于事实和法律的严谨分析，既维护了司法判决的权威性，又回应了社会对司法公正的关注。

三、动机分析深入，回应社会关切

出庭检察员意见书中对张某甲犯罪动机的分析深入细致，揭示了其“报仇”背后深层次的心理失衡原因。检察员通过张某甲生活中的多方面证据，展示了其在巨大生活压力下逐渐失衡的心理状态。这种分析不仅帮助法庭全面了解犯罪动机，也回应了社会对案件背后原因的关切。检察员强调，张某甲的犯罪行为不仅是对王家三人的报复，更是一种长期心理失衡的结果。这种分析既尊重了事实，又避免了简单化的道德评判，体现了法治社会中对人性复杂性的深刻理解。

四、回应辩护意见，保障被告人权利

检察员不仅严格按照法律程序行事，还充分保障了张某甲的辩护权利。出庭检察员意见书中详细列举了对辩护意见的回应，展示了检察机关在保障被告合法权益方面的努力。特别是对张某甲精神状态的辩护意见，检察员从多个方面进行了严密的反驳，充分展示了其专业素养和法律知识。通过对张某甲家庭背景、个人生活、作案前后表现的详细调查，检察员有力地驳斥了其辩护人关于精神障碍的辩解，维护了司法判决的公正性。

五、社会责任感强，倡导法治精神

这份出庭检察员意见书不仅展示了检察机关的法律专业水平，也体现了其强烈的社会责任感。检察员在出庭检察员意见书中多次强调法治社会中证据的重要性，呼吁社会公众尊重司法的专业裁判，倡导依法解决纠纷的理念。特别是检察员对“同态复仇”行为的严厉批评，体现了对现代法治社会核心价值的坚守。通过对案件的深入分析和对社会热点问题的回应，检察员不仅为案件的公正审理提供了坚实的法律基础，也向社会公众传递了正确的法治观念。

综上所述，陕西省人民检察院的这份出庭检察员意见书无论是在证据收集、法律适用，还是在司法公正、社会责任方面，都表现得非常出色，体现了检察机关专业水平和社会责任感。这份出庭检察员意见书不仅为案件的公正审判提供了坚实基础，也对公众进行了有效的法治教育，值得高度肯定。

（**点评人**：车浩，北京大学法学院副院长、教授、博士生导师，北大犯罪问题研究中心主任）

【检察官点评】

张某甲这个案子公众关注的不是罪行，而是原因。一人杀三命，这是事实，没有太多的争议。但是讨论更多的还是，张某甲为什么要这样干，他有什么深仇大恨，他母亲的事是否真的很冤，张某甲是否值得同情等。这看起来是一个血亲报仇的案件，但并不是那么简单。想要回答好这些问题，不仅要将张某甲这个案件讲清楚，还必须要将张某甲母亲这个二十多年前的案件讲清楚，避免公众心中留下悬念。本案的公诉意见书和出庭检察员意见书层层递进，有力接续完成了这个任务，体现了情理法的统一，主要体现在四个方面：

一是查明犯罪动机系多因一果。张某甲自称杀人的动机是为母报仇，并且认为报仇有理。但事实是否如此？公诉意见书就详细回顾了被告人的工作生活经历，通过打工、经商面临的各种困难和调整，体现出其工作和生活的种种不如意。再结合被告人自我的意思表示予以印证，张某甲说过“我在外面打工好多次被骗，生活工作也不太顺利。这个社会没有人情味，人与人之间没有信任感。从我被骗以后，我不相信任何人，我只相信钱，因为钱是万能的，所以我就想办法挣钱，没有挣到钱，加上我多次外出旅游，相当花钱，手头上也没有多少存款，思想压力非常大，经常晚上睡不着觉”。他又说：“我是一个不甘平平凡凡过一辈子的人，如果平凡过一辈子还不如死了。那天我在我家窗口又看到王某甲的三儿子王某乙，我当时就在想我妈 22 年前被他用棒打死，王某乙认为这个事情对他来说过去了，但是对我来说这事还没有结束。我认为报仇的机会来了，于是我就产生了把王某乙杀了的想法。”可见，他其实是打着“为母报仇”的旗号，掩盖其宣泄工作生活不如意之实。正如其供述“如果我生活过得好了，自己有钱娶妻生子了，也不会发生今天杀人的悲剧。”

二是辨析张某甲母亲案件的是非曲直。张某甲母亲的案子其实一直是这个案子的核心。既然是寻仇，那也再从一个侧面暗示其对当年的判决不满意，没有达到自己的预期。对于这个问题公诉意见书就开始阐述，出庭检察员意见书更加浓墨重彩加以阐明。首先，张某甲母亲这个案子，张某甲的父亲和其他家人当年没有提出过异议，20 多年来也没有通过各种渠道表达过异议，直到张某甲杀人案案发才开始表达对张母之前案件的异议。其次，当年对王某乙判处 7 年有期徒刑的量刑并无不当，这里边有未成年的因素，还有张母吐口水在先、持扁担击打在先，而王某乙的伤害行为只有一棒等因素。最后，张某甲声称报仇，没有伤及无辜，但问题是当年的刑事责任只是王某乙一个人，父亲王某甲并无责任，王某丙甚至都不在场。所谓干扰司法办案，也是子虚乌有，王某乙当年只有 23 岁，且刚刚参加工作。这实际上就是虚构事实刻意夸大对方罪责，颠倒是非有意忽略己方过错，营造“司法不公”“救济无门”假象，打着“为母报仇”的“孝子”旗号，企图通过媒体混淆视听、欺世惑众，从感情上博取民众对所谓“悲情英雄”的同情，以达到鼓动大众情绪裹挟司法，掩盖罪恶减轻处罚的目的，属于于情不合、于理不通、于法不容。

三是阐明犯罪的严重程度。首先，张某甲的杀人行为其实是属于“灭门”型的杀人，除了王某丁因事未能回家而幸免于难，其余王氏父子悉数被杀害。其次，张某甲的杀人预谋准备非常缜密。作案前几日便通过其家中窗户观察分析被害人一家的活动情况。先后在集镇上购买了单刃刀、玩具手枪。考虑到被害人可能驾车躲避，又借用他人摩托车，从中抽出汽油做了多个燃烧瓶。同时还准备了用来伪装自己的口罩、长檐帽等物品，精心地进行犯罪准备工作。案发过程中，被告人持单刃刀，直接对 3 名被害人致命部位进行反复捅刺。当王某丙被刺倒后，又返回对已经倒在血泊中的王某乙继续进行捅刺；在连续多刀捅刺年过七旬的王某甲之后，怀疑其倒地装死，又扯开其衣领，在脖颈补刀。尸检表明，被害人王某乙身中 24 刀，王某丙身中 9 刀，王某甲身中 16 刀；这 49 刀主要围绕被害人的胸、腹、颈部等要害部位，足见其杀人犯意之坚决，作案手段之凶残。再次，本案影响极其恶劣。杀人的时间是中国人最重要的传统节日春节，在年终岁满的大年三十的正午；其选择的作案地点是在村委会旁、村民返乡回家的必经之路上；其选择的作案时机是在大多数村民阖家团圆、祭祖回乡之时；在光天化日之中、在众目睽睽之下、在老弱妇孺之前，刻意伪装、公然行凶连杀 3 人，其恐怖的行为造成周围群众惊愕、恐惧和逃散。又在纵火烧损汽车之后，掏枪威胁前来劝阻之人，并在作案后潜逃。其极大的人身危险性，也给人民群众心理蒙上了阴影，也给社会造成了巨大的恐慌。最后，张某甲始终拒绝悔罪。公诉人和出庭检察员依法证实其“为母报仇”只是幌子和借口，并非其实施犯罪的主因，且其极端的犯罪行为给乡里和社会造成巨大的恐慌，严重破坏了春节安定祥和的节日氛围，理应对被害人亲属和父老乡亲表示忏悔，但张某甲却毫无悔意。

四是弘扬法治精神，阐明司法与舆情的辩证关系。法治是对血亲复仇的替代，刑罚也具备报应功能。犯罪人实施犯罪，通过司法的方式让其罚当其罪，而不是由公民自行报复，体现了一种暴力垄断，也体现了文明的进步。司法不是简单的以眼还眼、以牙还牙。我们早已废除肉刑，死刑也是体现慎用政策，对于各类犯罪虽然可能给被害人造成伤害、死亡的结果，但大多数情况下都是通过自由刑进行惩处，死刑只在非常小的范围内适用。而这种犯罪与刑罚的对应关系是通过法律的形式予以确定、通过司法的方式予以裁量适用的，不是我们任意选择的。如果我们希望表达意见，应该通过法律途径来实现，而不是直接以滥用私刑的方式实现。在现代文明的法治社会里，尊重法院的判决是每一个公民应尽的责任和义务，也是法律信仰的基础，是法治建设的基石。司法应当得到绝对的尊重，尊重生效判决就是尊重法律。面对纷繁复杂的海量信息，要做到不信谣、不传谣。面对矛盾和纠纷，要选择合法途径解决。而事实上，本案中张某甲并未对 1996 年案件真的怀疑到什么程度，否则如何解释其二十多年来并未表达过任何异议？因此，本案并非真的是一个血亲复仇的故事，这只是张某甲本人想把它渲染成的样子，从而使其能够减轻罪责。本案其实要体现的是司法与舆论监督的良性互动。面对一起社会民众普遍关切的热点案件，把案件置于媒体监督的聚光灯下是确保司法透明、司法公正的有效方式。依据法律、依靠证据认定事实，独立地作出专业判断是司法机关作出公正裁决的基础。媒体应当尊重司法所具有的独立性、公正性、权威性，引导公众从激昂的感性认识转向理性从容的思考，从“全民陪审”到尊重司法的专业裁判。正如二审出庭检察员意见书中所言，在探寻真相、捍卫正义、追寻法治梦想的共同目标上，司法机关与媒体是一致的。

（**点评人**：刘哲，北京市人民检察院第一检察部副主任、三级高级检察官）

【法官点评】

公诉意见书是公诉人在一审法庭辩论阶段对案件事实、证据采信、法律适用、定罪量刑等集中发表意见时使用的法律文书。与公诉意见书类似，出庭检察员意见书则是二审阶段检察官出庭履职的主要文书。作为检察法律文书的代表，公诉意见书所记载的内容最为丰富，承载的功能最为全面，其既是指控犯罪的有力武器，又是普法宣传的有效载体；既关系公诉案件质量的高低，又关系出庭公诉的效果，更关系对被告人最终的定罪量刑，可以说是国家公诉人（检察官）能力素养和司法形象的集中展现。

张某甲故意杀人、故意毁坏财物案发生于2018年农历年三十，彼时正是人们欢度春节、阖家团聚的日子。因张某甲作案手段特别残忍，情节特别恶劣，危害后果特别严重，引起了当地群众的惊愕恐慌，更是引发了全国人民的震惊和广泛关注。本案一审公诉意见书和二审出庭检察员意见书（以下统称为公诉（出庭）意见书），坚持以事实为根据，以法律为准绳，客观论述事实证据，准确认定案件性质，深刻剖析犯罪根源，理性展示教育功能，观点明晰正确、内容客观全面、论证有理有据、释法说理充分、情感同鸣共振，注重引领社会价值，堪称经典范本。

一是注重构建以证据为中心的刑事指控体系，全面准确还原犯罪核心事实。人民检察院认定案件事实，应当以证据为根据。公诉意见书的主要任务是根据法庭调查情况，运用在案证据证明被告人的犯罪事实清楚，证据确实、充分，指控犯罪成立。命案证据有其自身特点，证据种类、数量较多且相对固定。这就需要贯彻证据裁判原则，对在案证据进行梳理比对、归纳组合，注重审查证据之间的印证关系，将零散的证据整合成完整的证明体系，确保根据证据认定案件事实的过程符合证据规则、逻辑关系和经验法则，确保由证据得出的结论具有唯一性、排他性。本案中，现场有20余位群众目睹了被告人张某甲行凶及毁坏财物的全过程，收集在案的多组客观性证据（包括血衣、作案工具单刃刀等）可以锁定本案系张某甲所为。结合现场勘查、尸检鉴定意见、相关证人证言及被告人供述等其他证据，全案已形成完整的证据锁链，充分证明了起诉书所指控的张某甲故意杀人、故意毁坏财物的犯罪事实。

二是注重审查犯罪起因、犯罪动机等各种事实，全面客观分析定罪量刑情节。公诉人出庭履行指控和证明犯罪的职责，根据被告人的犯罪事实，论证应适用的法律条款并提出定罪及从重、从轻、减轻处罚等意见。本案公诉（出庭）意见书对被告人的各种犯罪情节，从被告人的主观恶性、造成的危害后果、人身危险性等多方面进行了全面系统的阐述；同时注重从社会一般观念出发评判被告人行为的社会危害性，将被告人的起因、犯罪动机等一体化考量，从而作出客观正确的法律评价。本案是一起有预谋、有准备的严重暴力犯罪，是一起社会影响极其恶劣的恶性案件，被告人杀人犯意坚决，作案手段凶残；被告人选择的作案时机、作案地点、作案对象及作案后潜逃的表现，反映出其具有极大的人身危险性，给人民群众心理蒙上了阴影，也给社会造成了巨大的恐慌。综观全案，无论是犯罪前、犯罪中，还是犯罪后，张某甲藐视法律实施暴力犯罪的故意坚决，其虽当庭认罪、具有自首情节，但其主观恶性极深，犯罪后又无悔罪表现，属于罪行极其严重的犯罪分子，不足以对其从轻处罚，依法应予严惩。值得关注的是，针对张某甲所提杀人是“为母报仇”的辩解及其近亲属向媒体宣称是由于1996年其母被杀、判案不公引发本案的问题，公诉意见书通过了解被告人工作生活经历、探寻被告人的真实心理活动，明辨1996年案件的事实真相等三个方面，深刻揭示了张某甲的犯罪根源和杀人的真实动机。张某甲将自己生活工作中的种种不如意完全归结为其母的死亡和被害人家人所为，在这种逻辑和扭曲的心理支配下，采取既违国法、又悖天理、更逆人情的极端残忍的方式，来发泄对生活的不满，逃避现实的困境。

三是注重法理与情理相融合，回应社会关切，引领社会价值。公诉（出庭）意见书在揭露被告人犯罪行为社会危害性的同时，还承担着法治宣传和教育引导功能。本案公诉（出庭）意见书以事实证据为基础，通过对犯罪原因、社会危害性的深入分析，向社会传达司法机关对案件所作的价值判断，纠正错误以及偏离正常轨道的社会现象，引领正确的社会价值导向。本案之所以受到媒体和社会公众的高度关注，其焦点在于本案和1996年案件的关联性，“为母报仇”是否是其杀人动机，1996年案件是否存在司法不公。为还原事实真相，回应社会关切，澄清认识误区，公诉意见书在“本案的警示教育”部分提出，“法治社会只能用法律的手段来解决矛盾和问题，任何人都无权使用法律之外的手段来惩罚他人。法治社会的建设，良好秩序的维护，司法公信力的树立，不仅仅需要司法机关的公正司法，也需要大众共同努力和维护，需要大家用理性平和的视角来观察”。出庭检察员意见书在“本案的启示”部分，倡导尊重事实与崇尚法治，指出：“法律是维护社会秩序和公众利益的保护神，证据是回溯案件事实、追寻案件真相的利器。”倡导全民树立崇尚法治的意识，倡导证据意识，摒弃陈旧陋习，维护司法权威，同时呼吁正确处理司法裁判与舆论监督的关系：“媒体应当尊重司法所具有的独立性、公正性、权威性，引导公众从激昂的感性认识转向理性从容的思考，在探寻真相，捍卫正义，追寻法治梦想的共同目标上，司法机关与媒体是一致的。公平正义是司法机关永恒的追求，接受媒体的监督、虚心倾听民众的呼声，共同努力，形成良性互动，使犯罪者罚当其罪，使无辜者不致蒙冤，让人民群众在每一个司法案件中都感受到公平正义。”本案公诉（出庭）意见书不仅充满理性思辨，又富有情感渲染，全面回应了社会关注的焦点，充分体现了检察机关为大局服务、为人民司法、为法治担当的精神。

（**点评人：**吴小军，北京市高级人民法院刑事审判第二庭副庭长）

【律师点评】

张某甲案无疑是这些年来最受舆论关注的案件之一。案件发生在春节前大年三十这一特殊时刻，张某甲作案手段血腥且涉及对方3条人命，而死者家庭成员又与22年前张某甲母亲死亡案直接相关，因此，本案在案发后被部分媒体冠以“为母复仇”“个体反抗司法不公”等敏感标签，迅速引发全网舆情。在很多人看来，这是一个冤冤相报的悲剧，网络上充斥着对张某甲的同情，甚至在一些人眼里，张某甲杀人是有仇必报的“壮举”。一时间，社会各界都在关注此案的审理，对案件结果的各种讨论也在媒体展开。这一方面反映出社会公众法治意识增强，另一方面也反映出人民群众对于司法公平正义的迫切期待。面对这样的案件，如何准确把握事实依法提起公诉，达到既查明事实惩治犯罪的法律效果、又揭示真相警示世人的社会效果，相信承办检察官内心充满了作为国家公诉人的使命感与责任感。

一个司法案件，从案件发生到公安机关侦查破案，再到检察机关审查起诉，到最终经过人民法院审理后作出生效判决，需要经历的周期少则几个月，多则数年。为了保证案件相关工作的顺利开展，同时也为了确保信息公开的准确权威，办案机关往往对案件信息的发布持非常谨慎的态度。而现今社会已进入自媒体时代，社会上各种信息的发布与传播具有即时性与开放性，这导致张某甲案在进入审理阶段时，社会上已经充斥了不少真假难辨的各种相关信息，这就使本案的公诉人既要指控被告人张某甲的犯罪事实，还需要在庭审中澄清事实、正本清源，回应舆情，让司法正义不仅得到实现，而且以人们看得见、听得懂的方式实现。从这个意义上讲，张某甲案一审的公诉意见书和二审的出庭检察员意见书都是非常优秀的公诉书范本，也是法治教育宣传的样板。

首先，该案的公诉意见书和出庭检察员意见书用通俗的语言对案件的事实和证据作了全面深入的分析，还原了案件事实真相。一是通过现场二十余位群众目睹张某甲行凶及毁坏财物的证言，证明了案件发生的基本过程。二是通过综合分析收集在案的多组客观证据，结合被告人供述证明了案件系张某甲所为的法律事实。三是通过对张某甲母亲死亡案的复查情况说明以及对张某甲成长过程、工作经历及犯罪原因的多角度分析，正面回应了舆论关注的张某甲是否“为母复仇”等焦点问题，澄清了相关事实。

其次，该案公诉意见书和出庭检察员意见书充分阐明了法理、事理和情理。一是从张某甲作案的准备过程、时间、手段、后果、悔罪表现等法律维度深入评析张某甲的人身危险性和其犯罪行为所造成的严重社会危害性。二是从事理角度说明“同态复仇”“以牙还牙”“以暴制暴”等陈旧陋习混淆了法治社会基本的是非观念，指出任何人都不应当以此为借口“肆意宣泄自己的压力和生活不如意的怨气”。三是通过分析张某甲父亲和姐姐关于案件相关人员实际年龄以及对待 1996 年旧案前后不同的说法和态度，从本案引发舆情的时间节点等角度，揭示了本案舆情的复杂因素。

最后，针对该案引发的讨论和关注，检察机关作出了平和、理性的回应与思考。一是针对是否应对张某甲启动精神病鉴定问题，检察机关从张某甲无精神病家族病史，案发前历次体检无相关异常，亲朋好友证言，以及作案前、作案时、案发后的行为表征等情况综合评估，认为张某甲辨认能力和控制能力完整，不需要也不应当对其进行精神病鉴定。二是针对舆论关注的 1996 年张某甲母亲死亡案是否存在司法不公问题，检察机关按照“重证据，不轻信口供”的原则，用证据的标尺进行衡量和评价，有效回应了舆论对旧案加害人是否系未成年、1996 年的判决量刑是否适当等敏感问题的关注。三是对于舆论监督和司法审判独立性之间的关系提出了具有建设意义的理性思考。正如二审出庭检察员意见书中所言：“面对一起社会民众普遍关切的热点案件，把案件置于媒体监督的聚光灯下是确保司法透明、司法公正的有效方式。依据法律，依靠证据认定事实，独立地作出专业判断是司法机关作出公正裁决的基础……在探寻真相，捍卫正义，追寻法治梦想的共同目标上，司法机关与媒体是一致的。”

综观本案一审公诉意见书、二审出庭检察员意见书，我们看到，面对这起典型的故意杀人、故意毁坏财物案，在主客观证据均确实、充分的情况下，案件的公诉工作并没有简单止步于本案杀人、毁财的犯罪事实，而是花了大量篇幅对被告人张某甲的犯罪原因和社会恶性进行了详尽剖析，使本案的判决结果更符合公众的认知，并且通过对1996年旧案的详细分析，回应了社会关切，将公平正义的司法精神充分展现，检察机关的用心良苦可见一斑！

所以，张某甲案的检察文书在人民法院对该案作出终审判决之后现在能够公开，是一件非常有意义的事情。迄今为止，只有少数公诉案件的公诉意见书得以公开，这无形中使司法机关失去了一块宝贵的舆论阵地和法治宣传阵地，期待今后有越来越多的检察文书能够及时公开发布，尤其是广大民众密切关注的重大案件，以促进法治正能量的广泛传播，也达到法治教育的宣传效果。

（**点评人**：朱勇辉，北京市京都律师事务所主任）

10. 顾某甲再审案：平等保护各类市场主体的产权和合法权益

【案情简述】

顾某甲系**系的创始人，旗下曾控制**电器等5家上市公司，其在2005年1月登上了第二届“胡润资本控制50强”的榜首。2005年7月29日顾某甲被刑事拘留，同年9月2日被逮捕。2008年1月30日，广东省佛山市中级人民法院作出一审刑事判决，认定顾某甲犯虚报注册资本罪，违规披露、不披露重要信息罪，挪用资金罪，决定执行有期徒刑10年，并处罚金人民币680万元。一审判决后，顾某甲提出上诉。于2009年3月25日，广东省高级人民法院作出刑事裁定，驳回上诉，维持原判。

法院裁判中认定顾某甲所犯罪名情况为：一是虚报注册资本罪。2001年10月至11月，顾某甲等人凭借广东省原顺德市容桂镇人民政府出具的公函，以占注册资本75%的无形资产（9亿元）和25%的货币资金（3亿元）注册设立顺德**。根据当时的法律规定，设立有限责任公司注册资本中无形资产的比例不得超过20%。2002年5月至12月，被告人顾某甲等人为完善顺德**设立登记手续，降低无形资产比例，采用来回倒款、签订虚假供货协议等手段，虚报货币注册资本6.6亿元。二是违规披露、不披露重要信息罪。2002年至2004年，顾某甲为了夸大上市公司**电器的经营业绩，指使他人以加大2001年的亏损额、压货销售、本年费用延后入账、作假废料销售等方式虚增利润，然后向社会提供含有虚增利润的虚假财务会计报告，剥夺了社会公众和股东对上市公司真实财务状况的知情权，对社会作出了错误的诱导，给股东和社会造成了严重的损失。三是挪用资金罪。2003年，顾某甲为了收购扬州**客车，指示他人以顾某甲父子名义申请设立注册资本为10亿元的扬州**。为了筹集8亿元货币注册资本，顾某甲于同年6月17日至20日指示他人从**电器调动2.5亿元、从江西*甲内部划拨4000万元，加上从其他途径筹集的资金共8亿元，在顾某甲等人操作下，经天津**转入扬州**的验资账户，作为顾某甲父子的个人出资用于注册成立扬州**。2005年3月至4月，顾某甲指使他人向扬州**资产经营管理有限责任公司（简称扬州**）借款，被扬州机电法定代表人拒绝。其后，顾某甲等人未经扬州**客车董事会同意，以扬州**客车的名义起草付款通知书交给扬州**，要求扬州**将本应付给扬州**客车的股权转让款及部分投资分红款共6300万元支付给扬州**。同年4月25日，扬州**将6300万元划入扬州**银行账户。

2012年9月6日，顾某甲刑满释放。此后，申诉至最高人民法院。2017年12月27日，最高人民法院作出再审决定，提审本案。最高人民检察院高度重视，成立了专门办案组，调阅全案卷宗，针对顾某甲申诉理由，开展相关调查核实工作。2018年6月13日，最高人民法院第一巡回法庭再审顾某甲一案，最高人民检察院依法派员出席法庭，并发表了意见，获得最高人民法院刑事判决书认可。

2019年4月10日，最高人民法院对再审案件宣判，判决认定，顾某甲等人虚报注册资本的行为情节显著轻微危害不大，不认为是犯罪；原审认定**电器在2002年至2004年将虚增利润编入财务会计报告予以披露的事实存在，但现有证据不足以证实**电器提供虚假财务会计报告行为造成的危害后果已经达到严重损害股东或者其他人利益的程度，依法不应追究原审被告人顾某甲等人的刑事责任；原审认定顾某甲指使他人挪用扬州**客车6300万元的事实不清，证据不足；但顾某甲在挪用2.9亿元资金的共同犯罪中，提起犯意，指使他人挪用本单位数额巨大的资金归个人使用，起主要作用，是主犯，应当按照其所参与的全部犯罪处罚。鉴于本案挪用资金时间较短，且未给单位造成重大经济损失，可对其酌情予以从轻处罚。最终，将原判虚报注册资本罪，违规披露、不披露重要信息罪和挪用资金罪的3项罪名，改判为挪用资金罪1项罪名；刑期则由有期徒刑10年并处罚金人民币680万元，改判为有期徒刑5年。

2021年1月，顾某甲提出国家赔偿申请，广东省高级人民法院依法受理。2022年1月7日，广东省高院决定赔偿顾某甲人身自由赔偿金28.7万余元，精神损害抚慰金14.3万元，返还罚金8万元及利息，总计近43万元。

【文书原文】

最高人民检察院

出庭检察员意见书

审判长、审判员：

根据《中华人民共和国刑事诉讼法》第245条第2款之规定，我们受最高人民检察院指派，代表本院，出席法庭，依法履行法律监督职责。现针对本案证据、案件情况和原审人民法院裁判发表以下意见，请法庭注意。

最高人民法院决定对原审被告人顾某甲等人虚报注册资本，违规披露、不披露重要信息，挪用资金案再审后，最高人民检察院高度重视，及时成立专门的办案组，依法对本案同步进行审查。其间，办案组全面审查原案卷宗，会见并听取申诉人及同案原审被告人意见，复核相关证据，向原案承办人员调查了解有关情况，就专业问题咨询有关部门和专家学者，经反复研究，形成审查意见。下面，就原审裁判认定的三宗罪，逐一进行阐述。

一、关于虚报注册资本罪

审查认定的事实：2001年5月，被告人顾某甲为收购广东**电器股份有限公司（简称**电器）的法人股，欲设立注册资本总额为12亿元人民币的顺德**企业发展有限公司（简称顺德**）。经顺德市容桂镇人民政府出具担保函，同年10月22日，顺德**在未评估、验资的情况下完成公司设立登记，取得营业执照。顺德**的股权情况为：股东顾某甲以货币出资1.8亿元、以无形资产出资9亿元，共10.8亿元，占出资额的90%；股东顾某乙（顾某甲之父）以货币出资1.2亿元，占出资额的

10%。顺德 ** 的注册资本总额为12亿元，其中无形资产9亿元，占注册资本总额的比例为75%，货币资金3亿元，占注册资本总额的比例为25%。

2002年4月，由于顺德 ** 注册资本构成不符合当时《公司法》第24条关于无形资产作价出资的金额不得超过有限责任公司注册资本20%的规定，顺德市工商部门不予年检。为降低无形资产比例，同年5月14日，被告人顾某甲指使刘某某、姜某某、张某甲等人，将来自 ** 电器的1.87亿元，在顺德容桂农村信用社通过在 ** 制冷剂（中国）有限公司（简称天津 **）和顺德 ** 账户之间四次来回转账的形式，取得了以天津 ** 投资顺德 ** 共计6.6亿元为名义的进账单，然后又于当天将1.87亿元转回 ** 电器。由于对账单上没有形成余额，不符合验资要求，被告人顾某甲签署了一份关于顺德 ** 向天津 ** 购买制冷剂预付货款6.6亿元的虚假的《供货协议书》，被告人刘某某将其交给会计师事务所验资。同年12月23日，顺德市工商行政管理局核准顺德 ** 的变更登记手续。变更后的顺德 ** 的股权情况为：股东顾某甲以无形资产出资2.4亿元，占出资额的20%，股东天津 ** 以货币出资9.6亿元，占出资额的80%。

经审查认为，顺德 ** 在注册登记手续及注册资本构成方面确有不规范、不合法的情况，顾某甲等人在调整完善注册资本结构过程中实施了虚报注册资本行为，但顾某甲等人的行为，社会危害性较小，尚属行政违法范畴，不具有刑事违法性，不构成犯罪。原审裁判在定罪的同时，在量刑上酌情作出从轻处罚，属适用法律不当，应予改判。具体理由是：

1. 国家法律有了新规定。顾某甲等人因涉嫌犯罪于2005年7月被立案侦查，在案件办理过程中，全国人大常委会于同年10月27日对《公司法》进行了修改，修改后的《公司法》将无形资产在注册资本中所占比例提高至70%。也就是说，按照《公司法》的新规定，顺德 ** 注册资本中无形资产比例只超出标准的5%，其社会危害性明显降低，已经属于可行政处罚的范畴。

2. 广东省出台了相关优惠政策。2003年以后，广东省先后出台了一系列促进民营经济发展的优惠政策，其中规定，成立高新技术企业，无形资产出资比例可以突破20%。顺德 ** 更名为广东 ** 后，于2004年

5月获得广东省高新技术企业认定，可以享受相关优惠政策。

3. 被置换的无形资产转入了公司资本公积金。从顺德**注册资本中退出的无形资产余额6.6亿元被列入公司的资本公积金，没有从公司的实际资本总额中抽走。

综上，顾某甲等人实施了虚报注册资本的行为，但对其行为社会危害性的评价，应当结合国家相关法律的变化和地方出台的相关政策，以及刑法规定的从旧兼从轻原则精神，加以综合考量。根据《刑法》第13条规定，顾某甲等人的行为情节显著轻微，危害不大，不应当追究刑事责任。

二、关于违规披露、不披露重要信息罪

审查认定的事实：1999年7月，**电器在深圳证券交易所上市。由于2000年、2001年连续两年亏损，**电器被戴上“ST”帽子，存在退市风险。2001年10月，顺德**开始收购**电器法人股，并于2002年4月成为**电器第一大股东，顾某甲出任董事长。为摘掉“ST”帽子，**电器在2002年至2004年通过开单开票压货销售等方式，夸大经营业绩，虚增当年利润，并列入年度财会报告。为操作压货销售，2003年11月，顾某甲还指示成立了合肥市**电器有限公司（简称合肥**公司）和武汉**电器有限公司（简称武汉**公司）。

根据公开披露的年度财会报告，**电器2002年实现主营业务收入4878257017元，净利润101276990元；2003年实现主营业务收入6168109963元，净利润202180248元；2004年实现主营业务收入8436403435元，净利润-64160206元。

经审查认为，原审裁判认定**电器提供的2002年至2004年年度财会报告含有虚假成分，事实清楚，证据确实、充分；但在案证据不足以证明该行为造成了严重损害股东或者其他人利益的后果，原审裁判以违规披露、不披露重要信息罪对顾某甲等人定罪处刑，在认定事实和适用法律上存在错误。鉴于认定损害后果部分的事实无法查清，证据不足，对顾某甲等人的行为，应按无罪处理。具体理由是：

（一）**电器的压货销售行为导致其提供的年度财会报告含有虚假成分

一是**电器实施了压货销售行为。在案大量书证和原审被告人的供

述、证人证言证实，** 电器在 2002 年至 2004 年每年年底通过开单开票压货方式进行虚假销售。在案证据还证实，合肥 ** 公司和武汉 ** 公司是根据顾某甲的要求成立，两个公司的注册资金由江西 * 甲实业有限公司（简称江西 * 甲）提供，财务人员由 ** 电器总部委派，成立以来开展的实际业务主要是接受 ** 电器压货。

二是 ** 电器将压货销售收入列入了年度财会报告。在案书证和原审被告人的供述、** 电器财务人员提供的证言证实，** 电器已将压货销售收入确认为年度财会报告的主营业务收入。顾某甲对此供述："只要当年压出去的货没有在当年年底退回来，就算作当年的销售收入，并体现在 ** 年报中。"

三是 ** 电器提供了虚假的年度财会报告。** 电器进行压货销售，虽开出销售出库单或者销售发票，但货物只封仓不出库，并未实际转移给购货方，并且第二年非因质量原因大部分在账面上予以退回，只具备完成销售的形式要件，货物的主要风险和继续管理权并没有转移，与交易相关的经济利益亦未能实现。** 电器确认压货销售收入，违反了财政部 1999 年《企业会计准则——收入》第 5 条和 2001 年《企业会计制度》第 85 条的规定。** 电器将该项收入列入年度财会报告并对外公开披露，导致其向股东和社会公众提供的年度财会报告含有虚假成分。

（二）原审裁判认定"严重损害股东或者其他人利益"的证据不确实、不充分

根据 1997 年《刑法》第 161 条规定，本罪属于结果犯，必须造成"严重损害股东或者其他人利益的"后果才构成犯罪。按照最高人民检察院和公安部关于本罪追诉标准的规定，造成股东或者其他人直接经济损失数额在 50 万元以上的，或者致使公司发行的股票被终止上市交易或者多次被暂停上市交易的，应予追诉。本案中，** 电器因涉嫌违反证券法规被中国证监会立案调查的消息披露后，公司股票出现明显波动，但未出现被取消上市资格或者交易被迫多次停牌的情形。原审用以证明造成损害后果达到 50 万元的证据中，股民陈某甲、陈某乙提供的证言因程序瑕疵应不予采信；股民张某乙因未在其间卖出股票，其遭受的直接经济损失难以确定；股民陈某丙提供的证言未经一审法庭举证、质证，不能作为定案的根据。在案证据不能证实股民的具体损失数额，不符合最高人民检察院和公安部规定的追诉标准。

综上，** 电器2002年至2004年每年年底通过压货方式进行虚假销售，导致其公开披露的年度财会报告含有虚假成分，事实清楚，证据确实、充分，但证明 ** 电器行为造成严重损害股东或者其他人利益后果的证据不足。本案系因原审被告人申诉启动的再审案件，认定案件事实应主要立足于原审已经在案的证据，虽然本案再审过程中，检察机关收集了能够间接证明造成损害后果的证据，但仍未达到确实、充分的程度，从实事求是、严格依法、客观公正的立场出发，对顾某甲等人的行为，不应认定为犯罪。

需要指出的是，上市公司披露的信息，必须合法、真实、准确、完整。** 电器提供虚假财会报告的行为，剥夺了股东和社会公众对 ** 电器真实财务状况的知情权，给股民以错误诱导，扰乱了正常的证券管理秩序，虽因在案证据原因导致确切损害后果不能认定，检察机关建议不追究顾某甲等人的刑事责任，并不是说顾某甲等人不需要承担其他法律责任。对 ** 电器和顾某甲等人的违法行为，中国证监会已于2006年6月15日作出行政处罚决定，并且，国务院最终裁决维持了中国证监会作出的行政处罚决定。

三、关于挪用资金罪

本宗罪共涉及两笔挪用资金行为，分别阐述如下：

（一）关于挪用 ** 系公司2.9亿元资金的行为

审查认定的事实：2003年，原审被告人顾某甲为了收购扬州 ** 客车股份有限公司（简称 ** 客车，该公司为国有控股上市公司）的股权，决定在扬州注册成立一家自然人性质的扬州 ** 公司，公司的股东为顾某甲及其父顾某乙，其中顾某甲出资9亿元，顾某乙出资1亿元，法定代表人为顾某甲；公司注册资本为10亿元人民币，其中无形资产2亿元，现金出资8亿元；企业类型为有限责任公司。为了筹集8亿元人民币现金注册资本，顾某甲在未经 ** 公司董事会讨论，并在没有真实贸易背景的情况下，指示姜某某等人调动 ** 电器2.5亿元资金，指示张某丙调动江西 * 甲0.4亿元银行贷款，指示张某甲从深圳 ** 筹款1亿余元，并指示张某丙以江西＊乙的名义向扬州市中国银行贷款约4亿元。与此同时，张某丙根据顾某甲的指示，以江西＊甲、江西＊乙和天津＊＊为操作平台，具体负责以上8亿元资金的调拨，从而完成扬州＊＊的注册验资。其中，挪用＊＊电器和江西＊甲资金共计2.9亿元。

根据《刑法》第272条第一款的规定，公司、企业或者其他单位的工作人员，利用职务上的便利，挪用本单位资金归个人使用，数额较大，进行营利活动的，构成挪用资金罪。经审查认为，顾某甲等人挪用＊＊电器和江西＊甲合计2.9亿元的事实清楚，证据确实、充分，完全符合上述规定。原审裁判定性准确，量刑适当。具体理由是：

1. 原案证据能够证实顾某甲挪用资金归个人使用。顾某甲指使张某丙等人挪用＊＊公司2.9亿元用于顾某甲和父亲顾某乙以个人名义注册扬州＊＊，该款实际上是被挪用作为顾某甲个人的出资款，实际使用人就是顾某甲个人，符合挪用本单位资金归个人使用的犯罪构成。上述犯罪事实，有原审被告人姜某某、张某丙的供述，林某某、高某某、翟某某、金某某、周某某等人的证言以及相关银行票据、记账凭证、涉案公司出具的情况说明等书证予以证实，足以认定。

2. 顾某甲指使张某丙等人挪用＊＊公司2.9亿元用于注册扬州＊＊，属于刑法规定的挪用资金归个人使用、进行营利活动。最高人民法院2003年11月13日印发的《全国法院审理经济犯罪案件工作座谈会纪要》明确指出，“申报注册资本是为进行生产经营活动作准备，属于成立公司、企业进行营利活动的组成部分”。因此，挪用资金归个人用于公司、企业注册资本验资证明的，应当认定为挪用资金进行营利活动。本案中，顾某甲等人的行为属于挪用资金归个人使用、进行营利活动的情形，且应当认定为数额巨大。

3. 顾某甲等人的行为具有严重的社会危害性。市场经济是法治经济、诚信经济，对上市公司的资金应当进行严格、规范管理，顾某甲等人随意挪用上市公司资金行为归个人使用，其行为的社会危害性，是显而易见的。

（二）关于挪用＊＊客车6300万元资金的行为

审查认定的事实：2005年4月，原审被告人顾某甲（时任＊＊客车法定代表人）指派原审被告人姜某某（时任 ** 客车董事）向扬州相关企业短期拆借6300万元，用以偿还 ** 公司的到期银行贷款。根据顾某甲指示，姜某某向扬州 ** 资产经营管理有限责任公司（简称 ** 资产管理公司）借款，但被 ** 资产管理公司法定代表人王某某拒绝。其后，姜某某和王某某商议，如果 ** 客车向 ** 资产管理公司出具指定付款的《付款通知书》及收款后的结算收据，** 资产管理公司可以将本应支付给 ** 客车的股权转让款和部分投资分红共计6300万元划转到扬州 ** 银行账户。姜某某就此请示顾某甲，顾某甲表示同意。姜某某根据顾某甲指示，在未经 ** 客车董事会讨论的情况下，擅自以 ** 客车的名义起草了《付款通知书》并交给了王某某。同年4月25日，** 资产管理公司将6300万元划到扬州 ** 银行账户。转款后，** 资产管理公司收到了 ** 客车两张金额分别为300万元和6000万元的结算收据。

2005年4月26日和27日，该6300万元从扬州 ** 账户被分别转入江苏 ** 和江西 * 甲，用于归还贷款和借款。

经审查认为，顾某甲等人挪用 ** 客车6300万元的基本事实清楚，但原审裁判直接适用1998年的司法解释，而未适用2002年的立法解释，属适用法律错误，且在案证据不能证实顾某甲等人谋取个人利益，该笔挪用行为不应按犯罪处理。具体理由是：

现有证据足以证实原审被告人顾某甲指使姜某某将 ** 资产管理公司本应支付给 ** 客车的6000万元股权转让款和300万元投资分红，转到了扬州 ** 。对该行为的评判涉及如何理解挪用资金“归个人使用”。1998年4月29日最高人民法院发布的《关于审理挪用公款案件具体应用法律若干问题的解释》第1条规定，挪用公款给私有公司、私有企业使用的，属于挪用公款归个人使用。参照这一司法解释，对顾某甲等人的行为是能够认定为挪用资金罪的。但是，此后出台的立法解释对此问题有了新的规定。2002年4月28日全国人大常委会《关于〈中华人民共和国刑法〉第三百八十四条第一款的解释》规定，个人决定以单位名义将公款供其他单位使用，谋取个人利益的，属于挪用公款“归个人使用”。根据上述立法解释的精神，个人决定以单位名义将本单位资金供其他单位使用的，不能只根据使用资金单位的性质加以评判，还要看行为人是否具有谋取个人利益这一要件。根据现有证据，不足以证实顾某甲等人在挪用该笔资金的过程中谋取个人利益，从疑罪从无的原则出发，对该笔事实不应按犯罪处理。

上述意见，请法庭予以采纳。

【学者点评】

一、法律、信任与市场秩序的维系

顾某甲案件产生了深远影响，这一影响远超出了法律和经济领域，深入社会信任、道德规范以及国家法治建设的核心层面。案件触及的关键问题，如虚报注册资本、违规披露信息和资金挪用等，直接关联到了资本市场的核心——信息的透明度和公平性。市场的每一个参与者，从小投资者到大企业，都依赖于准确和及时的信息来做出经济决策。顾某甲案件的审理揭示了当法律被忽视时，整个市场体系可能面临的风险，同时也展现了法律如何作为维护市场秩序和保护投资者权益的有力工具。

在处理这一案件的过程中，司法机关的每个决定都被公众密切关注，这不仅是因为涉及的金额巨大或者被告人的知名度，更因为这一案件被视为检验中国司法公正和法治实践的“试金石”。司法公正的展现，提高了人民对法律的信任，加强了社会对法治国家原则的认同。此外，本案的处理也对中国的商业实践产生了教育意义，对商业领袖和公司管理层来说，案件结果是一个强烈的警示：法律不是可有可无的装饰，而是必须遵守的规范。这对于促进企业内部治理、鼓励合法经营，以及防止企业决策者违法行为具有重要的预防作用。案件对法律条文的适用和解释提供了丰富的实践材料，对现有的法律体系提出了挑战，促进了法律的不断完善和发展。它还强化了国际社会对中国法治进程和市场环境的积极看法，有利于吸引外资，推动中国与世界的经济合作。

顾某甲案件提醒所有社会成员，无论社会地位如何，法律面前人人平等。它不仅修复了一起经济案件的法律错误，更深层次地修补了社会的信任裂痕，强化了法治精神，同时向社会传递了一个关于诚信和责任的强烈信息。通过此案，中国司法机关表明了其依法独立裁决的能力和决心，这在强化国家法治建设、提升司法公信力方面起到了不可或缺的作用。

二、法治进程：检察工作的挑战与展新

顾某甲案件在中国的法治进程和检察工作方面具有里程碑式的重要意义。这一案件彰显了法治原则的实际应用，显著提升了检察机关的职业形象，树立了办案的标杆。一方面，该案件的处理体现了法治进程中对法律权威的维护和司法独立性的尊重。在中国，法治的基石是法律的最高权威性。通过对顾某甲等人所涉嫌的经济犯罪行为进行公正审理，法院证明了无论被告人的社会地位如何高，法律面前人人平等。这种权威的展现强化了法律的公信力，并对那些试图利用市场漏洞牟取不法利益的行为起到了震慑作用。另一方面，此案例凸显了检察机关在确保法律正确实施和打击犯罪方面的决心与能力。检察官在案件中的表现突出了对法律专业知识的深刻理解和严谨应用。在顾某甲案中，检察机关展现了其依法行事、审慎办案的态度，对案件各方面证据的全面收集和深入分析体现了法治国家中检察机关的重要作用。同时，此案还展现了法律的不断进步和完善。顾某甲案发生在中国资本市场和企业治理法律体系不断成熟的背景下，检察机关在案件审理中考虑了相关法律的变化，这种适应性展示了法律自身的发展以及检察机关与时俱进的办案思维。更重要的是，顾某甲案对检察工作提出了新的要求。检察机关不仅要在法律框架内工作，还需要具备敏锐的市场经济意识和对经济犯罪的深刻理解。此案的处理表明，检察机关必须在日常工作中保持高度警觉，对于任何可能影响市场秩序和公平正义的行为都能迅速且有效地作出反应。顾某甲案也为检察工作提供了重要的经验，该案件的成功处理为检察机关处理复杂经济案件提供了实践样本，它要求检察官们不仅需要理论知识，还要有解决实际问题的能力，同时也需要善于合作，能够与法律专家、会计师及其他相关专业人士共同工作，确保案件能够公正、有效地处理。最后，通过这一案件，检察机关的公信力得到了加强。当公众看到检察机关能够处理如此复杂且敏感的案件时，他们对法律机构的信任自然增强。这种信任是社会稳定和持续发展的基石。因此，顾某甲案不仅为检察机关提供了展示其专业性和公正性的平台，也加深了公众对中

国法治进程深化发展的信心。

顾某甲案件在法治进程和检察工作中的重要意义在于：它提升了法律实施的权威性，展现了检察机关的专业性和公正性，促进了法律的演进和适应性，提升了司法透明度和公众信任度，从而加强了整个社会对法治的信仰和对公正的期待。这不仅为我国的法治进程和检察工作树立了新的标准，也为世界其他法治国家提供了宝贵的经验和启示。

三、法律条文解析与司法实践

根据《刑事诉讼法》的规定，检察机关在刑事诉讼中承担着法律监督者的职能，这一点在案件的法律解析中至关重要。《刑事诉讼法》规定，检察院有权对案件进行审查，提起公诉，并对法院的审判活动进行监督。在顾某甲案中，检察院提出的意见反映了其在确保法律准确实施和维护公平正义中的职责。进一步地，办案中涉及的虚报注册资本罪，这直接关联到《公司法》的相关规定。《公司法》在设立公司时对注册资本有明确的要求，包括注册资本的最低限额和实缴资本的认定标准。在这起案件中，法律条文的适用涉及对公司注册资本的法定要求，以及相关的法律后果，包括注册资本的真实性和完整性。本案还涉及有关无形资产作为注册资本的比例问题，这是对《公司法》关于注册资本构成的具体应用。无形资产作价出资的比例限制，是为了保证公司资本的实在性和投资者的利益，防止通过虚增注册资本来欺骗投资者和公众。案件中的判断显示了法律对于企业财务真实性的严格要求。挪用资金罪的法律解析更是案件审判的核心，它关系到刑法对于财产性犯罪的定义和惩罚。根据《刑法》的规定，挪用资金罪涉及对公司或企业资金的非法占用，并用于个人的营利活动。案件中关于这一罪名的审理，不仅要考虑行为本身，也要评估其对社会经济秩序的影响。除此之外，案件审理还体现了对法律条文中“严重损害股东或其他人利益”的解析。这一点对违规披露、不披露重要信息罪的构成至关重要。法律对这种经济犯罪的界定不仅基于行为人的行为，还涉及行为的后果。这种法律解析体现了《刑法》在保护投资者利益和市场秩序方面的目的性。

通过对案件涉及的法律条文的深入分析，我们不难发现法律的生动性和复杂性。法律条文不是孤立的，它们需要在具体案件的背景下得到解释和应用。顾某甲案在这方面提供了丰富的材料，无论是对于法律实务者还是学者，都是对法律解析和适用能力的一次全面检验。通过这些法律条文的应用，出庭检察员意见书为我们展示了如何将抽象的法律规则转化为具体案件中的司法判断，以及如何通过法律解释保证正义的实现。

（**点评人**：许身健，中国政法大学法律硕士学院院长，教授、博士生导师，中国法学会法律文书学研究会副会长兼秘书长）

【检察官点评】

民营经济是推进中国式现代化的主力军，是高质量发展的重要基础。顾某甲案再审受到社会各界高度关注，检察机关针对原审认定的事实、证据、法律适用问题进行全面分析论证，对原审认定的三项罪名，提出虚报注册资本罪与违规披露、不披露重要信息罪两项罪名不成立，挪用资金罪中一节事实不构成犯罪的检察意见，充分体现了检察机关立足法律监督职能，坚持对各类市场主体依法平等保护原则，充分彰显了司法机关实事求是、依法纠错的坚定信心和决心，对于激发民营企业创业创新动力、保障经济社会持续健康发展意义重大。

一、准确区分行政违法与刑事违法，综合考量犯罪行为性质和社会危害性

出庭检察员意见书指出，对顾某甲等人虚报注册资本行为的社会危害性的评价，应当结合国家相关法律的变化和地方出台的相关政策，以及《刑法》规定的从旧兼从轻原则精神，加以综合考量。

虚报注册资本罪系行政犯、法定犯，兼具行政不法和刑事不法。相较于自然犯，对法定犯的刑事违法性和社会危害性的判断，需要先审查是否违反前置性行政法律法规。近些年来，《公司法》历经几次修改，公司资本制度不断发展和完善。原案在审理过程中，全国人大常委会于2005年10月27日对《公司法》进行了修改，注册资本中无形资产出资比例上限从20%提高至70%，由此，本案中无形资产出资比例由超出法定上限的55%降至5%，检察机关认为顾某甲等人虚报注册资本行为的违法性程度显著降低，属于可行政处罚的范畴。检察机关通过对前置性行政法律规范适用从旧兼从轻原则并以此作为考察社会危害性的重要因素之一，有助于准确、全面评价犯罪性质和社会危害性。

二、坚持宽严相济刑事政策，平等保护各类市场主体的产权和合法权益

在本案的办理过程中，检察机关坚持宽严相济刑事政策，做到了依法该严则严、当宽则宽、宽严相济、罚当其罪。一方面，检察机关坚持从严打击严重破坏市场环境犯罪。出庭检察员意见书指出，顾某甲指使他人挪用**公司2.9亿元用于注册扬州**的行为对于市场经济、法治经济、诚信经济具有社会危害性，准确认定了该行为属于《刑法》规定的挪用资金归个人使用、进行营利活动。另一方面，检察机关坚持严格依法办案。出庭检察员意见书坚持以证据为中心的刑事指控体系，严格遵守罪刑法定原则。在违规披露、不披露重要信息一节事实中，针对原审用以证明造成损害后果达到50万元的证据进行了重点审查，认为股民陈某甲、陈某乙提供的证言因程序瑕疵应不予采信，股民张某乙因未在其间卖出股票、其遭受的直接经济损失难以确定，股民陈某丙提供的证言未经一审法庭举证质证，不能作为定案的根据。

三、充分履行法律监督职责，最大限度发挥法律文书功能和作用

根据《人民检察院刑事诉讼规则》第455条的规定，检察员出席再审法庭的任务是对原判决、裁定认定的事实、证据、适用法律进行全面审查，重点审查有争议的案件事实、证据和法律适用问题。

本案出庭检察员意见书紧紧围绕再审程序中检察机关主要任务，有效地发挥了文书说理和价值传导作用。一是全面履行了出席再审法庭的任务。检察员在发表出庭意见时，首先阐述了检察机关围绕该再审案件开展的工作，除全面审查原案卷宗、听取意见、复核证据、向原案承办人员调查了解情况，还就专业问题咨询有关部门和专家学者、反复研究，充分体现了检察机关依法履行法律监督职责的客观公正立场。二是层次清晰，观点明确。本案出庭检察员意见书逐一阐述了全案三个罪名，分别从“审查认定的事实”“经审查认为”“具体理由”“结论”四个层面展开，结构清晰。该体系结构的设置，有助于在再审庭审中全面、准确地回应争议焦点。三是说理充分，论证严谨。出庭检察员意见书从社会危害性评价的角度认为顾某甲等人虚报注册资本罪的行为情节显著轻微，危害不大，不应当追究刑事责任。从客观公正立场出发，认为再审阶段收集的证据未达到确实、充分的程度，顾某甲不构成违规披露、不披露重要信息罪。从疑罪从无的原则出发，指出原审裁判对其中一笔挪用资金事实适用法律错误，并根据立法解释精神认为现有证据不足以证实顾某甲等人在挪用该笔资金的过程中谋取个人利益，对该笔事实不应按犯罪处理。

四、“三个效果”有机统一，积极传递司法价值理念

本案检察员通过对有争议的案件事实、证据、法律适用问题的全面论证，向社会公众传递出了检察机关实事求是、严格依法、客观公正的立场。如在分析是否构成虚报注册资本罪时，出庭检察员意见书指出本案中顾某甲等人虚报注册资本行为的刑事违法性和社会危害性显著轻微，并未达到足够严重的程度，系行政违法。又如在分析是否构成违规披露、不披露重要信息罪时，检察机关认为对于顾某甲等人的行为，不应认定为犯罪，但 ** 电器提供虚假财会报告的行为，剥夺了股东和社会公众对 ** 电器真实财务状况的知情权，给股民以错误诱导，扰乱了正常的证券管理秩序，依法需要承担相应的行政处罚责任。

最高人民检察院的这份出庭检察员意见书，具有重大法治意义。其所传递的理念本身已经远远超出个案纠错本身，对于如何处理历史上的类似案件也很有启发和指导价值。文书充分体现了检察机关坚持高质效办好每一个涉民营企业案件，在充分保障各类市场主体诉讼地位平等、诉讼权利平等、法律保护平等的基础上，全面贯彻落实使各种所有制经济公平参与市场竞争、平等受到法律保护的要求，做到政治效果、法律效果、社会效果有机统一，也向社会公众积极传递为民司法、公正司法的价值理念。

（**点评人**：多丽华，上海市人民检察院第二分院第三检察部副主任、四级高级检察官）

【法官点评】

法治是最好的营商环境。顾某甲再审案是最高人民法院提审的一起涉产权代表性案件，受到各方高度关注，社会影响重大。本案再审改判坚持了实事求是、依法纠错的基本原则，贯彻落实了党中央关于加强产权保护，促进民营经济健康发展的精神，是全面推进依法治国、实现社会公平正义的具体实践和典型范例。该案的再审体现了司法机关忠实履行法定职责，坚持公正司法、依法保障人权、建设社会主义法治国家的坚强决心，还向全社会释放了产权司法保护的积极信号，对于激发企业家创业创新动力，引导民营企业持续健康发展，维护社会公平正义都具有重要的意义。

该案出庭检察员意见书体现了历史、辩证思维，全面展现了检察机关的办案过程，围绕原审裁判认定的虚报注册资本罪，违规披露、不披露重要信息罪以及挪用资金罪等三宗罪，聚焦证据的审查判断，对事实认定、行为定性、法律适用等问题展开深入系统的阐释，论证逻辑严谨、释法说理充分，观点客观准确，所提意见均得到法院生效判决的支持，对办理类似案件具有极强的示范和指导作用，堪称刑事再审检察法律文书的经典范本。

一是坚持司法亲历性原则，全面准确审查证据。亲历性是司法活动的鲜明特征。司法亲历性就要求司法人员在办案时应当亲身经历案件办理的过程，始终处在司法办案的第一线，直接接触、收集和审查案件证据，进而对案件事实和证据有更加准确、全面、客观、系统的认知，最大限度实现“内心确信”与“客观真实”的有机统一。只有坚持亲历性原则，重现或最大限度接近客观事实，切实做到“案件事实清楚，证据确实、充分”，才能准确把握实质法律关系，确保法律正确适用。本案中，办案人员从案卷中走出来，从办公室走出来，从检察机关走出来，在全面审查原案卷宗的基础上，会见并听取申诉人及同案原审被告人意见，复核相关证据，向原案承办人员调查了解有关情况，以亲历性保障证据审查的准确性、实效性。

二是坚持历史发展思维，注重社会危害性的实质考察。法治是保护产权的最可靠方式，依法保护产权是一个动态的过程。随着经济社会的发展和法治的不断完善，产权保护的范围和力度都在变化。本案顾某甲的相关行为发生于21世纪初，如何客观看待和处理涉产权案件中的时代背景、社会状况、经济政策、发展变迁等复杂的历史因素，考验着司法机关的法治智慧。检察机关以发展的眼光看问题，坚持人权保障和罪刑法定原则，注重对行为社会危害性的实质考察。如对于虚报注册资本罪，顺德**在注册登记手续及注册资本构成方面确有不规范、不合法的情况，顾某甲等人在调整完善注册资本结构过程中实施了虚报注册资本行为，但在案件办理过程中，《公司法》进行了修改，上述违规行为的社会危害性明显降低，已经属于可行政处罚的范畴。正如出庭检察员意见书指出，对其行为社会危害性的评价，应当结合国家相关法律的变化和地方出台的相关政策，以及刑法规定的从旧兼从轻原则精神，加以综合考量，顾某甲等人的行为，情节显著轻微，社会危害性不大，不应当追究刑事责任，充分体现了司法机关坚持实事求是、依法纠错的法治担当。

三是坚持证据裁判思维，客观准确认定行为性质。证据是刑事诉讼的基石，是认定犯罪的基础。对一切案件的判处都要重证据、重调查研究，不轻信口供。只有被告人供述，没有其他证据的，不能认定被告人有罪和处以刑罚。认定被告人有罪，须结合具体罪名的犯罪构成要件，运用证据证明到确实、充分的程度。本案中，关于违规披露、不披露重要信息罪，原审裁判认定**电器提供的2002年至2004年年度财会报告含有虚假成分，事实清楚，证据确实、充分，但证明**电器的行为造成严重损害股东或者其他人利益后果的证据不足。值得称道的是，出庭检察员意见书明确了再审案件审查的对象，即“认定案件事实应主要立足于原审已经在案的证据，虽然本案再审过程中，检察机关收集了能够间接证明造成损害后果的证据，但仍未达到确实、充分的程度，从实事求是、严格依法、客观公正的立场出发，对顾某甲等人的行为，不应认定为犯罪”。同时，出庭检察员意见书亦指出，**电器提供虚假财会报告的行为，剥夺了股东和社会公众对科龙电器真实财务状况的知情权，给股民以错误诱导，扰乱了正常的证券管理秩序，检察机关虽建议不追究顾某甲等人的刑事责任，但并意味着顾某甲等人不需要承担其他法律责任。事实上，对 ** 电器和顾某甲等人的违法行为，中国证监会已作出相应的行政处罚决定，体现了行刑的有序衔接。

关于涉挪用资金的两笔事实，检察机关贯彻证据裁判、疑罪从无原则，严格按照法定证明标准进行审查，认为原审裁判认定顾某甲等人挪用 ** 电器和江西 * 甲合计 2.9 亿元的事实清楚，证据确实、充分，其行为构成挪用资金罪；认为原审裁判认定顾某甲等人挪用 ** 客车 6300 万元的基本事实清楚，但适用法律错误，且在案证据不能证实顾某甲等人谋取个人利益，从疑罪从无的原则出发，对该笔事实不应按犯罪处理。

（**点评人：**吴小军，北京市高级人民法院刑事审判第二庭副庭长）

【律师点评】

2008 年 1 月，佛山市中级人民法院以犯虚报注册资本罪，犯违规披露、不披露重要信息罪，犯挪用资金罪，数罪并罚，判处顾某甲有期徒刑十年，并处罚金 680 万元。宣判后，顾某甲等人不服，提出上诉。2009 年 3 月，广东省高级人民法院裁定驳回上诉、维持原判。

经实际服刑 7 年有余，顾某甲于 2012 年 9 月 6 日刑满释放，并提出申诉。2017 年 12 月，最高人民法院经审查决定提审顾某甲案，由第一巡回法庭再审。2019 年 4 月，最高人民法院对顾某甲等人再审一案进行公开宣判，判决撤销原判对顾某甲犯虚报注册资本罪，违规披露、不披露重要信息罪的定罪量刑部分和挪用资金罪的量刑部分，改判顾某甲犯挪用资金罪，判处有期徒刑 5 年。

顾某甲再审案是保护民营企业产权和企业家合法权益，依法纠正冤错案件的标志性法治事件，其意义已远超出个案公正的范畴，其意义在以下方面具体展现。

第一，明晰从旧兼从轻原则的刑法适用问题。从旧兼从轻原则是罪刑法定原则的子原则，其解决的问题是，当某一犯罪行为对应的法律条文在行为发生时和审理时发生修改，应当适用旧法还是新法。所谓从旧，是指原则上应适用行为发生时的旧法，不能以未来的法律约束当时的行为。从轻则是一种例外，当新法规定更加宽缓时，应当本着有利于被告人的原则适用新法。

就顾某甲等人涉嫌的虚报注册资本罪，《公司法》以2005年10月修改为界，此前规定无形资产在注册资本中所占比例不得超过20%，此后将该比例调整至70%。顾某甲等人虚报注册资本是为了调整完善注册资本结构，该行为发生于2002年，并于2005年7月被立案侦查，案件办理过程中法律发生修改。本案再审过程中，检察员认为，"顾某甲等人实施了虚报注册资本的行为，但对其行为社会危害性的评价，应当结合国家相关法律的变化和地方出台的相关政策，以及刑法规定的从旧兼从轻原则精神，加以综合考量"，法院最终判决顾某甲不构成虚报注册资本罪。

当《公司法》的修改越来越呈现出对无形资产出资的信任，说明该行为的社会危害性、风险均大幅度降低，如果继续按照虚报注册资本罪进行处罚，不仅不利于被追诉人的权利保障，也并未实现惩罚犯罪的目的。顾某甲再审案中，检察机关明确有利于行为人的事后法溯及既往，展现出对比例原则的考虑，平衡了刑事诉讼惩罚犯罪与保障人权的多元价值，形成从旧兼从轻原则的适用范本。

第二，坚持证据裁判规则和疑罪从无原则在刑事诉讼中的适用。确定被告人有罪的权力由人民法院统一行使，控诉方承担被告人有罪的举证责任。控诉方举证如果不能达到事实清楚，证据确实、充分的证明标准，则应当对被追诉人作出无罪处理。《刑事诉讼法》第55条规定，证据确实、充分，应当符合以下条件：(1) 定罪量刑的事实都有证据证明；(2) 据以定案的证据均经法定程序查证属实；(3) 综合全案证据，对所认定事实已排除合理怀疑。第200条第3项规定，证据不足，不能认定被告人有罪的，应当作出证据不足、指控的犯罪不能成立的无罪判决。

关于顾某甲涉嫌的违规披露、不披露重要信息罪，检察机关认为其披露的年度财会报告含有虚假成分的事实清楚，证据确实、充分，但此罪成立还需要证明该行为对股东或者其他人利益造成严重损害。检察机关再审过程中虽然收集了能够间接证明损害后果的证据，但仍未达到确实、充分的程度，因而提出了不应认定其构成违规披露、不披露重要信息罪的意见。作为举证责任承担者，检察机关在举证不能时作出了对被告人有利的价值选择，是疑罪从无原则在我国司法进程中的重要实践。

第三，落实对各类市场主体的产权和合法权益的平等保护。2016 年，中共中央、国务院发布《关于完善产权保护制度依法保护产权的意见》，提出坚持对公有制经济财产权和非公有制经济财产权平等保护、全面保护、依法保护。最高人民检察院强调，检察机关要切实转变司法理念，坚持各类市场主体诉讼地位平等、法律适用平等，严格落实罪刑法定、疑罪从无等法律原则和制度；要继续加强产权司法保护，妥善办理各类涉产权案件，发现问题的要敢于监督纠正，确保企业正常生产经营秩序，实现办案政治效果、法律效果、社会效果的统一。

顾某甲再审案是产权保护新时代最有说服力的司法实践。2018 年 11 月习近平总书记在民营企业座谈会上强调，“要甄别纠正一批侵害企业产权的错案冤案”，顾某甲案恰恰起到了让企业家卸下思想包袱，轻装前进的示范效应。民营经济是推进中国式现代化的生力军，是高质量发展的重要基础，是推动我国全面建成社会主义现代化强国、实现第二个百年奋斗目标的重要力量。顾某甲再审案是我国为促进民营经济发展壮大，不断强化民营经济发展法治保障的具体展开。

顾某甲再审案的庭审持续了两天、近 30 个小时，对 124 份双方有争议的证据、10 份新证据进行质证，证人、有专门知识的人出庭接受询问，法庭辩论环节控辩双方交锋激烈，庭审全程有网络图文直播。顾某甲再审案严格遵守审判公开原则、罪刑法定原则、证据裁判规则、疑罪从无原则等一系列现代刑事诉讼基本原则，以良法善治推动经济高质量发展。

（**点评人：**许兰亭，北京君永律师事务所名誉主任）

11. 北京市检察机关就整顿文艺评奖评审制度漏洞向 ** 联合会制发检察建议：还文艺事业以纯粹

【案情简述】

繁荣发展的文艺事业是社会主义文化不可或缺的组成部分，一支德艺双馨的高素质文艺工作者队伍，更是建设社会主义文化强国的重要力量、中流砥柱。2019 年，北京市人民检察院第三分院办理了 ** 协会副秘书长、展览部主任杜某某受贿、行贿案。杜某某利用职务便利，为他人在作品入选该协会主办展览、获奖、取得协会会员资格等事项上提供帮助，非法收受上述人员给予的钱款 130 余万元。

在案件办理过程中，检察机关发现与杜某某存在利益输送，先后通过不正当途径获奖、入选某协会会员者多达数人，严重扰乱了入会、评奖等活动的公平公正，破坏了行业生态，折射出案发领域乃至文艺行业在作品评优授奖和会员评定发展方面存在普遍性、苗头性的治理问题。经过检察机关耐心细致的释法说理和教育转化，杜某某自愿认罪认罚，主动以“自曝其短”的方式帮助检察机关查找核实制度漏洞。经过深入调查和分析研判，北京市、分两级检察机关协同配合，以该协会上级主管单位 ** 联合会为对象制发了社会治理检察建议。

检察建议指出，发展文艺事业是满足人民日益增长的对美好生活向往的必由之路，** 协会不仅是承担“团结引导、联络协调、服务管理、自律维权”职能的专门机构，更是党和政府联系文艺战线的桥梁纽带，使命光荣、责任重大，更应模范贯彻习近平总书记“理应以高远志向、良好品德、高尚情操为社会作出表率”指示，推动文艺事业繁荣健康发展。本案的检察建议书点明该协会评奖评审制度漏洞等多项具体问题，提出了加强源头治理、源头预防，推动建章立制、堵塞漏洞，优化长效监督管理机制等三方面九项具体举措，还建议 ** 联合会在所属其他协会开展有针对性的防范工作。

“根据《 ** 协会会员管理办法》和检察机关的《检察建议书》，对具有违法违纪行为的有关人员实施行业惩戒，决定对杜某某等 7 名会员予以取消会籍或暂停会籍……”检察建议效果立竿见影，** 协会公开通报对失德失范会员实施处罚，修订完善了《评奖章程》《协会会员工作条例》等规章制度，在后续全国展览中研发使用网上报名和电子评选系统，受到广大文艺爱好者、从业者的交口赞誉。

本案的检察建议书获评 2019 年度全国检察机关社会治理类优秀检察建议，是北京检察机关秉持双赢多赢共赢理念，以高质量履职服务保障北京“四个中心”特别是文化中心建设的生动写照，也是检察机关以“时时放心不下”的使命感和责任感，运用检察建议等方式深度参与社会治理，帮助发案行业和领域堵塞制度漏洞，是“办理一案，教育一片，治理一方”的有力注脚。

【文书原文】

北京市人民检察院

检察建议书

京检建〔2019〕1 号

** 联合会：

你单位所属 ** 协会原分党组成员、副秘书长杜某某涉嫌受贿罪、行贿罪一案，由北京市人民检察院第三分院依法提起公诉，2019 年 3 月 29 日，北京市第三中级人民法院依法开庭审理，判决杜某某犯受贿罪、行贿罪，决定执行有期徒刑六年，并处罚金人民币 80 万元。该案中，杜某

某利用担任 ** 协会（以下简称 ** 协会）原副秘书长、展览部原主任的职务便利，于2010年10月至2017年下半年，为多人办理在 ** 协会主办画展入选作品、获奖、取得 ** 协会会员资格并成为 ** 协会会员等事项上提供帮助，并非法收受上述人员给予的钱款共计131万元。

繁荣发展的美术事业是建设社会主义文化强国的重要力量，** 协会作为美术行业引领服务联络机构使命光荣、责任重大。杜某某利用其担任 ** 协会领导职务以权谋私的违法行为，不仅严重破坏了美术行业生态环境，造成极坏社会影响，也反映出 ** 协会在规范评奖评审制度、落实监督监管职责和加强行业队伍建设等方面存在漏洞。经检察机关进一步调查核实，并与你单位、** 协会、监察机关进行座谈交流，发现 ** 协会主要存在以下问题需要及时改进：

一、评奖评审制度存在漏洞

文艺评奖和发展会员的目的在于树立正确导向，发挥激励作用，但 ** 协会现行组织文艺评奖和发展会员的制度不够完善，存在明显漏洞，不正当获奖、入会问题时有发生。一是在文艺评奖方面，主要是评委的产生、确定程序不够严谨，特别是大众美术类展览评委选择随意性大，易被操控，同时"面对面"评选方式未能实现评委独立评选，拉票、人情票问题多发，如杜某某通过影响评委的方式帮助沈某某获奖。二是在会员入会方面，主要是会员入会程序存在漏洞，终审前专业评审审查程序缺失，作品作假、评委谋私现象时有发生，如杜某某帮助于某某以杜某某代笔获奖的作品通过会员评审，成为 ** 协会会员。

二、制度落实不够严格，监管、问责机制不到位

** 协会现行的监督管理制度涵盖了《文艺评奖管理办法》《评委库建立实施规范》等多层面的制度规范，也实行了"制度上墙"，但通过杜某某案件发现仍然存在落实乏力、监管缺位的问题。主要表现在以下三个方面：一是制度落实不严格，已有制度未能发挥其应有作用。如《 ** 联合会全国性文艺评奖管理办法》等文件均对评委回避、保密、失职问责等作出明确规定，但未能依规依纪有效执行，杜某某帮助其学生卢某某获奖正是利用上述漏洞。二是监管制度不健全，现有文艺评奖制度虽明确了组委会、评委会、监委会基本权责，但具体职责不够明晰，需要进一步细化。如《**协会展览评选监委会工作条例》中明确的监委会权责清单过于简单，仅仅列举了三项工作任务，不利于有效履行监督职责。三是问责机制未能有效运行，对于有损评奖工作的不良行为，未能依据已有规定及时追究责任。

三、廉政法纪教育和职业道德培育力度不够

**协会是党和政府联系美术界的桥梁和纽带，履行“团结引导、联络协调、服务管理、自律维权”基本职能，应当将美术艺术行业建设和队伍建设作为协会的重要工作任务。但是，经调查了解，杜某某在职期间协会开展常态化教育培训工作力度不够，廉政教育活动较少，职业道德培育仍需加强。正如杜某某剖析自身犯罪原因中提到的参加警示教育次数少，也未能入心入脑，导致其在违法乱纪的道路上越行越远。

发展美术事业是满足人民美好生活向往的必由之路，开展美术评奖、发展会员是美术领域“推精品，出人才”的重要渠道，“德艺双馨”更是人民群众对美术工作者的职业要求。对于美术行业的职务犯罪行为既要严厉打击，更要从源头上预防。鉴于你单位所属的**协会作为美术行业引领服务联络机构，为进一步推动美术事业健康发展，有效预防和减少美术行业职务违法违纪问题发生，结合审查办理案件和前期调研情况，根据《中华人民共和国人民检察院组织法》第二十一条和《人民检察院检察建议工作规定》第十一条之规定，提出如下建议：

一、进一步健全完善评奖评审制度机制

建议协会按照《**联合会全国性文艺评奖管理办法》《**联合会关于继续深化全国性文艺评奖制度改革的意见》等文件要求，对美术评奖工作加强顶层设计，完善相关制度。一是梳理在展览评奖、发展会员等工作中存在的薄弱环节，按照可执行、可监督、可检查、可问责的要求，制定、细化相关规定，扎紧制度笼子，堵塞管理漏洞。二是加强对展览评委的管理，在评委遴选上增加美术名家、评论家占比，确保评奖公正性；建立常备可操作的《评委守则》，细化评委权责和履职程序；规范细化评审标准，依托人工与科技手段相结合改进评选方式，保证评委的评审活动不受干预；强化对评委的廉政警示教育，强化评委的廉洁自律意识和法纪观念。三是加强对会员入会管理监督，建立专家评审委员会，通过专家审核、网上公示、公众监督等方式，抓实对入会会员存疑作品甄别、入会终审等关键环节的审查，提高敏感事项科学决策能力，切实保证评奖、入会等各项工作在公开、透明的环境下进行。

二、严肃处理有关违规、失德失范人员

建议协会按照《 ** 协会会员管理办法》等文件规定，对于检察机关办案中发现的，通过行贿、代笔等不正当方式获得 ** 协会会员资格的当事人进行甄别处理，实施行业惩戒。一是对于部分当事人如于某某使用杜某某代笔的作品获奖后取得会员资格，马某某采用威胁杜某某的方式多次获奖并取得会员资格，建议取消其会员资格。二是对于其他涉案当事人如沈某某、杨某某等，虽也在入会前后向杜某某行贿，但鉴于其行贿行为存在被动性或是受他人影响，建议通过专业评审委员会进行作品审查，确定其是否符合入会标准，如不符合应当依规取消会员资格。三是会员如王某某、叶某某等人存在为他人获奖、入会提供帮助等失德失范行为，建议依法依规予以处理。四是建立健全美术工作者、评委等人员从业禁止制度，对在从业、履职中违规违纪造成不良影响的，建议在一定时期禁止其从事相关参评、组评工作。

三、全面抓好协会党风廉政建设

建议协会按照习近平总书记在文艺工作座谈会上的重要指示精神，充分发挥美术艺术队伍建设和行业建设主导作用，更加扎实地开展“不忘初心、牢记使命”主题教育活动，坚定不移地推进党风廉政建设。一是不断提高会员服务管理水平，从杜某某案的教训来看，协会分党组成员应当避免个人参与美术创作市场交易，把主要精力放在服务管理主责主业方面。要加强对美术工作者职业道德教育，既重专业亦重品德，培育“德艺双馨”美术人才。二是牢牢抓住关键岗位干部，要抓住负责会员入会、展览活动、评奖办节等工作岗位领导干部这个“关键少数”，实施警示教育、廉政教育、专门培训等举措，强化廉洁自律和遵规守纪意识，让用权者明底线、知敬畏。三是充分发挥协会党组管党治党主体责任，认真落实党内各项组织生活制度，用好谈心谈话制度，坚持纪在法前、纪严于法，“抓早抓小”、防微杜渐。

你单位所属协会众多、行业范围广、群众关注度高。** 协会所发生的案件具有行业代表性、违法典型性，在督促其进行整改的基础上，建议考虑在 ** 联合会所属其他协会开展有针对性的防范工作。

以上建议，请你单位根据实际情况认真研究落实。若有异议，在收到本建议书后十个工作日内可向本院提出；若无异议，请在收到建议书后两个月内，责成 ** 协会将落实情况书面函告本院。检察机关将积极配合贵组织做好相关工作，共同推进中国文艺事业的繁荣发展。

2019 年 8 月 14 日

【学者点评】

在杜某某涉嫌受贿罪、行贿罪一案的办理过程中，检察机关履职担当，充分发挥法律监督职能，敏锐洞察到艺术品评奖与会员发展领域存在的一些普遍性、倾向性腐败风险，深挖行业治理短板与监管盲点，积极履行法律监督职能，主动担当作为，针对文艺管理领域的深层次问题精准指导，提出了一系列具有针对性的检察建议，为堵塞制度漏洞，重塑行业清风，净化文艺生态，捍卫社会公平正义做出了司法贡献。总体来看，北京市人民检察院的检察建议书有如下亮点和特色：

一、检察建议见微知著，有效规范行业发展

从《刑事诉讼法》视角出发，检察机关具有诉讼职能和法律监督职能。前者包括对直接受理案件的侦查、提起公诉、刑事拘留、批准或决定逮捕；后者包括对立案、侦查、审判以及刑事执行活动的监督。在本案中，检察机关一方面认真履行诉讼职能，准确认定证据事实，厘清案情，依法提起公诉；另一方面则是见微知著，从杜某某职务犯罪的个案中深挖行业、协会的刑事法律风险，提出了系统完备的检察建议，展现出检察机关严谨高效的工作作风和强烈的社会责任感。

从检察建议书及相关资料看，承办案件的检察官并未“就案论案”，止步于个案办理，而是以案件为切入点，与相关联合会、协会、监察机关密切沟通，全面了解案发背景、艺术品行业发展现状，精准识别问题症结，及时提出检察建议。这充分展现了检察机关在打击犯罪的同时，积极参与社会治理、推动行业完善发展的决心和行动力。尤为值得肯定的是，检察机关在查办案件的基础上，对 ** 协会存在的评奖评审制度漏洞、制度执行不力、廉政教育缺失等问题进行了深入剖析，并据此在检察建议书中系统性地提出了改进建议。这种“惩治与预防并重”的工作模式，不仅有助于从源头上遏制类似职务犯罪的发生，也体现了检察机关在新时代下主动适应社会需求，充分发挥法律监督职能，助力构建风清气正的社会环境的担当。

二、检察建议合法规范，具备正当性和必要性

检察建议是检察机关履行法律监督职能，参与社会治理的一项重要手段。《人民检察院组织法》第 21 条规定：“人民检察院行使本法第二十条规定的法律监督职权，可以进行调查核实，并依法提出抗诉、纠正意见、检察建议。有关单位应当予以配合，并及时将采纳纠正意见、检察建议的情况书面回复人民检察院。抗诉、纠正意见、检察建议的适用范围及其程序，依照法律有关规定。”《人民检察院检察建议工作规定》第 11 条进一步明确了检察院在办理案件中发现社会治理工作存在六种情形之一的[①]，可以向有关单位和部门提出改进工作、完善治理的检察建议。本案中的检察机关引用《人民检察院组织法》第 21 条和《人民检察院检察建议工作规定》第 11 条作为提出检察建议的法律依据，首先阐明了制发检察建议书的合法性与正当性。其次，检察机关结合本案的特殊情况，通过细致的分析和研判，准确指出在艺术品行业领域，相关协会在评奖

① 《人民检察院检察建议工作规定》第 11 条规定：“人民检察院在办理案件中发现社会治理工作存在下列情形之一的，可以向有关单位和部门提出改进工作、完善治理的检察建议：（一）涉案单位在预防违法犯罪方面制度不健全、不落实，管理不完善，存在违法犯罪隐患，需要及时消除的；（二）一定时期某类违法犯罪案件多发、频发，或者已发生的案件暴露出明显的管理监督漏洞，需要督促行业主管部门加强和改进管理监督工作的；（三）涉及一定群体的民间纠纷问题突出，可能导致发生群体性事件或者恶性案件，需要督促相关部门完善风险预警防范措施，加强调解疏导工作的；（四）相关单位或者部门不依法及时履行职责，致使个人或者组织合法权益受到损害或者存在损害危险，需要及时整改消除的；（五）需要给予有关涉案人员、责任人员或者组织行政处罚、政务处分、行业惩戒，或者需要追究有关责任人员的司法责任的；（六）其他需要提出检察建议的情形。”

评审制度、落实监督监管职责、廉政法纪教育和职业道德培育力度等方面存在漏洞和短板，这些问题与杜某某的犯罪行为之间存在直接关联，且可能导致同类违法犯罪问题的反复出现。检察机关应依法有针对性地提出检察建议，推动 ** 协会乃至整个美术行业加强内部管理，有效预防职务犯罪。这样的分析和阐释进一步明确了提出检察建议的必要性与现实性，也更容易获得被建议方的理解和接纳，体现了检察机关“双赢、多赢、共赢”的法律监督理念。

三、检察建议精准细致，具有很强的可操作性

针对相关协会存在的三点问题，检察机关把脉问诊，以检察建议书的形式从进一步健全完善评奖评审制度机制，严肃处理有关违规、失德失范人员，全面抓好协会党风廉政建设三大方面开出精准“药方”。从检察建议书中所罗列的具体建议来看，几乎每项建议都涉及制度建设、机制创新、责任落实等层面，如完善评委守则、改进评选方式、设立专家评审委员会等，为协会整改提供了清晰的“路线图”“施工表”。同时，文书注重预防与长效机制，不仅关注对已发现问题的整改，更强调通过制度建设和廉政教育，构建长效预防机制，体现了检察机关对社会治理深层次问题的敏锐洞察力与前瞻性思考。

从检察建议书提出的效果看，这些建议一经作出即得到联合会党组的高度重视和积极回应。党组书记专门作出批示，要求把检察建议书提出的整改意见对口分到有关处室，结合党风廉政建设和日常业务工作等进行认真整改，并对有关失德失范会员进行严肃处理。2019 年 11 月 20 日，** 协会当面向检察机关送达回函和整改报告，并就整改落实情况做了现场通报。

总体而言，北京市人民检察院出具的这份检察建议书对 ** 协会领导职务犯罪案件进行了深度剖析，揭示了案件的社会影响和法治意义。同时，坚持办理一案、治理一片、规范一域的思路，从个案切入，对 ** 协会存在的各项问题进行深度剖析、全面体检，提出切实可行的整改建议，积极引导和推动相关部门完善制度、强化监管。该份检察建议书运用法律条文精准规范，文书撰写严谨务实。从美术行业扩展至整个艺术行业，提升了检察建议发送的层次和格局，推动 ** 协会上级主管单位参与督促落实，提升了检察建议的辐射效应，扩大了整改覆盖面，展现了检察机关参与社会治理的能力和水平，检察建议书发出后得到了 ** 联合会党组的高度重视和大力支持，对于推动美术行业乃至全社会的法治建设、廉政建设起到了积极作用。这充分体现了检察机关在社会治理中的积极作为，对推进法治国家、法治政府、法治社会一体建设具有重要示范作用。

（**点评人**：董坤，中国社会科学院法学研究所研究员、博士生导师）

【检察官点评】

北京市人民检察院就艺术品评奖和会员发展方面的管理漏洞向 ** 联合会制发检察建议书，具有一定的示范意义。这起案件由市院受理，但交分院办理，最终通过两级联动发出检察建议，体现了检察机关的一体履职。这份检察建议书篇幅不长，但很有典型意义，具体体现在四个方面：

一是同类问题同类解决。本案系职务犯罪案件，被告人杜某某系 ** 协会分党组成员、副秘书长，但最终检察建议的发出对象却是该协会的上级单位即 ** 联合会。之所以这样来发，主要就是考虑虽然案件发生在 ** 联合会的一些协会，但该联合会的其他协会，管理领域和模型具有相似性，问题也很有可能具有相似性和普遍性，因此给上级单位发送检察建议，可以以此为鉴，帮助他们发现、整改其他协会可能存在的制度漏洞，有利于提升检察建议的辐射效应，扩大整改覆盖面，从而保证同类问题同类解决，最大限度发挥系统治理和犯罪预防的功效。

二是虚实结合以点带面。检察建议指向的问题不仅从面上找，从行业管理规范规定上找，还通过举实例的方式体现点面结合。在提出拉票、人情票问题多发的问题时，就举出杜某某通过影响评委的方式帮助沈某某获奖。在提出作品作假、评委谋私现象时有发生时，就举出杜某某帮助于某某以杜某某代笔获奖的作品通过会员评审，成为 ** 协会会员。在谈到回避规定未能有效执行时，就举出杜某某帮助其学生卢某某获奖正是利用上述漏洞。这些例证不仅印证问题现象的真实性，因为这些例证均为案件的具体犯罪事实，也是通过实例的方式体现问题的严重性，通过例证提示 ** 协会能够充分予以关注。

三是发现问题解决问题。检察建议不仅提出了问题，更是用了将近一半的篇幅提出解决问题的具体建议。不是笼统地提出建议，而是务求实效地提供解决方案。比如在加强对展览评委的管理方面，就提出在评委遴选上增加美术名家、评论家比例，这一建议就十分具体，且管用可行，因为只要美术名家、评论家增多就可以摆脱内部管理人员控制的局面，也就是用名家的声望来预防腐败，也可以进一步提高评委的专业化水平。在加强对会员入会管理监督时，就提出建立专家评审委员会，通过专家审核、网上公示、公众监督等方式，完善公开、透明环境。这就是将专家专业审查与公众普遍监督相结合，从而引入阳光这个防腐剂。在严肃处理有关违规、失德失范人员时，并没有一棍子打死，也是提出宽严相济，分层次处理的意见。对于部分当事人如于某某使用杜某某代笔的作品获奖后取得会员资格，马某某采用威胁杜某某的方式多次获奖并取得会员资格，均建议取消其会员资格。对于其他涉案当事人如沈某某、杨某某等，虽也在入会前后向杜某某行贿，但鉴于其行贿行为存在被动性或是受他人影响，建议通过专业评审委员会进行作品审查，确定其是否符合入会标准，如不符合应当依规取消会员资格。会员如王某某、叶某某等人存在为他人获奖、入会提供帮助等失德失范行为，建议依法依规予以处理。

四是形成“三见面”主动履职的工作机制。北京市检察机关在制发检察建议的过程中形成了“三见面”的工作机制。第一次是前提调查阶段与案发单位座谈，第二次是当面宣告检察建议，第三次是听取反馈意见。首先，赴 ** 协会实地核实相关情况，详细了解涉案原因、具体情节、违规程度等，对所有涉及案件的当事人进行区分，分为建议依规惩戒人员、待核查人员等不同类别，为建议实施行业惩戒奠定基础。其次，主动登门，听取案发单位意见。杜某某案判决后，检察机关主动联系 ** 协会，协商召开杜某某案专题座谈会。座谈中，监察机关、检察机关、案发单位三方围绕协会职能定位、健全管理监督制度、严格评审环节管控、落实行业惩戒制度等进行深入交流，并就开展以杜某某为反面典型的警示教育达成共识，当面宣告送达了检察建议书。最后，经过两个月的整改，** 联合会全部采纳了检察建议内容并书面回复检察机关。** 协会当面向检察机关送达回函和整改报告，并就整改落实情况做了现场通报。

（**点评人：**刘哲，北京市人民检察院第一检察部副主任、三级高级检察官）

【法官点评】

党的二十大报告专章对“坚持全面依法治国，推进法治中国建设”作出部署，明确提出“加强检察机关法律监督工作”。检察建议是检察机关履行法律监督职责的重要方式，是服务保障全面推进国家各方面工作法治化的重要抓手，对于加强系统治理、促进社会治理具有重要作用。北京市人民检察院就艺术品评奖和会员发展方面的管理漏洞向 ** 联合会制发的检察建议，就是这样一篇能够有力推动完善社会治理体系、提升社会治理效能，从而推进国家治理体系和治理能力现代化的优秀检察建议。

一是服务国家大局，聚焦群众关切。检察建议应当坚持围绕中心、服务大局，为经济社会高质量发展、国家治理效能和社会治理水平提升、中国式现代化的全面推进提供检察助力。同时，聚焦与人民群众利益息息相关、社会公众普遍关注的问题，通过检察履职保障和改善民生。这篇检察建议关注的核心问题之一是设奖颁奖。设奖颁奖事关国家信誉和政府公信力，又和人民群众的利益息息相关，本应是严肃、公正的公共活动。但一段时间以来，由于过度染指权力、金钱，各类评奖中暗箱操作大行其道，“跑奖”“卖奖”“买奖”“权力定奖”等乱象层出不穷。颁奖异化成了一些评奖单位、个人的生财之道。一度闹得沸沸扬扬的“中华脊梁奖”“共和国脊梁奖”，让“花钱买奖”的潜规则成为公开的秘密。评奖单位不负责任、唯利是图的卖奖行为，不仅让诸多奖项的含金量大打折扣，组织者的公信力丧失殆尽，也在无形中为不法之徒行贿受贿、制假售劣、敲诈骗钱铺平了道路。这不仅严重损害了国家和政府的形象，人民群众更是深恶痛绝。近年来，国家一直致力于清理规范达标评比活动，并切实取得了“减肥瘦身”的效果。但杜某某涉嫌受贿罪、行贿罪一案的事实表明，规范评奖行为仍任重道远。对此，不能因为“并非国家权威部门颁发”，就忽视卖奖对政府公信力的伤害，必须站在维护国家信誉、保护公众利益的高度，加强对全国评奖活动的持续治理，尤其是要加大对各级各类协会的评奖活动的规范力度。这其中，加大打击惩治力度，提高违法成本和风险，由此斩断权钱交易链条是应有之义，但要实现标本兼治，更要通过检察建议加强源头治理、源头预防，推动建章立制、堵塞漏洞，优化长效监督管理机制，推动社会治理水平的提升。

二是立足监督职责，必须审慎合法。检察建议应当针对在履行法律监督职责中发现的、与检察业务紧密关联、确有监督必要的事项，严格依托办案制发，体现检察机关的法律监督属性。这篇检察建议源于检察机关办理的 ** 协会领导杜某某以权谋私案。检察机关的办案人员通过讯问杜某某、审查在案证据和查阅相关文件资料，发现 ** 协会在主办展览、会员评审等工作环节存在管理监督漏洞，有发生违法犯罪隐患，同时需要给予有关涉案人员、责任人员以行业惩戒，进而确定该案具备制发检察建议的合法性、必要性和可行性。

三是制发程序规范，文书质量上乘。检察建议应当严格遵循规范化的制发程序和工作流程，深入扎实开展调查核实，检察建议书要各项要素齐备、格式规范，分析问题客观精准、有理有据，提出对策于法有据、合理可行。这篇检察建议在要素、格式、分析问题、提出对策等方面的优点自不必多言，更难能可贵的是进行了深入扎实的调查核实，广泛征求了各方的意见。检察机关不仅促成杜某某在认罪悔罪的基础上，提出十余条多维度改进协会工作的具体建议，还主动联系监察委员会调查人员、特定涉案人员，赴 ** 协会实地核实相关情况，详细了解涉案原因、具体情节、违规程度等。杜某某案判决后，检察机关主动召开专题座谈会，听取案发单位意见。检察机关还借用“外脑”，广泛听取专业意见建议。针对案发单位行业特殊、专业性强的特点，采取电话、函询、座谈会等多种形式广泛征集专业人员、专业团体的意见建议。这些针对性的工作，确保了检察建议的内容精准度高、实效性强，提出的对策于法有据、合理可行。

四是配合督促联动，落实效果显著。北京市人民检察院的检察建议发出后的跟踪督促措施得当、工作及时有效，既支持、帮助、配合被建议单位开展落实工作，又持续督促被建议单位积极整改，检察建议取得良好落实效果，充分实现建议的预期目标。

五是提高立场站位，彰显辐射效应。检察建议不仅应当聚焦当下，解决当前的、局部的问题，更应当着眼长远，促进系统整治，长效治理。这篇检察建议提升发送层次，将发送的对象确定为 ** 协会的上级主管单位 ** 联合会，针对文艺管理领域腐败问题向其提出有针对性的检察建议。** 联合会作为美术行业引领服务联络机构，所属专业协会众多、行业范围广、群众关注度高，推动其参与督促落实整改，有利于将检察建议的辐射效应从美术行业扩展至整个艺术行业，扩大整改覆盖面，促进提升整个行业的治理水平，进而有力推动我国文艺的繁荣发展。

（**点评人**：林辛建，北京市第一中级人民法院督察室主任）

【律师点评】

通过检察建议推动完善社会治理体系、提升社会治理效能，从而推进国家治理体系和治理能力现代化，必然要求检察机关进一步提高检察建议工作水平，提升检察建议质效。本案检察建议具有以下四个特点：

一、紧扣重点行业问题、推动行业繁荣发展

在推进社会发展、法治中国建设过程中，文学艺术发挥着独特的作用，我们要尊重文艺工作者，也要对行业生态存在的问题及时提醒，发挥检察监督参与社会治理的作用，推动文艺事业健康发展。** 协会在作品评奖、会员入会评审等方面以权谋私的腐败案件，说明行业管理存在漏洞，行业生态存在普遍性问题，在对相关职务犯罪依法打击的同时，更要加强源头治理、源头预防，推动建章立制、堵塞漏洞，优化长效监督管理机制。北京市检察机关依托案件办理，针对文艺管理领域腐败问题向其提出有针对性的检察建议，促进提升行业的治理水平，得到了 ** 联合会党组的高度重视和大力支持，对于推动我国文艺繁荣发展有着积极意义。

二、开展扎实的调查核实工作，坚实履行检察监督职能

调查核实是制发检察建议的基础，其目的是要找准被建议单位存在的问题，确保建议有事实依据和证据支撑。扎实的调查核实工作需要综合运用各种调查核实措施，才能真正掌握事实、取得证据。检察机关通过办理杜某某职务犯罪的个案发现问题。基于个案办理中发现的问题、隐患，进而展开深入的调查核实，全面掌握被建议单位存在的问题，为制发有针对性的检察建议打下基础。检察机关开展实地调查核实，可以采取查询、调取相关材料，走访相关单位，询问相关人员，听取被建议单位意见等措施。

三、加强督促联动，落实效果显著

检察建议针对典型个案、类案发生的原因，自觉融入国家治理制发的社会治理类检察建议，能够促进源头防治，实现治罪与治理并重，以系统治理促进标本兼治。检察建议发挥最大作用，不仅要注重制发检察建议的质量，也要做好后半篇文章，不是一发了之而是一抓到底，通过抓落实把“没有硬性要求”的检察建议做成刚性。本案检察建议制发过程和制发后加强督促联动，落实效果显著。检察建议发出后的跟踪督促措施得当、工作及时有效，既支持、帮助、配合被建议单位开展落实工作，又持续督促被建议单位积极整改，检察建议取得良好落实效果。接到北京市人民检察院的检察建议书后，** 联合会党组高度重视，先后召开 2 次分党组会议和 3 次由各处室负责人参加的会议，把检察建议书提出的整改意见对口分到有关处室，要求结合党风廉政建设和日常业务工作等进行认真整改，并对有关失德失范会员进行研究处理。经过 2 个月的整改，** 联合会全部采纳了检察建议内容并书面回复检察机关。后 ** 协会当面向检察机关送达回函和整改报告，并就整改落实情况做了现场通报。办案机关就落实中的相关问题加强沟通，推动积极稳妥落实建议，充分实现了建议的预期目标。该建议的辐射效应从美术行业扩展至整个艺术行业，提升检察建议发送层次，推动了 ** 协会上级主管单位参与督促落实，有利于提升检察建议的扩展效应，扩大整改覆盖面。

四、制发程序规范，文书质量上乘

检察建议应当严格遵循规范化的制发程序和工作流程，深入扎实开展调查核实，本案中的检察建议书各项要素齐备、格式规范，分析问题客观精准、有理有据，提出对策于法有据、合理可行。制发一份检察建议，包含了从选题立项、调查核实、文书制作、送达、督促落实等一系列流程。检察建议最为重要的是对被建议单位存在问题的分析和对对策建议的论述。这两部分内容是检察建议书的核心，关系检察建议书质量高低、能否得到被建议单位认同，也是检察建议得到有效落实的基础。该份检察建议结合调查核实查清的事实、证据，根据法律法规的规定对被建议单位存在的问题进行分析，指出评奖评审制度存在漏洞、制度落实不够严格，监管、问责机制不到位和廉政法纪教育和职业道德培育力度不够的问题。接下来针对上述问题，展开对策建议的论述。提出进一步健全完善评奖评审制度机制、严肃处理有关违规、失德失范人员和全面抓好协会党风廉政建设的具体方案和方法措施。对策建议的论述部分符合针对性要求，针对问题提出解决的具体建议和工作措施：要求加强对展览评委的管理，确立《评委守则》，规范细化评审标准等。同时要求加强对会员入会管理监督。针对不同违规人员提出切实可行、分层处理的建议。以上建议具有可操作性，提出的建议属于协会的职能范围、符合协会工作实际，能够通过具体工作予以落实。

综上所述，该份检察建议从关注行业痛点、制发工作情况和文书内容来看，均是一篇优秀的检察建议。

（**点评人：**郝春莉，北京市东卫律师事务所主任）

12. 上海市徐汇区人民检察院就医疗保障基金监管问题向医保部门制发检察建议：守护医保基金就是守好群众“救命钱”

【案情简述】

基本医疗保障基金是国家用以保障参保人员基本医疗需求的专项资金，堪称人民群众的“救命钱”。大家看病就医的过程中，有时会存在这样的乱象：一些不法分子通过冒用他人医保卡，大量从医疗机构配取药品，加价倒卖牟利。这些冒名开药的药贩如同附着在国家医保基金肌体之上的“吸血毒虫”，以“零敲碎打”积少成多的方式不断攫取不法利益，导致国家医疗保障基金持续性“失血”。这种犯罪所危及的绝不仅是医保基金的安全，从长远看，更会动摇捍卫人民群众生命健康权益的“后防线”。

上海市徐汇区人民检察院在办理一起诈骗案件中，与骗保犯罪发生了“正面遭遇”：蒋某某通过租赁等方式取得他人医保卡，半年内多次以“代配药品”为名从多家医疗机构大量配药倒卖牟利，骗取国家医疗保障基金共计人民币 5 万余元。本案事实清楚，证据确实、充分，行为人很快被依法提起公诉，得到了应有的惩处。但检察机关却没有就此止步，药贩从什么渠道获取大量医保卡？为何从医疗机构到医保基金管理单位，都对这种行为毫无觉察？一系列更深层次的问题触动了办案检察官的职业敏锐性，激发了他们“打破砂锅问到底”的执着和韧劲。

为查清医保卡被冒用的原因，检察机关对在案证据中的医保结算明细、药品购置清单、代配药登记材料进行了细致审查，先后实地走访了涉案的医院和社区卫生服务中心，了解代配药管理制度和医保资金审核发放机制。经过“绣花针”式细致的调查和走访，检察机关认定医保诈骗屡禁不止的问题根源在于“委托代配药”制度的异化。这一制度本意在于满足行动不便病人的用药需求，由于相关规范比较概括，加之实名就医、配药登记等相关规定执行不严，医疗机构自行审核乏力，医保基金监管预警孔隙大、漏洞多等因素共同作用，形成了医保体系中的监管盲区，被不法分子用以持续骗取医保资金。

为实现医保诈骗痼疾根治的目标，检察机关通过精准“把脉”，提出了严厉打击、规范管理、加强法治宣传等多措并举的整改方案，通过建立司法机关、行政机关、医疗机构、社会公众四位一体的联合防范体系，让骗保行为无所遁形，相关工作成效不仅得到医保主管机关的高度认可，也获得了就医人民群众的交口称赞。2022 年，最高人民检察院会同最高人民法院发布了《关于办理危害药品安全刑事案件适用法律若干问题的解释》，为依法惩治危害药品安全犯罪，更好地保障人民群众生命健康安全，维护药品市场秩序提供法治遵循，也体现了司法机关严惩欺诈骗保犯罪的“高压”态势和为人民群众守护好基本医保“救命钱”的决心。

【文书原文】

上海市徐汇区人民检察院

检察建议书

沪徐检建〔2021〕109 号

** 医疗保障部门：

2021 年 6 月，本院在办理犯罪嫌疑人蒋某某涉嫌诈骗罪等案件中，发现本区存在不法分子通过冒用他人医疗保险卡大量配取药品后倒卖牟利，导致国家医疗保障基金流失的问题。该案中，蒋某某于 2020 年 6 月至 2021 年 2 月，以租赁等方式取得他人医疗保险卡后，多次至本市多家医疗机构以代配药为名大量配药并倒卖牟利，骗取国家医疗保障基金共计人民币5.7万余元。经本院批准，蒋某某由上海市公安局徐汇分局执行逮捕，目前案件正在审查起诉中。

为查清医疗保险卡被冒用的原因，本院走访了涉案的街道社区卫生服务中心和医院等医疗机构，了解代配药管理制度，同时对公安机关收集的涉案医疗保险卡结算明细、药品购置清单、代配药登记簿等材料进行核实，发现委托代配药制度在执行过程中存在如下问题：

1. 相关医疗机构执行制度不严。根据《关于医疗保险定点医疗机构门诊委托代配药有关规定的通知》（沪医保〔2001〕93号，以下简称《通知》）的规定，医疗机构应指定管理部门负责医保门诊代配药管理；委托代配药应到医疗机构指定的管理部门予以登记，并出示就医职工医疗保险卡和被委托人的有效证件，经审核后在门诊处方上加盖“代配药”字样章后方可记账配药；医疗机构应妥善保管委托代配药登记表，以备核查。本案中，对于委托代配药，部分医疗机构未设立专门的登记制度，部分医疗机构未严格执行登记制度，无代配药登记表或填写不规范，致使代配药者只要持有他人医疗保险卡即可冒充其亲友进行配药。如犯罪嫌疑人蒋某某实施犯罪时，或拒绝登记，或只填写姓名、不填写身份证号码和联系方式，或填写虚假身份信息，均顺利配得药品。

2. 门诊医师审核把关不严。根据《通知》规定，因特殊情况至医疗机构就诊确有困难而需临时门诊委托代配药的，原则上不得连续超过三次，此后应到门诊复查；医疗门诊医师需根据门诊病历记载的治疗方案的药物处方配药，并在门诊病历上记录代配药品种、用药量以及代配药的次数，在处方上注明“代配药”字样。据此，门诊医师应当对代配药请求进行审核及记录，但上述案件中存在超过规定次数仍允许代配药的情况。如犯罪嫌疑人蒋某某使用他人医疗保险卡先后四次在某街道社区卫生服务中心代配大量药物均得逞，且门诊医师未在门急症就医记录册、处方和配药信息系统中备注“代配药”字样。

3. 预警阻断机制被规避。《上海市基本医疗保险门急诊就诊和医疗费用异常的审核管理办法》中对于就诊和医疗费用异常情形设置了预警阻断机制。上述案件中，犯罪嫌疑人蒋某某在一家医疗机构中单次配药品种和数量未超过处方允许的最大配药数量，但其短时间内一人使用多张医疗保险卡在多家医疗机构频繁配药。目前相关预警阻断机制被其规避，不能及时阻断此类代配药异常行为。

基本医疗保障基金是国家用于保障参保人员基本用药需求的专项资金，是人民群众的“救命钱”。《基本医疗保险用药管理暂行办法》（国家医疗保障局令第1号，以下简称《办法》）第二十三条规定，参保人使用《基本医疗保险药品目录》内药品发生的费用，符合该条规定条件的，可由基本医疗保险基金支付。《医疗保障基金使用监督管理条例》（以下简称《条例》）第十五条和第十八条规定，定点医药机构及其工作人员应当执行实名就医和购药管理规定，核验参保人员医疗保障凭证，按照诊疗规范提供合理、必要的医药服务，不得违反诊疗规范超量开药、重复开药，不得诱导、协助他人冒名或者虚假就医、购药。定点医药机构应当确保医疗保障基金支付的费用符合规定的支付范围。参保人员不得利用其享受医疗保障待遇的机会转卖药品，接受返还现金、实物或者获得其他非法利益。定点医药机构不得为参保人员利用其享受医疗保障待遇的机会转卖药品，接受返还现金、实物或者获得其他非法利益提供便利。委托代配药制度的设立是为了方便高龄或行动不便等确有困难的病人用药。防范犯罪分子以代配药为借口诈骗医保基金，是一个综合性问题，一方面需要加强管理、严格审核，防止医疗保障基金损失，另一方面仍应服务于设立该制度的便民初衷。

根据《办法》第六条第三款和《条例》第六条第二款的规定，你单位负责本区医疗保障基金使用监督管理工作以及《基本医疗保险药品目录》和相关政策的实施。据此，为预防医疗保险诈骗案件的发生，切实维护医保基金安全，根据《中华人民共和国人民检察院组织法》第二十一条，《人民检察院检察建议工作规定》第三条第一款、第十一条第二项的规定，建议你单位协同有关部门研究并协调落实以下事项：

1. 协同本区司法机关建立对违法犯罪行为的联动查处机制，严厉打击冒用医疗保险卡、套取国家医疗保障基金的违法犯罪活动。医疗机构应当严格审核代配药者身份并进行登记，发现可疑人员，及时将相关信息上报你局。你单位应加强对可疑信息的核查，发现存在诈骗医保基金可能的，及时向司法机关移送线索，实现行政执法与刑事司法有效衔接。

2. 组织动员本区各街镇、所辖各定点医药机构广泛深入开展法治宣传教育。委托代配药是常见现象，公众对于将医疗保险卡出借、出租给他人使用可能涉及违法犯罪缺乏认知。应当通过各种平台和载体广泛宣传，使广大群众充分了解冒用他人医疗保险卡配药，受损对象是国家的医保基金，骗保是犯罪行为，在全社会形成一种共识，自觉抵制出借医疗保险卡牟利的诱惑。

3. 协同区卫生健康部门建立和完善全区统一的委托代配药管理制度。《通知》对委托代配药进行了规制，但该规定较为原则，如规定“因特殊情况至医疗机构就诊确有困难”的可以委托代配药，但没有明确何为“特殊情况”；对于“一人多卡”及代配药数量没有限制。因此，可对上述管理制度进行细化，建立全区统一的委托代配药管理细则，比如要求持卡人出具和就医职工存在亲友关系的证明或授权书，核实被委托人身份证件并进行代配药登记后方可配药，便于医疗机构识别代配药者的真实身份；对于代配药次数和频率、使用他人医疗保险卡次数、代配药物种类和数量等进行更为科学的限制，使医疗机构执行有据可依。

4. 协同区卫生健康部门督促本区医务人员严格遵守代配药管理制度。一些医务人员在审核代配药人员资质及配药申请方面未严格遵照《通知》规定，存在审核把关不严的问题。应加强对本区负责配药发药和管理代配药登记的医务人员的思想教育，督促其严格遵守本市代配药规章制度，拒绝不符合条件的代配药人员的配药要求。督促医疗机构将代配药制度落实情况纳入绩效考核中，对于故意违反代配药制度的医务人员，依法依规追究相应责任。

以上建议望你单位予以重视。若有异议，请于收到本检察建议书后七日内书面函告本院。若无异议，请将相关采纳落实情况于本检察建议书送达之日起二个月内书面回复本院。

2021 年 9 月 7 日

【学者点评】

办一起刑事案件，不应止于该案件自身的处理。对于办案中发现的具有一定普遍性的问题，尤其是容易诱发犯罪、为心怀不轨的人利用的问题，需要及时裨补缺漏，在解决已犯问题的基础上，解决好未犯的机会，实现不犯的目标。上海市徐汇区人民检察院的检察建议书，就属于这种情况，其检察建议书是一份指向明确、功能清晰的检察文书。

上海市徐汇区人民检察院的这份检察建议书是向 ** 医疗保障部门发出的文书。该部门属于解决建议中所提到的冒用医疗卡骗取药品倒卖牟利问题的关键部门。检察建议开宗明义，首先介绍了检察建议的背景，该建议是基于徐汇区人民检察院于 2021 年 6 月办理的一起犯罪嫌疑人蒋某某涉嫌诈骗罪等案件中的发现，即违法犯罪者采取的手法是冒用他人医疗保险卡，大量配取药品，得手后倒卖牟利，这种违法犯罪行为的危害后果，是导致国家医疗保障基金流失。检察建议书具体描述了该案蒋某某的犯罪手法和危害后果，为后续的检察建议奠定事实基础。另外，检察建议书也简单介绍了该案的诉讼情况，表明检察建议书是在人民检察院审查批准对蒋某某逮捕后，经过进一步调查后发出的，由此也点明了检察机关随同办案而积极履行社会综合治理之旨意。

一份检察建议，需要以背后扎实的调查工作为基础，对于医疗领域的一些制度与运作情况，检察机关并不一定熟悉，这就需要进行相应的调查，徐汇区人民检察院在检察建议书中也介绍了检察官这方面的工作情况，即“为查清医疗保险卡被冒用的原因，本院走访了涉案的街道社区卫生服务中心和医院等医疗机构，了解代配药管理制度，同时对公安机关收集的涉案医疗保险卡结算明细、药品购置清单、代配药登记簿等材料进行核实”。正是基于上述调查核实工作，人民检察院慧眼发现问题，由此产生相应的检察建议。检察建议书中这一段描述并非虚言，一是真实描述了检察机关为一份高质量的检察建议书所做的扎实、深入工作，二是揭示检察建议的形成过程，加强检察建议的说服力和对该建议的合理性和严肃性的认识。

检察建议书有根有据地指出委托代配药制度在执行过程中存在的三大

问题，包括相关医疗机构执行制度不严、门诊医师审核把关不严、预警阻断机制被规避三个有关联的问题。从揭示的问题看，人民检察院对于这些问题的把握是准确的，对于这些问题涉及弊端的理解是清楚的，对于这些弊端危害性的认识也是明确的：本来《关于医疗保险定点医疗机构门诊委托代配药有关规定的通知》规定的委托配药制度是职责明确、手续清楚的，工作要求也是较为规范的，对委托配药的次数也有限制。但是，部分医疗机构未设立专门的登记制度，部分医疗机构未严格执行登记制度，无代配药登记表或填写不规范，致使代配药者只要持有他人医疗保险卡即可冒充其亲友进行配药，而且超过规定的次数也能配药，这就为违法犯罪打开了方便之门。为防止出现违法犯罪行为，《上海市基本医疗保险门急诊就诊和医疗费用异常的审核管理办法》还对就诊和医疗费用异常情形设置了预警阻断机制，但是，具体案件中，相关预警阻断机制被规避，形成“门虽设而长开”的局面，不能遏制违法的代配药品牟利行为。

检察建议书重申设立医疗保障制度的便民初衷，就基本医疗保障基金的重要性进行了阐述，指出该基金是国家用于保障参保人员基本用药需求的专项资金，也就是人民群众的“救命钱”，由此为加强对解决医疗保险用药的弊端和相应的检察建议的重要意义的认识，以提升检察建议接受度。检察机关借助相关规范性文件，如《基本医疗保险用药管理暂行办法》《医疗保障基金使用监督管理条例》等规定的禁止行为，指明“定点医药机构不得为参保人员利用其享受医疗保障待遇的机会转卖药品，接受返还现金、实物或者获得其他非法利益提供便利”，同时阐明委托代配药制度的设立的目的，以及该目的包含的方便高龄或行动不便等确有困难的病人用药的内涵，提出防范犯罪行为人以代配药为借口诈骗医保基金需要综合治理，为检察建议进行再一次的必要性论证，由此引出具体检察建议的内容。

检察机关提出的具体检察建议，均建立在前期调查核实和认真研究的基础上。具体建议有四项：一是协同本区司法机关建立对违法犯罪行为的联动查处机制，严厉打击冒用医疗保险卡、套取国家医疗保障基金的违法犯罪活动；二是组织动员本区各街镇、所辖各定点医药机构广泛深入开展法治宣传教育；三是协同区卫生健康部门建立和完善全区统一的委托代配药管理制度；四是协同区卫生健康部门督促本区医务人员严格遵守代配药管理制度。这四项建议，每一项都包含更为具体的建议内容，如“医疗机构应当严格审核代配药者身份并进行登记，发现可疑人员，及时将相关信息上报”，“发现存在诈骗医保基金可能的，及时向司法机关移送线索”，建议对民众展开宣传工作，提高群众的意识，并对管理制度进行细化，建立全区统一的委托代配药管理细则，严格审核代配药人员资质，督促医务人员严格遵守本市代配药规章制度，拒绝不符合条件的代配药人员的配药要求等。这些建议具有针对性，也切实可行，富于实效。

总的来看，这份检察文书，符合人民检察院检察建议书的规范，立意明确，观点鲜明，逻辑严谨，实例运用得当，很有说服力，因而也具有相当的执行力。这份检察建议书，反映出人民检察院注重事实和调查核实工作，善于从现实制度与工作中寻找弊端和揭示问题，以及对于公共利益高度负责的严肃认真态度，是检察机关积极履职的具有代表性、典型性的优质检察文书。

（**点评人：**张建伟，清华大学法学院教授、博士生导师）

【检察官点评】

习近平总书记强调，法治建设既要抓末端、治已病，更要抓前端、治未病。这就要求检察机关要依法履职，坚持治罪与治理并重。而检察建议，就是人民检察院依法履行法律监督职责，参与社会治理的重要方式。检察建议有很多类型，其中社会治理检察建议主要针对的是一定时期某类违法犯罪案件多发、频发，或者已发生的案件暴露出明显的管理监督漏洞，需要督促行业主管部门加强和改进管理监督工作的情形。

检察机关在依法打击各类犯罪、维护社会稳定的同时，深入挖掘个案中的共性问题，发现并选取那些具有典型意义，在执法司法管理理念方面有纠偏、创新、进步、引领价值的问题，通过提出检察建议促进解决一个方面、一个领域、一个时期执法司法管理工作、机制和导向问题，发挥对同类问题的督促指导作用。既促进被监督者堵漏建制、提高执法司法管理能力，也可达到警示一片、教育社会面的良好效果，从而提升社会治理的法治化水平，这就是社会治理检察建议的价值所在。

2021年，上海市徐汇区人民检察院在办理蒋某某诈骗案件中发现，行为人以租借等方式获取他人医保卡后，冒用医保卡多次在医疗机构以代配药名义大量购药后倒卖套现，反映出部分医疗机构存在执行代配药登记制度不严、门诊医师怠于审核把关、就诊和医疗费预警阻断机制被不法分子有意规避等问题。为强化医保基金监管，守住老百姓的“救命钱”，徐汇区人民检察院向区医疗保障局制发了检察建议。该份检察建议书主要有以下几点值得称道。

一、充分调查核实，找准“病根”

如果说一份好的检察建议是社会治理的一剂“良方”，那么就首先要“望闻问切”找对“病根”。上海市徐汇区人民检察院通过实地核查5家医疗机构的代配药登记簿及电脑登记信息，走访4家医院及社区卫生中心、询问9名医务人员等方式调查徐汇区违法代配药情况以及《医疗保障基金使用监督管理条例》的落实情况，了解医疗机构对代配药的管理机制、审核程度以及一人持卡数量、代配药次数、频率、药品数量的上限，结合案件办理中反映出的持卡人一天之内持3张他人医保卡在4家医疗机构代配71种药物共计315盒以及同一种药物凭1张医保卡一次性配10盒等情况。明确“个案”的发生，反映出部分医疗机构存在执行代配药登记制度不严、门诊医师怠于审核把关、就诊和医疗费预警阻断机制被不法分子有意规避等问题。

二、建议有理有据，开出“良方”

检察建议若为“良方”，还需对症下药。上海市徐汇区人民检察院在制发检察建议书的过程中，强化问题导向，根据“病根”定“药方”。同时，为督促落实建议内容，夯实、扩大建议效果，徐汇区人民检察院在制发检察建议的同时，将案件中发现的医保领域存在的问题以要情专报形式层报上海市委，得到了上海市委主要领导的高度重视，并批示要求对医保流程进行全面分析研判，查漏补缺，防范风险，多措并举，从严惩处盗取医保基金的不法分子。检察机关最终提出的四点建议分别是：建议本区医疗保障部门协同本区司法机关建立对违法犯罪行为的联动查处机制，严厉打击冒用医疗保险卡、套取国家医保统筹资金的违法犯罪活动；组织动员本区各街镇、所辖各定点医药机构广泛深入开展法治宣传教育；协同本区卫生健康委员会建立和完善全区统一的委托代配药管理制度；协同区卫生健康部门督促本区医务人员严格遵守代配药管理制度。四点建议内容均立足于被建议单位的法定职责，“应改”“可能改”，被建议单位也积极采纳检察建议，“愿改”“立改”，让检察建议落到实处。

三、跟踪督促落实，确保“疗效”

社会治理检察建议，绝对不能一发了之。“药方”再好，也需病人真正配合接受治疗。《人民检察院检察建议工作规定》规定，人民检察院可以采取询问、走访、不定期会商、召开联席会议等方式，积极督促和支持配合被建议单位落实检察建议。

据了解，检察建议书制发后，徐汇区人民检察院持续关注和跟踪检察建议落实情况，通过与 ** 医疗保障局召开联席会议，就如何健全完善代配药制度进行协商，同时与徐汇区卫生健康委员会积极沟通，督促其履行监管职责。在落实检察建议过程中，徐汇区人民检察院会同医疗保障部门、公安机关、人民法院等 8 家单位联合建立加强医疗保险欺诈案件信息互通、线索移送的工作联动机制，形成了对医保基金诈骗违法犯罪利益链条全方位打击的合力。通过上述机制，已有 7 名涉及收卡、配药、销赃环节的犯罪嫌疑人被移送起诉，1 名犯罪嫌疑人被立案侦查，5 名以牟利为目的出租、出借医保卡给他人冒名使用以骗取医保基金的犯罪嫌疑人已进入刑事诉讼程序，形成了对医保基金诈骗违法犯罪利益链条开展全方位打击的合力。同时，徐汇区卫生健康委员会协同 ** 医疗保障局联合制定了《关于进一步加强徐汇区医保定点医疗机构门诊委托代配药管理的通知》，对代配药次数和频率、使用他人医疗保险卡次数、代配药物种类和数量等进行了更为科学的限制，并加强对全区医疗机构的联合监管，督促相关医疗机构查纠整改。同时，对于将医保卡交由他人冒用的户主，区医保局将通过责令改正、退回医保金、暂停医疗费用联网结算 3—12 个月等方式进行处理。目前，徐汇区医疗机构已将上述通知要求张贴在醒目的位置，并严格审核以代配药名义使用他人医保卡购买药品的申请。

随着检察建议的不断深入落实，徐汇区医保诈骗案发率呈现递减趋势，该领域整改已现成效。

医保基金是老百姓的“看病钱”“救命钱”，医保基金的安全关系到人民群众的切身利益及社会的和谐稳定。上海市徐汇区人民检察院在打击危害医保基金安全的案件的过程中，细查案件发生的深层次原因，深挖案件背后的监管漏洞，通过制发检察建议健全医保基金监管长效机制，有效保护了医保基金的安全。此检察建议的制发，实现了双赢多赢共赢。

（**点评人：**曹杰，上海市人民检察院第三分院第一检察部副主任、三级高级检察官）

【法官点评】

本案是冒用他人医疗保险卡，通过获取配药倒卖牟利骗取国家医疗保障基金的典型案例。近几年来，骗取国家医保基金的案件时有发生，严重侵害国家医保基金安全，破坏了正常的医疗保障秩序，造成人民群众“救命钱”大量流失。犯罪嫌疑人蒋某某在8个月时间内，以租赁等方式取得他人医疗保险卡后，多次至上海市多家医疗机构以代配药为名大量配药并倒卖牟利，骗取国家医保基金共计5.7万余元。其行为具有严重的社会危害性，必须依法惩治。但上海市徐汇区人民检察院不只依法办理案件，同时坚持治罪与治理并重，积极延伸检察职能，向有关职能部门制发检察建议。看似是一件个案的小举动，却能收到治理一片的大效果，为全国诸如此类药品套购骗购的案件治理提供了很好的借鉴。

检察建议是人民检察院依法履行法律监督职责，参与社会治理，维护司法公正，促进依法行政，预防和减少违法犯罪，保护国家利益和社会公共利益，维护个人和组织合法权益，保障法律统一正确实施的重要方式。可见，检察建议在国家和社会治理中扮演着重要的角色，对促推检察工作现代化具有重要的意义，应当成为各级检察机关执法办案的行动自觉。本案中，检察机关坚持两手抓，在做好审查起诉工作的同时，针对办案中发现的有关问题积极研提检察建议，促推代配药制度不断完善、医保资金监管水平逐步提升。本案检察机关履职意识很强，工作开展得好，特别是检察建议制作精良，有许多值得其他地方检察机关和其他司法机关学习和借鉴的地方。

一、理念树得牢

本案检察机关在办案中没有只进行审查起诉工作，而无视检察建议工作；也没有区分先后主次，先对案件进行审查起诉，待审查起诉结束后工作有余力再开展检察建议工作，而是真正坚持治罪与治理并重，做到审查起诉和研提建议同步进行、相互促进。近年来，检察机关做实“抓前端、治未病”，不断促推系统治理，业已成为本案检察机关积极履职，延伸检察职能的行动自觉。可以说，审查起诉是从个案层面上办案以求结案，研提建议是从类案层面上剖因以求解案，是更为重要、更有意义的办案。

二、工作做得好

本案检察机关并没有满足于起诉了事，而是坚持问题导向，深挖、细查医疗保险卡能够被冒用的原因，走访涉案街道社区卫生服务中心和医院等医疗机构，了解制度运行的实际状况，带着问题寻找答案，深入一线调研，从而能够发现真问题、真发现问题。通过实地走访、座谈交流，弄清了被冒用的医疗保险卡是如何堂而皇之地完成配药的过程，从而发现了其中存在的监管盲区、制度漏洞。

三、问题找得准

不法分子通过冒用他人医疗保险卡大量配取药品后倒卖牟利之所以能频频发生，时间长达 8 个月，骗取金额 5.7 万余元才被发现。这与相关制度执行不严、落实不力等密切相关，如存在相关医疗机构执行制度不严，门诊医生审核把关不严，预警阻断机制被规避等问题。检察建议书中既明确了应该如何做的规范依据，又指出走访中发现或案件中存在的违规问题，以具体事例直陈问题，便于有关职能部门认识到症结所在，从而积极接受建议，并采取有效行动。

四、措施列得实

本案检察建议并不是只指出问题，而是将心思和笔墨重点落在建议上。针对办案中发现的有关问题，检察机关并没有泛泛而谈加强制度建设、人员管理等程式化建议，而是对症下药，所提建议都具有很强的针对性和可操作性。一方面，检察机关没有因委托代配药制度频出问题就因噎废食，而是肯定该制度的必要性，在保障和便捷人民群众用药需求的同时，建议加强对委托代配药制度监管，从建立机制、法治教育、健全制度、督促落实等方面多点发力。特别是检察机关提出坚持主动作为，将自己摆进去，倡导协同建立违法犯罪行为的联动查处机制，打通医疗机构、行政执法机关与司法机关的沟联。

检察建议是检察机关积极融入社会治理的重要抓手。虽然执法办案是司法机关的本职工作，但又决不能就案办案，而是要积极参与社会治理，以良好的司法效果促推更好的社会效果。司法机关办案目标不是结案，不是为了结案了事，而是要做到案结事了，要解案而不是结案，解剖案件发生的成因，解决案件背后的问题，求解而不是求结。结案是程序性的，在法定期限内将案件移送起诉。而解案是实体性的，将案件发生的原因、存在的问题及治理的建议，挖掘出来并向相关部门反馈以解决此类案件，是更深层次的结案。只有这样，案件办理才能取得"三个效果"有机统一，才能起到办理一案、治理一片的效果。

本案检察机关工作可圈可点，他们不止步于案件的审查起诉无误，不满足于指控案件获得法院判决支持，而是像数学方程求解一样探寻此类案件发生的原因，并提出针对性和操作性都很强的检察建议。我们有理由相信，该检察建议被采纳并得到有效落实，对当地骗取医保基金案件的发生起到很好的治理作用，把潜在的案件解决在萌芽状态，构建起更为严密的监管体系。

（**点评人**：姜远亮，最高人民法院刑事审判第五庭审判长、三级高级法官）

【律师点评】

党的二十大报告提出，健全共建共治共享的社会治理制度，提升社会治理效能。检察建议作为检察机关履行法律监督职责的重要方式，已成为检察机关贯彻落实党的二十大精神，立足检察职能助力国家治理体系和治理能力现代化的重要抓手。本案中，上海市徐汇区人民检察院正是通过制发和督促落实检察建议，有效减少了徐汇区医保诈骗案发率，完善了社会治理体系，实现了系统治理。作为社会治理检察建议的优秀实践案例，本案具有以下四方面特征。

一、从个案到普遍，聚焦群众关切，服务国家大局

本案中，徐汇区人民检察院从一起冒用他人医保卡配药倒卖、诈骗国家医疗保障基金的个案出发，深入挖掘背后根源，发现案发的深层原因在于委托代配药制度的执行过程中存在部分医疗机构执行代配药登记制度不严、门诊医师怠于审核把关、就诊和医疗费预警阻断机制被不法分子有意规避等问题。这些监管漏洞的出现使不法分子有机可乘，威胁到医保专项基金的安全，故徐汇区人民检察院就此向医疗保障部门制发检察建议。医保基金是老百姓的“看病钱”“救命钱”，医保基金的安全既是人民群众利益攸关、普遍关注的话题，也是党和国家高度重视、重点部署的工作。在此背景下，徐汇区人民检察院聚焦医保基金监管问题，既体现了检察机关服务国家大局、促进国家治理效能和社会治理水平提升的高度，也体现了司法工作促进保障和改善民生、解决人民群众“急难愁盼”问题的温度。

二、从调查到落实，制发程序规范，合法有据履职

《人民检察院检察建议工作规定》对于检察建议的制发程序作出了明确规定，包含调查核实、文书起草、内部审核、征求意见、建议送达、异议复核、督促落实等环节。严格遵循规范化的制发程序和工作流程，扎实完成每一步骤工作，既是检察机关作为法律监督机关尽职履责的应有之义，也是保证所出具检察建议质量的必然要求。本案中，徐汇区人民检察院严格履行程序，尤其是在调查核实环节，综合运用了查询相关证据材料、询问有关知情人员、现场走访等调查核实措施，掌握了徐汇区违法代配药情况、代配药管理机制、《医疗保障基金使用监督管理条例》落实情况等相关事实，为准确识别医保领域存在的问题奠定了事实与证据层面的基础，也确保了检察建议的制发合理合法、有据可依。

三、从问题到对策，文书质量上乘，建议切实可行

本案的检察建议书是一篇社会治理检察建议中的佳作。第一，该篇检察建议书要素齐备、格式规范，符合《人民检察院检察建议工作规定》第 16 条规定的内容要求和《人民检察院检察建议法律文书格式样本》规定的格式要求。第二，该篇检察建议书分析问题客观精准、有理有据。建议书对委托代配药制度执行中的问题进行了归纳，对于每一类问题，均首先列明相关规定，而后以具体案件中出现的违规行为举例说明问题所在，使得该部分分析条理清晰、逻辑严谨、具有充分的说服力。第三，该篇检察建议书提出的对策建议针对性强、合理可行，在指出问题后，建议书首先申明了医保基金的重要意义及委托代配药制度的设立初衷，明确相关对策既要达到加强管理的目的，也不能背离便民初衷，而后基于被建议单位即医疗保障部门的职能范围，提出了四项具体改进措施：协同建立违法犯罪联动查处机制、组织开展法治宣传教育、协同建立完善委托代配药管理制度、协同督促本区医务人员严格遵守制度。四项措施覆盖制度、意识、执行、违规查处四个角度，且建议书不止于泛泛列举，还针对改进方向，如管理制度细化的具体内容进行了论述，强化了可操作性。本篇检察建议书送达被建议单位后，得到被建议单位的高度认同，全部建议均被采纳，印证了建议书本身的专业与优秀。

四、从当下到长远，推动系统整治，社会效果良好

检察建议书发出后，徐汇区人民检察院持续关注和跟踪检察建议落实情况，积极做好“后半篇文章”：徐汇区人民检察院与医疗保障部门召开联席会议，督促卫生健康部门履行监管职责，并会同 8 家单位联合建立加强医疗保险欺诈案件信息互通、线索移送的工作联动机制。检察机关在发出建议后的跟踪督促措施得当、配合工作及时有效，检察建议不仅被医疗保障部门采纳，从而促进了当下具体问题的解决，更推动多个部门联动及相关工作机制的出台，为医保基金诈骗的系统化防治奠定了基础。在检察机关与有关部门的努力下，多起医保诈骗线索被移送，多名犯罪嫌疑人被刑事追诉，徐汇区医保诈骗案发率呈现递减趋势，该领域整改初现成效。可以说，本案的检察建议既实现了短期效益，又推进了长效治理，检察机关在履行法律监督职能的同时，守护了医保基金的安全，保护了人民群众的切身利益，维护了社会的和谐稳定，取得了良好的社会效果。本案展现了检察机关在推进国家治理体系和治理能力现代化中的担当作为，体现了以高质量履职服务保障经济社会发展的检察力量与检察智慧。

（**点评人**：赵运恒，北京星来律师事务所创始合伙人）

13. 徐某某受贿案：重拳出击惩治腐败

【案情简述】

徐某某曾任 ** 石油管理局电力总公司总经理、中国石油 ** 销售分公司总经理、党委副书记，在 2011 年入选第十届湖南杰出经济人物候选人。在评选资料中，显示其自 2008 年担任中国石油 ** 销售分公司领导后 3 年间，公司资产总额和销售收入实现了跨越式增长。但在其仕途发展的同时，徐某某忘记了初心使命，利用职务便利，于 2005 年至 2013 年期间，在加油站开发建设、油库建设等方面为他人谋取利益，本人或默许亲属收受贿赂，折合人民币共计 2140 万余元。

2015 年 11 月，湖南省邵阳市人民检察院受最高人民检察院指定，对徐某某立案侦查，并于 2016 年 6 月 6 日以受贿罪对其提起公诉。面对事实、证据，徐某某说："以我的工资收入和我的家庭状况，是不缺钱的，所以从没为这个多想。"同样，针对检察机关指控的受贿犯罪事实，徐某某当庭对其中部分事实予以翻供，其与辩护人对案件绝大部分事实提出了辩解和辩护意见。

庭审中，检察官结合出庭预案全面开展举证、质证，特别是根据庭审的具体情况，重点围绕争议焦点，通过从证据细节入手进行解析论证，驳斥被告人和辩护人的辩解。一是对于将利用职权为他人谋取利益混同为按照正当程序办事的辩解理由，检察官有针对性地展示负责招标采购的证人李某甲、蔡某某证言，证明徐某某为请托人利益而直接对下属职工履职施加影响。二是对于以行受贿双方供证矛盾或者收受后及时退还否认收受财物事实的辩解，检察官将其分解为三个部分论证：其一，通过行受贿过程中时间、地点、金额等要素性细节，印证财物给付事实；其二，通过财物给付人系谋取利益相关方、财物给付人给付对象指向徐某某、财物处置受徐某某授意三个要点，印证行贿对象确为徐某某且财物受其控制；其三，通过展示行贿人对输送利益行为性质认识的证据，并结合对共同受贿人异常借贷行为等证据的分析，论证徐某某的行为系权钱交易。三是对行受贿人合意在前、亲属收受财物在后等隐性受贿方式，以及行受贿和一般人情往来的界分标准提出明确的认定依据。合议庭采纳了公诉人指控的全部事实和公诉意见，2016 年 12 月 1 日，邵阳市中级人民法院判决认定徐某某犯受贿罪，判处有期徒刑 14 年，并处没收个人财产人民币 500 万元。一审宣判后，徐某某未上诉。

该案的公诉意见书，充分围绕被告人当庭翻供、辩解及辩护人意见展开。首先，开篇清晰立论，树立明确的指控观点，进而围绕受贿罪犯罪构成要件分层论述，并辅之以关键性、细节性证据剖析，做到有论有据；其次，直接鲜明地对徐某某及其辩护人的辩解、辩护，逐一予以驳斥，做到了有针对、有回应；最后，以小见大，深刻揭露腐败危害，展示党中央反腐的坚定决心和信心。该公诉意见书获评最高人民检察院优秀说理检察法律文书。

【文书原文】

湖南省邵阳市人民检察院

公诉意见书

审判长、审判员：

今天我们在这里依法公开开庭审理中石油 ** 省销售分公司原总经理徐某某受贿一案，根据《中华人民共和国刑事诉讼法》第一百八十四条、第一百九十三条和第二百零三条的规定，我们受邵阳市人民检察院指派，代表本院，以国家公诉人的身份出席法庭，支持公诉，并依法履行法律监督职责。在上午以及刚才进行的法庭调查过程中，公诉人通过讯问被告人徐某某，通过向法庭出示、宣读了大量的证据，证实了本院的指控：被告人徐某某身为国家工作人员，利用职务之便，为请托人谋取利益，收取请托人财物的犯罪事实。同时，我们也认真听取了被告人徐某某的辩解意见以及被告人徐某某所委托的辩护人的辩护意见，并且予以了充分回应。和本案的所有诉讼阶段一样，我们切实保证了被告人的合法权益。为使法庭对本院的指控意见有一个更为清晰的、客观的把握，以利于对被告人准确适用法律并作出判决，我们现发表以下公诉意见，请合议庭充分考虑：

一、本院起诉书指控被告人徐某某受贿，事实清楚，证据确实、充分

首先，公诉人当庭出示并宣读了大量的证据，证实了被告人徐某某具有国家工作人员的身份和职权，具备承担相关刑事责任的主体要件。上述事实，通过举证、质证，已经清晰明确，并且被告人及其辩护人当庭没有提出异议。

其次，我们出示并宣读了大量证据，证实了被告人徐某某利用国家工作人员的职权，为请托人谋取利益。对于这一部分事实和证据，辩护人和被告人提出部分异议，但是异议不大。总的来讲，就是被告人徐某某在当庭供述和举证、质证过程中，刻意对自己利用职权这一事实辩解为是按照正当程序办理，或者是说没有施加其他影响，其隐含的信息无非是：利用职权为请托人谋利在其中的体现并不明显。但是，大量证据清晰地反映了其利用职权的整体脉络，我们不妨将已经出示的证据中的相关细节向大家展示一下：时任 ** 石油管理局电力总公司副总工程师李某甲供称，徐某某向他打招呼，让他看看请托人李某乙哪些技术和产品是电力总公司可以采用的，“能用就用”。可见，徐某某轻描淡写辩解称是按照程序办事，而事实却是处处为请托人考虑，专门为李某乙进行“量身打造”。

我们再看，时任中石油 ** 省销售分公司后勤办主办蔡某某的证言，他证实：在招投标过程中间，徐某某一直在为李某乙的租赁业务打招呼，于是，就将竞标的底价报给了李某乙。徐某某对公司职员履职过程中所施加影响是何等之强烈，由此可见一斑。当然，有人会说，这仅仅是被告人徐某某所在单位的相关人员自身的感受，但恰恰是从这些人的切身感受当中能够清晰体现出，作为一个公司的总经理，在公司业务活动中对其下属的影响是怎样的强烈，他更应当谨言慎行，他所说、所做并非是轻描淡写的“按照程序办事”。此后，徐某某又向不具备相关开设资质的人员，以8500万元的价格收购他们的四个加油站，该事实更加能够看出，谋利行为之明显，职权因素之突出，甚至是超出正常履职的范围，并非像被告人徐某某当庭所供述的“只是按程序办事”。

最后，公诉人向法庭提交、出示和宣读了大量的证据，证实了被告人徐某某收受请托人财物这一事实。针对这一部分事实，被告人及其辩护人有所质疑，总体表现为三种情形：第一种，不持异议。我们注意到有的事实辩方是不持异议的，就此恳请合议庭对该部分的事实和证据予以确认。第二种，对相关事实予以否认，也就是否认存在收受贿赂的事实。否认的理由无非是说供述证言相互矛盾，不能印证，辩解意见足以冲击我们原来的证据体系，或者提出没有相应的银行凭证来证实行受贿事实客观存在。在我们司法实践当中遇到的大部分行受贿案件都没有相应的银行凭证来证实行受贿资金的往来，这是因为在反腐败的高压态势之下，行受贿案件越来越隐秘，相关人员越来越注意对自己的行受贿事实加以掩盖，所以提出没有相关客观书证以反驳公诉人的指控事实，于理不合于法无据。对于证据相互矛盾没有印证的质证意见，我们重申在质证中的答辩意见：供证一致，相互印证，没有不能排除或无法合理解释的矛盾，可以证明收受财物的事实。第三种，辩护人的辩护意见以及被告人的辩解意见，对于已经收受这一部分附加了一个新的事实，即收了以后又退还了。但是，被告人以及辩护人今天没有提供确实的证据来证明这附加的事实真实存在，反倒是公诉人已经出示并宣读了大量的证据，证明了这个案件当中没有退还的事实。应当说明的是，我们在法庭举证的倒数第二个环节，向法庭出示了相关证据，证明李某乙曾经在侦查机关对其进行讯问的过程中，明确表达了自己和祁某某有合作炒股的事实。请注意，这实际上是对被告人有利的事实和证据，这也是客观反映了检察机关在侦查过程中，不仅注重收集对被告人有罪的证据，同时还注重收集对被告人有利的，证明被告人无罪或者罪轻的证据。这份证据从某些方面反映出我们查获的部分银行书证，证实部分行受贿方的资金往来并非是受贿，在案件审查过程中，我们也给予了客观认定。但这并不能否认，本院起诉指控的受贿犯罪事实系行受贿双方在事实、细节方面供证一致，属于印证证实的事实。正如我们刚才在质证意见中所发表的那样，当某一个事实真实地发生后，两个不同的人才能够对事实作出清晰准确，细节相互印证一致的描述。如果这个事实没有发生过，必然在叙述事实的细节和相应情节上会存在不一致。为了使合议庭厘清事实、准确定性，我们还需要强调以下几点：

第一点，证实财物给付过程的证据确实、充分。一方面，行贿人李某乙等人所证实给付的时间、地点、方式、金额、对应人员以及谋利的因果性等事实要素，实质上与被告人徐某某及其妻子张某某、女婿祁某某等人的供述或者证词是相互印证一致的；另一方面，以银行转账、汇款等方式给付财物的均有转账的凭条、汇款凭证、银行卡交易明细等客观书证予以佐证，对于供述说通过银行转账的，但是没有查证有银行相应书证的，本院也没有作为起诉事实列于起诉书当中。同时，我们对于以现金方式进行交易的犯罪事实，也相应地查证了资金的来源，即行贿人向被告人徐某某行贿，是有相应的资金为依托和保障的，银行凭证属于此类印证证据，与供述证言相结合，共同证明行受贿事实，不能单独、孤立地看待银行凭证，更不能简单将银行凭证上的金额与认定的受贿金额画等号，以金额不符来否定案件事实，甚至是得出没有银行凭证就没有受贿事实的结论。如果这样认定，明显是虚设了一个前提：行贿资金均出自银行或者出自银行的资金均用于行贿。这个逻辑无须分析，不攻自破。因此，公诉人认为证实所有财物给付的事实，证据确实、充分。

第二点，证实财物给付对象是被告人徐某某的证据确实、充分。一是证据清楚表明了财物给付人都是请托人，都是徐某某利用自己的职权为其谋取利益的相关人员。二是证据已经清楚表明了财物给付者给付财物时直接告诉徐某某或者通过他人转达给了徐某某，甚至还有一些原本就是徐某某联络下才予以实施的。三是有些财物虽然不是徐某某亲自收受，但是依据徐某某给付之前的沟通过程，或者财物给付之后的处置过程，都能清晰地表明财物是针对徐某某的。证据显示，当徐某某和李某乙、李某丙之间进行行受贿合议的沟通过程中，两者开始所表示的意思并不一致，但是随着时间的推移，他们达成了某种默契。徐某某对其家人露骨地表达：你不要太相信他，但是如果他给钱，还是可以收的。这足以反映出，他们之间的行受贿合议经历了从不信任逐步到信任，最终发展到索取的完整过程，而这一切交换的对象都是徐某某，都是徐某某手中的权力。

第三点，证实财物是被收受的而非借用或者合作经营的证据确实、充分。我们注意到，被告人及其辩护人在质证过程中间，详细提到了有一部分行贿款是一种借用关系，是借用来共同炒股的关系，我们已列举了相关证据予以了反驳。首先，相关的行贿人已经证实了这些财物就是行贿，而不是合作炒股。其次，直接收受的祁某某曾经对这些钱是共同炒股的还是借用的有一个详细的交代，我们不妨仔细观察一下：在500万元受贿事实当中，祁某某交代，是其急需购买资产包向徐某某提出想要李某乙帮忙。徐某某遂向李某乙提出邀约，于是，李某乙“痛快”地要祁某某给一个账号用来付款。之后，祁某某并没有用李某乙给予的500万元购买资产包，还向徐某某询问，这笔钱还需要还吗？如此充分暴露了祁某某是基于何种心态向李某乙索要这500万元。如果说祁某某真的是向李某乙借这500万元，那么何须向徐某某询问这500万元还需要还吗？祁某某、徐某某、张某某以及李某乙几人的供述共同证实了这笔财富就是送给徐某某的。因此，借钱用于共同炒股的辩解、辩护意见，与事实、证据不符。

据此，本院的起诉书所指控的被告人徐某某利用国家工作人员的身份为请托人谋取利益，收受请托人财物的事实清楚，证据确实、充分。

二、被告人徐某某的行为构成受贿罪

在本案今天的庭审过程中，被告人徐某某及其辩护人对全案的定性都没有提出异议，但是，他们对部分受贿事实是否以受贿性质来认定提出了异议。事实上，也就是对部分事实是否是受贿提出了异议，其所提出的异议立足于两点：第一点，徐某某实际上对相关的资金往来并不知晓；第二点，提出对相关资金往来确实有收受，但这属于一种人情往来而不是一种受贿性质。那么，针对以上两点我想强调以下几个方面：

其一，当今受贿犯罪发展到了一个新的形式，改变了过去那种“一手交钱一手交货”的方式。行受贿双方人员并不会简单地一对一，而且行受贿手段愈加隐秘之时，相关的国家工作人员的配偶等亲属参与其中已经成为现在行受贿案件普遍多发的一种现象。本案就是这样一种情形。显然最高司法机关也已经对如何认定新型的行受贿作出了规定，比如：明确规定了，国家工作人员和特定关系人共谋，或者将财物处分给特定关系人，或者共同占有财物的，均构成受贿。本案中，徐某某构成受贿的重要前提，就是其与李某乙以及其他行贿人行受贿合议是在送钱以前就已经达成了，无论这笔资金是交给了徐某某的哪一位特定关系人，都是在合议范围内，都是行受贿关系的延伸。例如，2007 年春节，李某乙邀请徐某某及其家人去海南看了一块地，许诺在该地开发的过程中分取一半的利润给徐某某。由此进一步发展到，徐某某邀请李某乙到海口别墅喝茶，暗示或者提示李某乙给予其女婿祁某某财物。这一过程足以反映祁某某获得这笔资金不是凭个人的能力，也不是凭个人有如何高超的经营水平，恰恰是在徐某某的暗示授意之下，利用自己的职权为请托人谋利所获取的对价。因此，徐某某虽然对祁某某、张某某收受财物的具体时间、金额等细节不知情，但由于是按照之前形成的行受贿合议进行的，均不影响受贿认定。这就回答了为什么徐某某对他人收受的钱虽“不知道”“不清楚这个钱具体是什么时候给的”“给了多少”，但仍然要认定构成受贿罪。

其二，徐某某及其辩护人当庭对一些金额不大的受贿事实，认为是一种人情往来。这几笔事实包括了行贿金额最大的李某乙，也包括了曾经有过交往的刘某某等其他人。我们从徐某某和李某乙的交往过程中可以发现，如果说徐某某和李某乙之间是建立“友谊”，那么我们不妨看看他们对彼此的评价。2007 年，李徐开始交往，徐某某对李某乙的评价是：这个人不靠谱，他讲的话太有水分。而李某乙对徐某某一家的评价是：这一家人太黑。请问这是一种友情关系吗？他们之间的金钱往来是因为友情吗？更何况，明显超出了人情往来的标准、范畴。如：2012 年徐某某 60 岁生日的时候，李某乙送给了徐某某 20 万元。而张某某对这一事实是这样说的：刘某某自己送了一万元或者几千块钱的红包，代李某乙将 20 万元送给徐某某。那么，我们怎样评价李某乙和刘某某这样的差距呢？一笔是一万或者几千元，一笔是 20 万元，两者都是人情往来吗？显然不是。其后，刘某某又赠送给徐某某一部价值14.6万元的汽车，与之前其所送的一万元或者几千元的红包相比，这一笔也是人情往来吗？显然不是。这明显超过了人情往来的范围，而且行贿人已经清晰地表达了是为什么送钱。所以，两者之间的行受贿关系清楚明了。

综合全案的事实和性质，我们不难得出徐某某所有的行为是基于在其与行贿人达成行受贿合议范围内的一种延伸，由他人代为收受，亦构成受贿罪。因此，本案应当以受贿罪对徐某某追究刑事责任。

三、被告人徐某某受贿行为的社会危害性及应当承担的法律责任

石油作为一种战略储备物资，是国家发展的命脉。在这样一个关系到国计民生的重大领域，国家实行严格的管制制度的情况下，被告人徐某某却慷国家之慨，利用掌握相应资源的这种权力行贿、受贿。特别是本案证据反映出动辄收受几百万元，动辄获利上千万元，动辄有上亿元的资金投入。由此可见，这一领域如果存在腐败现象，对社会的危害是极大的，因此，我们应当对这种存在于石油领域的行受贿行为给予严厉的打击。同时，我们应注意到徐某某利用职权，当然存在按程序办事的相关内容，但同时也有违规之处，之前的公诉意见已作出说明，请合议庭充分考虑这些因素。同时，我们需要强调的是被告人徐某某在当庭所作的供述和在侦查机关所作的有罪供述实质上有大相径庭之处，请合议庭在对被告人徐某某量刑的过程中综合予以考虑。

腐败正在侵蚀着我们国家肌体、国家机构，甚至是我们的国家形象。此时此刻，我们更应当对腐败采取零容忍的态度，坚决予以打击。检察机关将切实担负起自身反腐职责，严格依法查处腐败，对腐败现象坚决一查到底，以体现党和国家夺取反腐败最终胜利的信心和能力。

公诉人：梁某某、唐某某、周某某

2016年7月6日当庭发表

【学者点评】

2016年2月2日，中国石油天然气股份有限公司**销售分公司原总经理、党委副书记徐某某涉嫌受贿罪一案，经湖南省人民检察院指定管辖，由湖南省邵阳市人民检察院向湖南省邵阳市中级人民法院提起公诉。2016 年 12 月 16 日，湖南省邵阳市中级人民法院一审宣判徐某某犯受贿罪，判处有期徒刑 14 年。该案系厅级干部职务犯罪案件，在湖南省内有重大影响。

本案的公诉意见书主要围绕受贿的事实证据、受贿罪的认定以及受贿的社会危害性及被告人应当承担的刑事责任三个问题，针对被告人及其辩护人提出的各种辩解理由，进行了充分说理。其亮点主要有以下三个方面：

首先，通过列举大量的证据，揭示出案件中权钱交易的本质。刑事公诉工作应当坚持以证据为本，贯彻“疑罪从无”的原则，既要依法收集查明有罪或罪重的证据，又要收集查明无罪或罪轻的证据，切实防止主观片面、先入为主。本案的公诉意见书就充分体现了这一点。比如，公诉人针对财物给付过程的证据指出，不能单独、孤立地看待银行凭证，更不能简单将银行凭证上的金额与认定的受贿金额画等号，检察机关认定的每一笔受贿款均查证了资金的来源，以银行凭证作为印证证据，与供述证言相结合，共同证明行受贿事实。又如，利用扎实的证据说明财物的给付对象是被告人徐某某，即一方面证明财物给付者给付财物时直接告诉徐某某或者通过他人转达给了徐某某，甚至还有一些原本就是徐某某联络下才予以实施的，另一方面也展现出双方之间在就行受贿进行沟通的过程中，前后发生一定的变化，经历了从不信任逐步到信任，最终发展到索取的完整过程。再如，针对被告人及其被告人的辩护人提到的有一部分行贿款是一种借用关系，是借用来共同炒股的辩解意见，通过仔细考察相关人员的供述，根据“祁某某并没有用李某乙给予的 500 万元购买资产包，还向徐某某询问，这笔钱还需要还吗?”这一细节，证明双方实际上已经就 500 万元是送给徐某某这一点形成了默契，故所谓“借钱用于共同炒股”的辩护意见不攻自破。

其次，公诉意见书在根据证据进行有罪指控的同时，也从多个方面举例强调了其收集证据的全面性以及认定犯罪事实的严谨性，从而提高了指控的信服力。比如，公诉人强调，其在法庭举证中出示了证据，能够证明李某乙曾在侦查机关对其进行讯问的过程中明确表达自己和祁某某有合作炒股的事实，而这恰恰是对被告人有利的事实和证据。由此说明，检察机关在侦查过程中，不仅注重收集了被告人有罪的证据，同时还注重收集对被告人有利的、证明被告人无罪或者罪轻的证据。又如，公诉人强调，对于供述称通过银行转账但没有查证有银行相应书证的，并没有作为起诉事实列于起诉书当中。

最后，公诉人运用刑法的基本原理，提出了行受贿方式隐秘化的背景下对受贿罪构成要件进行合理解释的具体方法。主要体现在以下两点：其一，当前行受贿手段愈加隐蔽化，国家工作人员的配偶等亲属参与收受贿赂已经成为受贿的一种常见现象。在这种情况下，被告人及其辩护人往往会提出国家工作人员对相关钱款不知晓的辩解。本案的公诉人根据最高人民法院、最高人民检察院《关于办理受贿刑事案件适用法律若干问题的意见》中有关“特定关系人收受贿赂”的规定指出，既然徐某某与李某乙以及其他行贿人在送钱以前就已经达成了行受贿合议，那么无论这笔款项是交给了徐某某的哪一位特定关系人，都处在双方合议范围的射程之内，也都是行受贿关系的自然延伸。所以，即便徐某某对祁某某、张某某收受财物的具体时间、金额等细节不知情，但只要该财物处在合议范围之内，即可认定被告人对其具有概括的犯罪故意。其二，被告人及其辩护人在不否认收受款项的同时，时常会辩解说收钱只是一种“人情往来”。在这种情况下，公诉人就需要仔细考察双方平时是否具有真正的交情，钱款数额与双方间的友情究竟是否相当等因素，从而辨析收受钱款的活动是否反映出职权与金钱之间的交易关系。例如，本案的公诉人通过徐某某与李某乙相互间的评价，李某乙向徐某某所赠生日礼金的数额与其他人存在巨大差距以及刘某某向徐某某赠送价格不菲的汽车等具体事实，推论认为徐某某收受财物的活动已经明显超出了人情往来的范围。

以审判为中心的刑事诉讼制度改革和诉讼模式的变化，进一步强化了控辩双方的对抗，对公诉人的逻辑思维、论辩能力以及文字素养等方面提出了更高的要求。公诉意见书既体现了检察机关的办案水平，事关被告人的定罪量刑，也是公众了解检察工作的重要窗口。本案的公诉意见书沿着“事实证据→犯罪构成→社会影响”的逻辑顺序，对论述内容进行了精心安排和布局，全篇论证紧紧围绕控辩双方的争议点，针对被告人及其辩护人提出的辩护意见有的放矢地展示证据、阐明法理，语言干脆利落、通俗易懂，具有感染性。公诉人就认定受贿罪成立的关键点进行了强化论证，既展现了检察机关严格依法查处腐败犯罪的责任担当，又坚持了保障被告人合法权利、运用法治思维和法治方式治理腐败犯罪的原则。无论从内容还是从形式上来看，均堪称一篇优秀的公诉意见书。

（**点评人**：陈璇，中国人民大学法学院刑法教研室主任，教授、博士生导师）

【检察官点评】

公诉意见书承载着提高指控犯罪效果、促使被告人认罪服法、引领正确社会价值趋向等多重功能，兹事体大。徐某某受贿案的审理过程不仅展现了公诉人的风采，对于严惩贪腐、肃清政纪也具有重要的意义。本案公诉意见书注重综合运用证据，充分论证犯罪事实，深入阐释法律适用，说理充满理性思辨，又富有情感渲染，使人心悦诚服，是一篇高质量的法律文书。

一、谋篇布局：层次分明，繁简得当，重点突出

公诉意见书是公诉人在法庭辩论环节发表意见的法律文书，主要内容包括：对起诉书指控的犯罪事实进行补充论述，根据法庭调查情况完善证据体系，全面客观分析定罪量刑情节，阐述社会危害性以教育感化被告人等。在司法实践中，每个案件都各不相同，相应的公诉意见书亦要有所侧重。一份好的公诉意见书应当紧扣案情，根据庭审情况有效回应对方提出的异议。

徐某某受贿罪一案的公诉意见书，在布局上结构严谨，层次分明。公诉意见书的主体包括三个部分：第一部分紧紧围绕案件事实和证据，结合庭审过程中对方提出的异议，从犯罪构成要件上展开论述，徐某某具有国家工作人员的身份和职权，利用职务便利为请托人谋取利益，并收受他人财物。证明被告人犯罪事实清楚，证据确实、充分。针对国家工作人员身份和为请托人谋利这两方面内容，由于辩护人和被告人没有提出异议或异议不大，仅作简要说明。针对收受他人财物这方面内容，则根据辩护人和被告人提出的质疑展开详细的论述。简化了无争议部分的论证，强化了有争议部分的论证，真正做到繁简得当。第二部分在已有事实和证据基础上，深入浅出地分析行为定性，也是这份公诉意见书的亮点所在。通过对国家工作人员配偶等亲属收受钱财在行受贿合议范围内、资金往来并非寻常人情往来两方面内容的论述，充分否定辩护人和被告人提出的异议，证明徐某某的行为构成受贿罪。说服力强，重点突出，显示了公诉人在庭审中客观公正、冷静理性的良好素质。第三部分阐述了徐某某受贿行为的社会危害性及应当承担的法律责任。这一部分结合被告人所在石油领域的特点，强调受贿行为的社会危害性，并对腐败犯罪作出警示教育，说理触及被告人的灵魂深处，充分体现了检察机关坚决从严打击腐败犯罪的责任担当。

二、论证说理：逻辑严密，直击要害，论据全面

在论证说理方面，公诉意见书高度归纳总结法庭调查情况，对证据进行分析论证，强化证据体系的证明力。尤其注重正面回应辩方提出的质疑，将异议内容进行总结提炼，再结合证据逐个攻破不能成立的辩护意见，逻辑严密、直击要害。

公诉意见书针对辩方“自己是按照正常程序办理”的辩称，公诉人向法庭展示了证据细节，通过工程师李某甲、后勤办主办蔡某的证人证言，证实徐某某轻描淡写的按程序办事实际上是为请托人谋利。针对辩方对收受钱财部分提出的质疑，公诉人将异议总结为三种：一是不持异议的事实和证据，对这一部分公诉人请求合议庭予以确认。二是否认存在受贿事实的异议。公诉意见书指出在当前反腐败的高压态势下，行受贿手段愈发隐秘，行为人也愈发注意掩盖行受贿事实，从而有力驳斥辩方“没有客观书证”的辩护理由。三是提出了新的事实，即“收了以后又退了”。公诉意见书在这里敢于采纳辩方合法合理的观点。公诉意见书准确区分了人情往来与行受关系，反驳了徐某某及其辩护人对部分事实受贿性质的异议，法理分析更是鞭辟入里。

针对被告人行为定性分析时，公诉意见书将辩方提出的异议细化为两点：一是徐某某本人不知情，二是收受资金属于人情往来。针对第一点异议，公诉意见书罗列出多个推翻异议的证据细节，根据行贿人对行为的评价进行说理论证，从而有效驳斥辩方辩护意见。公诉意见书指出相关国家工作人员的配偶等亲属参与行受贿已成为普遍多发的现象，最高司法机关对这种新型行受贿作了明确规定，属于行受贿合议范围，即使徐某某本人对收受的钱财不知情，仍然构成受贿罪。针对资金往来属于人情往来的辩称，公诉意见书通过列举大笔的行贿数额：20 万元红包和 14.6 万元的汽车，以及行贿人对受贿人"太黑了"、受贿人对行贿人"不靠谱"的评价，证实双方并非基于友情产生人情往来，而是真实的行受贿关系。

最后，公诉意见书深刻分析了徐某某受贿行为的社会危害性。指出被告人徐某某所在的石油领域，是关系国计民生的重大领域，收受资金动辄几百万上千万元，从这一高度强调了徐某某受贿行为社会危害性之大，触及被告人灵魂深处。公诉意见书最后表明了检察机关响应国家反腐斗争的号召，坚决打击腐败犯罪的决心。

这份公诉意见书的论证说理过程，立足事理、严守法理、善用情理，不仅逻辑严密，论证充分，直击要害，更能引领正确社会价值趋向，与旁观者形成反腐的情感共鸣，强化公诉感染力。

三、公诉效果：感染力强，法治宣传，警示教育

评价公诉意见书的质量如何，要综合考察文书的结构布局、论证逻辑和语言组织，而最重要的是这些方面能起到提升公诉效果的作用。这份公诉意见书通篇用语兼顾严谨和生动，既能从专业的角度准确阐述法律适用，也能以通俗易懂的方式让公诉意见被法庭理解和接受。

公诉意见书在论述被告人犯罪事实的部分，用词精准严谨，不给对方留下漏洞，呈现出法律文书应有的严肃规范风格。同时也做到生动形象，通过通俗化的法理解析与情理阐释，将专业的法律意见用一般人能够理解和接受的方式表述出来，引起法庭和旁观者情感上的共鸣，极具感染力。

公诉意见书在警示教育部分，善于抓住案件特点，讲究规范用词，运用修辞手法避免空洞乏味的说教式语言。“腐败正在侵蚀着我们国家肌体、国家机构，甚至是我们的国家形象”一句将腐败的社会危害性表达得利索且生动。“被告人徐某某慷国家之慨……动辄收受几百万元、动辄获利上千万元、动辄有上亿元的资金投入”，促使被告人对自己的行为有更为全面的认识，触及被告人灵魂最深处。本案被告人徐某某2013年退休，2015年才案发。退休不是腐败人员的“护身符”，更不是腐败人员的“避难所”，反腐败“无禁区、全覆盖、零容忍”，是纵深推进全面从严治党，深入推进党的自我革命的具象诠释。“检察机关将切实担负起自身反腐职责，严格依法查处腐败，对腐败现象坚决一查到底。”这句更是让警示教育意义发人深省，让人心头一颤，不仅起到宣传法治、警示教育的作用，同时也引领了正确的社会价值趋向，号召全社会坚决反腐。这种语言上的感染力极大地提升了公诉效果。

（**点评人：**征汉年，江苏省建湖县人民检察院检察长、三级高级检察官）

【法官点评】

石油作为国家发展的命脉，发生于其中的腐败不仅直接损害国家的经济利益，还严重威胁到国家的能源安全，对国计民生的影响更是不可估量，徐某某受贿案作为一起数额特别巨大且发生在国家战略资源石油领域的腐败案件，对社会的影响是深远的，不仅反映出国家工作人员利用职权为请托人谋取巨大利益、非法收受财物的犯罪事实，也暴露了权力与资本勾结、腐败行为隐蔽复杂的现实。下文将从案件的重要社会影响、对法治进程的推动、检察机关履职情况、法律条文解析释义及文书撰写要点等多个角度进行分析和点评。

一、案件的重要社会影响

本案是近年来备受关注的一起重大腐败案件，徐某某作为中石油**销售分公司的原总经理，不仅受贿数额特别巨大，牵涉范围广泛，而且发生在石油这一国家战略物资领域，对国家经济安全造成了极大威胁，不仅会导致国家资源、国有资产的流失，从而引发一系列的社会、经济问题，还会对社会公众的信任、安定团结的社会局面造成极大的损害。此外，该案还反映出权力与资本勾结的巨大危害性，徐某某利用职权为请托人谋取巨大利益，这种行为恶化了营商环境和政商关系，破坏了市场经济的公平性，损害了社会的公平正义。检察机关对该案提起公诉，向社会传递了国家反腐败的决心，增强了社会公众对国家打击腐败的信心，有助于营造风清气正的政治生态和经济环境。

二、对法治进程的推动

这一案件的处理对中国法治进程无疑具有重要意义。首先，它展示了法律面前人人平等的原则，无论职务多高、权力多大，只要实施违法犯罪行为必将受到法律的制裁。其次，通过提起公诉，进一步树立了法律的权威，增强了社会公众对司法公正的信心，不仅对腐败分子起到了震慑作用，更展示了检察机关在反腐败斗争中的坚定决心和能力。最后，该案件还推动了反腐败法律制度的修正与完善以及反腐败机制的优化与创新，案件审理中涉及的诸多问题，例如，如何对行受贿的新情况、新形式进行司法认定，如何认定国家工作人员、特定关系人及请托人之间财务往来的性质等，经过检察机关的认真研判和分析论证，为今后反腐败法律的修订、完善提供了实务依据，为反腐败机制的优化、创新提供了有益的经验和教训。

三、检察机关履职情况

在徐某某受贿案中，检察机关切实履行了自身的职责，展现了专业性和公正性。第一，检察机关通过深入调查取证，掌握了大量确凿的证据，为指控奠定了坚实的基础，而且检察机关不仅注重收集被告人有罪的证据，对被告人有利的，能证明被告人无罪或者罪轻的证据也同样进行了收集，体现了检察机关对法益保护和人权保障双重价值的追求和实现。第二，在法庭审理过程中，检察官逻辑清晰、论证有力，针对辩方的质疑逐一回应，确保了指控的有效性和说服力。第三，检察机关在案件审理过程中，严格依法办案，充分保障了被告人的合法权益，特别是对于被告人在供述中供认系通过银行转账来收受贿赂，但又没有收集到银行相应书证的，均未作为起诉事实列于起诉书中，体现了司法程序的公平正义。第四，检察机关的公诉意见书撰写严谨，内容翔实，表达规范，逻辑严密，充分展示了检察机关的专业水平和工作态度。

四、法律条文解析释义

根据《刑法》第385条的规定，受贿罪是指国家工作人员利用职务上的便利，索取他人财物，或者非法收受他人财物，为他人谋取利益的行为。虽然在司法实务中，受贿犯罪中收受贿赂的形式越来越隐蔽，不再是传统“一手交钱，一手交货”的方式，而是通过多种复杂的手段来进行，其中国家工作人员的配偶等特定关系人积极参与便成为普遍、多发的受贿形式之一。但最高人民法院、最高人民检察院早在2007年联合发布的《关于办理受贿刑事案件适用法律若干问题的意见》中就明确规定，国家工作人员授意请托人将财物给予特定关系人的，以受贿论处。因此，徐某某利用职务上的便利，通过家属非法收受请托人的财物并为请托人谋取利益，应以受贿罪论处。

五、文书撰写精要

1. 公诉意见书的撰写应当逻辑严密、结构清晰。首先，要明确指控的事实和罪名，并通过翔实的证据展示支持指控的真实性和有效性。其次，要逐一回应辩方的质疑，进行有力的反驳，确保指控的全面性和说服力。

2. 公诉意见书的语言应当规范，表达应当精准，应尽量使用法言法语，既要避免表达的口语化、通俗化，也要避免使用模糊或有歧义的词语。在展示证据和进行论证时，应当做到翔实具体，避免冗长和重复，以提高文书内容的明确性、具体性以及文字的简洁紧凑性。

3. 法律文书的撰写应当注重细节，做到严谨规范。在引用相关证据和法律条文时，应当准确无误，确保证据展示和法律适用的准确性和权威性。同时，要注意文书格式的规范性，确保文书的整体美观和专业性。

徐某某受贿案作为一起严重的腐败案件，检察机关在提起公诉要求严惩犯罪人的同时，也将整个庭审过程变成了一堂生动的法治教育课和犯罪预防课，通过对案件的深入分析，我们不仅看到了腐败行为的严重危害，也看到了法律的威严和公正，检察机关在案件中展现出的专业性和公正性，为反腐败斗争树立了榜样。与此同时，通过对案件提起公诉，我们对受贿犯罪的复杂性和严峻性有了更深入的了解，也为今后反腐败工作的不断深入提供了宝贵的经验和启示，在法治的进程中，每一个案件都是前进的一步，而徐某某受贿案无疑是其中重要的一步。

（**点评人：**周岸崇，云南省高级人民法院刑事审判第一庭副庭长）

【律师点评】

徐某某受贿案是党的十八大以来我国石油系统反腐的重要成果。被告人徐某某是中国石油 ** 销售分公司原总经理、党委副书记，邵阳市人民检察院指控，2005 年 5 月至 2012 年 12 月，被告人徐某某利用多年来在石油系统各部门任职时享有的职务便利，收受多名人员的贿赂，合计折合人民币 2200 余万元。

据报道，徐某某在职时月薪高达 70 万元，但这仍然没有阻止他成为肆意出卖权力的“油老虎”。一方面，这不仅让人们再度思考“高薪养廉”的真实作用；另一方面，公职人员在尽量自律的情况下，如何防止其家人不被“围猎渗透”，也是反腐的重要课题。本案发生在关乎国计民生的重要能源领域，在全社会的影响和警示不可谓不小。

邵阳市人民检察院的公诉意见书重点突出、理据充分、剖析深刻，精准把握了贿赂犯罪的新形势、新特点，不说空话、套话，不回避不利事实，能够做到以理服人，起到了很好的说理和教育作用，相信能够使被告人和旁听群众感受到反腐工作中蕴含的充沛的法理和道义力量，是法治反腐的优质样本。

一、释法说理：亲属等特定关系人“代为受贿”不影响受贿罪的成立

本案细致入微地将利用特定关系人收受钱款如何构成受贿罪剖析深刻，无疑是类似案例说理的样板。在有些腐败案件中，当事人将自己的特定关系人（妻子、孩子或情人等）当成自己收受贿赂的“防火墙”

“二传手”，有的甚至利用自己的权力操盘家族“生意”，打造家族腐败圈，造成“一人掌权，全家用权”，这样的情形往往贪腐时间长、涉案金额大、牵连人员广、钱款往来杂，给当前的办案确实带来不少困惑。

本案的一大特点是被告人徐某某伙同其女婿祁某某共同受贿，正如公诉意见书中所提到的：“行受贿双方人员并不会简单地一对一，而且行受贿手段愈加隐秘之时，相关的国家工作人员的配偶等亲属参与其中已经成为现在行受贿案件普遍多发的一种现象。”受贿人并不直接收受他人钱财，而是指定“白手套”。一旦案发，受贿人辩称对他人“代收”不知情，而“代收人”不具有国家工作人员身份，这给贿赂犯罪的证明工作带来了一定困难。

2007 年“两高”《关于办理受贿刑事案件适用法律若干问题的意见》(以下简称《意见》) 第 7 条规定，国家工作人员利用职务上的便利为请托人谋取利益，授意请托人以本意见所列形式，将有关财物给予特定关系人的，以受贿论处。这一规定有助于击穿腐败分子通过特定关系人代收财物而设下的迷魂阵，但关键在于如何证明行为人在事前已经和请托人达成了将财物给予特定关系人的合意。

检察机关注意到了这个问题并进行了充分论述。从实质层面看，只有徐某某的职权才能给请托人谋取到不正当利益，请托人之所以给予好处费不是因为和徐某某亲友存在深厚感情，不是看重了他们的经营能力，请托人给付的财物只是徐某某手中职权的对价。从形式层面看，徐某某事前已经暗示请托人将财物给予其女婿。因此，虽然徐某某对部分财物给予的金额、时间、具体形式不知情，但是都没有超出其与请托人事先达成的行贿受贿合意范围，不影响受贿罪的认定。

二、精准辨析：礼尚往来和行贿受贿的区分

本案的另一大特点是，大量行贿款体现为徐某某生日等逢年过节的礼金。如何区分“礼尚往来”和行贿受贿的区别，是贿赂犯罪的一大难题。行为人在某某生日及节庆期间给予财物，确实具有一定礼金的性质，并且此时行为人往往也确实没有什么具体的请托事项，而只是笼统地“情感投资”，用于培养和国家工作人员的关系，以备将来另有所图。

这本质上仍然是一种遮掩犯罪行为的手段。为了应对这种情形，

2016年“两高”《关于办理贪污贿赂刑事案件适用法律若干问题的解释》（以下简称《解释》）第13条第2款规定，“国家工作人员索取、收受具有上下级关系的下属或者具有行政管理关系的被管理人员的财物价值三万元以上，可能影响职权行使的，视为承诺为他人谋取利益”。司法解释从两方面划定了界限：一是人员身份限于上下级关系或管理与被管理的关系；二是金额在3万元以上，满足这两点即可推定为国家工作人员“承诺”为他人谋取利益。

同时，《中国共产党纪律处分条例》第97条也规定，收受可能影响公正执行公务的礼品、礼金、消费卡（券）和有价证券、股权、其他金融产品等财物，情节较轻的，给予警告或者严重警告处分；情节较重的，给予撤销党内职务或者留党察看处分；情节严重的，给予开除党籍处分。收受其他明显超出正常礼尚往来的财物的，依照前款规定处理。该规定同样划定了两条红线：一是所收财物可能影响公正执行公务；二是收受的财物明显超出了正常的礼尚往来。超越这两条红线即可能被认定为违纪。

本案中，2012年徐某某60岁生日时，李某乙送给了徐某某20万元。刘某某又赠送给徐某某一辆价值14.6万元的汽车。这显然已经超出了正常的生日礼物的范畴。徐某某对这一明显别有用心的“馈赠”坦然收下，显然就是接受了对方的收买，可以推定为承诺将来有需要时会为请托人谋取不正当利益。

本案对此种情形予以评判，无疑是在警告政商之间的交往需要亲近之中有原则，交往之中有政治，唯有官商关系回归到正位，不要“勾肩搭背”，才是一种良性互动。企图利用生日、节日、婚丧嫁娶等“浑水摸鱼”的，最终都难逃法网！

三、把握前沿：贿赂犯罪资金流隐秘性对证明标准的影响

为了掩饰行贿受贿犯罪，请托人往往以现金或者其他实物形式的财产进行行贿，而基本不会选择转账汇款这样可以留下痕迹的方式。这种愈发隐秘的犯罪手段给调查和打击贿赂犯罪制造了挑战。

贿赂犯罪中对涉案金额的认定往往是一个难点，很多案件都很难做到言词证据和客观证据能完全相互印证，如果遭遇到被告人法庭上翻供，往往让指控工作面临更加困难的境地。本案检察机关在这方面的工作可圈可点。首先，充分做好了言词证据的收集和运用。在客观证据相对缺乏的情况下，言词证据能够相互印证、排除合理怀疑同样可以定案。当然，为了增强言词证据的可靠性，需要不同人员笔录内容之间有尽可能多的关键信息相互印证。检察机关结合行贿人及徐某某等人的笔录，指出行贿款的给付时间、地点、方式、金额、参与人员、谋利的因果性等事实要素均能相互印证，这就使得言词证据有了较高的可信性。

此外，更难能可贵的是，检察机关在打击犯罪的同时保持了应有的谦抑性。对于被告人供述中提到的以银行转账方式支付的贿赂款，但是没有查到转账凭条、银行流水等相应书证的，检察机关没有作为起诉事实列入起诉书中，这也体现了重事实不轻信口供的法治原则。

总体而言，湖南省邵阳市人民检察院对徐某某受贿案的公诉意见书是一篇有理有据、说服力强的优秀检察文书。

（**点评人：**朱勇辉，北京市京都律师事务所主任）

14. 乐某某故意杀人案：幼小生命带来的制度完善

【案情简述】

2013年6月21日，南京市江宁区公安局民警上门走访发现一对女童（分别为1岁、2岁）死于家中。经鉴定，两个孩子无机械性损伤和常见毒物中毒致死的依据，不排除孩子因脱水、饥饿、疾病等因素衰竭死亡。尸体被发现后，警方在一家网吧发现孩子母亲乐某某。经查，乐某某作为唯一抚养人，于2013年4月下旬的一天，在预留少量食物、饮水后，将孩子置留主卧室内，并锁紧房门离家。离家期间，乐某某吸毒、玩乐，至案发未曾回家，最终导致孩子饥渴而死。该两名幼女的悲惨遭遇如一颗重磅炸弹，引发了社会舆论的高度关注。

媒体舆论不断发酵，社会公众对"过失致人死亡""故意杀人""遗弃"等相关罪名亦各有评说，检察官面临着对乐某某刑事责任能力评定、主观犯意判定、案件定性等一系列法律难题。针对乐某某是否有作为能力、主观认知等关键问题，检察官多次书面提出补充侦查意见，通过侦查人员的通力配合取证，将原本仅有2册的证据材料扩充至了10册，相关问题迎刃而解。检察机关认为，乐某某经鉴定系毒品所致精神障碍，作案时具有完全刑事责任能力。同时，其作为被害人生母负有法定抚养义务，其主观上明知两幼儿无人照料必会缺水少食而亡，仍将被害人置于封闭空间，离家长达1月有余，沉溺吸毒、游戏，放任两幼儿死亡结果发生，应当认定为故意杀人罪。此外，乐某某作为心智健全的成年人足以预料其行为可能引发死亡后果，并非没有预见或者轻信可以避免，不属于过失致人死亡罪；乐某某封闭门窗的行为排除了幼儿自救和别人施救的可能，并非简单的逃避转嫁抚养义务，而是间接致人死亡，也不属于遗弃罪。

2013 年 8 月 12 日，南京市人民检察院以故意杀人罪对乐某某提起公诉。庭审中，检察官发表了公诉意见，从客观行为、主观故意入手，点明乐某某具有抚养义务及能力，系能认识行为危害后果但放任危害结果发生，进而论证乐某某不履行抚养义务与被害人死亡因果的关系，根据主客观相一致原则应认定构成故意杀人罪。同时，检察官以案发当时的场景还原两幼儿的无助处境，从对朴素伦常的阐释，对身为母亲的被告人进行了严厉谴责，最后从毒品危害、监护缺失分析导致悲剧的案外因素，释法说理以小见大、情理共融、引人深思，更为制度完善做了引言启发。同年 9 月 18 日，南京市中级人民法院以故意杀人罪，判处乐某某无期徒刑。

乐某某虽被绳之以法，但期间多名律师向南京市江宁区民政局等四部门提出申请，要求相关职能部门说明是否履行了向法院申请撤销乐某某监护权等职责，再次将公众视野聚集到对未成年人保护方面的政府履职问题上。南京市人民检察院及时向南京市委政法委提交“江宁饿死儿童案件反思的调研报告”，并向南京市人大提交立法建议，希望对儿童监护缺位问题予以重视。乐某某案件的喧嚣虽然散去，但留给社会反思和关注的问题却未曾淡去，当父母缺位、监护人失德时，政府各职能部门有效联动、未成年人保护机制启动，才能防止未来更多“乐某某案”悲剧的发生。在多方的关注和推动下，2014 年 12 月出台的《关于依法处理监护人侵害未成年人权益行为若干问题的意见》对撤销监护权案件相关问题做了更为明确的规定；2016 年 5 月 1 日，《南京市未成年人保护条例》开始施行；2020 年颁布的《民法典》及同年修订的《未成年人保护法》等，从国家立法层面就“强制报告制度”“委托照护制度”“国家监护制度”等作了进一步的细化完善。此外，检察机关支持起诉撤销监护权已在各地破冰，成为当前检察机关保护未成年人权益的新常态。回首案件，我们希望能够不负当年乐某某案公诉意见书所提出的期许：当家庭监护出现问题时，形成完备的未成年人社会保护政策法规体系，以更人性化的关怀为他们的健康成长撑起一片蓝天。

【文书原文】

江苏省南京市人民检察院

公诉意见书

审判长、人民陪审员：

今天，南京市中级人民法院依法公开开庭审理被告人乐某某涉嫌故意杀人一案，根据《中华人民共和国刑事诉讼法》第一百八十四条、第一百九十三条、第一百九十八条和第二百零三条的规定，我们受本院指派，以国家公诉人的身份，出席法庭支持公诉，并依法对刑事诉讼实行法律监督。通过法庭调查，公诉人针对起诉书指控的犯罪事实，依法讯问了被告人乐某某，听取了其当庭供述和辩解，宣读了证人证言，出示了相关的物证、书证、鉴定意见、现场勘验检查笔录及视频资料，并接受法庭质证。以上证据相互关联、相互印证，收集程序合法，能够证实起诉书所指控的犯罪事实。为进一步弘扬法制，揭露犯罪，公诉人现发表如下意见，供合议庭参考。

一、被告人乐某某负有法定抚养义务且有履行能力，明知不履行抚养义务会导致二被害人死亡，仍然采取放任的态度，致使危害后果发生，其行为已构成故意杀人罪

我国刑法第232条明确规定，故意杀人罪是指故意非法剥夺他人生命的行为，既包括行为人以积极的身体活动非法剥夺他人生命的行为，也包括行为人以消极的身体动作，在能够履行自己应尽义务的情况下不履行该义务，而导致他人死亡的行为。本案中，被告人乐某某作为二被害人的生母，负有法定抚养义务，明知自己的不作为将导致危害后果的发生，能履行而未履行抚养义务，放任危害后果的发生，最终致使二被害人死亡，其行为系以不作为的方式实施的故意杀人行为。具体理由如下：

1. 从客观行为分析，被告人乐某某负有法定抚养义务且有履行能力，但自2013年4月下旬起未再履行抚养义务，其行为与二被害人死亡后果的发生具有直接的因果关系。

首先，被告人乐某某在男友李某甲服刑后，作为两名女儿的唯一监护人，独自承担抚养义务。其虽没有固定工作，但具有劳动能力，且定期从社区民警处领取补助金，也有亲戚朋友给予经济上的救助和生活上的帮扶，具有履行抚养义务的能力。然而乐某某却因沉溺于吸食毒品、玩乐，自2013年4月下旬离家后直至6月21日案发时一直未回家履行抚养义务。以上事实不仅乐某某全部予以供认，且能得到相关证人证言、鉴定意见、现场勘验检查笔录等证据的印证。

其次，从尸体检验意见书及现场勘验检查情况来看，二被害人的尸体无机械性损伤和常见毒物致死的依据，从案发现场门锁门框未有破坏痕迹、卧室内窗户锁扣已被布条反复缠裹固定以及被害人李某乙尸体的原始位置应为头部紧邻关闭的房门内侧等情况来看，能够排除他人通过钥匙开门、工具撬门、翻窗入室等方式进入案发现场，并对二被害人实施暴力行为致其死亡的可能性。

最后，结合被害人尸体类似干尸样改变以及乐某某离家前为二被害人仅预留了最多不超过2100毫升的饮水及少量食物的情况，能够判断出被害人系因缺少饮食而饥渴致死，并非外力作用致死。而此后果的发生，正是由于被告人乐某某长期不回家履行抚养义务的行为所导致。因此，被告人乐某某的行为与二被害人死亡后果的发生具有直接的因果关系。

2. 从主观故意分析，被告人乐某某能够认识到其行为会导致被害人死亡，但放任危害后果的发生。

被告人乐某某作为一个成年人、一个已经抚养女儿两年多的母亲，主观上能够认识到其如果长期不回家，两名女儿处于封闭的空间内极可能因为缺少饮食而饥渴致死，且其在最后一次离家后也能够认识到自己需要回家履行抚养义务。这一事实不仅有其供述供认，从其多次领取救助金的事实，以及在与王某某、董某某等人谈话中提及过孩子的事实来看，也能反映出被告人乐某某主观上对危害后果的发生有着明确的认识。但被告人乐某某虽然已经认识到其不履行抚养义务将导致被害人因饥渴死亡，在具备抚养能力，且有时间、有条件取回钥匙回家抚养孩子的情况下，因沉溺于吸食毒品、玩乐，长达一个多月的时间未回家履行抚养义务。其虽未积极追求危害后果的发生，但却放任危害后果的发生，最终致使二被害人死亡。

综上，被告人乐某某作为具有完全刑事责任能力的成年人，其所实施的行为符合故意杀人罪的构成要件，应当以故意杀人罪追究其刑事责任。

二、本案的社会危害性及引发的思考

面对两具已经风干的尸体，我们已无法从她们的脸上读出任何的表情，但却能够感触到她们在人生最后一段旅程中所触碰到的痛苦、恐惧和绝望。密闭的空间、污秽的环境，孤守家中的两个孩子在艰难求生。随着房间内母亲留下的温暖气息逐渐淡去，随着食物和饮水的消耗殆尽，幼小的生命也被一丝丝地抽离。早已习惯独自在家的孩子们再也没有想到这次母亲离开后会不再回来。如果主卧室的房门没有被夹紧，孩子们或许还能吃到客厅里的那袋香蕉，或许还能像往常一样打开房门向外求助。然而此刻一切的假设都已无法实现，最终李某丙只能静静地睡在棉胎上，放弃了挣扎；李某乙只能抱着没有一滴水的水壶，放弃了求生的努力。直至两双大眼睛完全失去光泽，终是没再见到母亲熟悉的身影。

因为乐某某的自我放纵，两个幼小鲜活的生命黯然逝去，给刚刚出狱的父亲、年老体弱的太婆留下了无尽的痛苦和怀念；因为乐某某的以身试法，多少人已付出的努力与关爱付诸东流，理性的公共秩序被肆意破坏，亲友的叮嘱、刑罚的威慑都未能阻止这场悲剧的发生；因为乐某某的冷漠无情，朴素的伦理道德已荡然无存，让我们不得不再次直面人性中最阴暗的一面，每位尚有良知的公众无不在内心深处遭受着最为猛烈、最为酸楚的冲击与震撼。曾经坚忍顽强的生命此刻何以如此脆弱，原应崇高伟大的母爱此刻何以消失殆尽，亲情与责任何在、人性与良知何在？

在这场悲剧中，我们再次看到了毒品所带来的危害。因为毒品，孩子的父亲入狱服刑、失去自由，使两个孩子本就困顿的生存环境变得更加险恶；因为毒品，孩子的母亲离家不归、放弃责任，最终断送了两个女儿的生命。被告人乐某某的前车之鉴还历历在目，两个孩子的悲惨结局仍痛彻人心，为了自己的安康、为了家人的幸福、为了社会的稳定与和谐，公诉人在此告诫所有人，请远离毒品、珍爱生命。

在审查本案时，我们也注意到了被告人乐某某的特殊成长环境，其因自幼得不到父母的关爱而误入歧途，在毒品的侵蚀下逐渐失去理性。父母对子女的责任不仅在于生育更在于养育，虽然并非所有的人都能为孩子提供优越的物质生活条件，但仍有责任尽己所能将其抚养成人，引导他们从善如流。

当然，未成年人的保护不仅需要监护人切实履行起自己的职责，更需要建立起社会化的教育和监护体系。当家庭监护出现问题时，需要政府部门、社会组织等其他力量及时介入，来弥补未成年人保护的缺位。我们也建议通过立法，构建起家庭、学校、政府、社会的联动保护机制，逐步形成完备的未成年人社会保护政策法规体系，以更为人性化的关怀为他们的健康成长撑起一片蓝天。

三、量刑意见

被告人乐某某的行为已触犯《中华人民共和国刑法》第232条的规定，构成故意杀人罪，应当对其判处死刑、无期徒刑或十年以上有期徒刑。被告人乐某某归案后能够如实供述自己的罪行，认罪态度较好，其行为虽符合刑法第67条关于坦白的规定，但因其行为所导致的后果特别严重，不应对其从轻处罚。鉴于被告人乐某某已怀孕，根据刑法第49条的规定，依法不适用死刑。公诉人建议对其以故意杀人罪判处无期徒刑。

综上，起诉书认定本案被告人乐某某故意杀人的犯罪事实清楚，证据确实、充分，依法应当认定被告人有罪。请合议庭综合全案情节，对被告人作出应有的公正判决。

公诉人：李某某

2013年9月18日当庭发表

【学者点评】

本案中被告人将亲生幼女放在与外界隔绝的房间长期离家不归致幼女死亡，未履行父母应尽的法定义务与责任，直接造成了2名幼女死亡，不仅是对抚养未成年子女最基本人伦准则的违背，更是对社会基本良知与道德底线的挑战。基于此，本案一经媒体报道便在全国范围内引发了高度关注与热烈讨论，民众针对该案的事实细节、被告人的行为定性以及案件背后所隐含的困境，如未成年人救助、公权力机关监督介入等未成年人保护方面的问题提出质疑。法院审理本案时也邀请了人大代表、政协委员、相关职能部门以及上百家媒体的记者共同旁听该案庭审以回应社会之关切。

可见，如何高效发表公诉意见以实现强化指控主张、宣传法治教育、提升司法公信力的目的，是本案公诉意见书撰写制作的重中之重。而本篇公诉意见书结构层次明晰、观点精准清晰、内容客观公正、释法说理充分，同时贯彻了对未成年人综合保护、禁毒宣教的司法理念，实现“情、理、法”三者之交融，在准确释法说理的基础上，通过情感同鸣共振引领社会价值，是一篇优秀的高质量法律文书。

一、结构上，本篇公诉书意见布局周密、层次分明、详略得当

第一，本篇文书结构明晰，主体内容划分为三大版块，即论证乐某某行为构成故意杀人罪的第一部分、论述案件社会危害性及延伸思考的第二部分和提出量刑意见的第三部分，框架鲜明且归纳精准。第二，该文书内容全面，涵盖公诉意见书所需之基本内容，包括法律依据的解释、证据状况的分析、事实情况的认定、危害后果的阐述、被告人犯罪原因的剖析、案件警示教育意义的说明、量刑建议的提出等方面，进一步强化了公诉意见书指控犯罪、普法教育之功能。第三，本篇文书虽涵涉广、信息多，却不杂、不乱，撰写重点清晰突出，侧重于主体内容第一部分的阐释和第二部分的说明。一方面，聚焦回应乐某某行为定性之分歧，围绕该争议焦点展开论述，在援引《刑法》第 232 条故意杀人罪的条文基础上结合不作为犯罪的法理特点，并融入事实证据从客观到主观进行论述，分析有理有据；另一方面，着重传递案件的警示教育意义，围绕此案社会危害性进行多角度阐述，不仅表达了对本案幼童受害等直接危害后果的怜悯与谴责，并且就案件所隐藏的深层社会问题进行反思，包括家庭教育、远离毒品、未成年人综合保护的重要性等，其论述繁简得当，彰显了法理与情理的兼容。尤其需要指出的是，本案的定罪量刑争议并不突出，但其背后所涵涉的社会问题却较为显著，引发了广泛的群众关注与讨论，故而更需重视本案办理的社会效果。基于这一考虑，该公诉意见书在释法说理贯通铺垫的基础上，谋篇布局更侧重于后文的警示教育和舆情回应。

二、论证上，该篇公诉意见书观点鲜明、论据充分、逻辑缜密

首先，第一部分直击案件争议焦点，开门见山表明“被告人行为构成故意杀人罪”的立场，紧紧围绕不作为故意杀人罪的主客观要件和事实证据之间的逻辑关系条分缕析开展论证。一方面，客观层面排除毒物、暴力致被害幼童死亡的他因可能性，证明乐某某“应为”（负有法定抚养义务的唯一监护人）、“能为”（有社会帮扶和劳动能力）“而不为”（预留少量食物后长期离家）的不作为与二被害人死亡具有直接因果关系；另一方面，主观层面论证乐某某（作为已抚养女儿两年余的成年母亲）具备明知并放任危害结果发生之故意，犯罪事实清楚，证据确实、充分，符合故意杀人罪的构成要件。其次，基于社会关注程度高、庭审公开范围广的背景，第二部分则将案件所启示的警示教育意义作为重点。通过对乐某某行为的社会危害性分析、犯罪深层成因的挖掘，提炼出三项价值倡导：“远离毒品、珍爱生命”“父母积极承担养育责任”“完善未成年人保护机制”，从而向社会传达司法机关对案件所作的价值判断，纠正越轨的社会现象，引领正确的社会价值导向，充分体现了检察机关的人文关怀和责任担当。最后，第三部分简明扼要地分析总结了被告人的量刑建议。在《刑法》第232条故意杀人罪刑罚幅度内，根据第67条规定排除酌定从轻情节的适用（如实供述、认罪态度较好，但行为危害后果特别严重）、第49条的规定排除死刑的适用（乐某某审判期间已怀孕），建议对乐某某“以故意杀人罪判处无期徒刑”，客观公正地评价了被告人的犯罪行为及法律责任等，给法庭以充分的参考，显示了检察机关办案的理性、文明和规范。

三、语言上，该公诉意见书用语严谨、形象生动、客观易懂

在定罪量刑论证部分，文书严格贯彻谨慎、客观的撰写原则，不论是观点表述抑或是证据引用，均可见公诉人之认真推敲、仔细琢磨，如

“仅预留了最多不超过2100毫升的饮水”，证据数据与被害儿童饥渴而死结果相呼应，强化乐某某行为与二被害人死亡后果之间的直接因果关系，逻辑严谨又通俗易懂。在警示教育阐述部分，文书注重感情融入，发挥语言的感染力。如“如果主卧室的房门没有被夹紧，孩子们或许还能吃到客厅里的那袋香蕉，或许还能像往常一样打开房门向外求助。然而此刻一切的假设都已无法实现，最终李某丙只能静静地睡在棉胎上，放弃了挣扎；李某乙只能抱着没有一滴水的水壶，放弃了求生的努力。直至两双大眼睛完全失去光泽，终是没再见到母亲熟悉的身影”“曾经坚忍顽强的生命此刻何以如此脆弱，原应崇高伟大的母爱此刻何以消失殆尽，亲情与责任何在、人性与良知何在?”这些表述、寓情于理的阐释，与父母监护责任、未成年人保护的普遍认知相呼应，与大量媒体报道相适应，灵动又直接地回应了该案所引发的广泛社会关注，同时激发旁听人员的内心共鸣，进一步发挥公诉意见书法治教育、价值引领的效用，促进社会良好风气的形成和正向循环。

综上，本篇公诉意见书结构严谨、论证充分、文笔精练，集指控犯罪、释法说理、普法宣传于一体，实现了公诉的法律目的，兼顾了办案的社会效果，彰显了案件的警示价值，具备优秀公诉意见书之示范、借鉴意义。

（**点评人**：何挺，北京师范大学法学院副院长，教授、博士生导师）

【检察官点评】

一、案件的社会影响

抚育幼儿，有苦，也有甜，是人伦准则，也是责任和义务。然而，江苏南京的乐某某忘记了身为人母最起码的责任，因沉溺于自我放纵、吸毒玩乐，将2名年仅1岁、2岁的幼女弃置家中，自己外出一个多月不归，导致两个孩子饥渴而亡。案件引发的直接后果，是两个幼小的生命黯然离世；而导致案件发生的原因，是人性的冷漠和良知的沦丧；更有带给被害人家属无尽的悲痛和怀念，对社会大众情感猛烈而持久的冲击，这正是本案造成的巨大社会影响与持久的心理伤痛。案件发生后被多家媒体报道，震惊了整个社会，案件事实、定性和反映的社会问题，引起广泛的关注和讨论。2014 年 5 月，最高人民法院将本案作为惩治侵犯儿童权益犯罪典型案例之一进行发布。

二、对法治进程、检察工作的重要意义

准确指控犯罪，深入揭露罪恶，阐述社会危害性，唤醒被告人的良知，引发大众的思考，是本案检察官办案的重点，也是公诉意见书重要的价值追求。检察官在全面阐明法理、客观分析案件事实、深入论证主观犯意的基础上，准确指控被告人乐某某的行为符合不作为故意杀人罪的构成要件，依法应当以故意杀人罪追究其刑事责任。阐明了罪与非罪、此罪（故意杀人罪）与彼罪（过失致人死亡罪、遗弃罪、虐待罪）的界限。以准确定性为前提，检察官还用大量笔墨分析了本案的社会危害性及引发的思考，揭露了被告人的冷漠无情，分析了毒品带来的危害，也讲述了被告人不幸的成长环境对其人生的影响，提出了针对未成年人建立社会化的教育和监护体系的建议。最终，结合被告人怀有身孕的实际情况，根据法律规定，准确提出量刑建议。既有深刻的法治教育意义，又唤起社会对未成年人成长保护的思考和共鸣。此外，通过本案，还一定程度上促进了我国家庭教育促进法出台，将家庭教育由传统“家事”上升为重要“国事”，让“依法带娃”成为制度化的责任。

三、检察机关履职评价

在本案中，检察官主要履职特点有：一是结合被告人具体行为阐释法理。坚持从客观行为到主观故意的分析思路，阐明被告人有抚养能力而不履行抚养义务，导致二被害人死亡，属于《刑法》第 232 条规定的故意杀人行为，且属于不作为的、放任危害结果发生的故意非法剥夺他人生命的行为。二是立足案件事实分析社会危害性，起到教育作用。结合案发现场二被害人的居住环境，因门窗被母亲特殊处理而无法得到救助的客观情况，以及尸检检验等证据，排除其他合理怀疑，足以得出被害人系因缺少饮水及食物而饥渴致死的唯一结论。进而阐述身为母亲的

乐某某自我放纵、人性阴暗、良知不存。此外，造成乐某某现状的原因，还有毒品的危害以及乐某某成长环境的不幸，进一步揭露了本案发生的深层次原因，从而教育被告人唤醒其良知，也引导广大群众远离毒品，对子女的责任要重生育更重养育。三是根据被告人实际情况准确提出确定刑量刑建议。被告人乐某某归案后虽然认罪态度较好，符合《刑法》关于坦白的规定，但是其行为导致的后果特别严重，不应对其从轻处罚。鉴于乐某某审判时已经怀孕，依法不适用死刑，而建议判处无期徒刑，意即在法律规定的量刑幅度内充分体现从重处罚，兼顾了法律效果和社会效果。

四、法律条文解析释义

本案主要涉及的法律条文是《刑法》第232条关于故意杀人罪的规定。诚如公诉意见书的分析，故意杀人罪是指故意非法剥夺他人生命的行为，既包括作为的故意杀人，即行为人以积极的身体活动非法剥夺他人生命的行为，如常见的拳脚打击、枪击、持刀捅刺等行为；也包括不作为的故意杀人，行为人以消极的身体动作，在能够履行自己应尽义务的情况下不履行该义务，而导致他人死亡的行为。认定不作为的故意杀人需要明确行为人具有作为的义务、有履行义务的能力，被害人死亡的结果是因不作为所致。这也是本罪与过失致人死亡罪、遗弃罪、虐待罪的重要区别所在。

五、文书撰写精要

乐某某故意杀人案公诉意见书有以下特征：一是认定犯罪坚持从客观到主观。公诉意见书围绕争议焦点，直接从犯罪构成要件出发，结合不作为犯罪的特点，先分析被告人乐某某有法定抚养义务且有抚养能力，但自2013年4月下旬起未再履行抚养义务，其行为与二被害人死亡后果的发生有直接的因果关系。后分析被告人的主观故意，系能够认识到其行为会导致被害人死亡，但放任危害后果的发生，具有放任的故意。从履行义务、履行能力、因果关系、间接故意四个方面直接论证被告人的行为构成故意杀人罪，论述过程有理有据。二是论证社会危害性注重引起共情。公诉意见书用了相当的篇幅论证被告人行为的社会危害性，特别是结合案发现场的环境，有根据地推断两个孩子饥渴难耐、求生无望，最终悲惨离世的情景和过程，旁听公民可据此呈现出案发房间内的场景。同时又分析了造成被告人乐某某责任心不存、良知丧失的原因，能够引起诉讼参与人和旁听公民的共情。三是客观公正，详略得当。对案件事实、证据和量刑的分析，言简意赅，点到即止，有利于提升庭审效率。对定性的论证和社会危害性的分析，使用具有极强感染力的语言，十分详细，层层递进，鞭辟入里。准确阐述了适用故意杀人罪条款的理由，从正面有效回应媒体、社会对案件定性的讨论，深刻揭露被告人犯罪行为的社会危害性及启示，深含对被害人的怜悯、对被告人行为的谴责、对社会的期待。体现了检察机关对法治文明和人伦道德的守护，实现了检察机关预防犯罪和社会教育等综合履职的良好效果。

（**点评人：**王雁飞，四川省广安市人民检察院检察长）

【法官点评】

2013 年 4 月，乐某某为 2 岁女儿李某乙和 1 岁女儿李某丙预留少量食物、饮水后离家，致使两个女儿饿死在家中。“乐某某饿死女童案”震惊全国，引发社会公众和媒体的广泛关注，对乐某某的行为强烈谴责。案发后，南京市人民检察院提前介入侦查，同步审查并指导侦查人员收集证据，重点围绕 2 名婴幼儿死亡原因与乐某某抚养义务、能力等方面补充证据。本案是一起不作为性质的故意杀人案件，证据体系相对特殊，一些关键事实、情节只有被告人了解情况，依法全面收集被告人供述有助于查清全案事实。乐某某被抓获归案时已再次怀孕，有“破罐破摔”的想法，对讯问极为抵触不配合。检察官给予乐某某充分司法人文关怀，以情暖人与乐某某建立起理解和信任关系。乐某某逐渐认识到自己的行为性质和社会危害性，如实供述自己将 2 名幼女锁在家中 50 余天未归的犯罪事实和细节，对揭示案件事实全貌起到客观、重要证明作用。

本案的焦点问题主要有两个：一是乐某某将自己的 2 名婴幼儿留置在与外界完全隔绝的房间，为了满足其他欲求而放任婴幼儿死亡，其行为应当如何定性。二是对于此类犯罪如何把握量刑标准。一审开庭前，南京市中级人民法院邀请了人大代表、政协委员、相关职能部门以及上百家媒体的记者旁听庭审。检察机关如何依法公正指控犯罪，回应社会热点关切，其公诉意见成为媒体和社会公众关注的焦点。

公诉意见书紧紧围绕争议焦点，结合不作为犯罪的特点，坚持从客观到主观的论证思路，对案件定性分析有理有据，对指控不作为犯罪具有重要借鉴意义。所谓不作为，是指行为人有法定义务并且能够实施某种积极的行为而未实施。乐某某的不作为行为主要表现在以下方面：首先，乐某某作为二被害人的生母，负有法定抚养义务。其次，乐某某有抚养能力。乐某某虽无固定工作，但所在地基层组织每月对其进行社会救助，亲友也给予经济上的帮助，具有抚养二被害人的基本经济能力。再次，乐某某最后一次离家后一直未履行抚养义务。乐某某离家时仅为二被害人预留了三四天的饮水和食物，为防止二被害人独自跑出家门，用布条将卧室内窗户锁死，并用尿不湿将卧室房门夹紧，使二被害人处于封闭的房间内无法外出，在没有其他人照料二被害人的情况下，其行为给二被害人带来现实紧迫生命危险。乐某某活动轨迹、通话记录、此间交往的证人证言等证据相印证，证明其离家后在江宁区附近吸毒、上网，在足疗店、网吧、旅馆等处留宿，直至6月21日案发，长达一个多月没有回家履行对2名幼女的抚养照顾义务。经鉴定，二被害人无机械性损伤和常见毒物中毒致死的依据，不排除因脱水、饥饿、疾病等因素衰竭死亡，该危害后果与乐某某的不作为之间存在直接的因果关系。最后，乐某某亦供认，其能够认识到将2岁和1岁的幼女单独关在封闭房间，持续一个多月时间，会导致2名婴幼儿死亡，但其仍放任危害后果的发生。综上所述，乐某某明知自己不履行抚养义务将导致两名依赖其生活的婴幼儿死亡结果的发生，仍将二被害人关在与外界完全隔绝的房间，在没有其他人照料这2名婴幼儿的情况下，其不履行抚养义务的行为给二被害人带来现实紧迫的生命危险，客观上也造成二被害人因为缺少饮食而饥渴致死，其行为属于采取不作为的方式实施故意杀人行为，应认定乐某某构成故意杀人罪，而非过失致人死亡或者遗弃罪。公诉意见书对乐某某犯罪行为的定性分析，展现出公诉检察官对不作为犯罪案件的熟练掌握和准确运用能力。

公诉意见书全面客观评价乐某某的法定、酌定量刑情节，提出了确定刑的量刑意见，建议以故意杀人罪判处乐某某无期徒刑。乐某某的辩护人提出，乐某某系非婚生子女，自幼缺乏亲情关爱，未接受应有的学校教育，16岁即离家独自生活，其成长经历坎坷，同时其又为怀孕妇女，建议对其判处有期徒刑。对此，公诉意见书结合被告人的动机、手段、侵害的对象、危害后果、被告人一贯表现及犯罪后的态度等因素，综合分析论证。乐某某经鉴定系精神活性物质（毒品）所致精神障碍，犯罪时有完全刑事责任能力；其作为心智正常的成年人，为吸毒和游玩而置一个母亲的责任于不顾，将申领的本应用于孩子基本生活的救济金，用于自己吸毒和消费，其外出期间的活动领域都离家很近，但长期不回家照料孩子，泯灭人性。在民警、社区干部和亲友询问孩子情况时，其也以谎言应付。乐某某多次放弃抚养义务，多次置二被害人于危险境地，屡教不改，造成2名婴幼儿饥渴致死，严重侵害未成年人权益，严重挑战法律和伦理底线、践踏社会良知，犯罪情节特别恶劣，犯罪后果特别严重，社会影响极坏，依法应予严惩；鉴于乐某某系审判时怀孕的妇女，依法不适用死刑。南京市中级人民法院采纳了检察机关量刑建议，当庭宣判以故意杀人罪判处乐某某无期徒刑，剥夺政治权利终身。一审宣判后，乐某某服判不上诉。

本案中的公诉意见书语言规范、说理充分，逻辑清晰、论证严密，既展示了司法活动的内在逻辑，也最大限度回应了社会广泛关切。意见书还重视情与理的有机结合，其中有这样一段描述："如果主卧室的房门没有被夹紧，孩子们或许还能吃到客厅里的那袋香蕉，或许还能像往常一样打开房门向外求助。然而此刻一切的假设都已无法实现，最终李某丙只能静静地睡在棉胎上，放弃了挣扎；李某乙只能抱着没有一滴水的水壶，放弃了求生的努力。直至两双大眼睛完全失去光泽，终是没再见到母亲熟悉的身影。"采用假设的造句方式描述了案件的特定细节，一下子将乐某某和旁听人员的思绪带到当时的情境，为情感共鸣营造了很好的氛围，不仅表达了对被害人的怜悯、对被告人行为的谴责，而且说到了案件的关键点、说到了乐某某的心坎上，乐某某当庭流下了悔恨的泪水，消减了对社会的对抗情绪，对法庭当庭宣判的无期徒刑判决服判表示不上诉，达到了公诉意见书引导情感共鸣、倡领社会核心价值的良好效果。

（**点评人**：白春子，安徽省高级人民法院刑事审判第二庭副庭长）

【律师点评】

一、本案的重大社会影响

“江宁饿死两女童案”一经曝光，舆论一片哗然。在文明高度发达的现代社会，年仅 1 岁和 2 岁的幼女竟在家中被活活饿死。该案的法律定性问题及未成年人保护问题一时成为社会各界和司法机关讨论的热点。该案的发生，暴露出我国儿童监护制度的缺位，引发了全社会对未成年人保护的关注。

本案不仅入选了全国法院依法保护未成年人合法权益的典型案例，更推动了我国在未成年人保护、监护权撤销等方面的立法进程。2014 年 12 月 28 日，最高人民法院、最高人民检察院、公安部、民政部发布《关于依法处理监护人侵害未成年人权益行为若干问题的意见》，专门对未成年人所遭受的监护侵害行为作出具体规定，明确了学校、医院、村（居）民委员会、社会工作服务机构等单位及其工作人员发现未成年人受到监护侵害的应当履行报告义务，人民法院可根据实际情况作出人身安全保护裁定。通过进一步织密法律法规之网，为未成年人创造富有安全感的家庭环境和社会环境。

此外，本案对于遗弃罪和故意杀人罪的界分亦具有重要意义。本案发生不久后，最高人民法院、最高人民检察院、公安部、司法部于 2015 年 3 月 2 日发布了《关于依法办理家庭暴力犯罪案件的意见》，明确规定：“准确区分遗弃罪与故意杀人罪的界限，要根据被告人的主观故意、所实施行为的时间与地点是否立即造成被害人死亡，以及被害人对被告人的依赖程度等进行综合判断。对于只是为了逃避扶养义务，并不希望或者放任被害人死亡……一般以遗弃罪定罪处罚。”该意见为司法实践准确区分两罪提供了具有可操作性的标准。

二、本案的主要法律问题

根据我国《刑法》的规定，故意杀人罪是指故意非法剥夺他人生命的行为，遗弃罪则是指对于年老、年幼、患病或者其他没有独立生活能力的人，负有扶养义务而拒绝扶养，情节恶劣的行为。通常而言，故意杀人罪表现为积极的作为，与遗弃罪在行为方式上存在明显界分，但在不作为故意杀人的场合，两罪可能存在交叉竞合。

2013 年 4 月下旬，乐某某将两女遗弃于住所，仅留下少量食物、饮水，并锁闭窗户、房门后离开，直至同年 6 月 21 日案发未归，造成两女死亡。南京市中级人民法院认定乐某某犯故意杀人罪，判处其无期徒刑。而在笔者查询到的另一起案件中，被告人刘某某因经济困难，决定放弃对早产女婴的治疗，从医院抱出后将其丢弃于路口处，次日中午女婴被发现，送医院抢救无效后死亡。法院认定刘某某犯遗弃罪，判处其有期徒刑 1 年 6 个月，缓刑 1 年 6 个月。[①]

以上两案均以拒不履行抚养义务的方式实施，均造成幼女死亡的结果，却被认定为不同罪名，在量刑上亦是相差甚远。因此，为了实现罚当其罪的效果，明确两罪的区分标准尤为必要。检察机关在公诉意见书中，从客观与主观两方面展开论证，秉持了主客观相一致的基本原则，笔者在此基础上结合刘某某案对故意杀人罪与遗弃罪的界分问题进行以下分析。

一方面，判断客观上行为是否对生命安全造成具体危险。不作为的故意杀人行为应当与作为的故意杀人行为在危害程度上具有对等性。因此，不作为的故意杀人行为与遗弃致死行为的根本区别在于行为对生命法益的侵害程度不同。具体需要考察被害人生命法益对行为人的依赖程度、他人救助可能性等。因此，当遗弃行为导致被害人无法得到生活上的救助而非生命受到直接侵害时，则遗弃行为与死亡结果之间不存在直接的因果关联，换言之，遗弃行为对被害人的生命受损不存在排他的支配关系；反之，当这种排他的支配关系成立时，则应当评价为故意杀人

① （2011）浦刑初字第 414 号刑事判决书。

行为。本案公诉意见书详细描述了案发现场的情况，说明了在本案的时空条件下，行为人不仅拒不履行抚养义务还切断了被害人求生、他人救助的可能性，对被害人的生命法益形成了排他的支配，据此认定行为与二被害人死亡后果的发生具有直接的因果关系，属于不作为的故意杀人行为。而在刘某某案中，其遗弃的地点对他人的救助没有排他性，且女婴本身的疾病也是导致死亡的重要原因，故遗弃行为对生命法益造成的危险并不紧迫，仅构成遗弃罪而非故意杀人罪。

另一方面，判断主观上行为人对死亡结果是否追求或放任。遗弃罪的故意仅包括逃避抚养义务的故意，而故意杀人罪的故意则在此基础上还具备对于死亡结果的追求或放任。本案公诉意见书从主观上深入分析了乐某某行为时的认知因素与意志因素，认定乐某某存在放任危害后果发生的主观心态，具备故意杀人的间接故意。而在刘某某案中，刘某某的故意内容为因经济困难逃避抚养义务，对于死亡结果持反对态度，因而不具有杀人故意，仅具有遗弃故意。

三、本案的检察履职情况

一是情理法交融，提出建设性意见。公诉意见书首先从主、客观两个方面完整分析了本案构成故意杀人罪的原因，而后进一步指出了本案的社会危害性以及引发的反思，强调了社会教育和监护体系建设的必要性。这种反思并非停留在对犯罪的指责，更着眼于解决问题的方法和措施，具有较高的实用性和建设性。

二是全面履职，实现制度落地。一方面，南京市检察机关指派未成年人刑事检察的检察官办理此案，在履职过程中准确把握检察机关法律监督定位，将检察职能与家庭、学校、社会、网络、政府保护职能相互融合，不拘泥于办好个案，更重要的是通过类案分析做实系统治理。另一方面，南京市人民检察院以办案为契机，向南京市人大提出立法建议，推动了《南京市未成年人保护条例》的制定。

（**点评人**：赵春雨，北京市盈科律师事务所高级合伙人）

15. 李某甲、李某乙组织考试作弊案：以法治手段维护公平竞争秩序

【案情简述】

2016年7月，云南省罗平火车站候车室内，公安民警从57岁的李某乙身上查获多份云南省2016年度公务员考试考生身份证、准考证复印件以及作弊协议。由此，一场由父子所主导的考试作弊案浮出水面。经查，2016年3月，李某甲、李某乙经合谋，与多名考生签订作弊协议进行有偿作弊，后提供作弊工具、技术培训，并在临沧市考点附近架设信号发射设备传输数据，最终12名考生在公务员考试中接收数据作弊，李某甲、李某乙获利10万元。

该案因涉及人数多、考试热度高、社会影响广，一经曝出便在边陲小城引发高度关注。临沧市检察机关高度重视案件办理，重点围绕李某甲、李某乙主观明知、地位作用引导侦查机关补证，通过对策划商议、串联考生、设备安装、信息传输、收取赃款等关键环节证据的固定，为案件起诉奠定坚实基础。2017年7月10日，云南省临沧市临翔区人民检察院以李某甲、李某乙犯组织考试作弊罪向临沧市临翔区法院提起公诉。庭审中，检察官化文字为图像、融证据于图表，清晰明了地展示了犯罪人员结构、任务分工、手法流程，帮助合议庭及旁听人员厘清脉络、把握要点。公诉意见的发表过程中，检察官紧扣案件事实、证据，论证分析逻辑清晰、简洁明了，从刑事责任能力、主观故意、客观行为、危害后果四个方面，有序递进地构建起组织考试作弊罪的构成要件；对两被告人地位作用分别论述，有力驳斥了辩护人关于“李某乙系从犯”等辩护意见；在危害揭示、意义传达上注重见微知著、层层递进、总结升华。庭审当日，临沧市临翔区人民法院以组织考试作

弊罪，分别判处李某甲、李某乙有期徒刑2年，并处罚金，该案二审维持原判。

李某甲作为通过考试进入公务员队伍的制度受益者，却转变为制度的破坏者，为一己私利组织考试作弊，不仅破坏了公平竞争的考试环境，对意图获取捷径的备考人起到了负面示范作用。该案的办理有力惩治了犯罪分子，及时回应了社会各界关切，有效震慑了潜在的犯罪行为，彰显了司法机关以法治手段维护公平公正考试秩序的决心，避免公平竞争从源头上被污染破坏。

【文书原文】

云南省临沧市临翔区人民检察院

公诉意见书

审判长、审判员、人民陪审员：

根据《中华人民共和国刑事诉讼法》第一百八十四条、第一百九十三条、第一百九十八条和第二百零三条的规定，我受临沧市临翔区人民检察院的指派，代表本院，以国家公诉人的身份，出席法庭支持公诉，并依法对刑事诉讼实行法律监督。现对本案证据和案件情况发表如下意见，请法庭注意。

从2016年7月19日到2017年8月10日的今天，从罗平火车站一份份考试作弊协议书被查获这个案件浮出水面开始，从侦查、审查起诉阶段直至今天的庭审，被指控的二名被告人组织考试作弊的证据在法庭上得以清晰地呈现。

一、被告人李某甲、李某乙构成组织考试作弊罪，本案犯罪事实清楚，证据确实、充分

（一）本案犯罪事实清楚，证据确实、充分

根据法庭调查，针对起诉书的指控，公诉人向法庭出示了全案证据，全案文书卷1册，证据卷5册，补充侦查证据卷2册，共8册。针对起诉书的指控，公诉人向法庭列举出示了全案证据，全案证据来源合法，内容客观真实，充分证明被告人李某甲、李某乙组织考生在2016年云南省公务员考试中进行作弊，积极为考生提供作弊器材，架设作弊设备进行作弊的犯罪事实。虽然在侦查阶段到审查起诉阶段以及今天的庭审中，被告人李某甲供述反复（翻供→部分供述但避重就轻），但结合全案各证据能够相互印证，形成证据锁链，充分证明本院起诉书指控被告人李某甲、李某乙的行为符合组织考试作弊罪的犯罪构成要件。综上，本案犯罪事实清楚，证据确实、充分。

（二）被告人李某甲、李某乙的行为构成组织考试作弊罪

组织考试作弊罪是指在法律规定的国家考试中组织作弊的行为。被告人李某乙、李某甲在犯罪主体上具备刑事责任能力，达到刑事责任年龄，符合组织考试作弊罪的主体要件。

在主观方面是故意，即二名被告人主观上为了获取不法利益，明知自己组织考生进行作弊的行为会损害国家考试管理秩序和他人公平参与考试的权利，二名被告人在主观上是希望或放任这种危害结果的发生。

客观方面二名被告人实施了在法律规定的国家考试中组织作弊的行为，即：联系考生商议作弊→安排考点发放工具→教授方法写下协议→多处踩点架设设备→考生作弊收取费用，上述一系列行为证明二被告人精心准备并实施组织、策划、安排考生作弊的犯罪行为。

从结果上看，12名考生桂某某、陈某某、高某某、孙某某、张某甲、张某乙、卢某某、查某某、杨某甲、杨某乙、罗某某、方某某在考试中通过用被告人提供的作弊器材接收答案的方式进行了作弊。现上述作弊考生被云南省公务员局一律取消考试资格，且被记入公务员考试诚信记录，显然二被告人组织考生作弊的行为，严重扰乱了国家考试组织管理秩序，严重侵犯了我国刑法对考生公平参与考试权利的法益保护。

综上，被告人李某甲、李某乙构成组织考试作弊罪。

（三）被告人李某甲、李某乙系共同故意犯罪

在犯罪中，被告人李某甲、李某乙互相商议、分工负责、积极作为，他们共同作为犯罪行为者、策划者、直接参与者，系共同故意犯罪，在犯罪中地位、作用相当，根据《中华人民共和国刑法》第二十五条的规定，被告人李某甲、李某乙是共同故意犯罪，应共同承担刑事责任。

二、本案的量刑建议

根据《中华人民共和国刑法》第二百八十四条之一第一款之规定，在法律规定的国家考试中，组织作弊的，处三年以下有期徒刑或者拘役，并处或者单处罚金；情节严重的，处三年以上七年以下有期徒刑，并处罚金。建议分别判处被告人李某甲、李某乙有期徒刑二年至三年，并处罚金。

三、本案的社会危害和警示意义

审判长、审判员、人民陪审员、在座的各位，刑法的目的在于，使良善的人公正运用法律，犯罪的人得到应有的惩罚，被害之人得到合理补偿。2015年11月《刑法修正案（九）》正式实施，对组织考试作弊罪明确予以刑法规制，该罪名被列入刑法分则妨害社会管理秩序罪一章中，目的在于维护考试的公平公正、彰显法律威严，对行为人起到威慑作用。《中华人民共和国公务员法》明确规定录用公务员应采取公开考试、严格考察、平等竞争、择优录取的办法，公务员考试“逢进必考”的初衷就是选贤与能，优化纯洁公务员队伍。

我们寒窗苦读，从小学、中学、大学接受国家教育，希望通过考试这样一个公平竞争途径进入公务员队伍，在工作中实现自己的人生价值。然而，被告人抓住考生极力想要捧住公务员职业这个他们心中的“铁饭碗”心理，以致促成考生们不计成本、甚至铤而走险作弊直至败露。

试想，当作弊考生们通过非法手段一旦混入公务员队伍，在今后的工作中又岂能遵纪守法、为民办事？这个鲜活的案件今天发生在我们身边、呈现在我们眼前，他们输掉的不仅仅是一场考试，而是自己的人生信誉。

被告人李某甲，曾经是一名小学教师，更是一名共产党员，经过严格考试进入公务员队伍的你，是否会在意苦读的学子们因为你和你父亲的犯罪行为破坏了他们公平参与竞争的机会，是否会想起你在党旗下的誓言?!

被告人李某乙，古语有云“养不教，父之过”，你可曾记得你如何将你的儿子李某甲抚养成人?! 他如何成为一名令你曾经骄傲的国家公务员?! 今天，坐在法庭上的父子二人，漠视法律的权威，在金钱的贪欲下，亲手将自己和自己最亲的人推上了被告席。

公诉人今天告诉大家的是，组织考试作弊罪入刑，更多的意义是在于我们利用法律的威慑力努力营造风清气正的选人用人环境。实现这样的理想和目标，就是要给予每个人实现过程和结果公平的机会，当作弊者没有与他人付出同样艰辛的努力甚至没有付出任何努力而通过不正当手段进入公务员队伍，原本不具有考试准入资格的人挤占掉本属于他人的机会，势必造成对国家干部队伍纯洁性的损害！势必是对社会公众孜孜以求理想和目标的践踏！势必是对社会公平正义的破坏！

今天，我们在法庭上用事实和证据揭露被告人李某甲、李某乙的犯罪事实，希望二被告人能够真正从心灵上反思和警醒！

“正义不仅应当实现，而且要以人们看得见的方式实现。”今天，我们用事实和证据证明“让人民群众在每一个司法案件中感受到公平正义”是我们检察机关的不竭使命！

综上，请法庭根据被告人李某甲、李某乙实施犯罪行为的事实、情节、性质，对社会的危害程度以及被告人的认罪悔罪表现，依法作出公正的判决。

公诉人：李某某

2017 年 8 月 10 日当庭发表

【学者点评】

2015 年《刑法修正案（九）》新增组织考试作弊罪，以维护公平公正的考试秩序和国家考试公信力，保障考生公平参与考试的权利。2019 年，为明确定罪量刑标准、保障法律统一适用，最高人民法院、最高人民检察院出台《关于办理组织考试作弊等刑事案件适用法律若干问题的解释》（以下简称《解释》）。而本案的发生和起诉时间均在司法解释出台之前，在相关罪名定罪量刑标准不易把握、法律适用问题存在认识分歧时，承办检察官能恪守罪刑法定原则，尊重立法原意，坚持法、理、情相统一，在罪刑法定的框架内打击考试作弊犯罪，实现法律效果与社会效果的有机统一。这在公诉意见书中得到了充分展现。

一、检察机关对本罪打击范围的界定，体现了对前置法效力位阶的严格遵守

根据《刑法》第284条之一的规定，组织考试作弊罪的打击范围限于在法律规定的国家考试中组织作弊以及帮助组织作弊的行为。对于“法律规定的国家考试”，《解释》第1条明确规定，“法律规定的国家考试”，仅限于全国人民代表大会及其常务委员会制定的法律所规定的考试。包括国家教育考试、中央和地方公务员录用考试、专业技术资格考试、其他依照法律由中央或者地方主管部门以及行业组织的国家考试四种类型。初中学业水平考试和大学英语四、六级考试不在此列。此外，考试不限于笔试，上述四种考试涉及的特殊类型招生、特殊技能测试、面试等考试，也属于“法律规定的国家考试”。本罪发生和起诉之时并无上述司法解释的明文规定，“法律规定的国家考试”中的“法律”应持广义理解还是狭义理解，对此存在不同观点。持狭义立场的观点认为，此处的“法律”应严格限定为全国人民代表大会及其常务委员会制定的法律；持广义立场的观点认为，应将国务院行政法规也囊括进来，如国务院《护士条例》规定的护士执业资格考试，也应当属于本罪的国家考试。[①]

对于《刑法》中前置法规范的效力层级，《刑法》第96条规定：“本法所称违反国家规定，是指违反全国人民代表大会及其常务委员会制定的法律和决定，国务院制定的行政法规、规定的行政措施、发布的决定和命令。”部门规章和地方性法规不能成为刑法的补充性法源。但是在一些特别犯罪中，前置法的范围可能比《刑法》第96条更为狭窄，以“法律”为前置法的组织考试作弊罪正是如此。《宪法》第58条规定：“全国人民代表大会和全国人民代表大会常务委员会行使国家立法权。”根据《立法法》第10条和第72条的规定，全国人民代表大会及其常务委员会根据《宪法》规定行使国家立法权；国务院根据《宪法》和法

① 参见张明楷：《刑法学》（第六版），法律出版社2021年版，第1369页。

律，制定行政法规。由此可见，法律不同于国家规定，狭义法律的范围应当小于国家规定。对组织考试作弊罪前置法的“法律”应当持狭义理解，仅限于全国人民代表大会及其常务委员会制定的法律所规定的考试，这也符合 2019 年出台的司法解释的观点。

本案中，被告人组织考试作弊的行为违反了全国人大常委会制定的《公务员法》《教育法》，符合本罪前置法的效力层级，妥善处理了刑法和前置法的关系。法律规定的国家考试，并不限于由中央有关主管部门依照法律统一组织的全国性考试，还包括地方主管部门依照法律规定组织的考试。[①] 省级公务员录用考试虽然并非由国家统一组织的考试，但其设立依据是《公务员法》[②]，因此也属于法律规定的国家考试之范畴。此外，前置法的补充规范除应符合效力层级外，还必须有刑事不法的申明，即必须有追究刑事责任的明确规定。《教育法》第 80 条规定：“任何组织或者个人在国家教育考试中有下列行为之一……构成犯罪的，依法追究刑事责任……：（一）组织作弊的；（二）通过提供考试作弊器材等方式为作弊提供帮助或者便利的；（三）代替他人参加考试的；（四）在考试结束前泄露、传播考试试题或者答案的；（五）其他扰乱考试秩序的行为。”本案中，被告人在省级公务员录用考试中组织作弊，形式上符合前置法的效力层级，且存在明确授权的附属法律责任条款和附属刑事责任条款，属于组织考试作弊罪的打击范畴。

二、检察机关对本罪既未遂标准的判断，体现了对行为犯性质的正确把握

组织考试作弊罪属于行为犯，不以侵害结果的发生为必备要件，考试作弊的目的是否实现不影响犯罪既遂的成立。[③] 因此，组织考试作弊罪

---

① 参见喻海松：《考试作弊犯罪司法疑难之案解》，载《人民司法（案例）》2021 年第 14 期。

② 《公务员法》第 24 条规定，地方各级机关公务员的录用，由省级公务员主管部门负责组织，必要时省级公务员主管部门可以授权设区的市级公务员主管部门组织。

③ 参见喻海松：《考试作弊犯罪司法疑难之案解》，载《人民司法（案例）》2021 年第 14 期。

的既遂无须作弊行为实施完毕或作弊目的实现，但至少需要作弊行为具有实施的现实可能性。[①] 这也是为什么《解释》第 4 条规定："组织考试作弊，在考试开始之前被查获，但已经非法获取考试试题、答案或者具有其他严重扰乱考试秩序情形的，应当认定为组织考试作弊罪既遂。"本案中，被告人实施了联系考生商议作弊、安排考点发放工具、教授方法写下协议、积极提供作弊器材、架设设备进行作弊等行为，12 名考生使用被告人提供的作弊器材接收答案，实施了作弊行为，即使作弊考生最终被取消考试资格，也不影响组织考试作弊罪既遂的成立。

三、检察机关对本罪打击对象的把握，体现了对违法行为与犯罪行为的清晰界分

《刑法》第 284 条之一第 4 款规定的替考罪，包括代替他人参加考试和让他人代替自己参加考试两种情形。换言之，若使用代替考试的方式作弊，替考者和被替考者双方都构成犯罪。那么本案中，参与考试作弊的考生即被组织者是否构成犯罪，是否可以认定为组织考试作弊罪的帮助犯？《刑法》第 284 条之一的第 1 款和第 2 款，分别打击组织考试作弊行为和为他人组织考试作弊提供作弊器材或者其他帮助的行为。第 2 款将组织考试作弊的帮助行为独立规定为正犯行为，属于帮助行为的正犯化。单纯作弊的考生和被组织作弊的考生虽然实施了作弊行为，但实施作弊行为本身并非是对组织作弊行为的帮助，不宜以组织考试作弊罪的共犯论处。违法行为与犯罪行为存在明确的界限，本案中作弊考生使用作弊器材接收答案的行为虽然违反了《公务员法》等相关法律规范，被取消考试资格并记入公务员考试诚信记录，但并不符合刑法相关犯罪的构成要件，未达到犯罪的程度。只有在代替考试的情形中，作弊者和帮助作弊者才同时构成犯罪。

考试是人才选拔的重要途径，考试制度的核心是公平和正义。考试作弊犯罪严重破坏人才选拔制度，败坏国家考试公信力，给公平竞争环

---

① 参见赵拥军：《组织考试作弊罪既遂的标准》，载《人民司法（案例）》2021 年第 14 期。

境和社会诚信风气带来恶劣影响。本案对组织考试作弊行为的打击，积极回应人民群众关切，有力地保障了其他考生公平竞争的权利，对于维护公平公正的考试秩序、加强社会诚信体系建设有着较大的正面意义和示范作用。考试公平是社会公正的缩影，“正义不仅要实现，而且要以人们看得见的方式实现”。

（**点评人：**罗翔，中国政法大学刑事司法学院教授、博士生导师）

【检察官点评】

人的一生中会经历很多的考试，或是为了升学与毕业，或是为了获得专业领域的职业资格，或是为了心仪的工作机会，或是达到某种成就。自古以来，考试规则严明，公平公正，也只有当考试被公认是公平公正的，参与考试的人才会通过努力学习来认真对待考试，通过公平的考试所选拔出来的人才会收获他人的信任和尊重。公务员考试更是如此，其不仅对于考生个人职业发展有着重要影响，更对国家治理体系和公共管理的能力有着深远意义。

但总有人试图越雷池一步，挑战社会的道德底线与国家的法治权威。云南省临沧市临翔区人民检察院办理的李某甲、李某乙组织考试作弊一案，正是这样一起破坏国家考试公平性、冲击社会诚信体系的案件。

2017 年 8 月 10 日，李某甲、李某乙组织考试作弊一案在云南省临沧市临翔区人民法院公开开庭审理，庭审过程中，公诉人所发表的公诉意见书揭开了本案的真相。

本案被告人李某甲供述反复，案件的办理并不容易。而组织考试作弊的行为本身具有隐蔽性，本案的证人（在公务员考试中作弊的考生）又与被告人利益攸关、一损俱损，故取证难度极大。在言词证据难收集、难采信的情况下，本案客观证据的固定与使用也有不小的难度。为了公诉意见书中短短一句“全案各证据能够相互印证，形成证据锁链”，想必云南的公安机关、检察机关付出了很多。通过公诉意见书，我们可以看到检察机关对案件细节进行了深入挖掘与分析，对证据进行了仔细梳理与对比，本案的真相在公诉人当庭发表的公诉意见书中得以清晰地呈现。公诉人对本案犯罪手法的描述并不冗杂，仅用5段动宾结构的短语、共40个字就精准表述了本案的作案过程，繁简得当、条理清晰，为有力的指控打下坚实的基础。

本案所涉及的罪名，即组织考试作弊罪，系2015年《刑法修正案（九）》新增罪名，在当时案件较少、相关司法解释还未出台的情况下，如何准确理解与适用该罪决定着案件办理的质量与法律效果的实现。

本案的公诉意见书首先明确本案所指控犯罪的法律规定，详细阐明组织考试作弊罪的犯罪构成要件，然后“目光不断往返于规范与事实之间”，将案件的具体事实与犯罪构成要件进行对应分析。公诉人对本案二被告人构成组织考试作弊罪的证成逻辑清晰、结构严密，其中对法律的正确理解与适用为理论研究与司法实务提供了示范样本。

从事后的角度来看当年办理的这起组织考试作弊案，同样可以看出这是一起经得起检验的案件。2019年9月“两高”发布了《关于办理组织考试作弊等刑事案件适用法律若干问题的解释》（以下简称《解释》），明确组织考试作弊罪的认定与量刑标准。例如，将“法律规定的国家考试”限定为全国人民代表大会及其常务委员会制定的法律所规定的考试，其中包含中央和地方公务员录用考试，也即本案二被告人组织作弊所针对的考试类型。《解释》同时规定，组织考试作弊罪的既遂标准的判断应将组织行为和被组织行为（即考试作弊行为）作为有机结合的整体考量，既不能一经实施组织行为即认定既遂，也无须组织到考试作弊行为实施完毕，而是以考试作弊行为是否具有实施的现实可能性为必要进行分析。从本案的公诉意见书中可以看到，12名作弊考生均已经通过用被告人提供的作弊器材接收答案的方式进行了作弊，犯罪已然既遂。可以说，2017年结案的本案，与2019年的《解释》完全契合。

值得注意的是，本案的公诉意见书还关注到了对作弊考生的处置问题，回应了社会舆论的关注重点。二被告人为其组织作弊的行为承担了刑事责任，在公务员考试中作弊的考生也付出了相应的代价，作弊考生被云南省公务员局一律取消考试资格，且被记入公务员考试诚信记录。作弊考生的行为虽然没有触犯刑事法律，仍在行政法律规制的范围，但其行政违法行为与本案的刑事犯罪密切相关，公诉人在公诉意见书中提及作弊考生所受到的惩戒，既有助于论证组织考试作弊罪行为所导致的扰乱国家考试组织管理秩序的严重后果，同时对组织作弊者与作弊考生严重侵犯我国考生公平参与考试权利的行为进行全面评价和公示，警示教育试图通过作弊来通过考试的个人，维护考试的公正性，阻止不良社会风气引发的道德风险，充分发挥刑罚的一般预防作用。

此外，公诉人还考虑到了本案对社会的影响，多角度阐明了本案的社会危害性，表明国家设立组织考试作弊罪所欲扼制的种种不良后果。对于考试作弊的考生个人而言，通过作弊获取的考试成绩与资格终将影响个人职业的发展前景。对于其他参与考试的考生而言，组织他人考试作弊行为损害了寒窗苦读的莘莘学子的合法权益，使通过诚信应试的考生处于不利地位，造成社会不公。对于社会而言，作弊现象的普遍存在极易侵蚀社会的诚信体系，影响社会道德水准。对于国家而言，通过作弊进入公务员队伍的人员势必严重影响国家干部队伍的纯洁性，侵害国家机关的公信力。因此，组织考试作弊对于个人、社会和国家均会产生严重的负面影响，必须通过法律手段予以严惩，以维护法律的权威与尊严。

最后，对于本案的被告人，公诉人通过发表公诉意见的机会对其进行了深刻的警示教育。从被告人李某甲人民教师、共产党员的身份出发，让其回忆苦读的学子为了参与竞争所要付诸的努力，让其回忆在党旗下的誓言与他今日的所作所为相去甚远。从亲情的角度出发，让被告人李某乙看到其与儿子一同违法犯罪的行为是如何毁掉了曾经引以为傲的儿子的前途，令人唏嘘。

公诉人在办理这起影响恶劣的公务员考试组织作弊案件中所付出的种种努力、所欲维持的法律纲纪和所欲传达的司法理念都在本案的公诉意见书得以全面展现，本案通过有力的检察履职，向社会传递法律的严肃性与公正性，充分实现了法律效果与社会效果的统一。

（**点评人：**曹杰，上海市人民检察院第三分院第一检察部副主任、三级高级检察官）

【法官点评】

公平是考试的灵魂，诚信是考生的守则！李某甲、李某乙通过考试作弊帮助考生获取公务员资格，不仅严重扰乱了国家考试的正常秩序，侵犯了其他考生公平竞争的权利和机会，还破坏了社会诚信，败坏了社会风气，损害了社会公平正义的基础，应依法予以惩处。本文将从案件本身的重要社会影响、对法治进程的意义、检察工作的履职情况、法律条文解析释义及文书撰写精要等方面进行点评。

一、案件的重要社会影响

1. 对社会公平正义的冲击。考试作为选拔人才的重要手段，其公平性直接关系到社会的公正与稳定。本案中，李某甲和李某乙通过组织考试作弊行为，不仅损害了其他考生的合法权益，严重破坏了考试的公平性和公正性，还严重侵害了国家的人才选拔机制。这种行为一旦被纵容甚至未及时进行惩处，都将沉重打击社会对公平竞争机制的信任，导致更多人铤而走险，从而进一步侵蚀社会的诚信基础。

2. 对国家机关和人力资源管理的负面影响。通过考试作弊进入国家机关工作，不仅破坏了考试制度的公信力，还会对国家机关和机关内人力资源管理造成深远影响。由于作弊者通过作弊手段进入公务员队伍，其素质、能力和品德均未经过公平、公正的检验和筛选，这将直接影响到公务员队伍的整体素质和精神面貌，以及国家机关进行行政管理和提供公共服务的效率与质量，严重损害国家机关的公信力和行政效能。

3. 对社会的重要警示意义。本案是《刑法修正案（九）》实施以来，组织考试作弊罪的典型案件之一。近年来，由于受经济利益驱使，伴随无线通信技术的迅猛发展，考试作弊犯罪的组织化、团伙化程度越来越高，逐渐形成了各种违法犯罪活动相互依赖、分工严密的利益链条，通过本案的提起公诉，不仅体现了检察机关对组织考试作弊行为的严厉打击态度，还提醒社会各界需要重视考试公平，坚决反对考试作弊行为，维护社会诚信体系。

二、对法治进程的意义

1. 有助于树立反对考试作弊的法律意识和法治观念。在日常考试中作弊虽然尚不构成犯罪，但“勿以恶小而为之”，一旦“恶小”不防成为“恶大”，实施了组织考试作弊、非法出售、提供试题、答案以及代替考试等行为，必将受到法律的严厉惩处。因此，通过对本案的公开审判和广泛宣传，有助于社会公众树立反对考试作弊行为的法律意识和法治观念。

2. 有效巩固了反对考试作弊的法治建设成果。组织考试作弊行为入罪，已经表明了国家对破坏考试公平公正行为零容忍的态度。通过对李某甲和李某乙提起公诉，在体现检察机关打击组织考试作弊行为决心和能力的同时，可以有效巩固反对考试作弊的法治建设成果，促进社会的公平正义。

3. 有力遏制组织考试作弊行为。考试制度是国家选拔人才、实现社会公平的重要机制。通过对本案提起公诉，可以有效维护考试制度的公信力，确保考试的公平公正，保障其他考生公平竞争的权利，这不仅有助于恢复社会各界对考试制度的信任和信心，还能够在一定程度上遏制组织考试作弊行为的产生和蔓延。

三、检察机关履职情况

1. 在本案的办理过程中，检察机关始终坚持依法办案的原则，严格按照法律程序进行移送审查和起诉工作，确保了案件的公平公正处理，进一步增强了检察机关在社会中的公信力，展示了检察机关维护法律权威和社会公平的坚定决心。

2. 在办理本案的过程中，检察机关加强了法治宣传教育，特别是在公诉意见书中专门阐述了本案的社会危害和警示意义，不仅有效提升了社会公众“尊法守法重法”的法律意识，还强化了“依法惩治犯罪”的法治观念，显示了检察机关关注法治宣传教育、建设和维护社会诚信体系的社会责任。

3. 本案的及时起诉，充分展示了检察机关在惩治犯罪、维护社会正常秩序方面的重要作用，公诉人代表检察机关出席法庭支持公诉，通过严格的法律程序和证据链条，有效地指控了被告人的犯罪行为，通过论证被告人犯罪行为的违法性和社会危害性，提出了恰当的量刑建议，体现了检察机关在维护法律公平公正和惩治犯罪方面的专业水平和责任担当。

四、法律条文解析释义

2015 年 8 月 29 日第十二届全国人大常委会第十六次会议通过了《刑法修正案（九）》，在《刑法》第 284 条之一增设了组织考试作弊罪，对在法律规定的国家考试中组织作弊等破坏考试秩序的行为进行了专门规制。

根据《刑法》第 284 条之一的规定，组织考试作弊罪是指在普通高等学校招生考试、中央和地方公务员录用考试、国家统一法律职业资格考试等法律规定的国家考试中组织作弊的行为，本罪侵犯的客体是国家考试管理制度。在本案中，李某甲、李某乙具备刑事责任能力，二人作为成年人，完全能意识到自己行为的违法性和社会危害性，具备成为本罪犯罪主体的资格；在主观方面，二人为了获取不法利益，明知自己组织考生进行作弊的行为会损害国家考试的正常秩序和他人公平参与考试的权利，仍希望或放任这种危害结果的发生，具备本罪的犯罪故意；在客观方面，二人实施了一系列组织考试作弊的具体行为，包括联系考生商议作弊、安排考点并发放作弊工具、教授作弊方法、架设作弊设备等，这些行为环环相扣，构成了组织考试作弊的完整犯罪链条。

组织考试作弊罪的法定刑为 3 年以下有期徒刑或者拘役，并处罚金；情节严重的，处 3 年以上 7 年以下有期徒刑，并处罚金。虽然李某甲、李某乙组织 12 名考生实施了考试作弊行为，但尚未达到 30 人次的“情节严重”标准，检察机关建议对二被告人判处 2 年至 3 年有期徒刑，并处罚金，符合《刑法》的规定。

五、文书撰写精要

1. 撰写公诉意见书应逻辑严谨，条理清晰，层次分明，结构合理。首先，通过对证据的详细列举，要将证据链条完整地展现出来；其次，通过对证据的分析和运用，要对犯罪事实的成立进行充分论证；再次，通过对法律条文的详细解析和释义，对犯罪事实进行准确的规范评价；最后，在认定构成犯罪的基础上，提出符合案件实际情况和法律规定的量刑建议，以确保公诉意见书具有高度的准确性和权威性。

2. 重视对案件社会影响和警示意义的阐述。根据提起公诉案件的不同特点和具体情况，对于社会影响较大并具有积极警示意义的案件，在公诉意见书中应重视此部分的撰写，通过对社会影响和警示意义的详细分析、评估和阐述，揭示出案件对社会公平正义、法治建设和公众法律意识等的深远影响，从而增强公诉意见书的说服力和公信力。

考试制度自古以来就是国家人才选拔和职业准入的重要方式，关乎人才培养、社会公平和国家发展，考试作弊不仅破坏了考试的公平公正原则，还严重影响了社会的诚信体系。通过对本案提起公诉，检察机关有效维护了考试制度的公信力，增强了社会公众的法治意识，从而为我国法治建设和社会公平正义的实现作出了积极贡献。

总体来说，本公诉意见书在法律分析、案件社会影响和警示意义等方面表现出色，通过严谨的法律分析和论证，体现了检察机关的专业水平和责任担当；通过对案件社会影响的分析和社会危害评估，深刻揭示了组织考试作弊行为对社会诚信和法治秩序的严重危害，具有重要的社会警示意义。但本公诉意见书在证据的列举、分析和运用方面略有不足，并未对证据进行列举和详细分析，建议可通过对证据的综合运用来揭示李某甲、李某乙组织考试作弊的犯罪事实。

（**点评人：**周岸岽，云南省高级人民法院刑事审判第一庭副庭长）

【律师点评】

国家教育考试作为公平、公正选拔人才的手段，对于公民的前途命运起到关键性的作用、对社会国家的正常运转起到了保障性作用。但在现实生活中，仍有不少考生试图铤而走险，组织考试作弊的违法犯罪事件屡见不鲜。有组织的考试作弊案件一方面反映出社会诚信的缺失，破坏人才选拔制度，干扰公平竞争，败坏社会风气；另一方面则是对国家公平公正的考试秩序和公民合法权益造成了难以弥补的冲击与侵害。在此背景下，2015 年 11 月 1 日起施行的《刑法修正案（九）》增设了《刑法》第 284 条之一，规定了组织考试作弊罪，“在法律规定的国家考试中，组织作弊的，处三年以下有期徒刑或者拘役，并处或者单处罚金；情节严重的，处三年以上七年以下有期徒刑，并处罚金”。

云南省临沧市临翔区人民检察院审查起诉的被告人李某甲、李某乙组织考试作弊一案，是一起依法打击国家考试作弊、破坏公平选拔制度的典型案例。二被告人把犯罪的触角伸向了公务员考试，利用信息技术手段组织实施考试作弊活动，严重扰乱了公务员考试组织管理秩序，破坏了国家公务员队伍的纯洁性，侵犯了我国《刑法》对考生公平参与考试权利的法益保护。云南省检察机关依法履行检察职能，派员出席法庭支持公诉，针对本案的法律适用问题和案件社会危害性发表公诉意见，取得了良好的办案效果。

一是公诉意见书清晰地厘清了案件的法律适用问题。《刑法》第 284 条之一的“法律规定的国家考试”看似有明确的理解，但实际上国家考试种类繁多，各地司法实践中所掌握的尺度又不尽相同，不能要求每个法官、检察官都能清晰地掌握哪种考试是依据法律还是依据部门规章授权实施的，哪类考试又是由哪个主体举办的。为进一步明确何谓“法律规定的国家考试”以及各项构成要件的具体内容，2019 年 9 月 4 日，最高人民法院和最高人民检察院发布《关于办理组织考试作弊等刑事案件适用法律若干问题的解释》（以下简称《解释》），对“法律规定的国家考试”的范围、组织考试作弊罪“情节严重”的认定标准、作弊器材的认定标准、组织考试作弊罪既遂的认定标准等十个方面作出了释明。本案涉及的云南省公务员考试属于《解释》第 1 条明确规定的“法律规定的国家考试”，临翔区人民检察院在《解释》实行之前即对本案二被告人提起公诉，并准确定罪量刑，展现了检察机关在刑事诉讼中的职能作用，通过充分行使检察权依法办案，有力地推动了法治进程。

二是公诉意见书完整地对案件证据锁链和量刑情节进行充分阐述，在准确论证案件犯罪构成的基础上提出了合理的量刑建议。在公诉意见书中，首先，检察机关开宗明义地指出，全案各证据能够相互印证、形成完整证据锁链，犯罪事实清楚，证据确实、充分。其次，本案检察机关采用传统犯罪的四要件理论来论证了李某甲、李某乙构成组织考试作弊罪，其中需要注意的一点是，虽然实践中作弊活动的组织者往往伴随着非法获利行为和目的，但本罪并不需要有以非法获利目的的构成要件。再次，本罪罪名之所以有“组织”二字，就是由于该罪的参与人员之间通常有较为明确的分工，以及各犯罪嫌疑人在犯罪过程中可能起到的作用大小不同，所以在本案中检察机关基于二被告人均为犯罪行为者、策划者、直接参与者，得出二被告人是共同故意犯罪，应当共同承担刑事责任的结论。最后，检察机关根据法定量刑区间，准确给出了量刑建议。

三是公诉意见书着重强调了本案的社会危害和警示意义，在依法有效指控犯罪的同时，充满激情地进行了法庭宣教，提升了案件审查的社会效果。公诉意见书中阐述本案社会危害和警示意义的法庭教育部分，是该检察文书的突出亮点。该部分从李某甲、李某乙的个案启示出发，深刻剖析在公务员考试中组织作弊活动的社会危害性，即如果考生们通过作弊的方式混入公务员队伍，在今后的工作中必不会遵纪守法、为民办事。并且，该部分亦结合李某甲和李某乙两人不同的工作背景及相关经历，从国家检察官的角度表达了对二被告人破坏公平竞争、蓄意铤而走险、漠视法律权威的痛心疾首。公诉意见书在适当进行情感表达的同时，重点在总结法庭调查阶段内容的基础上进行了说理论证，既做到了剖析犯罪原因、教育被告人，又强化了庭审效果、说服法官，更是对弘扬有序竞争、诚实守信的社会风气也起到了推动作用。

被告人李某甲、李某乙组织考试作弊一案，临沧市检察机关高度重视该案的办理工作，依托精心制作的举证提纲及庭审视证材料，出庭公诉人员有理有节地发表公诉意见，体现了检察机关致力于维护公平诚信的考试秩序、培育风清气正的社会风尚，也彰显了司法机关依法严惩组织考试作弊行为的坚定决心。该案公诉意见书用语准确、文字精练、行文规范，既是指控犯罪的利器，又是普法宣传的载体。该案的成功办理，有力惩处了以组织考试作弊谋取不法利益的犯罪分子，也为建设全社会诚信体系和形成社会公正氛围发挥了重要作用，取得了较好的政治效果、法律效果和社会效果。

（**点评人：**李春斌，北京德恒杭州律师事务所高级权益律师）

16. 张某甲故意杀人案：对挑战法律和伦理底线的犯罪严惩不贷

【案情简述】

2022年8月2日中午，某小区游泳馆停车场，张某甲在多人目击下将被害人王某某拖拽至自己驾驶的吉普车下，并开车碾轧拖行。在旁观群众拦阻，同时将被害人移动至停车位其他车辆之间施以保护的情况下，张某甲仍驾车冲开保护车辆，持续反复冲撞、碾轧被害人致其死亡，后撞毁道闸逃离。案发现场40多秒的视频在网上迅速传播发酵引发热议，发生在朗朗乾坤、光天化日之下的恶性事件引发公众恐慌。

鉴于案件的重大性、恶劣性和敏感性，唐山市人民检察院在保证依法公正办案的前提下，从2022年8月4日受理审查起诉，即快办快诉，当月便以张某甲构成故意杀人罪、故意毁坏财物罪提起公诉。唐山市中级人民法院以张某甲犯故意杀人罪判处死刑，剥夺政治权利终身；犯故意毁坏财物罪判处有期徒刑2年6个月，决定执行死刑，剥夺政治权利终身。一审判决后张某甲提起上诉，从刑事责任能力、罪名定性、量刑情节、非法证据排除、判处刑罚及执行方式、犯罪起因6个方面提出不同意见。二审过程中，河北省人民检察院出庭支持公诉，通过对现场监控的过程分析、杀人手段与尸检鉴定的吻合性论证，证成张某甲所犯故意杀人罪；通过对犯罪行为与受害法益的辩证区分，明确两罪并罚的定案处刑思路；通过对其行为分析，驳斥其存有精神病的辩解；通过非法证据排除规定释明及诉讼文书、录音录像的细节开示，展现了案件侦办的程序公正；通过刑事政策、案件起因、案后表现的综合剖析，否定张某甲提出的从宽处罚请求。河北省高级人民法院二审采纳检察机关意见，维持一审判决。

近年来，中国严重暴力犯罪数量明显下降，犯罪结构呈现轻罪化趋势，刑事处罚呈现轻刑化特点，但对严重暴力犯罪等，仍应依据“宽严相济的刑事政策”落实当严则严、依法追诉、从重惩处，切实发挥“严”的震慑作用，增强人民群众安全感。本案的依法从严从快处置起到了良好的示范效应，巩固了人民群众对法治的信心，也给予社会公众轻者恒轻、重者恒重的司法导向。

本文书上诉案件出庭意见书，既重在从宏观层面论证一审判决事实、定罪、量刑的正确性，进而统率全篇；又巧于通过对上诉人的辩解逐一回应、逐个击破，在破的同时树立控方观点，并以上诉人的辩解为脉络，从责任能力、程序正当、证据合法、事实准确、罪名精准、量刑适当等不同维度全面巩固开篇立论。此外，意见书全文从对事实细节的披露到刑事政策的解读，体现了检察机关从关键节点、细微之处把握刑事政策对案件处理的实际作用，以法治思维和担当推动实现刑事司法政策与刑法适用相统一、相融合。

【文书原文】

河北省人民检察院

上诉案件出庭检察员意见书

审判长、审判员：

根据《中华人民共和国刑事诉讼法》第二百三十五条的规定，我代表河北省人民检察院，出席本法庭依法履行职务。现就本案的事实、证据、适用法律，发表如下意见。

一、本案犯罪事实清楚，证据确实、充分

该案发破案经过自然，2022 年 8 月 2 日 11 时 53 分，案发后，目击证人董某某即报警，唐山市公安局古冶分局对现场进行了勘验，经询问现场目击证人证实游泳馆工作人员王某某被一名外号“小某某”的男子驾车撞击后潜逃，公安机关锁定张某甲为犯罪嫌疑人，当日 15 时许，公安机关在张某甲前妻刘某某工作地点唐山市金融中心将张某甲抓获。张某甲到案后对其驾车多次辗轧被害人王某某致其死亡和驾车撞击毁坏财物的事实供认不讳。

经审查，公安机关调取的唐山市古冶区金山壹号小区游泳馆停车场监控视频显示，2022年8月2日11时50分许，上诉人张某甲骑电动车到游泳馆停车场白色吉普车前，后进入游泳馆大厅，揪住被害人王某某头发从游泳馆大厅拖拽至停车场吉普车副驾驶位旁，在场人员劝解，王某某跑回大厅，张某甲再次揪住王某某头发拖拽至吉普车驾驶位旁，并将王某某置于车下。张某甲上车发动吉普车倒车，从王某某身上辗轧过去，随后又驾车向前，将王某某拖行数米停下。目击证人边某某将王某某拖至旁边，在场人员拍打车窗、拉车门，试图阻止张某甲未果，张某甲仍驾车连续辗轧王某某。目击证人李某甲将保温杯放至车轮处试图阻止未果，张某甲再次辗轧王某某。目击证人赵某某、邳某某将王某某拖至两车中间，张某甲驾车将车辆撞开、辗轧王某某，后转圈辗轧王某某二次，逃离时将道闸杆撞毁。该视频完整显示了上诉人张某甲驾驶机动车冲撞、辗轧被害人的行车轨迹，客观展现了其实施故意杀人犯罪的整个过程。

张某甲供述的杀人手段与法医尸检鉴定书所确认的被害人的伤情和致死原因印证吻合；其供述驾驶机动车冲撞、辗轧被害人的情节与现场勘验笔录记载印证吻合。张某甲供述的丢弃车辆的位置与提取作案工作车辆（冀BE **** 白色吉普车）的位置相吻合。从作案工具车辆底部提取的血迹经鉴定为王某某的血迹，作案工具车内提取的方向盘套检出张某甲的生物检材。车辆显示前牌照丢失、车体炸裂、凹陷、擦蹭等痕迹与作案现场勘验笔录记载相吻合。张某甲被抓获后对现场进行指认，对被害人王某某进行辨认，均指认、辨认准确。现场目击证人董某某、李某乙、边某某、赵某某、李某甲、邳某某、郭某某、李某丙等证言，与上诉人的供述和监控视频相一致，能够相互印证，证实了上诉人驾车反复冲撞、辗轧被害人，特别是被害人被抬离时，仍然将其作为目标持续追逐，反复辗轧。证人刘某某、张某乙、戚某某等人证言，证实张某甲作案后跟其打电话，说他把王某某撞死的事实。此外，本案还有微信截图、辨认笔录、提取笔录等证据予以佐证，足以证明上诉人张某甲驾车多次以辗轧的方式杀害王某某的事实。

关于张某甲故意毁坏财物的犯罪事实，张某甲驾车辗轧王某某实施故意杀人犯罪过程中，肆意冲撞其他车辆和道闸杆，造成五万多元的财产损失，有案发现场监控视频、现场勘验笔录、受损车辆痕迹鉴定、损失价格认定结论书以及在场目击证人予以证明。张某甲被抓获到案后，对故意毁坏财物的犯罪行为供认不讳。

综上，本案全案证据经查证合法属实，同被证明的案件事实之间具有客观关联性，证据体系足以得出唯一的排他性结论，原判认定的犯罪事实清楚，证据确实、充分。

二、一审判决定罪准确，量刑适当

经审查，上诉人张某甲光天化日之下疯狂行凶，驾车多次反复辗轧王某某，特别是在王某某被他人拖走欲加以保护时仍驾车反复辗轧，最终致其死亡。作案对象明确，致死王某某意志坚决。张某甲作为一个成年人，明知驾驶机动车反复撞击、辗轧他人会造成死亡的危害后果，仍执意实施，积极追求被害人死亡结果，其行为构成故意杀人罪。从现场监控视频和被害人尸检报告看，足见上诉人杀人行为毫无节制，手段特别残忍，后果特别严重，张某甲驾车辗轧被害人逃离现场，无任何法定从轻减轻处罚情节，依法应当严惩。一审法院以故意杀人罪判处其死刑，剥夺政治权利终身；以故意毁坏财物罪判处有期徒刑二年六个月，决定执行死刑，剥夺政治权利终身，定罪准确，量刑适当。

三、上诉人张某甲的上诉理由不能成立

（一）上诉人认为其行为构成故意伤害罪，不应当认定为故意杀人罪，其第一次对被害人的辗轧是无意识的，后边的辗轧也意识不清，不了解被害人的位置、状况的理由不能成立

经审查，上诉人张某甲到案后对驾车辗轧被害人的事实供认不讳，详细供述了犯罪的起因、经过、手段等事实，该供述与多名现场目击证人的证言相吻合。而现场监控录像清晰、完整地记录了其作案的整个过程。上诉人张某甲是否具有杀人的故意，可以通过考察客观事实来认定。首先，从作案工具看，张某甲选择的是驾驶机动车直接冲撞、辗轧被害人，杀伤力极大。其次，从作案手段看，上诉人先倒车用左前轮辗轧王某某，又驾驶该车向前辗轧并将被害人拖行数米，后继续反复多次辗轧。特别是在现场群众将被害人抬离后，张某甲仍不罢休，将被害人作为目标持续追逐，再次反复辗轧。足见其杀人意志坚决，手段上毫无节制，上诉人所提不了解被害人的位置、情况与现有证据不符。再次，从犯罪后果看，被害人被辗轧致死。尸检报告显示其损伤遍布全身，部分肝脏、肺脏挫碎，心包前壁破裂；胸廓扁塌变形，双侧肋骨广泛多发粉碎性骨折。被害人的伤情进一步印证了机动车的杀伤性极大，上诉人手段极其残忍。最后，从其主观心态看，结合同步录音录像，张某甲虽然提出第一次倒车辗轧不是故意的，但同时供认“别人把她拖走后，我才正式想撞她”“第一次不是故意的，第二次别人把她拉起来我才是故意的”“往后倒的时候感觉是压着她了，反正也是压着了，那时候索性就顶着酒劲儿一不做二不休，我就想撞她”。可见，张某甲是故意实施了反复辗轧被害人的行为，其所提意识不清不属实。

综上，从犯罪所使用的工具、手段、有无节制、后果、主观心态等方面足以认定上诉人张某甲主观上积极追求被害人死亡的后果，客观上实施了杀人行为，根据主客观相一致的原则，其行为已构成故意杀人罪。

（二）上诉人认为其行为不构成故意毁坏财物罪，属于想象竞合，应从一重罪处罚的上诉理由不能成立

所谓想象竞合，是指一个行为触犯了数个罪名的情况。经审查，本案并非想象竞合。首先，张某甲实施了数行为。第一，其驾车反复辗轧、拖拽被害人，并致被害人死亡，显然其实施了故意杀人的行为。第二，案发现场系一停车场，张某甲为了能辗轧到被害人，驾车猛撞妨碍其辗轧被害人的车辆，并将该车顶走数米，同时还剐蹭了其他车辆。在逃跑时，又故意撞毁停车场出口道闸杆。以上均为故意毁坏他人财物的行为。其次，数行为构成数罪名，应予并罚。张某甲故意非法剥夺他人生命，致一人死亡；故意毁坏财物，数额较大，其数行为已分别构成故意杀人罪和故意毁坏财物罪。两个犯罪行为，侵害了不同的法益，造成了不同的危害后果。仅认定故意杀人一罪无法完整地评价其行为，亦无法有效保护被侵害的法益。因此，本案不属于想象竞合，上诉人的行为构成故意毁坏财物罪，应当数罪并罚。

（三）上诉人认为应对其进行精神病鉴定的上诉理由不能成立

经审查，上诉人所提自己有焦虑症、抑郁症与医学和法律意义上的精神病是内涵不同的两个概念，且上诉人并未就医也没有明确的医学诊断，仅是通过微信咨询过医生。在其与医生的微信截图中，医生是根据其自测结果进行了语音通话，且明确告知焦虑、抑郁症属于情绪障碍，与精神病是两码事。首先，从张某甲的作案过程来看，动机明确，思维清晰，特别是现场监控录像完整呈现了其犯案的整个经过，在现场有多人的情况下，反复辗轧、拖拽的目标始终锁定被害人一人；在他人企图将其从车中拉出时，迅速将车门上锁；杀人后，驾车撞坏栏杆逃跑，并与父亲、前妻联系表示对不起他们。这些都可以反映出上诉人思维正常，杀人时意识清楚，动机现实。其次，从张某甲到案后的表现看，其数次供述均详细完整，无思维及逻辑混乱，讯问中回答问题自如，一审庭审中避重就轻，自我保护意识强。最后，张某甲的父母均证实张某甲家族无精神病史。

综上，张某甲在作案过程中犯罪动机明确、思维清晰，具有辨认和控制能力，潜逃时有较强自我保护意识，精神状况正常。精神病鉴定并不是必须履行的法律程序，而是在申请方举证并确有必要时才会聘请专业机构进行鉴定，上述分析已说明张某甲精神正常、思维清晰，本案无须进行司法精神病鉴定。

（四）上诉人提出的关于一审判决未对非法证据进行排除的问题

1. 上诉人认为侦查阶段没有辩护人为上诉人提供法律帮助，供述应予排除的上诉理由不能成立。

《中华人民共和国刑事诉讼法》第五十六条规定采用刑讯逼供等非法方法收集的犯罪嫌疑人、被告人供述和采用暴力、威胁等非法方法收集的证人证言、被害人陈述，应当予以排除。由此可见非法证据是指通过非法的方法收集的证据，非法方法主要是指殴打、违法使用戒具等暴力方法、变相肉刑、以暴力或者严重损害本人及其近亲属合法权益等相威胁、非法拘禁等方法。显然上诉人所提侦查阶段无律师提供法律帮助根本不属于非法方法，也根本不符合申请非法证据排除的条件。本案上诉人在侦查阶段的供述均是在法律规定的时间、地点由侦查人员依法制作，侦查人员依法告知了相关诉讼权利，笔录内容均是在上诉人供述基础上，由侦查人员客观记录形成，程序和形式是合法的，应予采信。

此外，本案在侦查阶段已充分保障上诉人张某甲的辩护权。《中华人民共和国刑事诉讼法》第三十四条第二款规定侦查机关在第一次讯问犯罪嫌疑人或者对犯罪嫌疑人采取强制措施的时候，应当告知犯罪嫌疑人有权委托辩护人。第三十五条第三款规定犯罪嫌疑人、被告人可能被判处无期徒刑、死刑，没有委托辩护人的，人民法院、人民检察院和公安机关应当通知法律援助机关指派律师为其提供辩护。经审查，本案侦查机关第一次讯问张某甲时已告知其有权委托辩护人，在其表示自己不委托辩护人后，第一时间通知了法律援助机构为其提供法律帮助。后因张某甲亲属要求自己委托辩护人，侦查机关才通知法律援助机构终止提供法律帮助。显然侦查机关已按照《刑事诉讼法》的规定充分履行职责，依法保障了张某甲的辩护权。而且该案移送起诉到人民检察院后，检察机关第一时间告知上诉人有权委托辩护人，并通知了法律援助机构指派律师，8月5日，法律援助律师通过远程视频会见了张某甲，并提交了辩护意见。一审法院受理案件后也同样依法保障了上诉人的辩护权。

2. 上诉人认为侦查机关讯问上诉人只有部分笔录录音录像、讯问时没有保证上诉人休息时间、讯问笔录记载与录音录像不一致等程序违法的上诉理由不能成立。

经审查，本案侦查阶段讯问共计14次，其中仅有几次讯问（第一次、第二次、第八次、第十一次）主要涉及案件事实的内容，其他讯问为宣布拘留、宣布逮捕、告知鉴定结果、询问法律援助等程序性事项。经审查，侦查机关前三次讯问进行了录音录像，该三次讯问涉及案件事实的主要内容，讯问录音录像符合法律规定，在一审中已向上诉人进行播放。上诉人认为录音录像程序违法的上诉理由不能成立。

本案上诉人张某甲从案发当日（8月2日）被抓获后到8月4日侦查机关移送审查起诉，共讯问14次，根据讯问笔录和录音录像，只有在第一次、第二次、第八次讯问的时间为2小时左右，其他讯问都是程序性权利告知，时间均为15分钟以内，每次讯问时均保证了上诉人的休息和饮食，在笔录中均有上诉人的签字摁印。上诉人认为讯问时没有保证休息程序违法的上诉理由不能成立。

关于上诉人所提录音录像中与讯问笔录不一致的问题，经审查，第一次讯问时，张某甲称“我只想倒车，没想轧她”“别人把她拖走后，我才正式想撞她”“第一次不是故意的，第二次别人把她拉起来我才是故意的”“轧到了就不想刹车，反正也是轧着了”等，并且张某甲也确实说过“我当时有想轧她的心”，笔录中简单归纳为“我倒车就是想轧她”，通过检察人员提审上诉人，该部分笔录以录音录像中张某甲的供述为准。除该部分内容外，录音录像内容与笔录记载内容无实质性出入，笔录经过上诉人的阅读确认，应以笔录为准。根据《公安机关讯问犯罪嫌疑人录音录像工作规定》第13条“在制作讯问笔录时，侦查人员可以对犯罪嫌疑人的供述进行概括，但涉及犯罪的时间、地点、作案手段、作案工具、被害人情况、主观心态等案件关键事实的，讯问笔录记载的内容应当与讯问录音录像资料记录的犯罪嫌疑人供述一致”的规定，侦查机关笔录中对于供述进行概括，对于关键事实记载与供述一致，符合法律规定。上诉人认为讯问笔录记载与录音录像不一致属于程序违法的上诉理由不能成立。另经审查同步录音录像，侦查机关在讯问时只是就案件事实、经过等细节向上诉人发问以及确认上诉人的供述内容，并多次强调让上诉人自己回忆经过，整个讯问过程规范。针对供述内容的追问及法律后果分析等不属于按照侦查人员的主观意图或者推断进行的诱导性讯问，上诉人认为其供述是侦查人员的诱供的上诉理由不能成立。

（五）上诉人认为一审庭审后法庭未向上诉人出示同步录音录像属于程序违法的上诉理由不能成立

经审查，一审庭审时上诉人张某甲同意庭后播放同步录音录像，唐山市中级法院工作人员于8月23日在唐山市第一看守所，向张某甲播放了侦查机关对其讯问的同步录音录像，张某甲在讯问笔录中签字摁印表示已观看。在二审期间，检察人员对其进行提审时，张某甲表示法院在一审庭审后向其播放了同步录音录像，在其看过开头后，其要求不再播放，认为播放没有意义，表示录像里面的话是其本人所说。一审法院在经上诉人同意后在庭后向其播放同步录音录像，做讯问笔录进行记录，并未剥夺上诉人自行辩护的权利，上诉人认为一审庭审后法庭未向其出示同步录音录像属于程序违法的上诉理由不能成立。

（六）上诉人认为其如实供述、认罪认罚、初犯、偶犯、属于被告人亲属协助抓获被告人，应当从轻、减轻处罚的理由不能成立

关于被告人的定罪量刑要取决于案件事实和情节，张某甲故意杀人情节特别恶劣、手段特别残忍、后果特别严重，初犯、偶犯均属于酌定从轻处罚情节，本案不能以初犯、偶犯等为由从轻处罚。上诉人张某甲在现场多人的情况下，公然行凶，杀人后迅速逃离现场，在前妻劝其自首的情况下，无自首的表示，也未拨打110，体现出其人身危险性大、主观恶性深。被抓获归案后虽然表示认罪认罚，但是在一审庭审和二审提审中，对其主要犯罪事实以“喝酒后，意识不清楚”为由，避重就轻，不如实供述关键情节，不能认定为坦白。

根据公安机关的报警记录，在目击证人董某某报案后，公安机关出警后，通过走访了解，已经锁定张某甲为犯罪嫌疑人，对其可能的逃匿地点均进行了布控，下午3时许，在张某甲出现在其前妻工作地点后马上就进行了抓捕，本案不能仅凭其前妻刘某某的报警行为，就认为其协助公安机关抓获被告人，其是否报警不影响对张某甲的抓捕，公安机关不是据此而抓获的张某甲，上诉人认为其属于亲属协助抓获被告人的理由不能成立。根据最高法《关于审理故意杀人、故意伤害案件正确适用死刑问题的指导意见》中对于被告人亲属协助抓获被告人的是作为酌定从宽情节，同时规定，对于具有犯罪后果特别严重、犯罪动机特别卑劣或者被告人为规避法律而自首等情形的，对被告人是否从轻处罚，要从严把握。因此，办理具体案件中，要全面理解司法解释精神，准确把握刑罚尺度，做到该宽则宽，当严则严，确保罪、责、刑相适应。

（七）上诉人认为其行为是因为婚恋家庭导致的犯罪，不应当适用死刑立即执行的上诉理由不能成立

根据《刑法》第四十八条规定，死刑应适用于罪行极其严重的犯罪分子，本案上诉人无论是从主观恶性上，还是在犯罪手段上，以及导致的犯罪后果上，都属于罪行极其严重的犯罪分子，判处上诉人死刑不违反我国刑事政策的精神。根据1999年《全国法院维护农村稳定刑事审判工作座谈会纪要》规定：“对于因婚姻家庭、邻里纠纷等民间矛盾激化引发的故意杀人犯罪，适用死刑一定要十分慎重……被告人有法定从轻处罚情节的，一般不应判处死刑立即执行”，但“一般”不等同于“一律”，判处刑罚最终要根据个案实际情况决定。况且，该座谈会纪要同时也规定：“对于故意杀人、故意伤害、抢劫、强奸等严重危害农村社会治安的暴力犯罪，一定要继续坚持从重从快严厉打击的方针……始终保持‘严打’的高压态势。”此外，2009 年最高人民法院《关于审理故意杀人、故意伤害案件正确适用死刑问题的指导意见》，该意见提出关于故意杀人罪的死刑适用，要注重区分犯罪情节，对于犯罪情节特别恶劣，又无从轻处罚情节的被告人，可以依法判处死刑立即执行，例如，以特别残忍的手段杀人的。同时要注重区分被告人的主观恶性及人身危险性，对于性情残暴动辄肆意杀人的被告人，可以依法判处死刑立即执行。经审查，本案虽系恋爱关系中的琐事引发，但被害人无过错，上诉人张某甲犯罪手段特别残忍，情节和后果均特别严重，罪行极其严重。该案对上诉人适用死刑并无不当。

（八）上诉人认为被害人与他人存在不正当交往关系属于被害人过错的上诉理由不能成立

关于辩护人申请调取的证据，从内容上看，证实的是吴姓男子砸过张某甲的车，干扰被害人的正常生活，在这件事上王某某是受害者，辩护人以此来证明被害人有过错，逻辑不通；从时间上看，这件事发生于一年半之前，与此案间隔时间很长。因此从内容和时间上，这些证据与本案无关联，不能证实任何案件事实，不能作为证据使用。此外，王某某和张某甲不是夫妻关系，只是在交往，且期间还多次分手，他们双方都有再次选择的自由，这是常人都能认可和接受的，根本不存在不正当交往问题。根据案发当日，张某甲与王某某的手机聊天记录和证人证言，被害人是在心平气和地与张某甲商量两人出游的事情，张某甲因计划被打乱迁怒于对方，酒后去王某某单位与其争吵，继而揪住王某某头发将其拖拽至停车场。是张某甲步步紧逼引发案件，且根本不涉及其他男女关系问题，王某某在此期间没有不当的言语和行为。显然，张某甲对矛盾激化负有全部责任，被害人没有任何故意或严重过失的行为。本案的发生是由于张某甲不能理智正确处理矛盾问题，采取了极端的暴力方式将被害人杀死。现有证据不能证明被害人具有刑法意义上的被害人过错，不能据此对上诉人从轻处罚，该上诉理由不能成立。

综上所述，本案犯罪事实清楚，证据确实、充分，唐山市中级人民法院一审判决定性准确，量刑适当，审判程序合法。上诉人张某甲的上诉理由不成立。建议二审驳回上诉，维持原判。

审判长、审判员，本院出庭意见发表完毕，请合议庭充分考虑。

检察官：王某某

2022年9月20日当庭发表

【学者点评】

本案系一起重大恶性杀人案件，犯罪影响恶劣，社会关注度高。检察机关秉持“高质效办案”理念，通过全面审查案件、完善证据体系，认真贯彻宽严相济刑事政策“当严则严”要求，依法从严惩处严重暴力犯罪，积极回应社会关切，展现检察担当。承办人制作的出庭意见书逻辑严密、重点突出、论证翔实、引据精准、格式规范，在法律文书撰写方面具有重要借鉴意义。

一、从严惩处恶性杀人案件，彰显检察法治担当

宽严相济是我国一项重要的刑事政策，要求司法机关对犯罪人的处理，要结合犯罪的社会危害性、行为人的主观恶性以及案件的社会影响，坚持区别对待原则，做到“当严则严、该宽则宽，宽严相济”，实现政治效果、法律效果和社会效果的有机统一。

近年来，全国各地极端恶性案件时有发生，挑战着社会道德底线和法治红线。检察机关坚定不移贯彻总体国家安全观，坚决维护人民群众生命财产安全，全面理解、准确把握“宽严相济”刑事政策，落实“当严则严”要求，对于犯罪情节特别恶劣、犯罪后果特别严重等严重危害社会治安和影响人民群众安全感的故意杀人案件，保持高压态势，依法从严惩处。本案的办理就是一个最好的例证。

该案系发生于唐山市的一起蓄意杀人恶性案件。案件重大、敏感，社会影响恶劣。相关报道登上热搜，受到社会广泛关注。据曝光的现场视频显示，光天化日之下，一男子在停车场内开车反复碾轧一女子，在众人将该女子拖到另两车之间欲进行救助时，该男子径直驾车将挡住的车辆撞开，继续朝女子身上碾轧，并撞毁停车场出口道闸杆逃离。现场画面惊心动魄、惨不忍睹。该男子用极其残忍的方式杀害他人，严重漠视生命和法纪，严重影响人民群众安全感，引起社会强烈不满与谴责。

针对该起案件，河北省检察机关高度重视，迅速反应。第一时间成立专案组，落实极端恶性案件指导督办机制，全面审查案件事实，准确认定罪名。唐山市人民检察院指控被告人犯故意杀人、故意毁坏财物罪，公诉意见被一审法院采纳，对其判处死刑立即执行，剥夺政治权利终身。被告人不服，提出上诉。二审法院采纳河北省人民检察院出庭意见，裁定驳回上诉，维持原判。该案的成功办理诠释了检察机关“高质效办好每一个案件”的基本价值追求，体现了检察机关严惩严重暴力犯罪和极端恶性案件的决心与担当，积极回应社会关切，让人民群众在案件中感受到公平与正义。

二、依法履职，彰显高质效办案能力

本案正值疫情封控期间，案件重大、敏感，社会关注度高。办案组克服重重困难，在短时间内精细审查卷宗材料，完善证据体系，最终形成近 7 万字的审查报告，彰显了承办人高质效办案的能力与智慧。同时，在案件审查方面，承办人秉持“实体正义与程序正义并重”的理念，将实体审查与程序审查同步进行，其中的审查方法为实践中办理案件提供了重要思路参考。

在实体审查中，承办人围绕案件处理结论，聚焦如何查明真相、获得证据，认真细致梳理每一份证据材料，还原被告人驾车故意冲撞、碾轧被害人和故意毁坏财物的案件事实。对可能有利于被告人的证据和事实，坚持客观公正原则，就辩护人关于调取证明被害人存在过错的证据的申请，积极与审判人员沟通，迅速调取相关材料。落实以事实为根据、以法律为准绳，确保案件处理经得起历史、人民和法律的检验。

在程序审查中，一是全面审查证据的合法性。一方面，重点审查讯问同步录音录像，确保讯问笔录记载的真实性和完整性，排除诱导性讯问。承办人逐一对照同步录音录像和讯问笔录，对笔录内容与同步录音录像不一致的重点标注、仔细审查。最终以录音录像中的被告人供述为准，分析认定尽管笔录记载内容与被告人原话未一一对应，但系对被告人供述的总结归纳，并无实质性出入，确定讯问笔录记载的关键事实与供述一致，且讯问过程规范，强调被告人自行回忆犯罪经过，不存在诱导性讯问。另一方面，为查明讯问时被告人休息是否得到保证，承办人结合同步录音录像及讯问笔录，对被告人讯问情况逐一梳理，根据讯问地点、讯问时间和讯问内容，查清只有三次讯问的时间为 2 小时左右，其他讯问都是程序性权利告知，时间均为 15 分钟以内，讯问期间侦查人员充分保证了被告人的休息和饮食。在刑事案件的证据审查中，被告人供述的审查工作量极大，内容烦琐，承办人能条分缕析、抽丝剥茧地细致审查该类证据，为今后案件办理提供了重要的思路参考。二是充分运用调查核实权及时补强证据。如通过调取唐山市古冶区法律援助中心的相关材料，证明侦查机关第一时间通知了法律援助机构提供法律帮助，切实保障了被告人的辩护权。又如，向唐山市古冶区发展和改革局调取了古冶区委机构编制委员会关于价格认证中心职能的文件，证明对毁坏财物的价格认证机构资质的合法性。

三、规范制作文书，彰显深厚文字功底

该案出庭意见书形式上规范严谨、层次分明，内容上焦点明确、论证充分、回应有力，是法律文书撰写的典范，值得学习与推广。

在事实认定层面，出庭意见书坚持“客观证据优先”原则，按照证据“先客观后主观”的顺序及证据证明力强弱，对证明目的和论证过程进行充分阐述，构建了静态的完备证据指控体系，展现了动态的司法证明过程。首先，列举监控视频这一证明力极强的直接证据，客观展示了犯罪全过程。其次，用客观证据相互印证，以提取的痕迹、生物检材、鉴定结论与现勘笔录对照。最后，确立客观证据的主导地位，以客观证据来检验言词证据的真实性。如指出被告人供述的作案方式与尸检报告、现场勘验笔录相吻合，目击证人证言与监控视频内容相一致，并以微信截图、辨认笔录、提取笔录等证据佐证。

在法律适用层面，一是准确区分了故意杀人和故意伤害致死、想象竞合与数罪并罚，依法认定被告人犯故意杀人罪与故意毁坏财物罪，应数罪并罚。故意杀人与故意伤害致死的区分始终是理论实务难题，核心在于通过证据准确界定行为人主观上系间接故意还是过于自信过失。出庭意见书分别从作案工具、作案手段、犯罪后果等客观事实，结合被告人供述，准确认定被告人杀人意志坚决，主观上积极追求被害人死亡的结果。同时，想象竞合是指一个行为触犯了数个罪名，择一重罪处罚的情况，出庭意见书充分论证了被告人实施的是数个行为，侵犯数个法益，仅认定故意杀人一罪无法完整地评价其行为，亦无法有效保护被侵害的法益，从而否定本案属于想象竞合，有力维护公民权益和社会利益。

二是综合全案考察，全面分析量刑情节，依法严格适用死刑立即执行。我国关于死刑适用的刑事政策和司法解释明确，对故意杀人犯罪案件适用死刑要坚持罪刑法定、罪责刑相适应等刑法基本原则，综合考虑案件的性质，犯罪的起因、动机、目的、手段等情节，犯罪的后果，被告人的主观恶性和人身危险性等因素，全面分析影响量刑的轻、重情节，根据被告人的罪责，并考虑涉案当地的社会治安状况和犯罪行为对人民群众安全感的影响，严格依法适用，确保死刑裁判法律效果和社会效果的有机统一。出庭意见书指出，被告人在现场多人的情况下，以驾驶汽车反复碾轧的方式公然行凶，情节特别恶劣、手段特别残忍、后果特别严重。其杀人后迅速逃离现场，在前妻劝其自首的情况下，无自首的表示，也未拨打110，体现出其人身危险性大、主观恶性深，属于罪行极其严重的犯罪分子。

三是出庭意见书结合法、理、情，对上诉人的上诉理由进行逐一回应与有力反驳。其中对上诉人是否具有“亲属协助抓获”“被害人过错”及“因婚恋家庭纠纷引起”等酌定从宽处罚情节的论证，出庭意见书深刻领悟立法精神，准确把握刑事政策，全面理解司法解释，抓实“严”的一手，毫不动摇严惩严重犯罪。

（**点评人**：江溯，北京大学法学院研究员、博士生导师）

【检察官点评】

“说理”是法律文书的灵魂和生命。一份优秀的上诉案件出庭意见书，不仅要求承办检察官对案件事实、法律适用等方面有深入的理解和准确的把握，还需要具备清晰的逻辑、严谨的语言和充分的论证。本案的出庭意见书制作标准规范、结构清晰，在论证过程中充分展现了检察官的严谨态度、专业素养，对每一个争议点都进行了深入剖析和充分论证，是一篇优秀的法律文书。

一、事实梳理清晰，证据分析透彻

本案出庭意见书在事实梳理上全面细致、重点突出。承办检察官通过现场监控视频等证据不仅清晰地再现了案件的发生经过，客观展现了张某甲实施故意杀人案的全部过程，并重点从作案工具、手段、犯罪后果等方面细致描述了关键环节，阐明全案证据合法属实，为二审法官认定张某甲是否具有杀人的主观故意增强了内心确信。证据相互印证作为一种程序性规则，充分体现了证据裁判的司法理性，最大限度地降低了证据与事实认定错误的风险。承办检察官对证据的分析十分详细透彻，在文书中逐一将口供、物证、鉴定意见、辨认笔录、证人证言、视听资料等其他证据相互印证，达到了法律规定的“案件事实清楚，证据确实、充分”标准。

二、法律适用准确，社会效果突出

在法律适用方面，本案出庭意见书同样展现出了较高的水平。承办检察官对涉及的法律条款进行了深入研究和准确理解，能够针对案件的具体情况，在坚持法律效果与社会效果有机统一的原则下，提出合理的法律适用意见，充分展示了其扎实的法律功底和严密的逻辑思维能力。在本案中，上诉人提出根据1999年《全国法院维护农村稳定刑事审判工作座谈会纪要》规定，因为婚恋家庭导致的故意杀人犯罪，“一般不应当适用死刑立即执行”。针对该上诉理由，承办检察官没有机械地认定张某甲具有从轻情节，明确提出“一般”不等同于“一律”，主要考虑张某甲的主观恶性程度、犯罪手段、社会危害性等因素，出庭意见书指出，“本案虽系恋爱关系中的琐事引发，但被害人无过错，上诉人张某甲犯罪手段特别残忍，情节和后果均特别严重，罪行极其严重”，民愤极大，人身危险性大，对上诉人适用死刑立即执行并无不当。原判决不仅符合罪责刑相适应原则的要求，更凸显了法律的公正性，让婚恋纠纷不再是杀人犯的“保命符”。

三、意见回应得当，公诉智慧彰显

在本案中，上诉人分别提出其对被害人的碾轧是无意识或意识不清的、故意毁坏财物罪与故意杀人罪属于想象竞合、未进行精神鉴定等上诉理由，对此，该出庭意见书进行了全面、逐一的回应，并通过引用法律条款和理论学说详细分析，对上诉理由进行了有力反驳。承办检察官在文书中对张某甲的作案过程进行了细致的分析，均表明其动机明确、思维清晰，具有故意杀人的故意，无思维及逻辑混乱现象。同时，承办检察官对故意杀人罪和故意毁坏财物罪的构成要件进行了详细解析，并结合案件事实进行了对比分析，有力地驳斥了上诉人的辩解。该意见书充分展现了承办检察官的细腻和智慧，通过有效的辩护策略，有力地维护了法律的尊严和权威。

四、文字撰写精练，语言通俗流畅

本案的出庭意见书在文书撰写上体现了明晰与规范的特点。首先，意见书结构清晰、层次分明。先是对上诉人张某甲故意杀人、毁坏财物的犯罪经过进行了全面细致、重点突出的介绍，并表示对一审判决的支持，然后重点对上诉人提出的上诉理由逐一进行论证充分、逻辑严密的回复。其次，意见书语言规范，表达准确，没有使用模糊或不确定的表述，确保了文书的严谨性和权威性。此外，意见书还注重了逻辑性和条理性，使整个文书条理清晰、易于理解。

五、法律监督到位，权利保障有力

检察机关是法律监督机关。在法律监督方面，该出庭意见书也表现出色。本案中，上诉人提出一审法院未对非法证据予以排除、一审庭审后未向上诉人出示同步录音录像等程序性问题。针对上诉人提出的侦查机关、审判机关的程序违法问题，承办检察官认真审查，在本案出庭意见书中逐一回应，通过严格的程序监督，有效维护了司法公正和当事人的合法权益。

本案出庭意见书唯一不足的是，针对上诉人提出录音录像内容与讯问笔录不一致的这一项问题，该文书的论证似乎还不够充分。第一次讯问时，在录音录像中，张某甲称“我只想倒车，没想轧她”“别人把她拖走后，我才正式想撞她”“第一次不是故意的，第二次别人把她拉起来我才是故意的”等，讯问笔录中简单归纳为“我倒车就是想轧她”。承办检察官根据《公安机关讯问犯罪嫌疑人录音录像工作规定》第13条，认为在制作讯问笔录时，侦查人员可以对犯罪嫌疑人的供述进行概括，且关键事实与供述一致，符合法律规定。但是，用概括性的语言记录下来，应不改变或歪曲原意、保持和突出当事人的本意。当犯罪嫌疑人陈述事实语言较混乱、逻辑不太清楚时，使用概括法把犯罪嫌疑人的语言进行归纳总结的同时，需要更多的材料、信息来论证概括的合理性。

最高人民检察院《人民检察院刑事诉讼规则》规定了检察官出席二审法庭的五项任务，可以归纳为既要追诉犯罪，也要保障无罪的人不受刑事追究。具体来说就是有错纠错，无错维护司法权威。本案文书较好地回应了该诉讼规则规定的任务，在案件事实梳理、法律适用、证据分析、上诉理由回应等方面均表现出色。这份出庭意见书的优点不仅体现在其内容的丰富性和准确性上，更体现在其逻辑的严密性和论证的充分性上。它不仅为二审法院提供了全面、准确的案件信息，也为维护司法公正和当事人合法权益提供了有力支持。

（**点评人：**征汉年，江苏省建湖县人民检察院检察长、三级高级检察官）

【法官点评】

本案文书为省级人民检察院对死刑案件二审的出庭意见书，充分贯彻《刑法》第5条罪责刑相适应原则，在准确审查判断证据的基础上，清楚认定事实，正确适用法律，并针对上诉人上诉理由逐项分析，援法精准，说理有据，详略得当，把法理讲清、事理讲明、情理讲透，充分体现了检察履职“高质效办好每一个案件”的基本价值追求。对同类案件办理及法律文书写作具有较高的参考价值，是一篇出色的刑事检察文书，值得学习借鉴。

一、严格审查证据，全面准确把握案情

文书第一部分中，检察官从证据审查切入，坚持证据数量、质量及证明标准相结合，证据梳理全面细致，分析深入透彻，通过综合运用全案证据，准确认定事实，全面查清案情，达到我国《刑事诉讼法》“犯罪事实清楚，证据确实、充分”的要求。一是对定罪量刑的事实都有证据证明，遵循了对证据量的要求。如关于上诉人故意杀人犯罪事实，既有案发现场监控视频、证人证言等直接证据有力证明，也有微信截图、辨认笔录、提取笔录等间接证据辅助佐证。又如关于上诉人故意毁坏财物犯罪事实，则有案发现场监控视频、现场勘验笔录、受损车辆痕迹鉴定、损失价格认定结论书以及证人证言、被告人供述予以证明。二是据以定案的证据均经过法定的程序查证属实，体现了对证据质的要求。经检察官充分审查，本案相关证据经法定程序调取或收集，且经查证属实。三是综合全案证据，对所认定事实已排除合理怀疑。案涉相关证据能够相互印证，形成证据链，同被证明的案件事实之间具有客观关联性，证据体系足以得出唯一的排他性结论，充分证明上诉人犯罪事实，原判认定的犯罪事实清楚，证据确实、充分。

二、履行监督职能，正面评价一审判决

刑事检察文书是检察机关履行刑事检察职能的重要载体。本案文书为二审出庭意见书，需要对人民法院一审判决予以评价。对犯罪分子判处的刑罚轻重，应当与其所犯罪行的轻重和罪过大小以及应承担的刑事责任大小相当。文书通过对犯罪主体、犯罪对象、危害后果等犯罪构成要件加以分析，进而对定罪、量刑等问题予以阐释，对法院一审判决正面予以评价，认为定罪准确，量刑适当。这一部分内容认定事实清楚、准确，案情论述明确、具体，语言表达规范、准确。

三、突出释法说理，有力回应上诉理由

上诉人的上诉理由，是人民检察院二审审查的关键点，也是人民法院二审审理的着力点，需要检察官深入分析研判。本案文书针对上诉理由及争议焦点，围绕法律规范展开分析论证，条分缕析，逐一回应，援引法律条文准确，理由阐述充分有力。

一是正确区分案涉罪名。如上诉人认为其行为构成故意伤害罪，不应当认定为故意杀人罪。故意杀人罪与故意伤害罪的区分，是司法实践中的重点和难点，容易引发办案机关、当事人及委托律师的争议。本案检察官严格遵循主客观相一致的原则，从犯罪所使用的工具、手段、有无节制、后果、主观心态等方面展开分析，充分论证上诉人主观上积极追求被害人死亡的后果，客观上实施了杀人行为，其行为构成故意杀人罪，有理有据，说服力强。

二是准确适用非法证据排除规则。非法证据排除规则，是指违反法定程序，以非法方式获取的证据，不具有证据能力，不能为办案机关采纳。《刑事诉讼法》第56条对非法证据排除范围和办案机关排除非法证据义务作了专门规定。对上诉人提出的关于一审判决未对非法证据进行排除的问题，文书分别予以回应。如上诉人认为讯问时没有保证休息程序违法问题，本案上诉人从案发当日（8月2日）被抓获后到8月4日侦查机关移送审查起诉，共讯问14次，根据讯问笔录和录音录像，只有在第一次、第二次、第八次讯问时间为2小时左右，其他讯问都是程序性权利告知，时间均为15分钟以内，每次讯问时均保证了上诉人的休息和饮食，在笔录中均有上诉人的签字摁印。又如上诉人所称录音录像中与讯问笔录不一致的问题，根据《公安机关讯问犯罪嫌疑人录音录像工作规定》第13条“在制作讯问笔录时，侦查人员可以对犯罪嫌疑人的供述进行概括，但涉及犯罪的时间、地点、作案手段、作案工具、被害人情况、主观心态等案件关键事实的，讯问笔录记载的内容应当与讯问录音录像资料记录的犯罪嫌疑人供述一致”的规定，侦查机关笔录中对于供述进行概括，对于关键事实记载与供述一致，符合法律规定。再如，上诉人认为其供述是因侦查人员诱供问题，经审查同录，侦查机关在讯问时只是就案件事实、经过等细节向上诉人发问以及确认上诉人的供述内容，并多次强调让上诉人自己回忆经过，整个讯问过程规范。针对供述内容的追问及法律后果分析等不属于按照侦查人员的主观意图或者推断进行的诱导性讯问。

三是回应死刑法律适用难点问题。我国《刑法》保留死刑，但绝不意味着可以多杀、错杀。坚持少杀、防止错杀，也是我国死刑政策的内容。1999 年《全国法院维护农村稳定刑事审判工作座谈会纪要》规定："对于因婚姻家庭、邻里纠纷等民间矛盾激化引发的故意杀人犯罪，适用死刑一定要十分慎重……被告人有法定从轻处罚情节的，一般不应判处死刑立即执行。"本案中，上诉人认为其行为是因婚恋家庭导致的犯罪，不应适用死刑立即执行。对此，检察官详细阐明座谈会纪要上述规定中的"一般"不等同于"一律"，判处刑罚最终要根据个案实际情况决定。该纪要同时规定："对于故意杀人、故意伤害、抢劫、强奸等严重危害农村社会治安的暴力犯罪，一定要继续坚持从重从快严厉打击的方针……始终保持'严打'的高压态势。"此外，2009 年最高人民法院《关于审理故意杀人、故意伤害案件正确适用死刑问题的指导意见》提出，关于故意杀人罪的死刑适用，要注重区分犯罪情节，对于犯罪情节特别恶劣，又无从轻处罚情节的被告人，可以依法判处死刑立即执行，如以特别残忍的手段杀人的。同时要注重区分被告人的主观恶性及人身危险性，对于性情残暴动辄肆意杀人的被告人，可以依法判处死刑立即执行。在对司法解释、文件等精神全面梳理的基础上，文书对上诉人不应适用死刑的上诉理由不予支持：本案虽系恋爱关系中的琐事引发，但被害人无过错，上诉人犯罪手段特别残忍，情节和后果均特别严重，罪行极其严重，本案对上诉人适用死刑并无不当。

（**点评人：**谷升，北京市高级人民法院申诉审查庭三级高级法官）

【律师点评】

一、回应社会关切，崇尚惩恶扬善风尚

本案的发生引发当地公众密切关注，案件的公正处理不仅关系到法律的正确适用，也关系到法治社会舆论监督与司法独立，也还是弘扬真善美、鞭挞假恶丑社会风尚的重要宣传平台，引导群众向上向善。办案机关要始终遵循"高质效"的基本价值追求，坚持客观公正、实体程序并重等理念，强化证据审查运用，全面查明案件事实，精准适用法律，

确保依法准确办理案件。根据现场监控视频、尸检报告等客观证据和证人证言能够证实在被害人没有任何故意或严重过失行为的情形下，被告人张某甲在光天化日之下疯狂行凶，驾车多次反复碾轧王某某，特别是在王某某被他人拖走欲加以保护时仍驾车反复碾轧，最终致其死亡。可见被告人作案对象明确，致死王某某意志坚决。张某甲积极追求被害人死亡结果，杀人行为毫无节制，手段特别残忍，后果特别严重，依法应当严惩。

刑事检察法律文书是检察机关依法履行刑事检察职能的重要载体，是刑事案件办理质效的集中体现，也是人民群众感受公平正义最重要、最直观的载体。法律是维护社会秩序和公众利益的保护神，证据是回溯案件事实、追求案件真相的利器。履行国家指控职能的公诉人需要细致和理性地勘查和勾勒正义的边界，审慎对待案件中每一个事实和情节，严格遵循诉讼规则和证据裁判原则，以公开透明的审理过程和公平公正的裁决结果回应社会关切，扬社会主义风尚，引导广大群众向上向善。

二、审慎审查、积极履职

二审期间，检察机关针对上诉人的诸多上诉理由，认真审查相关证据，排除可能的疑点，保证认定事实的准确性和真实性，增强反驳上诉理由的说服力。一是检察人员对被告人提审听取被告人辩解，并核查是否播放同步录音录像和剥夺上诉人自行辩护的权利。二是对被告人申请调取的证据认真核查，从内容和时间上说明证据与本案无关联，不能证实被害人过程，发表不能作为证据使用的公诉意见。

三、围绕争议焦点条分缕析展开论证，运用证据结合理论准确区分和适用罪名

本案出庭意见书从犯罪所使用的工具、手段、力度、后果、主观心态等方面，依据证言、书证及鉴定意见证实上诉人主观上积极追求被害人死亡的后果，客观上实施了杀人行为；从证据证实的事实入手分析行为是否能被故意杀人一个罪名涵括和评价，进而否定想象竞合的适用。从作案过程的系列动作到案发后的行为表现分析被告人是否具备辨认控制能力；从录音录像与笔录的比对，对关键事实记载与供述一致的角度对非法证据排除问题进行了说理。出庭意见整体逻辑清晰、结构分明，从证据到伦理层层铺垫，直到得出确定的结论，说服力强。

四、搭建层次分明、说理清晰的证据体系

庭审过程中，证据体系的搭建，事实全貌的认定、法律依据的阐释等需要出庭意见书根据庭审情况深入阐述。信息的不同组合形态会大大影响认识评价结果。出庭意见需要注重证据与证据之间的相互印证，运用逻辑、经验法则进行推理判断，将零散的证据整合成完整的证明体系，实现从查明事实到证明事实的转变。该份出庭意见书组织多份证据搭建层次分明、互相印证的证据体系。从供述的手段与法医尸检鉴定相印证、驾驶情节与勘验笔录相印证、监控视频与证人证言等其他证据的相互印证证实犯罪事实。在事实基础上，从作案手段、工具、后果结合供述论证被告人客观行为和主观心态，进而得出故意杀人非故意伤害的结论。调整举证顺序以强调证据说服力，按照“先客观证据后主观证据”的顺序，按证据证明力的强弱为序依次举证，并附证明目的，增强审理法官对证据证明力和关联性的认识。

五、条理分析争议点，准确适用法律

出庭意见书积极回应了上诉人认为其行为是因为婚恋家庭导致的犯罪，不应当适用死刑立即执行的观点。引用《刑法》对死刑适用条件的条文，并结合司法政策的会谈纪要，将“一般”与“一律”区分，指出需要根据个案情况认定。进一步指出本案符合纪要规定的适用死刑立即执行的条件，准确把握了纪要原意。最后依据最高人民法院有关死刑适用的指导意见，从犯罪情节特别恶劣，又无从轻处罚情节，再到被告人的主观恶性及人身危险性分析论证应对被告人以依法判处死刑立即执行。

六、行文规范，具备逻辑性和严谨性

案件质量是检察工作的生命线。最高人民检察院党组多次强调要让“高质效办好每一个案件”成为新时代新征程检察履职办案的基本价值追求，对各级检察机关、全体检察人员提出了新的更高要求和期许。评判一个案件办理质量优劣，很重要的一个表现形式就是法律文书。法律文书既是对检察办案活动的系统全面总结，也是对外展现检察人员司法能力水平、检察机关形象的重要法治产品。一份优秀的刑事检察文书离不开一个高质量的案件。出庭意见书是指控思路的高度凝练，代表着指控水平，需要逐字考量语言表述，精心完善。一篇公诉意见书质量如何，与语言的组织和运用关系极大。本案出庭意见书用词严谨，是经过反复推敲的法律文本，用词规范且精准。不仅用平实而又准确、规范而又稳健的语言写作出庭意见书，又使用了当事人容易明白的语言、容易接受的方式表达。

遗憾的一点是，出庭意见书未体现对庭审辩护人可能提出的辩驳或质证意见的进一步说明或再辩驳，在灵活性上有待提高。

（**点评人：**郝春莉，北京市东卫律师事务所主任）

17. 杜某甲案：揭开尘封 16 年“操场埋尸案”的黑幕

【案情简述】

2019 年 6 月 18 日，在新晃一中的操场上，一台大型挖掘机在不停地刨挖，一个被深埋 16 年的惊人真相，即将重见天日。

16 年生死未卜，萦绕家人心头的伤痛。2003 年春节前夕，邓某某像往常一样去新晃一中上班，从此再未归来。邓某某“消失”前，正负责监督学校操场的土建工程质量。承包这项工程的，是时任新晃一中校长黄某某的外甥杜某甲。邓某某失踪后，杜某甲紧急填埋了操场上的两个大坑。邓某某的家人怀疑邓某某已经遇害，相关线索提供给新晃县公安局后并无结果，邓某某一直生死不明。

一封举报信，尘封积案重见天日。2019 年随着扫黑除恶专项斗争纵深推进，中央扫黑除恶第 16 督导组进驻湖南。邓某某女儿重新燃起了找到父亲的念头。是年 4 月 30 日，邓某某女儿给中央督导组写了一封举报信。这起 16 年杳无音信的陈年积案，随着这封信的寄出，很快就有了回音。5 月 31 日，湖南怀化警方对杜某甲“操场埋尸案”，正式立案侦查。与其他悬案有所不同，“邓某某遇害案”在新晃县几乎是公开的“秘密”，但传闻是否真实？失踪 16 年的邓某某，是不是被埋在操场之下？专案组决定从挖掘操场寻找遗骸入手，经过一天一夜的挖掘，最终挖出了一具完整的遗骸。从尸骨提取的 DNA 鉴定结果确认，死者正是失踪 16 年的邓某某。犯罪嫌疑人杜某甲的心理防线，很快被警方突破，供述了 2003 年杀人埋尸的全部犯罪经过。

杀人动机：“邓某某断了我们的财路。”2001 年杜某甲以他人名义违规承揽了新晃县一中的 400 米田径跑道开挖工程，让罗某甲具体负责施工管理。在建设过程中，新晃县一中总务处职工邓某某负责监督工程质量和安全，曾向校长黄某某反映工程质量存在问题，引起杜某甲不满，认为其“挡了财路”。此外，在一人死亡的意外事故、施工引发的纠纷等问题的处理上，杜某甲认为邓某某没有对其袒护，“胳膊肘往外拐”，遂产生矛盾。据多名证人证实，案发前一段时间，杜某甲向罗某甲等几名手下人员称，想“搞死”邓某某，让手下人想办法，但不要声张，“谁说出去杀了谁全家”。罗某甲曾按杜某甲的要求，找人给邓某某“放蛊”，找“迷药”。据侦查查实，杜某甲当时获得的“迷药”，药力强劲，“能让人睡十多个小时”。

致命死因：遇害前被迷昏，头部遭锤击。弄到“迷药”后，杜某甲便着手实施对邓某某的谋害。2003 年 1 月 22 日，还有十多天就过春节了。新晃一中跑道开挖工程完成了大部分主体施工。邓某某像往常一样，来到了设在操场附近宿舍楼的工程项目指挥部。临近中午时分，杜某甲给邓某某递了一瓶暗中放了“迷药”的饮料，看到邓某某喝下饮料后，他马上打电话给罗某甲。罗某甲来到项目部办公室时，发现邓某某卧在长板凳上，一动不动。杜某甲、罗某甲用胶带贴紧邓某某的嘴部、面部，绑住手脚，用塑料袋套住头部。随后，杜某甲用橡胶的锤子击打邓某某的头部。当天晚上 11 点后，趁着夜色，他俩抬着邓某某的尸体，拖至还在施工的跑道边“最大最深的坑那里”，将邓某某的尸体拖下坑内，翻滚大石头掩盖。第二天，尽管天下着雨，杜某甲、罗某甲仍指挥铲车，将跑道上埋尸部分的深坑填平。

深挖“关系网”，清理“保护伞”。“操场埋尸案”轰动全国，掩藏在地下的不仅是邓某某的尸骨，还有一张帮助杜某甲脱罪的“关系网”。为了彻查这起案件背后的“保护伞”，全国扫黑办工作组先后四下湖南现场督办，相关证据指向了案件背后的关键人物——黄某某。2003 年 2 月中旬，也就是邓某某“失踪”20 来天后，杜某甲的舅舅黄某某听到一些风声，便质问杜某甲是否杀害了邓某某。杜某甲默认了，并求黄某某帮助隐瞒。此后，在当地人脉深厚的黄某某找到了时任新晃县公安局政委的杨某未——杜某甲的同学，告诉了他杜某甲杀人一事，托其帮忙“解决”。在先后 2 次收下共计 1 万元的现金后，杨某未利用职务便利故意隐瞒证据，勾结市、县两级办案人员不予立案。在金钱、人情和关系的扭曲之下，一起杀人案被定性为了失踪，真相深埋地下。

2019年3月，杜某甲在新晃县扫黑除恶行动中被查获，此后罗某甲也落网。除了故意杀人罪，杜某甲还被指控故意伤害、寻衅滋事、非法拘禁、聚众斗殴和强迫交易，其团伙被指控为恶势力。背后“保护伞”共涉及省、市、县三级19名失职渎职公职人员，被依纪依法处理。

2019年10月9日，怀化市人民检察院受理杜某甲等14名犯罪嫌疑人分别涉嫌故意杀人罪、故意伤害罪、寻衅滋事罪、非法拘禁罪、聚众斗殴罪、强迫交易罪一案，经审查，于11月22日对杜某甲、罗某甲故意杀人案及其恶势力犯罪集团案件共14名被告人提起公诉。12月17日至18日，怀化市中级人民法院一审对被告人杜某甲等人故意杀人案及其恶势力犯罪集团案件进行公开审理并当庭宣判，以故意杀人罪、故意伤害罪、寻衅滋事罪、非法拘禁罪、聚众斗殴罪、强迫交易罪数罪并罚，依法判处杜某甲死刑，剥夺政治权利终身，并处罚金50万元；恶势力犯罪集团的其他12名成员分别被判处1年至8年不等的有期徒刑。杜某甲等被告人上诉后，湖南省高级人民法院于2020年1月10日二审依法裁定驳回上诉，维持原判，并对杜某甲的死刑裁定依法报请最高人民法院核准。最高人民法院经依法复核于2020年1月16日裁定核准了对杜某甲的死刑判决。2020年1月20日，遵照最高人民法院下达的执行死刑命令，湖南省怀化市中级人民法院对杜某甲依法执行死刑。

【文书原文】

湖南省怀化市人民检察院

起诉书

湘怀检刑诉〔2019〕37号

被告人杜某甲（绰号“少某某”），男，1962年**月**日出生，公民身份号码4330261962 ********，汉族，中专文化，无职业，湖南省新晃侗族自治县（以下简称新晃县）人，户籍地新晃县 ** 镇太 ** 路 ** 号，住新晃县 ** 镇 ** 小区 ** 栋 ** 单元 ** 室。因涉嫌非法拘禁罪，2019 年 4 月 9 日被新晃县公安局刑事拘留，因涉嫌非法拘禁罪、聚众斗殴罪，同年 5 月 13 日经新晃县人民检察院批准，同日由新晃县公安局执行逮捕。

被告人罗某甲（曾用名罗某乙、罗某丙），男，1962 年 ** 月 ** 日出生，公民身份号码4330261962 ********，侗族，初中文化，务农，湖南省新晃县人，户籍及居住地新晃县 ** 镇 ** 村 ** 组。因涉嫌故意杀人罪，2019 年 5 月 31 日被新晃县公安局刑事拘留，同年 7 月 5 日经新晃县人民检察院批准，次日由新晃县公安局执行逮捕。

被告人姚某甲（绰号“草某某”），男，1975 年 ** 月 ** 日出生，公民身份号码4330261975 ********，侗族，初中文化，无职业，湖南省新晃县人，户籍及居住地新晃县 ** 镇 ** 村 ** 路 ** 号。因犯敲诈勒索罪，1998 年 12 月 21 日被贵州省玉屏侗族自治县人民法院判处有期徒刑一年，缓刑二年；因犯敲诈勒索罪，2002 年 7 月 15 日被新晃县人民法院判处有期徒刑一年六个月，2003 年 6 月 27 日刑满释放。因涉嫌非法拘禁罪，2019 年 4 月 9 日被新晃县公安局刑事拘留，同年 5 月 13 日被新晃县公安局取保候审；因涉嫌强迫交易罪，同年 6 月 29 日被新晃县公安局刑事拘留，因涉嫌寻衅滋事罪，同年 7 月 9 日经新晃县人民检察院批准，同日由新晃县公安局执行逮捕。

被告人杨某甲（曾用名杨某乙），男，1988 年 ** 月 ** 日出生，公民身份号码4312271988 ********，侗族，初中文化，经商，湖南省新晃县人，户籍地新晃县 ** 镇 ** 村 ** 组，住新晃县 ** 镇 ** 村 ** 宿舍。因犯盗窃罪，2013 年 7 月 15 日被新晃县人民法院判处有期徒刑六个月，同年 7 月 21 日刑满释放。因涉嫌非法拘禁罪，2019 年 6 月 28 日被新晃县公安局刑事拘留，因涉嫌寻衅滋事罪，同年 8 月 4 日经新晃县人民检察院批准，同日由新晃县公安局执行逮捕。

被告人杨某丙，男，1989 年 ** 月 ** 日出生，公民身份号码5222231989 ********，侗族，初中文化，无职业，贵州省玉屏侗族自治县人，户籍及居住地玉屏侗族自治县**镇**村**组。因犯盗窃罪，2013年7月15日被新晃县人民法院判处有期徒刑一年，2014年1月21日刑满释放。因涉嫌非法拘禁罪，2019年4月8日被新晃县公安局刑事拘留，同年5月13日被新晃县公安局监视居住；因涉嫌寻衅滋事罪，同年7月9日经新晃县人民检察院批准，同日由新晃县公安局执行逮捕。

被告人江某甲，男，1972年**月**日出生，公民身份号码4330261972********，侗族，高中文化，经商，湖南省新晃县人，户籍地新晃县**镇**街**号，住新晃县**镇街上自建房。因涉嫌聚众斗殴罪，2019年4月9日被新晃县公安局刑事拘留，同年5月13日经新晃县人民检察院批准，同日由新晃县公安局执行逮捕。

被告人王某甲，男，1968年**月**日出生，公民身份号码4330261968********，汉族，初中文化，无职业，贵州省岑巩县人，户籍地新晃县**镇**居委会**路**号，住新晃县**镇**路**号。因犯贩卖毒品罪，2007年3月1日被新晃县人民法院判处有期徒刑三年，2009年1月20日减刑释放。因涉嫌聚众斗殴罪，2019年9月4日被新晃县公安局刑事拘留，因涉嫌寻衅滋事罪，同年10月1日经新晃县人民检察院批准，同日由新晃县公安局执行逮捕。

被告人杨某丁，男，1980年**月**日出生，公民身份号码4330261980********，侗族，大学专科文化，经商，湖南省新晃县人，户籍及居住地新晃县**镇**村**路**号。因涉嫌非法拘禁罪，2019年4月9日被新晃县公安局刑事拘留，同年5月13日被新晃县公安局监视居住；因涉嫌寻衅滋事罪，同年7月9日经新晃县人民检察院批准，同日由新晃县公安局执行逮捕。

被告人宋某甲（曾用名宋某乙，绰号"毛某某"），男，1974年**月**日出生，公民身份号码4330261974********，汉族，初中文化，无职业，湖南省新晃县人，户籍及居住地新晃县**镇**居委会**路**号。因犯盗窃罪，1994年11月18日被新晃县人民法院判处有期徒刑四年；因犯故意伤害罪、抢劫罪，2006年12月14日被福建省漳州市芗城区人民法院判处有期徒刑十二年六个月，2014年11月15日减刑释放；因犯容留他人吸毒罪，2018年8月28日被新晃县人民法院判处有期徒刑七个月，2019 年 4 月 14 日刑满释放。因涉嫌聚众斗殴罪，2019 年 4 月 14 日被新晃县公安局刑事拘留，同年 5 月 13 日经新晃县人民检察院批准，同日由新晃县公安局执行逮捕。

被告人成某某（绰号“胖某某”），男，1993 年 ** 月 ** 日出生，公民身份号码 4312271993 ********，侗族，初中文化，无职业，湖南省新晃县人，户籍地新晃县 ** 镇 ** 村 ** 组，住新晃县 ** 镇 ** 街 ** 栋 ** 单元 ** 室。因涉嫌聚众斗殴罪，2019 年 4 月 21 日被新晃县公安局刑事拘留，同年 5 月 13 日经新晃县人民检察院批准，同日由新晃县公安局执行逮捕。

被告人王某乙，男，1986 年 ** 月 ** 日出生，公民身份号码 4312271986 ********，侗族，高中文化，无职业，湖南省新晃县人，户籍及居住地新晃县 ** 镇 ** 居委会 ** 路 ** 号。因犯贩卖毒品罪，2007 年 7 月 19 日被新晃县人民法院判处有期徒刑一年六个月，2008 年 9 月 13 日刑满释放；因犯贩卖毒品罪，2010 年 11 月 19 日被新晃县人民法院判处有期徒刑一年，2011 年 9 月 20 日刑满释放；因犯贩卖毒品罪，2012 年 8 月 3 日被新晃县人民法院判处拘役五个月，同年 10 月 20 日刑满释放；因犯贩卖毒品罪，2014 年 6 月 25 日被新晃县人民法院判处有期徒刑七个月，同年 11 月 27 日刑满释放；因犯盗窃罪，2016 年 8 月 17 日被新晃县人民法院判处拘役四个月，同年 11 月 3 日刑满释放；因犯盗窃罪，2018 年 3 月 16 日被新晃县人民法院判处有期徒刑六个月，同年 7 月 11 日刑满释放。因涉嫌非法拘禁罪，2019 年 4 月 26 日被新晃县公安局刑事拘留，同年 5 月 13 日经新晃县人民检察院批准，同日由新晃县公安局执行逮捕。

被告人杨某戊（别名杨某己），男，1987 年 ** 月 ** 日出生，公民身份号码 4312271987 ********，侗族，初中文化，无职业，湖南省新晃县人，户籍及居住地新晃县 ** 镇 ** 村 ** 组。因涉嫌非法拘禁罪，2019 年 6 月 28 日被新晃县公安局刑事拘留，因涉嫌寻衅滋事罪，同年 8 月 4 日经新晃县人民检察院批准，同日由新晃县公安局执行逮捕。

被告人杨某庚，男，1999 年 ** 月 ** 日出生，公民身份号码 4312271999 ********，侗族，初中文化，无职业，湖南省新晃县人，户籍及居住地新晃县**镇**村**组。因涉嫌聚众斗殴罪，2019年8月2日被新晃县公安局刑事拘留，同年9月7日经新晃县人民检察院批准，次日由新晃县公安局执行逮捕。

被告人张某甲（绰号“小某某”），男，2001年**月**日出生，公民身份号码4312272001********，汉族，初中文化，无职业，湖南省新晃县人，户籍及居住地新晃县**镇**村**组。因涉嫌聚众斗殴罪，2019年8月2日被新晃县公安局刑事拘留，同年9月7日经新晃县人民检察院批准，次日由新晃县公安局执行逮捕。

本案由新晃县公安局侦查终结，以被告人杜某甲涉嫌故意杀人罪、故意伤害罪、寻衅滋事罪、非法拘禁罪、聚众斗殴罪、强迫交易罪，被告人罗某甲涉嫌故意杀人罪，被告人姚某甲、杨某甲、杨某丙涉嫌寻衅滋事罪、非法拘禁罪，被告人江某甲、王某甲、成某某、杨某庚涉嫌寻衅滋事罪、聚众斗殴罪，被告人杨某丁涉嫌寻衅滋事罪，被告人宋某甲涉嫌聚众斗殴罪，被告人王某乙、杨某戊涉嫌非法拘禁罪，被告人张某甲涉嫌聚众斗殴罪，于2019年10月8日移送新晃县人民检察院审查起诉。该院于同年10月9日将本案报送本院审查起诉，本院受理后，于次日已告知各被告人有权委托辩护人，被害人、被害人近亲属有权委托诉讼代理人，依法讯问了被告人，听取了被害人、被害人近亲属、诉讼代理人、辩护人的意见，审阅了全部案件材料。其间，延长审查起诉期限一次，自2019年11月9日至11月23日。

经依法审查查明：

一、故意杀人罪

2001年12月31日，被告人杜某甲承揽了新晃县第一中学（以下简称新晃一中）400米田径场开挖工程，并请被告人罗某甲等人参与工程管理。新晃一中将女生宿舍楼三楼的一套房间作为工程项目部办公场地，并指派总务处工作人员姚某乙（已故）、被害人邓某某代表校方监督工程质量和安全。杜某甲在施工过程中与邓某某产生矛盾，遂多次向罗某甲等人提出要想办法“搞”邓某某，并安排罗某甲寻找“迷药”害邓某某及对邓某某“下蛊”，均未果。

2003年1月中旬，杜某甲准备了数片三唑仑。同月21日，杜某甲告知罗某甲已找到迷药，二人商量决定次日杀死邓某某，要罗某甲到时借机先支走姚某乙。

2003年1月22日12时许，杜某甲见项目部办公室只剩下邓某某和姚某乙，将事先准备的三唑仑粉末倒入一瓶饮料递给邓某某饮用。邓某某喝下部分饮料后，杜某甲即电话通知罗某甲，罗某甲按照事先约定将姚某乙骗出项目部办公室，随后二人又一道阻止姚某乙返回项目部。待姚某乙离开后，杜某甲返回项目部，发现邓某某昏睡在长凳上发出鼾声，遂用胶带粘贴邓某某口鼻处，并在嘴部缠绕数圈。午饭后，杜某甲与罗某甲回到项目部，二人用塑料袋套住邓某某的头部并用胶带反复缠绕，又用胶带捆住邓某某的双脚、双手，杜某甲持一把橡胶锤击打邓某某头部右侧，致邓某某当场死亡，二人又将邓某某的尸体移至厨房藏匿。当晚，杜某甲、罗某甲待新晃一中的学生宿舍熄灯后，将邓某某的尸体抬至新晃一中400米田径场工地事先挖好的土坑内用石头和泥土掩盖，将作案工具和邓某某的随身物品带离项目部丢弃。次日早上，杜某甲、罗某甲指挥施工机械用石头和泥土将埋尸的土坑填平。同年2月中旬的一天，杜某甲在其舅舅黄某某的追问下告诉黄其杀害了邓某某并埋尸操场。

被告人杜某甲、罗某甲被抓获归案后，先后对埋尸地点进行了指认。2019年6月19日在新晃一中田径场（现称足球场）西南面挖掘出一具人体尸骸。经DNA鉴定，该尸骸系被害人邓某某；经尸体检验鉴定，该尸骸头骨的右颞骨有一不规则孔洞性骨折缺损，碎骨片凹陷入颅内，经碎骨片复原后，查见有一5.0cm×4.5cm类圆形骨折区及5.0cm×4.0cm类圆形孔状缺损区，符合钝器（如锤类）打击头部，导致重度颅脑损伤死亡；经毒化鉴定，从挖掘出的人体肋骨、人体胸椎骨、无袖毛线衣、长袖T恤、衣服和尸骸上身躯干部位泥土等中检验出三唑仑。

认定上述事实的证据如下：

1. 现场提取的塑料袋、胶带、衣物等物证；2. 施工协议书、会议记录、调解协议等书证；3. 尸体检验鉴定书、检验报告等鉴定意见；4. 现场指认、现场勘验、提取、辨认等笔录；5. 指认视频、挖掘视频等视听资料；6. 证人姚某丙、杨某辛、田某甲等的证言；7. 被告人杜某甲、罗某甲的供述和辩解。

二、故意伤害罪

2005年4月，被告人杜某甲因本人经营的新晃县** KTV大堂经理、被害人曹某某跳槽龙辰KTV影响其生意，遂怀恨在心，经与** KTV员工宋某甲（因本案已判刑）商议后决定对曹某某泼硫酸予以报复。同年4月17日，宋某甲准备了一瓶硫酸，纠集贵州籍男子安某某、涂某某、周某甲、潘某甲等人（均另案处理）到龙辰KTV附近进行蹲守。当日23时许，经宋某甲指认，由安某某在旁望风，涂某某、周某甲使用硫酸泼中曹某某的左侧颈面部，潘某甲驾驶摩托车接应二人离开现场。经鉴定，曹某某的损伤为轻伤。案发后，杜某甲、宋某甲于2006年3月共赔偿曹某某医疗费人民币1.6万元。

认定上述事实的证据如下：

1. 现场提取手机的物证照片；2. 病历资料、手机短信、调解协议、收条、刑事判决书等书证；3. 法医临床学鉴定书、毒物鉴定书等鉴定意见；4. 现场勘验、辨认等笔录；5. 证人吴某甲、吴某乙、杨某壬等的证言；6. 被害人曹某某的陈述；7. 被告人杜某甲及同案人宋某甲的供述和辩解。

三、杜某甲恶势力犯罪集团实施的犯罪

2008年以来，以被告人杜某甲为首要分子，重要成员被告人姚某甲、杨某甲、杨某丙、江某甲及刘某某（已死亡）等较为固定，经常纠集在一起，非法高利放贷，暴力讨债，插手民间纠纷，为非作恶，欺压百姓，共同故意实施了寻衅滋事、非法拘禁、聚众斗殴、强迫交易等犯罪活动，形成恶势力犯罪集团。具体事实如下：

（一）寻衅滋事罪

1. 2007年下半年，被告人杜某甲根据江某甲的请求协助处理姚某丁猥亵其干女儿杜某乙一事，在姚某丁已赔偿江某甲并被新晃县人民法院依法判处刑罚后，杜某甲又向姚某丁索要人民币1200元，遭拒绝。2008年2月26日，杜某甲纠集数人到新晃县扶罗镇街上被害人姚某丁经营的药店再次索钱未果，将姚某丁打伤，后被姚某丁持斧头赶出药店。杜某甲于当晚再次纠集被告人姚某甲与刘某某等人，持钢管、刀具在姚某丁

药店门前叫骂、威胁、打砸药店卷闸门。经诊断，姚某丁的伤情为左眼球、多处软组织挫伤。

认定上述事实的证据如下：

（1）欠条、协议、病历资料等书证；（2）现场勘验、辨认、提取等笔录；（3）证人田某乙、廖某某、彭某某等的证言；（4）被害人姚某丁的陈述；（5）被告人杜某甲、姚某甲的供述和辩解。

2.2008年上半年，被告人杜某甲得知被害人杨某癸在追求其女友杨某子后，纠集戴某某（另案处理）等人打了杨某癸一耳光。同年5月15日，杜某甲又纠集刘某某、戴某某、张某乙（另案处理）等人驾车赶至新晃县交通规费征稽所，指使刘某某、戴某某、张某乙等人冲进征稽所宿舍，持事先准备的一把汽车方向盘锁殴打杨某癸，致杨某癸头部、手臂多处受伤。其间，杜某甲还与被告人姚某甲商议，由姚某甲采取威胁、恐吓手段向杨某癸索要了人民币1万元转给了杜某甲。经鉴定，杨某癸的损伤为轻微伤。

认定上述事实的证据如下：

（1）物证汽车方向盘锁照片；（2）病历资料、行政处罚决定书等书证；（3）法医学人体损伤程度鉴定书；（4）现场勘验、提取、辨认等笔录；（5）证人顿某某、唐某某、姚某戊等的证言；（6）被害人杨某癸的陈述；（7）被告人杜某甲、姚某甲等的供述和辩解。

3.2009年3月3日，新晃县扶罗镇村民江某乙（别名江某丙）的父亲江某丁在新晃县扶罗镇卫生院住院治疗时死亡，经协商扶罗镇卫生院愿意赔偿人民币1.8万元。为索要更高赔偿，江某乙联系其小叔被告人江某甲找人帮忙。随后，江某甲联系被告人杜某甲，杜某甲与江某乙约定增加的赔偿款由二人平分。同日18时许，杜某甲纠集被告人姚某甲、杨某丑（另案处理），与江某甲对院方代表威胁、辱骂、恐吓，在卫生院内哄闹、聚众造势，索要数十万元高额赔偿，卫生院被迫同意赔偿江某乙人民币3.6万元，杜某甲分得赃款人民币9000元。

认定上述事实的证据如下：

（1）调解协议书、领据、病历资料等书证；（2）现场勘验、辨认等笔录；（3）证人江某乙、杨某寅、江某戊等的证言；（4）被告人杜某甲、姚某甲、江某甲等的供述和辩解。

4. 2012年下半年，被告人杜某甲单独或纠集被告人杨某甲、杨某丙等人，先后5次在新晃县凯里牛杂王饭店、新晃县造纸厂附近的高速公路高架桥下、其驾驶的汽车内、新晃县凉伞镇班车乘车点、新晃县凉伞镇八江口村，分别采取辱骂、殴打、持刀捅刺、拦截、恐吓等手段向被害人吴某丙索要高利贷欠款。2012年11月前后的一天，吴某丙被迫将自己位于八江口村工地上的木架子低价变卖，还款给杜某甲人民币3万元。

认定上述事实的证据如下：

（1）银行流水账单、报警记录等书证；（2）现场勘验、辨认、检查等笔录；（3）证人杨某卯、胡某某、杨某辰等的证言；（4）被害人吴某丙的陈述；（5）被告人杜某甲、杨某甲、杨某丙等的供述和辩解。

5. 2012年11月的一天晚上，被告人杜某甲因为与女朋友姚某己的感情问题而怪罪于蒲某甲，打了与姚某己一起宵夜的蒲某甲一耳光，在现场的蒲某甲之兄蒲某乙（本案被害人）与杜某甲发生扭打。杜某甲被打后，纠集被告人姚某甲、杨某甲、杨某丙、王某甲、杨某丁等人实施报复，并准备多根木棒。经杜某甲安排，杨某甲、杨某丙蹲守、跟踪，于同年12月1日前后发现蒲某乙夫妇从新晃县步头降苗族乡乘坐中巴车前往新晃县城，杜某甲与王某甲、姚某甲、杨某丁等人驾车在新晃县原兴隆镇建新村板坡芽组（现为晃州镇塘洞村板坡芽组）晃凉公路段一弯道处将该中巴车截停。杨某甲、杨某丙等人强行将蒲某乙夫妇拉下车，数人围住蒲某乙威胁、辱骂，将蒲某乙带至原兴隆镇石马溪山庄。其间，杜某甲等人对蒲某乙威胁、恐吓并索要赔偿，后经朋友说情、协调，蒲某乙被迫向杜某甲赔礼道歉并赔偿人民币1000余元才得以离开。

认定上述事实的证据如下：

（1）手机开户资料、病历资料等书证；（2）现场勘验、辨认等笔录；（3）证人蒲某甲、向某某、秦某某等的证言；（4）被害人蒲某乙的陈述；（5）被告人杜某甲、姚某甲、杨某甲、杨某丙、王某甲、杨某丁的供述和辩解。

6. 2014年上半年，被告人杜某甲得知欠其高利贷的张某丙在新晃县凉伞镇八江口村龙坡山泉水厂有股金，便要求水厂老板杨某巳（本案被害人）将股金退给自己。同年4月的一天，杜某甲纠集被告人姚某甲等人分别驾驶湘N9 **** 捷豹轿车及一辆越野车将张某丙、潘某乙夫妇带至龙坡山泉水厂。杜某甲、姚某甲带张某丙夫妇找到杨某巳，得知杨某巳已将股金退还给潘某乙，杜某甲便当众辱骂张某丙，并向杨某巳索要加油、吃饭等费用，杨某巳被迫付给杜某甲人民币3000元。

认定上述事实的证据如下：

（1）收条、病历资料等书证；（2）现场勘验、辨认等笔录；（3）证人张某丙、潘某乙、吴某丁等的证言；（4）被害人杨某巳的陈述；（5）被告人杜某甲、姚某甲等的供述和辩解。

7. 2018年11月，因被害人石某某欠被告人江某甲21.7262万元的建材款未及时支付，江某甲便请被告人杜某甲帮忙催收。2019年1月，江某甲在新晃县扶罗镇经营的钢材店内伙同杜某甲向石某某索要货款，以提高建材单价的方式迫使石某某重新出具了货款人民币23.1589万元的欠条。此后，因江某甲、杜某甲多次辱骂、威胁，石某某于2019年1月31日向江某甲微信转款人民币2万元，但江某甲并未从总货款中扣除该2万元。同年2月初的一天晚上，杜某甲、江某甲纠集被告人杨某丁、成某某、杨某庚等人，在新晃县步行街怡雅轩茶楼内对石某某辱骂、威胁、恐吓，逼迫还钱。同年2月4日，江某甲在自己的钢材店内采取提高总货款20%的方式，迫使石某某再次重新出具了欠货款人民币27.7212万元的欠条。

认定上述事实的证据如下：

（1）欠条、转账记录、销售货单等书证；（2）现场勘验笔录；（3）证人吴某戊、吴某己等的证言；（4）被害人石某某的陈述；（5）被告人杜某甲、江某甲、杨某丁、成某某、杨某庚的供述和辩解。

（二）非法拘禁罪

1. 2008年10月，被告人杜某甲为催收高利贷欠款，纠集被告人姚某甲与刘某某、姚某庚（已死亡）等人将被害人吴某庚控制在新晃县原祥园大酒店洗浴中心房间内五六个小时，后经人担保，杜某甲才准许吴某庚离开。数日后的一天中午，杜某甲、姚某甲、刘某某、姚某庚等人再次将吴某庚带至该洗浴中心房间内，对吴某庚威胁、殴打。次日18时许，吴某庚的父亲吴某辛向杜某甲承诺偿还部分欠款，杜某甲等人才准许吴某庚离开。

认定上述事实的证据如下：

(1) 借条、还款协议、授权委托书等书证；(2) 现场勘验、辨认等笔录；(3) 证人吴某辛、杨某午、吴某壬等的证言；(4) 被害人吴某庚的陈述；(5) 被告人杜某甲、姚某甲的供述和辩解。

2. 2012年10月前后，被告人杜某甲为催收高利贷欠款，纠集被告人杨某甲、杨某丙将被害人吴某丙先后带至新晃县原君翰依家大酒店、原锦云宾馆房间内拘禁，逼迫还款。其间，杜某甲与杨某丙两次逼迫吴某丙洗冷水澡。之后几天，杨某甲、杨某丙于白天胁迫吴某丙外出借款，晚上带回房间由杨某丙继续看守。直至第五日，吴某丙向杜某甲偿还了数万元高利贷，杜某甲才准许吴某丙离开。

认定上述事实的证据如下：

(1) 现场勘验、辨认等笔录；(2) 证人尹某某、杨某午、杨某申等的证言；(3) 被害人吴某丙的陈述；(4) 被告人杜某甲、杨某甲、杨某丙的供述和辩解。

3. 2014年4月的一天中午，被告人杜某甲为向被害人张某丙催收高利贷欠款，纠集被告人姚某甲将张某丙、潘某乙夫妇从新晃县中医院带上湘N9 **** 捷豹轿车，又纠集被告人王某乙、杨某戊、张某丁（另案处理）先后前往龙坡山泉水厂、新晃县原方家屯乡白岩湾村（现为晃州镇两河口村）河边，采取辱骂、威胁、殴打、强迫洗冷水澡等手段逼迫张某丙还款。次日凌晨，张某丙夫妇才得以离开。

认定上述事实的证据如下：

(1) 收条、病历资料等书证；(2) 现场勘验、辨认等笔录；(3) 证人潘某乙、杨某巳、张某戊等的证言；(4) 被害人张某丙的陈述；(5) 被告人杜某甲、姚某甲、王某乙、杨某戊等的供述和辩解。

4. 2012年下半年，被害人吴某辛因需治疗费用先后数次向被告人杜某甲借高利贷共计人民币8500元，吴某辛偿还了人民币1万余元高额利息后便无力再支付。2014年3月至6月，杜某甲为索取高利贷欠款，纠集多人先后数次将吴某辛拘禁在新晃县夜郎谷KTV房间内逼迫还款，每次长达数小时。其中6月的一天，被告人杨某甲在房间内对吴某辛威胁、殴打。吴某辛被迫通过他人调解向杜某甲一次性偿还高利贷本息共人民币3万元。

认定上述事实的证据如下：

(1) 病历资料、记账本等书证；(2) 现场勘验、辨认等笔录；(3) 证人吴某癸、姚某辛、张某己等的证言；(4) 被害人吴某辛的陈述；(5) 被告人杜某甲、杨某甲的供述和辩解。

(三) 聚众斗殴罪

2017年8月17日上午，被告人江某甲在新晃县扶罗镇因纠纷被杨某酉女婿周某乙打了两耳光，便联系被告人杜某甲帮忙报复。杜某甲纠集被告人王某甲、宋某甲、成某某、杨某庚、张某甲等人，携带木棒、砍刀乘坐湘N9 **** 捷豹轿车等车辆先后赶至扶罗镇。杜某甲安排成某某、杨某庚、张某甲将木棒取出，由江某甲带领宋某甲、成某某、杨某庚、张某甲等人前往杨某酉经营的家家发门业店面寻找周某乙，宋某甲与杨某酉发生口角，继而打斗，宋某甲持砍刀捅向杨某酉并扭打在一起，成某某持花盆砸中杨某酉头部。公安人员接警到达时，宋某甲、成某某等人逃离现场。经鉴定，杨某酉的损伤为轻微伤。2017年9月29日，江某甲赔偿杨某酉人民币1.2万元。

认定上述事实的证据如下：

(1) 手机通话详单、病历资料等书证；(2) 法医学人体损伤程度鉴定书；(3) 现场勘验、辨认等笔录；(4) 证人周某乙、杨某戌、杨某亥等的证言；(5) 被害人杨某酉的陈述；(6) 被告人杜某甲、江某甲、王某甲、宋某甲、成某某、杨某庚、张某甲的供述和辩解。

(四) 强迫交易罪

2014年4月，被告人杜某甲因被害人张某丙无力偿还高利贷欠款，逼迫张某丙用新晃夜郎汽车客运公司的股份抵扣张某丙所欠杜某甲和姚某壬的债务。因其他债权人起诉张某丙，新晃县人民法院于2013年9月冻结了该股份，杜某甲、姚某壬各出资人民币6万元替张某丙偿还他人债务，该股份得以解除冻结。为避免股份再次被冻结，杜某甲出资人民币2万元、姚某壬出资人民币3万元又替张某丙偿还了他人债务。通过威胁、恐吓等手段，杜某甲迫使张某丙于2014年4月25日签订了转让该公司12.25%的股权给杜某甲的协议。2016年上半年，杜某甲将持有的该股份转让，从中非法获利人民币16.5万元。

认定上述事实的证据如下：

(1) 股权转让协议、车辆登记信息等书证；(2) 辨认笔录；(3) 证人姚某壬、姚某癸、陈某某等的证言；(4) 被害人张某丙的陈述；(5) 被告人杜某甲等的供述和辩解。

2019年4月8日，被告人姚某甲主动向公安机关投案，被告人杨某庚、张某甲分别于同年4月22日、8月2日经公安机关电话通知归案，其余各被告人于同年4月至9月先后被抓获归案。在案扣押被告人杜某甲涉案财物现金人民币1万元、湘N9**** 捷豹轿车1辆、湘NE**** 别克商务车1辆等，冻结杜某甲银行存款人民币5003.69元及位于怀化市迎丰西路英泰国际商城的门面1套、怀化市碧桂园十里江湾的房产1套、新晃县晃州镇解放路商业步行街的房产1套。

本院认为，被告人杜某甲伙同罗某甲故意杀害他人，致一人死亡；采取泼硫酸的方式故意伤害他人身体，致一人轻伤；组织、领导恶势力犯罪集团，实施寻衅滋事7起，非法拘禁4起，聚众斗殴1起，强迫交易1起，其行为严重侵犯他人人身权利，破坏社会经济秩序，分别触犯《中华人民共和国刑法》第二百三十二条，第二百三十四条第一款，第二百九十三条第一款第（一）、（二）、（三）项、第二款，第二百三十八条第一款、第三款，第二百九十二条第一款第（四）项，第二百二十六条第（四）项，犯罪事实清楚，证据确实、充分，应当以故意杀人罪、故意伤害罪、寻衅滋事罪、非法拘禁罪、聚众斗殴罪、强迫交易罪追究其刑事责任。在故意杀人、故意伤害共同犯罪中，被告人杜某甲均起主要作用，系主犯，适用《中华人民共和国刑法》第二十五条第一款，第二十六条第一款、第四款。被告人杜某甲系恶势力犯罪集团的首要分子，应当按照集团所犯的全部罪行处罚，适用《中华人民共和国刑法》第二十五条第一款，第二十六条第一款、第二款、第三款。

被告人罗某甲伙同杜某甲故意杀害他人，致一人死亡，其行为已触犯《中华人民共和国刑法》第二百三十二条，犯罪事实清楚，证据确实、充分，应当以故意杀人罪追究其刑事责任。在共同犯罪中起主要作用，系主犯，适用《中华人民共和国刑法》第二十五条第一款，第二十六条第一款、第四款。

被告人姚某甲伙同他人实施寻衅滋事5起；非法拘禁2起，其行为分别触犯《中华人民共和国刑法》第二百九十三条第一款第（二）、（三）项，第二百三十八条第一款、第三款，犯罪事实清楚，证据确实、充分，应当以寻衅滋事罪、非法拘禁罪追究其刑事责任。被告人姚某甲系恶势力犯罪集团重要成员，在第2起寻衅滋事、第3起非法拘禁共同犯罪中均起主要作用，系主犯，适用《中华人民共和国刑法》第二十五条第一款，第二十六条第一款、第二款、第四款；在第1起、第3起、第5起、第6起寻衅滋事和第1起非法拘禁共同犯罪中均起次要作用，系从犯，适用《中华人民共和国刑法》第二十五条第一款、第二十六条第二款、第二十七条。

被告人杨某甲伙同他人实施寻衅滋事2起；非法拘禁2起，其行为分别触犯《中华人民共和国刑法》第二百九十三条第一款第（二）、（三）项，第二百三十八条第一款、第三款，犯罪事实清楚，证据确实、充分，应当以寻衅滋事罪、非法拘禁罪追究其刑事责任。被告人杨某甲系恶势力犯罪集团重要成员，在第5起寻衅滋事、第4起非法拘禁共同犯罪中均起主要作用，系主犯，适用《中华人民共和国刑法》第二十五条第一款，第二十六条第一款、第二款、第四款；在第4起寻衅滋事、第2起非法拘禁共同犯罪中均起次要作用，系从犯，适用《中华人民共和国刑法》第二十五条第一款、第二十六条第二款、第二十七条。

被告人杨某丙伙同他人实施寻衅滋事2起；非法拘禁1起，其行为分别触犯《中华人民共和国刑法》第二百九十三条第一款第（二）、（三）项，第二百三十八条第一款、第三款，犯罪事实清楚，证据确实、充分，应当以寻衅滋事罪、非法拘禁罪追究其刑事责任。被告人杨某丙系恶势力犯罪集团重要成员，在第5起寻衅滋事、第2起非法拘禁共同犯罪中均起主要作用，系主犯，适用《中华人民共和国刑法》第二十五条第一款，第二十六条第一款、第二款、第四款；在第4起寻衅滋事共同犯罪中起次要作用，系从犯，适用《中华人民共和国刑法》第二十五条第一款、第二十六条第二款、第二十七条。

被告人江某甲伙同他人实施寻衅滋事2起；纠集他人持械聚众斗殴1起且系首要分子，其行为分别触犯《中华人民共和国刑法》第二百九十三条第一款第（三）项、第二百九十二条第一款第（四）项，犯罪事实清楚，证据确实、充分，应当以寻衅滋事罪、聚众斗殴罪追究其刑事责任。被告人江某甲系恶势力犯罪集团重要成员，在寻衅滋事共同犯罪中均起主要作用，系主犯，适用《中华人民共和国刑法》第二十五条第一款，第二十六条第一款、第二款、第四款。

被告人王某甲伙同他人实施寻衅滋事1起；持械聚众斗殴1起且系积极参加者，其行为分别触犯《中华人民共和国刑法》第二百九十三条第一款第（二）、（三）项，第二百九十二条第一款第（四）项，犯罪事实清楚，证据确实、充分，应当以寻衅滋事罪、聚众斗殴罪追究其刑事责任。被告人王某甲系恶势力犯罪集团成员，在寻衅滋事共同犯罪中起次要作用，系从犯，适用《中华人民共和国刑法》第二十五条第一款，第二十六条第二款、第二十七条。

被告人杨某丁伙同他人实施寻衅滋事2起，其行为已触犯《中华人民共和国刑法》第二百九十三条第一款第（二）、（三）项，犯罪事实清楚，证据确实、充分，应当以寻衅滋事罪追究其刑事责任。被告人杨某丁系恶势力犯罪集团成员，在共同犯罪中均起次要作用，系从犯，适用《中华人民共和国刑法》第二十五条第一款，第二十六条第二款、第二十七条。

被告人宋某甲纠集他人持械聚众斗殴且系首要分子，其行为已触犯《中华人民共和国刑法》第二百九十二条第一款第（四）项，犯罪事实清楚，证据确实、充分，应当以聚众斗殴罪追究其刑事责任。被告人宋某甲系恶势力犯罪集团成员，适用《中华人民共和国刑法》第二十五条第一款、第二十六条第二款。

被告人成某某伙同他人实施寻衅滋事1起；持械聚众斗殴1起且系积极参加者，其行为分别触犯《中华人民共和国刑法》第二百九十三条第一款第（三）项、第二百九十二条第一款第（四）项，犯罪事实清楚，证据确实、充分，应当以寻衅滋事罪、聚众斗殴罪追究其刑事责任。

被告人成某某系恶势力犯罪集团成员，在寻衅滋事共同犯罪中起次要作用，系从犯，适用《中华人民共和国刑法》第二十五条第一款、第二十六条第二款、第二十七条。

被告人王某乙伙同他人实施非法拘禁1起，其行为已触犯《中华人民共和国刑法》第二百三十八条第一款、第三款，犯罪事实清楚，证据确实、充分，应当以非法拘禁罪追究其刑事责任。被告人王某乙系恶势力犯罪集团成员，在共同犯罪中起主要作用，系主犯，适用《中华人民共和国刑法》第二十五条第一款，第二十六条第一款、第二款、第四款。

被告人杨某戊伙同他人实施非法拘禁1起，其行为已触犯《中华人民共和国刑法》第二百三十八条第一款、第三款，犯罪事实清楚，证据确实、充分，应当以非法拘禁罪追究其刑事责任。被告人杨某戊系恶势力犯罪集团成员，在共同犯罪中起主要作用，系主犯，适用《中华人民共和国刑法》第二十五条第一款，第二十六条第一款、第二款、第四款。

被告人杨某庚伙同他人实施寻衅滋事1起；持械聚众斗殴1起且系积极参加者，其行为分别触犯《中华人民共和国刑法》第二百九十三条第一款第（三）项、第二百九十二条第一款第（四）项，犯罪事实清楚，证据确实、充分，应当以寻衅滋事罪、聚众斗殴罪追究其刑事责任。被告人杨某庚系恶势力犯罪集团成员，在寻衅滋事共同犯罪中起次要作用，系从犯，适用《中华人民共和国刑法》第二十五条第一款、第二十六条第二款、第二十七条。

被告人张某甲伙同他人持械聚众斗殴且系积极参加者，其行为已触犯《中华人民共和国刑法》第二百九十二条第一款第（四）项，犯罪事实清楚，证据确实、充分，应当以聚众斗殴罪追究其刑事责任。被告人张某甲系恶势力犯罪集团成员，适用《中华人民共和国刑法》第二十五条第一款、第二十六条第二款；作案时系已满十六周岁未满十八周岁的未成年人，适用《中华人民共和国刑法》第十七条第一款、第三款。

被告人姚某甲、杨某甲、王某甲、宋某甲、王某乙系累犯，适用《中华人民共和国刑法》第六十五条第一款。被告人杜某甲、姚某甲、杨某甲、杨某丙、江某甲、王某甲、成某某、杨某庚犯有数罪，适用《中华人民共和国刑法》第六十九条。

依据《中华人民共和国刑事诉讼法》第一百七十六条第一款之规定，提起公诉，请依法判处。

此致

湖南省怀化市中级人民法院

副检察长：曹某某

检察员：刘某某

2019年11月22日

【学者点评】

湖南省怀化市人民检察院湘怀检刑诉〔2019〕37号起诉书展现了严谨负责的工作作风，体现了我国检察机关在打击犯罪、维护社会正义方面的专业水平和担当。起诉书在内容结构、证据链的完整性、法律适用的准确性、社会影响及法治教育意义等方面均有值得称赞之处。

一、结构合理清晰

起诉书结构合理，条理清晰，逻辑性强。在具体内容的安排上，起诉书依次列举了各被告人的具体犯罪事实。犯罪事实描述详细且有条不紊，涵盖了犯罪时间、地点、手段、动机及后果等关键要素。例如，在故意杀人罪的描述中，起诉书详细交待了杜某甲与罗某甲合谋杀害邓某某并埋尸于操场的全过程。这不仅为法庭审理提供了充分的事实依据，也有利于公众了解案件的真相。

起诉书在叙述犯罪事实时，采用了层层递进的方式，清晰呈现了犯罪人所实施的每一个犯罪行为。例如，在描述杜某甲等人非法拘禁的罪行时，起诉书详细列举了被告人如何通过暴力手段限制被害人的人身自由，并在此基础上指出了被告人所遭受的身体和心理伤害。同时，起诉书还引用了大量的证据，确保了每一个犯罪事实的描述都有具体的证据支撑，使案件事实认定具有扎实的基础。

二、证据链完整

该起诉书在证据收集方面表现出了高度的专业性和严谨性。起诉书中列举的证据包括物证、书证、鉴定意见、现场勘验、辨认笔录、视听资料、证人证言以及被告人的供述和辩解。这些证据形成了完整的证据链条，充分证明了被告人犯罪的事实。

例如，在故意杀人罪一节中，起诉书通过现场指认笔录、DNA 鉴定结果、尸体检验结果等证据还原了整个犯罪事实，找出了埋尸场所并验证了死者身份。尤其是通过毒化鉴定，从尸体上提取出三唑仑成分，进一步证实了被告人的犯罪手段。这种严密的证据链，不仅使案件事实清晰明了，也为法庭审理奠定了坚实的基础，体现了司法机关在证据收集和运用方面的专业素养。

三、法律适用准确

起诉书在法律适用方面展现了专业水准。检察机关准确引用了《刑法》的相关条款，对各被告人的行为进行了准确的定性。例如，在适用司法实务中的“口袋罪”寻衅滋事罪时，检察机关准确把握了第 293 条第 1 款第 4 项“在公共场所起哄闹事”的教义学形象，将杜某甲纠集姚某甲、杨某丑（另案处理），与江某甲在卫生院内哄闹、聚众造势，索要数十万元高额赔偿的行为正确认定为寻衅滋事罪。

此外，起诉书还充分考虑了各被告人之间的共同犯罪关系，通过对各被告人在犯罪中的地位和作用的分析，准确确定了各被告人的刑事责任。这种详细的法律适用分析，不仅增强了起诉书的说服力，也为法庭审理提供了重要的参考依据。

四、法治教育意义

杜某甲等人故意杀人后在操场埋尸，且已经形成了恶势力犯罪集团，社会影响恶劣。起诉书不仅是对被告人犯罪行为的严厉打击，更是对社会法治意识的有力宣示。通过对杜某甲等人犯罪行为的揭露，公众能够更直观地了解法律的威严和司法机关打击犯罪的决心。同时，起诉书的详细描述也为法治教育提供了生动的教材，使更多的人认识到遵纪守法的重要性，能够对潜在的犯罪分子起到震慑作用。

总体而言，湖南省怀化市人民检察院的这份起诉书在内容结构、证据链的完整性、法律适用的准确性、社会影响及法治教育意义等方面均展现了很高的专业水准，不仅对犯罪行为进行了有力打击，也具有增强公众法律意识、树立检察机关良好形象的积极作用。通过对本起诉书的研究、借鉴，可以学习到如何在复杂案件中进行证据的收集和运用，如何准确适用法律条款，从而提升自身的业务水平。

（**点评人**：车浩，北京大学法学院副院长、教授、博士生导师，北大犯罪问题研究中心主任）

【检察官点评】

一、案件本身的重要社会影响

2019年杜某甲操场埋尸案震惊全国。杜某甲违规承建其舅舅黄某某担任校长的新晃一中操场，于2003年1月22日将校方工程质量监督人员邓某某残忍杀害，后将尸体掩埋于新晃一中操场一土坑内。案发后，黄某某为掩盖杜某甲的杀人犯罪事实，多方请托、拉拢腐蚀相关公职人员，时任新晃县公安局党委副书记、政委杨某未（杜某甲同学）等人接受请托，干扰、误导、阻挠案件调查，导致该案长期未能侦破。死者家属多年来一直坚持向湖南省、市、县公安机关要求刑事立案并提供重要线索，但相关公职人员在被收买后徇私枉法、玩忽职守，人为地将一起故意杀人案件定性为失踪案，导致杜某甲逍遥法外长达16年。之后杜某甲纠集他人，为非作恶，欺压百姓，不断实施犯罪活动，形成恶势力犯罪集团，在当地造成了恶劣的社会影响。直至2019年扫黑除恶专项斗争深入开展，6月19日邓某某的尸骸在新晃一中操场被挖掘出，真相才水落石出，长达16年的历史积案才被彻底查清。该案受到社会广泛关注，除了杜某甲的杀人行为外，还包括相关公职人员的渎职行为。《人民日报》曾就此评论“真相埋得再深，终要大白于天下”。

二、对法治进程、检察工作的重要意义

2018 年 1 月，中共中央、国务院发布《关于开展扫黑除恶专项斗争的通知》。2019 年 3 月，最高人民检察院工作报告作出庄严承诺：是黑恶犯罪一个不放过，不是黑恶犯罪一个不凑数。杜某甲操场埋尸案于 2019 年被全国扫黑办列为督办的重大案件。时任中央政法委秘书长、全国扫黑办主任陈一新指出，办好该案对于惩治犯罪、弘扬正气，深入推进扫黑除恶专项斗争具有标志性意义。最高检同步挂牌直接督办该案。2019 年 12 月，一审法院对杜某甲及其恶势力犯罪集团以及 10 名公职人员渎职犯罪公开宣判，另有 9 名公职人员分别受到开除党籍、开除公职等相应党纪政务处分。2020 年 1 月，杜某甲被执行死刑。后该案被入选 2019 年度人民法院十大刑事案件。2020 年 5 月，该案均被写入最高人民检察院、最高人民法院工作报告，可见，该案与孙小果案同为扫黑除恶专项斗争的标志性案件和成果，体现了检察机关开展扫黑除恶专项斗争的决心和力度，对检察机关依法深入推进、常态化开展扫黑除恶专项斗争具有重大指导意义。

三、检察机关履职情况

扫黑除恶专项斗争开展以来，最高人民检察院成立了扫黑除恶专项斗争领导小组，要求全国检察机关充分发挥法律监督职能，始终坚持依法打击、精准打击、深度打击涉黑涉恶犯罪，确保每一起案件的办理都经得起法律和历史的检验。2019 年，最高人民检察院挂牌督办杜某甲操场埋尸案后，采取阅卷审查、组成专家指导组等方式，加强指导，并依托检察机关一体化办案机制，上下级院同频共振，同向发力。湖南省人民检察院和怀化市人民检察院在案件侦查阶段即派专案组进驻办案点，对该恶势力犯罪集团证据同步审查，与公安机关就取证方向、证据标准、取证程序等问题及时沟通，引导公安机关全面侦查取证。专案组以起诉标准严格审查证据，全面引导侦查，做到边审查、边建议、边纠错，边补证。公安机关于 2019 年 10 月 8 日移送审查起诉后，怀化市检察院于同年 11 月 22 日提起公诉，同年 12 月，怀化市中级人民法院对杜某甲及其恶势力犯罪团伙、靖州苗族侗族自治县人民法院对相关公职人员渎职犯

罪公开宣判。该案自2019年6月在操场挖出尸骸至12月一审宣判，侦查、审查起诉、开庭审理等一系列环节在半年内完成，是检察机关“高质效办理每一个案件”的生动诠释与有力注解，也让人民群众充分感受到扫黑除恶专项斗争的力度与深度。

四、法律条文解析释义

2019年，最高人民检察院、最高人民法院、公安部、司法部《关于办理黑恶势力犯罪案件若干问题的指导意见》《关于办理恶势力刑事案件若干问题的意见》明确规定，恶势力，是指经常纠集在一起，以暴力、威胁或者其他手段，在一定区域或者行业内多次实施违法犯罪活动，为非作恶，欺压百姓，扰乱经济、社会生活秩序，造成较为恶劣的社会影响，但尚未形成黑社会性质组织的违法犯罪组织。恶势力犯罪集团，是指符合恶势力犯罪全部认定条件，同时又符合犯罪集团法定条件的犯罪组织。本案在办理时始终坚持严格依法办案，准确认定自2008年以来，逐渐形成了以杜某甲为首要分子，重要成员较为固定的恶势力犯罪集团，并没有因案件影响重大，社会关注度极高而人为拔高将其认定为黑社会性质组织。一是杜某甲于2003年1月伙同罗某甲杀害邓某某，于2005年4月伙同宋某甲等人泼硫酸伤害他人，此时杜某甲尚未与他人经常纠集在一起实施违法犯罪活动，不能将其杀人、伤害行为与其3年之后的恶势力犯罪集团相关联，更不能将其视为黑社会性质组织初步形成的标志性事件。二是以杜某甲为首的恶势力集团实施寻衅滋事7起，非法拘禁4起，聚众斗殴1起，强迫交易1起，除4起寻衅滋事及聚众斗殴以外，其余犯罪均与其非法高利放贷，并引发暴力讨债、非法拘禁、强迫交易相关。且并不具有黑社会性质组织一定的经济实力，更没有对一定区域称霸一方，形成非法控制或者重大影响，故其犯罪组织应依法认定为恶势力犯罪集团。

五、文书撰写精要

该案起诉书撰写严谨规范，层次清晰，条理清楚，表述及引用法条精准，完全符合最高人民检察院起诉书制作规范要求。在事实表述部分分为故意杀人、故意伤害及杜某甲恶势力犯罪集团实施的犯罪三部分，且一事实一举证，结尾“本院认为”部分，逐人分析其行为性质及量刑情节，层次相当清晰，一目了然，且在法条引用上，精确到条款项，故该起诉书为优秀起诉书的典范，入选第一届全国检察机关优秀刑事检察文书实至名归，值得检察人员学习借鉴。

（**点评人：**杨帆，天津市人民检察院第一分院副检察长）

【法官点评】

本案又称“新晃操场埋尸案”，系全国开展扫黑除恶专项斗争期间侦办的重大恶性案件。根据群众线索举报，经对杜某甲所犯罪行深挖彻查，破获了本起16年前的命案，迅速引发社会高度关注，社会影响较大。该案骇人听闻，性质恶劣，令人发指。一方面痛恨于杜某甲等犯罪分子丧心病狂，为牟取不法利益不择手段，在教书育人的校园狠下杀手，将负责监督其承包的校方工程质量安全的老师邓某某残忍杀害并埋尸操场；另一方面惊诧于10多年来10多位公职人员被拉拢腐蚀，阻挠、干扰本案的侦查；更愤怒于杜某甲不仅未被及时追究任何法律责任，反而坐大成势，逐渐发展成为害一方的恶势力。案件的侦破缘于扫黑除恶专项斗争的进行，经由全国扫黑除恶办公室挂牌督办。正是在此背景下，本案被彻查、侦破，杜某甲等人被一网打尽并被依法追诉才显现其特别的重要意义。

本案体现了党和政府打击黑恶犯罪的坚定决心。中央扫黑除恶督导组接到邓某某被杀案线索后交由市级公安机关侦办，全国扫黑办、最高人民检察院、公安部将本案列为重点督办案件。湖南省委也高度重视，要求依纪依法、从严从快查办案件，对涉案人员及其背后的“保护伞”“关系网”一查到底，绝不姑息。党和政府查办此案的决心之坚、力度之强，充分表明杜某甲等人的非法行径，与党的宗旨格格不入、水火不容。本案在时隔16年后被侦破，相关涉案人员被从严惩处，党和政府以实际行动赢得人民群众衷心拥护，进一步巩固了党的执政根基。

本案彰显了司法机关公正执法办案的为民初心。针对人民群众反映最强烈、最痛恨的黑恶犯罪开展专项打击，对人民负责，让人民满意，努力通过打击黑恶势力提升人民群众的安全感、幸福感，是司法机关义不容辞的职责。司法机关在扫黑除恶专项斗争中查获杜某甲涉恶犯罪团伙，并为扩大办案成果，除恶务尽，广泛向社会公众征集线索；在接到邓某某被杀案线索后连续作战，夜以继日地深入侦查，根据杜某甲及其同伙的供述和现场指认，在校园操场挖出邓某某遗骸。

本案增强了社会公众维护、尊崇法律的信心。邓某某因工作认真负责、原则性强惨遭杀害，其间案件侦办被阻挠、干扰，10多年后方才沉冤昭雪，一定程度上挫伤了人民群众的法治信心。对于本案而言，正义的审判迟到了，但终归没有缺席。杜某甲及其背后的“保护伞”“关系网”均被查处，杜某甲因故意杀人被起诉并被判处死刑，进一步提升了人民群众的法治信心。

在本案办理中，检察机关工作可圈可点。本案是陈年旧案，作案现场早已不复存在，部分物证无法找到，多名证人已去世，收集、固定证据的难度大。检察机关为夯实侦查取证工作，坚持关口前移，及时、全面地提前介入，引导公安机关不断补充完善证据。同时，摈弃“一退了之”的思想，不做“二传手”，既有提前介入指引的“如我在侦”，又有自行补查补证的“由我在侦”，为审查起诉及后续审判打下坚实的证据基础。本案检察机关非常重视文书质量，起诉书逻辑结构严密、事实叙述精准、罪责指控恰当。本案检察机关出色完成了审查起诉、庭审指控及相关工作，取得良好效果，专案组获评“全国检察机关扫黑除恶专项斗争优秀集体”，这个荣誉受之无愧。

新晃“操场埋尸案”是在扫黑除恶专项斗争中深挖出的历史积案，也是司法机关深入开展扫黑除恶专项斗争的标志性案件，被“两高”写入各自“两会”工作报告。本案的查处、办理对于开展扫黑除恶具有重要启发意义。

一是要推动扫黑除恶常态化。新晃“操场埋尸案”是扫黑除恶专项斗争的一大“战果”，本案时隔16年才被查获，从一个侧面反映了开展扫黑除恶专项斗争的迫切性，以及下一步推动扫黑除恶常态化的必要性。本案如今已尘埃落定，杜某甲等一众犯罪分子得到应有惩处，但扫黑除恶没有休止符，需要继续开展扫黑除恶工作，推动形成常态化工作机制，保持对黑恶犯罪高压态势，露头就打，绝不能让其坐大成势。

二是要推动扫黑除恶深入化。开展扫黑除恶专项斗争不能就黑打黑，就恶扫恶，要从两个维度上深挖细查：其一，黑恶势力都有一个逐步形成发展的过程，要注意纵向上深挖历史积案，坚持除恶务尽。其二，黑恶势力背后大都有扶持其成长壮大的“保护伞”“关系网”，要注意横向上细查关联腐败犯罪，坚持打伞破网，将扫黑除恶进行到底。

三是要推动扫黑除恶综治化。扫黑除恶也是一场社会治理的攻坚战。黑恶势力并非是在真空中突然产生的，都有其潜滋暗长的土壤和气候。扫黑除恶在打扫表面灰尘、细菌的同时，也要延伸职能作用，深入探究黑恶势力产生并不断壮大的原因，该移送相关犯罪线索的，要及时移送，该就提出检察建议的，要及时提出，做到打早打小，让黑恶势力在萌芽状态即被及时发现并铲除殆尽。

（**点评人：**姜远亮，最高人民法院刑事审判第五庭审判长、三级高级法官）

【律师点评】

2019 年 5 月 12 日，怀化市公安局接到中央扫黑除恶第 16 督导组移交邓某某案线索后，要求新晃县公安局成立“邓某某失踪案”专案组，2019 年 5 月 31 日，新晃县公安局对邓某某被杀案立案侦查。2019 年 6 月 18 日，新晃县公安局根据前期调查和犯罪嫌疑人罗某甲、杜某甲现场指认的方位、地点，确定从新晃县一中足球场进行深度挖掘。经过 2 天的挖掘，至 2019 年 19 日 18 时许发现尸骨，经鉴定，认定送检未知名尸骨颅骨上的牙齿所属男性个体是被害人邓某某。2019 年 6 月 30 日，根据湖南省检察院的指示，怀化市人民检察院和新晃县人民检察院在第一时间依法派员提前介入案件的侦查工作，了解案情，引导侦查。

本案的侦破是扫黑除恶专项斗争中的一个重要成果，展示了国家对于打击黑恶势力、深挖保护伞和关系网的决心和力度，提升了公众对司法公正和法律效力的信心。同时，也向社会传递了一个明确的信号：当正义的齿轮转动起来时，没有任何力量能够阻止并让它停下来，而正义齿轮的每一次轰然转动都会产生强大的震慑和推广力，带动社会治理的整体完善。

一、提前介入侦查工作，提升办案质效

根据2019年《人民检察院刑事诉讼规则》第256条之规定，在重大、疑难、复杂案件中，检察机关可以提前介入公安机关侦查工作，就案件的事实认定、法律适用、证据收集与完善等问题与公安机关充分沟通，提出意见或建议。以切实强化检察监督、精准引导侦查、规范取证工作、完善案件证据体系，不断加强提前介入工作成效，推动案件办理质量持续提升。

本案办理时距离案发已时隔16年，很多关键人证、物证均已灭失，证据收集和事实认定难度大。而检察机关及时全面地提前介入侦查工作，一方面能够为公安机关提供取证引导和法律支持，确保证据收集的全面性和客观性，为案件顺利提起公诉打下了坚实的基础。另一方面，提前介入侦查机制也是落实检察机关对侦查活动合法性进行监督的举措，针对在案件审核中发现的瑕疵证据提出完善补正的意见，确保证据收集的规范性和合法性，避免“带病”证据进入刑事诉讼程序。此外，重大疑难复杂案件中，提前介入也有利于检察机关全面深入了解案情，帮助在后续有限的审查起诉期限内准确完成指控。

在检察机关的引导下，本案的证据总体呈现为“先供后证”，即先由犯罪嫌疑人罗某甲和杜某甲供述作案细节，并指认埋尸现场，公安机关根据该二人的指认挖掘出了被害人的尸骸以及部分如塑料袋、胶带、三唑仑等隐蔽性证据，并与二人的供述相印证，均系非亲身经历不可能知晓的细节。为了保证犯罪嫌疑人供述的真实性和客观性，侦查人员均是在没有泄露物证内容的情况下进行讯问，直至侦查终结时，才将物证照片交给犯罪嫌疑人辨认，充分发挥了检察院自身优势，有效提升案件办理效率，确保案件整体质量。

二、强化证据审查，构建完整严密的证据体系

最高人民检察院提出，刑事检察重在推进构建以证据为中心的刑事指控体系。运用证据证明案件事实是刑事诉讼活动的关键环节，但由于本案是陈年积案，作案动机、犯罪预谋、犯罪准备、作案过程等方面的认定主要依赖于言词证据，而言词证据本身主观性强、稳定性差，加之本案中二被告人杜某甲和罗某甲的多份笔录中又存在前后互相矛盾的情况，事实认定难度较大。

本案侦查阶段，公安机关对3名犯罪嫌疑人进行了深度审讯，其中讯问杜某甲34次、罗某甲24次，并先后赴重庆、贵州、广东、福建等五省进行调查取证，共询问证人95人，形成证人证言126份，并调取书证22份。如何在纷繁复杂的证据中寻找脉络、准确梳理案件事实、厘清杜某甲和罗某甲的地位和作用是本案的难点和重点。

在审查起诉阶段，检察机关充分展现了专业且高效的证据审查能力，紧紧围绕与定罪量刑有关的关键事实，以证据的合法性、真实性、客观性为基础，以“定案根据”确认为依归，同时审查判断证据的证明力，并运用证据规则、经验逻辑进行判断，发现、检验和消除疑点及矛盾，最终以杜某甲、罗某甲的供述为主线，重点结合隐蔽性证据，再综合其他如鉴定意见、证人证言、书证、现场指认和辨认等证据，构建了完整严密的证据体系。

三、法理情并重，释法说理优

起诉书是集中体现检察官思维的方式之一，其说服力的实现是以合法有效，确实、充分的证据为依据，论述完整扎实的证据链，反映个案特点，在充分论证个案事实的前提下，再在起诉理由部分进行法律评价，以此来阐明该案被告人是否有罪以及罪轻罪重。

本案中，在起诉书的案件事实部分，检察机关坚持客观公正立场和证据采信规则，以在案证据为基石，通过精准、简洁的文字表述将主观犯意、作案动机、作案方式、作案过程、犯罪后果等主要犯罪事实清晰表述，做到了条理清晰、繁简得当、重点突出，为后续指控工作奠定坚实基础。本案被公众及国内多家媒体广泛高度关注，起诉书全文以事实为根据、法律为准绳依法指控犯罪，解答公众疑问，将法律规定、社会关切和案件本身有机融合，加强正面引导，既依法打击了犯罪，又让旁听群众重拾法治信心，实现办案效果的最大化。

（**点评人：**赵运恒，北京星来律师事务所创始合伙人）

18. 赵某某等人强迫交易案："天价搬家费"事件中的理与法

【案情简述】

搬家费暗含套路，搬运人员坐地起价。2020 年 7 月 25 日，歌手吴某某发布微博称，其联系了"北京 ** 搬家有限公司"搬家，按照双方的约定，一台车 400 元，再附加一个 200 元的距离费，包括拆装费在内的整个搬家费用在 1200 元左右，但在结账时，搬家公司却开出了 18000 元的账单（每个搬家师傅的费用 300 元，工作了 7 个小时，每个工人 2100 元，总计 13000 元，加上距离费一共 18000 元）。对于这个费用，吴某某表示无法接受，但搬运人员赖在其家中，同时进行言语威胁，称不给钱就不走。最终，双方商讨后，吴某某还是支付了 4000 元费用。事发后，北京市市场监管局朝阳分局执法人员关注到了此情况，并且展开了调查。根据调查得知，这家公司根本就没有在注册地址实际经营，而是在一个村庄里租用一间简陋的民房来承揽搬家业务。也就是说，吴某某找的这家"北京 ** 搬家有限公司"是冒名"北京 ** 搬家有限公司"进行搬家服务。

警方迅速行动，一举打掉犯罪团伙。北京警方通过对该搬家公司以往服务对象的大量回访取证，逐步摸清了该公司强迫交易的作案方式。该搬家公司在各大网站平台发布低价信息吸引顾客，在事主咨询价格时告知事主没有任何附加费，只有较低的基础费用。在将物品从出发地往货车上搬运的过程中，搬运人员以催促事主抓紧搬家等各种理由，让事主在未看清合同内容的情况下，签订隐含额外费用条款的合同。但在到达目的地后，将物品从货车往下搬时，搬运工人却要求事主按照合同内容支付远高于基础搬家费的人工费（每人每小时 300 元），并采用语言威胁、扬言要拉走货物等"软暴力"方式索要钱款。遇到这种情况，很多事主因害怕对方后期报复或是影响日常工作生活安排，而选择隐忍，按对方要求支付相应的款项。2020 年 8 月 11 日，北京市朝阳警方对该团伙实施抓捕，分别在北京市东城区、丰台区、房山区等地，将以赵某某为首的团伙成员控制。

2020 年 11 月 17 日，北京市公安局朝阳分局侦查终结，以被告人赵某某、徐某某、任某某、豆某甲、豆某乙、文某某涉嫌强迫交易罪移送审查起诉。2021 年 2 月 26 日，北京市朝阳区人民检察院以被告单位北京 ** 搬家有限公司、被告人赵某某、徐某某、任某某、豆某甲、豆某乙、文某某犯强迫交易罪向北京市朝阳区人民法院提起公诉。2021 年 8 月 12 日，北京市朝阳区人民法院判处被告单位北京 ** 搬家有限公司犯强迫交易罪，判处罚金人民币 50 万元，被告人赵某某、徐某某、任某某、豆某甲、豆某乙、文某某犯强迫交易罪，判处有期徒刑 1 年 6 个月至 4 年，并处罚金。该案是从小案着手，维护人民群众权益的完美诠释，被评为 2022 年度北京市检察机关“守初心、护民心”精品案例，该案庭审被评为北京市检察机关十佳庭审。

【文书原文】

北京市朝阳区人民检察院

公诉意见书

审判长、审判员：

根据《中华人民共和国刑事诉讼法》第一百八十九条、第一百九十八条和第二百零九条的规定，我们受北京市朝阳区人民检察院的指派，代表本院，以国家公诉人的身份，出席法庭支持公诉，并依法对刑事诉讼实行法律监督。现对本案证据和案件情况发表如下意见，请法庭注意。

一、证据方面：现有证据已形成确实、充分并且排除合理怀疑的证据体系，能够形成完整的证据链条

通过法庭调查，公诉人当庭讯问了被告人赵某某、徐某某、任某某、豆某甲、豆某乙、文某某，宣读了赵某某、徐某某、任某某、豆某甲、豆某乙、文某某等人的口供，李某某等人证言，出示了工商登记材料、员工协议、行政处罚决定书等书证材料，并进行了质证。本案证据系公安机关合法取得，相关证据具有合法性、客观性和关联性，且能够相互印证，形成了确实、充分且排除合理怀疑的证据体系，能够形成完整的证据链条，足以证实被告单位北京 ** 搬家有限公司，被告人赵某某、徐某某、任某某、豆某甲、豆某乙、文某某强迫交易的事实，证实被告单位北京 ** 搬家有限公司于 2019 年 7 月至 2020 年 7 月，为攫取非法利益，其法定代表人、实际控制人赵某某通过电话与客户约定搬运费用并达成口头协议，后指使被告人徐某某、任某某、豆某甲、豆某乙、文某某等人在搬运过程中，多次单方提高搬运费用，并以停止搬运、言语威胁等方式强迫客户接受服务并支付钱款，严重扰乱市场经济秩序。

二、定性方面：被告单位北京 ** 搬家有限公司，被告人赵某某、徐某某、任某某、豆某甲、豆某乙、文某某已构成强迫交易罪

强迫交易罪，从客观行为上来看，本罪以暴力、威胁为手段，包括但不限于轻微暴力或轻微暴力威胁、非暴力威胁、软暴力威胁等手段，本罪的强迫主要包括以下几种情况：一是他人不愿意从事某种活动时，强迫他人从事某种活动；二是他人不愿意以某种方式从事某种活动时，强迫他人以某种方式从事某种活动；三是他人不愿意以某种价格从事活动时，强迫他人以某种价格从事活动。

本案中，赵某某等人通过百度、58 同城等平台获取客户，赵某某通过电话与客户沟通价格，双方达成初步合意后，安排搬家小组上门提供搬家服务。搬家小组到达现场后，由车组长与客户沟通并签署 ** 搬家公司的制式合同，其中并未明确告知客户每人每小时 300 元的收费标准。在搬家过程中或搬家结束后，车组长按照合同约定向客户收取费用，远远高于客户与赵某某在电话中约定的搬家费用，客户在不愿意支付的情况下，强迫被害人接受赵某某、车组长提出的所谓合同约定的价格。被告单位北京 ** 搬家公司、被告人赵某某等人的行为系强迫他人以某种价格从事交易活动情况，构成强迫交易罪。理由如下：

（一）被告单位、被告人赵某某等人实施了强迫交易的威胁行为

"两高两部"《关于办理实施"软暴力"的刑事案件若干问题的意见》（以下简称《意见》）规定，软暴力是指行为人为谋取不法利益或形成非法影响，对他人或者有关场所进行滋扰、纠缠、哄闹、聚众造势等，足以使他人产生恐惧、恐慌进而形成心理强制，或者足以影响、限制人身自由、危及人身财产安全，影响正常生活、工作、生产、经营的违法犯罪手段。《意见》中规定，采用软暴力手段，使他人产生心理恐惧或者形成心理强制，属于《刑法》第二百二十六条规定的"威胁"。

搬家小组在搬家过程中或搬家结束后，车组长按照合同约定向客户收取费用，远远高于客户与赵某某在电话中约定的搬家费用，搬家小组（一般为3人）通过停止搬运、堵在家门口不走的形式索要钱款，被害人林某某家属患有高血压，当时情绪极其激动；被害人姚某某、苏某某、董某某等人老人小孩均在家中，扰乱了被害人的正常生活，足以使他人产生恐慌心理进而形成心理强制，系软暴力手段，符合强迫交易中的"威胁"。

（二）被告单位、被告人赵某某等人有强迫交易的主观故意

强迫交易的主观要件是故意，包括直接故意和间接故意。本案中，赵某某等人具有强迫交易的主观故意，理由如下：

第一，从公司业务流水和业务量来看。根据赵某某、徐某某、任某某等被告人供述，以赵某某为实际控制人的北京**搬家公司共7个搬家小组，每组的日业务量为2—3单，且被告人经常因人工费用问题与客户发生纠纷，应推定被告人对强迫交易的业务模式应为直接或间接明知。第二，从公司员工协议和行为来看。根据北京**搬家公司的《员工协议》、被害人陈述、微信聊天记录等证实，赵某某强行规定不允许现场搬家小组在搬家之前与客户商讨价格，仅签订协议即可，否则跑空车会被罚款100元，被告人徐某某等搬家人员到达现场后严格遵守该条款，并未明确告知客户300元每人每小时的搬家费用，并在搬家过程中或结束后，以停止搬运、堵在家门口不走等方式强迫客户接受服务并支付钱款。第三，从工资的发放模式来开。北京**搬家公司按照提成比例发放，即搬运工10%、车组长20%，剩余归公司所有。员工提成比例基数按照每笔搬运业务实际成交价格为基础，搬家小组索要钱款越多则提成越多，车组长为获取更高的报酬则实施积极索要高额搬家费用或默示在场提供心理帮助等行为，积极或放任强迫交易行为的发生。

三、量刑情节及被告人赵某某、徐某某、任某某、豆某甲、豆某乙、文某某量刑建议

（一）应认定"情节特别严重"

最高人民检察院、公安部《关于公安机关管辖的刑事案件立案追诉标准的规定（一）的补充规定》第5条规定，"情节特别严重"应当综合考虑强迫交易的交易金额、经济损失、交易次数、对象数量、持续时间、社会影响等多面予以综合考量。本案中，被告人赵某某、徐某某等人实施强迫交易的行为应认定为情节特别严重，理由如下：

第一，从强迫交易的时间跨度和对象数量来看。现经查证属实，被告人赵某某在2019年7月至2020年7月，长达一年的时间内，依托搬家业务实施强迫交易犯罪事实40余起，严重扰乱了市场经济秩序。第二，从实施强迫交易的区域范围和社会影响来看。被告人赵某某实施强迫交易犯罪的范围包括朝阳区、丰台区、海淀区、东城区、西城区等，涉案领域为人民群众经常会遇到的搬家服务，被告人实施的强迫交易的犯罪行为大大降低了首都人民群众的生活安全感，社会影响恶劣。

（二）被告人赵某某、徐某某、任某某、豆某甲、豆某乙、文某某的具体作用及量刑建议

本案中，北京**搬家有限公司系依法成立的，其从事的业务既有合法业务也有非法业务，应认定为强迫交易的单位犯罪。被告人赵某某、徐某某等人应认定为共同犯罪。赵某某系主犯，对全部强迫交易的犯罪金额承担责任，车组长系从犯，对明确参与的事实承担责任。

1. 被告人赵某某系北京**搬家公司实际控制人，被告人徐某某、豆某乙等人按照赵某某的指示实施强迫交易的行为。被告人赵某某作为公司直接负责的主管人员，在共同犯罪中起到了组织、领导作用，其行为触犯了《刑法》第二百六十六条之规定，构成强迫交易罪。鉴于赵某某认罪认罚，认罪、悔罪态度较好，请合议庭酌情予以从轻处罚。赵某某涉案犯罪事实43起金额134410元，建议判处有期徒刑四年，并处罚金。

2. 被告人徐某某、任某某、豆某甲、豆某乙、文某某系车组长，管

理整个搬运组，负责开车、与客户沟通、向客户出示书面合同、向客户索要钱款、收取钱款等事项。几名车组长听取赵某某的指示，在搬家现场，现场指挥搬运工人的行动，掌控决定着搬家的进度、流程，钱款收取的时间、多少，负责具体实施强迫交易的行为，且车组长收取搬家费用的车组长20%作为提成。根据罪责刑相一致的原则，徐某某、任某某等五名车组长属于单位犯罪中的直接责任人员，应承担刑事责任。徐某某、任某某、豆某甲、豆某乙、文某某的行为触犯了《刑法》第二百六十六条之规定，构成强迫交易罪。鉴于徐某某、任某某、豆某甲、豆某乙、文某某系从犯，认罪认罚，认罪、悔罪态度较好，请合议庭酌情予以减轻处罚。

徐某某涉案犯罪事实9起金额41380元，建议判处有期徒刑一年七个月，并处罚金。

任某某涉案犯罪事实7起金额16600元，建议判处有期徒刑一年二个月，并处罚金。

豆某甲涉案犯罪事实7起金额19700元，建议判处有期徒刑一年三个月，并处罚金。

文某某涉案犯罪事实8起金额25230元，建议判处有期徒刑一年四个月，并处罚金。

豆某乙涉案犯罪事实7起金额24590元，建议判处有期徒刑一年四个月，并处罚金。

四、法庭教育

连着民心的事，都是天大的事。习近平总书记在党的十九大报告中明确指出，新时代我国必须坚持以人民为中心的发展理念，把人民对美好生活的向往作为奋斗目标，多谋民生之利、多解民生之忧，保证人民在共建共享发展中有更多的获得感。在司法实践中，各级人民法院、人民检察院、公安机关和司法行政机关应重点打击发生在群众身边，关乎老百姓衣食住行的案件，切实保障民生，彰显司法温度和力量，提升人民群众安全感幸福感。本案被告人赵某某、徐某某、任某某、豆某甲、豆某乙、文某某在搬家过程中，向客户索要远高于事先约定的价格，在客户家中言语威胁、滋扰纠缠，利用在私密空间人多势众产生的优势地位，强迫客户达成交易，严重扰乱了市场公平竞争秩序，损害了人民群众生活的安全感和幸福感。

在今天的庭审中，被告人赵某某、徐某某、任某某、豆某甲、豆某乙、文某某能够自愿认罪认罚，希望被告人通过今天的庭审，能够切实认识到自身行为的社会危害性，真诚反省，换位思考，认真悔罪，真正承担其自身该负的责任。被告人赵某某、徐某某、任某某、豆某甲、豆某乙、文某某，财富应当需要靠自己踏踏实实用双手创造，而不是靠威逼利诱强迫他人，请你们牢记企图通过所谓的"捷径""高招"赚取不义之财，风险极大，一分耕耘一分收获，天道只会酬勤，这是亘古不变的真理。

希望你能通过今天的庭审，发自内心的反省自己之前的行为，吸取教训，接受审判和改造，争取早日回归社会，做一个对家庭、对社会、对国家都有用的人。

公诉人：张某某、王某某

发表于2021年4月27日

【学者点评】

本案系对引发广泛关注和舆论热议的"天价搬家"案的司法处理。被告人通过网络平台获取客户，并通过电话与客户沟通价格，双方达成初步合意后，安排人员上门提供服务。搬家小组到达现场后，虽与客户沟通并签署了制式合同，但其中并未明确告知每人每小时300元的收费标准。在搬家过程中或搬家结束后，按照合同约定向客户收取费用，远远高于与客户在电话中约定的搬家费用，并在客户不愿意支付的情况下，强迫其接受所谓合同约定的价格。被告人通过该手段，多次实施违法犯罪行为，对市场经济秩序造成了极大的破坏。办理本案的检察机关所撰写的该篇公诉意见书，事实表述清晰，争点选取精准，释法说理充分，逻辑结构分明，贯彻了"守初心、护民心"的司法理念，维护了广大人民群众的切身利益，稳定了市场经济秩序，是一篇优秀的法律文书。

第一，准确把握行为的"威胁"性。要构成《刑法》第226条所规定的强迫交易罪，需要被告人实施的行为属于"暴力、威胁手段"。本案中，被告人虽并未实施明显暴力，但检察机关结合《关于办理实施“软暴力”的刑事案件若干问题的意见》的规定，认为采用软暴力手段，使他人产生心理恐惧或者形成心理强制的，也属于《刑法》第226条规定的“威胁”。因此，被告人实施的停止搬运、滞留客户家中等行为足以形成心理强制，可以被认定为“威胁”。检察机关在办案过程中，没有机械地适用法条，而是通过体系解释的方法，结合现有的规定，从行为的实质危害性入手，准确界定行为的性质；深刻把握了“软暴力”这一概念和“威胁”手段之间的内在关联，并以“足以形成心理强制”作为实质标准，来审查行为是否构成“威胁”，为准确理解和适用《刑法》第226条规定的“威胁”手段，提供了重要参考。

第二，详细论证非直接实施威胁行为者的“主观故意”。责任主义是现代刑法的一块基石，要求司法人员在定罪判刑时，不能只看结果大小，而忽视行为人对于结果的发生是否具有主观罪责。本案涉及的人员众多，且组织分工的特征明显。具体而言，实际管控公司、与客户进行事前的电话沟通的人员、现场负责与客户签署制式合同的人员以及实施停止搬运、滞留客户家中等威胁行为的人员并非是同一人。此时，如何在坚守责任主义的基本要求的情况下，证明这些非直接实施威胁行为者的“主观故意”，便是对检察人员的一大考验。在该公诉意见书中，检察人员从公司业务流水和业务量、公司员工协议和行为、工资的发放模式这三方面，详细论证了未到现场的公司的实际控制人对强迫交易的业务模式应为直接或间接明知；在现场但未实际实施威胁行为的车组长，则是为获取更高的报酬，通过实施积极索要高额搬家费用或默示在场提供心理帮助等行为，表明了自己积极追求或放任强迫交易行为的发生。因此，此两者均具有强迫交易的主观故意。

第三，精准计算犯罪数额。我国《刑法》条文规定的一个特点，便是既定性又定量。因此，犯罪数额的计算便会关涉行为是否构成犯罪以及其所属的量刑区间。具体到本案中，一个争议问题是在计算犯罪数额时，是否应该扣除犯罪成本。对此，现有法律规定未提供明确统一的回答。一个较为妥当的做法是，根据不同犯罪的性质、所侵害的法益种类、所支出成本与犯罪结果之间的关系等因素，来具体判断是否应该对犯罪成本加以扣除。在本案中，检察人员则立足法益保护，在取证完全的基础上，基于强迫交易罪保护的是市场自由竞争秩序，主张本案强迫交易系"强迫他人提供或者接受服务"，因此犯罪金额应为服务的实际成交价格，而不应扣除成本。该处理思路具有合理性和可操作性。

第四，综合考量"情节特别严重"的认定。对于本案涉案行为是否构成"情节特别严重"的判断，既关乎对行为不法程度是否做到了充分且全面的评价，也关乎对于其所判处的刑罚的轻重。检察人员从两方面入手，综合考量了行为的严重程度：其一，考量强迫交易的时间跨度和对象数量。本案被告人在2019年7月至2020年7月，依托搬家业务实施强迫交易犯罪事实40余起。对作案地区的市场经济秩序造成了长期且巨大的损害。其二，考量强迫交易的区域范围和社会影响。本案中被告人的作案区域横跨5个市辖区，范围广、影响大。且涉案领域为人民群众经常会遇到的搬家服务，其行为大大降低了人民群众的生活安全感，社会影响恶劣。这些考量因素的选取，准确反映了强迫交易行为对于市场经济秩序的破坏程度，充分表征了行为的可罚性大小。

总结而言，本案的主办检察人员面对舆情风险和庭审直播双重压力，能够坚持"司法为民"的观念，熟练运用相关刑法理论，在公诉意见书中及时审慎地回应了社会关切，客观深入地分析梳理了案情，针对"强迫交易"罪名，围绕行为"威胁性"、被告人存在"主观故意"、认定"情节特别严重"等方面，层层推理论证，有力地指控了犯罪。本案公诉意见书的写作，既合乎公文写作所需要具备的重点突出、观点鲜明、结构严谨等特点，也较好地兼顾了理论性、思想性、教育性，文书的术语准确、行文规范且流畅，具有较高的学习参考价值。

（**点评人**：江溯，北京大学法学院研究员、博士生导师）

【检察官点评】

一、案件本身的重要社会影响

赵某某等人强迫交易案发生在北京，2019年7月至2020年7月，赵某某等人通过搬家服务业务实施强迫交易犯罪事实40余起，涉及人民群众社会生活中的身边事、常见事，不仅严重扰乱了当地市场经济秩序，而且严重减损了人民群众的安全感和幸福感，社会影响极其恶劣。群众身边无小案，该案发生后，各大媒体多次报道，引发社会广泛关注和热议，亟待司法机关依法惩治，回应人民群众呼声。

二、对法治进程、检察工作的重要意义

强迫交易罪是指自然人或者单位，以暴力、威胁手段强买强卖商品、强迫他人提供或接受服务等情节严重的行为。虽然主流观点认为成立本罪不要求暴力、威胁手段达到足以压制他人反抗的程度，但随着社会的不断发展，以往司法实践中经常遇到的暴力、威胁手段在现在的经济活动中已不常见。且本案中涉及的以停止搬运、堵在家门口不走等非暴力方式强迫客户接受服务并支付钱款的行为亦无先例可循。本案中检察机关依据2019年《关于办理实施“软暴力”的刑事案件若干问题的意见》（以下简称《指导意见》），将上述行为界定为“软暴力”手段，并最终认定该行为属于本罪中的“威胁”，为强迫交易罪等扰乱市场秩序犯罪的准确适用提供了适应时代发展的良好范本。

三、检察机关履职情况

2021年4月27日，检察机关派员依法出庭支持公诉，发表的公诉意见说理充分、量刑建议适当、法庭教育深刻。在此过程中，检察机关主要做了以下工作：

1. 准确认定“软暴力”客观行为性质。本案争议的焦点是客户不愿意支付远高于口头约定价格的搬家费时，赵某某等人实施的以停止搬运、堵在家门口不走的形式索要钱款的行为是否能够评价为强迫交易罪中的“威胁”手段。检察机关依据《指导意见》中关于“软暴力”的规定，围绕赵某某等人实施停止搬运、堵在家门口不走的形式索要钱款行为，以及被害人当时的精神处境和生活状态受到干扰的事实，渐进式指控赵某某等人实施的上述行为构成强迫交易罪中的“威胁”，定性准确。

2. 认定被告人犯罪系主观故意理由充分。本案涉及单位犯罪、共同犯罪，检察机关从三个方面充分论证赵某某等人具有强迫交易的主观故意。一是通过公司对外业务流水、业务凭证、因搬家费用与客户经常产生纠纷等事实和证据，推定相关被告人对强迫交易的业务模式应为直接或间接明知具有客观依据。二是通过公司内部员工协议、业务行为要求、被害人陈述和微信聊天记录等事实和证据，证实事先被告人与被害人口头约定搬家事宜，搬家前搬家小组在不与客户商讨价格仅签订协议，且不告知费用细节，搬家过程中或搬家结束后采取停止搬运、堵在家门口不走等方式强迫客户接受服务并支付钱款，整个搬家业务的交易和服务过程严重背离市场交易公平诚信原则和交易习惯，进一步证实相关被告人对强迫交易模式的主观明知。三是通过员工违反公司交易行为的罚款和工资发放模式，证实公司员工提成与索要搬家费用的金额成正比，用工资发放机制对员工实施上述强迫交易提供心理强化和帮助，进一步支持公司积极支持或暗示员工实施强迫交易行为的事实。

3. 适用认罪认罚从宽制度且量刑建议适当。本案中，北京 ** 搬家有限公司依法设立，经营期间从事的业务包括合法业务和非法业务，检察机关认定单位犯罪适用法律正确。同时认定赵某某作为公司直接负责的主管人员，在共同犯罪中起到了组织、领导作用，系主犯，对全部强迫交易的犯罪金额承担责任；车组长按照赵某某指示，现场指挥搬运工人的行动，掌控决定搬家进度、流程，钱款收取的时间、多少，负责强迫交易行为的具体实施，在共同犯罪中起次要或者辅助作用，系从犯，对明确参与的事实承担责任，符合罪责刑相一致原则。在适用认罪认罚从宽制度的基础上，对上述被告人提出 1 年 2 个月至 4 年不等的有期徒刑，并处罚金的精准刑量刑建议，量刑适当。

4. 法庭教育深刻。最高人民检察院《关于加强出庭公诉工作的意见》明确要求，公诉人要结合案件事实和庭审情况开展法治宣传教育。本案中，公诉人以保障民生为出发点，运用群众语言，剖析犯罪原因，深刻阐述赵某某等人在搬家过程中实施强迫交易犯罪行为，严重扰乱市场秩序，损害人民群众安全感和幸福感的严重后果，促使被告人认罪悔罪，激发了法庭和旁听人员共鸣，提升了庭审综合效果，彰显了司法温度和力量。

四、法律条文解析释义

强迫交易罪，是指自然人或单位，以暴力、威胁手段强买强卖商品，强迫他人提供或接受服务，强迫他人参与或者退出投标、拍卖、强迫他人转让或者收购公司、企业的股份、债权或者其他资产，强迫他人参与或者退出特定的经营活动，情节严重的行为。

成立本罪必须采取暴力、胁迫手段，采取此外手段的行为不成立本罪，同时由于本罪的法定刑较低，暴力、胁迫手段不需要达到足以压制他人反抗的程度。

《指导意见》规定，“软暴力”是指行为人为谋取不法利益或形成非法影响，对他人或者有关场所进行滋扰、纠缠、哄闹、聚众造势等，足以使他人产生恐惧、恐慌进而形成心理强制，或者足以影响、限制人身自由、危及人身财产安全，影响正常生活、工作、生产、经营的违法犯罪手段。《指导意见》同时规定，采用“软暴力”手段，使他人产生心理恐惧或者形成心理强制，属于《刑法》第226条规定的“威胁”，同时符合其他犯罪构成要件的，应当以强迫交易罪定罪处罚。

五、文书撰写精要

本案公诉意见书结合证据开展论证非常充分，通过直接证据、间接证据层层递进式论证被告人客观行为与主观故意，准确定性被告人犯罪行为，同时按照相关被告人在共同犯罪中的作用，准确区分主从犯，在适用认罪认罚从宽制度的基础上提出了适当的量刑建议，并在最后通过富有感染力和说服力的语言进行了深刻的法治宣传教育，进一步增强了社会公众的认同感，切实做到了有理、有力、有节，展现了公诉人客观公正和可信可敬的良好司法形象。

（**点评人：**杨帆，天津市人民检察院第一分院副检察长）

【法官点评】

“北京 ** 搬家公司强迫交易案”引发公众及媒体的广泛关注，不仅在于此类行为的严重危害性，还在于此类行为与公众生活息息相关，每个人都可能成为潜在的受害者，从而使公众的感触更深、反感更强烈，此类行为不仅严重破坏市场秩序，而且还侵犯了公众的人身权益及财产权益。

鉴于当前刑事立法及司法解释并未对"情节特别严重"的具体内容予以明确规定，且强迫交易罪与敲诈勒索罪在客观层面存在诸多重合之处，导致本案审理过程中，罪名及"情节特别严重"认定成为焦点问题。

检察机关的公诉意见书秉持罪责刑相适应原则，在准确厘定罪名认定及关联犯罪界分的基础上，对"情节特别严重"结合行为手段、次数、持续时间、危害后果等综合加以认定，对被告人严加惩治的同时，有效保障了被害人的财产权益以及维护了市场交易秩序，实现了政治效果、法律效果和社会效果的统一。

一、精准认定罪名，明确界分强迫交易罪及相关罪名

本案被告人通过威胁手段等强迫被害人接受高昂搬家费用的行为，构成何种罪名，成为焦点问题之一，公诉意见书综合考虑主客观因素，认为本案构成强迫交易罪，论证严密、论理严谨、论断精准。理由如下：

1. 从客观层面的角度来看。强迫交易罪客观方面表现为以暴力、威胁手段，实施强买强卖商品，强迫他人提供或者接受服务，强迫他人参与或者退出投标、拍卖，强迫他人转让或者收购公司、企业的股份、债券或者其他资产，强迫他人参与或者退出特定的经营活动5种行为。所谓"暴力"，是指交易双方中的一方对另一方的身体实行强制或打击，如拳打脚踢，强拉硬拽等；所谓"威胁"，是指行为人对被害人以杀伤身体、毁坏财物或其他方式进行精神强制，使被害人出于恐惧而被迫进行交易的行为，即强迫交易罪以对被害人肉体或精神上的强制为条件，亦包括在特定环境中，通过吓唬、言语恐吓等手段，对被害人施加心理强制。

具体到本案中，被告人通过签订合同的形式来强迫被害人接受服务费用。其具体行为手段包括中途停止搬运、言语威胁、堵门索要费用等形式，借此对被害人的人身及精神施加影响，具体行为过程中未实施揭露隐私等要挟行为或者暴力行为，故认定为强迫交易罪更为合适。

2. 从主观层面的角度来看。公诉意见书通过公司规定、客观行为、危害后果等层面，多角度、多层面论证被告人对强迫交易行为的积极追求。如本案被告人赵某某对公司员工明确规定，不允许现场搬家小组在搬家之前与客户商讨价格，且在签订协议过程中，刻意隐瞒工时费用等；并在搬家过程中再采用语言威胁、扬言要拉走货物等方式强迫事主按照合同内容支付多于基础搬家费的高额搬家费用。

综上所述，公诉意见书以强迫交易罪追诉被告人赵某某等人是准确的、恰当的。

二、综合认定“情节特别严重”，为科学量刑打下基础

在刑罚方面，《刑法修正案（八）》增加了“情节特别严重”的条款规定，但刑事立法及司法解释并未明确规定其具体内容，导致司法机关对此认定过程中存在较大争议。结合立法精神、司法实践，对之应该结合行为手段、持续时间、强迫交易数额及获利金额、危害后果、行为次数等综合加以判定。具体认定过程中，主要结合以下方面：一是强迫交易的行为手段、次数及持续时间；二是强迫交易的金额及获利金额，如强迫交易的价格远高于市场价格；三是危害后果，如导致被害人轻伤危害后果的发生等；四是社会影响。

本案中，被告人在1年时间内，通过威胁等手段，实施了40余次强迫交易的行为，不仅次数多，而且持续时间长；在获利金额方面，行为人通过强迫交易行为获取利益13万余元，且导致部分被害人心理受到较大影响，尤其是部分被害人老幼皆受到威胁，危害极大、影响恶劣，故综合考虑到被告人行为的恶劣性、危害后果的严重性、行为次数的频繁性及时间的持续性，将被告人的行为认定为“情节特别严重”是正确的。

三、检察机关宽严相济，彰显司法公正与效率

在现代法治社会中，检察机关扮演着至关重要的角色，其工作不仅关乎案件的公正审理，更关系到社会和谐稳定与司法公信力的提升。在此背景下，检察机关深入贯彻宽严相济的刑事政策，既注重严厉打击犯罪，又关注保护被告人的合法权益。

在案件审理过程中，检察机关始终秉持客观公正的态度，精准审核证据、补充收集证据，确保案件事实清楚，证据确实、充分。同时，针对被告人认罪认罚工作，检察机关更是投入了大量精力，通过耐心细致的工作，有效推动了案件全部被告人自愿认罪认罚。认罪认罚的背后，离不开检察机关的悉心引导与释法说理。检察机关在办案过程中，始终关注被告人的心理状态和合法权益，通过讲解法律法规、分析案情等方式，使被告人充分认识到自己的罪行及认罪认罚的重要性。这一举措不仅有助于案件的高效处理，更有助于减少司法资源的浪费，提高司法效率。

消费者在遇到强买强卖、加价提供服务等不当行为时，也应坚决抵制并主动维护自己的合法权益，消费者应妥善保留相关书证、电子证据等，并第一时间寻求法律的庇护。

（**点评人**：石魏，北京市东城区人民法院刑事审判庭法官）

【律师点评】

一、案件本身的重要社会影响

赵某某等人强迫交易案是一起具有重大社会影响的案件，该案揭示了强迫交易等不法行为所潜藏的切实危害。"天价搬家" 案一经曝光便引发了社会各界的广泛关注与舆论热议。该案庭审由央视网全程直播，全网 50 余家媒体、平台积极参与，1500 万名网友在线观看。此案的侦办与审理对于促进市场秩序的规范化运行、加强对消费者权益的切实保障，以及推动社会法治进程的稳步向前，均具有深远而重大的意义。

二、检察机关履职情况及价值

对赵某某等人强迫交易案的指控具有相当的复杂性和困难性，这主要体现在交易行为的隐蔽性、法律问题的复杂性、涉及人员的众多性以及社会舆论的关注等方面：

首先，案件涉及的交易行为具有隐蔽性。在搬家过程中，被告人通过单方提高搬运费用、停止搬运或言语威胁等方式强迫客户接受服务并支付不合理费用。这些行为往往发生在较为封闭和私密的场合，难以被外界察觉和取证。因此，检察机关在收集证据、认定犯罪事实方面面临着较大的困难。

其次，案件涉及的法律问题较为复杂。强迫交易罪是一种涉及市场经济秩序和消费者权益保护的犯罪，其构成要件和法律适用存在一定的争议和复杂性。检察机关需要准确理解和把握相关法律规定，结合案件实际情况进行深入分析和判断，以确保指控的准确性和有效性。

再次，案件涉及的人员众多，且各自的角色和职责不尽相同。在追诉过程中，检察机关需要全面梳理和分析各被告人的行为和责任，确保对每个被告人都能进行公正、准确的指控。这要求检察机关具备较高的案件处理能力和专业素养。

最后，社会舆论和公众关注也给案件的处理带来了一定的压力。此类案件涉及人民群众的切身利益和社会稳定，因此备受关注。检察机关需要在保证案件处理质量的同时，积极回应社会关切，维护公众对法治的信心和期待。

面对案件复杂、庭审直播和舆情风险的多重压力，检察机关充分发挥其专业能力，在全面审查案件事实与证据、严格论证案件法律适用的基础上，及时审慎地回应社会关切，在公诉意见书中客观深入地梳理案情，针对强迫交易罪名，围绕行为“威胁性”、被告人存在“主观故意”、认定“情节特别严重”等方面层层推理论证，有力指控犯罪。庭审最后检察官再次就本案的社会危害性和警示意义对被告人开展法庭教育，最终被告人全部当庭认罪悔罪，法院采纳了全部公诉意见。该案件的办理取得了政治效果、法律效果和社会效果的统一。

三、该份公诉意见书的亮点

公诉意见书在刑事案件中扮演着至关重要的角色，一份优秀的公诉意见书应该是对整个案件办理过程的回顾与提炼，是梳理全案事实、明确论证指控思路、把握争议焦点的又一次总结和提升，是提高刑事指控能力和构建刑事指控体系的重要载体。该案的公诉意见书具有诸多亮点：

（一）针对争议焦点，严密构罪论证，严把法律适用，准确行使指控犯罪公诉权

1. 准确把握行为“威胁”性。在部分事实中，赵某某等人并未实施

明显暴力，但其停止搬运、滞留客户家中的行为足以对他人形成心理强制，系"软暴力"手段，根据《关于办理实施"软暴力"的刑事案件若干问题的意见》规定，属于"威胁"行为。

2. 详细论证被告人主观故意。被告人徐某某等人虽仅从事搬运工作，但从公司业务流水和业务量、公司员工协议和工资发放模式来看，徐某某等人明知公司强迫交易的业务模式，并为获得更高报酬积极索要搬家费或在场提供心理帮助，具有主观故意。

3. 精准认定犯罪情节特别严重。在法条没有明确规定的情况下，综合考虑强迫交易的交易金额、经济损失、交易次数、对象数量、持续时间、社会影响等因素，结合本案事实，将被告人行为认定为"情节特别严重"。

（二）全面梳理和分析各被告人的行为和责任，充分确保对每个被告人公正、准确的指控

公诉意见书对于主犯赵某某的定罪量刑十分精准。赵某某作为北京 ** 搬家公司的法定代表人及实际控制人，在案件中起到了组织、策划和领导的作用。公诉意见书详细列出了赵某某通过电话与客户达成口头协议、指使他人提高搬运费用、以威胁手段强迫客户接受服务等犯罪事实，并根据其行为的严重性，提出了具体的量刑建议。

对于从犯，如车组长和其他搬运工，公诉意见书也进行了细致的区分。这些从犯在赵某某的指使下参与了强迫交易行为，但他们在案件中所起的作用和犯罪情节各有不同。公诉意见书根据每个人的具体行为、参与程度和对社会造成的危害，分别提出了不同的定罪量刑建议。

公诉意见书还充分考虑了各被告人的认罪态度和悔罪表现。对于在审查起诉阶段即认罪认罚的被告人，公诉意见书在量刑建议中给予了从轻或减轻处罚的考虑，体现了宽严相济的刑事政策。

（三）犯罪指控与法治教育深度融合，法律效果与社会效果高度统一

赵某某等人强迫交易案的公诉意见书，在法庭教育环节表现出显著的亮点。公诉人在详尽阐述案件事实与证据的同时，尤为注重对被告人进行法律教育和道德引导。公诉人通过深入剖析强迫交易罪的构成要件，明确阐述其社会危害性及法律后果，使被告人深刻认识到自身行为的违

法性与严重性。此种教育方式不仅促使被告人深刻反省，为其日后的改造与重返社会奠定坚实基础，更通过法庭这一庄重场合向社会传递了法治精神与社会责任感。此举不仅增强了公众对法治的信心与尊重，也提升了公众对法律的认识与理解，实现了犯罪指控与法治教育的深度融合，以及法律效果与社会效果的高度统一。

赵某某等人强迫交易案的公诉意见书，以谋民生之利、解民生之忧为宗旨，肩负检察机关的责任与当担，秉持刑事法律的公平与正义，聚焦民生，严惩犯罪，深刻彰显了司法的温度和力量，进一步提升了人民群众的安全感、幸福感，有力推动了我国法治事业的稳步发展。

（**点评人**：叶衍艳，北京衍星律师事务所主任）

19. 麻某某案件："南医大女学生被杀案"凶手28年后伏法

【案情简述】

1992年3月24日晚上6点半前后，原南京医学院学生林某某从宿舍去教室看书，先在268教室，后换去111教室继续看书，当晚，舍友再也没等到林某某回来。几天后，林某某的尸体在教学楼附近的窨井中被发现，其书包、书本等随身物品在另一窨井中被找到，学校保卫处立刻向警方报案，经检验林某某系被钝器击打头部并实施强奸后投入窨井中死亡，这就是曾引发社会轰动的"南医大女生被杀案"。

追凶不止，DNA锁定犯罪嫌疑人。案发后，南京市公安局抽调数百名警力组成专案组，连续数月开展大规模走访调查和摸排等工作，核查线索数千条，走访排查上万人，但囿于当时条件所限，案件没有取得突破。2020年2月，该案取得重大突破。南京市公安局法医中心与沛县公安局刑警大队DNA实验室通过数据比对发现，从林某某身上提取的犯罪嫌疑人DNA数据与沛县被盘查人员麻某侠的数据高度吻合，基本确定犯罪嫌疑人为麻某侠近亲人员。2020年2月23日凌晨，公安机关发现居住在南京市玄武区的麻某某DNA数据与犯罪嫌疑人数据完全一致，具有重大作案嫌疑。当日凌晨6时许，麻某某在家中被警方抓获。

夯实证据基础，准确认定犯罪事实。麻某某落网两个小时，南京市人民检察院即成立办案组提前介入引导侦查，向公安机关提出了二十余条继续侦查取证建议。审查案件中，办案组与法医一起前往南京市公安局法医中心，核实物证提取、登记保管情况，查看历次DNA鉴定的原始图谱，还走访了当年参与该案尸体检验工作的三位法医，核实了当年物证提取、保管的情况和法医鉴定的相关情况，确认DNA检材同一性和未受污染，确保案件关键证据的合法性和真实性。

依法核准，对28年前命案一追到底。距离事发已有28年，对这起陈年命案能否继续追诉？经过专题研究、检委会讨论，南京市检察院认为从案发至犯罪嫌疑人被抓获归案已过20年追诉期限，没有法定的追诉时效延长、中断情形，且具有追诉必要性，遂报请江苏省人民检察院层报最高人民检察院核准追诉。2020年5月8日，经审查认为麻某某涉嫌故意杀人罪、强奸罪，法定最高刑为死刑，虽然经过了20年，但其犯罪性质、情节、后果特别严重，依法必须追诉，最高人民检察院依法作出核准追诉决定。

2020年6月6日，南京市公安局侦查终结，以被告人麻某某涉嫌故意杀人罪、强奸罪，向南京市人民检察院移送起诉。南京市人民检察院经审查于2020年7月6日向南京市中级人民法院提起公诉。2020年9月16日，南京市中级法院依法不公开开庭审理此案。2020年10月14日，南京市中级人民法院一审公开宣判，采纳了检察机关指控的事实、罪名及量刑建议，依法判处麻某某死刑，剥夺政治权利终身。麻某某提出上诉，2021年1月14日，江苏省高级人民法院二审裁定维持原判，依法报请最高人民法院核准。2021年6月10日，麻某某被执行死刑。

【文书原文】

江苏省南京市人民检察院

公诉意见书

审判长、审判员、人民陪审员：

今天，江苏省南京市中级人民法院在这里依法不公开开庭审理被告人麻某某强奸、故意杀人一案。根据《中华人民共和国刑事诉讼法》第一百八十九条、第一百九十一条、第二百零九条的规定，我们代表江苏省南京市人民检察院，以国家公诉人身份，出庭支持公诉，并依法对刑事诉讼实行法律监督，现对本案案件情况发表如下意见，请合议庭参考。

一、本院起诉书指控被告人麻某某犯故意杀人罪、强奸罪的犯罪事实清楚，证据确实、充分，足以认定

法庭调查查明：被告人麻某某于1992年3月20日晚，窜至原南京医学院校园内手持铁棍，对正独自在南楼111教室上自习的被害人林某某殴打、胁迫至该教学楼天井南侧东面门厅，强行发生性关系。后因担心罪行暴露，麻某某将林某某拖至该天井北侧教学楼窗户下方，头朝下扔进一窨井并盖上井盖。经鉴定，林某某系被他人用钝器击打头部致颅脑损伤合并溺水引起机械性窒息而死亡。

为证明上述犯罪事实，公诉人出示了大量证据，一是被告人麻某某供述承认强奸杀人的具体情节，及案发后对作案现场的辨认；二是当年现场勘验、检查笔录；三是其他相关证据。从上述证据可以看出，第一，被告人的供述与现场勘验笔录、法医学鉴定书完全吻合。如被告人供述并指认的强奸被害人的地点与现场勘验笔录记载的发现被害人血迹、钥匙的地点一致；被告人供述及指认的抛弃林某某及其随身物品的两个窨井与现场勘验笔录记载的发现被害人尸体和随身物品的具体细节、位置均能印证；被告人供述用铁棍击打被害人的次数和部位与尸体检验情况完全吻合。第二，被害人体内遗留的精液经DNA鉴定与被告人麻某某的DNA基因型完全一致。第三，其他证据亦能证明案发时的相关情况，如证人季某某、张某某两名校卫队队员证实当年在校园厕所与被告人擦肩而过，二人描述的犯罪嫌疑人面部与行为特征与被告人主要特征相互吻合，描述的犯罪嫌疑人的逃跑路线与麻某某供述的逃跑路线完全一致。以上证据相互印证，已形成完整的证据锁链，充分证实了被告人实施了强奸、杀人的犯罪行为。公诉机关对被告人麻某某强奸、杀害被害人林某某的指控，事实清楚、证据充分，铁证如山！

对于庭审中被告人麻某某否认故意杀人，提出的将被害人投入窨井时不明知被害人还未死亡的辩解，公诉人认为：

第一，客观上被害人林某某被投入窨井时并未死亡。法医学鉴定意见证实，被害人被发现时头部倒置于有污水的窨井，消化道及呼吸道有污水淤泥，反映出被害人被铁棍击打后、被投入窨井前并没有死亡，因吸入污水淤泥，导致合并溺水引起机械性窒息而死亡。

第二，麻某某以往多次供述在将被害人林某某投入窨井时并不确定其已死亡。被害人抛入窨井前，麻某某经试探，发现被害人有微弱的鼻息和心跳，在将被害人搬动的过程中，发现被害人喉咙里有“呼噜呼噜”的声音，其当时并不能确定被害人是否死亡，之后看到公安机关的通报才确定被害人死亡。

第三，麻某某的客观行为与其供述的主观认知矛盾。按照其供述，因为林某某已经死亡所以需要藏尸，但是麻某某同时供述实施强奸后，并未立即离开，也没有立即将林某某投入窨井，而是在现场附近观察被害人林某某的情况，希望林某某能够离开，说明其主观上并不认为林某某已经死亡，是在观察、蹲守了很长时间后，发现林某某无法自行离开时，因为害怕罪行败露，才将林某某投入窨井。

综上，对于被告人麻某某提出在将被害人投入窨井时不明知被害人还未死亡的辩解不能成立。同时，这一辩解也并不影响对其故意杀人犯罪事实的认定。

二、被告人麻某某犯罪情节恶劣、后果极其严重，社会危害性极大

今天的庭审，通过法庭讯问、示证、质证，时光再次倒流到28年前。那时候本案的被害人林某某年仅22岁，是南京医学院大学四年级的学生，在家人、同学、老师的眼里，她刻苦努力、品学兼优，大学几年成绩一直名列前茅。正因为对医学理想的热爱追求，在那个寒雨霏霏的春夜，在周末的教室，她仍然在埋头苦读。如果没有被告人麻某某的出现，再过一年她就可以成为一名医生，假以时日她可能成为医学专家，悬壶济世，救死扶伤，为医学的发展做出更多的贡献！然而没有如果，麻某某为了满足自己的欲望，暴力相向强奸了林某某。为了掩盖罪行，用冰冷的井盖关闭了林某某生的希望！一个优秀的女大学生奋斗的青春还未来得及结出硕果就被麻某某残忍地毁灭了！

这是一个家庭的悲剧，本来完整的幸福家庭，瞬间破碎。林某某的亲人为此遭受了巨大的精神伤害与心灵创伤！父亲因为极度悲伤，忧郁成疾英年早逝；奶奶去世之前还惦念着挚爱的孙女；林某某的母亲承受着与亲人阴阳相隔的悲痛和对亲人的思念，28年来每年到南京祭扫，即便是年近八十，也坚持在每年三月到女儿最后被发现的地方，寄托哀思，除了清明节，家里再没有其他节日！

这是一起发生在校园里的恶性案件。校园是最安全、最阳光的地方，麻某某的行为给校园安全、社会安宁造成严重危害。案发后，全校师生乃至南京地区高校师生人人自危、担惊受怕；南京医学院被迫停课排查，教学秩序受到严重影响；他的恶劣行径更让善良与正义的普通群众义愤填膺、为之愤怒！该案不仅在28年前震惊全城，即便时隔28年，案件告破后，在本市乃至全国仍引发强烈影响，本案侦破后不到两天的时间内，微博话题累计阅读量10.3亿次，讨论数12万余条。麻某某的犯罪行为给社会造成重大的负面影响！

天网恢恢，疏而不漏！二十八年来，公安机关始终锲而不舍、努力追查！在DNA技术不断发展的过程中，他们坚持不懈地将当年提取的物证一次又一次地进行检验、比对。二十八年后案件破获，检察机关立即提前介入引导侦查，全面细致审查卷宗，最高人民检察院依法决定对麻某某核准追诉，更是彰显了检察机关维护公平正义的决心！正义可能会迟到，但绝对不会缺席！今天，终将迎来对被告人麻某某庄严的审判，这一刻也必将被历史所铭记。

"努力让人民群众在每一个司法案件中都感受到公平正义"，是司法机关努力的方向。正义在28年前就应当彰显，但公诉人相信，正义的尺度绝不会因为时间流逝有丝毫的降低。通过法庭审理，一定会对被告人麻某某作出公正的判决。但是，死者长已矣，生者当自励。希望今天的庭审后，林某某的老母亲和家人能真正走出悲伤，在未来的生活中，老人心无所牵，安享晚年，这也是对死者最好的告慰。

三、被告人应负的法律责任

被告人麻某某强奸妇女、故意杀人并致一人死亡，其行为触犯了1979年《中华人民共和国刑法》第一百三十二条、第一百三十九条的规定，应当以故意杀人罪、强奸罪追究其刑事责任。

结合本案事实、证据，被告人麻某某具有以下量刑情节：

1. 被告人麻某某一人犯数罪，应当适用《刑法》第六十四条的规定，数罪并罚。

2. 被告人麻某某强奸妇女，其后将被害人投入窨井故意杀人，造成了被害人死亡特别严重的后果。其行为属于犯罪手段残忍、犯罪情节恶劣，犯罪后果特别严重、应当从重处罚。

3. 被告人被抓获归案后，如实供述主要犯罪事实，今天庭审中对于主要犯罪过程也能客观供述，根据《刑法》第六十七条第三款规定，可以认定构成坦白。

4. 本案发生在1992年，经最高人民检察院核准追诉，对被告人麻某某以强奸罪、故意杀人罪予以追诉。该案造成广泛、持久、深刻的社会影响。即使经过28年，因该案给被害人、案发学校以及社会造成的重大影响也没有消失，希望合议庭量刑时一并考量。

综上，被告人麻某某犯故意杀人罪、强奸罪，罪行极其严重，应当判处死刑，请合议庭结合本案事实、证据、情节、被告人认罪悔罪态度依法公正判决。

公诉意见发表完毕！

公诉人：范某某

2020年9月16日当庭发表

【学者点评】

麻某某故意杀人、强奸案件，是一起发生在大学校园里的重大恶性案件，情节十分恶劣，后果极其严重。该案发生后，被害人因被投入井中，尸体未能立即被发现，延宕数日，导致案件未能即时破案，成为陈年旧案。即便如此，公安机关对于此案一直在寻求突破，经过28年的岁月，终将麻某某抓获。经过侦查、审查起诉，案件被诉至法庭，当公诉人以激昂慷慨之词发表公诉意见之时，法庭充满了正义的呼声。

对于这样一起重大恶性案件，公诉意见书主要从几个方面对被告人的犯罪行为加以阐述与分析：

一是用理性、清晰、简明的语言风格总结法庭调查的事实和证据。该文书清楚表明，检察机关指控被告人麻某某犯故意杀人罪、强奸罪的犯罪事实清楚，证据确实、充分，足以认定。这一句结论，得到事实和证据两个方面的支持。案件事实之所谓"清楚"，体现为事实的几个要素是清楚的，包括时间、地点、人物、原因、经过等，公诉意见书用简洁的语言概括了本案的事实经过，这几个事实要素清楚明白，一目了然。事实真相本身包含着某种力量，因此，公诉人在这一部分不带感情色彩，客观描述案发过程，既总结了法庭调查已经呈现在法庭的主要犯罪事实，也把人们带回到1992年3月20日那个夜晚：南京医学院校园内一个手持铁棍的歹徒，对被害人殴打、胁迫，强奸之后，将其扔进一窨井并盖上井盖，被害人因头部颅脑损伤及机械性窒息死亡。这一事实，公诉人在法庭调查阶段进行了举证证明，公诉意见书总结了法庭举证情况，在举证中，如下几项证据是关键证据，非常有力地证实被告人就是强奸、杀害被害人林某某的罪犯：其一，犯罪嫌疑人、被告人是证据来源之一，其供述犯罪的证据是直接证据，本案被告人承认强奸杀人的事实，并交代了具体情节，案件侦查中，犯罪嫌疑人也指认了案发现场，这些证据与案件现场的情况和细节吻合，可以借助隐秘判断的方法确认被告人就是强奸杀人的行为人，就此公诉意见书将供述与指认与现场、尸体情况相一致的情况，进行了准确、清晰的说明。其二，发现被害人尸体后，侦查机关对现场进行勘验、对尸体进行检验，形成勘验笔录，这些证据具有很强的客观性。其三，DNA证据，对被害人体内遗留的精液进行DNA鉴定，证明与麻某某的DNA基因型完全一致。DNA是精确的人身识别技术，由此形成的鉴定结果，具有很强的证明力。其四，2名校卫队队员的证言，他们在案发当日与犯罪嫌疑人不期而遇，察觉到该人形迹可疑，二人当初描述的犯罪嫌疑人面部与行为特征与麻某某主要特征吻合，目睹的犯罪嫌疑人逃跑方向与麻某某供述的逃跑路线完全一致。对于这些确实、充分的证据证明，公诉人坚定而有力地总结为四个字的结论"铁证如山"，这一结论是令人信服的。

二是以事实、证据和严谨的逻辑反驳被告人在法庭调查中的辩解。在庭审中，被告人麻某某对故意杀人的指控予以否认，提出将被害人投入窨井时不知道被害人还未死亡。公诉意见书从两个方面驳斥了被告人对指控事实情节的否认：其一，被害人林某某被投入窨井时并未死亡的客观事实，有法医学鉴定意见予以证实；其二，被告人麻某某以往多次供述提到将被害人抛入窨井前，发现被害人有微弱的鼻息和心跳，喉咙里有“呼噜呼噜”的声音；其三，麻某某发现林某某伤重无法自行离开，才起心动念将其投入窨井。公诉意见书对被告人的辩解加以驳斥的原因，是这一辩解涉及该案事实认定的准确性，同时，公诉人正确地提出，被告人“这一辩解也并不影响对其故意杀人犯罪事实的认定”。

三是以充满感情色彩的表达风格，对本案犯罪情节、后果和社会危害性极大进行阐述。本案对于被害人来说，是一场突如其来的灾难，其美好人生定格在22岁，终结在高度悲剧性的那个夜晚。案件中的具体情节，令人闻之为被害人扼腕叹惜，也为被告人的恶行感到义愤填膺。公诉意见书呼应了人们对这一案件的情感反应，首先从被害人的个人情况入手，指出其年正芳华、品学兼优，有着“对医学理想的热爱追求”，其中一段话具有文学色彩，读之为之动容：“在那个寒雨霏霏的春夜，在周末的教室，她仍然在埋头苦读。”如果没有被告人麻某某的出现，假以时日她可能成为医学专家，悬壶济世，救死扶伤，麻某某“为了掩盖罪行，用冰冷的井盖关闭了林某某生的希望”。公诉意见书将这一案件给林某某的亲人带来的巨大的精神伤害与心灵创伤，进行了描述，如其父因极度悲伤，忧郁成疾而早逝。公诉人借此机会，表达对死者亲属的慰问之意：“死者长已矣，生者当自励。希望今天的庭审后，林某某的老母亲和家人能真正走出悲伤，在未来的生活中，老人心无所牵，安享晚年，这也是对死者最好的告慰。”这段饱含感情的话，体现了检察官对于被害人亲属深挚的人文关怀。

四是对于此案的特殊意义和广泛的社会影响进行了充分揭示。这起案件发生在大学校园，校园的静谧与安宁，不仅与大学的性质和校园的人员构成有密切关系，而且颇具社会治安指标意义。此案发生后的一大影响，是全校师生乃至南京地区高校师生失去安全感，南京医学院被迫停课排查。即便时隔28年，案件告破后，仍引起极其广泛的社会影响。

五是对这一案件的侦办过程进行了总结。积极评价公安机关28年来锲而不舍、努力追查本案真凶，指出“在DNA技术不断发展的过程中，他们坚持不懈地将当年提取的物证一次又一次地进行检验、比对”，终将这起冷案告破。公诉意见书还特别指出检察机关在该案办理中的积极作为，指出检察机关的全面细致审查、核准追诉行为"彰显了检察机关维护公平正义的决心"，强调"努力让人民群众在每一个司法案件中都感受到公平正义"，是司法机关努力的方向。

公诉意见书最后部分，是对被告人应负的法律责任表达鲜明立场。这部分引用《刑法》相关规定，得出被告人构成犯罪以及综合全案量刑情节应判处极刑的结论，干净利落地结束了这一理性与感性交融、严肃与温情结合的公诉意见书。

这份公诉意见书，反映了公诉人对于正义的诚挚的理解和捍卫正义的严正态度，也折射了公诉人的人文精神，一些掷地有声的话，诸如"天网恢恢，疏而不漏""正义可能会迟到，但绝对不会缺席""对被告人麻某某庄严的审判，这一刻也必将被历史所铭记""正义在28年就应当彰显，但公诉人相信，正义的尺度绝不会因为时间流逝有丝毫的降低"，令人读之动容、听之动情。

（**点评人：**张建伟，清华大学法学院教授、博士生导师）

【检察官点评】

发生于1992年的南医大女大学生被杀案是全国关注的杀人案件之一，囿于当时条件所限，案件长期没有突破。公安部对该案高度关注，追凶不止，不破不休，依靠DNA技术，在28年后成功侦破该案，找到了隐姓埋名的凶手麻某某。法网恢恢，疏而不漏，正义虽久必至，虽远必达。该案的公诉意见书全面构建了证据体系、认定了事实全貌、阐释了法律依据、揭示了社会危害性，入情入理，堪称典范。

定性准确，层次分明，逻辑思维严谨。在全面分析论证犯罪事实的基础上，系统梳理分析证据内容，注重逻辑严密性、合理性、精准性。总结归纳了法庭调查的内容，通过分组归纳证据、分析证据间的印证关系，构建了清晰完整的证据体系。

正面回应被告人对主观故意的辩解和辩护人的辩护观点，通过列明客观证据与主观供述之间的矛盾，排除了不合理辩解，增强了公诉理由的公信力和合法性。坚持从客观到主观的论证思路，提示法庭注意被告人主观恶性的行为细节，并在细节描述和分析中有力地驳斥了被告人的辩解，也厘清了定性分歧。以事实、证据为基础，全面客观评价被告人的法定、酌定，从重、从轻量刑情节，论证该案给被害人及其家庭、案发学校以及社会造成的重大影响。

语言表述生动，文法规范、准确，情理交融。注重法理与情理相融合，以事实证据为基础，通过倒叙的写法和充满真情的语言，再现了品学兼优的被害人在埋头苦读的深夜，在大学校园里被残忍强奸杀害的场景，引起法庭情感共鸣；通过强烈的反差揭露被告人犯罪手段的残忍与卑劣的动机，突出对被告人罪行的控诉和谴责；通过对被害人家庭境况的写实，体现出本案后果极其严重；通过描述案发至今社会各界的反应、公安机关锲而不舍的精神和检察机关维护公平正义的决心，切实回应社会关注的问题，以朴实的情感积极引导和教育民众崇法向善。

综合全案，慎重、准确地提出被告人麻某某犯故意杀人罪、强奸罪，罪行极其严重，应当判处死刑的量刑建议。现在全世界约有 40 个保留死刑的国家，我国作为保留死刑的国家，一贯秉持“保留死刑，严格控制和慎重适用死刑”的刑事政策，要以最严格的标准和最审慎的态度，确保死刑只适用于极少数罪行极其严重的犯罪分子，保证更有力、更准确地依法惩治严重刑事犯罪。《刑法》明确规定的绝对判处死刑的也并不多，如绑架致使被绑架人死亡或者杀害被绑架人的，劫持航空器致人重伤、死亡或者使航空器遭受严重破坏的，拐卖妇女、儿童具有《刑法》第 240 条规定的八种情形且情节特别严重的，采用暴力手段强行越狱情节特别严重的，聚众持械劫狱情节特别严重的。最高人民法院《关于审理故意杀人、故意伤害案件正确适用死刑问题的指导意见》要求，对罪行极其严重的故意杀人、故意伤害犯罪分子依法适用死刑时，要注意区分案件性质、区分案件情节、区分犯罪后果、区分行为人的主观恶性和人身危险性。本案中，麻某某对在校女大学生先后实施了强奸、故意杀人两个手段残忍、性质恶劣的犯罪，表明其具有高度人身危险性，导致在校女大学生死亡的后果，被害人家属遭受了巨大创伤，严重伤害了人民群众尤其是在校学生安全感，社会危害性极大，而麻某某在逃 28 年，社会影响极为恶劣。综上所述，麻某某的主观恶性、犯罪性质、情节、后果，与绑架杀害被绑架人等法定绝对死刑的犯罪相匹配，故建议对其判处死刑的量刑建议，兼具法律效果和社会效果。最终，南京市中级人民法院全部采纳检察机关指控的犯罪事实和量刑建议，取得较好的政治效果、法律效果和社会效果。

该案另一个值得关注的细节是涉及核准追诉制度。根据《刑法》第87条第4款的规定，法定最高刑为无期徒刑、死刑的，经过20年不再追诉。时间可以荡涤一些罪过，泯灭一些怨愤，当年的罪人也许已经悔过自新、重新做人，而不再需要动用司法资源去审判当年的行为、重启尘封的伤疤。但同时，《刑法》也规定了最高人民检察院核准追诉制度作为刑事追诉时效制度的补充，即法定最高刑为无期徒刑、死刑的犯罪行为，如果20年以后认为必须追诉的，须报请最高人民检察院核准。其价值在于，对一些社会危害性极其严重、社会影响极其恶劣的犯罪，任时间经过而无法宽宥的罪恶，规定由最高人民检察院决定是否予以追诉，从而更好地维护公平正义。最高人民检察院《关于办理核准追诉案件若干问题的规定》第5条规定了报请核准追诉的案件的条件，具体包括有证据证明存在犯罪事实，且犯罪事实是犯罪嫌疑人实施的，犯罪嫌疑人能够及时到案，涉嫌犯罪行为应当适用的法定量刑幅度的最高刑为无期徒刑或者死刑的，涉嫌犯罪的性质、情节和后果特别严重，虽然已过20年追诉期限，但社会危害性和影响依然存在，不追诉会严重影响社会稳定或者产生其他严重后果，而必须追诉的。最高人民检察院对核准追诉权的适用持审慎态度，通常是对杀人、抢劫等严重暴力犯罪才会核准追诉。2020年，经各地检察机关报请，最高人民检察院核准追诉包括麻某某故意杀人、强奸案在内的35起陈年命案。麻某某到案后，其犯罪证据确实、充分，具有现实的追诉可能性；麻某某强奸后故意杀害在校女大学生，犯罪手段极其残忍，犯罪情节极其恶劣，其逍遥法外28年，死者父亲含恨而死，死者母亲痛不欲生，严重损害公平正义和人民群众的安全感，社会影响极其恶劣，具有追诉必要性，故最高人民检察院核准对其追诉。

本案的依法办理，警示心存歹念者勿存侥幸，行凶作恶终将被绳之以法；同时也昭告天下，侦查技术和法治水平日渐提高，惩治邪恶，弘扬正义，让人民群众对社会主义法治充满信心。

（**点评人**：王伟，北京市西城区人民检察院副检察长、三级高级检察官；于伟香，北京市西城区人民检察院四级高级检察官）

【法官点评】

1992 年 3 月，“南医大女生被杀案”引发全国关注。失踪女生林某某被钝器击打头部并被强奸后投入南医大教学楼附近窨井中致死，该案久侦未破。2020 年 2 月，南京市公安局时隔 28 年后将犯罪嫌疑人麻某某抓获归案，微博相关话题阅读量 10.3 亿次，评论数 12 万余条。

“南医大女生被杀案”侦破后，南京市人民检察院成立办案组提前介入引导侦查，引导公安机关完善证据链条和证明体系。被害人体内遗留精斑 DNA 鉴定与麻某某基因型一致的鉴定意见是锁定麻某某犯罪的关键证据，检材是否被规范的收集、传递和保管，中间是否存在疏漏，整个链条是否完整形成闭环，对案件事实认定至关重要。检察机关反复比对证据、反复研究尸体检验报告、反复进行定性讨论，确认 DNA 检材同一性和未受污染。

2020 年 9 月 16 日，南京市中级人民法院开庭审理麻某某故意杀人、强奸案。南京市人民检察院通过深入细致、全面客观的调查、审查和广泛听取意见，形成了检察机关的出庭意见。出庭公诉检察官结合物证、证人证言、鉴定意见、犯罪嫌疑人供述等，还原了当年麻某某故意杀人、强奸事实真相，客观公正地再现了案件发生过程，以法理、情理辨析了案件的定性与法律的适用，体现了检察机关维护公平正义的鲜明态度，取得了法律效果和社会效果的有机统一。

第一，坚持以证据为中心提升指控精准度。公诉意见书坚持“犯罪事实清楚，证据确实、充分”的刑事指控标准，保持旧存证据原状，坚持优先使用原始证据，紧紧围绕案件特点和证据之间的逻辑关系，从故意杀人罪、强奸罪成立要件上展开论证。一是被害人体内遗留精斑经

DNA 鉴定与被告人麻某某的 DNA 基因型完全一致，这是本案的关键定案证据。公诉意见书对死亡原因及 DNA 鉴定专业解读，对证据体系进行了系统阐述，打消被告人的侥幸心理，使合议庭、旁听群众对证明内容有全面、直观了解，充分表现了承办检察官对鉴定意见审查规则的熟练掌握和准确运用能力。二是现场勘验、检查笔录记载的发现被害人血迹、钥匙的地点，抛弃林某某及其随身物品的 2 个窨井的具体细节、位置，与麻某某供述并指认现场的情况能相互印证。三是相关证人证言证明犯罪嫌疑人面部与行为特征与麻某某主要特征相互吻合，描述的犯罪嫌疑人的逃跑路线与麻某某供述的逃跑路线完全一致。四是麻某某供认强奸、杀人的具体情节与鉴定意见、现场勘查笔录等相互印证。在案证据已形成完整的证据锁链，充分证实了被告人实施了强奸、杀人的犯罪行为。针对麻某某否认故意杀人，提出的将被害人投入窨井时不明知被害人还未死亡的辩解，公诉意见书结合现场具体情况进行充分研判和严密推理，从被害人死亡原因鉴定、麻某某的客观行为与其供述的主观认知矛盾等方面入手，进行有针对性论证，既符合法律规则，也使麻某某辩解不能成立的结果得到一般社会观念和人民法院认同。

第二，坚持以犯罪情节为中心提升量刑精准度。公诉意见书在履行好指控和证明犯罪的基础上，对麻某某的犯罪情节，从被告人的主观恶性、造成的危害后果、认罪态度以及对被告人有利的事实和情节等多个方面进行阐述，从社会一般观念评判麻某某行为的社会危害性，并建议法庭将社会重大影响纳入社会危害性中做一体化考量，在此基础上提出确定的量刑建议。南京市中级法人民院采纳了公诉人的量刑建议，以故意杀人罪、强奸罪判处麻某某死刑，剥夺政治权利终身。二审驳回麻某某上诉，维持原判。最高人民法院以故意杀人罪、强奸罪核准麻某某死刑。本案是一起核准追诉案件，我国《刑法》在确定了超过追诉时效不再追究责任的规则之外，对于一些社会危害性极其严重、犯罪人的人身危险性极大、所造成的社会影响极其恶劣的罪行，规定了核准追诉；综合麻某某犯罪性质、情节、后果等多方面因素分析，案件对被害人家庭和亲属造成严重伤害，产生极为恶劣的社会影响，虽然经过 20 年追诉期限，被害方以及案发地群众反映强烈，社会影响没有消失，最高人民检察院秉持“高质效办好每一个案件”的价值追求，核准追诉麻某某刑事责任，让有罪者受到严厉惩处，让逝者在天之灵得以告慰，让公平正义虽远必达，虽久必至。

第三，坚持以感情融入为中心提升公众认同度。公诉意见书中的法治宣传和教育内容旨在实现刑法的特殊预防和一般预防功能，在促使麻某某认罪悔罪的同时，借助社会舆论和媒体作用，对社会公众内心有所触动，提升庭审综合效果。公诉意见书在定性方面观点鲜明、态度坚决，从被害人奋斗历程、家庭悲剧、校园安全等角度揭示案件事实真相，详细阐述法律适用理由；在犯罪根源挖掘方面理性平和、中立客观，揭露麻某某犯罪手段残忍、情节恶劣、社会危害性极大，有效回应媒体和社会公众关切。通过对被告人行为的价值评判，形成法律共识和社会共鸣。

本案中，检察机关依法履职，及时提前介入侦查，引导公安机关围绕关键定案证据——DNA 鉴定意见，收集证明合法性证据，全面客观审查证据，准确认定案件事实。公诉意见书重点突出、观点鲜明、结构严谨、层次清楚，在全面论证犯罪事实的基础上，梳理客观证据与主观供述之间存在的矛盾，有力回应麻某某的辩解，增强了公诉理由的公信力和合法性。公诉意见书语言表述规范，通过倒叙写法阐明被告人犯罪情节之恶劣、后果之严重、社会危害之大，展现了公诉检察官丰富的办案经验和深厚的写作功底，具有很好的学习借鉴价值。

（**点评人：**白春子，安徽省高级人民法院刑事审判第二庭副庭长）

【律师点评】

一、本案的重大社会影响

“南医大奸杀案”是一起在案发时引起轰动的恶性大案。案发后，南京市公安局专门抽调数百名警力组成专案组，开展了连续数月的大规模走访调查和摸排工作。虽然提取了被害人体内遗留的精液这一关键物证，但限于当时的技术条件，案件未取得实质性进展。28 年来，公安机关始终锲而不舍、努力追查；28 年后，案件得以破获，检察机关立即提前介入引导侦查。案件侦破及判决后，各大媒体均对本案进行了大量报道，表示正义不会缺席，对司法机关的法律适用和处理结果表示认同和赞许。此外，本案也引起了理论、实务界对于刑事追诉时效制度的广泛讨论。例如，2020 年 11 月，上海市金山区人民法院、上海市法学会案例法学研究会、上海政法学院联合举办"刑事追诉期限法律适用问题研讨会"，对如何正确适用《刑法》规定的追诉时效制度，妥善平衡打击犯罪与稳定社会秩序、肯定自我改造的关系，有效解决司法实践中的难点等相关问题进行了研讨。可见，本案兼具法律效果、社会效果和理论研讨价值。

二、本案的主要法律问题

（一）"从旧兼从轻"原则是否适用于追诉时效制度的问题

本案发生于 1979 年《刑法》施行之时，侦破于 1997 年《刑法》施行之时，1997 年《刑法》和 1979 年《刑法》对于追诉时效制度的规定有实质不同，适用哪部法律成为争议焦点。一种观点认为，追诉时效的规定属于程序性规定，并不属于犯罪的构成要件或刑罚效果的内容，只影响司法机关追究行为人刑事责任的时间范围，故不影响案件实体性认定，无须适用"从旧兼从轻"的原则①；另一种观点则认为，追述时效届满意味着犯罪人实体犯罪后果的消失②，则追诉时效规定兼具程序性和实体性，应当适用"从旧兼从轻"原则。我国《刑法》采纳了第一种观点，《刑法》第 12 条规定："……如果当时的法律认为是犯罪，依照本法总则第四章第八节的规定应当追诉的，按照当时的法律追究刑事责任，但是如果本法不认为是犯罪或者处刑较轻的，适用本法。"可见，法律明确了追诉时效制度的适用应当"从新"。故本案的追诉时效应当按照 1997 年《刑法》的规定计算。

（二）"立案侦查"是否包括"以事立案"的问题

1997 年《刑法》将 1979 年《刑法》规定的"采取强制措施以后"修改为"立案侦查或者在人民法院受理案件以后"。如何理解《刑法》

---

① 参见曲新久：《论从旧兼从轻原则》，载《人民检察》2012 年第 1 期。

② 参见张明楷：《刑法学》（下册），法律出版社 2021 年版，第 829 页。

第88条规定的“立案侦查”，争议在于系在程序上“以事立案”，还是要求对犯罪嫌疑人“因人立案”并采取了一定的侦查措施活动。一种观点提出，“立案侦查”并未明确是针对个人还是针对事件进行立案，其核心在于“立案”本身。故无论是基于个人还是事件立案，都应包含在内，这并未违背法条的文义。另一种观点则认为，“立案侦查”应当针对犯罪人立案，若仅是“以事立案”而未开展实质性的侦查工作，且未确认具体的犯罪嫌疑人，则不符合追诉时效语境下“立案侦查”的要求。从该案最终报请最高人民检察院核准追诉的程序来看，采用了“因人立案”的观点，笔者亦持该观点。从目的解释的角度来看，尽管《刑事诉讼法》关于“立案侦查”的规定涵盖了对人立案和对事立案两种情形，但我们在理解《刑法》第88条所指的“立案”时，需要依据追诉时效制度的设立宗旨和功能，给予合理、恰当的诠释。如果将“立案”单纯理解为“对事立案”，虽然有助于加大对犯罪的打击力度，但在当前有案必立的普遍情况下，不受追诉期限限制的例外情形将趋于普遍化，将导致《刑法》第87条关于追诉期限的规定在很大程度上被架空，这显然违背了设立追诉时效制度的初衷。综上所述，麻某某案不属于不受追诉时效限制的情形，需报最高人民检察院核准追诉。

三、本案的检察履职情况

一是公诉意见书逻辑清晰、情理交融。28年悬而未决的正义之剑终于斩下不赦之恶，给了已满头白发的被害人母亲一个交待。本案的公诉意见书定性精确，逻辑缜密，语言规范且生动，情感与理性结合，展现了检察官深厚的法律及文学素养，向公众展示了司法机关追求正义的不懈努力和崇法向善的朴实情感。

二是公正履职，核准追诉。检察机关的公正履职对社会正义具有重要作用。依据现行《刑法》第87条规定，该案经过28年，且不属于无限期追诉范围，故认为必须追诉的，需最高人民检察院核准。本案中，南京市人民检察院于2020年3月6日批准逮捕麻某某，并在3月20日报请最高人民检察院核准追诉。2020年5月8日，最高人民检察院予以核准。南京市人民检察院以及最高人民检察院的公正履职，不仅为受害者家属带来了安慰和正义，更为社会传递了一个明确的信号：无论时间如何流逝，法律都将为受害者伸张正义，为恶行之人划定红线。

三是回应群众呼声，捍卫法律威严。法律的权威和威严是建立在广泛社会共识和人民深厚信任的基础上的。法律的每一次公正执行，不仅是对受害者及其家庭的慰藉，也是对社会正义的维护和对犯罪行为的有力震慑。麻某某案的侦办，不仅为受害者家属带来了安慰，更向社会昭示打击犯罪的决心。在当代法治社会，每个公民都应当敬畏法律、敬畏生命、敬畏他人的合法权利。任何心存蔑视或侥幸的恶行之人，都将为之付出应有的代价。

（**点评人**：赵春雨，北京市盈科律师事务所高级合伙人）

20. 吴某甲、陈某某挪用资金、职务侵占案：依法平等保护民营企业利益

【案情简述】

“** 照明”一度被称为“中国照明行业第一品牌”。创始人吴某甲一手缔造了一个品牌传奇，但此后围绕 ** 照明持续数十年的股权之争，一直是资本市场的热点话题。经过数次股权变化，** 照明成为一个股权结构复杂、涉及境内外投资主体的公司体系。** 照明（中国）有限公司（原重庆 ** 实业有限公司）于 2011 年 11 月 7 日经重庆市工商行政管理局核准登记的有限责任公司（港澳台法人独资有限公司，以下简称 ** 中国公司），由香港 ** 照明有限公司 100% 控股（以下简称香港 * 甲公司），香港 * 甲公司则由世通投资有限公司（以下简称世通投资公司）100% 控股，世通投资公司又由 ** 照明控股有限公司（以下简称 ** 控股公司）100% 控股。

2012 年至 2014 年 8 月，** 控股公司聘请吴某甲为 ** 控股公司总裁，同时聘请吴某甲担任世通投资公司董事长、香港 * 甲公司董事长、** 中国公司董事长。在此期间，吴某甲利用职务之便，在没有经过 ** 控股公司授权及经过 ** 中国公司董事会同意的情况下，明知违反工作规定，仍个人决定将 ** 中国公司存于中国工商银行股份有限公司重庆南坪支行、中国银行股份有限公司重庆大渡口支行、中国民生银行股份有限公司重庆分行的流动资金存款转为保证金，并伙同其前妻吴某乙安排时任 ** 中国公司董事长助理的陈某某与孙某甲使用 ** 中国公司公章向上述三家银行办理质押担保贷款相关手续，吴某甲通过其本人实际控制的重庆 ** 房地产开发有限公司等多家公司，分别以这些公司为贷款主体，利用 ** 中国公司保证金作为担保，由孙某甲伪造

购销货物合同，在没有实际发生交易的情况下，向上述三家银行先后共申请流动资金借款人民币 90162 万元。陈某某在明知 ** 中国公司提供担保贷款是为吴某甲个人实际控制的公司借款的情况下，仍然违反公司公章管理规定，积极协助吴某甲等人为上述 5 家公司质押担保贷款办理相关手续。** 中国公司为此先后出质保证金总额人民币 92388 万元，所贷款项由吴某甲支配使用，用于重庆 ** 房地产开发有限公司的“** 大厦”项目建设等。后由于吴某甲无力偿还上述贷款，致使 ** 照明（中国）有限公司的人民币 55650.23 万元保证金被银行强行划扣，造成 ** 中国公司巨额损失。

2014 年初，吴某甲利用担任重庆 ** 照明有限公司（以下简称重庆 * 乙公司）法定代表人的职务便利，通过重庆 * 乙公司总经理张某乙要求财务出纳黄某某等人在处理重庆 * 乙公司废料时，将小部分废料款转入公司财务部门入账，其余废料款不转入公司财务部门入账，供其本人使用。2014 年 2—8 月，黄某某个人收取重庆 * 乙公司的废料款后，将其中的小部分转入公司财务部门入账，其余废料款未转入公司财务部门入账，后黄某某受吴某甲指使将上述未转入公司财务部门入账废料款中的人民币 300 万元汇入吴某甲个人账户、人民币 70 万元汇入吴某乙个人账户供吴某甲个人使用，并将变卖废料的原始财务凭证销毁。破案后，上述人民币 370 万元未能追回。

2015 年 6 月，惠州市公安局将吴某甲、陈某某涉嫌挪用资金罪、职务侵占罪一案向惠州市人民检察院移送审查起诉。后惠州市人民检察院指控吴某甲犯挪用资金罪、职务侵占罪，指控陈某某犯挪用资金罪，向惠州市中级人民法院提起公诉。2016 年 12 月 13 日，惠州市中级人民法院作出一审刑事判决：以挪用资金罪，判处吴某甲有期徒刑 9 年；职务侵占罪，判处吴某甲有期徒刑 6 年，并处没收财产人民币 50 万元；总和刑期有期徒刑 15 年，并处没收财产人民币 50 万元；决定执行有期徒刑 14 年，并处没收财产人民币 50 万元；以挪用资金罪判处陈某某有期徒刑 3 年，缓刑 3 年；责令吴某甲退赔人民币 370 万元给被害单位重庆 ** 照明有限公司。宣判后，吴某甲提出上诉。2018 年 8 月 31 日，广东省高级人民法院作出刑事裁定，撤销一审刑事判决，发回重新审判。2021 年 4

月29日，惠州市中级人民法院重审后作出一审刑事判决：1. 以挪用资金罪，判处吴某甲有期徒刑7年；以职务侵占罪，判处吴某甲有期徒刑5年6个月，并处没收财产人民币50万元；总和刑期有期徒刑12年6个月，并处没收财产人民币50万元；决定执行有期徒刑10年，并处没收财产人民币50万元。2. 以挪用资金罪判处陈某某有期徒刑3年，缓刑3年。3. 责令吴某甲退赔人民币55650.23万元给被害单位**照明（中国）有限公司；退赔人民币370万元给被害单位重庆**照明有限公司。宣判后，吴某甲再次提出上诉。2021年12月23日，广东省高级人民法院作出二审刑事裁定，驳回上诉，维持原判。

【文书原文】

广东省人民检察院

上诉案件出庭检察员意见书

审判长、审判员：

根据《中华人民共和国刑事诉讼法》第二百三十五条的规定，我们受广东省人民检察院指派，代表本院，出席本法庭，依法执行职务。现对本案事实、证据和原审人民法院判决等发表如下意见，请法庭注意。

一、一审判决认定被告人吴某甲、陈某某利用职务上的便利，挪用本单位资金92388万元人民币归个人使用，数额巨大，进行营利活动，其行为构成挪用资金罪，犯罪事实清楚，证据确实、充分，定性准确

根据2004年9月8日全国人大常委会法制工作委员会刑法室《关于挪用资金罪有关问题的答复》明确："刑法第二百七十二条规定的挪用资金罪中的'归个人使用'与刑法三百八十四条规定的挪用公款罪中的'归个人使用'的含义基本相同。"鉴此，对于挪用资金罪中"归个人使用"的客观行为适用挪用公款罪的规定。

（一）吴某甲在并无决定权和表决权的情况下，未经 ** 控股公司董事会授权、未经同意，以 ** 控股公司的流动资金为其实际控制的公司贷款提供质押担保

1. 吴某甲并无将 ** 控股公司的流动资金为其实际控制的公司贷款提供质押担保的决定权和表决权，吴某甲的行为严重违反法律规定。

（1）根据《公司法》第 16 条规定："公司向其他企业投资或者为他人提供担保，依照公司章程的规定，由董事会或者股东会、股东大会决议；公司章程对投资或者担保的总额及单项投资或者担保的数额有限额规定的，不得超过规定的限额。公司为公司股东或者实际控制人提供担保的，必须经股东会或者股东大会决议。前款规定的股东或者受前款规定的实际控制人支配的股东，不得参加前款规定事项的表决。该项表决由出席会议的其他股东所持表决权的过半数通过。"

（2）根据《 ** 中国公司章程》（以下简称《章程》）规定，决定权在于 ** 控股公司董事会。《章程》规定："股东行使下列职权：（十）对公司向其他企业投资或者为他人提供担保作出决议。股东依职权作出上述决议时，应当采取书面形式，签名后置备于公司。"根据本案 ** 体系的框架结构，** 中国公司系 ** 控股旗下多层全资控股的子公司，根据公司所有者权益原则，** 中国公司的上述行为应当服从 ** 控股公司的安排，决议权由 ** 控股公司董事会掌握。根据 ** 体系的架构及实质，但正如吴某甲所言，只有在最上层公司即 ** 控股公司才有真正意义上的董事会。刑法注重实质判断，应当穿透表象看到实质。结合 ** 中国公司、香港 * 甲公司、世通公司等 ** 控股公司的下属公司董事长等职务的任免，均由 ** 控股公司决定，此外，从整个 ** 控股的股权架构和实际运作来看，** 控股对于旗下全资控股公司重要人事、财务具有绝对控制权，均由 ** 控股董事会决定，包括吴某甲在 ** 中国的职位任免。因此，对于该类担保，具有实质决议权的应为 ** 控股公司。

（3）根据 ** 控股公司文件规定，强调吴某甲该类质押担保行为必须经 ** 控股董事会批准或授权。①2012 年 9 月 4 日 ** 控股公司在聘请吴某甲时签订的《有限授权书》中明确规定："实质上或者影响上只要涉及 ** 核心利益的活动，都需得到董事会的批准；由 ** 集团一公司作担保来支持第三方的义务，对第三方的担保、抵押等，支持其债务超过300万人民币的，必须依据特别董事会授权后方可进行。”同时，从实际情况看，吴某甲被**控股委派至世通投资、香港*甲、**中国担任职务的，其在世通投资、香港*甲的职务行为也直接受《有限授权书》制约。因此，**控股公司不但没有赋予吴某甲可将超过300万元的公司资产用于提供担保的职权，而且还明确强调该行为需经董事会批准、经特别董事会授权后方可进行。而该《有限授权书》有吴某甲的签名，且该文件特别注明吴某甲还需保证其负责的所有区域内的*甲公司的团队成员的所有活动均严格遵守此规定，并要求吴某甲要求其所在领域相关管理人员也签署相类似的文件，吴某甲对该文件规定十分清楚。该有限授权书证实**控股公司一直对吴某甲职务及权限进行严格规定，与公司章程、公司内部规定文件等相互印证，对吴某甲职权的行使有严格规定，并且具有延续性。吴某甲对本案质押担保一直都没有决定权，其严重违反其签名确认的公司专门对吴某甲履行职能的规定。明知故犯，主观犯意恶性较大。②作为对公司章程执行的细化解释的《**中国集团财务内部控制制度》对外担保、抵押控制制度规定：“1. 对外担保、抵押事项由集团财务中心统一归口管理；……3. 董事会审批以下担保事项：担保金额超过公司净资产20%的；……7. 抵押资产300万元（含）以上的事项，由总裁审核，董事会批准方可执行。”

内部控制制度证实了*甲公司对财务的管理制度。该制度是对公司章程执行的细化解释。①据检察员向*甲公司法务顾问张某甲（曾在本案侦查阶段提供相关材料）调查，其陈述：根据其向收到该制度的财务负责人赖某某了解，反馈如下：赖某某表示见过该文件。该文件是由财务管理中心部门制发，属于内控文件，不是对外文件；②该文件的制作、签发过程清楚明确：卷宗里已有的材料已经过一审举证质证，该文件的签发单上有编制人王某甲、审核人郭某甲、签发人王某乙三人的签名，有手写的生效日期为2012.4.1，据张某甲向谈某某了解，其反馈：第一，其见过该文件，该文件的签发人是王某乙，当时的职务身份是副总裁兼总裁助理，负责人力资源和行政，公司文件的下发均需由其签字。2012年的公司文件都是王某乙签发，没有吴某甲的授权，王某乙是无法签发的。谈某某的陈述与该文件的签发情况是一致的。第二，谈某某陈述，对于该文件，吴某甲是知道的，并且是同意的。如有必要，可以要求相关人员提供书面证人证言。③该制度已组织相关部门学习的情况，** 中国公司 2016. 1. 22 出具的情况说明反映：该制度于 2012. 4. 1 由该制度编制人王某甲通过电子邮件发给了当时集团各子公司的财物负责人（汤某某、赖某某、沈某某、施某某、郑某某），同时抄送集团财务中心负责人郭某甲、集团 CFO 谈某某。证实了该制度组织相关部门学习的情况。④对于周某某陈述其不了解该文件，** 中国公司 2016. 1. 22 出具的情况说明反映：该制度发布时周某某未在公司任职（2012. 4—2013. 6 任职于重庆 ** 科技发展有限公司，该公司与我公司没有任何关系），其于 2013. 7. 5 入职 * 甲公司后，作为财务部长应当主动了解财务管理制度，其没有了解属于个人失职。电子邮件发送的情况资料。对该制度的签发、审批、组织学习均有反映。⑤关于出具该文件的印章：在侦查卷里该文件所盖的印章是 ** 中国公司的印章，由于向侦查机关出具该文件的时候，制发该文件的重庆 ** 实业公司已改名为 ** 中国公司，所以盖的章是 ** 中国的章，并非重庆 ** 实业的章，这恰恰体现了该文件的客观真实性。

（4）从行为自身分析，吴某甲该质押担保贷款行为，属于对公司以及 ** 控股公司其他股东利益有重大影响甚至损害的行为，数额高达九亿元，其不享有将 ** 中国的资金对外设定担保这一重大事项的决定权。

因此，本案质押担保行为必须得到 ** 控股公司董事会批准或授权，吴某甲对本案的质押担保行为不但不具有决定权，而且不具有表决权。

2. 吴某甲将 ** 中国公司的流动资金为其实际控制的公司贷款提供质押担保，未经授权、未经董事会批准，系挪用资金罪中的“个人决定”。

在案证据 ** 控股公司董事会决议，证人时任 ** 控股公司董事阎某某、林某某、穆某某、** 中国公司董事杨某甲、裴某某均陈述吴某甲从未说过、亦未向 ** 控股公司董事会报告过用 ** 中国公司流动资金为恩纬西等公司提供质押担保贷款一事，没有开过董事会，穆某某还表示如知悉此事，自己肯定不会同意的，裴某某进一步陈述自 ** 中国公司成立之日起，从未召开过董事会作出过任何董事会决议。时任 ** 中国公司财务中心经理郭某甲、财务经理周某某、财务会计郭某乙、财务成本会计李某某、出纳刘某甲等 ** 中国公司的高层人员及财务人员均陈述对吴某甲用公司流动资金为涉案五公司提供质押担保贷款不知情，且未见质押担保协议等资料，结合 ** 控股公司董事会决议等证据，证实吴某甲的质押担保行为未经授权、未经过董事会决议。甚至在 2012. 3. 26 ** 控股董事会决议重申“吴某甲关联公司与集团的财务问题需要向独立非执行董事通告并取得彼等同意”的情况下，吴某甲仍超越职权质押担保。

吴某甲辩护人提出，从转账支票上有“六个月定期质保金”，得出周某某知情，从而董事会对质押知情的辩护意见。检察员认为，(1) 相关转账均属于 ** 中国公司自身不同账号之间的转账。(2) 相关资料上并没有标明是用于何种用途为哪个公司哪一笔款项的保证金。(3) 吴某甲供述：公司有公章管理规定：公司各业务部门主管签字同意，然后由公司公章保管员丁某某，丁某某报告给其同意后，再加盖公司公章。吴某甲在今天的庭审上回答辩护人提问时亦供述，过程中存在违规操作，暗箱操作。吴某甲亦一直供述其指使陈某某违反公司公章的使用规定等制度，暗中操作的情况。(4) 从相关证据反映，周某某对 ** 中国公司的财务管理制度以及财务部门的管理，履职能力及素质存在不足。综上，并不能由此而推导出周某某知情，从而推导出郭某甲知情，从而谈某某知情，从而董事知情，从而董事会知情的结论。(5) 吴某甲在侦查阶段亦供述质押行为并未得到公司董事会同意且未向董事会报备。

关于《弥偿协议》，** 控股公司出具的《关于 2013 年 5 月吴某甲签署〈弥偿保证协议〉的情况说明》证实，(1) ** 控股公司 2012 年才获知三方协议的存在，但一直没有见到该协议。(2) 获知后 ** 控股公司董事会的决议和行动均表明对该三方协议的反对。一是 2012. 8. 29 董事会决议授权朱某某与吴某甲律师协调，与南岸区政府谈判取代三方协议，二是由于吴某甲一直未提交三方协议给公司，** 控股担心对公司不利，于 2013. 5 要求吴某甲签订《弥偿协议》。(3)《弥偿协议》恰恰证明了吴某甲隐瞒 ** 控股公司签订《三方协议》，** 控股公司对吴某甲未经公司董事会同意或授权签订《三方协议》责任的追索。(4)《弥偿协议》明确约定，针对的是吴某甲与南岸区政府签订的文件，并且是在《弥偿协议》订立前签订的文件，即《三方协议》，《三方协议》明确了如**控股公司违约，需承担向南岸区政府赔付、退还开办补助费等费用以及对*乙公司获得的奖励资金承担连带返还责任等违约责任，因此《弥偿协议》针对的是《三方协议》吴某甲对公司具体的赔偿责任。(5) **控股不同意也没有授权吴某甲搬迁总部、建设**大厦，连前提条件都不同意，对于辩护人所辩称的“同意挪用巨额资金质押担保”更是无从谈起。(6)《弥偿协议》从未提及亦不涉及吴某甲挪用公司资金为吴某甲个人控制的公司作质押担保的犯罪行为。吴某甲私自挪用公司资金，没有决定权、没有表决权，采用隐蔽手段挪用公司资金，已有各类证据相互印证。综上所述，辩护人的辩护意见不符合逻辑，不足采信。

（二）吴某甲“将中国公司资金供其实际控制公司使用”，“归个人使用”**

吴某甲将**中国公司资金为其实际控制的公司提供质押担保，所贷款项用于吴某甲个人实际控制的重庆*甲公司的“**大厦”项目，以及偿还先前的银行贷款、个人借款。吴某甲及其辩护人提出的**总部搬迁以及**大厦项目建设是经过**控股董事会同意的，与事实不符、与证据不符。在案证据证实，**控股公司董事会从未决议同意**总部搬迁到重庆以及**大厦的项目建设。

1. 根据客观性证据，**控股公司出具的2011—2014年董事会记录或决议，2011.6.24董事会会议纪要证实，董事会同意的仅仅为在重庆成立一家注册资本为2亿元的销售公司，并将某些职能部门转移至重庆，并非总部完全搬迁到重庆。2012.2.7董事会会议纪要证实，董事会讨论了中国总部搬迁重庆问题，授予施耐德对**总部搬迁重庆事宜进行尽职调查和分析；施耐德将向董事会报告有关发现和建议。吴某甲将取得重庆政府基于**在重庆成立注册资本2亿元人民币的销售公司而给予**税务优惠政策的文件并提供给董事会，董事会在取得该文件后再决议是否同意将2亿元人民币汇到重庆。2012.3.26董事会决议重申“吴某甲所有涉及其关联公司与**集团的财务问题，需要向独立非执行董事通告并取得彼等的同意。”2012年5月22日出席当次会议的董事会成员均确认董事会从来没有授权或同意在重庆购买土地或建筑，也没有授权将公司总部搬迁至重庆。** 中国公司董事会2013.10.21出具的说明反映，该公司从未作出任何涉及与重庆市南岸区政府签订三方协议、** 总部搬迁或使用 ** 流动资金作质押担保的董事会记录、董事会决议。

2. 根据证人证言以及其他证据，根据逻辑经验法则，董事会从未同意或授权总部搬迁以及 ** 大厦项目的建设。三方协议是在董事会批准成立重庆销售公司之前的2010.12.16签署，董事会批准成立重庆销售公司是2011.6.24，事后亦没有得到董事会的同意或追认。即使是对于注册资本2亿元的重庆销售公司，董事会要求吴某甲提交重庆政府基于 ** 在重庆成立注册资本2亿元人民币的销售公司而给予 ** 税务优惠政策的文件后，董事会再决议是否同意将2亿元人民币汇到重庆。而且在案证据证实吴某甲未向董事会提供上述文件。证人 ** 控股公司董事阎某某、林某某均陈述董事会并无决议同意总部搬迁、质押担保以及三方协议。证人穆某某陈述，不知道也没看过三方协议详细内容，其知道此事，但没有开董事会讨论过，董事会只是同意部分职能搬迁到重庆。证人董事林某某陈述："我从没有看过三方协议，侦查机关向其询问的时候，这是第一次看到。吴某甲没有向董事会提过该协议。2012年吴某甲离开 ** 控股公司后，我才得知该三方协议。当时我们知道后 ** 控股公司聘请了香港富尔德律师事务所调查此事。后来因重庆市政府不配合调查不了了之。"相关证言与2012年8月28日董事会会议纪要，决议授予朱某某与富尔德律师和吴某甲的律师协调，与重庆市南岸区政府谈判取代之前据称已签署的总部协议相互印证，证实 ** 控股公司对三方协议从未同意或授权，并且要取代的情况。吴某甲也供述了 ** 大厦的建设在 ** 内部并未得到支持，亦印证了 ** 大厦项目并未得到 ** 控股公司以及 ** 中国公司的授权及同意。

辩护人提交的《可行性分析报告》反映，该报告并没有将重庆列入选址范围，跟本案没有关联性。辩护人提交的重庆市南岸资产经营管理有限公司房屋租赁合同及通知，承租方是惠州 ** 光电公司，出租方是重庆市南岸资产经营管理有限公司，均未见与 ** 控股公司、南岸区政府的关系，也没有反映与三方协议、** 总部搬迁的关系，与本案无关。

3. 即使在吴某甲重回 ** 岗位后，三方协议以及总部搬迁依然一直没

有得到 ** 控股公司董事会的同意或授权，** 控股公司对上述事项没有作出任何实质安排。2012.8.28 董事会会议决议获知三方协议存在后要“取代”该协议，吴某甲重回 ** 控股负责人、总裁等核心岗位后一直到案发，三方协议以及总部搬迁均没有得到 ** 控股公司董事会同意或授权。对于如此重大并影响公司发展的决议，而且2012.8.28 该决议涉及吴某甲私自签订的三方协议和总部搬迁，该决议内容包括了任命吴某甲作为负责人，辩护意见所称吴某甲并未发现董事会的反对意见，不符逻辑和常理。

陈某某的辩护人在一审提交的材料，2012 年 8 月 14 日 ** 控股公司公告的股价敏感资料显示，一是调查小组发现经吴某甲批准，已将部分“总部”迁至重庆一租赁大楼，但董事会仅批准转移一家销售公司到重庆而非将总部迁至重庆。二是南岸区的政府代表已告知董事会成员其认为该公司已与政府签署一份有约束力的文件。吴某甲未经董事会批准，亦未向董事会和调查小组提供，董事会成员向南岸区政府代表要求提供，但迄今为止未被提供。与阎某某、林某某陈述 2012 年吴某甲辞职后，董事会才知道此事的情况相印证。由此可知，总部搬迁至重庆以及三方协议并未得到董事会批准。

对于吴某甲辩护人提交的夏某某的相关笔录：（1）该笔录并不能证明 ** 控股公司董事会决议通过同意总部搬迁或三方协议，与本案没有实质性关联。（2）对夏某某陈述的客观分析：一是夏某某称在三方协议签署前接触过 ** 其他董事或高管三四人，但不清楚对方具体身份。按常理分析，如有接触，尤其是代表政府签订的涉及高达十亿的重大合作协议，竟然完全无法描述对方任何一人的身份，该言词证据的真实性存疑。二是其称“应该是”在签约仪式上和开工典礼上接触，但又称记不清是否有签约仪式了。换言之，连接触过对方高管的前提情形都无法确定，不具有客观性。三是其称 * 甲公司其他负责人到过管委会谈，据相关证据显示，吴某甲私自签订三方协议两年后，** 控股公司才获知存在三方协议，并授权董事朱某某与重庆市南岸区政府谈判取代之前据称已签署的总部协议，朱某某曾与对方接洽，但没有得到配合。该情况证明 ** 控股公司董事会对三方协议的不知情以及没有授权同意的事实。四是夏某某称“带队到惠州考察过，他们也表现强烈的投资意愿”。此为夏某某与吴某甲个人之间的接触，并不能证明吴某甲签订三方协议经 ** 控股公司董事会授权或同意。五是夏某某称“当时不清楚原因，知道有 * 乙公司这个事”。作为合作协议重要的一方，作为政府时任负责人以及谈判牵头人，谈判涉及十亿元的协议，竟不清楚三方协议中为何有 * 乙公司，不符合经验法则和逻辑常理。(3) 夏某某与吴某甲合作促成三方协议，与三方协议以及吴某甲具有利害关系，吴某甲自称与夏某某关系好，并且吴某甲具有向夏某某贿赂的行为，两人之间存在利益勾连。鉴此，夏某某的调查笔录不具有真实性、客观性，不但不能证实吴某甲私自签订的三方协议是经 ** 控股公司董事会同意或授权的，同时，结合其他证据，反而证实了吴某甲未经授权同意，私自与夏某某合作签订三方协议的事实。

** 控股公司出具的《关于 ** 照明控股有限公司与重庆市南岸区政府签订所谓“三方协议”过程中是否有往来记录的说明》证实，经过 ** 控股公司的查找，该公司没有任何相关往来文件、资料和记录，也没有任何关于同意 ** 总部搬迁到重庆的决议文件。夏某某反映的只是《三方协议》签订过程中南岸区政府一方的情况。对于 ** 控股公司出具的情况说明，与经过一审举证、质证的其他证据，包括 ** 控股董事穆某某等人在侦查机关明确具体的证言、** 控股董事会决议等其他证据相互印证，证实了夏某某、吴某甲之间的往来属于私下的接触，未经 ** 控股公司董事会同意或授权，吴某甲从中达到为个人谋利的事实。

对于吴某甲辩护人提出要求阎某某等人出庭作证的要求，检察员认为，所提出的证人已在此前的诉讼阶段作出具体清晰明确的证言，并且经过一审庭审举证质证，在一审判决书中予以列明。吴某甲多次供述控股公司董事会没有同意其投资建设 ** 大厦项目，且董事会只同意在重庆投资 2 亿元设立销售公司。吴某甲后来才提出阎某某有看过并同意三方协议，董事会也同意的辩解，与其此前供述不符，与阎某某等人的证言不符，与其他客观证据不符，不足采信。且吴某甲在庭审以及承办人提讯时均供述，阎某某他只同意投资 2 亿元的情况与其他证据证实董事会只同意投资 2 亿元在重庆设立销售公司，并没有同意总部搬迁的事实相吻合。

（三）在案证据证实，吴某甲将 ** 中国公司资金供其实际控制的公司使用，“谋取个人利益”，“归个人使用”，“进行营利活动”， 控股公司不但没有从 ** 大厦项目建设中获得利益，反而遭受巨大损失，吴某甲从中谋取个人利益**

1. ** 控股公司没有所有权及收益权，** 大厦项目的所有权和收益权均归吴某甲个人控制的公司所有。** 大厦虽有“ ** ”字样，但 ** 中国公司并未参与该项目的投资，该项目土地使用权亦非 ** 中国公司所有，不享有 ** 大厦的所有权或收益权。** 大厦项目的所有权及收益权均被吴某甲实际控制的香港 * 乙公司享有，** 大厦建成与否与 ** 中国公司不存在必然的关联性。

2. 吴某甲实际控制公司为实际获益者。按照约定，** 控股每年无论收益如何，都要向吴某甲实际控制的 * 乙公司支付巨额租金来换取微薄的优惠，吴某甲控制的 * 乙公司收益是实在的，到底谁是受益者，显而易见。

3. 三方协议对 ** 控股公司设置多项严苛条件以及为 * 乙公司承担连带赔偿违约责任，所谓“获利”，仅为符合相关法规设定条件的优惠政策，且具有不确定性、附条件性，并且代价甚高。（1）所谓的获利仅为符合规定的优惠政策。且微乎其微，谈不上为收益。（2）附多项严苛条件，具有不确定性。包括一是将 ** 总部和结算中心均迁入，二是 ** 控股公司不但需与实力相差悬殊的 * 乙公司投资注册资金需高达 10 亿元，还需入驻该等项目合计年度总产值不少于 100 亿元，年度纳税金额按照非优惠政策计算不少于 5 亿元，** 中国公司总部项目及茶园仓储和物流配送项目总投资额需高达 20 亿元等不同方面的层层要求。** 控股公司并非必定能从 ** 大厦项目中获利，需在上述条件全部成就后才有可能获得当地政府附条件的招商政策的承诺。（3）代价甚高。设定了如未能按约定履行，** 控股需承担向南岸区政府赔付、退还开办补助费等费用以及对 * 乙公司获得的奖励资金承担连带返还责任等违约责任。

4. 纵向比较，所谓的税收优惠政策与 ** 控股公司承担的巨额资金风险相比，根本不足相提并论。** 控股公司即使通过多类别巨额投资、租用**大厦办公，也仅仅能获得不确定的需符合条件的税收等方面优惠的承诺，与**控股公司以9亿多元巨额资金为吴某甲个人的*乙公司贷款提供担保而造成的极高风险相比，微不足道。

5. 横向比较，与吴某甲实际控制的香港*乙公司获得的巨大利益相比，不但不足以认定系“为公司利益”，反而给**中国公司造成惨重损失。

对于此前吴某甲及其辩护人提出的重庆*甲公司向**中国公司为涉案五公司贷款担保《反担保函》的问题。(1) 从证据分析，本案各类证据吴某乙、孙某甲、**中国会计郭某乙、总裁办主任裴某某等人证言及相关证据证实该《反担保函》不具有真实性。(2) 从逻辑常理分析，正是由于涉案五公司没有贷款的能力和资质，所以吴某甲才私自挪用**中国公司的资金为其个人实际控制公司提供质押担保，所以吴某甲及其辩护人该辩解辩护意见不足以采信。且该反担保函也只是证实吴某甲构成挪用资金罪的同时需对**控股公司的巨额损失承担民事责任，并不影响刑事犯罪的构成。

此外，吴某甲辩称因王某丙没有兑现四方协议借款承诺，与本案没有关联性，该协议内容是关于吴某甲与王某丙之间的换股事宜，且王某丙按照协议，通过第三方协助吴某甲及其关联公司取得借款，吴某甲用借款购买了德豪润达公司的定向增发股票，协议已履行，与吴某甲挪用公司资金并无关联，不能成为吴某甲未经董事会决议、违反公司章程挪用资金的借口。

(四) 被告人吴某甲的行为造成中国公司巨大财产损失，现实地侵害了单位资金安全**

挪用资金罪的处罚对象为使单位资金脱离单位控制、侵害单位对公司的使用权和使单位资金陷入单位不能控制的风险、危及单位资金安全的行为，吴某甲将**中国公司的资金从公司的一般账户存款转入理财金账户，然后将该些资金作为质押担保保证金的行为的性质，侵害了**中国公司的占有权、使用权、收益权，实际上导致**中国公司失去对该笔资金的控制，使单位资金脱离单位控制，这正是挪用资金罪所要规避的财产风险，银行扣划款项时，该风险已经实现，对**中国造成了巨大财产损失，现实地侵害了其资金安全。虽然吴某甲运用了迂回的方式将**中国的资金用作担保，其行为相对于传统的挪用行为具有隐秘性，但根据《纪要》第四条规定，“挪用金融凭证、有价证券用于质押，使公款处于风险之中，与挪用公款为他人提供担保没有实质的区别，符合刑法关于挪用公款罪规定的，以挪用公款罪定罪处罚，挪用公款数额以实际或者可能承担的风险数额认定”。该种行为属于挪用本单位资金“归个人使用”的情形。

鉴此，吴某甲将公司资金92388万元用于为自己实际控制的公司提供质押担保，属于利用职务之便，挪用单位资金归个人使用，无论是数额较大、进行营利活动，还是数额较大、超过三个月未还，吴某甲的行为均构成挪用资金罪，符合本罪的客观构成要件，且为既遂。

（五）吴某甲挪用公司资金的主观故意十分明显

挪用资金罪责任形式为故意，行为人必明知是单位的资金而非法占有、使用。这里的非法占有、使用的故意，是指暂时占有、使用单位资金的故意，不同于职务侵占、诈骗罪中非法占有目的。

本案中，吴某甲故意绕开**中国董事会，采取隐秘的方式将**中国的资金为自己实际控制的公司提供质押担保，表明其对实施本案的资金挪用是经过深思熟虑、缜密安排、精心策划的，同时其应当明知违法使本单位资金脱离单位的控制，并陷入风险，犯罪故意明显。**控股作为一家大型上市公司，吴某甲作为上市公司及多个公司的董事长、行政总裁，其非常清楚上市公司严格的管理模式，应勤勉地维护上市公司的利益，但是吴某甲却以其精心策划的手段及方法，挪用上市公司的巨额资金，侵害国家对上市公司监管秩序及**中国的资金的管控权，并使产生了客观的巨额损失，对整个证券市场的发展、金融体系的稳定等都产生了极其恶劣的影响。其辩称对董事长权限的误解与客观事实不符，不足以构成对挪用资金罪故意要件的有效辩解。

（六）挪用金额的认定

银行划扣的款项为55650.23万元，申请流动资金借款虽为90162万元，但结合贷款利率，陷入风险的资金数额实际上超过了该款项。根据《纪要》第四条规定“挪用金融凭证、有价证券用于质押，使公款处于风险之中，与挪用公款为他人提供担保没有实质的区别，符合刑法关于挪用公款罪规定的，以挪用公款罪定罪处罚，挪用公款数额以实际或者可能承担的风险数额认定”。参照本条规定，吴某甲将 ** 中国的一般存款 92388 万元转入保证金账户，使单位丧失了对该资金的控制权，一审判决将该 92388 万元作为吴某甲挪用资金罪的犯罪数额，认定准确。

对于原审被告人陈某某，根据吴某甲、陈某某的供述及证人吴某乙、孙某甲、** 中国相关人员以及银行工作人员的证言和辨认笔录等证据，吴某甲一直交代包括在庭审中供述陈某某明知申请贷款的实际用途是 ** 大厦项目的建设仍接受其指示具体协调贷款事项，接洽本案质押贷款的银行工作人员杨某乙、曾某某证实陈某某在质押合同上加盖 ** 中国公司公章和吴某甲私章，相关证据已形成完整的证据体系，足以证实陈某某受吴某甲指示，构成挪用资金共犯的犯罪事实。

此外，对于辩护人提交的 ** 照明接管回忆录：一是没有表明任何身份、没有签名，没有注明出处。来源可疑，不具有客观性、真实性。二是没有反映辩护意见所说的证实 ** 总部搬迁的情况。三是与本案无关，没有关联性。不符合证据的三性原则，不能作为证据。

对于陈某某提供的邮件电子资料的情况说明、转发的邮件及其附件，一是收件人“谈总”身份不明，无法证实其与本案相关的身份。二是收件人所谓“谈总”的邮箱是 163 邮箱，跟其他抄送人的邮箱不一致，存在疑点。三是该邮件是转发邮件，并非原始邮件。四是附件的内容是 * 甲公司向其他公司、其他人支付的款项，都是对外支付，与本案质押中 * 甲公司收款人、付款人都是 * 甲公司，都是 * 甲公司自身账户之间的转账，并非对外支付，款项性质完全不同，不具有关联性。鉴此，该组证据不具有关联性、真实性。

二、职务侵占罪

相关证据证实吴某甲利用担任重庆 * 乙公司法定代表人的职务便利，通过该公司总经理张某乙要求财务出纳黄某某将小部分废料款转入公司财务部门入账，其余废料款不转入公司财务部门入账，将本单位资金非法占为己有达 370 万元，数额巨大，一审判决认定其构成职务侵占罪，定性准确。

（一）吴某甲非法占有的单位财物没有列入公司账目，公司高管等人员并未知悉

该款项属于重庆＊乙公司的合法财产，对于辩护人对黄某某行为的推断，检察员认为，黄某某只是＊甲公司万州工厂原财务出纳，黄某某是被吴某甲利用实施职务侵占犯罪行为其中的一个环节，不能从黄某某罪名的认定来推断吴某甲不构成职务侵占，辩护人的推断不符合法律逻辑。黄某某对废料款原始单据的销毁，恰恰从侧面印证了吴某甲指使相关人员将本单位资金不进入公司账，通过出纳人员个人账户转入吴某甲及其妻子吴某乙名下行为的非法性以及非法占有的主观故意。吴某甲的意图和指使明确，原始单据被黄某某销毁，款项一直没有在公司账目中体现，公司高管等人员均不知晓吴某甲非法占有的废料款。吴某甲亦供述，该370万元的处理没有经公司开会集体同意或决议通过。

（二）公司内部并未授权吴某甲处置废料款

吴某甲辩护人提交了相关人员的谈话记录、询问笔录等，反映公司确实存在部分开支难以直接予以财务报销，公司内部个别人员亦曾谈及，但多名公司高层管理人员一致陈述，并与其他证据相互印证，证实公司并没有对废料款的处理和使用进行讨论或形成决议，吴某甲亦没有召集财务人员商议如何处理废料款的相关会议，更没有形成以废料款解决公司隐形开支的决议，并且按照公司规定废料款应当入公司账目的情况。

辩护人称：王某乙与谈某某的证言存在矛盾，经审查，两人的证言并不存在矛盾，而且相互印证，至于辩护意见提出的王某乙证实的情况，谈某某证言也有反映，而且有进一步的陈述。

（三）吴某甲及其辩护人提交的材料及在案证据不能证实吴某甲将废料款用于公司开支

吴某甲及其辩护人提出“公款私用”与“私款公用”并存，但根据本案证据情况：

1. 吴某甲辩称向网眼公司、景冠公司分别垫付的300万元以及转账给吴某乙的70万元，根据相关证据证实并非为＊甲公司利益，并非公司业务费用。根据**控股公司董事会决议，2014年8月8日免去吴某甲**照明控股有限公司CEO职务，将提请股东大会免去其执行董事职务，同时免去吴某甲惠州 ** 光电科技有限公司的董事长和法定代表人及一切职务，免去吴某甲重庆 ** 照明有限公司的执行董事和法定代表人及一切职务。2014. 8. 26 决议免去吴某甲 ** 中国公司董事职务，免去吴某甲作为 ** 中国公司董事长及法定代表人。

** 中国公司出具的情况说明证实其未与网眼公司签订该合同，也没有与网眼公司有业务往来，景冠公司 10 月后单方停止合同履行，合同款双方仍在结算。石某某陈述："2014 年八九月重庆、北京的新闻通气会，具体实施有网眼公司和一家律师事务所，景冠公司也有参与。"孙某乙作为网眼公司负责人，其多次证言对于该合同是与 ** 中国公司签订还是与吴某甲签订、有无收到对方履行该合同的款项等主要问题均有矛盾陈述，难以对上述情况提供具有证明力的证言。

（1）对于合同履行的内容，吴某乙、孙某乙、景冠公司负责人张某丙等人的证言均证实合同履行的内容维护的主体是吴某甲个人，为吴某甲个人利益。

（2）从签订合同、履行合同的时间分析。签订合同时间、新闻发布会的时间均处于吴某甲与王某丙 ** 体系控制权纠纷的激烈时期，北京钓鱼台国宾馆的发布会甚至是在 2014 年 9 月，吴某甲早已被罢免 ** 体系的所有职务。

（3）从履行合同的支付方式、支付时间等分析。** 中国公司与景冠公司合作一直都是公账支付，而涉案合同的支付方式，吴某甲却以个人向张某丙个人通过现金给付，并且数额高达 300 万元。根据 * 甲公司管理规定，不得随意支付现金，集团外支付 300 万元以上 2000 万元以下的须经公司总经理审核，集团财务中心审核批准后方可执行。吴某甲向网眼公司支付的 300 万元，违反了此规定；即使吴某甲暂时无法通过公账支付，亦可通过转账等方式支付，但吴某甲却通过现金的方式支付高达 300 万元的款项，不符合逻辑和常理；且支付的金额 300 万元亦非签订合同金额 340 万元；款项的支付时间为 2014 年 8—11 月，但吴某甲已在 2014 年 8 月被免去职务；并且该款项并未进入公司账目。综上，上述合同并非经 ** 中国公司授权开展的业务，相关费用并非系基于公司利益而支出的业务费用。

2. 吴某甲辩解的相关支出未能与吴某甲职务侵占的废料款370万元形成对应关系，不具有关联性。

(1) ** 中国和重庆 * 乙是法律身份上相互独立的公司法人。(2) 相关款项黄某某按照吴某甲转账到吴某甲账户后次日，即因吴某甲的个人经济纠纷被司法划扣，或被吴某甲用于向杨某丙归还个人借款150万元等。(3) 转账时间与吴某甲提出的两份合同签订时间无法对应。(4) 黄某某转账给吴某乙的70万元，实际由吴某甲实际控制的 * 乙公司使用。事隔三年后吴某乙在侦查人员对上述情况再次核实时以记不清为由，并称吴某甲有向其还清借款，但无法提供具体情况以及相关资料，与此前详细明确的笔录相比，客观性不足。因而上诉人关于财物支出的辩解无法与重庆 * 乙的公务使用建立起合理的、对应的关联关系。在案相关证据已形成完整的证据链条，证实吴某甲职务侵占单位资金的犯罪事实。

三、量刑

(一) 一审判决对吴某甲的量刑已充分体现对吴某甲的宽大处理

1. 吴某甲犯挪用资金罪发回重审后从有期徒刑九年改判七年，评判如下：

(1) 上诉人犯罪数额巨大，主观恶性大，没有任何悔罪表现，犯罪后果严重，对被害单位一直没有任何退赔。其挪用资金金额为9.2亿多元，且造成 ** 中国公司5亿多元的巨额损失。吴某甲的犯罪数额远超所在量刑档次的数额起点。根据相关司法解释，“个人决定”既包括行为人在职权范围内决定，也包括超越职权范围决定。吴某甲超越职权范围“个人决定”，谋取个人利益，其“个人决定”的犯罪情节恶劣，无视法律，主观恶意十分明显。且其挪用单位资金时，其占有的 ** 股份极低，侵害了公司利益、其他股东利益以及其他合法权益人的利益。

(2) 吴某甲挪用资金的犯罪根源和起源具有非法性，因赌博、巨额高息赌债而挪用 ** 中国公司资金。①吴某甲贷款金额远远高于 ** 大厦项目建设所用款项。透过现象看本质，根据吴某乙等具体运营 ** 大厦项目建设的证人证言证实，吴某甲用于购买 ** 大厦土地使用权即购地款约为2.7亿元、接近3亿元。吴某乙陈述：** 大厦购地款等大概不到3亿元，土石方工程签订了6000万元施工合同，* 乙公司只支付了2700万元，到2014.10 ** 大厦只做了整体设计方案和土石方工程。张某丁（重庆 ** 房地产开发有限公司原法定代表人）陈述：截至2014年12月，在其接手担任重庆 ** 房地产开发有限公司法定代表人时，** 大厦购地款为2.7亿元（都是有购地发票的），土石方工程款支付了2700万元左右，设计费支付了几百万元（400万元至800万元），就这么多了。其陈述具体明确，且有依据。吴某甲供述：重庆 * 甲公司的 ** 大厦项目，购地款加上工程费用，共花费3亿多元。相关证据相互印证，从有利于被告人原则，** 大厦项目购地款、工程款和设计费等费用约为3.1亿元。而吴某甲获得的与 ** 大厦建设相关的款项包括：吴某甲供述的“重庆 * 甲公司本身又以 ** 大厦土地作为质押申请了2亿多元的贷款”，向深圳中科创高息借贷3亿多元，以及本案挪用资金借款余额5.498亿元，合计高达10多亿元。吴某甲供述由于其嗜赌，将准备好的购地款用于赌博输了4个亿，买地的钱没有了，其就借高利贷10%的利息，且所贷款项以购地款为限，因此，即使以其高利贷10%利息计算，即使辩称借新还旧，仍然难以对其获得款项数额远远高于 ** 大厦项目建设所有支出，作出合乎逻辑和常理的合理解释。②吴某甲长期有赌博恶习。其前妻吴某乙陈述，吴某甲嗜赌，且苦劝不听，这也是其与吴某甲离婚的主要原因之一。吴某甲亦一直供述其有赌博情况。2020.9.27惠州市中级人民法院工作人员对吴某甲的讯问笔录证实：一是吴某甲对重庆市原 ** 区委书记夏某某进行贿赂，反映了吴某甲与夏某某存在利益勾连，夏某某的调查笔录不足以采信。二是2013年以后吴某甲就不是大股东了，** 中国公司的资金其占有份额极少，其挪用公司资金的行为严重损害公司利益以及其他股东的利益。三是由于吴某甲将准备用于买地的钱用于赌博，输了4个亿，所以才没钱建设 ** 大厦，才触发了挪用 ** 中国的资金质押贷款。其借了高利贷，而且其他的钱也是借的，其赌债远远高于买地的款项，无力偿还。由于赌债高筑，吴某甲铤而走险，不惜损害 * 甲公司的利益，用 ** 中国的资金质押为其个人控制的公司贷款质押担保，谋取个人利益。检察员提讯吴某甲时，其供述：其在英国、澳洲、中国澳门等地均有赌博，赌债高达十亿元，后来其把 ** 控股公司的股票质押给中国建设银行、汇丰银行等机构去还赌债，还将其重庆 ** 地产公司作价4亿元抵债给刘某乙。根据本案案情及相关证据，以及从逻辑常理及社会经验法则，足以认定吴某甲挪用资金的行为起源于赌博，并非其辩称的为 * 甲公司发展，而是欠下巨额赌债后的贪婪和铤而走险。* 甲公司因此遭受严重打击，影响恶劣、后果严重。

（3）吴某甲挪用资金的严重犯罪后果是既成事实。对于辩护人提交的（2016）渝民终 558 号民事判决涉及资金划扣一案再审材料，该民事诉讼的结果无法改变吴某甲挪用资金的严重犯罪后果。①该民事诉讼的结果不影响吴某甲的行为构成挪用资金罪的认定。②该民事诉讼并非被告人吴某甲主动退赔，吴某甲一直没有对其造成 ** 中国公司的损失进行任何退赔，没有任何悔罪表现。该民事是被害人的自救行为。上述判决为二审终审裁定，虽决定再审，但尚未判决。③改判与否，结果均为 ** 中国公司以被吴某甲挪用的资金承担连带赔偿责任，吴某甲犯挪用资金罪的犯罪后果不但是既成事实，而且依然存在。由于吴某甲控制的 * 乙公司、* 丙公司根本无力偿还银行贷款，吴某甲因赌博欠下巨额高息赌债，赌债高筑，没有偿还能力，吴某甲供述其将 ** 大厦的土地用于借高利贷，** 中国公司资金被吴某甲挪用作为质押担保，因此，即使改判银行提前划扣质押金不当，执行先由 * 乙公司、* 丙公司偿还银行借款，但吴某甲控制的五公司及吴某甲均无偿还能力，最终依法仍需由 ** 中国公司承担连带赔偿责任，吴某甲挪用资金的罪行导致的犯罪后果依然存在。

2. 吴某甲犯职务侵占罪发回重审后从有期徒刑六年改判五年六个月，数罪并罚决定执行有期徒刑十年，一审判决对上诉人无论在两个具体罪名还是决定执行刑期，均已充分体现对吴某甲极大的从宽力度。发回重审一审判决对吴某甲的量刑已充分考虑吴某甲系 * 甲公司的创始人，对 ** 企业发展有一定贡献等，已对吴某甲的从宽量刑情节作充分考量，在挪用资金数量如此巨大、被告人没有认罪悔罪表现等情况下，仍未对此罪名在法定刑顶格予以量刑，在职务侵占的数额超过法定的数额巨大、应处五年以上有期徒刑的幅度两倍有余的情况下，仅科处略高于起点刑的刑罚，一审判决无论从两个罪名的量刑还是决定执行刑期均已充分体现对吴某甲的从宽力度。

3. 重审一审判决责令被告人吴某甲退赔人民币 55650.23 万元给被害单位 ** 照明（中国）有限公司。根据最高人民法院《关于适用〈中华人民共和国刑事诉讼法〉的解释》第一百三十九条之规定，被告人非法占有、处置被害人财产的，应当依法予以追缴或者责令退赔。被害人提起附带民事诉讼的，人民法院不予受理。根据最高法《关于适用刑法第六十四条有关问题的批复》，被告人非法占有、处置被害人财产的，应当依法予以追缴或者责令退赔。被害人提起附带民事诉讼的，或者另行提起民事诉讼请求返还被非法占有、处置的财产的，人民法院不予受理。鉴此，重审一审判决责令被告人吴某甲向被害单位 ** 中国公司退赔，合法合理。

（二）一审判决认定原审被告人陈某某挪用资金系受他人指派，参与部分环节，对挪用资金犯罪事实起辅助作用，且没有获取非法利益，系从犯，判处有期徒刑三年，缓刑三年，量刑适当

对于本案必须强调，国家相关政策对民营企业的保护，为其营造良好的法治环境，保护合法企业主体，保护企业产权，对于损害民营企业产权、损害民营企业股东、合法权益人、谋取个人利益的犯罪分子，依法予以惩治，充分保障法治环境的规范。吴某甲蔑视国家法律，明知故犯，超越职权，谋取个人私利，严重损害 * 甲公司的利益，损公肥私。吴某甲虽系 ** 体系的创始人，但一直无视现代上市公司依法依规管理制度，吴某甲并非别无选择，其违反公司制度，违反刑事法律，将自己仅具有极少股份份额的公司视为一己之物，利用职务上的便利挪用公司 9 亿多元资金，为其个人控制的公司谋取利益，最终获利者及实质获利者均为吴某甲，并非 * 甲公司，造成 * 甲公司巨额损失，目前仍为追回损失而奔走，犯罪后果严重。此外，吴某甲职务侵占的行为，将企业的财务管理制度直接架空，无视法纪，严重损害公司管理制度，损害公司利益。吴某甲应当反躬自省，他人产权应受尊重，法律底线不可触碰，否则，面临的必定是相应的刑事处罚！

需要提醒吴某甲的还有，赌博，自古为恶习，是滋生犯罪的根源，众所周知，赌博“十赌九输”。吴某甲的赌徒心态明显，由于赌博欠下巨额赌债，吴某甲恶向胆边生，不惜铤而走险、罔顾国法，不惜损害其一手创立的 * 甲公司利益，在每一次的挪用资金的行为中，都是其损害 *

甲公司主观恶意的体现，在犯罪的道路上一去不返，** 体系因此遭受严重打击，上市公司其他合法权益人利益遭受严重损失，影响恶劣！

综上所述，本案发回重审后一审判决认定的犯罪事实清楚，证据确实、充分，定性准确，量刑适当，上诉人吴某甲的上诉理由没有事实和法律依据，我院在全面评判全案事实证据并结合刑事司法政策的基础上，建议二审法院驳回上诉，维持原判。

出庭检察员：关某某
2021 年 10 月 27 日当庭发表

【学者点评】

本案涉及经济犯罪，特别是涉及上市公司的高级管理人员滥用职权，挪用公款的行为，案件具有显著社会影响。此类案件的审理及其判决结果传递了关于相关法益不可侵犯的重要信号，强调了法律面前人人平等的原则，进而巩固了公众对于法治秩序的信任。首先，本案的社会影响体现在对法治原则的强化上。管理层的违法行为受到了法律的严肃处理，这充分展现了司法机关执行法律、维护正义的决心和能力。这不仅对公司高级管理人员起到震慑作用，也向社会大众表明了犯罪人无论身份地位如何，违法行为都将受到应有的制裁。这种法律的威慑力对于维护法治秩序，促进社会公平正义具有不可替代的作用。其次，本案对资本市场的稳定和健康发展有重要意义。上市公司作为资本市场的重要组成部分，其经营的透明度和规范性直接关系到投资者的利益。本案中，原审法院对管理层的非法挪用行为给予了明确的法律裁定，这有助于提升上市公司治理结构的规范化程度，促进企业治理实践向更高标准的转变，进而增强投资者对市场的信心，促进资本市场的稳定与秩序。再次，本案的审理过程和判决结果对公众的法律意识具有积极的教育作用。通过对案件的公开报道和传播，增强了公众的法律意识，使得公众更加意识到遵守法律的重要性。此外，案件还具有一定的警示教育功能，使得更多的企业和个人在开展经济活动时更加注重法律风险，从而促进了整个社会法治环境的建设。最后，案件的处理对加强公司内部治理结构、提升企业规范经营意识产生了促进作用。通过对高层违法行为的惩处，提示了企业必须加强内控制度建设，明确管理层的职责和权限，防范经济风险的发生，这对于提升公司经营管理水平，保护股东及其他投资者的合法权益，具有重要意义。

本案的社会影响不仅体现在法律的正义实现上，也体现在它对于促进社会法治意识、规范资本市场秩序以及推动企业内部治理结构完善等方面产生了深远的影响。案件的审理和判决结果不仅仅是对个体行为的惩处，更是对整个社会法律规范的一次强化，对构建法治社会具有不可或缺的价值。

在探讨经济犯罪案件中检察工作的重要性时，我们必须从法律监督和公共利益的角度出发，分析其在确保法律正确实施及社会经济秩序稳定中的作用。在本案中，检察机关履行了《宪法》和法律赋予的职责，对犯罪人的行为进行了严格审查，并在法庭上提出了明确的公诉意见，这一过程体现了司法权力在维护法律尊严与公共利益方面的重要作用。检察工作不仅仅是追究个体责任，更在于其通过法律程序维护社会公共秩序，强调了法律对于经济活动规范的必要性和紧迫性。在司法实践中，检察机关对于企业经济活动中的违法行为所持的审慎态度，有助于促进企业内部治理的规范化和透明化。通过对本案的深入调查，检察机关揭示了公司内部控制的缺失和管理层权力滥用的问题，促进了企业加强风险管理和内控机制，从而维护了广大投资者和相关利益方的权益。检察机关的工作对于提高公众的法律意识和信任度也具有不可替代的作用。通过公开透明的司法程序和严格的法律适用，检察机关展现了法律面前人人平等的原则，提升了公众对司法公正和法律权威的信赖。在此基础上，检察机关的工作不仅仅局限于犯罪的打击，更是对法治原则的一种强调和践行，对于提升社会整体的法治文化具有深远影响。进一步来说，检察工作在经济犯罪案件中的重要意义还体现在对市场经济秩序的维护上。本案中经济犯罪侵害了公司和投资者的利益，可能破坏市场秩序，损害公平竞争的环境。检察机关通过法律监督确保企业活动的合规性，对于维持市场经济的公平性和秩序性起到了关键作用。

检察工作在本案中的重要性不仅在于法律程序的正当执行和犯罪行

为的有效打击，还在于其对于加强法治建设、促进社会公平正义、维护经济秩序稳定等多方面产生了积极而深远的影响。通过这一案件，检察机关再次确认了其在法治国家框架内不可或缺的地位和作用，彰显了法律监督机关在推动法治进程和构建和谐社会中的重要价值。

本案涉及《刑法》中关于经济犯罪的法律条文，包括挪用公款罪、职务侵占罪等，这些规定在经济犯罪的诉讼实践中具有核心地位，其精确解读对于判案至关重要。挪用公款罪和职务侵占罪在刑法中属于财产犯罪的范畴，旨在维护国家和社会的财产秩序，保障公共财产和私人财产不受非法侵犯。挪用公款罪侧重于公共部门或企业中，职务人员利用职务上的便利非法占有公款的行为；而职务侵占罪则侧重于企业内部人员侵占单位财物的行为。这两种犯罪都要求行为人具有非法占有的故意，但挪用公款罪还需考量行为人实际进行了营利活动或数额较大、时间较长未归还的行为。在本案中，文书所述的挪用公款罪与职务侵占罪的分析，首先依据的是行为人是否有非法占有公款的目的。通过审慎考察案件事实，确认被告人的行为是否构成对公共财产的非法侵占，并是否为了个人利益，利用了其在企业中的职务便利。法院在判定挪用公款罪时，还将考量行为人是否对公款进行了营利活动或长时间未归还，这涉及对行为人挪用公款目的及其对公款使用方式的判断。案件中关于挪用资金罪的解释还包括对“个人决定”“归个人使用”等概念的具体理解。检察院在指控时需证明被告人的行为不仅是超越了其职权范围的个人决定，且该决定必须是为了个人而不是单位的利益。这要求检察院提供充足的证据，证实被告人以个人利益为目的，排除了为单位利益的可能性。最后，案件文书中的法律条文解析还涉及对量刑原则和量刑具体操作的理解。法律规定了不同犯罪行为对应的量刑幅度，检察院在提出公诉意见时，将依据犯罪行为的严重程度、犯罪后果及被告人的悔罪表现等因素，建议法庭对被告人作出相应判决。在本案中，量刑的适当性需要根据被告人犯罪的具体事实，结合刑法的相关规定来综合评估。

在经济犯罪案件中，法律条文的解析和释义同样对预防犯罪和提高法律规范遵循度具有示范效应。例如，本案检察机关对于挪用资金罪和职务侵占罪的严谨立场，表明了对于企业内部财务管理的法律规范要求，对市场主体提出了合规经营的明确要求。法律不仅在此起到了惩治违法行为的作用，更发挥了对企业法治意识的强化作用，促进了社会经济关系的法治化。

（**点评人**：许身健，中国政法大学法律硕士学院院长，教授、博士生导师，中国法学会法律文书学研究会副会长兼秘书长）

【检察官点评】

一、案件的社会影响

依法惩治民营企业内部人员，特别是民营企业高管等关键岗位人员实施的职务侵占、挪用资金等侵害企业利益犯罪，是检察机关全面履行检察职能，服务和保障民营经济发展壮大的重要举措。本案的特殊之处在于，一方面，涉案金额特别巨大，上诉人吴某甲挪用资金达9亿余元，造成企业损失5亿余元，另职务侵占370万元。另一方面，行为主体尤为特殊，损害企业（**控股公司）利益的高管（吴某甲），正是企业创立的发起者、迅速发展的推动者和成长壮大的引领者，是企业当之无愧的“功臣”。司法办案的每一步走向，都牵动企业上下的神经，引发社会的广泛关注。检察机关对案件的分析论证和处理意见，既直接涉及对上诉人的刑事责任追究，也影响企业和股东的权益保护，还是对社会关切的回应。

二、对法治进程、检察工作的重要意义

为企业创立、发展、壮大呕心沥血的“功臣”，最终沦为严重损害企业利益的“罪犯”，巨大的反差难免会让社会大众产生复杂的心理，进而带来对司法办案的质疑或考验。检察机关对案件事实的深度剖析、对上诉人行为性质的精准辨析以及对犯罪构成的准确把握，是案件经得起法律检验的根本保障。立足客观事实，充分揭示上诉人的行为对企业造成的严重损害，对社会造成的恶劣影响，是司法结论赢得社会认可的关键所在。通过全面、精准、深刻地发表出庭意见，阐明检察机关的观点和

依据，其意义不仅在于依法准确惩治犯罪，还对企业经营者有着普遍的教育意义和借鉴价值，引导广大经营者正确对待企业财物和个人财产，依法依规管理企业，进而服务保障企业健康发展，保护企业和股东合法权益。

三、检察机关履职评价

结合上诉案件出庭意见书反映的信息，检察官主要履职特点有：一是全面审查严谨论证全案事实。本案上诉案件出庭意见书达1.6万余字，较大多刑事案件法律文书而言，篇幅相对较长。但读来并无累赘冗长之感，关键即在于检察官对涉及定罪量刑的基本事实作了全面审查和严谨细致的分析，包括：** 中国公司对相关决定权的规定、吴某甲对案涉质押担保行为是否系个人决定、** 中国公司相关资金用途、吴某甲谋取个人利益导致公司巨大损失等关键事实，检察机关做了大量深入调查，并结合证据情况进行了充分论证。对于未提出上诉的原审被告人陈某某的挪用资金行为，检察官也作了深入论证，体现了对案件的全面审查和精准判断。二是有理有据回应辩护意见。结合本案一审、二审经历的诉讼时间来看，可见诉讼推进并不容易，控辩双方分歧十分明显。检察官在二审环节直面辩护人提出的意见和证据，通过上诉案件出庭意见书进行了认真分析和正面回应。如辩护人提出 ** 控股公司董事会对质押知情、提交书证和证人证言欲证明 ** 控股公司同意总部搬迁等意见，检察官从证据本身的真实性、客观性和关联性进行了分析，结合经验法则和逻辑规则、常理常情提出了客观的质证意见。三是情理结合提出处理意见。主要是针对本案的量刑部分，检察官立足上诉人的涉案金额、造成公司的巨大损失等基本事实，阐释了上诉人行为的社会危害性。结合发回重审后一审判决对挪用资金罪、职务侵占罪的从轻改判，论证司法机关已经充分体现宽大处理。在此基础上提出了驳回上诉、维持原判的出庭意见。

四、法律条文解析释义

本案主要涉及对《刑法》第272条（挪用资金罪）、第271条（职务侵占罪）的理解与适用。

关于挪用资金罪。该罪的入罪条件包括挪用资金归个人使用且数额较大、超过三个月未还，或者数额较大、进行营利活动，或者进行非法活动三种情形。结合全国人大常委会法工委刑法室对挪用资金罪中“归个人使用”的含义答复，上诉人吴某甲的行为应属“归个人使用”。吴某甲将公司资金用于为其实际控制的公司贷款提供质押担保，属于“进行营利活动”。根据2016年“两高”《关于办理贪污贿赂刑事案件适用法律若干问题的解释》，该罪“数额巨大”按照挪用公款罪对应标准（挪用数额在200万元以上进行营利活动的属“情节严重”）的2倍执行，即400万元以上。吴某甲挪用资金高达9亿多元，显然属于“数额巨大”，结合《刑法修正案（十一）》对该罪量刑的修改，按照“从旧兼从轻”的原则，对其判处7年有期徒刑，体现了从宽处理精神。

关于职务侵占罪。根据2016年“两高”《关于办理贪污贿赂刑事案件适用法律若干问题的解释》，该罪“数额巨大”按照贪污罪对应标准（即20万元以上）的5倍执行，即100万元以上。吴某甲职务侵占金额为370万元，属于“数额巨大”，如前所述，结合《刑法修正案（十一）》对该罪量刑的修改，按照“从旧兼从轻”的原则，对其判处有期徒刑5年6个月，以及数罪并罚决定执行有期徒刑10年，都体现了充分的从宽处理。

五、文书撰写精要

检察官撰写的上诉案件出庭意见书有以下特征：一是紧密结合犯罪构成要件论证行为性质。检察官着重从行为人无权决策，个人决定提供质押担保，将公司资金归个人使用、进行营利活动、谋取个人利益，进而造成公司巨大财产损失，并有十分明显的主观故意等方面论证上诉人吴某甲挪用资金的行为性质。着重从非法占有单位财物未列入公司账目，公司高管对此不知情，公司未授权吴某甲处置相关款项等方面论证吴某甲职务侵占的行为性质。相关论述立足案件事实，紧扣犯罪构成，逻辑严密，说理充分，环环相扣。二是细致分析焦点问题澄清争议。本案的重点在挪用资金罪，而问题的焦点在于吴某甲是否有决定权和表决权、是否将公司资金归个人使用以及是否谋取个人利益。检察官结合在案证据，用了大量笔墨，采取抽丝剥茧的方法，层层递进论述焦点问题，思维缜密、辩中有立，叙议结合、有理有据，令人信服。三是剖析揭露犯罪原因，情理兼顾引发共鸣。检察官用一定篇幅专门揭露了吴某甲犯罪的根源，即犯罪背后的根本原因是其长期有赌博恶习，欠下高息赌债，无力偿还。由此也驳斥了吴某甲“挪用资金是为 ** 公司发展”的谎言，揭露了事实真相，有利于社会公众对本案有更全面、清晰的认识，促使犯罪者认识到罪行的严重性，体现了良好的政治效果、法律效果和社会效果。

（**点评人：**王雁飞，四川省广安市人民检察院检察长）

【法官点评】

吴某甲案是一起引起广泛关注的企业高管涉嫌经济犯罪案件，其实施的挪用资金罪和职务侵占罪不仅严重损害了 ** 公司的利益，也触及了企业内部控制、财务管理、股东权益、企业高管行为监督、法律规制，特别是对民营企业产权的平等保护等多方面问题。吴某甲利用职务上的便利，挪用本单位资金 92388 万元人民币归个人使用，将本单位资金 370 万元人民币非法占为己有，其犯罪行为所产生的社会危害性极大，理应从严惩处。本文将从案件的重要社会影响、对法治进程的意义、检察机关的履职情况、法律条文解析和文书撰写精要等方面进行点评。

一、案件的重要社会影响

1. 本案引发了社会各界对民营企业平等保护机制的关注和讨论。民营经济是社会主义市场经济的重要组成部分，民营企业在推动发展、促进创新、增加就业、改善民生和扩大开放等方面也发挥了不可替代的作用，其健康发展关乎国家经济、社会的稳定和繁荣，社会公众普遍希望依法惩治侵犯民营企业合法权益犯罪的同时，健全国家对民营企业平等保护的法治环境，营造出市场化、法治化、国际化的营商环境，促进民营企业规范健康发展，进一步激发民营企业的活力和创造力，预防类似案件的再次发生。

2. 本案也引发了社会各界对民营企业内部管理结构和管理方式的关注。吴某甲作为**公司高管，在没有经董事会授权和同意的情况下，利用职务上的便利，将公司资金挪作他用和非法占为己有，在损害公司利益的同时，也侵害了公司股东的合法权益。吴某甲的犯罪行为暴露出**公司在内部控制、财务管理、监督机制、高管行为监督等方面的不足，凸显了民营企业加强财务管理、约束高管行为的重要性，也提醒了民营企业加强生产、经营风险评估和防范的必要性，勿因个别企业高管的违法犯罪行为对企业和社会造成难以弥补的重大损失。

二、对法治进程的意义

1. 体现了国家依法保护民营企业产权的态度和决心。通过检察机关对本案的处理，在国有企业和民营企业产权的保护上，体现了国家“一视同仁”的平等保护理念，在依法严惩谋取个人利益、损害民营企业产权犯罪分子的同时，维护了法律的严肃性、平等性以及社会的公平正义，对各种所有制经济同等受到法律保护、优化稳定公平透明可预期的发展环境、激发民营经济生机活力等具有重要意义。

2. 通过保护企业产权、股东和投资者权益，强化了法治理念。检察机关对本案的处理，维护了企业、股东和投资者的合法权益，增强了市场信心，也向社会传递了一个明确的信号，无论是国有企业还是民营企业，也无论在企业中拥有多大的影响力和地位，只要触犯法律都必将受到法律的制裁，这显然有助于增强社会公众对法律以及司法机关的信心，有助于巩固法律的权威和司法机关的公信力，进一步强化了全社会的法治观念。

3. 推动了《刑法》的修正和完善。本案的曝光暴露出了刑法对民营企业工作人员职务侵占、挪用资金等腐败行为威慑力不足、预防犯罪效果不佳的问题，为了进一步加强民营企业产权保护和优化营商环境，2020年12月26日第十三届全国人民代表大会常务委员会第二十四次会议通过的《刑法修正案（十一）》对职务侵占罪和挪用资金罪进行了修正，加大了对二罪的惩处力度。

三、检察机关的履职情况

1. 遵循正当程序原则，有力应对众多挑战。本案从一审审查起诉、提起公诉到二审出庭履行职务，检察机关均严格按照法律程序进行，确保每个环节都合法合规，维护了法律的尊严和权威。面对证据审查判断、合理怀疑排除、法律适用争议等诸多疑难问题，检察机关通过加强与相关部门的协作、运用现代科技手段、加强法律适用研究等方法和手段，成功应对了这些挑战，确保了案件的顺利办理。

2. 通过及时查处经济犯罪，对民营企业合法权益予以有力保护。检察机关通过认真研判和深入、全面分析证据，在继一审提起公诉之后，二审中指派检察员出庭履行职务，再次揭露了吴某甲挪用资金和职务侵占的犯罪事实，为依法追究其刑事责任提供了有力的证据支撑，表明了检察机关在打击经济犯罪、维护社会公平正义方面发挥着不可替代的作用，为今后更好地履行法律职责奠定了坚实基础。

3. 助力民营企业管理结构和能力的优化。检察机关在吴某甲案的办理过程中，通过审查、核实证据、认定犯罪事实、讯问被告人和参加庭审等，也发现了民营企业在公司治理结构，特别是在内部控制、财务管理、监督机制、高管行为监督等方面普遍存在的漏洞和不足。因此，在民营企业生产、经营过程中改善公司管理架构、提升管理能力方面，检察机关可以提出有针对性的建议和对策，助力民营企业改善和健全公司管理体系。

4. 认真总结办案经验，积极参与追赃挽损工作。通过本案的办理，检察机关在处理复杂经济犯罪案件方面总结出了许多宝贵经验和教训，为今后的工作提供了有力的参考和借鉴，有利于提高检察机关的办案水平和效率。本案中，检察机关并未止步于依法追究吴某甲的刑事责任，而是在办案之外积极参与追赃挽损工作，协力其他部门共同挽回被害民营企业的经济损失，维护了民营企业和股东的合法权益。

四、法律条文解析释义

根据《刑法》第 272 条的规定，挪用资金罪是指公司、企业或者其他单位的工作人员，利用职务上的便利，挪用本单位资金归个人使用或者借贷给他人，数额较大、超过 3 个月未还的，或者虽未超过 3 个月，但数额较大、进行营利活动的，或者进行非法活动的行为。虽然《刑法》未就挪用资金罪中“归个人使用”的具体理解作出明确规定，导致司法实务中长期存在争议和不同认识，但鉴于挪用资金罪和挪用公款罪在类型化上高度相似，2004年9月8日全国人大常委会法制工作委员会刑法室在《关于挪用资金罪有关问题的答复》中明确表示，《刑法》第272条规定的挪用资金罪中的“归个人使用”与《刑法》第384条规定的挪用公款罪中的“归个人使用”的含义基本相同。因此，吴某甲在本案中利用职务上的便利，挪用**公司资金9.2亿元为其实际控制的公司贷款提供质押担保进行营利活动，挪用资金数额巨大，符合挪用资金罪的构成要件。

根据《刑法》第271条的规定，职务侵占罪是指公司、企业或者其他单位的工作人员，利用职务上的便利，将本单位财物非法占为己有，数额较大的行为。本案中，吴某甲通过**公司总经理要求公司财务人员将废料款转入其及妻子名下，最终非法占有废料款370万元，数额巨大，符合职务侵占罪的构成要件。犯罪后，吴某甲采取隐匿、销毁原始单据等手段，企图掩盖犯罪事实，应从严惩处。

五、文书撰写精要

1. 案情陈述应清晰、完整。本出庭意见书对案件事实的陈述条理清晰，在认真审查、判断一审定案证据的基础上，通过完整和连贯的证据链，详细论证了吴某甲挪用资金和职务侵占的具体过程和手段，不仅为二审法院准确审查处理奠定了基础，也便于社会公众能够准确理解案件的来龙去脉和具体经过，保证了文书的准确性和说服力。

2. 明确提出定罪意见。在确定犯罪事实的基础上，本出庭意见书针对上诉人及其辩护人的上诉理由和辩护意见，依据《刑法》条文和相关司法解释，明确提出了规范评价后形成的定罪意见，并在释法说理的基础上，对上诉理由和辩护意见进行了详细分析和评判，确保了文书的逻辑性和完整性。

3. 认真审查一审判处的刑罚，对二审处理提出明确意见。本出庭意见书对一审的量刑进行了充分论证，虽然吴某甲没有认罪、悔罪表现，但一审法院考虑到其系**公司的创始人，对企业发展有一定贡献，对其予以了从宽处罚。鉴于从宽处罚后判处的刑罚并无不当，检察机关明确提出了驳回上诉，维持原判的建议，保证了文书的专业性和规范性。

对损害民营企业产权，谋取个人利益的犯罪分子，无疑应依法予以惩治，但更多的关注和思考还应该集中在如何完善相关法律和制度方面，在强化公司内部控制、财务管理、监督机制的基础上，加强对公司高管的监督和制约，有效预防类似犯罪的再度发生。

（**点评人：**周岸崇，云南省高级人民法院刑事审判第一庭副庭长）

【律师点评】

吴某甲、陈某某挪用资金、职务侵占案系检察机关服务保障民营经济发展的一个典型案例。被告人吴某甲系知名企业 ** 照明的创始人。然因其赌徒心态，擅自将 ** 中国公司的流动资金为其实际控制的公司贷款提供抵押担保，同时利用法定代表人的职务便利要求财务出纳将大部分废料款不转入公司财务部门入账，严重损害了民营企业的利益，最终被判挪用资金罪及职务侵占罪。根据北京师范大学中国企业家犯罪预防研究中心发布的《企业家腐败犯罪报告》，挪用资金罪、职务侵占罪系民营企业家的犯罪重灾区，而在实务中，由于民营企业相对具有较大自由度，对于挪用资金罪、职务侵占罪等经济犯罪的定性也往往存在较大争议。本案中，惠州市人民检察院在上诉案件出庭意见书中全面论证犯罪构成要件的同时聚焦案件核心争议焦点，规范引用法律条文，严谨翔实，充分展现了检察机关对于法律的专业性及对公平公正原则的坚守。

第一，聚焦核心，全面论证，有力应对经济犯罪定性难题。民营企业因管理不规范，常存在公款私用、私款公用的情形，对于民营企业家的违法行为究竟属于民事上财产混同、抽逃注册资本、违规运转资金的情形，应以民事责任进行规制，还是触碰到了刑事红线，应采取更为严厉的刑事措施进行惩罚，是实务中需要重点考虑的内容。本案惠州市人民检察院从犯罪主体的身份、主观故意、客观行为的界定、严重的损害事实后果角度出发，全面论证了挪用资金罪和职务侵占罪的构成要件。同时，聚焦于挪用资金罪中“归个人使用”和职务侵占罪中“占为己有”的重点判断，从公司章程、授权文书、记录决议、内控制度、证人证言、逻辑经验、商事考量、行为和结果之横纵对比等角度，充分罗列事实，深入分析被告人行为逻辑及动机，最终谨慎、准确地对被告人的行为进行分别定性。

第二，精准引据，准确理解，规范解释适用法律。在涉及民营企业家经济犯罪的本案中，惠州市人民检察院准确适用《刑法》条文、《公司法》条文、司法解释、经济犯罪审理纪要、刑事回复等依据，充分体现了惠州市人民检察院工作的认真度与专业性。例如，对于挪用资金罪中“归个人使用”客观行为的认定，根据《关于挪用资金罪有关问题的答复》，与挪用公款罪中的“归个人使用”的认定基本相同。根据《全国人民代表大会常务委员会关于〈中华人民共和国刑法〉第三百八十四条第一款的解释》，“归个人使用”主要包含三种情形：（1）将公款供本人、亲友或者其他自然人使用的；（2）以个人名义将公款供其他单位使用的；（3）个人决定以单位名义将公款供其他单位使用，谋取个人利益的。本案即属于上述第三种情形。再如，对于挪用金额的认定，因本案存在最终损失金额和转入公司保证金账户的金额不一致的情况，惠州市人民检察院根据《全国法院审理经济犯罪案件工作座谈会纪要》，正确理解“使公款处于风险之中”的含义，以保证金账户金额进行认定。

第三，行文严谨，逻辑清晰，针对辩护人的观点进行明确回应。首先，本案出庭意见书整体结构十分清晰，紧扣争议焦点，条分缕析，详略得当，使阅读者易于读懂，清晰了解案件事实及理解法律分析。其次，出庭意见书全文共1.6万余字，事实说理充分，论据翔实，每个论点都有大量的客观证据以及严谨的逻辑分析支撑，全文多处使用正反对比论证，使得整篇意见书的观点十分具有说服力，充分体现了惠州市人民检察院在梳理事实和剖析法律方面的严谨和细致。最后，尤其值得肯定的是，出庭意见书对辩护人的观点进行了全面而详尽的回应，不仅体现出公平公正的司法精神，也显示出检察机关在处理案件中的全面和深思熟虑。这种对每一个细节一丝不苟的态度，为我们展示了检察人员的职业风范。

第四，情理结合，掷地有声，通过个案彰显依法营造良好营商环境的司法理念。本案出庭意见书在行文的最后强调，国家政策一直致力于对民营企业的保护，为其营造良好的法治环境，对于被告人此种蔑视国家法律，损害民营企业利益，谋求个人私利的行为应严厉打击。并提醒被告人吴某甲赌博的危害性，希望吴某甲反躬自省。这份意见书在处理案件的同时，没有忽视对立法原意、司法精神、人性和对社会工作的关注。意见书在法律理智与社会感性之间找到了平衡点，体现了检察机关的人文关怀和法律的温度，为我们树立了良好的法律工作典范。

（**点评人：**李春斌，北京德恒杭州律师事务所高级权益律师）

21. 高某甲等人恶势力犯罪集团案：扫黑除恶“重拳出击”

【案情简述】

数千年的农耕文明史，造就了华夏民族安土重迁的习俗，形成了中国人对家园深沉的眷恋。土地，意味着一份稳定和保障，连接着平静安宁的故乡和家园。改革开放后，特别是近二十年来，随着城镇化发展进入“快车道”，房地产行业开始腾飞，带动城乡面貌发生着巨大而深远的变化。与此同时，在利益驱使下，房地产和工程建设领域不可避免地滋生了各式各样的行业“顽疾”，出现改革“阵痛”，其中城乡建设改造中发生的不法拆迁问题严重侵害群众人身和财产安全，以百姓失去土地家园甚至是家破人亡为代价，造就了一批靠着积累不义之财发家暴富的不法商人。

高某甲就是其中的典型代表。2000 年前后，他成立了＊甲房地产开发公司从事房地产开发。高某甲纠集一批社会闲散人员，通过向领导干部进行利益输送，在密云区旧城改造工程之中承揽了大量拆迁腾退项目。靠着胆大妄为、心狠手辣，他组织起恶势力团伙，披着旧城改造工程的外衣大搞强拆，把初衷在于改善城乡居住环境，提高人民群众生活质量的惠民、利民工程变得乌烟瘴气、泥沙俱下，沦为他谋取不法利益的绝佳“舞台”。

以高某甲为首的恶势力团伙在拆迁中所实施的行为具有“软、硬暴力结合”“违法、犯罪兼具”的特点，其中既包括多起寻衅滋事、故意毁坏财物等暴力色彩明显的刑事犯罪，也包含大量有组织、有目的的摆队造势、挖沟堵门、断水断电等饱含威胁、恐吓意味的扰乱秩序等“软暴力”行为。多数受害群众敢怒不敢言，被迫接受拆迁协议，在密云相关区域内产生了恶劣影响，大量群众的合法利益遭受侵害，甚至形成了“闻拆变色”的严重恐慌，危害当地的工作、生活、社会秩序，引发了广泛的民愤。

该团伙在不断发展壮大过程中，为牟取巨额不法经济利益，积极拉拢、勾结多名不同级别、不同领域的公职人员、农村基层组织负责人，层层建立“关系网”“保护伞”，官商勾结，取得密云多个核心地块开发权，采取多种手段骗取、侵吞巨额国有资产，其中与其勾连的就有时任密云县人民政府副县长的王某丙。上述人员为高某甲站台撑腰、助其坐大成势，高某甲则以违法犯罪手段推进拆迁，帮助官员们出“政绩”、造声势，这种深度的勾结共谋，不仅造成国家、集体的巨额经济损失，更严重伤害政府的权威与公信力。

在法治中国的首善之区，绝不能容忍这样的恶势力团伙继续兴风作浪，作奸犯科。在扫黑除恶专项斗争中，全国扫黑办将该案作为北京市挂牌督办的大案要案，高某甲恶势力团伙和其背后的一批腐败公职人员被连根拔起，受到法律的严肃惩处。在该系列案件庭审过程中，北京检察机关派出精干力量组成专案组，履行出庭指控证明犯罪的职责，在法庭辩论阶段，公诉人当庭发表了公诉意见书，深刻而充分地剖析该恶势力团伙犯罪行为的性质、危害，提出意见。

高某甲最终被判处无期徒刑，剥夺政治权利终身，没收个人全部财产，该恶势力团伙 17 名成员分别被判处有期徒刑 1 年至 12 年不等，5 名腐败公职人员被判处有期徒刑 3 年至 20 年不等。密云区党风、政风和社会风气为之一新。

【文书原文】

北京市人民检察院第三分院

公诉意见书

审判长、审判员：

根据《中华人民共和国刑事诉讼法》第一百八十九条、第一百九十八条和第二百零九条的规定，我们受北京市人民检察院第三分院的指派，代表本院，以国家公诉人身份，对被告人高某甲等9人犯寻衅滋事罪、故意毁坏财物罪、诈骗罪、贪污罪、行贿罪、对非国家工作人员行贿罪、窝藏罪一案，出席法庭支持公诉，并依法进行法律监督。通过法庭调查，公诉人针对起诉书指控九名被告人的犯罪事实，逐项进行了举证、示证，所有证据都已经控辩双方当庭质证，在案证据形式合法、内容客观、真实，相互印证，已形成完整证据体系，起诉书指控高某甲等人犯罪事实清楚，证据确实、充分。现发表如下意见，请合议庭考虑。

一、认定被告人高某甲、李某甲、高某乙、赵某某、张某甲、苍某某、刘某甲、高某丙、刘某乙为恶势力犯罪集团，事实清楚，证据确实、充分

全案相关书证，证人证言，被害人陈某甲、田某甲等人陈述，被告人高某甲、李某甲、张某甲等供述，鉴定意见，辨认笔录等证据，能够充分证明在时间跨度近20年的时间里，被告人高某甲先后以其实际控制的北京 ** 商贸有限公司（以下简称 ** 商贸公司）、北京 * 甲房地产开发有限公司（以下简称甲房产公司）等公司名义，在开发本市密云县密云镇长安村、大唐庄村、宾阳新村旧城改造等工程项目过程中，纠集被告人李某甲、高某乙、赵某某、张某甲、苍某某、刘某甲及张某乙、汪某某等人，或者指使被告人李某甲、高某丙、刘某乙及贾某甲等人，有组织地多次实施违法犯罪活动，为非作恶，欺压百姓，扰乱经济、社会生活秩序，造成恶劣的社会影响，首要分子明确，成员较为固定，系恶势力犯罪集团。具体表现在：

（一）高某甲犯罪团伙以高某甲为首要分子，重要成员较为固定且团伙成员经常纠集在一起，具有恶势力犯罪集团的组织特征

一是高某甲犯罪团伙具有一定规模，且有明确的首要分子，团伙成员基于自身地位、作用大小处于不同层级。在案证据证实，自2001年起，高某甲犯罪团伙成员在密云镇长安村、大唐庄村、宾阳新村等旧城改造工程项目期间，或以亲友关系或以参与拆迁项目而产生的经济利益为纽带，以 ** 商贸公司、甲房产公司为攫取非法经济利益工具，经常纠集在一起，逐渐形成了以高某甲为首，以多次参与违法犯罪活动或在共同犯罪中起到纠集他人等重要作用的李某甲、高某乙、赵某某、张某甲、汪某某及张某乙、贾某甲为重要成员，以被告人苍某某、刘某甲、高某丙、刘某乙及郝某某、张某丙、利某甲、王某甲、王某乙、柏某某、利某乙、李某乙等人为其他成员、长期存续的恶势力犯罪团伙。

二是高某甲犯罪团伙存续时间长，从2000年开始直至案发，该团伙的首要分子、重要成员都较为稳定。虽然该犯罪团伙的下级和外围成员存在一定的流动性，但该团伙所依托的甲房产公司长期存续，该团伙的组织、领导者高某甲、重要成员李某甲、张某甲、高某乙、贾某甲等人则较为稳定，故该犯罪团伙具有较为固定的重要成员。

三是高某甲等人对该犯罪团伙存在管理、控制行为。现有证据证实，团伙成员基于亲友关系或因希望从高某甲负责的拆迁项目中获取经济利益而听命于高某甲。同时，高某甲对于手下人员之间的矛盾冲突也曾积极介入解决。例如，已决犯张某丁证实，在赵某某团伙与汪某某团伙之间发生冲突后高某甲就曾积极介入，强令双方和解。此外，虽然高某甲通常不直接出面实施恶势力性质的暴力违法、犯罪行为，但是其手下直接指挥、控制的人员均参与了相关恶势力性质犯罪活动，且在团伙成员实施了违法、犯罪活动后，通常由高某甲或团伙重要成员李某甲、高某乙等出面完成赔偿等善后工作。如密云镇大唐庄村陈某甲等5人被打、密云镇宾阳新村田某甲被打后，均由高某甲等人进行了赔偿，这也从侧面证实了高某甲、李某甲、高某乙等人对于相关违法、犯罪活动的发生具有主观明知，且相关危害结果的发生并不违背其主观意愿。

（二）高某甲犯罪团伙及其成员在房地产拆迁、开发领域多次共同采用暴力、威胁或其他手段实施违法、犯罪活动，符合恶势力犯罪集团的行为特征

高某甲犯罪团伙所实施的行为具有“软、硬暴力结合”“违法、犯罪兼具”的特点。在前期拆迁过程中，该团伙既实施了多起寻衅滋事、故意毁坏财物等暴力行为，还实施了大量的威胁、恐吓、扰序等“软暴力”行为，在密云区的相关区域内产生了恶劣影响，使群众普遍产生恐慌心理，从而被迫配合拆迁行为。例如，被害人刘某丙陈述：“我们被打的事发生之后，一街拆迁的速度明显快了，因为村民都开始怕他们了，不拆就强拆，村民们不敢惹事，就都听他们的开始拆了。”证人项某某证实：“大唐庄大北地（东北地块）拆迁一个月就完成了；当时高某甲、李某甲把村里的水电断了，并找一些打手在村里晃悠示威，还听说之前大唐庄南区拆迁的时候他们把村民打了，我们大北地块村民都怕他们。”被告人张某丙证实：“宾阳新村开发商是高某甲，打人是为了顺利把钉子户清走。”

同时，上述暴力和软暴力行为的实施也为该团伙2010年以后转型为主要从事诈骗和贪污犯罪攫取巨额经济利益打下了基础。例如，在大唐庄村项目中，高某甲犯罪团伙前期使用暴力手段加快拆迁速度，而后则在一级土地开发成本补偿环节通过勾结国家工作人员共同贪污来攫取巨额公共财物。而这一转变又与高某甲犯罪团伙和村、镇、区部分公职人员相勾结密不可分，从而使利用公权力为己谋利成为高某甲犯罪团伙后期实施犯罪的主要手段。从查证属实的犯罪事实来看，2001年至2018年近20年间，高某甲犯罪团伙实施的犯罪行为包括了妨害社会管理秩序罪、侵犯财产罪、职务犯罪等多种类型的罪名，犯罪次数多，持续时间长，危害程度严重。

在共同多次实施恶势力性质犯罪的同时，该团伙及其成员还在拆迁过程中实施了暴力强拆他人房屋的违法行为。百余名大唐庄村村民在案证实，高某甲组织社会闲散人员在拆迁过程中多次实施打砸玻璃、断水断电、挖沟堵门、强拆树木、大棚等滋扰被拆迁村民正常生产、生活秩序的违法行为。

（三）高某甲犯罪团伙通过有组织多次实施的违法、犯罪活动，为非作恶，欺压百姓，严重侵犯他人人身和财产权利，严重侵犯了国家财产权利，扰乱了经济、社会生活秩序，造成较为恶劣的社会影响，符合恶势力犯罪集团的危害性特征

现有证据证实，高某甲、高某乙、李某甲、赵某某等人在大唐庄村等旧城改造项目的拆迁过程中，组织、雇用着统一服饰、文身的社会闲散人员，有组织、有目的地对被拆迁村民实施威胁、恐吓，打砸玻璃、断水断电、断土断路等“软暴力”行为，多数群众敢怒不敢言，被迫接受拆迁协议，在碰到拒不配合的被拆迁户例如陈某甲等人时，该团伙则借故制造事端，对被害人实施暴力殴打，高某甲犯罪团伙及其成员通过暴力伤害被拆迁人、故意毁坏被拆迁人财物的方式扫除拆迁障碍，尤其在2006年、2007年尤为突出，连续实施暴力违法犯罪行为致使8名被害人轻伤、4名被害人轻微伤，造成被害人财产损失10万余元的后果。上述违法、犯罪行为造成了拆迁区域大量群众的合法利益遭受严重侵害，群众普遍产生恐慌，在当地引发了广泛的民愤，严重损害到当地的工作、生活、社会秩序，造成恶劣影响。

该团伙在不断发展壮大过程中，为牟取巨额不法利益，积极拉拢、勾结王某丙、王某丁等多名不同级别、不同领域国家公职人员、农村基层组织负责人，建立“关系网”“保护伞”，利用公职人员的自身职权，官商勾结，为其站台撑腰、助其坐大成势，取得密云区核心地区多个地块开发权，采取多种手段，骗取、侵吞巨额国有资产，高某甲则以暴力等违法犯罪手段为公职人员提供非法拆迁“政绩”，造成了国家、集体的巨额经济损失，严重损害了政府的公信力。

综上所述，根据最高法、最高检、公安部、司法部2018年《关于办理黑恶势力犯罪案件若干问题的指导意见》第15条、2019年《关于办理恶势力刑事案件若干问题的意见》第11条之规定，高某甲犯罪团伙符合恶势力认定条件，同时又符合犯罪集团法定条件，系恶势力犯罪集团。

（四）本案中各被告人在恶势力犯罪集团中的地位与作用

1. 被告人高某甲系恶势力犯罪集团首要分子。其在恶势力犯罪集团中发挥了重要的组织、指挥作用，且是甲房产公司的实际控制人，通过违法犯罪活动攫取的大量非法经济利益均被其实际控制、占有，故应当被认定为恶势力犯罪集团的首要分子，对犯罪集团所实施的全部犯罪行为承担刑事责任。

2. 被告人李某甲系恶势力犯罪集团重要成员。其与高某甲长期交往密切，二人基于朋友、经济利益形成了稳定关系。例如，张某乙证实“高某甲所有开发的项目拆迁工作都由李某甲负责，李某甲从密云一街拆迁开始跟着高某甲干。”张某丁证实“四街新村总开发商是高某甲，李某甲负责拆迁，有事也得听高某甲的。”证人康某某证实“李某甲曾对其说过‘如果没有高某甲，我现在还在村里拿这点儿死工资呢’”。李某甲在高某甲的组织、指挥下，多次参与恶势力犯罪集团有组织实施的违法犯罪活动，起到了重要作用。同时，在案证据证明在2001年高某甲、高某乙强拆刘家大院事件时，李某甲作为村委会委员在现场维持秩序，其对于高某甲、高某乙的犯罪行为就已经具有明确认知，却仍然积极参与了宾阳新村殴打田某甲事件，且其手下人员王某甲还在本起事实中直接持刀对被害人实施了加害行为。在2010年至2019年，李某甲参与实施贪污犯罪1起，诈骗犯罪2起。

3. 被告人高某乙系恶势力犯罪集团重要成员。高某乙系高某甲胞弟，从**商贸公司、甲房产公司成立之初即跟随高某甲长期从事拆迁、拆除，且案发前系甲房产公司监事。其间，高某甲、高某乙为暴力推动拆除进度于2001年纠集多人暴力强拆刘某丁等人房屋，并将刘某丁、刘某戊等人打伤，造成当地被拆迁户心理恐慌；高某乙参与纠集他人持械殴打被害人陈某甲等人，再次造成多人受伤严重后果。

4. 被告人赵某某系恶势力犯罪集团重要成员。赵某某的铲车被高某甲雇佣清理大唐庄和宾阳新村的拆迁工地而听从高某甲的指示，二人关系密切。张某丁证实："如拆迁有人不搬等情况，高某甲有时给赵某某打电话，让他带些人过去吓唬一下，如对方不听话，动手就打。"李某甲证实"汪某某和赵某某都听高某甲的，平时高某甲给他们点活儿干，高某甲有事这些人替高某甲打打杀杀，这些人在密云很嚣张，因为他们惹事了，高某甲能给他们把事情摆平。"赵某某本人亦供述："我和张某乙有铲车，高某甲给我们一点四街村拆除的活儿，也是为了拉拢我们。"赵某某在高某甲的指挥下先后两次纠集、伙同他人实施了恶势力性质犯罪活动，起到了重要作用。

5. 被告人张某甲系恶势力犯罪集团重要成员。在案证据证实，张某甲与高某甲关系紧密。对此，张某乙证实："张某甲给高某甲大大小小的事出谋划策，包括拆迁、打架，私事公事都由张某甲指派人手处理，密云一街及宾阳新村拆迁打架都是高某甲和张某甲决定，张某甲组织汪某某和他们手下的人去打的。"李某甲也证实："高某甲手下有像赵某某、张某甲、汪某某等很多人，是跟着高某甲干活儿的，一方面垄断市场，另一方面势力大了也就没有人能跟高某甲竞争了。之后需要打架、平事，高某甲就交给二某某、张某甲、汪某某等人。不光是一街村还有宾阳新村、大唐庄等地方因为拆迁工作受阻影响了高某甲的利益所以才出的强拆、打架等事情。一街村是最开始的事情，当时高某甲的势力还不是很大，所以他当时自己去打的架，后来势力越来越大，高某甲就不需要自己动手了，就交给手下张某甲、汪某某、二某某等人去做。”同时，张某甲在殴打田某甲、故意损坏田某甲车辆这一严重犯罪行为中，也起到了纠集作用，且所纠集人员直接实施了持刀加害被害人的行为。

6. 被告人苍某某、刘某甲、高某丙、刘某乙系恶势力犯罪集团其他成员。在主观方面，上述四人均明知高某甲等人系违法犯罪团伙，经常纠集在一起实施违法犯罪活动，而仍然积极参加、自愿接受指挥并共同参与有组织的犯罪活动。在客观方面，上述四人被纠集后均积极参与实施了有组织的犯罪活动。其中，苍某某积极实施了针对田某乙、戴某甲的寻衅滋事犯罪；刘某甲积极实施了针对田某甲的寻衅滋事犯罪，并持刀实施了加害行为；高某丙作为高某甲堂弟，在高某甲控制的甲房产公司工作长期任职，并积极参与诈骗犯罪3起；刘某乙长期在甲房产公司任职，并积极参与贪污犯罪1起，诈骗犯罪2起，后期成为公司的管理人员，协助高某甲管理甲房产公司。

二、认定被告人高某甲、高某乙、李某甲、赵某某、张某甲、苍某某、刘某甲犯寻衅滋事罪的事实清楚，证据确实、充分

（一）被告人高某甲、高某乙于2001年纠集、指挥多人在强拆刘家大院过程中共同对被害人刘某戊等人实施了寻衅滋事行为

现有被告人高某甲、李某甲、张某乙、王某丙的供述，被害人刘某戊等陈述，刘某己、彭某甲等证人证言及有关书证、法医科学技术鉴定书等证据，可以证明2001年12月17日上午，高某甲、高某乙组织多名社会人员，在未和刘某丁、刘某庚、刘某戊三人达成拆迁协议的情况下，利用钩机等设备对刘家三人的住宅实施强拆。在拆除房屋过程中公然对刘某戊、刘某庚、刘某丁、李某丙实施殴打，导致两人轻伤二级，两人轻微伤的严重后果。

其中，高某甲在现场有组织、纠集和指挥等行为。对此，四名被害人一致证明，是高某甲组织、纠集人员进行强拆，先是言语威胁，后指挥人员使用砖头、瓦片打砸被害人。被害人刘某庚指认其被从房上拽下来后还遭到高某甲本人的殴打。同时，李某甲、张某乙的供述，以及刘某己、刘某辛等多名证人的证言也可以证明高某甲实施了组织、纠集多名人员强拆房屋并殴打被害人的行为。

此外，被害人刘某庚、李某丙证实，高某乙在现场也有指挥行为，刘某庚则证实是高某乙带头上房殴打自己。证人彭某甲、刘某己、李某丁、聂某某证实高某乙在现场，彭某甲、张某乙则均证实高某乙有上房殴打被害人的行为。

被告人高某甲、高某乙纠集、指使社会人员随意殴打他人，造成2人轻伤、2人轻微伤的严重后果，同时导致案发现场大批群众聚集、围观，严重影响了社会公共秩序，造成了恶劣的社会影响，情节恶劣，二被告人的行为触犯了《刑法》第二百九十三条第一款第（一）项，已构成寻衅滋事罪，应当共同追究其刑事责任。

（二）被告人高某甲、高某乙、赵某某及李某戊于2006年在大唐庄村拆迁过程中共同对被害人陈某甲等人实施了寻衅滋事行为

现有被害人陈某甲的陈述及辨认笔录、被害人陈某乙、侯某某、陈某丙的陈述及证人郭某某的证言能够相互印证，证明高某甲之弟高某乙在与被拆迁村民陈某甲发生口角后，纠集李某戊，并由李某戊纠集赵某某，赵某某再纠集多人持械对陈某甲等五名被害人实施了殴打。对此，同案李某戊本人供认不讳；同案张某乙及李某戊的供述一致、相互印证，均证明系高某甲授意并指挥恶势力犯罪集团成员实施该起犯罪事实。而高某甲、高某乙、赵某某、李某戊、苍某某等人在案发期间的通话记录也能够与上述事实相互印证。

被告人高某甲、高某乙、赵某某因在拆迁过程中与被害人陈某甲等人产生偶发矛盾，逞强耍横，遂纠集多人随意殴打被害人，致四人轻伤二级、一人轻微伤，严重扰乱社会公共秩序，三被告人的行为触犯了《中华人民共和国刑法》第二百九十三条第一款第（一）项，已构成寻衅滋事罪，应当共同追究其刑事责任。

（三）被告人高某甲、苍某某于2007年在宾阳新村拆迁过程中共同对被害人田某乙、戴某甲实施了寻衅滋事行为

现有被害人田某乙、戴某甲的陈述，证人齐某某、田某甲的证言，受案登记，立案决定书，鉴定意见，拆迁安置补偿协议书等证据，与被告人苍某某的有罪供述相互印证，证明2007年5月30日14时许，在本市密云县密云镇宾阳新村旧城改造项目开发过程中，作为受高某甲指派参与拆迁工作的被告人苍某某等人在尚未达成拆迁补偿协议的被害人田某乙、戴某甲夫妇位于该村的住宅门前，借故与田某乙发生争执，并将田某乙、戴某甲打伤。

被告人高某甲、苍某某伙同他人随意殴打二被害人，造成一人轻伤、一人轻微伤的严重后果，二被告人的行为触犯了《中华人民共和国刑法》第二百九十三条第一款第（一）项，已构成寻衅滋事罪，应当共同追究刑事责任。

（四）被告人高某甲、李某甲、张某甲、刘某甲等人于2007年在宾阳新村拆迁过程中纠集、指挥多人共同持械对田某甲实施了寻衅滋事行为

现有被害人田某甲陈述、证人田某乙、戴某甲、齐某某、宋某某等人的证言、受案登记、立案决定书、鉴定意见、价格认定意见、辨认笔录、拆迁安置补偿协议书等证据，与赵某某、汪某某、张某丙、利某甲、王某乙等人的有罪供述、已决犯张某乙、张某丁有罪供述等证据能够相互印证，共同证明2007年5月31日19时许，被害人田某甲因其父母于前日被受高某甲指派参与宾阳新村旧城改造项目拆迁工作的苍某某等人打伤一事，而驾驶黑色现代牌索纳塔轿车（车牌号：京GP-****）前往宾阳新村拆迁办公室，砍砸拆迁办公室及工地内的铲车。高某甲得知此事后，纠集张某甲、李某甲、赵某某、张某乙、刘某甲，张某甲纠集汪某某，李某甲纠集王某甲，汪某某纠集郝某某、张某丙，赵某某、张某乙分别纠集张某丁、杨某某、靳某某、李某已、王某戊、利某甲、王某乙、柏某某、利某乙、李某乙等人到达拆迁办公室。后刘某甲、郝某某、王某甲、张某丙、利某甲等人持砍刀、镐把对田某甲实施殴打并毁坏了田某甲驾驶的索纳塔轿车，致田某甲急性开放性颅脑损伤、左颞枕部急性硬膜下血肿等构成轻伤一级。当晚，高某甲给予赵某某、张某乙现金分发给参与殴打田某甲的人员，后高某甲向田某甲支付了赔偿金。

需要指出的是，本案中被害人田某甲的先行为并非是无理取闹行为，而是源于前一日其年迈父母被拆迁方人员苍某某等人无故殴打致一人轻伤、一人轻微伤，却在事后无人出面解决问题，才导致其情绪失控。故若推究本起事实的起因，还是源自高某甲等人为了实现个人经济利益，加快拆迁速度而针对未达成协议的被拆迁人所实施的暴力行为。对此，另案被告人张某丙证实，纠集他们去现场时，对他们说的就是“有钉子户要赖，来了就揍他”。因此，导致本起事实发生的真实原因还是为了要清除钉子户，防止其影响拆迁工作的进度。

被告人高某甲、李某甲、张某甲、刘某甲随意殴打他人，情节恶劣，任意毁损他人财物，情节严重，四被告人的行为触犯了《中华人民共和国刑法》第二百九十三条第一款第（一）项、第（三）项，已构成寻衅滋事罪，应当共同追究刑事责任。

（五）被告人高某甲、李某甲采用“软暴力”手段，在大唐庄村东南、东北地块拆迁过程中实施了多起寻衅滋事违法行为

现有148名被拆迁村民的证言、张某戊等5人的辨认笔录可以证实，2006年4月至2009年10月间，被告人高某甲、李某甲等人在大唐庄村东南、东北地块旧村改造拆迁过程中，为加快拆迁速度，采用统一着装聚众摆场架势、打砸玻璃、深夜砸门滋扰、断水断电破坏生活设施、在村民房屋周边挖沟设置生活障碍和趁家中无人拆除房屋等“软暴力”手段，树威立霸、形成非法影响，迫使当地群众因无法正常生活、害怕被恶意滋扰、伤害而被迫同意拆迁条件。被告人高某甲作为甲房产公司实际负责人和恶势力犯罪集团首要分子，拆迁能否顺利推进，直接关系其经济收益的实现，故其应对发生在东南、东北地块上的寻衅滋事违法事实负责。被告人李某甲作为受高某甲指派的东南、东北地块拆迁负责人，在拆迁过程中组织开展具体拆迁工作、积极追求快速拆迁效果，且在案证据证明李某甲曾经实施了入户谈判、谈判不成指挥挖沟干扰被拆迁人正常生活等行为，故其也应对发生的违法事实负责。被告人高某甲、李某甲为非作恶、欺压百姓，扰乱了当地经济、社会生活秩序，造成了较为恶劣的社会影响。

三、认定被告人高某甲犯故意毁坏财物罪的事实清楚，证据确实、充分

现有证人彭某乙、刘某壬等人的证言，被害人陈某丁、贾某乙、项某甲的陈述能够与高某甲关于曾经私自拆除村民房屋的供述相互印证，共同证明在大唐庄村东南地块旧城改造项目开发过程中，在未达成拆迁补偿协议或取得被害人同意的情况下，高某甲作为甲房产公司的负责人指使他人将贾某乙、陈某丁夫妇及项某甲的房屋拆毁，被拆毁的房屋价值共计人民币14.6622万元。

被告人高某甲故意毁坏他人财物，数额特别巨大，其行为触犯了《中华人民共和国刑法》第二百七十五条，已构成故意毁坏财物罪，应当依法追究其刑事责任。

同时，现有证据还可以证实，在大唐庄村东南地块旧城改造项目拆迁过程中，高某甲作为甲房产公司负责人，李某甲、高某乙作为直接受高某甲领导负责拆迁工作的人员，在未达成拆迁补偿协议或取得被害人同意的情况下，实施了非法拆毁项某乙、袁某某、陈某戊、项某丙等被拆迁村民房屋的违法行为。

四、认定被告人高某甲、李某甲、刘某乙、高某丙犯诈骗罪的事实清楚，证据确实、充分

（一）被告人高某甲在大唐庄村农民住宅楼建设及该村东南土地一级开发过程中实施了骗取大唐庄村东南居住及配套项目土地开发建设补偿费人民币4000余万元的行为

现有被告人高某甲、另案犯罪嫌疑人项某丁的供述，大唐庄村委会工作人员证人项某戊、项某己，公安机关核实的项某庚等351名村民等证人的证言，北京方诚会计师事务所提供的密云县大唐庄村东南地块一级开发项目支出专项审计报告、所附支出凭单、拆迁安置协议、拆迁补偿明细表、周转费明细表、地上物补偿领款单等书证，北京天正华会计师事务所司法鉴定意见书等证据能够相互印证，足以证实高某甲在申报东南地块土地一级开发成本期间，以非法占有为目的，指使时任甲房产公司会计的恶势力犯罪集团成员贾某甲，通过采取制作虚假的支出凭单、拆迁安置协议等材料，虚增被拆迁户名单，将非大唐庄东南地块的村民列入领取补偿款人员范围等手段，虚增拆迁成本，骗取大唐庄东南居住及配套项目土地开发建设补偿费4000余万元。

被告人高某甲以非法占有为目的，伙同他人，虚构事实、隐瞒真相，骗取公共财物，数额特别巨大，其行为触犯了《中华人民共和国刑法》

第二百六十六条，已构成诈骗罪，应当依法追究其刑事责任。

（二）被告人高某甲、李某甲、高某丙、刘某乙在大唐庄村东北地块土地一级开发拆迁成本申报过程中，共同实施意图骗取拆迁费用补偿款3亿余元的行为

现有107名申报拆迁户的证人证言、密云镇政府相关证人、大唐庄村委会相关证人的证言、银行个人业务凭证、银行转账明细、司法鉴定意见书，以及被告人高某甲的供述可以证实，高某甲为实现非法占有目的，指使恶势力犯罪集团成员贾某甲、李某甲、高某丙、刘某乙采取伪造并提交虚假拆迁补偿证明材料的手段，意图骗取拆迁费用人民币3亿余元（371824877.65元）。其间，高某甲作为犯罪集团首要分子和甲房产公司实际控制人，组织、指挥了诈骗犯罪活动；李某甲作为高某甲恶势力犯罪集团重要成员，案发期间负责与被拆迁户入户谈判并签订拆迁安置协议，2014年大唐庄东北地块回迁改为货币补偿后，李某甲负责将真实的回迁安置协议收走并进行销毁，以此毁灭证据材料，并在虚假的回迁安置协议上签名，帮助伪造虚假的回迁安置协议；高某丙作为恶势力犯罪集团其他成员，案发期间，负责向他人借用身份证，并要求上述人员在虚假的空白协议上签字，帮助伪造虚假的回迁安置协议及相关材料；刘某乙作为恶势力犯罪集团其他成员，案发期间，负责甲房产公司的全部申报手续和业务办理工作，其具体负责将伪造的拆迁补偿材料提交给审计机构用于大唐庄东北地块一级开发已发生拆迁费用的专项审计，帮助实施诈骗犯罪。

被告人高某甲、李某甲、高某丙、刘某乙，以非法占有为目的，虚构事实、隐瞒真相，骗取公共财物，数额特别巨大，四被告人的行为触犯了《中华人民共和国刑法》第二百六十六条，已构成诈骗罪，应当共同追究刑事责任。被告人高某甲、李某甲、高某丙、刘某乙已着手实施诈骗犯罪行为，但因意志以外原因未得逞，依据《刑法》第二十三条，系犯罪未遂，可以依法比照既遂犯从轻或减轻处罚。李某甲、高某丙、刘某乙在本起犯罪事实中起次要、辅助作用，依据《刑法》第二十七条，系从犯，依法应当对其从轻或减轻处罚。

（三）被告人高某甲、刘某乙、高某丙在长安小区东地块拆迁安置成本补偿申报过程中，共同实施了意图骗取拆迁安置成本补偿款人民币3000余万元的行为

现有高某甲供述、王某己、戴某乙、肖某某、刘某癸等人的证言，有关书证、相关银行账户流水、交易凭证等证据可以充分证实，在长安小区东地块拆迁安置成本申报过程中，被告人高某甲指使被告人刘某乙、贾某甲、高某丙等人通过借用他人身份证、户口本等证明材料，虚构了长安小区东地块外存在19名一次性货币补偿被拆迁户的事实，采取虚假走账、伪造拆迁协议等虚假证明材料，而后将其予以提交的手段，意图骗取长安小区东区地块拆迁成本补偿款人民币3614.6万元。同时，通过与刘某癸签订虚假的地上物补偿协议、虚假走账的方式，意图骗取商业用途房屋地上附属物补偿款人民币230.672万元。上述款项共计人民币3845.272万元。其间，刘某乙作为恶势力犯罪集团成员和甲房产公司管理人员，多次出席区审计局、东方会计师事务所的工作会议，签订了甲房产公司与檀州公司的委托协议，并负责提交虚假的审计资料。同时，根据檀州公司的用印记录显示，刘某乙曾将檀州公司公章用于签订与长安小区东地块有关的虚假拆迁协议上。高某丙作为恶势力犯罪集团成员和甲房产公司管理人员，多次借用他人身份证用于制作虚假证明材料。同时，甲房产公司其他工作人员证实，刘某乙、高某丙曾经要求员工复印大量空白的拆迁协议等材料。上述行为足以证实刘某乙、高某丙在主观明知的情况下，积极帮助实施了诈骗犯罪活动。

被告人高某甲、高某丙、刘某乙，以非法占有为目的，虚构事实、隐瞒真相，骗取公共财物，数额特别巨大，三被告人的行为触犯了《中华人民共和国刑法》第二百六十六条，已构成诈骗罪，应当共同追究刑事责任。被告人高某甲、高某丙、刘某乙已着手实施诈骗犯罪行为，但因意志以外原因未得逞，依据《刑法》第二十三条，系犯罪未遂，可以依法比照既遂犯从轻或减轻处罚。高某丙、刘某乙在本起犯罪事实中起次要、辅助作用，依据《刑法》第二十七条，系从犯，依法应当对其从轻或减轻处罚。

（四）被告人高某甲指使被告人李某甲、高某丙及贾某甲，在密云区水源路北侧长安村和南菜园新村旧城改造项目开发过程中，共同实施了骗取房屋征收折迁补偿款人民币3000余万元的行为

现有首佳评估公司提供的房屋估价勘查表、房屋条件调查表及附属物登记表、《原长安村转让集体房屋土地实施细则》（非宅补偿方案）、征收指挥部会议纪要、《房屋基本情况核实表》《原长安村转让集体房屋土地情况说明》及会议记录等书证，被借用身份证人员、高某甲之父高某丁以及拆迁指挥部人员的证言，被告人高某甲、李某甲、高某丙的供述可以证实，在密云区水源路北侧长安村和南菜园新村旧城改造项目开发过程中，高某甲针对其未依法取得土地使用权的F104、F107院落，为非法获取高额补偿款，指使恶势力犯罪集团成员李某甲、高某丙通过借用他人身份证、虚构上述院落存在分户情况的事实，伪造并提交了相关虚假证明材料，骗取补偿款共计人民币3000余万元，上述款项最终由高某甲实际控制。其中，李某甲、高某丙全程参与了本起犯罪全过程，高某丙积极向他人借用身份证用于制作虚假协议，李某甲则负责收取、提交虚假证明材料，且没有认真开展入户调查工作，也未向征收指挥部如实反映存在虚假分户情况。

被告人高某甲、李某甲、高某丙以非法占有为目的，虚构事实、隐瞒真相，骗取公共财物，数额特别巨大，三被告人的行为触犯了《中华人民共和国刑法》第二百六十六条，已构成诈骗罪，应当共同追究刑事责任。李某甲、高某丙在本起犯罪事实中起次要、辅助作用，依据《刑法》第二十七条，系从犯，依法应当对其从轻或减轻处罚。

五、认定被告人高某甲、李某甲、刘某乙犯贪污罪的事实清楚，证据确实、充分

（一）被告人高某甲伙同并利用任某某的职务便利，在大唐庄村农民住宅楼建设及该村东南土地一级开发过程中，实施了骗取大唐庄东南居住及配套项目土地开发建设补偿费人民币5000余万元的事实

现有被告人高某甲、另案犯罪嫌疑人任某某、项某丁的供述，证人项某戊、范某某、项某辛等人的证言，密云土储中心岗位分工与工作职责、干部任免审批表、北京方诚会计师事务所有限责任公司提供的密云县大唐庄村东南地块一级开发项目支出专项审计报告、北京市规划和自然资源委员会密云分局提供的大唐庄东南地块一级开发成本相关账务凭证、大唐庄村委会提供的收据、银行流水等书证，北京天正华会计师事务所出具的司法鉴定意见书等证据可以证实，被告人高某甲伙同并利用时任北京市土地整理储备中心**分中心主任任某某负责大唐庄东南地块土地一级开发工作的职务便利，采取虚报拆迁成本的方式，骗取土地开发建设补偿费人民币5000余万元。任某某作为时任北京市土地整理储备中心**分中心主任，在大唐庄东南地块土地一级开发过程中，负有监督管理甲房产公司的土地征收拆迁等各项工作、控制土地一级开发项目成本的责任，具备主管、管理甲房产公司申报的东南地块土地一级开发成本补偿费的职务便利。其在明知大唐庄村委会已将5000万元征地费回流至甲房产公司的情况下，仍帮助高某甲将申报的未实际支出的5000万元征地费，作为土地开发建设补偿费进行审计、补偿。被告人高某甲与任某某相互勾结，合谋由大唐庄村委会将本该支付给大唐庄村被征地村民及村委会使用的5000万元，回流给甲房产公司。在甲房产公司未实际支付5000万元征地费的情况下，在审计一级开发成本时虚假申报，利用任某某的主管职务便利，共同骗取了5000万元征地费及由此带来的8%一级开发投资回报利润。

被告人高某甲伙同并利用国家工作人员的职务便利，骗取公共财物，数额特别巨大，其行为触犯了《中华人民共和国刑法》第三百八十二条，第三百八十三条第一款第（三）项、第二款，已构成贪污罪，应当依法追究其刑事责任。

（二）被告人高某甲、李某甲、刘某乙伙同并利用任某某、曹某某、王某丁的职务便利，在首都师范大学附属密云中学西侧地块土地一级开发过程中，共同实施了骗取首师大附属密云中学西侧地块土地开发建设补偿费人民币1亿余元的行为

现有被告人高某甲以及任某某、曹某某、王某丁等人供述，证人吕某某、穆某某、康某某、魏某某等人证言，土地一级开发委托协议、土地补偿协议、记账凭证、拆迁补偿费支出凭证、拆迁补偿协议、拆迁附属物补偿及奖励补助表等书证可以证实，2009年至2013年间，在本市密云县密云镇首都师范大学附属密云中学西侧地块土地一级开发过程中，高某甲伙同并利用时任北京市土地整理储备中心 ** 分中心主任任某某、密云县 ** 镇镇长曹某某、北京 ** 经济合作社社长王某丁在土地一级开发中的职务便利，指使恶势力犯罪集团成员李某甲、刘某乙及贾某甲，以甲房产公司名义，采取伪造拆迁补偿材料等手段，骗取土地开发建设补偿费人民币 1 亿余元。在高某甲的指使下，李某甲、刘某乙均为共同贪污犯罪活动提供了帮助。其中，李某甲实施了借用他人身份证复印件，并在虚假的迁补材料上签字，参与商议长安村委会为高某甲虚假的土地补偿款走手续事宜的行为；刘某乙作为公司管理人员，参与了该项目的实施方案编制、招投标、对接土储中心密云分中心、审计、评估公司等并提供虚假证明材料等一级开发手续的办理。

被告人高某甲、李某甲、刘某乙伙同国家工作人员，利用国家工作人员职务上的便利，骗取公共财物，数额特别巨大，三被告人的行为触犯了《中华人民共和国刑法》第三百八十二条、第三百八十三条第一款第（三）项、第二款，已构成贪污罪，应当依法共同追究其刑事责任。李某甲、刘某乙在本起犯罪事实中起次要、辅助作用，依据《刑法》第二十七条，系从犯，依法应当对其从轻或减轻处罚。

（三）被告人高某甲伙同并利用王某丙、曹某某、邓某某职务上的便利，共同实施了侵吞依法被罚没的新景家园项目的行为

认定上述事实的证据包括书证、证人证言、价格认定结论书等，同案犯王某丙、曹某某、邓某某对此亦供认不讳，可以证实：

第一，高某甲等人非法侵吞的新景家园项目系公共财产。2003 年起，高某甲以甲房产公司的名义开发新景家园项目，过程中未办理国有土地使用权证即违法占地建设。2007 年 4 月 25 日，北京市国土局依法下达行政处罚决定书，“责令甲房产公司退还非法占用的土地，由密云县政府没收非法占有的土地上所建的连体别墅楼和会馆”。根据 1996 年《中华人民共和国行政处罚法》第 53 条、2004 年《中华人民共和国土地法》第 76 条和《中华人民共和国土地法实施条例》第 42 条的相关规定，该项目被没收后，即成为公共财产，具体而言即归密云县政府所有，甲房产公司不再具有占有该项目的合法理由。密云县政府将该项目以折抵债务的名义转移至密云镇属企业檀州公司，不改变该项目的性质，其仍为公共财产。

第二，高某甲客观上分别伙同王某丙、曹某某、邓某某，并利用三人的职务便利，实施了侵吞新景家园项目的行为。高某甲具体实施了贯穿犯罪过程始终的以下行为：一是提起犯意。高某甲、王某丙的供述均显示，高某甲早在2006年新景家园项目因违法占地被调查时，就与王某丙共谋，在项目被罚没后通过密云镇转回甲房产公司。二是多次共谋。高某甲在侵吞过程中多次分别于王某丙、曹某某、邓某某共谋，商议项目转移的具体流程。相关供述和曹某某笔记本等书证均显示，高某甲曾多次与王某丙协商、参与曹某某组织的密云镇层面会议、多次联系邓某某要求在转让协议上盖章和办理后续手续。高某甲的行为贯穿侵吞行为的始终。三是实际获利。新景家园项目被侵吞后，全部利益均归高某甲控制。四是利用了国家工作人员的职务便利。高某甲正是基于王某丙、曹某某、邓某某三人在密云县、密云镇、檀州公司层面所具有的职务上的便利，才与三人共谋，并利用三人管理和负责新景家园项目流转事宜的便利实施的侵吞行为。五是侵吞行为已既遂。2008年10月檀州公司盖章后，高某甲已实际重新获得该项目的控制权，公共财物的损失也已形成，贪污行为已经既遂，此时该项目价值2.7亿余元，即为贪污的数额。

第三，高某甲主观上自始具有侵吞公共财产的故意。高某甲早在该项目尚处于违法调查阶段时就意识到罚没后会被收归国有，甲房产公司无法继续合法占有，仍通过檀州公司非法侵吞该项目，其非法占有的故意是非常明显的。前述行政处罚法、土地法、土地管理条例和卷中北京市国土局对于没收财产处置的操作办法均规定，被罚没的项目应当通过正当的拍卖等手段处置，所得价款收归国有。高某甲在明知不应由自己无偿取得的情况下，积极协商、周旋、安排公司人员草拟协议，促成自己无偿取得该项目，其非法侵吞公共财产的目的已十分明显。

综上，被告人高某甲伙同并利用国家工作人员职务上的便利，侵吞公共财产，数额特别巨大，其行为触犯了《中华人民共和国刑法》第三百八十二条，第三百八十三条第一款第（三）项、第二款，已构成贪污罪，应当依法追究其刑事责任。高某甲在本起共同犯罪中起主要作用，系主犯。

（四）认定高某甲犯行贿罪、对非国家工作人员行贿罪的事实清楚，证据确实、充分

现有书证、证人证言和王某丙、王某丁的供述均证实，被告人高某甲主观上具有给予王某丙、王某丁财物以获取不正当利益的主观故意。客观上，高某甲在2003年至2018年，为请托王某丙、王某丁在承接密云镇长安村旧村改造项目等多个事项上为其谋取不正当经济利益或不正当竞争优势，而多次给予时任中共**镇**书记、原**县人民政府**县长、北京**领导小组办公室主任王某丙和中共**镇**村**书记、北京**经济合作社社长的王某丁人民币现金、房产、汽车等各种财物，高某甲本人对于给予国家工作人员财物一事亦供认不讳。需要指出的是，高某甲给予王某丙、王某丁的部分现金、车辆、房产，虽然冠以出借、出售的名义，但实际上高某甲与王某丙、王某丁均没有借用、买卖的意思表示，也未实际支付借用费、购买费等费用，双方之间并没有形成实质性的借用、买卖关系。相反，高某甲恰是因为看中了王某丙、王某丁手中的职权，才以借款、借车、购房之名，行利益输送和权、钱交易之实，其行为符合行贿类犯罪的构成要件。

高某甲所谋取的不正当利益主要涉及两个方面。一是不正当经济利益；二是不正当的竞争优势。具体而言，高某甲在承接长安村旧城改造项目中，在同期还有其他竞争者的情况下，在王某丙、王某丁的帮助下谋取了不正当竞争优势，足以认定其谋取了不正当利益；在承接北京地质工程研究院家属院回迁项目中，为谋取非法经济利益，在王某丙的帮助下违规加建3A号楼，以弥补擅自出售6号楼造成的研究院经济损失和群众上访等恶劣社会影响，足以认定其谋取了不正当利益；在开发新景家园项目过程中，在王某丙的帮助下以回迁楼名义虚假通过规划和开工审批、减免人防费用，足以认定其谋取了不正当利益；在获取首都师范大学附属密云中学西侧地块土地一级开发成本过程中，高某甲明知该成本证明材料大部分系其伪造、仍处于政府审批环节，仍向王某丙请托，通过王某庚职务上的行为帮助其取得拨款，可以认定谋取了不正当利益；在获得密云镇长安村河南河滩地土地征地补偿款过程中，高某甲在2002

年合同未正式签订且未足额缴纳土地出让款的情况下，为获得巨额经济利益向王某丁请托，将本应由长安村获得的该地块征地补偿款全部据为己有，足以认定谋取了不正当利益。

需要指出的是，高某甲为谋取不正当利益，向王某丁给付财物的过程中，由于王某丁的主体身份发生了变化，考虑到高某甲对王某丁的具体职务、职权的明知程度，基于主客观相一致的原则，对高某甲的行为性质应该分阶段认定，即在2006年以前王某丁为非国家工作人员时，高某甲的行为应当认定为对非国家工作人员行贿罪，2006年后当王某丁具有国家工作人员后，高某甲的行为则应当定性为行贿罪。

综上所述，被告人高某甲的行为分别构成行贿罪和对非国家工作人员行贿罪，应当依法追究其刑事责任。

六、认定被告人李某甲单独犯寻衅滋事罪的事实清楚，证据确实、充分

现有被害人常某甲、常某乙、李某庚陈述，证人吴某某、尹某某等人的证言，鉴定意见、辨认笔录、拆迁安置协议书等书证等证据可以证实，2007年8月21日，在本市密云县密云镇鼓楼东区旧城改造项目开发过程中，被告人李某甲纠集多人在被拆迁村民被害人常某甲家中，持械对常某甲、常某乙、李某庚实施殴打，致常某甲额顶部纵行缝合创、后枕部局限性头皮血肿，右肩、双肘部、右手背侧、双膝散在片状皮肤挫伤构成轻微伤；致李某庚左肩、背侧大片状皮肤青紫肿胀，左腕部肿胀，左髋部软组织损伤构成轻微伤；致常某乙右顶部缝合创、左颞及后枕部头皮血肿、胸背部散在挫伤，双前臂、右踝部散在挫伤、右肘部肿胀构成轻微伤。并致常某甲家中花盆、玻璃、自行车损坏，价值人民币155元。

被告人李某甲伙同他人，无故殴打他人，情节恶劣，其行为触犯了《中华人民共和国刑法》第二百九十三条第一款第（一）项、第（三）项，已构成寻衅滋事罪，依法应当追究其刑事责任。

七、认定被告人刘某乙犯窝藏罪的事实清楚，证据确实、充分

现有证人冯某某、韩某甲、王某辛等人的证言、鉴定意见、辨认笔录、通话记录等书证、被告人刘某乙、高某甲、刘某子、张某己的供述与辩解相互印证，证明2019年11月至12月，刘某乙明知高某甲系犯罪在逃人员，仍联系刘某子为高某甲在福建省厦门市藏匿期间提供居住、饮食等帮助，且在公安机关向其询问高某甲下落时，故意予以隐瞒。

被告人刘某乙的行为触犯了《中华人民共和国刑法》第三百一十条，已构成窝藏罪，应当依法追究其刑事责任。

八、各被告人的量刑建议

被告人高某甲、李某甲、刘某乙基于不同的犯罪故意，实施了两个或两个以上独立的犯罪行为，应当依据《中华人民共和国刑法》第六十九条之规定予以数罪并罚。被告人赵某某在判决宣告以后，刑罚执行完毕以前，发现漏罪，应当依据《中华人民共和国刑法》第七十条之规定予以数罪并罚。

同时，通过全面审查本案事实、证据，被告人高某甲等人具有以下量刑情节，请合议庭在对其决定刑罚时予以注意：

一是被告人高某甲所实施的两起诈骗犯罪系未遂，依据《刑法》第二十三条之规定，可以依法比照既遂犯从轻或减轻处罚，但鉴于其曾因故意犯罪受到过刑罚处罚，却不思悔改，继续长时间实施故意犯罪，主观恶性、人身危险性较大，且高某甲系恶势力犯罪集团首要分子，依法应予从严惩处，故建议对未遂部分的犯罪事实对其不予从宽处罚。

二是被告人李某甲所实施的一起诈骗犯罪系未遂，依据《刑法》第二十三条之规定，可以依法比照既遂犯从轻或减轻处罚；在诈骗犯罪和贪污犯罪中系从犯，依据《刑法》第二十七条之规定，应当对其从轻或减轻处罚。但是鉴于李某甲系恶势力犯罪集团重要成员，依法应予从严惩处，故建议对于未遂犯罪事实对其不予从宽，对于系从犯的犯罪事实予以从轻处罚。

三是被告人赵某某曾因故意犯罪受到过刑罚处罚，却不思悔改，继续实施故意犯罪，主观恶性、人身危险性较大，且系恶势力犯罪集团重要成员，依法应予从严惩处。鉴于该人能够自愿如实供述罪行、承认指控的犯罪事实，愿意接受处罚，同意适用认罪认罚从宽制度，故根据《刑事诉讼法》第十五条之规定，可以依法对其予以从宽处理，在本院提出的量刑建议幅度内予以从宽处理。

四是被告人高某乙、张某甲系恶势力犯罪集团重要成员，依法对二人应予从严惩处。鉴于二人能够自愿如实供述罪行、承认指控的犯罪事实，愿意接受处罚，同意适用认罪认罚从宽制度，故根据《刑事诉讼法》第十五条之规定，可以依法对其予以从宽处理，在本院提出的量刑建议幅度内予以从宽处理。

五是被告人高某丙、刘某乙系恶势力犯罪集团其他人员，依法对二人应当予以从严惩处。鉴于二人所实施的两起诈骗犯罪系未遂，依据《刑法》第二十三条之规定，可以依法比照既遂犯从轻或减轻处罚；在诈骗犯罪和贪污犯罪中系从犯，依据《刑法》第二十七条之规定，应当对其从轻或减轻处罚；能够自愿如实供述罪行、承认指控的犯罪事实，愿意接受处罚，同意适用认罪认罚从宽制度，故根据《刑事诉讼法》第十五条之规定，可以依法对二人予以从宽处理，建议在本院提出的量刑建议幅度内予以从宽处理。

六是被告人苍某某、刘某甲系恶势力犯罪集团其他人员，依法对二人应当予以从严惩处，鉴于二人能够自愿如实供述罪行、承认指控的犯罪事实，愿意接受处罚，同意适用认罪认罚从宽制度，故根据《刑事诉讼法》第十五条之规定，可以依法对二人予以从宽处理，建议在本院提出的量刑建议幅度内予以从宽处理。

九、关于高某甲恶势力犯罪集团及其成员的涉案财产处理意见

一是建议对高某甲个人财产予以没收。在案证据证明＊甲房产公司、＊乙房地产公司、张家口＊＊公司均为被告人高某甲一人实际控制，系恶势力犯罪集团谋取经济利益的依托，且公司账户与高某甲控制的相关个人账户间频繁发生资金流转，公司财产与高某甲个人财产存在混同，故上述公司财产均可视为高某甲个人财产。同时韩某乙、周某某名下房产及韩某丙名下车辆均为高某甲实际购买，且韩某乙无业，其名下存款均由高某甲给付。因此在案查封、扣押、冻结上述公司及高某甲、韩某乙、周某某、韩某丙等个人名下的房产、车辆、银行存款、基金理财、股权等财产均按照高某甲的个人财产处理，建议予以没收。

二是被告人李某甲名下银行存款，建议先折抵罚金刑，剩余部分予以返还。

三是被告人高某丙名下银行账户（12030301032 ********）内有人民币3200余万元，为高某甲诈骗犯罪所得，建议予以追缴，对于剩余款项建议予以没收。对于高某丙名下其余账户款项，建议先折抵罚金刑，剩余部分予以返还。

四是被告人刘某乙名下农业银行账户62284900180 ********、62284800109 ********及北京银行账户62146892 ********均为高某甲实际控制，建议对账户内款项予以没收。对于刘某乙其他银行账户存款及名下房产建议先折抵罚金刑，剩余部分予以返还。

五是王某壬明知被告人高某甲诈骗犯罪所得的赃款私自侵吞并用于归还个人债务，因王某壬拒不退还赃款，建议对其名下房产予以追缴。

六是对于依法扣押的高某甲名下车辆、住宅及抓捕高某甲后在现场所依法扣押的相关物品、现金，建议作为高某甲个人财产予以没收。

十、法庭教育

旧城改造工作的初衷本应是改善城市环境和百姓的居住环境，提高百姓的生活质量，是一项惠民、利民的工作，但是由于高某甲恶势力犯罪集团介入拆迁领域，为追逐经济利益而在拆迁过程中针对被拆迁村民大量实施摆队造势、挖沟堵门、断水断电、伤人毁财等寻衅滋事行为，已经严重扰乱了村民正常的生产、生活秩序，严重损害了群众的安全感，并使部分被拆迁村民基于恐惧心理而被迫搬离家园。拆迁工作确实存在难度和复杂性，开发商追求正当的经济利益也无可厚非，但是这绝不能成为恶势力犯罪集团实施扰序行为、损害人民群众合法利益的借口，更不能因此将伪造材料、虚报冒领骗取公共财产变成土地开发补偿中的灰色“产业链”。

高某甲恶势力犯罪集团之所以能存续长达近20年，高某甲等人之所以能骗取数亿元之巨的国有财产，根源在于其勾结、腐蚀了一批国家工作人员和基层组织人员。在部分官员错误的政绩观下，高某甲肆意暴力拆迁的行为表面上看似快速推进了密云县的旧城改造工作，眼看着一座座高楼平地而起，部分国家工作人员竟然将高某甲视为密云县旧城改造的“功臣”和“干将”，却没看到这背后的代价是巨额国有资产的流失、政府公信力的下降、当地政治生态的恶化等一系列积重难返的问题。但是，部分公职人员失职、渎职甚至共同参与实施犯罪的行为绝不是高某甲等人免责的理由和借口。2000年后，中国的房地产业飞速发展，这一过程中不可避免地存在行业“顽疾”和改革“阵痛”，这其中诸多问题的根源正是部分开发商将拜金主义和个人利益至上作为人生的信条，在追逐利益的过程中迷失了方向。被告人高某甲正是这其中的典型，高某甲自2001年开始介入拆迁、开发领域，在其后的多年中，逐渐积累了原始资金，在这一过程中其为达拆迁目的不择手段、肆意妄为，为追求自身利益最大化弄虚作假、欺上瞒下，不断突破一个商人的道德底线、职业底线，直至法律底线。伪造材料虚假申报所付出的成本很低，虚报冒领拆迁费用、开发补偿款所获得收益却很高，此类行为在房地产开发行业中也许是许多人心照不宣的“秘密”，也许是许多人快速致富的“捷径”，不仅是今天在庭审中的9名被告人，在庭审外的许多房地产开发商甚至政府工作人员可能都会有同样的想法和侥幸心理。通过今天的庭审，公诉人要警示被告人和其他即将触犯法律之人，无论是房地产行业还是任何行业，无论是基层组织人员还是政府高官，都不是法外之地，都没有法外之人，任何获利、任何劳动成果，都应当在法律允许的范围内依法取得，概莫能外，没有任何特例。

正如今天庭审所展现的，高某甲恶势力犯罪集团在拆迁领域的违法犯罪活动已然成为一个犯罪链条，在这个链条之上的，有嗜血般逐利的商人，有被拉拢腐蚀的官员，有被裹挟而沉沦的基层工作人员，也有为蝇头小利而参与犯罪的所谓亲朋好友。（时至今日被告人高某甲、李某甲、*** 仍没有一点反思和悔过，这正是被告人高某甲等人应依法受到严惩的内在原因。）[①] 相信今天的庭审及其后对高某甲等人依法判决的结果一定会让许多仍心存侥幸的人以深刻警示：无论从事什么行业，无论是什么身份，任何无视法律规定、以身试法的行为必将依法受到严惩。

以上是公诉人的公诉意见，请合议庭综合全案犯罪事实、证据、犯罪情节、社会危害性以及各被告人的认罪、悔罪态度，在充分考虑我院提出之量刑建议的基础上，对被告人依法作出判决。

---

① 括号内的内容是庭前为防止被告人当庭翻供拒不认罪而做的准备，由于实际庭审中各被告人均当庭坚持自愿认罪认罚，故括号内的内容当庭未实际宣读。特此说明。

审判长、审判员，公诉意见暂时发表到此。

公诉人：田某某、李某某、郭某某、刘某某、杨某某
2020 年 8 月 31 日当庭发表

【学者点评】

北京市检三分院撰写的高某甲等人恶势力犯罪集团实施寻衅滋事等罪公诉意见书在准确认定恶势力犯罪集团的基础上，分别对该犯罪集团所实施的寻衅滋事罪、故意毁坏财物罪、诈骗罪、贪污罪等犯罪事实及其证据进行了简明扼要的阐述，同时对于各被告人所涉犯罪的量刑问题指出了法庭应予重点考虑的从严、从轻或减轻处罚的量刑情节，还对涉案财产提出了明确的处理意见，此外，在“法庭教育”部分对于恶势力犯罪形成的原因及其危害进行了分析，全面展示了公诉方对该案性质、案件事实及证据、定罪量刑及涉案财物处理、犯罪原因等的认识，有利于法庭以此为主线，在兼听辩护方意见的基础上对于该案作出正确的裁判。

一、准确认定恶势力犯罪集团

对于恶势力犯罪集团犯罪，首先涉及对恶势力犯罪集团的认定问题。在该案办理过程中，《反有组织犯罪法》尚未出台，认定恶势力犯罪集团的规范依据主要是 2018 年最高人民法院、最高人民检察院、公安部、司法部发布的《关于办理恶势力刑事案件若干问题的意见》。根据上述意见，恶势力是指经常纠集在一起，以暴力、威胁或者其他手段，在一定区域或者行业内多次实施违法犯罪活动，为非作恶，欺压百姓，扰乱经济、社会生活秩序，造成较为恶劣的社会影响，但尚未形成黑社会性质组织的违法犯罪组织。其中，恶势力犯罪集团，是指符合恶势力全部认定条件，同时又符合犯罪集团法定条件的犯罪组织。据此，公诉意见书从恶势力犯罪集团的组织特征、行为特征、危害性特征以及各被告人在犯罪集团中的地位与作用等四个方面进行了具体阐释。

从组织特征看，恶势力具有一定的规模，一般为 3 人以上，纠集者

相对固定；该组织存续时间比较长，一般为 2 年及以上；该组织内部形成了一定的管理和控制关系。北京市检三分院的公诉意见书从组织的规模、存续的时间、管理和控制关系等三个方面阐述了高某甲等人犯罪案件符合恶势力犯罪集团犯罪的组织特征，并且事实清楚，证据确实、充分。

从行为特征看，恶势力组织犯罪在行为方式方面，表现为暴力、威胁或者其他手段；在行为范围方面，表现为在一定区域或者行业内多次实施违法犯罪活动；在行为类型方面，通常表现为强迫交易、故意伤害、非法拘禁、敲诈勒索、故意毁坏财物、聚众斗殴、寻衅滋事等；在行为频率方面，表现为经常实施、多次实施违法犯罪行为。北京市检三分院的公诉意见书从行为方式、行为范围、行为类型、行为频率等方面阐述了高某甲等人犯罪案件符合恶势力犯罪集团犯罪的行为特征。高某甲等人在房地产拆迁、开发领域多次共同采用暴力、威胁或者其他手段实施违法犯罪活动，前期拆迁过程中，既实施了多起寻衅滋事、故意毁坏财物等暴力行为，还实施了威胁、恐吓、扰乱秩序等“软暴力行为”，使得对方产生了恐慌心理，被迫配合拆迁活动；暴力和“软暴力行为”又为该犯罪集团 2010 年以后转型为主要从事诈骗和贪污犯罪攫取巨额利益打下了基础。北京市检三分院在公诉意见书中详细梳理了软、硬暴力之间的关系，明确“软暴力”是辅助性手段，仅有“软暴力”手段，不能产生“为非作恶，欺压百姓”的危害后果，无法形成恶势力组织，犯罪行为应当具有“硬暴力为主，软、硬暴力结合”的基本特点。以高某甲为首的犯罪集团在长达 20 年的时间里经常纠集在一起，称霸一方、为非作恶，多次实施寻衅滋事、故意毁坏财物等违法犯罪行为，公诉意见书不仅准确认定了相关犯罪事实，而且清晰阐释了违法犯罪的次数、强度和频率。

从危害性特征看，恶势力犯罪集团犯罪造成了“扰乱经济、社会生活秩序，造成较为恶劣的社会影响”。对此，应当结合侵害对象及其数量、违法犯罪次数、手段、规模、人身损害后果、经济损失数额、违法所得数额、引起社会秩序混乱的程度以及对人民群众安全感的影响程度等因素综合把握。恶势力犯罪集团犯罪在危害性方面往往具有以下特点：

第一，恶势力组织实施违法犯罪活动一般具有公开性、张扬性等特点；第二，恶势力组织违法犯罪活动的侵害对象，具有随意性和不确定性；第三，社会危害性达到一定严重程度，直接或者间接影响一定区域内或行业内的行业秩序、经济秩序，但尚未达到黑社会性质组织犯罪的严重程度。黑社会性质组织通过违法犯罪活动破坏正常的生产、生活秩序，在一定区域或者行业内形成非法控制或者造成重大影响，严重削弱政府公共管理职能，甚至形成超越法律的非法秩序。恶势力虽然在一定区域内或者一定行业内多次实施违法犯罪活动，造成较为恶劣的社会影响，但是这种影响对政府的管理活动造成干扰，还不足以严重削弱政府公共管理职能，还没有达到对一定区域或者行业形成非法控制或者重大影响的程度。北京市检三分院在公诉意见书中阐述了高某甲等被告人在拆迁过程中通过雇用打手在村里逞强示威、打砸玻璃、断水断电、挖沟堵门、强拆树木、大棚等方式，为非作恶、欺压百姓，严重侵犯了他人人身和财产权利，造成严重恐慌和群众利益损失，扰乱了地方经济和社会生活秩序，造成恶劣的社会影响，因此符合恶势力犯罪集团犯罪的危害性特征。

公诉意见书对高某甲等人恶势力犯罪集团中的 1 名首要分子、4 名重要成员和 4 名一般成员作出了认定，从而明晰了各被告人在共同犯罪中的地位与作用。在组织模式方面，与较为松散的犯罪团伙型恶势力不同，犯罪集团型恶势力的组织较为严密，有明显的首要分子，固定的重要成员和相对固定的一般人员，存在清晰的层级关系。三个层级中，居于核心地位的是首要分子，起指挥、领导作用；居于中间层级的是重要成员，负责具体违法犯罪行为的实施，是具体犯罪活动的主犯；居于最下层级的是一般人员，按照首要分子或重要成员的安排实施违法犯罪活动，参与次数较少，作用较小。

二、准确认定恶势力犯罪集团所实施的数罪

恶势力犯罪集团犯罪以多人实施数罪为主要特征，公诉意见书中需要对哪些人分别实施了哪些犯罪进行具体阐述，以便于法庭根据控辩双方的举证、质证、认证情况对于犯罪主体和犯罪事实进行准确认定。在高某甲等人恶势力犯罪集团犯罪案中，北京市检三分院的公诉意见书清晰地阐述了数人犯数罪的犯罪事实以及证据情况。例如，公诉意见书指出，高某甲、高某乙、李某甲、赵某某、张某甲、苍某某、刘某甲等7名被告人共犯有5起寻衅滋事罪，其中1起由高某甲和高某乙2人实施，1起由高某甲、高某乙、赵某某及李某戊4人实施，1起由高某甲、苍某某2人实施，1起由高某甲、李某甲、张某甲、刘某甲等4人实施，1起由高某甲、李某甲2人实施。公诉意见书还阐述了每起寻衅滋事罪分别有哪些证据加以证明，包括被告人供述、被害人陈述、证人证言、书证、辨认笔录、鉴定意见等证据种类，并且说明了证据之间能够相互印证。与此类似，公诉意见书分别阐明了被告人高某甲犯有1起故意毁坏财物罪，被告人高某甲、李某甲、刘某乙、高某丙等4人犯有4起诈骗罪，被告人高某甲、李某甲、刘某乙等3人犯有4起贪污罪，被告人高某甲犯有行贿罪、对非国家工作人员行贿罪，被告人李某甲单独犯有寻衅滋事罪，被告人刘某乙犯有窝藏罪。

由于恶势力犯罪集团犯罪以多人实施数罪为主要特征，且存在首要分子、重要成员和一般成员的区分，因此，对于该犯罪集团中每个被告人的刑事责任进行准确判断，不仅要看全部犯罪事实，也要看单个的犯罪事实。根据判决书中所述，北京市检三分院先是于2020年8月4日以京三分检经检刑诉〔2020〕31号起诉书对被告人高某甲等人犯寻衅滋事罪、故意毁坏财物罪、诈骗罪、贪污罪等提起公诉；2020年8月13日又以京三分检经检刑诉〔2020〕1号补充起诉书追加指控被告人高某甲犯贪污罪、行贿罪、对非国家工作人员行贿罪；同时决定对北京市密云法院2001年作出的（2001）密刑初字第140号刑事判决即原审被告人高某甲等人寻衅滋事案进行再审，与前案进行并案审理。北京市检三分院的公诉意见书围绕来自以上三方面的法庭审理对象而展开，做到了既全面，又准确；既有综合分析，又区分个罪进行了具体分析。

三、积极回应刑事公诉工作的发展变化

近年来，特别是2018年修订的《刑事诉讼法》实施后，准确适用认罪认罚从宽制度，精准提出量刑建议以及提出涉案财物处置意见成为检察机关公诉工作的重要内容。北京市检三分院的公诉意见书既贯彻了认罪认罚从宽制度的实施要求，也提出了对涉案财物处置的具体方案，并

被北京市三中院采纳，取得了良好的公诉效果。

首先，北京市检三分院公诉意见书中提出量刑建议彰显了检察机关实施认罪认罚从宽制度的功能作用。2018 年修订的《刑事诉讼法》从立法上确立了认罪认罚从宽制度，并对检察机关实施该制度提出了明确要求。该法第 15 条、第 176 条第 2 款、第 201 条规定，犯罪嫌疑人、被告人自愿如实供述自己的罪行，承认指控的犯罪事实，愿意接受处罚的，可以依法从宽处理；犯罪嫌疑人认罪认罚的，人民检察院应当就主刑、附加刑、是否适用缓刑等提出量刑建议；对于认罪认罚案件，人民法院依法作出判决时，一般应当采纳人民检察院指控的罪名和量刑建议。根据上述规定，认罪认罚案件中，检察机关的量刑建议不仅具有确认对被告人认罪悔罪态度予以量刑从宽的法律效力，而且对人民法院的量刑裁判具有实质的约束力。正确实施认罪认罚从宽制度，最大限度实现刑罚的特殊预防与一般预防功能，成为新时期检察机关发挥公诉职能的重要载体。北京市检三分院在公诉意见书中，对认罪认罚的被告人赵某某、高某乙、张某甲、高某丙、刘某乙、苍某某、刘某甲等 7 人，根据各被告人的量刑情节，提出了“可以依法在本院提出的量刑建议幅度内予以从宽处理”的意见，该意见被北京市第三中级人民法院采纳在判决书中进行了确认。同时，对于不认罪认罚的被告人高某甲，根据其量刑情节提出了“不予从宽处罚”的意见。在法庭审判中，检察机关针对每个被告人所犯罪行分别提出了幅度刑的量刑建议，彰显了检察机关实施认罪认罚从宽制度的重要作用。

其次，北京市检三分院公诉意见书中提出的涉案财产处置的意见对于法院准确作出涉案财产处置的判决发挥了重要作用。最高人民法院、最高人民检察院、公安部、司法部联合印发的《关于办理黑恶势力刑事案件中财产处置若干问题的意见》第 11 条规定，人民检察院应当加强对在案财产审查甄别。在移送审查起诉、提起公诉时，一般应当对采取措施的涉案财产提出处理建议，并将采取措施的涉案财产及其清单随案移送。人民检察院经审查，除对随案移送的涉案财产提出处理意见外，还需要对继续追缴的尚未被足额查封、扣押的其他违法所得提出处理意见建议。北京市检三分院公诉意见书中根据各被告人涉案财产状况，依法提出了“对被告人高某甲个人财产予以没收，被告人李某甲名下银行存款，先折抵罚金刑，剩余部分予以返还；被告人高某丙名下银行账户内人民币3200余万元，予以追缴，对于剩余款项建议予以没收。对于高某丙名下其余账户款项，先折抵罚金刑，剩余部分予以返还”以及“对于依法扣押的高某甲名下车辆、住宅及抓捕高某甲后在现场所依法扣押的相关物品、现金，作为高某甲个人财产予以没收”等具体处置意见，并被北京市第三中级人民法院采纳，在判决书中予以确认，彰显了检察机关在涉案财产处置所发挥的重要作用。

四、主动促进刑事公诉从治罪走向治理

近年来，顺应刑事诉讼现代化的时代要求，刑事公诉理念开始从治罪向治理转变。刑事公诉更加重视在社会治理中的作用发挥，更加主动回应社会治理对刑事司法的需求，更加重视对犯罪人的教育、感化、挽救与对社会公众的教育、引导。北京市检三分院的公诉意见书包含法庭教育内容，在指控犯罪的同时，对被告人及社会公众进行必要的教育引导。公诉意见书阐述了高某甲恶势力犯罪集团所犯罪行的严重社会危害性、犯罪产生的根源以及对社会带来的警示。一是充分阐述了高某甲恶势力犯罪集团的重大社会危害性，提出高某甲恶势力犯罪集团为追逐经济利益而在拆迁过程中针对被拆迁村民大量实施摆架造势、挖沟堵门、断水断电、伤人毁财等寻衅滋事行为，严重扰乱了村民正常的生产、生活秩序，严重损害了群众的安全感，并使部分被拆迁村民基于恐惧心理而被迫搬离家园。二是充分阐释了高某甲恶势力犯罪集团产生的根源，指出被告人高某甲之所以走上犯罪道路，根源在于高某甲将拜金主义和个人利益至上作为人生的信条，在追逐利益的过程中迷失了方向，为达目的不择手段、肆意妄为，为追求自身利益最大化弄虚作假、欺上瞒下，不断突破商人的道德底线、职业底线，直至法律底线。而且，高某甲恶势力犯罪集团之所以能存续长达近20年，高某甲等人之所以能骗取数亿元之巨的国有财产，根源在于其勾结、腐蚀了一批国家工作人员和基层组织人员。三是对从事与高某甲犯罪集团类似行业人员及相关公职人员发出了警示，指出无论是房地产行业还是任何行业，无论是基层组织人员还是政府高官，都不是法外之地，都没有法外之人，任何获利、任何劳动成果，都应当在法律允许的范围内依法取得，任何无视法律规定、以身试法的行为必将依法受到严惩。公诉意见书中的法庭教育内容既可以让被告人深刻认识自己的严重罪行，促使其认罪悔罪，又可以对参加旁听的人员产生心灵震撼，还可以对社会上有违法犯罪苗头的人起到震慑作用。

（**点评人：**熊秋红，中国政法大学诉讼法学研究院院长、教授；
刘开元，中国政法大学刑事司法学院博士研究生）

【检察官点评】

最高人民法院、最高人民检察院、公安部、司法部2018年1月发布《关于办理黑恶势力犯罪案件若干问题的指导意见》，指导各机关依法、准确、有力惩处黑恶势力犯罪。在全国各级政法机关的共同努力下，扫黑除恶专项斗争取得显著成效。2021年1月，党中央作出常态化开展扫黑除恶斗争的重大决策部署，扫黑除恶斗争要久久为功，常抓不懈，防止回流反弹。2021年6月发布的《中共中央关于加强新时代检察机关法律监督工作的意见》要求“常态化开展扫黑除恶斗争，实现常治长效”。高某甲恶势力犯罪集团盘踞密云近20年，寻衅滋事、伤人毁财、欺压百姓、弄虚作假、骗取补偿、行贿国家干部、贪污巨额财产，严重扰乱当地经济秩序，损害了当地政治生态和政府公信力，影响人民群众安全感。为确保庭审效果，检察机关在以“求极致”的精神开展认罪认罚工作的基础上，全面细致做好庭审准备，充分运用事实、法律和刑事司法政策，坚持理性平和、客观公正的原则撰写了公诉意见书。辩护人在当庭发表的辩护意见中，首先充分肯定了公诉人所发表指控意见的客观、公正性。一审判决作出后数十名被告人无一人提起上诉，取得了很好的庭审效果。

第一，高度重视用语规范、准确、严谨、统一。

承办检察官反复揣度遣词造句，使每一句话都符合客观事实、符合法律规定、符合一般常理，避免发言不当引起庭审争议或不良舆情。公诉意见书准确地将高某甲等9人定性为恶势力犯罪集团。一方面，本案公诉意见书从组织特征、行为特征、危害性特征等角度，论述结合高某甲等9人具有犯罪集团的基本特征，系为共同实施犯罪而组成的较为固定的犯罪集团。另一方面，结合高某甲等9人在密云地区房屋拆迁、开发过程中，多次实施寻衅滋事、伤人毁财犯罪，欺压群众、扰乱当地群众生活秩序、社会秩序等特点，准确将其定性为恶势力组织。恶势力组织是扫黑除恶斗争中相对于黑社会性质组织而言的概念，在组织性、恶劣性、危害性上与黑社会性质组织具有相似性但还存在一定的差距。2022年5月实施的《反有组织犯罪法》在系统总结扫黑除恶专项斗争实践经验基础上，将恶势力组织明确定义为法律概念，根据该法规定，恶势力组织是指经常纠集在一起，以暴力、威胁或者其他手段，在一定区域或者行业领域内多次实施违法犯罪活动，为非作恶，欺压群众，扰乱社会秩序、经济秩序，造成较为恶劣的社会影响，但尚未形成黑社会性质组织的犯罪组织，相当于黑社会性质组织的雏形，体现国家对黑恶势力“打早打小”的政策倾向。

第二，坚持有理、有力、有节，以精炼、平和以及充满法理性、逻辑性的语言，分别从恶势力犯罪集团的认定、各被告人的犯罪事实认定、量刑情节及建议、涉案财产处置情况等方面展开充分论证。

公诉意见书将高某甲等9人的网状犯罪图谱清晰勾画出来，进而完整呈现该恶势力犯罪的生态链。综观其犯罪生态链，高某甲等人在房屋拆迁、开发过程中纠集人员欺压百姓形成稳定的恶势力，借此加快拆迁进度，同时腐蚀一批国家工作人员，成为其犯罪保护伞，而后进一步拉拢堕入共同犯罪，其经济基础除了房屋拆迁、开发收益之外，还包括在拆迁过程中骗取高额补偿款，与国家工作人员共同贪污，侵吞国家财产，攫取非法利益。该恶势力犯罪集团所实施的每一起犯罪事实，具体参加人员不同，有的涉及与另案处理的国家工作人员共同犯罪，公诉意见书均一一列明，体现了前期审查工作扎实细致，全面深挖涉恶线索，为准确定罪量刑打下基础。2019年7月，最高人民检察院发布检察机关开展扫黑除恶专项斗争典型案例，指导检察机关坚持关联审查、深挖彻查，注重串并研判，积极引导取证，全面审核证据，整体把握个案之间的内在关联，深挖幕后主犯，依法追诉漏罪漏犯。本案正是在关联审查、串并研判、深挖彻查方面细致到位，才能以完整确凿的证据链条，揭露和指控该恶势力犯罪集团腐蚀国家工作人员建立保护伞的行贿犯罪、对非国家工作人员行贿犯罪，与国家工作人员共同实施贪污犯罪，攫取非法利益的诈骗犯罪。

第三，强化法庭教育效果，充分揭露了高某甲恶势力犯罪集团的社会危害性极深，阐述了高某甲等人将密云区旧城改造这项本应惠民、利民的工程，异化为暴力拆迁下的恶势力犯罪行为，本质源于被告人高某甲等人不择手段、以经济利益最大化为唯一追求的错误心态。

公诉意见书积极贯彻宽严相济的刑事政策。对高某甲等 9 人恶势力集团犯罪，坚持依法从严惩处。特别是对犯罪集团的首要分子和重要成员，诈骗犯罪中未遂的部分，建议不予从宽。《刑法》第 23 条规定，“对于未遂犯，可以比照既遂犯从轻或者减轻处罚”，既然法条规定的是“可以”比照既遂犯从轻减轻，而不是“应当”，那么该法条适用潜在的张力就允许在某些情况下不予从宽。

（**点评人**：王伟，北京市西城区人民检察院副检察长、三级高级检察官；于伟香，北京市西城区人民检察院四级高级检察官）

【法官点评】

公诉意见书是公诉人在法庭辩论阶段对证据和案件情况集中发表意见时使用的法律文书，所记载的内容最为丰富，承载的功能最为全面，堪称检察法律文书的代表。

高某甲等人恶势力犯罪集团案公诉意见书既向我们揭示了高某甲案的疑难、复杂程度，又向我们展示了本案检察机关严谨求实、细致入微的工作情况。该案的检察机关将“举重若轻”和“举轻若重”有机地融合在一起。在面对高某甲等人恶势力犯罪集团案这样一起时间跨度长、被告人数多、案件事实多、涉及罪名多，社会高度关注的案件时，检察机关“举重若轻”，在吃透案情的基础上，仅用不到两万字就将案件的全貌勾勒出来，实属难得。同时，在涉及高某甲集团为什么是恶势力犯罪集团而非黑社会性质组织、各被告人在恶势力犯罪集团中的地位与作用、各被告人罪与非罪、此罪与彼罪等关键细节上，检察机关“举轻若重”，不惜笔墨，重点描画，力争说清说透。

本案中，首先要解决的问题是高某甲集团的组织性质。检察机关从组织特征、行为特征、危害性特征等方面入手，详细分析了高某甲犯罪团伙具有一定规模，且有明确的首要分子，团伙成员基于自身地位、作用大小处于不同层级；高某甲犯罪团伙存续时间长，从 2000 年开始直至案发，该团伙的首要分子、重要成员都较为稳定；高某甲等人对该犯罪团伙存在管理、控制行为；高某甲犯罪团伙所实施的行为具有“软、硬暴力结合”“违法、犯罪兼具”的特点等特征的具体表现，充分论证了高某甲集团属于相关司法解释规定的恶势力犯罪集团，而非证人口中提到的“高某甲就是黑社会”，做到了不枉不纵。

在此基础上，检察机关对各被告人在恶势力犯罪集团中的地位与作用，是犯罪集团首要分子、重要成员还是犯罪集团其他成员进行了逐一的分析、论证。这项工作需要极其扎实的证据和事实基础，不仅关系到各被告人在某一起违法犯罪事实中的作用，更是要体现各被告人在整体犯罪中的地位；不仅要体现有形的行为，更要体现无形的影响；不仅要体现客观的证据情况，更要符合各被告人的自我心理认知。只有如此，才能让各被告人都心服口服，从而为检察机关的认罪认罚工作，进而促使被告人真诚认罪悔罪奠定坚实的基础。

公诉意见书还对高某甲犯罪集团涉及的寻衅滋事罪、故意毁坏财物罪、诈骗罪、贪污罪、行贿罪、对非国家工作人员行贿罪、窝藏罪的事实、证据进行了充分的分析、论证。这些罪名分属《刑法》第三章破坏社会主义市场经济秩序罪、第五章侵犯财产罪、第六章妨害社会管理秩序罪、第八章贪污贿赂罪，其覆盖范围之广、跨度之大，对办案人员的知识储备、经验积累、业务水准都提出了极高的要求，特别是其中涉及诈骗罪和贪污罪的事实，都是骗取补偿费用，相似的事实界定为两个罪名，其合法性、合理性和必要性何在，公诉要达到法律效果、社会效果的统一，答案必须令人信服。本案的公诉人面对这些难题和挑战，均交出了令人满意的答卷。

本篇公诉意见书还全面客观分析了各被告人具有的从严、从宽等各类量刑情节，体现了检察机关的“客观义务”，保障了诉讼参与人的合法权益。

坚持扫黑除恶与“打财断血”同步推进，将“黑财”的追缴、处置工作作为重中之重，坚决铲除黑恶势力的经济基础，彻底摧毁其再犯能力，是扫黑除恶专项斗争对司法机关提出的要求。本案的检察机关也高度重视“打财断血”工作，依据事实和法律提出了对高某甲个人财产予以没收、对于依法扣押的高某甲名下车辆、住宅及抓捕高某甲后在现场所依法扣押的相关物品、现金，作为高某甲个人财产予以没收等具体的建议，做到了除恶务尽。同时，检察机关也高度重视对被告人合法财产的保护，提出了对部分被告人名下的财产折抵判处的罚金后剩余部分依法予以返还等建议。需要强调的是，在关注案件定罪量刑的同时，重视对涉案财产的处置，在证据确实、充分的基础上，提出对涉案财产的处理意见，既是扫黑除恶的工作要求，也是新形势新阶段对公诉工作提出的期盼，检察机关即便是在普通的刑事案件中也应依法提出对涉案财产的处置意见。

综观整篇公诉意见书，检察机关高度重视用语的规范、准确、严谨、统一，极其严格地遣词造句，力争每一句话都有据、有理，符合客观事实、符合法律规定、符合一般常理，避免了因发言不当引起的不必要的庭审争议或不良舆情。在面对这样一个为非作恶、欺压百姓、祸害一方的恶势力犯罪集团时，任何人难免不义愤填膺、深恶痛绝，但带着情绪必然做不好公诉工作，在对恶势力犯罪集团的认定、各被告人的犯罪事实认定、量刑情节及建议、涉案财产处置情况等方面展开论证时，本案的检察机关坚持有理、有力、有节，以精练、平和、充满法理性、逻辑性的语言娓娓道来，收到了良好的法律效果和社会效果。

本案的公诉意见书还强化法庭教育，充分揭露了高某甲恶势力犯罪集团的社会危害性，阐述了高某甲等人将密云区旧城改造这项本应惠民、利民的工程，异化为暴力拆迁下的恶势力犯罪行为，本质源于被告人高某甲等人不择手段、以经济利益最大化作为唯一追求的错误心态。公诉人的法庭教育收到了良好的效果，辩护人在当庭发表的辩护意见中，首先充分肯定了公诉人所发表指控意见的客观性、公正性。一审判决作出后，数十名被告人无一人提起上诉，实现了政治效果、法律效果和社会效果的统一。

（**点评人**：林辛建，北京市第一中级人民法院督察室主任）

【律师点评】

一、恶势力犯罪集团与其首要分子

在以习近平同志为核心的党中央坚强领导下，扫黑除恶专项斗争取得了全面胜利。这场斗争的实践表明，恶势力作为一种特殊的有组织犯罪，严重危害人民群众的人身和财产安全，破坏法治化营商环境，侵蚀党的执政根基，具有严重的社会危害性。它与黑社会性质组织的演变、发展和壮大密切相关，必须依法严厉打击。

恶势力犯罪集团是符合犯罪集团法定条件的恶势力犯罪组织。恶势力犯罪集团应当具备“为非作恶、欺压百姓”特征，其行为“造成较为恶劣的社会影响”，因而实施违法犯罪活动必然具有一定的公然性，且手段应具有较严重的强迫性、压制性。普通犯罪集团实施犯罪活动，如果仅为牟取不法经济利益，缺乏造成较为恶劣社会影响的意图，在行为方式的公然性、犯罪手段的强迫压制程度等方面与恶势力犯罪集团存在区别，可按犯罪集团处理，但不应认定为恶势力犯罪集团。

在恶势力案件的办理中，要准确贯彻宽严相济刑事政策，该严则严，当宽则宽，宽严相济。对于恶势力犯罪整体而言，由于其严重的社会危害性，应当从严惩处。然而，在具体的恶势力案件中，不能简单地将依法严惩等同于一律从严，而是要根据行为人的主观恶性、人身危险性，在恶势力、恶势力犯罪集团中的地位、作用以及在具体犯罪中的罪责来确定不同的刑罚，坚持宽严并举，突出惩治重点，实现政治效果、法律效果和社会效果的统一。

对于恶势力犯罪集团的首要分子，亦即在恶势力集团犯罪中进行组织、策划、指挥的犯罪分子，应当对恶势力集团所实施的犯罪行为承担全部责任，但不等于对每个成员的犯罪行为都要承担责任。因此，要准确区分出恶势力集团的犯罪行为与集团成员的个人犯罪。恶势力集团的犯罪行为是在恶势力集团的组织下共同实施的犯罪，以及受恶势力集团首要分子的指派所实施的犯罪行为。有观点认为，恶势力集团的个别成员并没有受到指派，为恶势力集团利益而主动实施具体犯罪的，也应当视为恶势力集团的犯罪，恶势力集团的组织者、指挥者也同样要对该行为承担刑事责任。但是，如果恶势力集团个别成员出于个人原因，在没有恶势力集团指派的情况下，私自实施具体犯罪的，应当视为个人犯罪。

在本案中，高某甲在恶势力犯罪集团中发挥了重要的组织、指挥作用，且是＊甲公司的实际控制人，通过违法犯罪活动攫取的大量非法经济利益均被其实际控制、占有，故应当被认定为恶势力犯罪集团的首要分子，也应当对犯罪集团所实施的全部犯罪行为承担刑事责任。

二、单位行贿与个人行贿的区分

单位行贿罪的行为主体是单位，根据《刑法》第 30 条的规定，“单位”是指公司、企业、事业单位、机关、团体。1999 年 6 月最高人民法院《关于审理单位犯罪案件具体应用法律有关问题的解释》规定，具有法人资格的独资公司，即自然人独资的一人公司可以成为单位犯罪的主体。由于司法解释将单位行贿罪的立案标准设置得相对较高，所以在司法实践中，行贿人往往主张自己是单位行贿罪而非行贿罪，辩护律师也经常以被告人构成单位犯罪为由进行辩护从而让其受到刑罚的优待。

《刑法》第 393 条以行贿取得的利益归属为标准，区分单位行贿罪与行贿罪，公司的法定代表人或者实际控制人，为了给公司谋取不正当利益，将个人的财物作为贿赂交付给国家工作人员的，宜认定为单位行贿罪；反之，若为了谋取个人利益，而将单位财物作为贿赂交付给国家工作人员的，则成立行贿罪。然而，有些自然人独资的一人公司，财务制度混乱，公司财产与个人财产混同，行贿取得的违法所得通常归个人所有，因此不构成单位行贿罪，认定为行贿罪是妥当的。

在本案中，高某甲个人财产与其实际控制的甲公司、＊＊商贸公司财产混同，公司经营均由其个人决定，其向王某丙行贿，名为甲公司获益，实为个人得利，违法所得的归属为个人而非单位，因此，检察机关以行贿罪提起公诉是正确的。

三、非国家工作人员构成贪污共同犯罪的主犯

根据《刑法》第382条的规定，贪污罪的行为主体是国家工作人员，属于身份犯。对于这类犯罪，一般认为，2个以上具有特定身份的人共同实施法律要求犯罪主体具有特定身份的犯罪，可以构成共同正犯；然而，具有特定身份的人与没有特定身份的人，不可能构成法律要求犯罪主体具有特定身份的犯罪的共同正犯。就贪污罪而言，利用职务上的便利是其犯罪行为的一个必不可少的组成部分，从而，是否利用职务上的便利，就成为确定其犯罪行为性质的重要标准。而利用职务上的便利是以行为人具备一定的身份为前提的，如果没有一定的身份，就不存在利用职务上的便利的问题。因此，没有国家工作人员的身份的人，不可能实施贪污或者受贿的行为。

在本案中，高某甲不具有国家工作人员的身份，不可能构成贪污罪的共同正犯。但是，由于高某甲在犯罪过程中，提出了犯意，实际获利，并且积极实施了提供虚假拆迁、补偿材料等行为，属于教唆犯。根据我国的司法观念，教唆者系造意者，为首，通常被认定为共同犯罪中的主犯。因此，检察机关认定不具有国家工作人员身份的高某甲，构成贪污共同犯罪中的主犯是准确的。

（**点评人：**徐宗新，上海靖霖律师事务所主任）

22. 许某甲故意杀人案：用证据让逝者“开口说话”

【案情简述】

2020年7月，浙江省杭州市曾发生一起在互联网上引起轩然大波的人口失踪案件。案发之初，失踪女子来某甲的丈夫许某甲通过互联网发声，向公众求助，公开征集其妻子的下落。在接受媒体采访时，他声泪俱下的画面给许多人留下了深刻印象。热心网民积极动员起来，帮助他寻找“失踪”的妻子。警方正式立案侦查后不久，案件发生了惊人的反转：许某甲关于其妻子行踪、去向的说辞漏洞百出、前后矛盾，根本无法自圆其说，加之其在案发前后行为反常、公安机关调查后发现来某甲自案发当日回到家后再未离开所居住的楼宇；综合以上因素，公安机关将许某甲列为重点嫌疑对象开展侦查工作。

经过对许某甲和来某甲共同生活的房屋进行勘查，调阅相关视频监控资料，对化粪池和下水管道进行搜索等大量艰苦侦查工作，公安机关查明了许某甲因经济问题、子女教育、夫妻性格等长期尖锐的家庭矛盾而对被害人积怨已久，有预谋地杀害被害人，残忍分尸、碎尸的全部事实。

被害人尸体已被许某甲切分为碎片后倾倒入下水管道，难以完整寻获复原，因此许某甲到案后始终心存侥幸，饰词狡辩，认罪态度不稳定，在侦查、审查起诉阶段多次翻供；在案件一审判决后又以被害人是否死亡尚不确定、其不存在杀人行为和杀人预谋、其有罪供述系公安机关通过疲劳审讯方式非法获取等理由提出上诉。二审检察机关对案件事实、证据、定性、量刑和程序进行了系统、全面、细致的审查，认为本案一审事实清楚，证据确实、充分，量刑适当，程序合法，判决应予维持。针对许某甲多方狡辩和侥幸、畏罪心理，检察机关合理组织排布在案证据，在被害人尸体无法复原的前提下，综合运用案发现场血迹和痕迹物证、作案分尸使用的凶器上检出的DNA信息，中心现场及其连通的化下水排污管线内提取到被害人的人体组织等证据，无可辩驳地证明了上述血液、尸块来自被害人，现有证据证实被害人失血若干、缺损皮肤组织块600cm^2以上，已足以认定其已无生存可能。由于诸多痕迹物证均证实被害人系在家中遇害，案发时仅有许某甲与被害人“共处一室”，其间并无第三人进入封闭现场，许某甲系唯一具备作案时空条件的人。同时通过调取同步录音录像，检察机关以充分的证据证明了许某甲在一审阶段所作有罪供述系自愿作出，侦查机关在本案侦查阶段不存在刑讯逼供、疲劳审讯等违法取证的情况。

许某甲故意杀人案件的二审庭审意义重大，不仅仅是基于刑事诉讼审慎的原则，对许某甲残忍杀妻犯罪经过再一次进行证实和还原，其本身也是一堂深刻而又沉重的法治教育课，二审检察机关本着对生命的重视，对公平正义的追求，以翔实的证据、充分的说理揭示许某甲故意杀人犯罪行为的恶劣性质和严重后果，打消许某甲幻想和侥幸，也对人们在亲密关系中应该如何冷静地处理家庭矛盾、婚姻关系提出警示，发出平和沟通、妥处矛盾的倡议。

【文书原文】

浙江省人民检察院

出庭检察员意见书

审判长、审判员：

根据《中华人民共和国刑事诉讼法》第二百三十五条的规定，我们受浙江省人民检察院指派，代表本院，出席法庭，依法执行职务。开庭前，检察员详细审阅了本案的所有卷宗材料，依法提讯了上诉人，调取了相关证据，听取了辩护人及被害人亲属的意见，今天又参加了法庭调查，更加充分地了解了诉讼各方观点，现对本案事实、证据、定罪量刑及上诉人的上诉理由发表如下出庭意见，请法庭考虑：

一、一审判决认定上诉人许某甲故意杀人犯罪事实清楚，证据确实、充分

（一）现有证据足以证明案发后来某甲一直处于失踪失联状态

首先，在案的失踪人员信息登记表，余某某、许某乙、来某乙等证人证言证实，被害人在2020年7月4日晚身着吊带睡衣睡下，在未带手机及随身物品的状态下突然失踪，此后未联系过任何亲友。其次，来某甲上班门禁卡打卡记录，证人余某某、来某乙、计某某等证人证言证实，被害人2020年7月3日（周五）正常下班，从不无故迟到早退，但7月6日早上7：30应当到岗时间却未正常上班，突然缺勤，此后再未出现在工作岗位。再次，**苑小区**幢**单元一楼门口监控、电梯内监控和地下车库**单元范围监控等现场监控及亲属证言等证实，来某甲自7月4日傍晚17：04与女儿许某乙坐电梯回家后再未离开过该单元楼。公安机关动用大量警力和资源对**苑**幢所有住户、监控视频中出现的案发时段携带大件行李物品人员、**幢的电梯井、水箱、储物柜、烟道、通风管道、地下室及窨井等公共部位开展了地毯式搜索、排查，均未发现来某甲踪迹。最后，来某甲手机及微信通话记录、支付宝和银行账户交易记录、医疗就诊记录、杭州市人脸抓拍结果及医生隋某某的证言等证实，案发后再未发现来某甲任何通信、消费、出行或就医记录等生活痕迹。综上，在案证据足以证实被害人来某甲于7月4日后失踪。

（二）诸多客观性证据证实来某甲已经死亡

第一，现场勘查笔录、杭公司鉴（DNA）字（2020）391号、391－1号鉴定书等证实，被害人来某甲家中卫生间洗手台下沿和厨房绞肉机桶壁内层均检见来某甲血迹、厨房国风牌剪刀中点位置提取到来某甲人体组织、刀刃和刀柄上检见来某甲DNA信息，卫生间地漏水管中发现来某甲皮肤等组织两块，在被害人家连通的化粪池内提取到来某甲的人体组织38块（34块系皮肤组织、4块器官位置不明）。第二，现场勘查笔录、沪公物鉴（检）生字［2020］2258号鉴定书、上海市公安局闵行分局物证鉴定所检测报告以及本院文证审查意见等证实，淋浴房地漏水管内提取的牙齿一颗与许某乙具有同一母系遗传关系，在被害人家连通的化粪池内提取到胃、肝、舌和肌肉等器官组织块五块与许某乙具有同一母系遗传关系。根据证人来某乙、来某丙、黄某某、余某某等人证实有关母系家庭成员去向、现状的证言以及来某甲母亲章某某的注销户口证明、常住人口基本信息、登记表等证据证实的情况，除来某甲外，与许某乙具有同一母系关系的其他亲属中，不存在牙、胃、肝、舌、肌肉组织块缺损并出现在来某甲家卫生间地漏水管和连通的化粪池中的可能，因此，本案牙齿、胃、肝、舌和肌肉组织块系来源于来某甲。第三，现场勘验笔录等证实在案已发现来某甲血迹若干、缺损皮肤组织块 $600cm^2$ 以上，结合其无相关救治记录，案发后失踪失联、不存在任何生活迹象等情况，足以认定来某甲死亡的事实。

（三）上诉人许某甲杀害了被害人来某甲

1. 许某甲具有作案条件且行为表现异常。现场勘查情况及许某乙证言、许某甲供述证实，7 月 4 日被害人来某甲下班回家后至深夜入睡再未离开家中，整晚与许某甲二人“共处一室”，可排除第三人闯入等异常情况，许某甲具有充分的作案时空条件。** 苑、** 苑小区监控，浙江财富金融中心监控以及许某乙、余某某、来某乙等证人证言证实，许某甲行为表现异常，其是第一个知道妻子来某甲“失踪”的人，却连续多天正常进出、上班生活，没有表现出亲属突然无故失踪正常应有的意外、疑惑和担忧，甚至对小女儿联系姐姐和姨妈寻找母亲的行为表示反对，对外暗示是有人把来某甲接走了，后来报警也是在被害人大女儿余某某主导下才陪同前往，行为异常，不符常理。

2. 客观性证据证实许某甲杀害了妻子。经勘查，公安机关在上诉人许某甲与被害人来某甲共同居住的家中卫生间洗手台上、地漏水管内、厨房绞肉机桶壁内层、厨房剪刀等多处检见被害人来某甲的血迹和人体组织，在卫生间地漏中发现来某甲牙齿，在其家连接的化粪池中提取到舌头、胃、肝等器官组织块和大量来某甲皮肤组织块。许某乙证言及其手机照片证实，来某甲失踪后许某乙在家中卫生间墙壁的瓷砖缝隙中发现血迹、墙面瓷砖上出现划痕、地面瓷砖上多了两个洞，上述诸多痕迹、物证均证实来某甲系在家中遇害，且案发时段仅许某甲与来某甲“共处一室”，也就是说并无任何第三人进入现场，同时，许某乙还证实，许某甲叮嘱其不要将卫生间看到血迹、墙壁发现划痕、地砖有破损的情况告诉别人，其还看到许某甲手上有伤，得到许某甲人身检查笔录一定程度印证。故在案的客观性证据证实是上诉人许某甲在自己家中将妻子杀害。

3. 许某甲多次（包括一审庭审）供认杀人，上诉人的有罪供述得到在案诸多证据特别是客观性证据的充分印证，且其有罪供述细节极具内知性、亲历性。

第一，许某甲有作案动机。上诉人许某甲供述的因经济问题、女儿教育、夫妻性格等长期尖锐的家庭矛盾而对来某甲积怨已久，恨意日深，最后泄愤杀人等作案动机，得到证人许某乙、余某某、来某乙、黄某某、许某丙、朱某某等人证言的印证，尤其是：许某甲的好友刘某某证实，许某甲在外有情人的事情被来某甲发现后，许、来二人发生冲突，听来某甲讲许某甲差点将其掐死，刘某某就此向许某甲求证属实，许称也不知道是怎么回事，火气上来的时候真是差点把老婆掐死，并称其本来打算离婚的，因为**村马上又可以分房了，离婚没房子分太可惜了才继续维持与来某甲的婚姻；许某甲的情人周某某证实，许某甲心眼较小，比较记仇，自2019年开始对其抱怨来某甲看不起他、打他、装修不肯出钱等，许某甲每次提到来某甲眼神就特别凶，说一些“她怎么癌症也不死”之类的话，表现出很希望他老婆去死的想法；现场勘查提取到的信纸内容以及许、来手机微信聊天记录、许某甲发给周某某的微信图片等证据进一步印证了许、来二人在家庭开支、各自经济状况、对婚前各自子女的关心程度、对婚后小女儿的教育方式、许某甲户口迁入来某甲户头产生的不悦及房屋装修分歧等家庭矛盾各个方面自觉委屈、相互指责、相互埋怨的情况。故本案案发起因清楚，许某甲故意杀人动机明确。

第二，虽被害人已被碎尸，但许某甲杀害妻子的基本作案手段有客观性证据印证。(1) 具体杀人手段。上诉人许某甲供述，作案前先在来某甲饮用的牛奶中投入之前托周某某购买的安眠药（注意：此系9月26日许在自书材料中第一次主动提及）使来某甲昏睡，再用胶带封堵、枕头捂压口鼻方式致来某甲死亡并于事后发现来某甲尿失禁。尽管因被害人尸体被分割、绞碎无法从尸检方面判断伤情和死因，但证人周某某、何某某的证言及医院开药记录、药费支付凭证、微信聊天记录等证实，周某某曾于2019年12月应许某甲要求帮其购买安眠药，等许某甲回诸暨时当面交给许，公安机关在来某甲睡前饮用牛奶的杯子中检出安眠药艾司唑仑成分，在来某甲床上席子尿斑位置多处检出艾司唑仑成分，在来某甲所睡位置席子和垫被尿斑处均检出尿素成分，在厨房冰箱上方提取到经许某甲确认用于作案的数卷胶带。现场勘查亦未发现任何挣扎、打斗痕迹，与许某甲供述的先投安眠药、再用胶带、枕头按压口鼻致来某甲死亡的作案手段和事后发现来某甲尿失禁的细节完全吻合，现场相应位置均留下了作案细节特征，点、位一一印证对应，且尿失禁是窒息导致死亡中常见的伴随现象，杯中投放安眠药是许某甲在自书材料中主动供及，供述的内知性、亲历性强。（2）分尸灭迹经过。上诉人许某甲供述，其杀死来某甲后，为逃避侦查，将被害人尸体搬进浴室，使用美工刀、剪刀、钢锯、电动切割机、电动绞肉机等工具分尸、碎尸后，部分通过马桶冲走，肢解的人骨分散丢弃于小区及单位垃圾筒内。上述所供分尸灭迹过程与本案现场勘查、DNA鉴定证实在现场卫生间洗手台下沿、厨房绞肉机内壁、国风剪刀中点和刀刃刀柄部位、卫生间地漏水管中以及现场房屋连通的化粪池中提取到被害人来某甲的血迹、牙齿、舌头、人体皮肤、肌肉和内脏器官组织，许某乙证言及手机照片所示现场淋浴房血迹、瓷砖划痕、墙面破损等大量客观性证据，在痕迹、物证的所处位置、血迹和人体组织的具体形态、空间分布、数量大小等各个方面都高度吻合，其所供作案后将人骨和作案工具分散丢弃并购买洗洁精清理现场的事实，与现场监控录像所示案发后许某甲或持垃圾袋或背双肩包数次外出、地铁集团便利店监控录像和员工侯某某证言所证许某甲购买创可贴和洗洁精等情况相互印证。分尸灭迹事实、过程清楚，足以认定。（3）丢弃作案工具。作案后许某甲将美工刀、切割机、钢锯等丢弃在小区及单位垃圾桶等处，绞肉机、剪刀等工具仍存放家中，与视频监控反映的许某甲丢弃垃圾的时间、次数及现场勘查在许某甲家中提取到绞肉机、剪刀等工具相印证。特别提请法庭注意的是，公安机关根据许某甲的供述和指认，在其丢弃切割机扳手的地点提取到了相应物证，并经许某甲庭审辨认系其作案工具，属于先供后证、亲历性、内知性和证明力极强的细节证据，现许某甲辩称该扳手并非作案工具，却不能作出合理解释，亦与查明事实相悖。

综上，在案证据来源、形式合法，内容客观、真实，与本案具有关联并经庭审质证，足以证实上诉人许某甲因婚姻、家庭矛盾将来某甲杀害并分尸、碎尸、抛弃的犯罪事实，故一审判决认定许某甲犯故意杀人罪事实清楚，证据确实、充分。

二、一审判决以故意杀人罪判处上诉人许某甲死刑量刑正确

（一）上诉人许某甲故意杀人犯罪主观恶性极大

本案虽系婚姻家庭矛盾引发，但上诉人许某甲精心筹划、预谋杀害妻子来某甲，其在2020年年初即产生了杀害妻子来某甲并分尸的想法，为此陆续准备了美工刀、切割机、安眠药等作案工具，将自己对妻子的积怨、矛盾付诸杀人报复，杀人动机卑劣，主观恶性极大。上诉人许某甲归案后推诿卸责，毫无悔意，一审当庭认罪甚至表示绝不上诉也只是为了保全自己演出的戏码，自始至终心存侥幸，对妻子生命的逝去表现极度的冷漠，人性是如此的泯灭。

（二）犯罪手段极其残忍，情节特别恶劣

上诉人许某甲采用投放安眠药、用胶带封堵、枕头捂压口鼻等方式将被害人杀害，其后使用美工刀、剪刀、钢锯、电动切割机、电动绞肉机等工具丧心病狂地将妻子分尸、碎尸，部分通过马桶冲走，肢解的人骨分散丢弃于小区及单位垃圾桶内，毁尸灭迹，犯罪手段极其残忍，情节特别恶劣。

（三）犯罪后果特别严重

上诉人许某甲在深夜趁女儿熟睡之际，在自己家中将妻子残忍杀害，造成一人死亡的严重后果，使女儿失去妈妈，兄姐失去妹妹。其作案后还谎报失踪，误导侦查视线，意图逃避罪责，引发巨大社会舆情，并造成司法资源的巨大浪费。

审判长、审判员，上诉人许某甲故意杀人犯罪罪行极其严重，一审判决依据《中华人民共和国刑法》第48条、第232条之规定，依法以故意杀人罪判处上诉人许某甲死刑立即执行，罚当其罪，符合我国刑法罪责刑相适应原则。

三、许某甲的上诉理由均不能成立

（一）许某甲关于被害人尚未死亡，其不存在杀人行为的上诉理由不能成立

对此，刚才检察员已作了充分阐述论证，在案证据足以证明被害人来某甲已经死亡，且系被许某甲杀害。许某甲上诉称不排除来某甲避开监控出走，这与现场勘查、监控视频证实的现场单元楼人员出入情况，特别是在案发现场有诸多来某甲的血迹、人体组织、内脏器官等客观性证据不符，在案客观性证据等均指向许某甲作案。因此，许某甲有关此方面的上诉理由与在案证据不符，不能成立。

（二）许某甲关于没有杀人预谋，系为赢得悔罪态度而杜撰等上诉理由不能成立

1. 作案前购买了美工刀等作案工具。上诉人许某甲归案后多次供认本案系预谋杀人，其在年初就有杀人分尸的想法了，为此陆续准备了美工刀、切割机等分尸工具，并于作案后丢弃。证人奚某某的证言及付款码、支付宝交易记录证实，许某甲在2020年4月在其五金店内购买了4把美工刀，与许某甲供述的预谋情况相印证。2. 为杀人而购买安眠药。许某甲辩解其让周某某购买安眠药是因本人睡眠问题需要吃药，而证人周某某证言及二人的微信聊天记录证实，2019年12月周某某按许某甲要求代买安眠药后，曾在微信聊天中提醒许某甲注意用药安全，许戏称没关系，反正是给“动物”吃的，与许某甲辩解购药自服情况不符。周某某自2019年10月就感觉到许某甲言谈中尽是对来某甲的恨，表现出很希望他老婆死掉的味道，甚至在许某甲称安眠药是给动物吃时隐约判断这个动物指的就是来某甲。事实也正是如此，许某甲将安眠药投入来某甲的牛奶中用于作案，证据证实安眠药是许某甲预先准备的作案工具之一。3. 从上诉人作案过程及作案后的行为表现看，足以证明上诉人系预谋杀人。在案证据证实，上诉人在作案过程中使用了安眠药、剃头刀、美工刀、剪刀、菜刀、绞肉机、切割机等诸多工具杀害被害人、碎弃尸块、清理现场、分批丢弃作案工具，整个作案过程内容庞杂却紧凑有序，作案后谎报失踪，为毁尸灭迹争取时间，面对亲友、邻居和媒体的询问表现异常冷静又极其冷漠，足见其经过周密策划而预谋杀人，现许某甲上

诉称没有预谋作案的供述甚至辩解从未杀人，与在案事实、证据不符，相关辩解及上诉理由不能成立。

（三）许某甲关于其有罪供述系非法获取的上诉理由不能成立

根据《中华人民共和国刑事诉讼法》第56条规定以及“两高三部”《关于办理刑事案件严格排除非法证据若干问题的规定》第一条、第二条、第三条之规定，本案不存在刑讯逼供（殴打、违法使用戒具等暴力方法或变相肉刑）和以威胁、引诱、欺骗以及其他非法方法收集证据的情形。

首先，从案件的整个诉讼过程看，在本案的侦查、审查逮捕、审查起诉、一审审判等各个诉讼环节，面对不同的办案执法司法主体，许某甲均未就取证合法性问题提出异议；一审庭前会议上，许某甲亦明确表示没有非法证据排除申请，对其有罪供述的真实、合法性予以确认，对杀人抛尸行为表示认罪；在一审法庭上，许某甲多次向法庭确认其对侦查阶段的有罪供述没有异议，认罪悔罪，并在最后陈述时特别提到“对公安人员、检察官、法官表示感谢，因为他们是依法办案，保障我的人格”。

其次，讯问同步录音录像等证据证实，上诉人许某甲的有罪供述不存在刑讯逼供等违法取得的情况。1. 本案自始不存在殴打及变相肉刑情况，也不存在疲劳审讯的情形。讯问同步录音录像显示，上诉人7月23日自到案后第一次讯问1：40始，至10：28承认杀人犯罪事实，在总计不到10个小时的时间里，侦查机关依法保障了上诉人许某甲上厕所、二次就餐、持续饮水添水、多次闭目休息（一个小时以上）等正常的饮食和必要休息权利，尤其需要指出的是，在第二次讯问时，民警专门强调，如果需要休息的话就及时提出来，语气文明、态度克制，全程未发现侦查机关存在故意利用疲劳状态进行审讯等情况，许某甲对该份共11页的认罪笔录从核对内容到捺印完毕用时约11分钟，其所称疲劳审讯之下获取口供缺乏事实和法律依据，要求对相关供述进行排除的上诉理由不能成立。2. 上诉人许某甲也未受到侦查人员诱骗、恐吓而致其违背真实意愿做出后续有罪供述。上诉人许某甲以受到侦查人员启动“零口供程序”的诱骗和威胁为由，要求对其后的所有供述予以排除。对此，检察员认为，上诉人的上诉理由与前述法律规定的非法证据排除情形不符，而且有罪供述的同步录音录像显示讯问人员仪表仪态正常，问话用词规范、语气平和。需要说明的是，侦查机关因侦破其他案件需要曾将许某甲羁押于余杭区看守所，相关谈话的内容指向“坦白从宽，抗拒从严”等法律政策的传达和宣讲，有关侦查行为值得进一步规范，但未谈及案情，未制作笔录，亦未见足以胁迫、影响上诉人后续数次供述意志自由的情形。此后的有罪供述仅在侦查环节面对不同的办案人员、不同的讯问场所（看守所）就有五次，在后续的检察机关审查逮捕、审查起诉乃至一审庭前、庭审环节，许某甲在办案人员充分、明确告知诉讼权利和法律后果的情况下均做出了前后稳定、内容一致的有罪供述，根据“两高三部”《关于办理刑事案件严格排除非法证据若干问题的规定》第五条规定，上诉人在审查逮捕、起诉、审判阶段的有罪供述应当采信，况且上诉人并未对讯问合法性提出异议，更为重要的是，上诉人的有罪供述得到在案证据充分印证，现许某甲翻供称系被诱骗、胁迫之下做出虚假供述，要求排除非法证据的上诉理由不能成立。

最后，在案第 4、5、6、7 次讯问笔录的合法性应予以确认。上诉人许某甲以受到疲劳审讯为由对第 2 次讯问的合法性提出异议，其虽在第 3 次讯问中翻供，但在其后的第 4、5、6、7 次讯问中均做了连续、详细、稳定的有罪供述，对作案中心现场、丢弃被害人遗骨及作案工具的诸多地点进行了辨认，与第 2 次有罪供述内容一致，更与在案证据相互印证，且第 6 次供述中主动补充了有关切割机扳手和切割片丢弃地点等作案细节，公安机关在其供述地点提取到相应物证。同时，上诉人亦对自己在第 3 次讯问中的翻供行为表示抱歉，称系心存侥幸，上述四次有罪供述的侦查人员批次不同、讯问地点分别在四季青派出所和杭州市看守所，讯问时间间隔较久，既不存在疲劳审讯的情况，又不存在所谓诱骗、威胁等违法取证的抗辩，合法性应予确认。综上，检察员认为，本案证据均由司法工作人员依法取得，许某甲有关在案有罪供述均系违法取得的上诉理由不能成立。

（四）检举揭发线索不构成立功

1. 就许某甲检举同监室人员高某某在贵州另有故意杀人犯罪的线索，

经公安机关向高某某讯问，向高某某妻子询问，并远赴贵州向矿场承包人、当地村民小组组长等十余人取证，未查实相关检举情况；2. 就许某甲反映高某某等人倒签自书材料落款日期可能存在假立功等问题，高某某已因抢劫等犯罪行为一审被判死刑，不存在许某甲所称假立功情形，相关检举不构成立功；3. 就许某甲检举陈某甲（实为陈某乙）虚开发票行为，经司法机关审查后相关事实成立，但因犯罪情节较轻已对相关人员依法作出不起诉处理，许某甲本人也涉案其中，不构成立功。对其虚开发票行为，经杭州市人民检察院审查认为没有追诉必要，本院审查支持。

四、本案带来的思考和警示

审判长、审判员，庭审持续到现在，本案有许多问题值得我们深思。检察员注意到上诉人出于求生本能而改变供词、否认事实的努力，也尊重辩护人尽心履职希望法庭改变一审死刑判决的争取。但是，检察员必须指出的是，许某甲有预谋地杀害妻子来某甲，并残忍分尸、碎尸的事实清楚，证据确凿，而且不存在任何法定或酌定的从轻、减轻情节。保留死刑，严格控制、慎用死刑是我国的一项刑事司法政策，除了严格控制和慎用死刑，对符合我国刑法第48条规定的罪行极其严重的犯罪分子应当适用死刑。上诉人许某甲一直被婚姻家庭矛盾困扰，其没有想过自我检视，没有尝试充分沟通，最后采用极端残忍的杀人手段泄愤，至今没有真诚的认罪悔罪表现，甚至在今天的二审法庭上，还在为了逃避应得的惩罚而罔顾事实、公然狡辩。依据刑法规定，应当对这样一起罪行极其严重的故意杀人罪行适用死刑，否则，天理国法人情难容！

本案值得我们深思的，还有家庭观、生命健康观的树立。许某甲经常讲，担心来某甲的教育方式对女儿不好，以后女儿会像她一样，但许某甲自己选择这样极端暴力的方式处理家庭矛盾、解决婚姻问题，对孩子就是正面引导吗，许某甲不仅杀了妻子，毁了自己，也毁了几个家庭，严重影响孩子们的一生，可以说是不能正确处理婚姻关系的极度反面典型。珍爱生命，既要珍爱自己的生命，更要珍爱他人的生命！每个人都必须为自己的行为承担责任，许某甲也必将为自己的罪行付出法律上的代价。

需要指出的是，本案的发生不仅是对个人、对家庭的伤害，更是引发了整个社会的震惊和恐慌。那些昔日里听说许某甲妻子走失，曾想尽办法、竭力伸出援手的人们，当初有多热情，此刻就有多寒心；那些背负着“办案不力”骂名的公安干警，先是争分夺秒、连续加班为许某甲寻找妻子，后又不得不冒着酷暑，在臭气熏天的化粪池、垃圾山里寻找被害人尸骨。案发以来，人民群众汲汲渴望着事实真相的查明，更热切期盼着公平正义的来临。许某甲故意杀人案，将是我国社会主义法治进程中又一个剪影，充分见证社会正气的弘扬、公平正义的实现和对个人生命的珍视！

审判长、审判员，检察员认为，一审判决认定上诉人许某甲故意杀害被害人来某甲并分尸、碎尸、抛弃的犯罪事实清楚，证据确实、充分，定性准确，量刑适当，许某甲的上诉理由及其辩护人的相关辩护意见均不能成立，建议法庭驳回上诉，维持原判。

检察员：沈某某、王某某、刘某某

2022 年 1 月 25 日当庭发表

【学者点评】

本案被称为“杭州杀妻案”，又称“7·5 杭州女子失踪案”，社会关注度高，案情敏感复杂。许某甲向警方报案称其妻子来某甲失踪，此后向多家媒体记者提供妻子失踪的信息，在媒体上打造深情人设，引发网民热烈讨论和“全民破案”。杭州市公安局组织力量动用多种手段对案发小区进行地毯式搜索，甚至抽干小区隔壁的景观河进行查找，未发现任何线索。后公安机关对化粪池开展抽取工作，历时 25 小时发现疑似人体组织，耗费了大量的司法资源。本案从案发到侦查，引发了社会各界的广泛关注，公安机关投入的警力有目共睹，案情前后反转，媒体报道层出不穷。极高的社会关注度给本案办理带来了较大压力，需要公安机关、司法机关依法办案、公正履职的同时有效合理地回应社会关切的问题。

本案一审判决后被告人许某甲提出上诉，上诉理由涉及被害人尚未死亡、没有预谋、有罪供述系非法获取、有检举揭发等多个方面，如何充分揭露犯罪、驳斥不实辩解、维护公平正义、进行警示教育，是本案二审程序出庭意见书的撰写重点。本案出庭检察员意见书结构层次清晰严密，围绕证据层层推进，充分释法说理，是一篇优秀的出庭检察员意见书。

主旨观点方面，本案出庭检察员意见书立场鲜明、主旨突出。立论的同时兼顾反驳，坚持本案一审判决定罪量刑合法合理的观点，逐条反驳上诉理由，善于运用新的法庭科技驳斥上诉人及其辩护人的幽灵辩护，指出任何怀疑都要建立在案件证据和生活经验法则之上而非肆意想象。定罪量刑基础上做好法庭教育，对可能引发舆论热点的案外情况，准确预判、适度回应，将查证情况完整地呈现在二审法庭上，并对公众关注问题穿插进事实论证予以适当回应。

结构层次方面，本案出庭检察员意见书逻辑清晰、层次分明。全文框架清晰，从事实认定清楚、量刑正确、上诉理由不能成立和思考警示四个部分展开，第一部分系统全面地论证本案许某甲故意杀人犯罪事实清楚，证据确实、充分；第二部分围绕案件情节论证一审判处上诉人死刑量刑正确；第三部分有力驳斥上诉人的上诉理由均不能成立；第四部分温情阐述本案带来的思考和警示。全文有理有据，逐层推进，重点着墨于全案的论证分析和上诉理由的反驳，体现出公诉人在二审程序中指控犯罪时的清晰思路，值得学习参考。

证据论证方面，本出庭意见书论据充分、论证严密，是本文书的重中之重和精彩之处。“以事实为依据，以法律为准绳”，证据是定罪量刑的核心和基础。最高人民检察院提出“推动构建以证据为中心的刑事指控体系”是对刑事检察部门的明确要求，本案正是体现以证据为中心的典范。在论证案件事实时，先论证现有证据足以证明案发后被害人失踪失联，再论证诸多客观性证据证实被害人死亡，最后分析上诉人具有作案条件且行为异常、客观性证据与有罪供述细节充分印证，对具体杀人手段、分尸灭迹经过、丢弃作案工具进行分析，证实被害人死亡是上诉人故意杀害造成，结合证据逐层分析、依次递进、事实渐明。在驳斥上诉理由时，以在案证据证明被害人已死亡，驳斥上诉人关于被害人尚未死亡、不存在杀人行为的上诉理由；以上诉人作案前购买作案工具、为杀人而购买安眠药、作案过程及作案后的行为表现等证据，论证说明上诉人系预谋杀人，否定上诉人没有杀人预谋、为赢得悔罪态度而杜撰等上诉理由；以诉讼过程各环节均未提出异议、讯问同步录音录像情况、确认部分讯问笔录合法性等内容驳斥有罪供述系非法获取的上诉理由；对上诉人的检举揭发线索逐条进行查证处理，得出上诉人不构成立功的结论。检察机关同步履行对侦查活动违法性监督的职责，排除非法取证的可能，维护上诉人的合法权益，同时也不回避本案侦查行为中需要进一步规范之处。查明案件事实真相是司法机关的重要职责，充分有力的证据是被追诉人认罪伏法的关键要素。本出庭意见书围绕证据展开，上诉人的有罪供述得到在案诸多证据特别是客观性证据的充分印证，有罪供述细节极具内知性、亲历性，是反驳上诉人上诉理由的有力说明，也是检察机关坚持以证据为中心的核心体现。

语言文字方面，本案出庭意见书规范严谨、寓情于理。全文通篇注意运用法言法语，表述规范、用词严谨，论证本案的定罪量刑事实、驳斥上诉理由时，证据阐述谨慎细致，术语运用精准到位。警示教育环节又不失真情实感流露，情理结合、通俗易懂，以连续反问的方式阐述上诉人的行为对家庭的破坏，用生动形象的语言描述办案人员的辛苦和热心群众的善良，从案件对个人、家庭、群体和社会等不同层面造成的恶劣影响揭露本案的社会危害性，能够引起听众的共情。“高质效办好每一个案件”是新时代新征程检察履职办案的基本价值追求，要求在效果上让人民群众可感受、能感受、感受到公平正义。依法严惩上诉人也是对曾积极伸出援手的公众的回应，让善良的人不心寒，避免社会公众被不法分子的信息所误导，维护诚信友善的社会风气。

综上所述，本篇上诉案件出庭意见书结构严谨、论证周密，案件事实逐层论证，量刑情节逐点分析，上诉理由逐条驳斥，警示教育通俗深刻，对于一审认罪但上诉要求改判无罪的案件具有极强的借鉴参考价值，实为法律文书的典范佳作。

（**点评人：**何挺，北京师范大学法学院副院长，教授、博士生导师）

【检察官点评】

许某甲杀人案属于典型的由婚姻家庭纠纷引起的命案。许某甲杀人案上诉案件的出庭意见书不仅充分论证了上诉人许某甲杀害妻子的事实，维护了司法权威，同时还明确了婚姻家庭纠纷不能稀释犯罪社会危害性的司法理念，回应了社会公众对于公平正义的汲汲以求和对家庭犯罪深恶痛绝的朴素感情。总体而言，本份出庭意见书是检察官综合了全案证据、一审判决、辩方的答辩意见以及本案存在的社会影响等各种因素书写的一份层次分明、结构严谨、论据翔实、论证有力且将天理、国法、人情交融在其中的一篇优秀法律文书。

一、规范严谨，层层推进，释法说理清晰有力

首先，刑事诉讼最重要的就是解决案件事实是否清楚，证据是否确实、充分的问题，而这同样也是在《人民检察院刑事诉讼法律文书格式样本（2020版）》中对出庭意见书的格式要求上的重要问题。本案出庭意见书的第一部分正是围绕着故意杀人案件最核心的两个问题：被害人是否确已死亡、被害人的死亡是否确系被告人造成以及相关的证据是否确实、充分而展开。在该部分，检察官通过全部在案证据有力地分析论证了被告人以极其残忍的手段杀害了被害人来某甲的事实，并且也论证了在案证据已经达到了确实、充分的证明标准。同时，本部分也是本案出庭意见书最精彩、出色的部分。

其次，在解决了事实与证据的核心问题之后，本案出庭意见书紧接着论证一审对被告人许某甲判处死刑立即执行的判决量刑正确。罪与刑是刑事审判紧密关联的两个问题，本案出庭意见书在翔实地论证了被告人许某甲故意杀人罪罪名成立之后立即开始了对一审裁判死刑立即执行正确性的论证，这也体现出了本案出庭意见书具有极强的逻辑性。

最后，在完成对罪与刑的论证之后，本案出庭意见书对许某甲提出的上诉理由进行了逐一的批驳。二审程序中的出庭意见书与一审中的公诉意见书应当有所区别，具体到本案而言，出庭意见书就需要对被告人提出的上诉理由进行回应。最高人民法院《关于适用〈中华人民共和国刑事诉讼法〉的解释》（以下简称《刑诉解释》）第96条规定，被告人庭审中翻供，但不能合理说明翻供原因或者其辩解与全案证据矛盾，而其庭前供述与其他证据相互印证的，可以采信其庭前供述。在本案中，许某甲在一审中承认自己的杀人罪行，之后却以自己没有杀人为由提出上诉，还提出了其有罪供述系侦查机关通过非法方法获取。故此，本案出庭意见书通过对客观证据结合许某甲的供述进行全面、详尽的分析，对许某甲的上诉理由进行了一一的驳斥，完全符合《刑诉解释》对于被告人的供述和辩解的审查规定。

二、紧扣重点，证据说话，抽丝剥茧还原真相

习近平总书记说过：“站稳脚跟，挺直脊梁，只服从事实，只服从法律。”① 本案出庭意见书的第一部分正是检察官不偏听偏信，结合全部客观证据与被告人许某甲的供述和辩解认定其犯罪事实的过程，该部分以严谨的逻辑、缜密的思维和精彩的论述一步一步将案件真相还原，最终将许某甲故意杀害妻子来某甲的事实呈现在法庭与大众眼前。

首先，本案出庭意见书从一系列客观证据如被害人居住小区的监控录像等，结合相关证人证言，证实被害人来某甲从案发到现在已经失联。进一步，本案出庭意见书结合诸多客观证据证实被害人来某甲已经死亡。需要注意的是，检察员并没有直接论证来某甲已经死亡，而是先说明其确已失踪，原因是其逻辑出发点在于首先排除来某甲仍然存在社会生活痕迹，进一步证明其死亡事实才更为严谨，也更有具说服力。

其次，在证明了来某甲已经死亡的事实之后，本案出庭意见书开始论证来某甲被杀害的真凶是许某甲无疑。同样地，检察官通过在案的诸多客观证据以及许某甲在本案前期侦查过程中作出的有罪供述证明了许某甲就是杀害来某甲的真凶。尤其是，在结合许某甲作出的有罪供述论证的过程中，检察员通过各种细节论证其供述具有的强烈内知性、亲历性以及非作案人不能得知的各种细节问题，最终证明许某甲杀人事实的成立。本案出庭意见书通过论证在案证据的来源、形式是否合法以及其

① 习近平：《严格执法 公正司法》（2014年11月7日），载《十八大以来重要文献选编》，中央文献出版社2014年版。

内容是否客观、真实，最终证实许某甲犯故意杀人罪的犯罪事实清楚，证据确实、充分。在该部分更可以看出承办检察官具有对各种证据规定、审查证据的方法熟稔于心以及组织证据还原事实的丰富经验。

最后，慎用和不得不适用死刑的司法精神，将公平正义落到实地。死刑作为最严厉的刑罚，在我国一直被少杀慎杀的刑事司法政策所严格控制，不到万不得已不动用死刑是司法裁判的基本理念。本案出庭意见书通过对许某甲主观上存在机会主义和侥幸心理的揭发，以及其客观上对杀害妻子来某甲的行为早有预谋、付诸实践的手段是如此残忍，将自己生活多年的妻子杀害之后又分尸、碎尸。在法律层面，许某甲犯罪手段极其残忍，情节特别恶劣，犯罪后果特别严重；在社会层面，许某甲杀妻案已经到了“不杀不足以平民愤”的程度。本案出庭意见书正是基于对以上因素的考虑，明确本案应当适用死刑。最高人民法院《关于审理故意杀人、故意伤害案件正确适用死刑问题的指导意见》指出，对于因婚姻家庭、邻里纠纷等民间矛盾引发的案件，要慎重适用死刑。之所以如此规定，是由于在实践中，婚姻家庭、邻里纠纷更加常发、易发，且往往被害一方也存在过错，所以在发生命案时更要严格审查在这类犯罪发生的过程中受害者是否具有明显过错的因素。故此，在本案出庭意见书论证死刑适用正确的过程中，检察官也详细地描述了许某甲与来某甲两人的家庭生活虽然常有矛盾，但来某甲并没有明显过错，许某甲却选择了最极端的方式杀害妻子。法律的权威在于实施，法律的生命也在于实施。本案出庭意见书真正贯彻了严格控制死刑并非决不适用死刑法律精神，严格审查之后依法建议适用死刑，这也是检察官作为公诉人的职责所在。

三、守望正义，惩恶扬善，突出回应社会关切

本案出庭意见书在最后一部分中对于本案具有的重大社会影响力和社会公众的关注进行了回应，同时，还提及了许多在本案中虽然不是公诉人但是为了公平正义的实现付诸了巨大努力的人们，比如在案件前期伸出援手的社会人士、在追求案件真相过程中不断努力的警察同志们，是对社会正气的弘扬、公平正义的实现和对个人生命的珍视的最好宣示。

另外需要注意到，本案属于典型的亲属相犯的案件，我国目前《刑

法》对于亲属相犯的量刑并未明文规定，使亲属相犯的量刑存在诸多不确定性。因此，本案出庭意见书也将为研究亲属相犯的量刑议题带来深远的影响。

总之，本案出庭意见书的写作既合乎公文写作需要具备的重点突出、观点鲜明、结构严谨、层次清楚等特点，也较好地兼顾了深刻性、思想性，文书的术语准确、文字精练、行文规范，具有很强的学习借鉴价值。

（**点评人**：征汉年，江苏省建湖县人民检察院检察长、三级高级检察官）

【法官点评】

对于上诉案件，二审审理的重点是一审判决认定事实和适用法律是否正确、量刑是否适当，被告人的上诉理由能否成立。据此，本案二审出庭意见书的撰写，一方面，要针对被告人的上诉理由和诉讼主张，运用证据、事实和法律，辨法析理，充分揭露犯罪、驳斥不实辩解、维护公平正义、实现刑法目的；另一方面，鉴于本案是一起舆情高度关注案件，还要积极回应社会关切，通过充分的释法说理引起共鸣，达到对被告人、对庭审参与者、对社会公众的警示教育目的。综观全篇，本出庭意见书结构合理、逻辑清晰，说理充分、论证严密，寓情于理、通俗易懂，融合事理、法理与情理于一体，出色地完成指控犯罪、教育被告、普法宣传任务，达成政治效果、法律效果与社会效果的有机统一。

一是结构合理，逻辑清晰。本出庭意见书重点围绕案件事实、证据、定罪量刑及上诉人的上诉理由，从“一审判决认定上诉人许某甲故意杀人犯罪事实清楚，证据确实、充分”“一审判决以故意杀人罪判处上诉人许某甲死刑量刑适当”“许某甲的上诉理由不能成立”三个方面具体展开。层次结构分明，谋篇布局合理，逻辑清晰、针对性强。不仅总体布局合理，在对具体问题阐述上也非常重视体现层次性。比如，在事实过程阐释上，先论证被害人失踪，再论证被害人死亡，最后证实被害人死亡是上诉人故意杀害造成，结合证据逐层分析、依次递进，展现了很强的逻辑性。再如，关于许某甲杀害被害人的事实论述上，先指控许某甲具有作案条件且行为表现异常，再指出客观性证据证实许某甲杀害了被害人，最后结合许某甲的供述，阐述许某甲有作案动机、其有罪供述与在案诸多证据特别是客观性证据相互印证等，层次分明，逻辑清晰，论证有力。

二是说理充分，论证严密。关于事实的论证，注重贯彻证据裁判原则，坚持用证据说话、用细节佐证，通过客观翔实的证据材料、事实细节，构建强有力的指控体系。比如，利用线粒体检验鉴定、3D 现场勘验等新的法庭科技补强证据，以 VR 形式当庭还原案发楼房各部位实景，有力地驳斥被害人离家出走并未死亡等不实辩解；善于抽丝剥茧，利用众多事实细节搭建证明体系，并辅之生活经验法则，做到言之有据、言之有理，事理、法理、情理融合，论证严密。关于量刑的阐释，仍然立足于事实、证据展开，用一系列无可辩驳的事实、细节，论证上诉人主观恶性极大、犯罪手段极其残忍、情节特别恶劣、危害后果特别严重，一审判决对许某甲适用死刑适当。关于上诉理由的反驳，坚持立破结合，在立论的同时兼顾反驳，并善于运用新的法庭科技以及生活经验法则，驳斥上诉人及其辩护人的幽灵辩护等。除了案件本身的定罪量刑，办案过程中还涉及对侦查活动违法性监督的审查，对其他命案是否与许某甲有关的排查，对多个检举揭发线索的查证以及个别线索构成犯罪且许某甲涉案其中等情况，意见书对此均给予了妥当的回应，在对许某甲行为进行应有的刑事评价同时兼顾了舆情需要，方法得当、积极稳妥、效果良好。

三是寓情于理，通俗易懂。本案社会关注度高，案情敏感复杂。如何在有力指控犯罪、维护公平正义的同时，积极回应社会关切，通过充分的释法说理引起社会共鸣，达成对被告人、对庭审参与者、对社会公众的警示教育效果，是出庭意见书肩负的重要职责。本意见书始终注意将两个方面贯通、融合，在扎实推进事实论证的同时将社会公众关注的问题融入其中，善于运用事实证据并借鉴经验法则，回应上诉人的诉讼主张和社会公众关切的问题。比如关于许某甲有没有杀人预谋，这既是许某甲的上述理由，也是人民群众关心的问题。意见书从许某甲作案前购买了美工刀等作案工具、为杀人而购买安眠药、上诉人作案过程及作案后的行为表现等方面展开论证，指出上诉人在作案过程中使用了安眠药、剃头刀、美工刀、剪刀、菜刀、绞肉机、切割机等诸多工具杀害被害人、碎弃尸块、清理现场、分批丢弃作案工具，整个作案过程内容庞杂却紧凑有序，作案后谎报失踪，为毁尸灭迹争取时间，面对亲友、邻居和媒体的询问表现异常冷静又极其冷漠，足见其经过周密策划而预谋杀人。这样就很好地回答了问题。此外，出庭意见书通篇注意运用法言法语，表述规范、用词严谨，警示教育环节又不失真情实感流露，情理结合、通俗易懂，从案件对个人、家庭、群体和社会等不同层面造成的恶劣影响揭露本案的社会危害性，不失为一篇优秀的法律文书。

（**点评人：** 于同志，最高人民法院刑事审判第二庭审判长、二级高级法官）

【律师点评】

“失踪女子已遇害，其丈夫许某甲有重大作案嫌疑”的警方通报一经发出，全社会哗然，引发了整个社会的震惊，要求严惩杀妻凶手成为全社会的“期待”。这使得这个案件不仅仅是一件杀人命案，更成为一个关系婚姻家庭关系的热点社会话题。面对这样的社会关注度高、敏感复杂案件，作为承办检察官，不仅要指控犯罪出具的出庭意见书，更要回应舆论关切并进行警示教育。尤其是在二审过程中，被告人许某甲改变供词，提出了其不存在杀人行为、被害人尚未死亡的辩解，并提出其有罪供述系非法取得。面对这样的变化，如何在庭审中充分揭露犯罪、驳斥不实辩解、维护公平正义，如何在回应社会关切问题的同时又不至引发新的舆情，如何充分释法说理引起共鸣，最终达到对被告人依法惩处、对广大社会公众普法教育目的，是检察官需要重点思考的问题。

本案的二审检察出庭意见书，主旨突出、逻辑清晰、论证严密，在论证了一审定罪准确、量刑恰当并正面回应了许某甲上诉理由的基础上，从死刑政策到正确的家庭观、生命观的树立，寓情于理，兼顾天理、国法、人情。既充分展现了检察机关的专业能力、综合素养，更以具体的证据、事实为支撑，以法律为准绳，回应了全社会对公平正义的期待，出色地完成了国家检察机关的职责使命。

首先，在定罪论证方面，本案二审出庭意见书逻辑清晰、层层递进、依据翔实、论证严密。先是以被害人失踪时身着睡衣以及失踪后未带手机及随身物品的状态，无故缺勤的异常情况，结合小区单元、电梯、车库监控及小区内所有住户、公共部位搜索排查情况，以及被害人失踪后无任何通信、消费、出行、就医等生活痕迹等一系列客观证据及事实，论证被害人失踪；之后再通过鉴定意见书证实的被害人家中卫生间洗手台下沿、厨房绞肉机筒壁内层、厨房剪刀、卫生间地漏、与被害人家连通的化粪池内提取到被害人血迹、人体组织等情况，通过证据证实被害人缺损皮肤组织块的面积（$600cm^2$ 以上），结合案发后被害人无救治记录、没有任何生活迹象等情况，论证被害人确已死亡；最后通过论证被告人许某甲的作案动机、作案条件、行为异常情况，尤其是结合许某甲本人供述及客观证据，翔实地论证了被害人死亡是许某甲故意杀害造成。尤其值得提出的是，出庭意见书花大量篇幅对被告人的基本作案手段进行了翔实的论证，在该部分论证中，不仅对被告人供述与客观证据之间的印证关系做了充分的论证，更重点揭示了诸多物证是公安机关根据被告人供述和指认提取到的，并经过了被告人辨认，属于“先供后证、亲历性、内知性和证明力极强的细节证据”，充分利用案件细节构建证据指控体系，以翔实的证据有力驳斥了被告人的不实辩解，立场鲜明地指出任何怀疑都要建立在案件证据和生活经验法则之上，同时对公众关注的问题予以了适当回应。

其次，作为死刑案件，量刑论证也是不容忽视的重要内容。本案出庭意见书从主观恶性、犯罪手段、犯罪情节、犯罪后果等多个角度论证了对被告人判处死刑立即执行的必要性，从案件对个人、家庭和社会等不同层面造成的恶劣影响揭示了本案极其严重的社会危害性。

再次，面对许某甲在二审阶段的无罪辩解及有罪供述系非法取得的上诉理由，出庭意见书在用客观证据驳斥无罪辩解的基础上，严格依据《刑事诉讼法》及“两高三部”《关于办理刑事案件严格排除非法证据若干问题的规定》，从程序到证据，对上诉人提出的非法取证问题进行了回应。

最后，作为一起社会热点案件，本案出庭意见书在着重论证定罪、量刑、回应案件事实的基础上，不忘法庭教育，不忘启发社会公众对正确家庭观、人生观的深思。正如出庭意见书中提到的：“案发以来，人民群众汲汲渴望着事实真相的查明，更热切期盼着公平正义的来临。许某甲故意杀人案，将是我国社会主义法治进程中又一个剪影，充分见证社会正气的弘扬、公平正义的实现和对个人生命的珍视！”

刑罚作为调整社会关系最后的、最严厉的手段，其目的不仅仅是惩罚犯罪，更是要唤醒和强化民众对法秩序的信赖，引导民众树立正确的人生观、价值观、生命观、家庭观，从而从根本上预防犯罪。对于本案这样的社会热点案件，其社会教育、法治教育意义不言而喻，而良好的教育效果需要本案这样语言简洁有力、警示教育通俗易懂、直击人心的优秀司法文书来实现。

（**点评人：**朱勇辉，北京市京都律师事务所主任）

23. 林某甲等人侵犯著作权案：保护知识产权就是保护创新

【案情简述】

2016年11月起，淘宝、天猫等电商平台频繁出现销售“正版办公软件Office终身版激活码在线密钥”“Windows10专业版软件密钥”等产品的店铺，享有产品著作权的微软公司发现上述店铺均未得到该公司授权，所售激活码系通过非官方渠道非法获取，遂通过电商平台进行知识产权投诉，电商平台审核确认侵权成立后，删除了上述链接，并对店铺进行处罚。虽然权利公司自行维权、电商平台审核介入，但侵权行为并未得到有效制止，不断有新店铺出现，并以更加隐蔽的方式开展经营，且销量巨大。权利公司向公安机关报案，因案件涉及销售激活码行为性质的认定、网络海量销售记录的调取及认定等问题，公安机关受理案件后，商请检察机关对案件进行提前介入，做好对侦查工作的引导。

经侦查查明，林某甲、林某乙兄弟以自行成立或购买他人店铺的方式取得“**教育专营店”等20余家淘宝天猫店铺所有权，在未获得微软公司授权的情况下，通过QQ等途径从他人处获取微软软件激活码，在电商平台公开对外出售，并提供软件下载链接、帮助安装，或直接销售软件密钥、账号等。林氏兄弟伙同多名亲友，在明知权利公司已向平台多次举报、店铺已因此受到数次处罚后，仍不思收手悔改，仍想方设法逃避打击，继续实施侵权行为，根据数据后台调取的书证显示，案涉店铺销售金额超过4000万元。

从复制发行的对象来看，案涉侵权行为虽然未针对软件本身，而是采取销售软件密钥等方式获利，是否构成侵犯著作权罪存在争议。互联网的普及颠覆了传统的作品传播方式和流通途径，作品以数字化的方式传播甚至上传至公开网络，并通过销售序列号、激活码等许可授权的方式实现实质发行目的，已经成为现代社会普遍的软件发行模式。检察机关适应数字化版权发展趋势，从销售有形载体到销售软件保护措施——例如加密序列号等现实情况出发，对侵犯著作权罪中“发行”结合行为模式和法益进行实质理解，通过合理扩大解释，将销售激活码的行为认定为实质“发行”行为，进而确定未经著作权人许可，销售激活码等行为的实质是变相销售软件，侵犯了软件的著作权，应当以侵犯著作权罪论处。对于犯罪金额，检察机关针对不同被告人提出的辩解，构建以客观性证据为中心的指控证明体系，剔除“刷单”金额，最终认定全案犯罪金额为3000余万元。

该案是中国知识产权保护领域具有里程碑意义的典型案例，为销售软件“激活码”“密钥”等同类侵权行为的认定提供了参考。检察机关注重知识产权权利人权利义务保护，不仅耐心、充分地听取相关诉讼代理人的意见，还主动邀请微软公司派员旁听庭审，充分体现了中国司法机关对中外主体知识产权依法平等保护，彰显了我国严格保护知识产权的坚定立场和鲜明态度。该案获评中国外商投资企业协会优质品牌保护委员会“2021—2022年度知识产权保护十佳案例”。

【文书原文】

北京市海淀区人民检察院

公诉意见书

审判长、人民陪审员：

根据《中华人民共和国刑事诉讼法》第一百八十九条、第一百九十八条和第二百零九条等规定，我受北京市海淀区人民检察院的指派，代表本院，以国家公诉人的身份，出席法庭支持公诉，并依法对刑事诉讼实行法律监督。现对本案证据和案件情况发表如下意见，请法庭注意。

一、关于本案的证据情况

在刚才的法庭调查中，公诉人出示了相关的证据，本案所有认定案件事实的单个证据均来自案件发展本身，符合客观性、关联性、合法性要求，形成完整的证据链条，足以证实被告人林某甲、林某乙、林某丙、罗某某未经著作权人许可，发行计算机软件，情节特别严重。

（一）涉案软件系微软公司享有著作权的作品，激活码、序列号、密钥等系微软公司销售软件许可的方式

根据在案证据，微软公司系根据美国法律设立并存在的公司，微软公司的 Microsoft Windows 系列操作软件和 Microsoft Office 系列计算机软件等已在美国进行版权注册，版权注册号为 TX 7 – 151 – 840 等。根据注册证书记载，上述软件版权主张人为微软公司。微软系美国公司，依据我国《著作权法》及《计算机软件保护条例》关于中外作品著作权的保护规定，外国人、无国籍人的软件，依照其开发者所属国或者经常居住地国同中国签订的协议或者依照中国参加的国际条约享有的著作权，受该条例保护。我国与美国均系《伯尔尼公约》的成员国，成员国作者的作品应依照我国《著作权法》和《计算机软件保护条例》的规定给予保护，因此微软公司对涉案软件享有的著作权受我国法律保护。

根据微软公司出具的证明，微软开发并发行了 Microsoft Windows 系列、Microsoft Office 系列、Microsoft Server 系列等多种软件并享有完整的知识产权，根据软件业通行惯例，微软公司销售的每套/份软件产品均配有对应数量的授权许可，授权许可是证明客户合法使用微软软件产品的依据。

（二）现有证据足以证明被告人实施了未经著作权人许可复制发行他人作品的行为

根据在案证据，微软公司并未授权涉案被告人及公司（除 ** 专卖店期限 2019 年 5 月 15 日至 2019 年 12 月 31 日）销售微软产品，被告人亦对未经许可予以供认。

根据被告人的供述、权利公司授权人证言、微软公司购买涉案网店销售侵权产品的购买过程公证以及公安机关提取淘宝网店后台交易记录，可以认定被告人林某甲、林某乙、林某丙、罗某某等人实施了以营利为

目的，未经微软公司的授权许可，通过“**教育专营店”“**教育旗舰店”等淘宝天猫店铺，销售微软Office、Windows等软件密钥、账号等，并提供软件下载链接、帮助安装，或直接销售软件密钥、账号等行为。

（三）关于每个被告人的证据分析

综合全案证据，足以证明被告人林某甲、林某乙、林某丙、罗某某实施了未经著作权人许可，发行他人作品的侵犯著作权犯罪行为。

1. 关于林某甲的证据分析。

（1）主观方面，现有证据足以认定林某甲对未经授权销售微软产品激活码等侵犯著作权行为具有主观明知。

①林某甲供认2016年底在未获得微软公司授权的情况下，开始经营微软产品激活码的事实，进货渠道为QQ或淘宝等网络渠道，且在销售过程中教过员工话术，来应对客户询问激活码是否是正版的问题。

②其他被告人及**公司员工指认林某甲为公司负责人，安排员工进行微软产品激活码的销售工作，过程中由于知识产权问题，曾有多家店铺被天猫平台处罚，后被告人林某甲等人又通过购入新的淘宝网店的方法来继续销售微软产品激活码。

③林某甲手机鉴定聊天记录中有低价购买微软激活码的情况。

（2）客观方面，现有证据足以认定林某甲未经著作权人许可，实施了销售微软Office、Windows等软件密钥、账号等，并提供软件下载链接、帮助安装，或直接销售软件密钥、账号等行为。

①在案证据显示，2016年至案发林某甲参与控制的天猫网店达22家，公安机关调取的销售微软产品激活码的店铺的交易明细记录显示，涉案店铺均存在大量销售微软产品激活码的事实。

②林某甲手机鉴定意见显示2016年12月17日至2018年6月聊天记录中有大量对外销售微软激活码的情况，同林某甲本人供述从2016年底开始对外销售微软激活码相符。

③根据微软公司提供的对涉案部分天猫网店的购买公证，涉案的天猫网店存在销售微软Office和Windows等产品激活码的事实，同公安机关调取涉案天猫后台交易记录可以互相印证。

2. 关于林某乙的证据分析。

(1) 主观方面，现有证据足以认定林某乙对未经授权销售微软产品激活码等侵犯著作权行为具有主观明知。

①林某乙多堂供述存在反复，在其第一堂供述中供认与林某甲二人商量在淘宝上对外销售激活码，在淘宝上收购了多家店铺来销售微软产品激活码，其间因微软投诉而被淘宝平台多次处罚，今天庭审也予以认可。

②林某乙手机鉴定意见中有大量关于“激活码被搞掉”“被扣分罚款”等聊天内容。

(2) 客观方面，现有证据足以认定林某乙未经著作权人许可，实施了购买更换店铺、联系店铺处罚事宜、沟通销售、提供银行卡等行为。

①林某乙第一堂供述较为详细地介绍了其与林某甲一同销售微软激活码的事实，以及其与林某丙等人打电话申请微软激活码的事实，并供认直到 2019 年微软和天猫开始加大处罚力度后才减少销售激活码的业务。

②根据涉案天猫店铺的工商登记信息，涉案 22 家店铺中有 8 家公司法定代表人为林某乙，9 家公司的股东为林某乙，而上述店铺均存在销售微软产品激活码的行为，林某甲也曾指认与林某乙一起购买公司办理相应的手续，频繁更换公司的原因之一是被阿里公司处罚需要更换店铺等。

③林某乙手机鉴定显示该人有销售微软 Office 软件的聊天记录，有旋申数码、颂胜盛、玫瑰红了等店铺直通车充值信息等，也有与他人沟通翼某某店铺被处罚的相关聊天内容。

④根据林某乙尾号 4360 的上海银行卡交易明细，该张银行卡负责支付涉案人员工资，且该张银行卡和多家涉案天猫店铺存在资金往来。

3. 关于林某丙的证据分析。

(1) 主观方面，现有证据足以认定林某丙对未经授权销售微软产品激活码等侵犯著作权行为具有主观明知。

①被告人林某甲供称其公司员工知道微软产品软件激活码不是正版，因为被微软投诉过，商品就会下架，而且公司销售的价格比正版价格便宜很多。

②证人黄某某证言证明客户在天猫上拍下来后，其把付款截图通过

QQ 发给林某丙，林给的激活码贵的 Office365 卖 300 多元，便宜的 Office2016 就卖 20 元，均明显低于市场价。

③林某丙手机鉴定显示该人与 QQ 好友就激活码发货进行沟通，同林某甲就购买微软激活码和销售情况进行沟通。

（2）客观方面，现有证据足以认定林某丙未经著作权人许可，实施了购买、保管、发放激活码，行政等工作。

①根据被告人供述，林某丙负责管理微软产品激活码，在林某甲将激活码发给林某丙保管后，再由其将激活码发给客服。林某甲不在公司时，林某丙负责管理公司的行政事务。

②涉案天猫店铺工商登记信息显示，林某丙为中 ** 旗舰店、** 数码专营店、** 办公专营店等多家店铺的法定代表人或股东，上述店铺均未经授权销售微软激活码。

③林某丙手机鉴定显示，该人手机中提取到不重复的激活码数量 3 万余个。QQ 聊天数据中有大量购买微软激活码的记录，且有与林某甲沟通购买激活码相关情况的记录。

4. 关于罗某某的证据分析。

（1）主观方面，现有证据足以认定罗某某对未经授权销售微软产品激活码等侵犯著作权行为具有主观明知。

①被告人林某甲称其公司员工知道微软产品软件激活码不是正版，因为被微软投诉过，商品就会下架，而且公司销售的价格比正版价格便宜很多。

②罗某某手机鉴定中，该人与林某甲有关于系统、Office 激活码、店铺降权、教其他人 Office 及系统激活码和系统安装接待等；结合该人有计算机专业相关背景，足以认定该人具有主观明知。

（2）客观方面，现有证据足以认定罗某某未经著作权人许可，实施了销售软件、系统安装、部分公司运营等工作。

① ** 公司人员结构表显示罗某某 2016 年 11 月加入公司，案发时为公司系统软件主管，涉案天猫店铺运营期间其均在公司工作。

②证人欧某某证言证明罗某某为软件系统部主管；吕某某证明罗某某面试其入职。

③罗某某手机鉴定中提取到不重复的微软激活码143个。

④罗某某手机鉴定中多处聊天记录提到激活码销售、刷单、店铺降权的情况、向林某甲汇报店铺业绩情况等。

（四）关于销售侵权软件产品金额的认定问题

经对公安机关调取的涉案22家店铺的交易数据进行审查，在被告人林某甲等人经营时间段内，对外销售侵权微软产品金额合计人民币46836849.07元，经过审查，对部分不符合证据条件、存在合理怀疑的内容进行扣除，最终认定金额为31336324.98元。

认定金额过程：

1. 由于被告人林某甲等人经营的**专卖店在2019年5月15日获得微软公司授权，故对该店铺销售侵权微软产品的统计时间截至2019年5月14日。

2. 针对涉案淘宝店铺筛选金额的方法，公诉人针对公安机关调取的支付宝后台原始交易数据，选择交易成功，并根据公安机关调取涉案淘宝店的基本情况和工商信息，选择被告人林某甲等人实际控制的时间段，订单选择为微软Office、Windows、Visio/Project等条件后，筛选金额合计人民币46836849.07元。

3. 针对被告人称订单为维修重装电脑安装苹果双系统及Win7/8/10mac在线指导视频安装的，为客户自己寻找激活码激活的情况，被告人所控制的网店仅负责远程安装的辩解。经公诉人对在案多份公证购买材料核实，相关订单在购买过程中均为涉案淘宝店铺客服将微软软件激活码和密钥提供给客户，同时提供微软软件下载链接地址，因为被告人林某甲等人控制的淘宝店铺曾多次因销售盗版微软软件而被淘宝平台所处罚，订单名称的变化为规避淘宝平台监控的需要，故而对订单中名称中出现微软软件密钥、激活码、系统重装双系统等均予以认定。

4. 对销售记录进行特定关键词筛选，对其中涉案人员下单、金额明显异常（小于5元，大于1万元）涉嫌“刷单”的数据进行扣除，最终认定金额人民币31336324.98元。

需要说明的是，关于刷单的认定，最高法指导案例87号郭某甲、郭某乙、孙某某假冒注册商标案裁判要点明确关于金额认定的方法和“刷单”的证明问题：假冒注册商标犯罪的非法经营数额、违法所得数额，应当综合被告人供述、证人证言、被害人陈述、网络销售电子数据、被告人银行账户往来记录、送货单、快递公司电脑系统记录、被告人等所作记账等证据认定。被告人辩解称网络销售记录存在刷信誉的不真实交易，但无证据证实的，对其辩解不予采纳。虽然该指导案例是假冒注册商标案件，但对同为侵犯知识产权类罪的侵犯著作权罪的认定同样具有指导意义。本案对于“刷单”的认定符合上述指导精神。

综上所述，公诉人认为现有证据足以认定四名被告人实施了未经著作权人许可发行他人作品的侵犯著作权的行为。

二、关于本案行为定性

根据《刑法》第217条规定，以营利为目的，未经著作权人许可，复制发行其计算机软件等作品的，是侵犯著作权罪。根据2011年《关于办理侵犯知识产权刑事案件适用法律若干问题的意见》第12条规定，侵犯著作权犯罪中的“发行”行为包括零售等活动。非法出版、复制、发行他人作品，侵犯著作权构成犯罪的，按照侵犯著作权定罪处罚；第13条规定，以营利为目的，未经著作权人许可，通过信息网络向公众传播他人文字作品、音乐、电影、电视、美术、摄影、录音录像制品、计算机软件及其他作品，具有下列情形之一的，属于《刑法》第217条规定“其他严重情节”：(1) 非法经营数额在5万元以上的；(2) 传播他人作品数量合计在500件（部）以上的。实施前款规定的行为，数额或者数量达到5倍以上，属于“其他特别严重情节”。对于本案中林某甲等人行为认定，涉及“激活码”性质的认定、刑法意义上的“发行”的认定，具体分析如下：

（一）关于“激活码”的性质

软件激活码是一种通过计算机加密程序按照一定算法生成的，用以获取正版软件下载或使用权限的权利象征符号组合。从技术属性上，其不属于计算机软件作品，但在办理案件过程中亦应重视其功能属性。从实现法律效果的功能上看，用户在没有使用激活码的情况下无法将软件安装成功或无法正常运行使用软件，因此软件激活码保护方法属于“接触控制措施”，激活码这种以版权认证形式进行的加密式技术措施，是法律意义上的获得正版软件“通行证”。

（二）本案销售软件激活码等方式应属于刑法意义上“发行”

刑法保护作品的复制发行权，包括复制、发行（总发行、批发、零售、通过信息网络传播以及出租、展销等）等，从法益保护的角度看，刑法保护作品复制发行权及相应市场经济秩序。

传统软件销售模式往往采用实体光盘载体的方式，销售光盘本身就是刑法意义上的发行行为，但互联网的普及颠覆了传统的作品传播方式和流通途径，作品以数字化的方式传播甚至上传至公开网络免费向公众开放，并通过销售序列号、激活码等许可授权的方式实现实质发行目的。根据微软公司出具的说明，微软目前普遍采用的销售模式是单独分配用户软件产品密钥，并在官网上提供一定条件或前提的安装文件的下载途径，本质上微软是通过销售激活码、序列号等形式实现销售软件的目的，且对于激活码等未经许可不得对外销售，即使在不同授权许可模式下获得的产品密钥，未经许可也不允许在市场上再公开出售、转售。这也是目前软件行业普遍采取的销售模式。

从销售有形载体到销售软件保护措施——例如加密锁、序列号等的社会事实变迁出发，对侵犯著作权罪中“发行”应结合行为模式和法益进行实质理解，将销售激活码理解为刑法意义上的“发行”应属于合理的扩大解释，不超出用语含义，亦不超出国民预测可能性。提供下载安装包的行为认定为侵犯著作权罪没有争议，但对于通过销售激活码并导向官方免费网站地址的模式，本质上与直接提供软件安装包无异，均能实现销售以获利的目的，均侵犯了软件权利人未经许可不得复制发行的权利和相应的市场秩序。无论是提供网盘链接，还是导向官方网站，都只是具体形式、手段的不同，但在目的、结果、获利上均具有一致性，对法益造成的侵害也具有一致性，因此应将销售激活码的行为认定为实质发行行为。行为人未经著作权人许可，销售激活码等行为的实质是变相销售软件，侵犯了软件的著作权，属于“发行”行为，应当以侵犯著作权罪论处。

（三）结合本案进行分析，林某甲等人既有直接销售激活码等的行为，也有销售的同时提供软件下载链接、帮助安装等行为，均应认定为侵犯著作权罪的实行行为

根据在案证据，林某甲等人经营的网店，既存在销售微软 Office、

Windows 等软件密钥、账号等并提供软件下载链接、帮助安装的行为，包括通过百度网盘提供软件、远程帮助安装等；也有直接销售软件密钥、账号等行为。

对于第一种行为，林某甲等人未经许可通过信息网络传播他人软件，客观上复制发行了他人计算机软件作品，构成侵犯著作权罪。

对于第二种行为，林某甲等人直接销售激活码的行为，结合上述分析，亦应认定为侵犯著作权罪。一是销售激活码的行为本质上是一种变相销售即变相发行的行为；二是林某甲等人在经营中并未区分两种方式，对于是否提供链接并不区分收费，有些客户无法下载的情况下林等人亦帮助下载，因此从行为人的角度而言，两种行为并无本质区分，其行为目的、结果、获利上均具有一致性，对法益造成的侵害也具有一致性。

涉案淘宝店铺销售未经授权的微软软件产品激活码，经统计，金额达 3133 万余元，属于“情节特别严重”。

综上所述，本案林某甲等人既有直接销售激活码等的行为，也有销售的同时提供软件下载链接、帮助安装等行为，均应认定为构成《刑法》第 217 条规定的侵犯著作权罪。

三、关于本案的量刑情节

（一）关于被告人林某甲

1. 该人负责购买激活码、开设店铺、经营管理等工作，在共同犯罪中起主要作用，是主犯，应当对所有店铺销售金额负责，金额为 31336324.98 元，依法应处三年以上七年以下有期徒刑，并处罚金。

2. 该人系电话传唤到案，到案后能够如实供述犯罪事实，是自首，根据《刑法》第六十七条第三款规定，可以从轻处罚。

3. 认罪认罚并签署具结书，建议判处有期徒刑四年至六年，并处罚金。

（二）关于被告人林某乙

1. 综合全案证据，本案激活码的购买、组织销售行为由林某甲负责管理，林某乙参与注册店铺、提供账户等行为，并未参与具体人员、运营管理，所起作用可以认定为辅助作用，可以认定为从犯，应当从轻或减轻处罚。

2. 如实供述，可以从轻处罚。

3. 认罪认罚并签署具结书，建议判处有期徒刑二年六个月至三年六个月，并处罚金。

（三）关于被告人林某丙

1. 该人负责保管激活码等工作，在犯罪中起辅助作用，可以认定为从犯，应当从轻处罚。

2. 如实供述，可以从轻处罚。

3. 认罪认罚并签署具结书，建议判处有期徒刑二年六个月至三年六个月，并处罚金。

（四）关于被告人罗某某

1. 该人系被招聘入职，负责系统安装等工作，领取固定工资，在犯罪中起辅助作用，可以认定为从犯，应当从轻处罚。

2. 如实供述，可以从轻处罚。

3. 认罪认罚并签署具结书，建议判处有期徒刑二年六个月至三年六个月，并处罚金。

四名被告人未赔偿被害单位损失未取得谅解，建议法庭考虑相关情节综合全案证据依法裁判。

四、法庭教育

庭审至此，案件事实已基本清晰。在侦查、审查起诉、今天的庭审过程中，四名被告人总体上对其销售盗版软件的行为均能予以供认，希望通过今天的庭审活动，被告人能够彻底认罪悔罪，深刻认识和反省自己行为的社会危害性。

从四个人关系来看，林某甲与林某乙是双胞胎兄弟、林某丙是二人的姐夫，罗某某在公司成立早期即加入，四个人非亲即友，本应在彼此的扶持帮助下共同创业发展，却无视法律规定，甚至在明知微软权利公司向平台多次举报、店铺多次受到处罚后仍不知悔改，想方设法逃避打击继续侵权，不只是侥幸心理，更多的是恶意侵权。

计算机软件是知识产权保护的重要对象，凝结了开发人员、经营人员的大量投入，具有重要的财产价值，而像被告人林某甲等人这种出于投入成本少、收益回报高的贪利心理，未经著作权人许可，大量销售微软盗版软件及激活码的行为，危害了正版软件的合法经营，为用户带来潜在的使用风险，损害了我国的国际形象。希望你们四人通过国家的公诉、审理活动，深刻反省自己的行为，能够直面人生的错误，坦白所犯的罪行，在接受相关改造重新进入社会后能够合法经营，尊重他人知识产权成果，做遵纪的公民、守法的经营者。

审判长、人民陪审员，公诉意见暂时发表到此。

公诉人：张某某

20 ** 年 * 月 * 日当庭发表

【学者点评】

2021 年 3 月 1 日生效的《刑法修正案（十一）》（以下简称修正案十一）对侵犯著作权罪进行了修改，在第（一）（三）项中新增“通过信息网络向公众传播”的行为方式；同时新增两种行为类型作为本罪第（四）项和第（六）项，其中新增的第（六）项为：“未经著作权人或者与著作权有关的权利人许可，故意避开或者破坏权利人为其作品、录音录像制品等采取的保护著作权或者与著作权有关的权利的技术措施的。”根据修正案的新增内容，本案中被告人未经授权销售微软产品激活码的行为属于新增的第（六）项“避开或者破坏技术保护措施”的情形，若本案发生于修正案十一生效之后，应当直接论以该新增条款。但是，本案的发生和起诉时间均在修正案十一施行之前，当立法机关没有明确把这一行为规定为侵犯著作权罪的行为方式时，将该行为认定为侵犯著作权罪是否符合罪刑法定原则？答案是肯定的。本案承办检察官从案件证据着手抽丝剥茧，准确把握犯罪事实，运用刑法解释方法对本案的法律定性问题进行了细致的阐述，严格遵循证据裁判和罪刑法定原则，在办案中坚持法治理念，在更高层次上实现了惩治犯罪和保障人权相统一。

首先，销售软件密钥、账号是否可以被理解为“复制发行”，检察机关严格区分了扩大解释和类推解释，把握了刑法解释的边界。根据司法解释的规定，侵犯著作权罪中的“复制发行”，包括复制、发行或者既复制又发行的行为。[①] 本案中，被告人销售软件密钥、账号的行为可以进一步分为两种：第一种为销售软件密钥、账号并提供下载链接、帮助安装，第二种为直接销售软件密钥、账号。

对于第一种行为，在销售后帮助下载、安装本质上属于“通过信息网络向公众传播他人计算机软件”。修正案十一增设“通过信息网络向公众传播”的行为方式后，该行为成为与复制发行并列的独立行为方式，不再列入发行之中。但在修正案十一出台前，2004 年《最高人民法院、最高人民检察院关于办理侵犯知识产权刑事案件具体应用法律若干问题的解释》第 11 条规定，通过信息网络向公众传播他人文字作品、音乐、电影、电视、录像作品、计算机软件及其他作品的行为，应当视为“复制发行”。2011 年《关于办理侵犯知识产权刑事案件适用法律若干问题的意见》第 12 条也规定：“发行”，包括总发行、批发、零售、通过信息网络传播以及出租、展销等活动。本案发生于修正案十一出台前，将“通过信息网络传播”理解为“发行”，完全符合司法解释的规定，也并未超出语言的最大射程。对于第二种行为，密钥和账号是获得正版软件的关键，取得密钥和账号后，只需要辅之以操作层面的下载安装行为，便可轻易获得软件。因此，销售密钥和账号与销售正版软件在侵犯著作权层面具有同等的实质意义，将其理解为发行并未超出国民的预测可能性，未超出语言解释的极限，属于扩大解释而非类推解释。

其次，软件密钥和账号是否可以解释为“软件”，体现了主观解释和客观解释的良性互动。主观解释论认为，刑法解释的目标是阐明《刑法》的立法原意。客观解释论则认为，刑法解释无须探究立法者的原意，因为立法原意是无法还原的，《刑法》的解释应该以揭示条文客观上所表达出来的意思为目标。1997 年《刑法》设立侵犯著作权罪时，当时作品的传播和流通多借助于有形载体，以实体化传播方式为主。如果坚持彻底的主观解释论，将软件的密钥和账号解释为“软件”本身，可能面临违

① 2007 年《最高人民法院、最高人民检察院关于办理侵犯知识产权刑事案件具体应用法律若干问题的解释（二）》（法释〔2007〕6 号）第 2 条规定，刑法第二百一十七条侵犯著作权罪中的“复制发行”，包括复制、发行或者既复制又发行的行为。

反罪刑法定的质疑。随着信息网络技术的快速发展，作品传播和流通方式发生颠覆性变化，网络成为知识产权侵权违法行为的最主要发生地之一。侵犯著作权的方式也逐渐从实体领域向网络化、数字化方向过渡，在销售有形载体的传统方式之外，发展出销售加密锁、序列号等数据密钥，破坏技术保护措施等方式。面对侵犯知识产权犯罪出现的新问题和新情况，客观解释论支持根据客观生活的实际需要对条文进行解释。

主观解释论和客观解释论都有其合理之处，如果完全忽视立法者明显的立法原意，立法就无法实现对司法的有效制约；但如果只着眼于立法原意，《刑法》将无法适应不断发展的社会实际。刑法解释应当在不突破立法原意最大范畴的前提下，考虑社会生活的实际需要。软件的密钥和账号虽然并非软件本身，但是密钥是开发者为防止软件被盗版或未授权使用而设置的加密措施，是软件成功安装并正常运行的关键。销售软件的密钥、账号与销售软件本身，具有行为指向的一致性、行为属性的等同性和法益侵害的同质性。因此，将软件的密钥和账号解释为软件，虽然是为适应社会发展变迁而作出的一种客观解释，但其并未脱离立法原意，并未超出立法语言的最大射程，亦符合国民的一般预测可能性。

法律是一种平衡的艺术，刑法解释就是不断在主观解释与客观解释、形式解释与实质解释之间寻找折中与平衡。在主观解释的基础上考虑客观解释的需要，在形式解释的基础上考虑实质解释的要求，但都必须限制在《刑法》文义的射程范围之内，否则就可能违反罪刑法定原则的基本要求。以《刑法》第263条规定的“冒充军警人员抢劫”为例，真警察抢劫能否适用这个条款？实质解释论认为，“冒充”包括假冒与充当，真正的军警人员抢劫，比冒充军警人员抢劫更为严重，刑法解释所要做的是，将真正的军警人员抢劫解释为符合“冒充军警人员抢劫”的规定。[1] 但是，将“冒充”解释为“假冒和充当”已经突破了语言的极限。这也是为什么2016年《关于审理抢劫刑事案件适用法律若干问题的指导意见》中明确指出，军警人员利用自身的真实身份实施抢劫的，不认定为“冒充军警人员抢劫”，应依法从重处罚。而在“牟某某虐待案”中，

① 参见张明楷：《刑法的基本立场》，中国法制出版社2002年版，第54页。

将虐待罪中的“家庭成员”实质解释为主观上具有共同生活意愿、客观上具备共同生活事实的实质性家庭成员关系，从而将婚前同居关系纳入“家庭成员”的范畴，确立了婚前同居施暴须以家庭成员承担刑事责任的司法规则。该解释并未超出语义的极限，而是在形式解释的范围内考虑了实质解释的需要，实现了二者的有机统一。

最后，本案的处理体现了立法与司法的互动关系。修正案十一新增“避开或者破坏技术保护措施”的行为类型后，明确填补了此类情形的处罚漏洞，但这并不意味着在此之前将其解释为复制发行是错误的。人类理性的有限性决定了立法可能出现错误，当刑事立法出现错误，刑事司法应进行必要的补正解释，法教义学必须摒弃立法无谬的神话。但是补正解释必须遵循罪刑法定原则，在形式合理性的基础上追求实质合理性，禁止以补正之名对行为人做不利类推。将销售和通过信息网络传播解释为发行，将软件的密钥和账号解释为软件，均未超出刑法用语的解释极限，属于扩张型补正而非类推型补正，并未突破立法对司法的必要约束。

公正司法是维护社会公平正义的最后一道防线，司法公正寓于个案公正之中，并通过个案公正表现出来。面对侵犯知识产权犯罪出现的新问题和新挑战，检察机关强化职能履行，聚焦新业态新领域知识产权前沿问题，加强知识产权保护；积极适用认罪认罚从宽制度，履行法律监督职能，实现办案效率与公正的有机统一；积极回应社会关切，运用法治思维和法治方式开展司法办案活动，做好“高质效办好每一个案件”的第一责任人，让书面正义真正成为现实正义。

（**点评人**：罗翔，中国政法大学刑事司法学院教授、博士生导师）

【检察官点评】

近年来，我国互联网行业发展日新月异。网络作为新时代的产物，其传播信息的迅捷性、公开性在为人们获取知识、娱乐提供了充分便利的同时，也不可避免地为网络犯罪制造了空间，给著作权保护带来新问题。许多针对著作权的犯罪行为逐渐从线下转为线上，更新快、开放性高、隐蔽性强的互联网成为著作权犯罪新的“集散地”，知识产权司法的重心从传统著作权犯罪逐渐向网络环境下的著作权犯罪倾斜。

本案是一起在网络环境下侵犯数字化版权的典型案例，被告人采用销售密钥（“激活码”）而不销售软件本身的新型销售模式侵犯他人著作权，存在证据审查和法律定性多重难题。检察机关高质效办案，适应数字化版权发展趋势，实质认定“发行”行为，突破网络环境下销售数据认定难题，准确认定犯罪数额，体现了中国司法对中外主体知识产权的平等保护，彰显了中国严格保护知识产权的坚定立场和鲜明态度。本案的公诉意见书，在以下几个方面反映了检察机关履职的情况。

一、重视全链条证据分析，构建以客观证据为中心的指控证明体系

构建以证据为中心的刑事指控证明体系是“高质效办好每一个案件”的基础保障。根据网络侵犯著作权犯罪案件的特点，证据体系的构建应当以客观证据为中心，强调对客观性证据的收集使用，并以此为基础建立完整的指控体系。本案中，检察机关一是重视对整个犯罪全链条证据的获取和审查。通过审查侵权产品来源、存储、复制、传播等网络侵权各个环节证据，构建全链条证明体系。二是充分利用网络新技术方法获取、审查证据，通过对所提取手机电子数据、淘宝网店销售侵权秘钥的后台交易记录等客观证据进行综合分析论证，进一步夯实网络环境下著作权保护的特定化刑事证明体系。三是关注每个被告人主观明知的分析论证。通过对涉案多名被告人主客观行为证据进行综合分析，充分论证行为人参与犯罪的程度，主观上对侵权行为的明知事实。

二、适应数字化版权发展趋势，实质认定刑法意义上的“发行”行为

伴随着科技和经济的发展，软件的销售模式逐渐由销售光盘实物等转变为通过信息网络进行销售，再到单独销售产品密钥，并在官网上提供免费安装文件的模式，与此版权数字化发展相伴，相关的侵权行为也在不断升级变化。本案中被告人并未直接销售软件本身，而是采取销售软件密钥等方式获利，是否构成侵犯著作权罪存在争议。可以看到，随着技术的发展进步，互联网在改变我们世界的同时，也彻底颠覆了传统的作品传播方式和流通途径。当作品以数字化的方式由网络经营者、服务者、用户等上传至向公众开放的网络世界时，公众就无须再通过转移占有有形载体或其所有权，而是通过网络将该数字化作品下载至自己的电脑或智能手机等移动网络终端即可获得作品的复制件。因此，对于网络传播环境下的"发行"的认定，应当从"发行"的本质出发进行实质理解和认定。检察机关经研究认为，软件密钥系对软件的技术保护措施，其法律属性系对软件使用的"许可"，未经授权销售软件密钥实质上相当于对软件著作权的侵犯，对软件密钥的销售本质上等同于对软件本体的销售，属于变相"发行"软件的行为，应认定为侵犯著作权的行为。通过结合行为模式和法益对侵犯著作权罪中的"发行"进行实质理解，准确认定犯罪性质。

三、突破网络销售数据审查难题，准确认定犯罪金额

网络技术的发展给不同种类的作品提供了全新的信息存储空间和传播渠道，但同时，网络环境的虚拟性、交互性、非物质性等特征，决定了网络环境下的作品在内涵和外延上与传统作品有所不同。由此也意味着，和传统著作权犯罪相比，网络环境下的侵犯著作权犯罪的金额认定具有不同特征。

根据现有《刑法》及司法解释规定，侵权作品数量、传播量、会员数、非法经营额、违法所得额等，是认定不同情节和量刑的重要依据。本案被告人先后成立二十余家店铺，涉案店铺的销售产品涉及十余个类型、型号、版本，销售数据数十万条，数据量大且存在一定的刷单情况，带来海量数据审查难、筛选难、鉴别难等问题。检察机关积极引导侦查，加强与电商平台的沟通，充分收集店铺的销售记录及被平台处罚的记录，固定基本证据。在数据的审查方式上，检察机关利用定向筛选、特征筛选等电子数据审查方式，结合几名被告人对于刷单的辩解细节，剔除了虚假交易情况。对于被告人无法提供线索的交易情况，参考指导性案例的裁判原则，依法认定本案犯罪数额。

四、做好法庭教育，体现严厉打击网络侵犯知识版权犯罪力度

网络版权产业已成为新时代经济发展的重要领域，在加快构建新发展格局、建设创新型国家和文化强国进程中的地位也越来越重要。在庭审教育环节，公诉人结合案件事实和庭审情况开展法治宣传教育，深刻揭露恶意侵权对计算机软件知识产权保护的利益侵犯，同时基于本案被害对象的特殊性，同步揭露其行为对我国国际形象的侵害性。通过剖析犯罪原因、阐述警示意义，促使被告人认罪悔罪，激发法庭和旁观人员共鸣，提升庭审综合效果。

党的二十大报告指出，要加快发展数字经济，打造具有国际竞争力的数字产业群。在数字经济中，著作权保护与互联网技术的发展相生相伴。互联网技术的迅猛发展，一定程度上会影响著作权保护规则的变化与调整。深入加强网络环境下的著作权保护，要求检察机关坚持发挥刑事打击对侵犯著作权违法犯罪的震慑和预防作用，通过对新型疑难复杂案件的办理，实现对网络环境中著作权权利人合法权益和版权市场秩序的有力维护，同时针对不断创新的商业模式产生的网络环境下著作权侵权新形式、新特点，加强协作机制建设，形成司法共识，统一执法标准，实现网络环境下著作权高水平保护和高质量发展。

（**点评人：**多丽华，上海市人民检察院第二分院第三检察部副主任、四级高级检察官）

【法官点评】

侵犯著作权犯罪，尤其是侵犯计算机软件著作权犯罪，既属于新类型犯罪案件，也属于疑难复杂案件，既涉及刑事法律适用，也涉及专业技术知识。本案就是这样一起典型案例，涉及行为定性、共犯地位、量刑标准等多方面争议问题。本案文书为基层检察机关的公诉意见书，检察官充分发挥检察机关维护国家法律正确统一实施的职能作用，综合运用实质判断和全面判断，详尽考虑案件具体情况和当事人特殊情形等因素，以在案证据及案件事实为基石和支撑，综合评价犯罪行为的社会危害性和刑罚必要性，严格把握罪与非罪的界限，准确予以定罪量刑。在此基础上，还依法贯彻“教育、感化、挽救”方针，探索开展法庭教育工作，帮助被告人真心悔改，便于以后顺利回归社会。

一、严格审查证据，全面准确查清事实

案件事实是刑事公诉的基础和前提，也是刑事公诉文书的核心内容。对案件事实应牢牢坚持以在案证据为支撑，予以全面、客观地认定、表述。侵犯著作权的民事侵权和刑事犯罪，在性质、侵害客体、严重程度、主观要件以及行为后果方面存在区别。为准确把握相关案件事实，需审慎审查，严把证据关。经审查，文书明确本案认定案件事实的证据均来自案件发展本身，符合客观性、关联性、合法性要求，形成完整的证据链条，足以证实被告人林某甲等四人未经著作权人许可，发行计算机软件，情节特别严重，达到“犯罪事实清楚，证据确实、充分”的要求。一是关于被告人是否实施了未经著作权人许可复制发行他人作品的行为。综合被告人的供述、权利公司授权人证言、涉案网店销售侵权产品的购买过程公证以及公安机关提取淘宝网店后台交易记录，可认定被告人林某甲等四人实施了以营利为目的，未经权利公司的授权许可，通过淘宝天猫店铺销售软件密钥、账号等，并提供软件下载链接、帮助安装，或直接销售软件密钥、账号等行为。二是关于被告人犯罪构成要件。从主观与客观结合方面，综合全案证据，证明被告人林某甲等四人实施了未经著作权人许可，发行他人作品的侵犯著作权犯罪行为。主观方面，通过被告人供述、手机鉴定聊天记录等证据证明被告人对未经授权销售产品激活码等侵犯著作权行为具有主观明知。客观方面，通过销售店铺交易明细记录、手机鉴定聊天记录等证据证明被告人未经著作权人许可，通过淘宝天猫店铺实施了销售软件密钥、账号等，并提供软件下载链接、帮助安装，或直接销售软件密钥、账号等行为。三是关于销售侵权软件产品金额的认定问题。经对涉案22家店铺的交易数据进行审查，在被告人林某甲等人经营时间段内，对外销售侵权软件产品金额合计人民币46836849.07元，并对部分不符合证据条件、存在合理怀疑的金额予以扣除，最终认定金额为31336324.98元。值得称道的是，检察官引用了最高人民法院指导案例87号郭某甲、郭某乙、孙某某假冒注册商标案，该案例裁判要点明确关于金额认定的方法和“刷单”的证明问题，虽然该案例是假冒注册商标案件，但对同为侵犯知识产权类罪的侵犯著作权罪的认定亦具有一定指导意义。本案对于“刷单”的认定符合上述案例裁判

精神，也体现了刑事案件检法衔接，为人民法院刑事裁判提供相应依据。

二、充分释法说理，准确认定行为性质

以事实为根据，以法律为准绳，是办理刑事案件的根本遵循。同时不能僵化地理解和适用法律，要遵循罪刑法定和程序公正等原则，符合法律规定和法定程序的要求，并以实现公平正义为最终目标。关键是要把形式判断与实质判断结合起来，避免单纯地依靠法条字面含义对案件进行形式判断，还要从社会危害性和刑罚必要性的角度进行实质判断，以实现裁判的实质合理性。本案公诉意见书以《刑法》第217条“侵犯著作权罪”规定为主要依据，结合2011年《关于办理侵犯知识产权刑事案件适用法律若干问题的意见》第12条“发行”、第13条“严重情节”等规定，综合形式判断与实质判断，对被告人行为作出定性处理。根据在案证据，被告人林某甲等人既有通过淘宝天猫店铺销售软件密钥、账号等，并提供软件下载链接、帮助安装的行为，包括通过百度网盘提供软件、远程帮助安装等，也有直接销售软件密钥、账号等行为。对于第一种行为，林某甲等人未经许可通过信息网络传播他人软件，客观上复制发行了他人计算机软件作品，构成侵犯著作权罪，实践中并无争议。对于第二种行为，林某甲等人直接销售激活码的行为，应否认定为侵犯著作权罪，理论界和实务界则存在争议、分歧。公诉意见书对此做了有益且重要的探索，从软件“激活码”性质认定着手，进而对刑法意义上“发行”行为的认定展开分析，最后结合本案实际，对被告人直接销售“激活码”行为的定性展开论述、评判。相关问题的论证解决是本案准确适用法律、精准定罪量刑、公正妥善处理的关键所在，也是文书颇值学习和借鉴之处。一是关于软件“激活码”的性质。用户在没有使用“激活码”的情况下，无法将软件安装成功或无法正常运行使用软件，“激活码”这种以版权认证形式进行的加密式技术措施，是法律意义上的获得正版软件“通行证”。二是本案销售软件“激活码”等方式应属于《刑法》意义上“发行”。对侵犯著作权罪中“发行”应结合行为模式和法益进行实质理解，对于通过销售“激活码”并导向官方免费网站地址的模式，本质上与直接提供软件安装包无异，均能实现销售以获利的目的，均侵犯了权利人的软件复制发行权，扰乱了相应的市场秩序，在目的、结果、获利上均具有一致性，对法益造成的侵害也具有一致性，因此应将销售“激活码”的行为认定为实质发行行为，应属于刑法意义上的“发行”。三是本案林某甲等人直接销售激活码等的行为，应认定为侵犯著作权罪的实行行为。一方面，销售“激活码”的行为本质上是一种变相销售即变相发行的行为；另一方面，被告人林某甲等人在经营中并未区分两种方式，对于是否提供链接并不区分收费，有些客户无法下载的情况下林某甲等人亦帮助下载，因此从行为人角度而言，两种行为并无本质区分。

三、法情理交融，着力开展法庭教育

在讲清法理、讲明事理的基础之上，检察官在公诉意见书中融合情理，有针对性地开展法庭教育，结合被告人之间存在亲友关系、共同犯罪等实际情况，深入剖析引发犯罪的主要原因和深刻教训，引导被告人充分认识计算机软件保护的重要意义，以及犯罪行为的社会危害性，督促其改过自新。教育寄语的相关表述言简意赅、情理透彻、导向鲜明，既是对本案被告人的批评教育，也是对社会群众的释法引导；既是对国家刑事政策的阐述诠释，也是对社会法治教育的深化延伸，充分展现了检察机关维护社会公平正义的立场，以及为经济社会发展保驾护航的决心。

（**点评人：**谷升，北京市高级人民法院申诉审查庭三级高级法官）

【律师点评】

检察机关办案需要坚持客观公正、实体程序并重等理念，强化证据审查运用，全面查明案件事实，精准适用法律，确保依法准确办理案件。“高质效”既体现在案件质量上，也体现在法律文书的制作上。

一是依法严惩侵犯计算机软件著作权犯罪，激发创新活力。计算机软件著作权是重要的无形资产，能带来竞争优势和经济利益。伴随着科技和经济的发展，软件的销售模式逐渐由销售光盘实物等转变为通过信息网络进行销售，再到单独销售产品密钥，并在官网上提供免费安装文件的模式，与版权数字化发展相伴，相关的侵权行为也在不断升级变化。本案中被告人采用销售密钥（“激活码”）不销售软件本身的新型销售模式，且经营二十余家店铺销售金额上千万元，存在法律定性和证据审查多重难题。检察机关认真论证“销售软件密钥”的行为性质，审查海量销售数据准确认定犯罪金额，实现了有力指控，有力惩治侵犯软件著作权犯罪，激发企业科技创新活力。

二是具有典型、参考价值。知识产权犯罪近年来呈现出新领域、新手段，犯罪手段不断翻新，犯罪人员专业化，犯罪模式精细化的特点，需要司法办案人员不断更新知识产权的专业知识，准确识别合法技术手段和违法犯罪手段或工具。本案公诉意见书释法说理清晰、表述逻辑严谨，着重从激活码性质、销售软件激活码、提供软件下载链接、帮助安装等行为与侵犯著作权罪的“发行”相当性进行充分、翔实的论证，最终得出行为目的、结果、获利上均具有侵犯著作权一致性的结论，对于今后司法实践中办理同类新科技手段侵犯知识产权案件具有较强的参考意义。

三是精准归纳争议焦点，“辨法析理”严谨充分。公诉意见书准确归纳案件争议焦点，对可能存在的销售行为是否适用侵犯著作权罪的问题进行研判和推理，界定了“激活码”属性和法律适用难点，论证销售激活码与侵犯著作权典型行为具有相当性；对涉及技术的涉案金额问题，先从店铺销售侵权微软产品的统计时间界定，再到确定涉案订单的事实与理由，最后针对涉案人员下单、金额明显异常涉嫌“刷单”数额合理扣除，完整、准确地论证了确定涉案金额的合理性、合法性。

四是积极高效检察履职。知识产权是文化创新的法治表达，著作权既是文化产业的灵魂，也是推动文化产业发展的助推器。加大依法惩治侵犯著作权犯罪力度，充分发挥著作权司法保护对文化建设的规范促进作用，以新时代高质效检察履职更好服务知识产权强国和文化强国建设。首先，针对本案中被告人并未直接销售软件本身，而是采取销售软件密钥等方式获利，是否构成侵犯著作权罪存在争议。检察机关研究认为，软件密钥系对软件的技术保护措施，其法律属性系对软件使用的“许可”，未经授权销售软件密钥实质上相当于对软件著作权的侵犯，对软件密钥的销售本质上等同于与对软件本体的销售，属于变相“发行”软件的行为，应认定为侵犯著作权的行为。其次，检察机关及时提取网络平台后台数据明细等证据，从侵权统计时间界定、涉案订单，合理扣除涉嫌“刷单”数额角度，准确认定侵权数量。最后，注重知识产权权利人诉讼权利义务保护，充分听取诉讼代理人的意见，并邀请权利人旁听庭审，真正做到国内外企业平等保护，营造公平有序的法治营商环境。

五是贯彻宽严相济刑事政策。对于一般共同犯罪案件，要充分考虑各被告人在共同犯罪中的地位和作用，以及在主观恶性和人身危险性方面的不同，准确确定各被告人的罪责，这是贯彻罪责刑相一致的具体体现。本案 4 名被告人，指控方确定 1 名主犯，3 名从犯。以负责购买激活码、并开设店铺、经营管理等工作为分界点，认定林某甲在共同犯罪中起主要作用，是主犯，对所有店铺销售金额负责。对林某乙参与了注册店铺、提供账户等行为是否为主犯的问题，认为并未参与具体人员、运营管理，也未负责管理激活码的购买和组织销售行为所起作用，进而认定为从犯。公诉意见书较为充分地考虑各个被告人在共同犯罪中的地位和作用。在主观恶性和人身危险性方面，也依据证据证实 4 名被告人在明知微软权利公司向平台多次举报、店铺多次受到处罚后仍不知悔改，想方设法逃避打击继续侵权，不只是侥幸心理，更多的是恶意侵权。并结合四名被告人未赔偿被害单位损失未取得谅解的情节，建议法庭考虑相关情节综合全案证据依法裁判。

公诉意见书遗憾的是，首先，未体现出对庭审辩护人提出的辩护或质证意见做进一步说明或再辩驳，在灵活性上有待提高。其次，在是否适用侵犯著作权犯罪的问题可以对不同争议深入分析，逐一排除，以得出支撑控诉观点合理性和合法性的结论。最后，积极发挥检察履职的内容未在补充材料内看到，公诉意见书也体现得不明显，如追赃挽损工作效果对财产类犯罪具有重要作用，但公诉意见书未说明追赃挽损工作不到位的原因。

（**点评人：**郝春莉，北京市东卫律师事务所主任）

24. “3·28”特大跨境电信网络诈骗案：斩断境外电诈黑手

【案情简述】

2019年3月起，被告人曾某甲和钟某甲二人创建财神国际公司，先后招募王某甲、高某某等54名被告人加入该犯罪集团，成员单独或结伙偷越国境至缅甸勐波县，利用微信、QQ等社交软件账号伪装成“高富帅”等虚假身份，以聊感情、谈恋爱添加中国公民并取得信任，诱骗被害人充值投注，再利用后台可操控程序对被害人实施电信网络诈骗（俗称“杀猪盘”）。至2020年10月，该犯罪集团共诈骗196名被害人，遍及全国30个省、区、市，诈骗金额共计2807万余元。

宁夏回族自治区西吉县人民检察院以被告人曾某甲等67人诈骗、掩饰、隐瞒犯罪所得，帮助信息网络犯罪活动，引诱、教唆他人吸毒，偷越国（边）境罪向西吉县人民法院提起公诉。2022年3月25日，西吉县人民法院采纳检察机关指控认定的犯罪事实和罪名，一审公开宣判，涉案的曾某甲系组织、领导犯罪集团的首要分子，应当按照集团所犯的全部罪行处罚，被判处有期徒刑15年6个月，并没收个人全部财产；钟某甲等10名主犯被判处12年6个月至8年不等有期徒刑，并处51万元至30万元不等罚金；其余56名被告人被判处7年至6个月不等有期徒刑，并处30万元至1万元不等罚金。

本案系国务院打击治理电信网络诈骗部级联席会议办公室（公安部）2020年第一批挂牌督办案件。西吉县人民检察院在办案过程中注重准确定性和精准量刑，围绕以下三个办案难点开展细致分析和论证：一是本案中的犯罪组织是否应当认定为诈骗犯罪集团。西吉县人民检察院审查认定，本案中曾某甲、钟某甲等被告人为实施诈骗犯罪，成立所谓“财神国际公司”，曾某甲、钟某甲等被告人为对组织成员进行有效的控制和管理；诈骗犯罪组织中扮演不同角色的被告人在主观上具有共同诈骗故意，客观上互相配合实施了共同诈骗行为；该诈骗犯罪组织中的成员根据组织制定的分配制度共享诈骗利益；该犯罪组织对诈骗集团成员实施严格的人身控制，综上应当认定为诈骗犯罪集团。二是如何确定本案的被害人人数。西吉县人民检察院将收集到的报案记录、被害人陈述和从唐某某登录“易游科技”存储信息数据库中检索到相关被害人信息及银行卡信息进行合并计算，将本案的被告人准确认定为196人。三是如何实现对各被告人量刑建议均衡。西吉县人民检察院贯彻宽严相济的刑事司法政策，综合考虑各被告人的职务等因素，准确认定公司化运作犯罪集团中的主从犯，结合任职时间、在公司的地位、具体实施的诈骗业绩、获利情况、退赃情况、认罪态度、悔罪表现等进行综合判定，对各被告人提出量刑建议，以实现罚当其罪、罪责刑相适应。

信息社会的高速发展对犯罪结构产生了深远影响，传统犯罪持续下降，以电信网络诈骗为代表的信息网络犯罪已成为主流，行之有效的打击、治理和防范成为司法机关迫在眉睫的难题。检察机关全面贯彻习近平法治思想，坚持打、防、管、控一体推进，依法严厉惩治电信网络诈骗及其关联犯罪，在高质效办好每一个案件、协同推进网络综合治理中彰显服务党和国家中心工作、捍卫民生福祉的坚定决心。

【文书原文】

宁夏回族自治区西吉县人民检察院

公诉意见书

审判长、审判员、人民陪审员：

根据《中华人民共和国刑事诉讼法》第一百八十九条、第一百九十八条和第二百零九条的规定，我们受西吉县人民检察院的指派，代表本院，以国家公诉人的身份，出席法庭支持公诉，并依法对刑事诉讼实行法律监督。下面，公诉人就本案犯罪集团的认定及各被告人涉嫌诈骗罪，掩饰、隐瞒犯罪所得罪，帮助信息网络犯罪活动罪、引诱、教唆他人吸毒罪，偷越国（边）境罪的犯罪构成、法律适用、应负的法律责任和社会危害性，发表如下公诉意见，请法庭注意。

一、本案犯罪事实清楚，证据确实、充分

在刚才的法庭调查中，公诉人及审判长、审判员就曾某甲等67名被告人涉嫌诈骗罪，掩饰、隐瞒犯罪所得罪，帮助信息网络犯罪活动罪、引诱、教唆他人吸毒罪，偷越国境罪的犯罪事实进行了详细的讯问和发问，曾某甲等67名被告人就其参与的犯罪事实作了供述。在举证阶段，公诉人围绕案发的时间、地点及犯罪手段、犯罪经过、犯罪结果、犯罪性质等，向法庭出示了全部证据。这些证据经法庭质证，内容客观真实，收集程序合法，与案件具有关联性，以作为定案的根据。同时，上述证据能够充分地证明公诉机关指控各被告人的犯罪事实清楚，证据确实、充分，足以认定。

二、本案曾某甲等56名被告人为共同实施诈骗犯罪，以“财神国际公司”为纽带，组成较为固定的犯罪组织，应认定为诈骗犯罪集团

《中华人民共和国刑法》第二十六条第二款规定：“三人以上为共同实施犯罪而组成的较为固定的犯罪组织，是犯罪集团。”最高人民法院、最高人民检察院、公安部《关于办理电信网络诈骗等刑事案件适用法律若干问题的意见》第四条第（一）项规定：“三人以上为实施电信网络诈骗犯罪而组成的较为固定的犯罪组织，应依法认定为诈骗犯罪集团。”

本案中，第一，曾某甲、钟某甲等被告人为实施诈骗犯罪，成立所谓“财神国际公司”。公司成立后，曾某甲、钟某甲等被告人遂以公司名义租用场地，统一配备用于诈骗的桌椅、电脑、手机等硬件设备，联系购买安装诈骗软件，统一编配诈骗话术，统一对新进成员进行业务培训，统一向成员分发用于诈骗的QQ、微信、探探、陌陌等社交软件账号，统一提供食宿，组织实施电信网络诈骗犯罪活动。其间，曾某甲、钟某甲等被告人为对组织成员进行有效的控制和管理，又对组织成员进行划分，成立若干小组，冠以不同的名称，其目的是更好地鼓动组织成员实施诈骗犯罪，实现犯罪利益的最大化。从中我们可以看出，曾某甲与钟某甲等被告人成立“财神国际公司”，是完全按照公司管理模式运作的组织严密、结构完整、较为固定犯罪组织，依法应当认定为犯罪集团。第二，在以曾某甲为首的诈骗犯罪组织中，扮演不同角色的被告人在主观上受共同诈骗故意支配，客观上互相配合实施了共同诈骗行为。在实施诈骗犯罪过程中，“财神国际公司”各组成员在犯罪组织的部署下各自实施诈骗犯罪的过程中，又存在穿插配合实施诈骗的情形。比如2020年3月26日，精英队朵某某在实施诈骗过程中将其与某被害人的聊天记录截图发至精英部队群内，问“有人来辅助我一下吗”，要求群内成员协助。被告人郭某丙供述公司多个组员共同使用“陈某丁”的包装身份实施诈骗。从人员分工上，组员负责引流、加人、聊天；组长负责管理各组组员，辅助督促业绩，做决策切死被害人等；代理负责从国内招募人员加入诈骗集团，管理各条线；客服负责后期在诈骗平台上继续诈骗被害人、在业务群内报单、统计组员业绩等；财务负责与洗钱公司对接，及时转出犯罪所得，洗钱以后及时取回现金或将赃款回流国内；行政主管高某某负责安排成员的食宿，对接偷渡公司接人、预订机票等；行政辅助人员如吴某某等专门负责刷机、安装软件、维修手机等后勤保障；公司总监对公司日常业务进行管理，制定规章制度，对新到组员进行业务培训等；老板统筹负责诈骗集团的各项事宜。上述事实可以清楚地反映出，以曾某甲为首的诈骗犯罪组织中，各工种之间相互协助，体现了公司行动的整体性和目标的一致性。第三，也是最为关键的，该诈骗犯罪组织中的成员根据组织制定的分配制度，共享诈骗利益。具体表现在，其一，负责引流、聊天的组员级被告人无论诈骗是否成功，无论是否创造业绩，无论是否给犯罪组织带来利润，每人每月基本保底工资5000元；其二，该犯罪组织统一负责所有成员的食宿，统一吃住，统一行动；其三，该犯罪组织有明确的分红制度，曾某甲提成诈骗资金总额的35%，总监提成公司诈骗总额的15%，代理提成本组诈骗总额的50%，组长提成本组诈骗业绩的5%。组员根据业绩情况有阶梯式的提成制度，1万元至5万元提成5%，5万元至10万元提成8%，10万至20万元提成10%，20万元至30万元提成13%，30万元至50万元提成15%，50万元至100万元提成18%，单笔诈骗30万元以上发放奖金6666元等，通过上述阶梯式提成制度鼓动组织成员提高诈骗业绩。第四，该犯罪组织对诈骗集团成员实施严格的人身控制，一是统一提供犯罪及住宿地点，场地门口有保安管理出入，非经曾某甲同意，持“公司”有效门禁卡，并未经代理或组长带领，不得擅自离开；二是组织内部层级分明，根据刘某己等人的证言，曾某甲的办公室只有代理及组长才能进入；三是组织成员未干满六个月提前离职，需要给组织缴纳高额赔付金。

本案公诉机关起诉书认定被害人196名，依据被害人被骗金额，指控该诈骗集团的犯罪金额28073912.15元，其中包括150起收集到被害人陈述的犯罪事实，及从被告人唐某某的“易游科技”软件通过后台数据反查出的46名被害人。上述196名被害人之所以能够在众多的杀猪盘诈骗案件中认定为本案被害人，其理由如下：

一是收集到报案记录、被害人陈述的被害人，均陈述其被诈骗时对方引导其投资、充值的平台为“**竞技”“**掌上宝”“**理财”，或者通过添加过昵称为“财神小表妹”的微信号、QQ号等与对方进行联系。根据被告人叶某乙的供述，其给曾某甲贩卖的“柒云”“易游科技”“飞鸟科技”及陈某乙处购买的未命名软件，曾某甲定制的房间名称均为“**竞技”“**掌上宝”“**理财”，同时罗某甲、钟某甲、苏某甲、冀某某等人的供述也证实了财神国际诈骗集团使用以上平台进行诈骗的事实。根据被告人罗某甲的供述，其明确指出“财神小表妹”是财神国际公司里专门用来诈骗的QQ和微信的一个昵称，这个号一直由公司客服（后台）使用；财神国际公司的工作群中也出现了客服号码更换的关键性电子数据信息。关联上述两个特征，该部分被害人被骗金额按照有利于被告人原则，扣除犯罪成本即诈骗集团给被害人的返利后进行认定。

二是没有收集到被害人陈述的被害人的认定，系从唐某某登录“易游科技”存储信息数据库中检索到相关被害人信息及银行卡信息198条。唐某某提取电子数据的依据，是房间号60117和80245为同一个用户，房间名称均为“**竞技”，使用的客服QQ都为35670****，故可以认定上述两个“房间”中的被害人系财神国际公司对应的被害人。根据“两高一部”《关于办理电信网络诈骗等刑事案件适用法律若干问题的意见》

第六条第（一）项的规定，办理电信网络诈骗案件，确因被害人人数众多等客观条件的限制，无法逐一收集被害人陈述的，可以结合已收集的被害人陈述，以及经查证属实的银行账户交易记录、第三方支付结算账户交易记录、通话记录、电子数据等证据，综合认定被害人人数及诈骗资金数额等犯罪事实。

三、各被告人犯罪金额的认定方法及量刑依据

本案系犯罪集团实施的跨境电信诈骗案件，被告人在境外利用微信、QQ等社交软件，使用虚拟的包装身份，通过诈骗平台对国内被害人实施诈骗，诈骗环节复杂，且被害人与行为人通过社交软件建立联系，二者之间又有组长、客服、洗钱公司等多个环节，因此将每个被害人的具体被骗事实与诈骗集团成员实施的具体诈骗行为一一对应，是比较困难的，这是客观事实。因此，对各被告人犯罪数额的认定，应根据“两高一部”《关于办理电信网络诈骗等刑事案件适用法律若干问题的意见》第四条第（二）项“多人共同实施电信网络诈骗，被告人应对其参与期间该诈骗团伙实施的全部诈骗行为承担责任”的规定来进行认定。上述规定的“参与期间”，是指从犯罪嫌疑人、被告人着手实施诈骗行为开始起算。具体如下：

（一）诈骗集团成员分工协作，共享犯罪利益，均应对其参与期间集团全部诈骗数额承担责任

被告人曾某甲等人组建起比较稳固的犯罪集团实施诈骗，该诈骗集团采用公司化运作模式，各被告人参与流水线诈骗作业，诈骗所得按公司制定的分配比例分给扮演不同角色的成员，且组员按照业绩有阶梯式的提成比例。被告人曾某甲系财神国际公司的创办人，其犯罪行为在诈骗集团中具有总体性、组织性，故应当对全案犯罪数额负责。其他诈骗集团成员对其参与期间诈骗集团全部的犯罪金额进行认定。具体着手实施犯罪的时间，为组员加入诈骗集团的时间，扣除公司为期一周的统一业务培训后的犯罪事实为起点，截至其离开诈骗集团的时间内，全部被害人被骗的金额（按照有利于被告人原则，被告人未加入时某被害人已经在充值，被告人加入后持续充值的金额，不计算为该被告人的犯罪金额；被告人离职前某被害人在充值，离职后充值的金额也不计算在该被告人的犯罪金额内)。而组员加入或离开诈骗集团的时间，一般以其非法出境或入境到达云南边境的民航离港记录能够证实的客观时间为准，确有证据能够证实其在云南滞留一段时间后才偷渡至缅甸（如陈某甲），或者离职后在境外滞留一段时间才偷渡至国内（如蒋某某），以能够查证的时间为准。

（二）综合考虑职务等因素认定公司化运作犯罪集团中的主从犯

如前所述，本案中所有被告人均应当对其参与期间诈骗集团的全部犯罪金额承担责任，只有准确认定各被告人在共同犯罪中的地位、层级作用，合理运用相关量刑情节，才能实现对每一个被告人量刑适当。诈骗流水线中，被害人从组员引流聊天到交给组长（或代理）带业务引诱充值，到客服在诈骗平台上以各种理由赶尽杀绝，各角色环环相扣，越接近链条末端的角色对诈骗技巧要求越高，对被害人施加的影响越大，诈骗金额也越多。从组员到组长到代理到公司高管，一定程度上行为人的诈骗技巧、内部影响力、贡献力也都是越来越高的。

根据“两高一部”《关于办理电信网络诈骗等刑事案件适用法律若干问题的意见》第四条第（一）项的规定，对组织、领导犯罪集团的首要分子，按照集团所犯的全部罪行处罚。对犯罪集团中组织、指挥、策划者和骨干分子依法从严惩处。在犯罪集团中起次要、辅助作用的从犯，特别是在规定期限内投案自首、积极协助抓获主犯、积极协助追赃的，依法从轻或减轻处罚。对犯罪集团首要分子以外的主犯，应当按照其所参与的或者组织、指挥的全部犯罪处罚。所以公诉机关在综合考虑各被告人的任职时间、在公司的地位、具体实施的诈骗业绩、获利情况、退赃情况、认罪态度、悔罪表现等进行综合判定，对各被告人提出量刑建议。

曾某甲系财神国际公司的创办者、实际管理者，应当认定为诈骗集团的首要分子；钟某甲与曾某甲形成犯罪合意，共同合伙创办财神国际公司，在其参与期间与曾某甲起到同样的管理、控制作用，应当认定为主犯；王某甲、苏某甲、李某甲、魏某某、曾某乙系公司的代理，各自发展、管理各自的诈骗条线，与曾某甲按比例结算诈骗金额，应当认定为主犯；罗某甲、高某某、熊某乙是公司的行政管理人员，对维持公司运转起到重要作用，应当认定为主犯；被告人李某乙系公司业绩最高，贡献最大的组员，因业务能力突出被提拔为圆梦队组长，应当认定为主犯。其余四十五人均属具体犯罪事实的实行犯，在共同犯罪中起次要作用，根据易信、蝙蝠电子数据中反映的各被告人的业绩情况能够客观地区分业绩多少和作用大小，其中叶某丙、梁某某、屈某某、陈某丙、苏某乙、杨某乙、张某甲、马某乙、罗某丙、黄某乙、熊某甲、钟某乙、郭某甲、龙某某、吕某某参与时间短，参与程度较低，获利较少、犯罪情节较轻，适用缓刑确实不致再危害社会，故依法可以对其宣告缓刑。

（三）区别对待，宽严并用，充分贯彻宽严相济的刑事司法政策

张某丙、苏某甲等代理招募组员时，以高薪出国务工、在赌场上干擦边球的事情等为诱饵，向一些急于找工作的人谎称境外到处是商机、待遇优越、人间天堂，并允诺给予报销机票、专人接送等条件，从而达到诱骗他人偷渡至缅甸参加违法犯罪活动的目的。故从违法性认识和作案动机上，该犯罪集团中组员一级的大部分人在加入该诈骗集团接受业务培训前，是不知道其被招募从事杀猪盘电信诈骗犯罪的。到公司以后，该诈骗集团有严格的管理制度，成员的人身受到一定的控制，部分被告人的诈骗犯意是消极的、被动的，故对这部分被告人而言，其本身既是犯罪行为的施行者，同时也是受害者。因此，公诉机关对其中的初犯、偶犯、未成年人、在校学生，综合考虑其在共同犯罪中的地位作用、社会危害程度、主观恶性、人身危险性、认罪悔罪表现等情节，依法提出从轻、减轻处罚的量刑建议。而对于犯罪团伙的组织者、策划者、指挥者和骨干分子，以及招募未成年人、在校学生实施电信网络诈骗的代理等被告人，依法提出从严惩处的量刑建议。

四、各被告人偷越国（边）境的犯罪行为应当数罪并罚

云南地处祖国西南，与缅甸、老挝、越南接壤，边境线长 4060 公里。除了正式的口岸，通外小路、便道、渡口不计其数，由于大部分边境地段无天然屏障，非法出入境现象屡禁不止。本案中，曾某甲、苏某甲等部分被告人虽持有合法护照，但未经出入境口岸、边防站等合法地点出入境；部分被告人既未持有合法出入境证件，又未经出入境口岸、边防站等合法地点出入境。各被告人非法出入境时，经境外“蛇头”接

引，徒步或乘坐交通工具；非法出入境的地点大部分是乘坐飞机从国内到达云南澜沧景迈机场或西双版纳景洪机场，后从云南沧源县等地非法出入境。根据最高人民法院、最高人民检察院《关于办理妨害国边境管理刑事案件应用法律若干问题的解释》第五条第（二）项的规定，偷越国边境三次以上或者三人以上结伙偷越国（边）境的，属于情节严重，依法应当追究刑事责任。

在境外实施电信网络诈骗，既可以通过合法途径到达境外，也可以通过非法途径到达境外。同样，非法出境的动机既可能是从事电信诈骗、开设赌场等，也可能是出国务工、探亲等，故偷越国（边）境与诈骗之间没有必然的牵连。如果无论合法或非法途径出境进行电信诈骗，而均评价为诈骗罪一罪处罚，显然是没有对偷越国（边）境的行为作出法律评价，不符合罪责刑相适应的原则。综上，非法出入境，情节严重，且在境外实施诈骗等违法犯罪活动的，应当进行数罪并罚。

五、诈骗集团各被告人应负的刑事责任

1. 被告人曾某甲，归案后认罪态度极差，直到今天的庭审阶段依然毫无认罪悔罪之心，犯罪情节恶劣，应以诈骗罪、偷越国（边）境罪数罪并罚，建议判处十五年六个月有期徒刑，并处没收个人全部财产。

2. 被告人钟某甲，与曾某甲合伙创办财神国际公司，因分赃不均等原因离开财神国际公司，自行创办刷单公司，后又将刷单公司打包卖给曾某甲后回国，系主犯，其应当对2019年4月至7月财神国际公司的诈骗金额及刷单公司全部的诈骗金额依法承担法律责任。在侦查阶段，被告人钟某甲能够如实供述自己的罪行，但在审查起诉阶段及今天的庭审中又翻供，应以诈骗罪、偷越国（边）境罪数罪并罚，建议判处十二年六个月有期徒刑，并处罚金。

3. 被告人王某甲，侦查阶段能如实供述其作为冲锋队代理的主要犯罪事实，拒不承认其担任过公司总监的事实，审查起诉阶段及庭审阶段翻供，应以诈骗罪、偷越国（边）境罪数罪并罚，建议对其在十年以上十二年以下判处有期徒刑，并处罚金。

4. 被告人苏某甲，侦查阶段能够如实供述自己的罪行，但在法庭上翻供，不能认定为自首。对于其偷越国（边）境的犯罪事实，归案后如实供述，根据《中华人民共和国刑法》第六十七条第三款的规定，系坦白。对于其引诱他人吸食毒品的犯罪行为不能如实供述，根据“两高三部”《关于适用认罪认罚从宽制度的指导意见》第十六条的规定，不适用认罪认罚从宽制度的规定，但对其如实供述的部分，可以从宽处罚。被告人苏某甲对案件侦破起到一定作用，依法应认定为有立功表现，且案发后积极退缴违法所得，应以诈骗罪，偷越国（边）境罪，引诱、欺骗他人吸毒罪数罪并罚，故建议判处十年以上十二年以下有期徒刑，并处罚金。

5. 被告人曾某乙，经抓获归案，能够如实供述自己的主要犯罪事实，有坦白情节，积极退缴犯罪所得，具有法定、酌定从轻处罚情节，应以诈骗罪、偷越国（边）境罪数罪并罚，建议在十年以上十二年以下对其判处有期徒刑，并处罚金。

6. 被告人李某甲，虽自动投案但不能如实供述自己的罪行，侦查阶段认罪悔罪态度非常差，法庭上的认罪态度有所好转，但依旧避重就轻，不能彻底如实供述，应以诈骗罪、偷越国（边）境罪数罪并罚，建议判处十年以上十二年以下有期徒刑，并处罚金。

7. 被告人魏某某，自动投案并且能如实供述自己的主要犯罪事实，但在审查起诉及庭审阶段翻供，依法不能认定为自首。被告人魏某某退缴部分违法所得，可以酌定从轻处罚。被告人魏某某签署《认罪认罚具结书》，但是在法庭上又否认其代理身份，不属于如实供述，违背诚实信用，依法不予从宽处理，故应以诈骗罪、偷越国（边）境罪数罪并罚，建议在十年以上十一年以下对其判处有期徒刑，并处罚金。

8. 被告人罗某甲经抓获归案，能如实供述自己的罪行，有坦白情节，且认罪认罚，依法可以从轻、从宽处罚。被告人罗某甲系累犯，依法应当从重处罚，应以诈骗罪、偷越国（边）境罪数罪并罚，建议判处有期徒刑十年，并处罚金。

9. 被告人高某某经抓获归案，避重就轻，拒不承认自己的犯罪事实，认罪悔罪态度差，应以诈骗罪、偷越国（边）境罪数罪并罚，建议在十年以上十二年以下对其判处有期徒刑，并处罚金。

10. 被告人李某乙有自动投案的自首情节，通过法庭审理查明的事实，其并没有规劝吴某某、熊某甲投案的立功情节，其积极退缴违法所得，且认罪认罚，具有法定、酌定从轻、减轻处罚情节，应以诈骗罪、偷越国（边）境罪数罪并罚，建议判处九年有期徒刑，并处罚金。

11. 被告人雷某某担任财神国际诈骗犯罪集团客服，明知他人实施电信诈骗犯罪，伙同他人利用多卡宝设备为其提供通信传输，认定为诈骗罪的共犯，但在共同犯罪中系从犯。被告人雷某某有自动投案的自首情节，依法应从轻处罚，建议判处五年六个月有期徒刑，并处罚金。

12. 被告人吴某某在共同犯罪中系从犯，有自动投案的自首情节，自愿认罪认罚，且积极退缴部分违法所得，具有法定、酌定从轻处罚情节，以诈骗罪建议判处二年六个月有期徒刑，并处罚金。

13. 被告人胡某某在共同犯罪中系从犯，归案后如实供述自己的罪行，积极退缴违法所得，具有法定、酌定从轻处罚情节。被告人胡某某系累犯，依法应当从重处罚，应以诈骗罪、偷越国（边）境罪数罪并罚，建议在六年以上八年以下对其判处有期徒刑，并处罚金。

14. 被告人韩某甲在共同犯罪中系从犯，但身份系组长，个人诈骗业绩好，在犯罪活动中作用相对较大，归案后能够如实供述自己的罪行，签署《认罪认罚具结书》后，在法庭上又否认诈骗杭某的主要犯罪事实，不能享受从宽量刑，应以诈骗罪、偷越国（边）境罪数罪并罚，建议判处五年以上六年以下有期徒刑，并处罚金。

15. 被告人马某甲在共同犯罪中系从犯，身份系组长，但任职时间较短，其间，雄鹰队的业绩较差，有自首情节且自愿认罪认罚，积极退缴违法所得，具有法定、酌定从轻处罚情节，应以诈骗罪、偷越国（边）境罪数罪并罚，建议判处有期徒刑三年，并处罚金。

16. 被告谭某某在共同犯罪中系从犯，系参与时间长、业绩较高、作用较大的组员，归案后不如实供述自己的主要犯罪事实，应以诈骗罪、偷越国（边）境罪数罪并罚，建议在六年以上八年以下对其判处有期徒刑，并处罚金。

17. 被告人冀某某在共同犯罪中系从犯，有坦白情节，经法庭审理查明，冀某某归案后规劝吴某某、熊某甲投案自首，认定立功情节，但应从严掌握从宽幅度。其自愿认罪认罚，积极退缴部分违法所得，具有从轻、减轻处罚情节，应以诈骗罪、偷越国（边）境罪数罪并罚，建议判处三年有期徒刑，并处罚金，可以适用缓刑。

18. 被告人曾某丙在共同犯罪中系从犯，自动投案且如实供述自己的罪行，依法应当认定为自首（起诉书遗漏，补充认定），被告人曾某丙自愿认罪认罚，供述彻底，认罪态度好，依法应当从宽处理，应以诈骗罪、偷越国（边）境罪数罪并罚，建议判处三年六个月有期徒刑，并处罚金。

19. 被告人黄某甲在共同犯罪中系从犯，如实供述自己的罪行且自愿认罪认罚，积极退缴部分违法所得。其明知实施电信诈骗还招募其姐姐、姐夫参与，酌情从重处罚，应以诈骗罪、偷越国（边）境罪数罪并罚，建议判处四年有期徒刑，并处罚金。

20. 被告人曾某己在共同犯罪中系从犯，是业绩较好、作用较大的组员，虽自动投案但不如实供述自己的主要犯罪事实，依法不能认定为自首。被告人曾某己退缴部分犯罪所得，可以酌定从轻处罚，应以诈骗罪、偷越国（边）境罪数罪并罚，建议在五年以上七年以下判处有期徒刑，并处罚金。

21. 被告人罗某乙在共同犯罪中系从犯，是参与时间较长、业绩较好、作用较大的组员，有多次行政处罚前科，应酌定从重处罚。被告人罗某乙虽能够认罪认罚，签署《认罪认罚具结书》，但在法庭审理中仍旧避重就轻，供述不彻底，不能享受从宽量刑。被告人罗某乙退缴3.6万元犯罪所得，可以从轻处罚，应以诈骗罪、偷越国（边）境罪数罪并罚，建议在六年以上八年以下判处有期徒刑，并处罚金。

22. 被告人周某某在共同犯罪中系从犯，系未成年人，且自愿认罪认罚，应以诈骗罪、偷越国（边）境罪数罪并罚，建议判处有期徒刑二年，并处罚金。

23. 被告人陈某甲在共同犯罪中系从犯，电话投案后在家等待抓捕，无拒捕行为，具有自首情节且自愿认罪认罚，通过其供述的包装身份能够对应到本案被害人，供述彻底，认罪态度好，且积极退缴违法所得，具有法定、酌定从轻、减轻处罚情节，应以诈骗罪、偷越国（边）境罪数罪并罚，建议判处三年有期徒刑，并处罚金。

24. 被告人韩某乙在共同犯罪中系从犯，归案后如实供述自己的罪行且自愿认罪认罚，积极退缴部分犯罪所得，依法可以从轻、从宽处罚，以诈骗罪建议判处有期徒刑三年，并处罚金。

25. 被告人赵某某在共同犯罪中系从犯，归案后如实供述自己的主要罪行，应以诈骗罪、偷越国（边）境罪数罪并罚，建议判处有期徒刑三年，并处罚金。

26. 被告人李某丙在共同犯罪中系从犯，犯罪时系未成年人，归案后如实供述自己的罪行且自愿认罪认罚，依法应当从轻、从宽处罚，应以诈骗罪、偷越国（边）境罪数罪并罚，建议判处有期徒刑二年，并处罚金。

27. 被告人蒋某某在共同犯罪中系从犯，经传唤归案，能如实供述自己的罪行，具有自首情节且自愿认罪认罚，依法应当减轻处罚。被告人蒋某某积极退缴违法所得，可以酌情从轻处罚。被告人蒋某某系累犯，依法应当从重处罚，应以诈骗罪、偷越国（边）境罪数罪并罚，建议判处有期徒刑三年六个月，并处罚金。

28. 被告人刘某丁在共同犯罪中系从犯，犯罪时系未成年人，有自动投案的自首情节且自愿认罪认罚，依法应当减轻处罚。被告人刘某丁退缴部分违法所得，可以酌情从轻处罚，应以诈骗罪、偷越国（边）境罪数罪并罚，建议判处有期徒刑一年六个月，并处罚金。

29. 被告人王某丙在共同犯罪中系从犯，归案后如实供述自己的罪行，退缴违法所得，自愿认罪认罚，具有法定从轻处罚情节，以诈骗罪建议判处有期徒刑三年，并处罚金，可以适用缓刑。

30. 被告人冶某某在共同犯罪中系从犯，有自首情节且自愿认罪认罚，依法可以从轻、从宽处罚。被告人冶某某积极退缴违法所得，可以酌定从轻处罚。被告人冶某某系累犯，依法应当从重处罚，应以诈骗罪、偷越国（边）境罪数罪并罚，建议判处有期徒刑三年六个月，并处罚金。

31. 被告人撒某某在共同犯罪中系从犯，有自首情节且自愿认罪认罚，依法可以从轻、从宽处罚。被告人撒某某积极退缴违法所得，可以酌定从轻处罚。应以诈骗罪、偷越国（边）境罪数罪并罚，建议判处有期徒刑一年六个月，并处罚金。

32. 被告人马某丙在共同犯罪中系从犯，经传唤归案，归案后如实供述自己的罪行，认定自首情节，且其自愿认罪认罚，依法可以从轻、从宽处罚。被告人马某丙积极退缴违法所得，可以酌定从轻处罚，应以诈骗罪、偷越国（边）境罪数罪并罚，建议判处有期徒刑一年六个月，并处罚金。

33. 被告人杨某丙在共同犯罪中系从犯，经传唤归案并如实供述自己的罪行，认定自首情节，且其自愿认罪认罚，依法可以从轻、从宽处罚。被告人杨某丙积极退缴违法所得，可以酌定从轻处罚，故应以诈骗罪、偷越国（边）境罪数罪并罚，建议判处有期徒刑一年六个月，并处罚金。

34. 被告人刘某乙在共同犯罪中系从犯，经传唤归案并如实供述自己的罪行，认定自首情节，自愿认罪认罚，依法可以从轻、从宽处罚。被告人刘某乙积极退缴违法所得，可以做到从轻处罚。被告人刘某乙明知是电信诈骗还招募姬某某参与，酌情从重处罚，应以诈骗罪、偷越国（边）境罪数罪并罚，建议判处有期徒刑一年六个月，并处罚金。

35. 被告人姬某某在共同犯罪中系从犯，犯罪时系未成年人，有自首情节，自愿认罪认罚，依法可以从轻、从宽处罚。被告人姬某某积极退缴违法所得，可以酌定从轻处罚。故以诈骗罪建议判处有期徒刑六个月，并处罚金。

36. 被告人刘某戊在共同犯罪中系从犯，有自首情节，自愿认罪认罚，依法可以从轻、从宽处罚。被告人刘某戊积极退缴违法所得，可以酌定从轻处罚。应以诈骗罪、偷越国（边）境罪数罪并罚，建议判处有期徒刑一年，并处罚金。

37. 被告人叶某甲在共同犯罪中系从犯，归案能如实供述自己的罪行，自愿认罪认罚，依法可以从轻、从宽处罚。被告人叶某甲积极退缴违法所得，可以酌定从轻处罚。被告人叶某甲系累犯，依法应当从重处罚，以诈骗罪建议判处有期徒刑三年，并处罚金。

38. 被告人陈某丙在共同犯罪中系从犯，经传唤归案并如实供述自己的罪行，认定自首情节，且其自愿认罪认罚，依法可以从轻、从宽处罚。被告人陈某丙积极退缴违法所得，可以酌定从轻处罚。以诈骗罪建议判处有期徒刑二年，并处罚金，可以适用缓刑。

39. 被告人苏某乙在共同犯罪中系从犯，犯罪时系未成年人，经传唤归案并如实供述自己的罪行，认定自首情节，且其自愿认罪认罚，依法可以从轻处罚。被告人苏某乙积极退缴违法所得，可以酌定从轻处罚，建议判处有期徒刑一年六个月，并处罚金，可以适用缓刑。

40.41. 被告人罗某丙、黄某乙在共同犯罪中系从犯，经传唤归案并如实供述自己的罪行，认定自首情节，自愿认罪认罚，依法可以从轻处罚。被告人罗某丙、黄某乙积极退缴犯罪所得，可以酌定从轻处罚。应以诈骗罪、偷越国（边）境罪数罪并罚，建议判处有期徒刑二年，并处罚金，可以适用缓刑。

42. 被告人熊某甲在共同犯罪中系从犯，有自首情节，自愿认罪认罚，依法可以从轻、从宽处罚。被告人熊某甲积极退缴违法所得，可以酌定从轻处罚，以诈骗罪建议判处有期徒刑一年六个月，并处罚金，可以适用缓刑。

43. 被告人杨某甲在共同犯罪中系从犯，有自首情节，自愿认罪认罚，依法可以从轻、从宽处罚。被告人杨某甲积极退缴违法所得，可以酌定从轻处罚。应以诈骗罪、偷越国（边）境罪数罪并罚，建议判处有期徒刑十个月，并处罚金。

44. 被告人叶某丙在共同犯罪中系从犯，归案后如实供述自己的罪行，自愿认罪认罚，依法可以从轻、从宽处罚。被告人叶某丙积极退缴违法所得，可以酌定从轻处罚。以诈骗罪建议判处有期徒刑三年，并处罚金，可以适用缓刑。

45. 被告人梁某某在共同犯罪中系从犯，有自首情节，自愿认罪认罚，依法可以从轻、从宽处罚。被告人梁某某积极退缴违法所得，可以酌定从轻处罚。以诈骗罪建议判处有期徒刑二年，并处罚金，可以适用缓刑。

46.47.48. 被告人马某乙、张某甲、杨某乙在共同犯罪中系从犯，经传唤归案并如实供述自己的罪行，认定自首情节，自愿认罪认罚，依法可以从轻、从宽处罚。被告人马某乙、张某甲、杨某乙积极退缴违法所得，可以酌定从轻处罚。应以诈骗罪、偷越国（边）境罪数罪并罚，建议判处有期徒刑一年六个月，并处罚金，可以适用缓刑。

49. 被告人屈某某在共同犯罪中系从犯有自首情节，自愿认罪认罚，依法可以从轻、从宽处罚。被告人屈某某积极退缴违法所得，可以酌定从轻处罚，以诈骗罪建议判处有期徒刑二年，并处罚金，可以适用缓刑。

50. 被告人钟某乙在共同犯罪中系从犯，经传唤归案并如实供述自己的罪行，认定自首情节，自愿认罪认罚，依法可以从轻、从宽处罚。被告人钟某乙积极退缴违法所得，可以酌定从轻处罚。应以诈骗罪、偷越国（边）境罪数罪并罚，建议判处有期徒刑一年六个月，并处罚金，可以适用缓刑。

51. 被告人郭某甲在共同犯罪中系从犯，经传唤归案并如实供述自己的罪行，认定自首情节，自愿认罪认罚，依法可以从轻、从宽处罚。被告人郭某甲积极退缴违法所得，可以酌定从轻处罚。应以诈骗罪、偷越国（边）境罪数罪并罚，建议判处有期徒刑三年，并处罚金，可以适用缓刑。

52. 被告人龙某某在共同犯罪中系从犯，有自首情节，自愿认罪认罚，依法可以从轻、从宽处罚。被告人龙某某积极退缴违法所得，可以酌定从轻处罚。应以诈骗罪建议判处有期徒刑一年六个月，并处罚金，可以适用缓刑。

53. 被告人冯某某在共同犯罪中系从犯，有主动投案的自首情节，自愿认罪认罚，依法可以从轻、从宽处罚，应以诈骗罪，偷越国（边）境罪数罪并罚，建议判处有期徒刑三年，并处罚金。

54. 被告人郭某丙在共同犯罪中系从犯，归案后能够如实供述自己的罪行，自愿认罪认罚，依法可以从轻、从宽处罚。被告人郭某丙积极退缴违法所得，可以酌定从轻处罚，以诈骗罪建议判处有期徒刑三年，并处罚金，可以适用缓刑。

55. 被告人吕某某在共同犯罪中系从犯，经传唤归案并如实供述自己的罪行，认定自首情节，自愿认罪认罚，依法可以从轻、从宽处罚。被告人吕某某积极退缴违法所得，应以诈骗罪，偷越国（边）境罪数罪并罚，建议判处二年六个月有期徒刑，并处罚金，可以适用缓刑。

56. 被告人熊某乙在共同犯罪中系主犯，有自动投案的自首情节，依法可以减轻处罚。应以诈骗罪、偷越国（边）境罪数罪并罚，建议在九年以上十年以下判处有期徒刑，并处罚金。

六、方某甲、曾某戊、彭某某、叶某乙认定诈骗罪共犯的理由及量刑意见

对于方某甲、曾某戊、彭某某、叶某乙等提供帮助的被告人，能否以诈骗罪的共犯认定，关键要从在案证据所能体现出的其明知程度、共谋深度、非法所得的来源等方面综合加以认定。一种情形是存在共谋，彭某某就是典型的心知肚明并且与曾某甲等被告人达成默契一致，形成较长时间、稳定的“销售”配合模式；被告人方某甲对曾某甲在缅甸“干不正经的事”是明知的，方某甲的取款行为与曾某甲的诈骗实行行为呈现交替重叠、循环往复的状态，应当认定为“事先通谋”；叶某乙与曾某甲的聊天记录中有“我给你一个前台你去套路人家”的共谋。另一种情形是虽无共谋但是系明知他人实施犯罪的内容，对于帮助者明知的内容和程度，一般只要有证据能够印证其认识到对方可能实施诈骗犯罪行为即可，并不要求其认识到对方实施犯罪的具体情况。在案证据表明，曾某戊与曾某甲的聊天记录中甚至出现“江西反诈中心”这样的直接的涉诈词汇，综合考虑其认知能力、既往经历、行为次数和手段以及其与曾某甲的关系、获利情况、是否故意规避调查等，应当认定为诈骗罪的共犯。

综合被告人方某甲的认罪态度及犯罪事实、犯罪情节，建议对其以诈骗罪在十年以上十一年以下判处有期徒刑，并处罚金。

被告人曾某戊归案后不能如实供述自己的罪行，不能认定坦白。被告人曾某戊案发后积极退缴赃款，可以酌定从轻处罚，建议对其以诈骗罪在五年以上七年以下判处有期徒刑，并处罚金。

被告人彭某某归案后能够如实供述自己的罪行，自愿认罪认罚，依法可以从轻、从宽处罚。被告人彭某某案发后积极退缴赃款，可以酌情从轻处罚。建议对其以诈骗罪判处四年有期徒刑，并处罚金。

被告人叶某乙如实供述自己的罪行，依法可以从轻处罚。被告人叶某乙案发后积极退缴犯罪所得，建议对其以诈骗罪判处三年以上四年以下有期徒刑，并处罚金。

七、唐某某、屠某某、王某乙、陈某乙、张某乙等人帮助信息网络犯罪活动罪的认定及量刑意见

帮助信息网络犯罪活动罪是将网络犯罪的帮助行为入罪，以帮助行

为正犯化的理念进行规制，即本罪的成立仅限于片面帮助犯的范围。对帮助信息网络犯罪活动罪主观明知的认定，应当结合一般人的认知水平和行为人的认知能力、相关行为是否违反法律的禁止性规定、行为人是否履行管理职责、是否逃避监管或者规避调查、是否因同类行为受过处罚，以及行为人的供述和辩解等情况进行综合判断。对于明知的程度把握问题，明知应当包括应知，即推定的明知，没有证据能够直接证明，但是根据一定的证据可以推定行为人具有某种故意，行为人如果否认自己具有此中故意，就必须提出反证。

根据司法实践的情况，“两高”《关于办理非法利用信息网络、帮助信息网络犯罪活动等刑事案件适用法律若干问题的解释》第十一条总结了为他人实施犯罪提供技术支持或者帮助的主观明知的推定情形，其中与本案相关的是该条第（4）项的规定，即提供专门用于违法犯罪的程序、工具或者其他技术支持、帮助的。本案中，被告人唐某某、屠某某租用服务器，非法架设、运维“易游科技”“柒云”赌博网站，其表面上看似是用于玩极速飞车、重庆时时彩等游戏、博彩平台，但内核是根据诈骗分子的需求，每个房间都可以更改名称、游戏界面等；在交易环节，可以被诈骗集团随时修改后台数据，以达到诈骗目的的诈骗软件。这些软件已经成为投资理财、杀猪盘等电信网络诈骗中不可或缺的链接，成为电信网络诈骗的重要帮凶。被告人陈某乙、王某乙明知是用于诈骗犯罪的小程序进行层层倒卖。这些程序、工具并非社会正常活动所需，而系为违法犯罪活动提供帮助的专门服务，故相关从业人员对其服务对象系可能涉嫌犯罪主观上实际是明知的，故将此种情形推定为主观明知。此外，被告人唐某某、屠某某、王某乙等人与他人结算费用时不使用自己实名注册的支付宝、微信账户，而是使用购买的他人支付宝用于费用结算，也是出于规避调查和逃避监管的目的，也能推定其主观明知。

被告人唐某某案发后能够如实供述自己的罪行，自愿认罪认罚，从其运行的易游科技软件中提取相关电子数据，对案件侦办起到重要作用，有立功情节，依法应当从轻处罚，建议对其以帮助信息网络犯罪活动罪判处有期徒刑一年六个月，并处罚金。

被告人屠某某系在校学生，认罪认罚，依法可以从宽处理。被告人屠某某积极退缴违法所得，可以酌定从轻处罚，建议对其以帮助信息网络犯罪活动罪判处有期徒刑二年，并处罚金，可以适用缓刑。被告人王某乙、陈某乙能够如实供述犯罪行为，认定坦白情节，能够自愿认罪认罚，依法可以从轻处罚，建议对其以帮助信息网络犯罪活动罪判处一年十个月有期徒刑，并处罚金。

“两高”《关于办理非法利用信息网络、帮助信息网络犯罪活动等刑事案件适用法律若干问题的解释》第十二条第（二）项规定，明知他人利用信息网络实施犯罪，为其犯罪提供帮助，支付结算金额二十万元以上的，应当认定为刑法第二百八十七条之二第一款规定的“情节严重”；“两高一部”《关于办理电信网络诈骗等刑事案件适用法律若干问题的意见（二)》第九条第（一）项规定，明知他人利用信息网络实施犯罪，收购、出售、出租信用卡、银行账户、非银行支付账户、具有支付结算功能的互联网账号密码、网络支付接口、网上银行数字证书5张（个）以上的，可以认定为《最高人民法院、最高人民检察院关于办理非法利用信息网络、帮助信息网络犯罪活动等刑事案件适用法律若干问题的解释》第十二条第一款第（七）项规定的“其他情节严重的情形”。

从客观行为上，被告人张某乙实施了一系列行为，首先是为他人解封被冻结的微信账户，这种程序并非正常社会活动所需，而系为违法犯罪活动提供帮助的专门服务，且每做成一单都可以获得110元至150元的高额报酬，属于明显异常的交易方式。后又帮助蔡老板在其学校收购了7张电话卡，并通过快递形式邮寄到了云南边境某虚假姓名的地址，获得2000元高额报酬；后又帮助蔡老板介绍的微信昵称“情绪”的人提供银行账户，支付结算金额达到64万余元，出租了7个支付宝账号；基于一般人所应遵守的注意义务范围，被告人张某乙作为一名在校大学生，结合其连续的行为样态分析，其与王某丁、蔡老板、“情绪”均系网络交往关系，不具有信赖他人合理利用银行账户的基础，且银行账户、支付宝账户等受到特殊法律规范调整，其应知道自己的行为处于法律特别规制的领域，但无视规则实施了不合乎法则的作为，进而与犯罪行为相结合发生了本罪构成要件的结果。被告人张某乙法治观念淡薄，在利益的诱惑面前，收卡、卖卡，成为潜伏在校园中的“卡商”，沦为电信网络诈骗犯罪活动的“工具人”，依法应当被追究刑事责任，建议对其以帮助信息网络犯罪活动罪判处二年有期徒刑，并处罚金，可以适用缓刑。

八、被告人方某乙、郭某乙掩饰、隐瞒犯罪所得罪的认定及量刑意见

被告人郭某乙去过缅甸，参观过曾某甲的“财神国际公司”，明知该公司从事电信诈骗，明知曾某甲的钱来路不正，多次向曾某甲借款7万元、帮助曾某甲转交2万元给康某母亲用于安抚平息，案发后拒不退缴赃款。

认定被告人方某乙的主观明知，主要依据如下：一是被告人方某甲两次作出对方某乙不利的有罪供述，称其将45万元交给方某乙保管，可以用于买房或投资；二是方某乙在曾某甲案发后，在方某甲被抓后翻动处理方某甲藏匿在家中的182万元现金的行为，足以认定其对曾某甲从事违法犯罪、方某甲交给其的钱来源不明的主观明知。

根据《最高人民法院关于审理掩饰、隐瞒犯罪所得、犯罪所得收益刑事案件适用法律若干问题的解释》第一条、第十条的规定，方某乙、郭某乙的行为属于明知是犯罪所得而持有、使用的行为，构成掩饰、隐瞒犯罪所得罪。

被告人方某乙拒不认罪，依法不能认定为坦白，建议对其以掩饰、隐瞒犯罪所得罪在三年以上五年以下判处有期徒刑，并处罚金。被告人郭某乙在法庭审理阶段自愿认罪认罚，依法可以从宽处理，能够退缴赃款，可以酌定从轻处罚，建议对其以掩饰、隐瞒犯罪所得罪判处有期徒刑一年，并处罚金，可以适用缓刑。

九、被告人苏某甲构成引诱、教唆他人吸毒罪的认定

被告人苏某甲为拉拢人心，诱使雄鹰队组员继续跟着其做诈骗，向他人宣扬吸毒后的体验，示范吸毒方法，通过劝说、怂恿，对他人进行鼓动，使他人产生吸毒的意图并进而吸食毒品氯胺酮，其行为构成引诱、教唆他人吸毒罪。根据《最高人民法院关于审理毒品犯罪案件使用法律若干问题的解释》第十一条的规定，引诱、教唆、欺骗多人或多次引诱、教唆、欺骗他人吸食毒品的，应当认定为《刑法》第三百五十三条第一款规定的情节严重，应当在三年以上七年以下判处有期徒刑，并处罚金。

十、涉案财物处置意见

对于侦查机关查扣的涉案账户内资金、从方某甲、曾某戊、彭某某等人处查扣的资金、各被告人退缴额违法犯罪所得等财物，依法应当优先返还被害人，不足以全额返还的，应当按照比例返还。对于被告人曾某甲除应当没收其个人全部财产外，对其在南昌市的公寓、新余市的房产一套，应当依法拍卖后返还被害人。

十一、电信诈骗案件的警示教育意义

2021年4月，习近平总书记对打击治理电信网络诈骗犯罪工作作出重要指示，指出近年来，各地区各部门贯彻党中央决策部署，持续开展电信网络诈骗犯罪打击治理，取得初步成效。要坚持以人民为中心，统筹发展和安全，强化系统观念，法治思维，注重源头治理，综合治理，坚持齐抓共管，群防群治，全面落实打防管控各项措施和金融、通信、互联网等行业监管主体责任，加强法律制度建设，加强社会宣传教育防范，推进国际执法合作，坚决遏制此类犯罪多发高发态势，为建设更高水平的平安中国、法治中国作出更大的贡献。习近平总书记的重要指示为做好当前和今后一个时期的打击治理电信网络诈骗犯罪工作指明了方向，提供了根本遵循。电信网络诈骗犯罪分子利用新型电信网络技术手段，钻管理上的漏洞，利用非法获取个人信息、网络黑灰产交易等实施精准诈骗，组织化、链条化运作，跨境跨地域实施，已经成为当前发案最高、损失最大、群众反映最强烈的突出犯罪，多发高发态势难以有效遏制。2021年10月19日，反电信网络诈骗法草案提请十三届全国人大常委会第三十一次会议审议，彰显了党和国家坚持以人民为中心，坚决捍卫民生福祉的坚定意志和决心。

本案中，通过公诉人的举证，证实了一场场疑似发生过的爱情背后，实则是空手套白狼，骗人钱财的阴谋。证据是聊天记录上嘘寒问暖的甜言蜜语，是早就精心设计好的陷阱。骗子多深谙心理学，锁定的目标是事业稳定、手头多金、感情空虚、三十岁左右的女性，利用人性中缺爱、好赌、贪利的弱点，化身高富帅，以小额返利为诱饵，一步步将被害人引向欲望的深渊。证据是一个个被害人无声的控诉，对她们而言，金钱和爱人一起离去了，很多人背负上了巨额债务，心灵受到创伤，正常的生活从此脱轨。很多“猪仔”们甚至需要花很长时间才能明白自己到底经历了什么，以后还能不能相信爱情。证据是金额巨大的账户流水，本案中仅涉案一级卡账户的资金流水多达两亿余元，其中能够认定为被曾某甲的犯罪集团掌控的金额为2000万余元，个人命运被淹没在庞大的数据中，而对于每一个被害人来说，这都是一场隐秘的难于启齿的灾难。证据是“易信”“蝙蝠”电子数据中客服通报“恭喜某某队某某客户充值多少万”，其他人一呼百应的“6666”式的弹冠相庆，正是这样的激励和洗脑，犯罪集团的成员们在犯罪得逞后的成就感爆棚，更加积极主动地分享诈骗心得，更加激情澎湃的投入战斗。

有句话说：“你很难逃开为你而设的骗局。”事实真相真是如此吗？确实，即使是在全民反诈战斗的汪洋大海中，无论骗局如何粗糙，都有人深陷其中。在我们旁观者的认知中，及时止损是在遭受骗局后的一种策略，但事实上，在“杀猪盘”的骗局中，止损异常奢侈，被揭开的骗局设计，有着不同的榨干方式，小额返利、充值送彩金、隔夜金、刷流水、提现需缴纳保证金等都是循循善诱的借口，怂恿猪仔们在各种网贷平台借款、刷信用卡甚至卖房卖车。骗局之外还有骗局，本案就有被害人在报案后几个月，又被对方以老平台转换新平台为由骗取十万余元。

电信诈骗犯罪活动猖獗，严重败坏了社会诚信，严重危害人民群众财产安全。如何预防呢？于我们司法机关，要认真落实习近平法治思想，按照总书记批示要求，坚持惩防并举、预防为先，加大以案释法力度，着力提升全社会防范电信网络诈骗的意识和能力，落实好“谁执法、谁普法”的普法责任制，定期发布电信网络诈骗犯罪典型案例以及各地结合所办理典型案件制作的反诈宣传作品，揭示此类犯罪的新手段新特点，针对重点群体和高发领域，有针对性地提出防范建议，持续掀起反电信网络诈骗的社会宣传声势，构建“全民反诈”社会氛围。于银行、电信部门等职能机构，要严格落实银行卡、电话卡、物流卡等的实名制办理规定，加大力度清理一人多卡的情况，加大通信基站的管控力度，切断“黑灰产业”链条犯罪，彻底铲除电信网络诈骗赖以滋生的土壤。于我们普通老百姓，最重要的就是切莫贪图小便宜，牢记天上不会掉馅饼的道理，下载并安装国家反诈App，擦亮双眼，甄别骗局，捂好自己的钱袋子。我们相信，通过广大群众、法律工作者、各级司法机关、职能部门与舆论宣传媒体等的共同努力，公众对电信诈骗的防范意识和对法治的信仰将会不断提高，天下无诈不会是一个遥远的理想。

审判长，公诉人第一轮公诉意见发表完毕。

公诉人：***

20**年*月*日当庭发表

【学者点评】

公诉意见是公诉人在法庭辩论阶段的发言，是检察机关办案质效在审判阶段的集中体现。高质量的公诉意见书不仅关系着公诉质量的高低、更关系着公诉的成败，同时还能够作为普法宣传的载体，向社会传达司法机关对个案所作出的价值评判，引领社会价值观。高质量的公诉意见书直观反映着公诉人的办案能力和司法智慧，它要求文书所涉内容应客观公正、论证合理有据、释法说理充分、引发情感共鸣，并在社会层面形成良好的价值引领。

“3·28”特大跨境电信网络诈骗案是一起在境外成立诈骗犯罪集团、大肆招募境内人员出境实施诈骗犯罪活动的典型案例。该案中，被告人曾某甲、钟某甲、王某甲等67人犯诈骗罪，偷越国（边）境罪，帮助信息网络犯罪活动罪，掩饰、隐瞒犯罪所得罪，引诱、教唆他人吸毒罪，其中56名被告人在境外采用以微信、QQ账号伪装成虚假身份，以恋爱线、金钱线、暴富线等为名，添加被害人为好友，骗取被害人信任，后将被害人拉入社交群聊，在群中配合诱骗被害人“投资”，并操纵后台制造亏损假象，令其误以为投资失败，以此骗取被害人财产，该案受害群众215人遍及全国27个省102个市县，涉案金额2807万余元。

在法庭审理过程中，宁夏回族自治区固原市西吉县人民检察院检察官所发表的公诉意见，论证严密、逻辑顺畅，格式规范，重点突出，用语通俗平实，实现了法、理、情的结合，取得了良好的庭审效果和社会效果。

一、该公诉意见书论证严密、逻辑顺畅

（一）公诉人注重电子数据的关联证明效力，搭建、完善证据链条，还原案件主要事实

最高人民检察院发布的《检察机关办理电信网络诈骗案件指引》对检察机关审查起诉提出了总体要求：检察机关应坚持“犯罪事实清楚，证据确实、充分”的证明标准，保证定罪量刑相关的事实都有证据证明，且综合全案证据，对所认定的事实均已排除合理怀疑。这要求公诉人应当在梳理、归纳既有证据的基础上，灵活运用逻辑和经验法则，将零散的证据整合成完整的证明体系。对于本案而言，由于该诈骗集团在境外实施犯罪、反侦查意识极强、被害人遍布各地，客观上已经令先期取证异常困难，增加了司法人员运用证据材料证明案件事实的难度。

公诉人将取证和分析证据的重点聚焦于2个T的电子数据，从上亿条的聊天记录、银行流水、出入境记录中抽丝剥茧，逐步梳理、认定“案件—被害人—犯罪嫌疑人”间的人案关联，这一还原事实的过程，离不开电子数据间的相互比对和关联梳理。根据最高人民检察院发布的《人民检察院办理网络犯罪案件规定》第7条和第29条，检察院办理网络犯罪案件应当充分运用同一电子数据具有的多元关联证明作用，注重审查电子数据与案件事实之间的关联，准确认定案件事实。电子数据与案件事实之间存在着多维联系，公诉人应当基于单一犯罪事实，验证单个证据信息是否同时暴露于其他网络节点，不断摸索出相联系的人员链条证据，以及资金链条证据。其中，人员证据链包括被害人证据链条和嫌疑人证据链条，前者用于锁定个案被害人，后者用于查明被告人内部分工，进而判断是否应认定为犯罪集团；而资金证据链则用于查明被害人遭受的财产损失和犯罪嫌疑人的诈骗金额。本案中，公诉人通过电子数据的关联证明效力，完善人员和资金证据链条，于公诉意见书中还原并认定了集团诈骗犯罪、集团内部分工、诈骗总额、各被告人所涉金额以及被害人受害事实等主要案件事实，推理过程较为周延，逻辑较为清晰。

1. 基于人员证据链条的事实认定。一是被害人认定方面。对于有报案记录和被害人陈述的部分被害人，公诉人敏锐地关联起屡次出现的相

同犯罪平台信息以及具有相同昵称的社交账号这两大关键性电子数据信息，将150名被害人认定为本案被害人。对于没有被害人陈述的部分被害人的认定，根据最高人民法院、最高人民检察院、公安部《关于办理电信网络诈骗等刑事案件适用法律若干问题的意见》第6条，公诉人及时结合已经查证属实的作案平台存储信息数据库，通过后台数据反向确定出46名被害人。前述被害人的确定为综合认定诈骗总金额奠定了基础。二是被告人认定方面，公诉人通过即时收集通信聊天记录、工作群聊记录、银行流水等电子数据，以及犯罪嫌疑人的供述和辩解、同案犯指证、赃款赃册、分赃及提成记录、工作环境、被害人陈述等证据材料，综合审查证明曾某甲等56名被告人具有共同实施诈骗犯罪的故意，并以“财神国际公司”为纽带实际上实施了犯罪行为。同时，考虑到“财神国际”这一组织，一是在人员分工上清晰地呈现出老板、总监、代理、组员、财务等内部层次，并体现出有区别的人身控制；二是根据内部分配制度，共享犯罪收益，根据《刑法》第26条第2款，以及《关于办理电信网络诈骗等刑事案件适用法律若干问题的意见》第4条第1项，公诉人将该组织进一步认定为犯罪集团具有合理性。

2. 基于资金证据链条的事实认定。通常而言，电信网络诈骗案件的办案难点在于锁定被害人，在确定被害人后原则上能够确定被害人被骗的总额，该金额即为被告人的涉案金额；但是，在该案中，行为人在境外经由社交软件同被害人建立联系，二者之间又有组长、客服、洗钱公司等多个环节，因此将每个被害人的具体被骗事实与诈骗成员实施的具体诈骗行为一一对应客观上很困难，可行性比较低。针对被告人犯罪金额的认定，公诉人按照《关于办理电信网络诈骗等刑事案件适用法律若干问题的意见》第4条第2项“多人共同实施电信网络诈骗，被告人应对其参与期间该诈骗团伙实施的全部诈骗行为承担责任”的规定来进行认定。相应地，查证重点进一步确定为前述规定的“参与期间”，该期间应从犯罪嫌疑人、被告人着手实施诈骗行为起算。由于创办人在诈骗集团中应当对全案犯罪数额负责，因此集中对其他诈骗集团成员进行“参与期间”的认定。具体着手实施犯罪的时间，应为组员加入诈骗集团的时间减去为期一周的培训后的犯罪事实为起点，截至其离开诈骗集团的时间。值得一提的是，该案公诉人在认定“参与期间”时，有意识地按照有利于被告人原则，对被告人加入诈骗集团前被害人已在充值、加入后持续充值的金额，以及被告人离开诈骗集团前被害人在充值、离职后充值的金额，均排除在特定被告人犯罪金额之外。

（二）围绕争议焦点，抓住犯罪核心构成要件及行为特质分析法律适用

1. 该公诉意见书准确地把握了犯罪核心构成要件。本案中，公诉人没有机械地对照犯罪构成要件理论逐一进行分析，而是针对犯罪核心构成要件，并对应行为人的行为特征灵活地进行了阐述。

第一，关于帮助信息网络犯罪活动罪的认定。帮助信息网络犯罪活动罪是将“帮助行为正犯化”。本案中，公诉人将罪名认定的重点放在“对帮助信息网络犯罪活动罪主观明知”的认定，具有合理性。根据“两高”《关于办理非法利用信息网络、帮助信息网络犯罪活动等刑事案件适用法律若干问题的解释》第 11 条，为他人实施犯罪提供“技术支持”或者“帮助”的主观明知的推定情形，与本案唐某某、屠某某等人的行为特征相对应，能够推定唐某某等人为主观明知，进而符合帮助信息网络犯罪活动罪的构成要件。

第二，关于掩饰、隐瞒犯罪所得罪的认定。在公诉意见书中，公诉人将方某乙、郭某乙掩饰、隐瞒犯罪所得罪的认定重点聚焦于“主观明知”，根据此二人的行为特质，强调了郭某乙对“财神国际公司”从事违法犯罪的主观明知，以及方某乙对曾某甲从事违法犯罪、方某甲交给其的钱来源不明的主观明知。

第三，关于引诱、教唆他人吸毒罪的认定。根据《刑法》第 353 条，引诱、教唆他人吸毒罪是指以引诱、教唆的方法，促使他人吸食、注射毒品的行为。在公诉意见书中，公诉人有针对性地提及了被告人苏某甲有意识地向他人“宣扬吸毒后的体验”，以“劝说”“怂恿”的方式对他人进行鼓动，以诱使组员跟随其从事诈骗行为的事实，能够清楚地认定苏某甲的行为符合引诱、教唆他人吸毒罪的犯罪构成。

2. 该公诉意见书较好地厘清了罪数关系。公诉人发表公诉意见时，单独就犯罪集团内各被告人偷越国（边）境的行为，是否应当同诈骗罪数罪并罚的问题作出了说明。考虑到在境外实施电信网络诈骗，既可以

通过合法途径到达境外，也可以通过非法途径到达境外。同样，非法出境的动机既可能是从事电信诈骗、开设赌场等，也可能是出国务工、探亲等，因此，偷越国（边）境行为与诈骗行为之间不具有必然的牵连关系。因此，对于非法出入境，情节严重，且在境外实施诈骗等违法犯罪活动的行为，应当数罪并罚。

3. 该公诉意见书清晰地认定了共犯地位。关于本案共犯地位的认定，主要涉及方某甲、曾某戊、彭某某、叶某乙几位提供帮助的被告人的诈骗罪共犯地位的认定，以及诈骗集团内部各成员的地位作用认定。

其一，该公诉意见书从在案证据所体现的有关方某甲四人的明知程度、共谋深度、非法所得的来源等方面的材料，综合进行认定。被告人提供帮助的，能否以诈骗罪的共犯加以认定，应当重点从帮助者明知的内容和程度来综合认定。公诉人所发表的意见中，将可能存在的共谋情形分为两种：一是存在直接的共谋；二是虽无共谋但是系明知他人实施犯罪的内容。以此对四人的主观状态以及其他情况综合进行认定，论证其应当被认定为诈骗罪的共犯。

其二，该公诉意见书综合考虑职务等因素认定公司化运作的犯罪集团中的主从犯。公诉意见书指出，在“杀猪盘”流水线中，被害人从组员引流至组长的长线链条中，越是靠近链条末端的角色对诈骗技巧的要求越高，诈骗金额也越大，因此按照诈骗链条上各被告人的作用分布，可较为清楚地确认其在诈骗组织的内部影响力，进而厘定共犯地位。公诉意见书中，将被告人曾某甲认定为该案首要分子，将钟某甲认定为主犯；该案后经二审，二审法院认为，曾某甲和钟某甲在共同诈骗犯罪中的地位和作用实际相当，不宜在主从犯范畴内另作区分，尽管同生效判决的共犯地位认定存在些微出入，但公诉人仍较为全面地厘清了该案中共同犯罪人的内部地位和作用，为后续对各被告人恰当量刑奠定了基础。

（三）该公诉意见书提出的量刑建议总体贯彻了宽严相济原则

量刑建议是检察机关就案件向法院提起公诉时针对如何具体施以刑罚所提出的法律意见，也是公诉意见书中的重要内容。公诉人提出量刑建议，一是要考虑案件全部量刑情节，论证某量刑情节成立与否的依据和理由，并对控辩双方可能产生争议的部分做重点阐释。二是根据案件具体情况提出确定刑或幅度刑的量刑建议。三是在量刑建议的结论之外，同时阐明提出量刑建议的基本依据。具体到该案，第一，公诉人能够较为全面、客观地论证该案中量刑情节的成立与否，包括有利于被告人的情节与不利于被告人的情节，并针对可能出现的争议提前作出了回应。如对于魏某某自动投案且如实供述资金等主要犯罪事实，未认定自首的原因在于，其在审查起诉和庭审阶段存在翻供；又如对于苏某甲在侦查阶段能够如实陈述犯罪事实，却又在庭审阶段存在翻供行为，同样未被认定为自首，而对于雷某某等人的自首情节以及苏某甲、冀某某和唐某某的立功情节，则依法予以认定。第二，公诉人依据各被告人的涉案时间、层级地位、认罪悔罪、自首、立功、退赃退赔等情形，针对各被告人提出了兼及确定刑与幅度刑的量刑建议，力促罚当其罪。根据“两高一部”发布的《关于办理电信网络诈骗等刑事案件适用法律若干问题的意见（二）》第16条规定，电信网络诈骗犯罪案件的办理应当充分贯彻宽严相济刑事政策，对于电信网络诈骗犯罪集团、犯罪团伙的组织者、策划者、指挥者和骨干分子，以及利用未成年人、在校学生、老年人、残疾人实施电信网络诈骗的，依法从严惩处；而对于从犯、初犯、偶犯、未成年人、在校学生等，则应当综合考虑其在共同犯罪中的地位作用、社会危害程度、主观恶性、人身危险性、认罪悔罪表现等情节，可以依法从轻、减轻处罚。犯罪情节轻微的，可以依法不起诉或者免予刑事处罚；情节显著轻微危害不大的，不以犯罪论处。公诉意见书较好地体现了前述规定，考虑到屠某某、张某乙在校学生的身份，综合其他情节提出“可以适用缓刑”的建议；而对于招募在校学生实施诈骗的代理等被告人，依法提出从严惩处的量刑建议。第三，本案公诉人提出量刑建议采取的是“各人各析”“一人一议”的方式，结合每一位被告人实际具备的量刑情节单独展开分析，阐明其能或者不能从宽量刑的缘由，详略得当且较为全面地体现了宽严相济原则，论证较为充分，具备较强的说服力。

二、该公诉意见书通俗平实、情“警”交融

最高人民检察院发布的《人民检察院刑事诉讼法律文书格式样本（2020版）》规定，公诉人根据庭审具体情况，在“揭露被告人犯罪行为的社会危害性的基础上，做必要的法制宣传和教育工作”。虽然法庭教育不作为公诉意见书的重点内容，但却最集中地体现着司法机关的人文关怀，恰到好处的警示教育能够加深旁听群体对于法律的基本了解，这部分的公诉意见若发表得当，无疑将成为庭审亮点，产生极强的感染力，取得较好的庭审效果。为此，法庭教育部分的表述方式要尽量平实、通俗，弱化“规则式”的法律专业化表述，在确保遣词准确的基础上，适当地使用具有文学色彩的语言进行通俗化的情理阐释十分必要，但也不应片面顾及形式而忽略内容，公诉人始终应结合案情进行警示教育，做到客观、理性。

该案公诉意见书在尾段的警示教育部分，善于深挖案件共鸣点，能够较强地感染在场听众。公诉人将犯罪人在“杀猪盘”中有组织地以“爱”之名套人钱财、“流水当先”践踏爱情的猖獗状态，与被害人在受骗过程中情财两失、饱受创伤、难于启齿的惨淡现实进行对比，鲜明地反映出电信网络诈骗犯罪对社会诚信的破坏和对人民群众财产安全的危害。基于此，公诉人在该部分同时从司法机关、银行和电信部门等职能机构，普通民众的角度出发，提出一系列预防做法，提醒民众甄别骗局、勿要落入诈骗陷阱。整体看来，公诉人教育警示部分的发言遣词通俗、用语平实，具有一定的感染力，实现了法理和情理的融合。

三、该公诉意见书格式规范、重点突出

格式规范是所有法律文书最基本的要求。全国检察机关统一业务应用系统已提供了公诉意见书的基本格式，大体上能够确保全国检察机关所制作的公诉意见书均能遵循统一标准，不至于“各行其是”。当然，“文无定法”，公诉人可以根据案件的特点对内容进行调整，根据案件具体情况来确定需要重点阐述的内容，以满足案件本身和庭审论证的需要，而不必受限于特定的顺序和篇幅。

本案公诉意见书的格式较为规范，谋篇布局详略得当，重点突出。公诉人针对案件事实不存在争议、被告人认罪认罚部分的案情和证据分析，重点论证了主要事实的认定过程，以及针对法律适用存在争议、被告人不认罪认罚的部分，重点对“诈骗犯罪集团”的认定、被害人的确定、各被告人犯罪金额的厘定以及罪数、罪名等进行了论证。整体看来，该公诉意见书结构较为灵活，在保证基本格式规范的同时，较好地突出了公诉方论证的重心，具有一定借鉴意义。

四、该案公诉意见书所带来的经验和启示

“3·28”特大跨境电信网络诈骗案，涉案人员众多、案情较为复杂、追诉难度较大。从该案立案侦查至一审宣判的两年间，西吉县人民检察院依法充分履行法律监督职责，通过提前介入、引导侦查、审查起诉、出庭支持公诉等，保障了案件高质效的办理。该案公诉意见书所带来的经验和启示主要包括以下三方面：

第一，近年来跨境电信网络诈骗犯罪案件呈现高发态势，社会危害性明显增大。根据“两高一部”《关于办理电信网络诈骗等刑事案件适用法律若干问题的意见》，实施电信网络诈骗犯罪，具有组织、指挥电信网络诈骗犯罪团伙的、在境外实施电信网络诈骗的，酌定从重处罚，在量刑方面，对实施电信网络诈骗犯罪的被告人裁量刑罚，在确定量刑起点、基准刑时，一般应就高选择。根据《人民检察院办理网络犯罪案件规定》第9条，检察院办理网络犯罪案件，对于集团犯罪或者涉案人数众多的，应当根据行为人的客观行为、主观恶性、犯罪情节及地位、作用等综合判断责任轻重和刑事追究的必要性，按照区别对待原则分类处理，依法追诉。为此，惩治跨境电信网络诈骗集团犯罪，一方面，需要公诉人准确区分诈骗集团中的犯罪分子的分工作用，围绕犯罪平台的运作模式和不同层级犯罪分子间的行为关联，准确区分集团内部犯罪分子的分工作用，实现对各层级犯罪主体的全面惩治。另一方面，应当按照既有法律法规，以较高的力度严厉惩处犯罪集团的组织者、策划者、指挥者和各骨干分子，在实现特殊预防目的的同时，在社会上形成有力的震慑效果。

第二，检察机关适时、适度地介入侦查，有助于实现“侦—检”之间的柔性交流。应当重视检察引导侦查前端证据的收集工作，促进完善以证据为中心的刑事犯罪指控体系。根据《人民检察院办理网络犯罪案件规定》第12条，经公安机关商请，根据追诉犯罪的需要，人民检察院可以派员适时介入重大、疑难、复杂网络犯罪案件的侦查活动，并对案件侦查方向及可能适用的罪名、证据收集、提取、保全、固定、检验、分析等事项、关联犯罪线索、追赃挽损工作及其他事项提出引导取证的意见。本案中，经西吉县公安局商请，西吉县人民检察院派员提前介入侦查。检察人员在提前介入阶段，亲历侦查活动、详细了解了该案初期侦查取证所面临的困难，同侦查人员一道全面梳理案件尚存的难点和疑点，不断疏通侦查瓶颈，逐步还原出了该案跨境电信网络诈骗犯罪集团的组织框架、犯罪手段和基本犯罪事实。其间，西吉县检察院根据《刑法》及相关司法解释，向侦查机关提出120条取证意见，不仅为公安机关在法定期限内及时提请逮捕第一批犯罪嫌疑人打下坚实基础，也为后续的审查起诉工作奠定了基础。检察机关指控犯罪的效果同证据收集、固定质量密切相关，因此，有必要在侦查阶段发挥我国检察机关的法律监督职能，适时介入侦查活动，引导侦查机关收集证据。应当认识到，检察机关用于指控的证据绝大部分来源于侦查活动，检察机关对侦查机关的有效指引，同时也是充实犯罪指控证据、提升指控质量的体现。本起特大跨境电信网络诈骗案中，西吉县检察院对公安侦查的提前介入，对案件的后续审查、指控产生了较好的影响。

第三，打击互联网媒介下的犯罪，应当重视电子数据证据链条的构建和分析。网络环境下的电子证据，往往以不同网络节点的数据形式分布，检察机关应基于电子数据的基本特征，循着犯罪手段、犯罪主体等基本关联特质，逐步摸索、搭建出一条事实关联密切、相互印证的电子数据证据链。本案中，公诉人通过电子数据的关联证明效力，逐步完善了案件人员和资金证据链条，进一步在公诉意见书中还原并阐明了集团诈骗犯罪、集团内部分工、诈骗总额、被告人各人金额以及被害人受害事实等主要案件事实，逻辑清晰、推理严密。公诉人应以证据链条为基础，重视全链条、体系化地运用证据链认定案件事实、适用法律，经由直接或间接电子数据的比对、印证，以单一电子数据为锚点，实现“一对多”的证据审查，化解案件证明中的难点。

（**点评人：**熊秋红，中国政法大学诉讼法学研究院院长、教授；
梁泽敏，中国政法大学刑事司法学院博士研究生）

【检察官点评】

本案涉及被告人数众多，罪名复杂，给办案机关带来巨大挑战。承办检察官针对本案的公诉意见书事实认定清晰，法律适用准确，释法说理论证充分，结构层次分明，逻辑严谨，同时阐明了电信诈骗案件的警示教育意义，高度体现法理与情理的融合，是一份优秀的公诉意见书。

一、认定案件事实清晰，对案件重点与难点论证翔实

本案是涉案人员众多、罪名繁杂的集团性共同犯罪，重点在于对犯罪集团的认定。“两高一部”联合颁布的《关于办理电信网络诈骗等刑事案件适用法律若干问题的意见》（以下简称《意见》）第4条第1项规定，组成较为固定的3人以上的犯罪组织实施电信网络诈骗，应认定为诈骗犯罪集团。公诉意见书以该法条为依据，通过四个方面来论证曾某甲、曾某乙等被告人成立的“财神国际公司”为犯罪集团。第一，曾某甲等被告人成立该公司目的是实施诈骗犯罪而非进行正常的经营活动；第二，通过论证其主观意图和客观行为来证明其明知该企业在从事诈骗犯罪却仍积极参与并协助完成这些违法行为；第三，最重要的是，该公司具有清晰的层级划分，共享诈骗收益；第四，该公司对其成员实行严格的人身控制措施，成员不得随意离开公司所在地，否则需要支付高额赔付金。公诉意见书对案件的核心重点进行抽丝剥茧式的论证，内容全面详尽，条理清晰，几乎达到了可视化的效果。除对核心诈骗事实的认定，本案还涉及其他几项罪名，公诉意见书中将其他罪名及犯罪人逐一罗列论证，全面梳理案件事实经过，清晰呈现了帮助信息网络犯罪活动罪，掩饰、隐瞒犯罪所得罪，引诱、教唆他人吸毒罪的作案过程、手段、涉案人员等关键信息，确保对案件的全面理解，不漏一个罪名，不纵一个犯罪嫌疑人，有助于准确认定犯罪事实，为法院审理提供充分的依据。

二、适用法律准确，紧扣该案法律适用的难点

首先，由于该案被害人数量庞大等客观因素，无法逐一收集每位被害人陈述并确认被害人的损失金额，检察机关根据《意见》第6条第1项的规定，分别从已收集到的被害人陈述和未收集的被害人陈述两个方面分别认定犯罪金额，对未收集到的被害人陈述根据银行账户交易记录、电子数据等证据进行合理的测算，体现出检察机关案件办理上策略的灵活性、事实认定的周全性和法条适用的精准性。其次，本案系犯罪集团实施的跨境电信诈骗案件，被告人利用虚拟身份在境外从事诈骗活动，涉案过程错综复杂。行为人与被害人之间通过社交软件联系，存在多层次、多环节、多链条的联系方式。因此，将每位被害人的具体受骗情况与诈骗团伙成员的具体欺诈行为一一对应极具挑战性。因此检察机关依据《意见》第4条第2项的规定，聚焦被告人“参与期间”该诈骗团伙实施的全部诈骗行为来认定每名被告人的犯罪金额。如曾某甲作为该犯罪集团的创办人在其中起着领导、组织、统筹作用，因此对全案犯罪数额负责。其他成员从其加入该犯罪集团后扣除一周培训时间后起算，既严厉打击犯罪，又充分贯彻有利于被告人原则，做到对每名被告人都不枉不纵，罪责刑相适应，罚当其罪。运用体系解释法来把握对“参与期间”界定，体现了检察官对法律解释方法的熟练掌握和准确运用能力。最后，准确认定案件中的首要分子、主犯和从犯后提出具量刑建议。检察机关依据《意见》第4条第1项的规定，详细论述了本案5项罪名、71名被告人的刑事责任认定方法及量刑依据，对每一个被告人是否具有自首、坦白、立功、认罪认罚等量刑情节及是否数罪并罚等罪名适用一一进行列明。如被告人在境外实施电信网络诈骗，必然涉及出入国（边）境的行为，通过出入国（边）境的动机既可以是从事犯罪行为也可能是务工、探亲等合法行为，来论证偷越国（边）境行为与诈骗行为没有必然牵连，从而被告人偷越国（边）境的行为与诈骗行为应当数罪并罚而非构成牵连犯从一重处。

三、围绕案件争议焦点，回应同类案件认定难点，具有现实的借鉴意义

该案争议焦点在于诈骗罪共犯的认定、诈骗罪与偷越国（边）境是构成牵连犯择一重处还是数罪并罚？难点在于犯罪集团的认定及各个被告人刑事责任的认定。检察官精心选择主攻方向，抓住重点，做到有的放矢，对犯罪集团的认定提炼出四个方面，被告人刑事责任承担的依据精炼出三个要点，论证时用当事人最容易明白的语言，最容易接受的方式表达出来，让当事人能够听得懂、听得清。事实认定与法律适用层面用语严肃准确，逻辑层层递进，充分释法说理，在警示教育部分用语生动感人，发人深省，如公诉意见书中“个人命运被淹没在庞大的数据中，而对于每一个被害人来说，这都是一场隐秘的难于启齿的灾难”，文笔细腻感人，无不体现着检察官对被害人深深的同情，读来令人动容。公诉意见书聚焦案件认定中存在的难点，提出针对性的解决方案，并总结跨境电信诈骗案件的办理经验，对类案办理提出指导性建议，总结了风险防范措施，对此类犯罪的惩治质效具有借鉴意义。

四、区别对待，贯彻宽严相济的刑事司法政策，充分展现法理与情理的融合

刑事政策与刑事法律之间有着密切的联系。公诉意见书中考虑到部分被告人最初并不明知其被招募从事“杀猪盘”电信诈骗犯罪活动，误以为是出境打工，到公司后人身受到一定控制，其本身既是犯罪行为的施行者也是受害者，因此公诉意见书中对于初犯、偶犯、在校学生、未成年人等依法提出从轻、减轻处罚的量刑建议，对犯罪集团的组织者、策划者和骨干分子等提出依法从严惩处的量刑建议。公诉意见书中法理与情理的融合体现在对法律依据与实际情况的结合、法理因素与情感因素的平衡、法律适用的灵活性与公平正义的追求、刑事法律与刑事政策的协调等方面，使得公诉意见书更加符合法律精神和社会需求，展现高度的说服力与权威性。

本份公诉意见书在确认案件基本事实方面清晰明了，对法律适用准确无误、论证充分详尽，总体上是一份优秀且值得借鉴学习的文书。但是，犯罪事实认定部分虽然用简洁凝练语言、层层递进的逻辑对犯罪行为进行了定性，但在论证的过程中仅简单陈述“证据确实、充分”，未对案件具体存在哪些种类的证据进行详细阐述。法律意义上的“事实”从来都不是单纯的事实，而是建立在证据基础上的事实，该部分应当充分阐述公诉意见书认定的事实何以达到证据确实、充分的程度。虽有一定的提升空间，但瑕不掩瑜，该篇公诉意见书用语及格式规范，对案件进行充分的论述，体现政治效果、法律效果和社会效果的相统一。

（**点评人：**征汉年，江苏省建湖县人民检察院检察长、三级高级检察官）

【法官点评】

电信网络诈骗犯罪危害严重，人民群众深恶痛绝。此类犯罪不彻底铲除、不严厉惩治，人民群众难以有安全感、幸福感，平安中国建设将大打折扣。本案的起诉与审判是对电信诈骗犯罪分子的有力震慑。

党中央高度重视打击治理电信网络诈骗犯罪工作，习近平总书记多次作出重要指示批示，为打击治理工作指明了努力方向，提供了根本遵循。2023 年 7 月以来，在党中央坚强领导下，打击缅北涉及我国犯罪专项工作取得重大战果，4.9 万名电信诈骗犯罪嫌疑人被移送我国。如何依法启动刑事追诉程序，有力惩治跨境电信诈骗犯罪，成为接下来司法机关迫切需要解决的问题。本案即系先期破获的缅北电信网络诈骗案件，基本案情、运作模式、犯罪手段等均与上述系列案件相似，本案的起诉无疑为涉缅北电信诈骗犯罪案件提供了足资借鉴的范本，有助于推动追诉工作的高效开展。

检察机关在追诉活动中起到承上启下的作用，既要以“如我在侦”的心态，积极引导侦查方向，确保侦查取证工作依法高效开展；又要以“如我在裁”的意识审核把关好事实证据，为审判工作打下坚实的基础。本案检察机关起诉指控质量较高，包括公诉意见书在内的检察机关的审查起诉等履职活动足以为他案办理提供可借鉴的范本。主要体现在以下几个方面：

一是聚焦服务大局，精准把握政策。承办检察机关坚决贯彻习近平总书记对打击治理电信网络诈骗犯罪工作重要指示精神，坚持为大局服务、为人民司法，始终胸怀“国之大者”，将本案起诉工作作为“一把手工作”抓实落细，由党组书记、检察长等领导干部亲自担任案件承办人。检察机关积极履职尽责，全面理解和精准把握刑事政策，做到罚当其罪、罪刑均衡、区别对待，将宽与严之济做了很好拿捏。区别对待是刑事政策的精髓，没有区别就没有政策。检察机关在评价罪责及量刑建议时并非一味严惩、一律从重，而是根据犯罪情节等作了多个层面的区别对待，既将组织者、指挥者与组长、组员级被告人相区分，又在组长、组员中作进一步区分。

二是指控罪名精准，量刑建议妥当。在以诈骗罪起诉被告人的同时，检察机关根据案情也指控了其他罪名，织密了刑事法网，使得犯罪行为得以全面评价。本案系跨境电信网络诈骗，有人会想当然地认为偷越国（边）境罪会被诈骗罪等牵连或吸收，但检察机关之所以以该罪名起诉有关被告人，作出了令人信服的论证说明。出入境既可通过合法途径，又可利用非法渠道；既可基于合法目的，又可为了非法意图。故偷越国（边）境与诈骗并无必然牵连，应对偷越国（边）境罪与诈骗罪等数罪并罚。这样就可对被告人作出全面的法律评价，也避免了审判阶段增加罪名带来的司法耗费。同时，检察机关根据各被告人在共同犯罪中的地位作用、独立性和主动性、犯罪次数和金额、主观恶性和人身危险性等因素，评述了数十名犯罪分子的罪责，由此提出轻重有别的量刑建议。有效的量刑建议工作对法院审判工作既是一个监督，又是一个推动。

三是收集证据全面，认定事实规范。电信网络诈骗案件往往被告人多，取证审查工作量大。本案既跨境又涉网，不仅被告人多而且被害人也多，侦查取证难度极大，增加了指控犯罪的难度。检察机关侦查初期即派员介入案件，全面梳理诈骗集团的网络架构、运行模式、犯罪事实等，明确了侦查方向和取证要点，依法提出 120 条侦查取证意见，引导公安机关依法规范取证。在被害人人数的认定上，检察机关结合本案案情，根据“两高一部”有关规范性文件，确定本案被害人 196 名；在各被告人涉案金额认定上，既严格遵循刑法有关共同犯罪规定，又按照有利于被告人原则和灵活确定的参与时间就低认定。

四是治罪治理并重，深化罪源治理。防范治理电信网络诈骗是一项系统工作。总体来看，对于电信网络诈骗，防比打更重要，源头治理比事后惩治更管用。因此，治理电信网络诈骗犯罪需坚持惩防并举、预防为先、综合施治。检察机关在提起公诉、出庭应诉中，不仅指控了相关犯罪、提出了量刑建议，还就涉案财物处置提出意见，铲除再犯罪的经济基础，更为重要的是在法庭上利用指控犯罪之机进行案例警示教育。检察机关积极延伸职能作用，将法治宣传教育融入案件公诉，在法庭上开启了生动的法治宣传课，既通过量刑建议等体现了对电信网络诈骗坚决惩治的态度，有力震慑了犯罪，也通过普法宣传教育群众，增强了全社会识骗防骗的意识和能力，还提醒各司法机关、银行、电信部门等机构切实肩负起各自的职责。

（**点评人**：姜远亮，最高人民法院刑事审判第五庭审判长、三级高级法官）

【律师点评】

近年来涉外电信网络诈骗案持续高发多发，多涉及境外主体，或是存在行为人的犯罪行为、证据及证人所在地均在国外的情况，这给我国司法机关调查取证、审查判断等造成极大困难。由公安部挂牌督办的“3·28”特大跨境电信网络诈骗案是一起在境外成立诈骗犯罪集团，大肆招募境内人员出境实施诈骗犯罪活动的案件，涉及被害人 196 人，诈骗金额共计人民币 2796 万余元，受到社会各界广泛关注，并入选最高人民法院跨境电信网络诈骗及其关联犯罪典型案例。从公诉意见书看，检察机关在本案的办理过程中具有以下特征：

一、侦查阶段提前介入，引导侦查

“3·28”特大跨境电信网络诈骗案犯罪窝点隐藏在缅甸北部，犯罪集团组织结构严密，且涉及了电信网络诈骗业已形成的成熟黑灰色产业链条的所有上下游犯罪，导致案件取证异常困难。

本案承办检察官在提前介入阶段，全面梳理案件面临的疑点和难点，疏通侦查瓶颈，梳理出该跨国电信网络诈骗集团的组织框架、犯罪手段和基本犯罪事实，明确了侦查方向和取证要点。向公安机关提出 120 条侦查取证意见，为公安机关在法定期限内及时提请逮捕第一批犯罪嫌疑人打下坚实基础，也为后续审查起诉工作奠定了基础。

此外，在电信网络诈骗案件中往往涉及庞杂的电子数据，是惩治相关犯罪的关键性证据。为有效精准打击犯罪，检察机关应当高度重视电子数据的审查，切实履行证明责任，确保准确认定案件事实，促进刑事检察工作高质量发展。本案承办检察官通过审查上亿条聊天记录，抽丝剥茧，最终把握了案件的全貌，对各犯罪嫌疑人加入犯罪集团的时间、诈骗手段和方式、犯罪集团内部框架、洗钱模式等进行梳理，对于后续撰写起诉书、公诉意见书都起到了极大的推动作用。

二、准确适用法律，实现全链条精准打击

公诉意见书布局谋篇充分考虑案件事实、证据以及各被告人庭审表现等，从犯罪集团构成、主从犯区分、犯罪数额认定、量刑情节、涉案财产处置等方面开展论证分析，观点明确，论理充分，重点突出。

在曾某甲、钟某甲等56名被告人涉嫌诈骗罪部分，难点在于如何准确地对各被告人提出量刑建议，实现罪责刑相适应。公诉意见书首先从人员分工、利益分配、组织纪律等方面充分论证了曾某甲、钟某甲等56名被告人以“财神国际公司”为纽带，组成了较为固定的犯罪组织，应当认定为诈骗犯罪集团，因此，56名被告人应对其参与期间诈骗集团全部的犯罪金额承担责任。其次，通过考察各被告人在犯罪集团中的职务、内部影响力、贡献力等因素，认定管理人员为主犯，具体事实犯罪行为者为从犯，再综合考虑各被告人的任职时间、具体实施的诈骗业绩、获利情况、退赃情况、认罪态度、悔罪表现、庭审表现等进行综合判定，对各被告人提出量刑建议。同时，为充分贯彻宽严相济的刑事政策，对其中的初犯、偶犯、未成年人、在校学生等提出从轻、减轻的量刑建议，而对于犯罪团伙的组织者、策划者、指挥者和骨干分子，以及招募未成年人、在校学生实施电信网络诈骗的代理等被告人，依法提出从严惩处的量刑建议。最后，为了对各被告人的全部行为都作出法律评价，公诉意见书中明确偷越国（边）境与诈骗行为之间没有必然的牵连，对于通过非法途径出境实施电信诈骗行为的被告人，还应当以偷越国（边）境罪数罪并罚。

在认定诈骗犯罪集团与被害人之间的关联性方面，公诉意见书主要通过投资、充值平台和诈骗集团所使用平台的同一性、从被告人登录“易游科技”存储信息数据库中检索到相关被害人信息和银行卡信息两方面进行认定，实施诈骗与被骗的证据能够形成印证关系。

在其他被告人是否构成诈骗罪的共犯，掩饰、隐瞒犯罪所得罪和帮助信息网络犯罪活动罪方面，关键在于被告人主观明知方面的认定。公诉意见书结合一般人的认知水平和行为人的认知能力、相关行为是否违反法律的禁止性规定、行为人是否履行管理职责、是否逃避监管或者规避调查、是否因同类行为受过处罚，以及行为人的供述和辩解等要素，逐一分析在案证据证明的事实，综合论证了各被告人的主观明知程度，充分展现了公诉人对在案证据的综合运用能力，实现了对犯罪链条的全面、精准打击。

三、案件办理和警示教育宣传并重

为接受人民群众监督，提高人民群众识诈防骗意识，提升以案释法效果，本案庭审活动进行了全网直播，60余名人大代表、政协委员、干部职工、教师学生代表旁听了案件庭审直播，各政法单位官方媒体直播观看点击数累计达上亿次。

本篇公诉意见书的最后，深入剖析了电信网络诈骗犯罪的社会危害性和警示教育意义，动之以情，晓之以理，释之以法，极具说服力和感染力，通过揭示犯罪、以案警示，彰显重拳打击电诈犯罪的决心与声势，教育引导人民群众知法与守法，提高人民群众防诈反诈意识，充分体现了法律与情理的结合，实现了三个效果的有机统一。

（**点评人**：赵运恒，北京星来律师事务所创始合伙人）

25. 上海市人民检察院第一分院就公民信息安全保护问题向 ** 公司制发检察建议：数字时代公民个人信息权益保护亟待加强

【案情简述】

数字信息时代数化万物，万物皆数，网络空间与现实世界加速融合，其边际日趋模糊。信息网络技术伴随着经济社会的高速发展得到广泛应用和普及，为日常生产生活带来极大便利的同时，也对现有的社会秩序带来了前所未有的冲击和挑战，其中公民个人信息被窃取和泄露问题尤为突出。近年来，各类侵犯公民个人信息的刑事犯罪层出不穷，通过办理部分个案，司法机关发现在特定行业和领域内，大量存在将公民的身份信息、联系方式、居住地址等个人隐私作为“商品”进行不法交易的黑色产业链，不仅严重侵犯公民个人信息安全，也会造成威胁公民人身、财产安全的巨大风险隐患。

上海市人民检察院第一分院检察官在办理一起因情感纠纷引发的故意杀人案件时，敏锐地捕捉到了案情中的蹊跷之处：犯罪嫌疑人为加害被害人，通过 ** 平台联系可非法查询公民个人信息的卖家购买被害人住址信息后，至上址将被害人杀害。卖家从何处获取上述信息，又为何敢于在短视频平台公然贩卖，带着一系列疑问，检察官对上述情况进行了调查核实。核实结果令人触目惊心，在 ** 等短视频平台搜索关键词“黑客”“手机定位”，会出现大量打着“科普”旗号、实则游走在违法边缘的视频，而不少从事贩卖公民个人信息的不法分子把此类视频下的评论区发展成“广告位”“洽谈区”，公然在其中招徕“生意”，联系买家。

“吾不杀伯仁，伯仁由我而死”，造成本案一条年轻的生命逝去的直接原因是行凶者蓄谋已久的犯罪行为。但短视频平台因监管缺失而成为滋生非法买卖公民个人信息违法犯罪的“温床”，致使犯罪分子得以精准定位被害人所在地，无意间充当了犯罪的帮凶，从刑法意义上看，短视频平台监管失能与被害人的死亡结果之间也存在一定的因果关系，负有难以推卸的责任。

互联网空间不是法外之地，短视频及其评论区绝不能成为不法分子从事违法犯罪活动的媒介和平台。为有效切断违法犯罪源头，斩断黑色利益链，上海市人民检察院第一分院经过认真深入的前期调研，对 ** 短视频平台的运营方 ** 公司制发社会治理类检察建议，以《刑法》《民法典》《个人信息保护法》《网络安全法》等法律规范为依托，系统提出了筑牢违法信息预警监测“防火墙”、封禁违规内容和账号、有效设置弹窗提醒实现精准预防、加强跟帖评论服务与管理等“一揽子”整改建议。建议内容有理有据、内容翔实、说理充分，一经发出便取得了立竿见影的效果。主流短视频平台相关违规视频和评论内容一扫而空，公民个人信息保护的漏洞得到及时填补修复，网络空间的风气和环境相应得到显著改善。广大互联网用户对检察机关主动出击，担当作为，维护人民群众合法权益，推动构建个人信息保护多元共治新格局的举措交口称赞。该案件的办理和相应的检察建议时刻警醒着互联网平台的经营管理者，聚集大量用户的互联网平台已经成为社会生活的重要空间，唯有审慎尽职地做优做实监督管理工作，才能使互联网空间像现实世界一样拥有安宁和稳定。

【文书原文】

上海市人民检察院第一分院

检察建议书

北京 ** 信息服务有限公司：

随着经济社会的高速发展和信息网络的广泛普及，网络空间与实体社会深度交融，数字化程度不断加深，为经济社会发展增添动能的同时，也带来了许多前所未有的挑战与风险。侵犯公民个人信息的犯罪手段层出不穷，不乏产生将信息网络作为黑色利益链的不法现象，严重侵犯公民个人信息安全，甚至危害人身、财产安全，应予打击。本院在审查起诉阮某某故意杀人一案时查明：犯罪嫌疑人阮某某为加害被害人姚某某，意图获悉其详细住址信息，遂于2022年7月29日，通过登录其**账号，搜索"黑客""手机定位"等关键词，联系到在平台上发布可非法查询公民个人信息的犯罪嫌疑人王某某，并支付给王某某6500元，用于购买被害人姚某某的住址信息。王某某以130元从犯罪嫌疑人彭某某处购买姚某某的具体住址信息，并提供给阮某某。阮某某于2022年8月5日至上址找到姚某某后将其杀害。本案中，**成为非法买卖公民个人信息的平台，进而成为黑色利益链中的一环，导致犯罪分子能精准定位被害人。被害人的死亡结果与上述行为之间有刑法意义上的因果关系，后果严重。

经调查，在**App的搜索栏中输入关键词"黑客""手机定位"，出现了诸如以"黑客如何知道你的定位位置""可以让黑客通过手机号定位个人信息和位置""只通过手机号能获取对方位置吗?"等为主要内容的视频，其中混杂着不少打着"科普"旗号、实则游走在违法红线边缘的视频。该类视频下的评论数量少则几十条、多则达成百上千条。可以看到，不少不法分子直接在"评论区"中寻找"客户""买家"，非法买卖、定位公民个人信息和位置，不仅使人民群众的个人信息安全被侵犯，财产甚至生命安全也遭到严重威胁。网络不是法外之地，"评论区"绝不能成为不法分子的"广告牌"。这类视频和案件中反映的问题，亟待你公司予以重视。

综上，为维护社会公共利益，保护公民个人信息安全，也为了你公司长远发展。根据《中华人民共和国人民检察院组织法》第二十一条，《人民检察院检察建议工作规定》第三条第一款、第十一条第（一）项的规定，特向你公司提出如下检察建议：

1. 自治智治，筑牢违法信息预警监测"防火墙"。公民个人信息是识别特定自然人身份或者反映特定自然人活动情况的各种信息，除姓名、出生日期、身份证件号码等属于公民个人信息外，住址、行踪也属于公民个人信息。请对已经查明的侵害个人信息安全的账号予以封禁；加强预警信息监测，对现有词库及时调整，对敏感词条安排专人专班定期滚动筛查和更新；对重点信息的评论区安排专人专项筛查、清理，发现可能涉及违法违规行为的，及时向主管部门通报，对可能涉及违法犯罪线索的，及时移送有关部门，有效切断违法犯罪源头，斩断黑色利益链。

2. 精准预防，有效设置弹窗提醒和置顶推送。运用信息网络技术，对用户实时提醒、法律告知，更新置顶推送。充分利用网络服务的弹窗功能，对搜索栏设置关键词条、敏感词条的弹窗提醒，当用户搜索“黑客”“手机定位”等涉法敏感词条时，系统自动弹出如“非法买卖公民个人信息属违法行为”的提醒、告知，并在弹窗内设置下级页面，显示相关法律法规的条文内容。同时，对其他涉法敏感词条亦可研究设置类似弹窗。对搜索“黑客”“手机定位”等关键词后显示的视频更新置顶，置顶推送政务类、网警等官方平台的普法视频。

3. 明确责任，落实跟帖评论服务与管理制度。非法出售或提供公民个人信息严重破坏社会公共秩序，损害社会公共利益。网络服务提供者和信息发布者应当共同承担维护社会公共利益的责任。建立、健全跟帖评论审核管理、实时巡查、应急处置等信息安全管理制度，及时发现和处置违法信息，并向有关主管部门报告。对发布违反法律法规和国家有关规定的信息内容的，及时采取警示、拒绝发布、删除信息、限制功能、暂停更新直至关闭账号等措施，并保存相关记录。与信息发布者签订服务协议，明确跟帖评论的服务与管理细则，履行互联网相关法律法规告知义务，告知发布信息的用户对其所发布视频下的跟帖评论应定期筛查，发现违法违规情况的及时告知平台。

4. 内外联动，完善网络安全管理和培训机制。作为网络服务提供者，积极履行法律、行政法规规定的信息网络安全管理义务。探索建立与行政机关、司法机关协作联动的工作机制，定期与互联网信息办公室、公安机关召开联席会议，加强信息交流与互通。强化员工的法制培训，定期组织员工学习《中华人民共和国网络安全法》《中华人民共和国个人信息保护法》等法律法规，以案释法，不断增强员工的法律意识，提高违法违规信息的鉴别能力。

5. 广泛动员，发挥人民群众监督作用。网络安全为人民，网络安全靠人民，维护网络安全是全社会的共同责任。深入开展网络安全知识技能宣传普及，制作法治宣传视频等宣传资料，加强普法宣传教育，提高广大人民群众网络安全意识和防护技能；建立健全违法信息公众投诉举报制度，发挥违法违规举报平台的作用，调动人民群众的积极性，鼓励广大网民积极参与共同监督，助力科技向善。

党的十八大以来，习近平总书记高度重视网络安全和信息化工作，提出要依法严厉打击侵犯公民个人隐私等违法犯罪行为，切断网络犯罪利益链条，持续形成高压态势，维护人民群众合法权益。党的二十大明确指出要“加强个人信息保护”。互联网信息服务行业只有健康有序发展，才能更好地保护公民、法人和其他组织的合法权益，维护国家安全和公共利益，促进形成保护公民个人信息的合力，推动构建个人信息保护多元共治新格局，形成积极健康、向上向善的网络文化，营造清朗网络空间。

你公司收到检察建议后，如有异议，请于十日内向本院提出；如无异议，请认真研究落实并于收到本检察建议书后两个月内书面回复本院。

2023 年 5 月 26 日

【学者点评】

检察建议是人民检察院依法履行法律监督职责，参与社会治理，维护司法公正，促进依法行政，预防和减少违法犯罪，保护国家利益和社会公共利益，维护个人和组织合法权益，保障法律统一正确实施的重要方式。根据最高人民检察院 2019 年 2 月 26 日发布的《人民检察院检察建议工作规定》，人民检察院可以直接向本院所办理案件的涉案单位、本级有关主管机关以及其他有关单位提出检察建议。高质量的检察建议有利于推进检察履职实现从治罪到治理的提升。在阮某某故意杀人案中，上海市人民检察院第一分院向北京 ** 信息服务有限公司提出的检察建议具有监督事项符合法律政策、现实针对性强、制发流程较为规范等特点，产生了良好的法律效果和社会效果。

一、该监督事项符合法律政策

在该案中，犯罪嫌疑人阮某某为加害被害人姚某某，意图获悉其详细住址信息，遂通过登录其 ** 账号，搜索“黑客”“手机定位”等关键词，联系到王某某，并支付给王某某 6500 元，用于购买被害人姚某某的住址信息。王某某以 130 元从彭某某处购买获知姚某某的具体住址信息，并提供给阮某某。阮某某于 2022 年 8 月 5 日至上址找到姚某某，将其杀害。在该案中，被害人的死亡结果与网络信息监测疏漏存在因果关系，且导致了严重的后果。我国《民法典》《个人信息保护法》《网络安全法》等均要求加强对公民个人信息的保护。

第一，该案中被害人的个人住址信息属于应受保护的个人信息。《民法典》第 111 条明确规定，自然人的个人信息受法律保护，任何组织或个人不得非法使用、传输他人个人信息，不得非法买卖、提供或者公开他人个人信息。《民法典》第 1034 条将自然人的住址信息列入个人信息之列。

第二，犯罪嫌疑人非法购入个人信息、王某某及彭某某非法买卖被害人住址信息的行为，属于对被害人个人信息的侵犯。根据《民法典》第 1035 条、第 1038 条，以及《个人信息保护法》第 10 条，任何组织和个人不得非法买卖他人个人信息。2017 年施行的《网络安全法》第 12 条、第 44 条、第 46 条明确了网络服务使用主体的义务，即网络服务使用主体应当遵守公共秩序，不得利用网络以非法方式获取、非法出售或向他人提供个人信息，不得利用网络侵害他人名誉、隐私等合法权益，不得利用网络发布涉及违法犯罪活动的信息。该案中阮某某向王某某购买、王某某向彭某某购买被害人个人住址信息的行为，以及王某某向犯罪嫌疑人出售、彭某某向王某某出售被害人住址信息的行为，违反了前述规范关于买卖个人信息的规定，此三人作为网络服务的使用主体，违反了《网络安全法》中所设定的禁止性义务，他们利用网络平台所实施的买卖行为构成对被害人个人信息的侵犯。

第三，北京 ** 信息服务有限公司对其用户发布的违法违规信息，负有事先审核和管理的责任。早在 2000 年，国务院出台的《互联网信息服务管理办法》中就明确了互联网信息服务提供者对平台内容的监管责任。2011 年修订的《互联网信息服务管理办法》第 16 条也提到了网络信息服务提供者对违法、违规信息负有处理责任。2017 年施行的《网络安全法》第 47 条、第 59 条进一步明确了网络运营者的网络安全保护义务，要求网络运营者加强对其用户发布的信息的管理，必要时应当以立即停止传输该信息，采取消除等处置措施，防止信息扩散。2019 年底公布的《网络信息内容生态治理规定》第 9 条，同样要求网络信息内容服务平台健全信息发布审核、跟帖评论审核、实时巡查、应急处置和黑色产业链信息处置等制度。2021 年初发布的《互联网信息服务管理办法（修订草案征求意见稿）》第 16 条、第 27 条进一步明确网络信息服务提供者的信息审核、处理义务；同年修订的《网络短视频内容审核标准细则》则针对短视频平台加强短视频管理制定了规范，其第 94 条要求，短视频节目及其评论、弹幕等，不得出现侵犯个人隐私、恶意曝光私人住宅、私人活动的信息。2022 年 12 月，新修订的《互联网跟帖评论服务管理规定》施行，更是重点明确了跟帖评论服务提供者跟帖评论管理责任，将 2017 年生效的现行规定中仅要求对新闻信息的跟帖评论先审后发（第 5 条）的范围，扩大到一般范围，要求跟帖评论服务提供者原则上都应当对跟帖评论“先审后发”。具体到该案，北京 ** 公司作为网络信息服务提供者，对其用户发布的创作视频及跟帖评论负有法定的管理责任，包括对信息发布、跟帖评论的事先审核责任，以及对违法违规信息的应急处置责任。对于那些以“科普”为名、实则试探违法边线的视频以及评论区内出现的个人信息获取的“广告”，** 作为平台管理者有义务及时避免违法违规行为经由自身平台扩大传播，应及时监管并作出处置。

在该案中，被建议单位对未及时发现及整治涉危及公民个人信息安全的创作视频及评论信息构成一定的监管失责，客观上形成对王某某及彭某某借由平台形成个人信息非法出售黑色链条的纵容，正是由于此类个人信息买卖渠道的客观存在，才为其后犯罪嫌疑人所实施的故意杀人行为客观上创设了条件，被建议单位在个人信息安全监管层面存在疏漏。

二、该检察建议现实针对性强

根据《人民检察院组织法》第 21 条的规定，抗诉、提出纠正意见、提出检察建议都是检察院行使法律监督职权的表现。上海市人民检察院第一分院在办理阮某某故意杀人案的过程中发现被建议单位存在个人信息保护监管疏漏，针对此问题向有关单位提出了改进工作、完善治理的检察建议。

检察建议事项的确定一是要与检察业务紧密关联，依托办案而制发，体现检察机关的法律监督属性；二是应当聚焦那些与社会公众利益息息相关的方面，经由检察履职来促进保障和改善民生；三是检察建议事项的选择应当不仅能够解决眼前的、局部的问题，更能够助益于解决长远的、整体的问题。在该案中，上海市人民检察院第一分院依托故意杀人案件的办理，在审查中发现阮某某供述其预谋、准备犯罪的过程不同寻常、案件承办人及时注意到了此案所蕴含的侵犯公民个人信息的违法犯罪情形，并将北京 ** 公司作为非法买卖公民个人信息黑色利益链中的关键一环而制发检察建议，要求其建立公民个人信息实时保护机制、提高相关法律宣传力度、健全投诉举报渠道。在信息网络不断普及、侵犯公民个人信息风险不断加大的当下，上述检察建议有助于预防犯罪分子通过网络平台非法买卖公民个人信息，在更广泛的层面引起网络信息服务提供者对于公民个人信息保护的重视，促进互联网行业健康有序发展。

三、该检察建议制发流程较为规范

（一）关于承办人的调查核实工作

根据《人民检察院检察建议工作规定》第 13 条，检察官在履行职责中发现有应当依照规定提出检察建议情形的，应当报经检察长决定，对相关事项进行调查核实，做到事实清楚、准确。在该案中，案件承办人针对建议事项进行调查核实工作，包括：重新整理并调取相关证据材料；到被建议单位实地走访调查、了解情况；认定调查的事实及依据。扎实细致的调查核实工作有助于提出针对性强的检察建议。一方面，在注意到 ** 平台可能广泛地存在个人信息监管保护漏洞时，承办人及时委托技术部门对调查情况施以技术协助，通过刻录光盘的方式率先固定证据。另一方面，为了解当前网络平台公司的运作业态、分析网络平台公司现存的问题以及在审核筛查方面所遇到的困难，案件承办检察官多次到 **

信息服务有限公司（上海分部）开展实地走访调查，并与北京 ** 信息服务有限公司相关人员开展座谈交流，就制发检察建议相关的事项交流意见。而为了确保所提检察建议的专业性、针对性，承办检察官又走访调研了上海市公安局网安总队，认真听取专业意见，最终确定提出加强对跟帖评论者发布内容的审核、对“评论区”设置关键词进行筛查、对重点板块加强人工审核、对发布的视频信息进行审核、对博主等加强规制、发现问题及时处理等较为可行的建议。

（二）关于检察建议的制发工作

根据《人民检察院检察建议工作规定》第 13 条、第 15 条和第 17 条，检察官在履行职责中发现有应当依照本规定提出检察建议情形的，应当报经检察长决定，对相关事项进行调查核实；调查核实一般应当在检察长作出决定后的两个月以内完成，检察官调查核实完毕，应当制作调查终结报告，写明调查过程和认定的事实与证据，提出处理意见，认为需要提出检察建议的，应当起草检察建议书，一并报送检察长，由检察长或者检察委员会讨论决定是否提出检察建议；检察官所起草的检察建议书在报送检察长前，应当送本院负责法律政策研究的部门对检察建议的必要性、合法性、说理性等进行审核。当检察建议书正式发出前，可以征求被建议单位的意见。在该案中，上海市人民检察院第一分院于 2022 年 11 月 23 日决定办理北京 ** 信息服务有限公司检察建议监督事项。此后，承办人开展了细致的调查核实，分别于同年 11 月 23 日以刻录光盘的方式固定证据、于 24 日赴 ** 公司上海分部开展实地走访、次年的 3 月和 4 月分别与北京 ** 公司就检察建议制发交流意见以及赴上海市公安局网安总队走访调研。尽管调查核实时限超出了两个月的一般规定，但基于该案涉及跨行政区划的检察监督情形，超时并不构成对检察建议制发规范的明显违反。在检察建议书于 2023 年 5 月正式发出前，承办人于当年的 3 月 22 日与北京 ** 信息服务有限公司相关人员开展座谈交流，就检察建议制发、回函等交流了意见。总体上，该检察建议的制发符合规范要求。

值得一提的是，该案涉及跨行政区划的检察监督情形，在严格依照行政区划进行治理的体制之下，异地监督历来是治理中的难题。上海市人民检察院第一分院向北京市 ** 信息服务有限公司提出检察建议，属于跨行政区划的异地监督。根据《人民检察院检察建议工作规定》第 3 条，检察院需要向异地有关单位提出检察建议的，应当征求被建议单位所在地同级人民检察院意见。被建议单位所在地同级人民检察院提出不同意见，办理案件的人民检察院坚持认为应当提出检察建议的，应层报共同的上级人民检察院决定。在该案中，被建议单位位于北京市，上海市人民检察院第一分院严格按照程序规定，先发函书面征求了北京市人民检察院第一分院的意见，后经其同意并在其协助下，向北京 ** 信息服务有限公司制发了检察建议并宣告送达。该案为异地检察监督提供了可资借鉴的经验。

（三）关于检察建议的释法说理

《人民检察院检察建议工作规定》第 16 条规定："检察建议书要阐明相关的事实和依据……明确具体、说理充分、论证严谨、语言简洁、有操作性。"在该案中，检察建议书着重论证了 ** 客观上成为非法买卖公民个人信息平台的现实状况，以及这一现实状况与犯罪嫌疑人阮某某最终购买并获悉被害人住址之间存在因果关系。该案中王某某、彭某某之间所形成的个人信息非法出售黑色链条，与犯罪嫌疑人最终购买并获悉被害人住址之间，存在直接的因果关系，构成对公民个人信息的侵犯；但由于缺乏主观故意，他们与其后犯罪嫌疑人所实施的故意杀人行为之间没有直接的因果关系，只是客观上为阮某某的实行行为提供了前提。检察建议书直接提到了网络服务提供者和信息发布者应当共同承担维护社会公共利益的责任，同时，在所附法律条文中，通过援引《网络安全法》第 11 条、第 47 条，侧面明确了网络服务提供者客观上存在监管职责，又通过列举所调查的平台上存在的违法事实，侧面说明了 ** 平台存在监管疏漏情形。检察建议书不仅聚焦于该案阐述个人信息监管漏洞所可能造成的后果，也提到了该监管漏洞与可能发生的其他类似案件的联系。整体来看，该检察建议的释法说理较为充分。

（四）关于检察建议的宣告送达

根据《人民检察院检察建议工作规定》第 18 条，检察建议书应当以人民检察院的名义送达有关单位。送达检察建议书，可以书面送达，也可以现场宣告送达。宣告送达检察建议书应当商被建议单位同意，可以在人民检察院、被建议单位或者其他适宜场所进行，由检察官向被建议单位负责人当面宣读检察建议书并进行示证、说理，听取被建议单位负责人意见。必要时，可以邀请人大代表、政协委员或者特约检察员、人民监督员等第三方人员参加。在该案中，案件承办人选择邀请市人大代表参与，在人大代表监督下，以宣告方式送达检察建议。通过向被建议单位阐明建议作出的法理以及同被建议单位进行意见交换，加深了检察建议的释法说理，促进了具体建议内容能够得到被建议单位的配合与落实。

（五）关于检察建议的督促落实

根据《人民检察院检察建议工作规定》第24条，人民检察院应当积极督促和支持配合被建议单位落实检察建议，可以采取询问、走访、不定期会商、召开联席会议等方式督促落实工作。在该案中，经由北京 ** 信息服务有限公司于2023年7月发予上海市人民检察院第一分院的复函可知，检察建议所提及的整改重点均已得到了被建议单位的重视，** 公司完全采纳了检察建议，采取了三项举措加强公民个人信息保护，检察建议的制发目的得到了较好的实现。

四、该案检察建议制发与落实所带来的经验和启示

上海市人民检察院第一分院向北京 ** 信息服务有限公司制发检察建议，是行使检察监督权的体现，客观上达到了通过向被建议单位发出检察建议预防、规范潜在的法律风险的现实效果。其所带来的经验和启示主要包括以下三个方面：

第一，该案中，上海市人民检察院第一分院所制发的检察建议在所着眼的网络信息平台对个人信息的监管事项上，具有重要的现实意义。当前，信息网络的广泛普及为经济社会发展增添了新的活力，但也带来了许多前所未有的风险。不法分子侵犯公民个人信息的手段已蔓延至互联网平台，并呈现愈演愈烈之势，亟须引起互联网平台监管部门的重视。最高人民检察院于2021年向工信部发出“六号检察建议”，就网络黑灰产业链条整治、App违法违规收集个人信息等问题提出治理建议，旨在推进网络综合治理。在该案承办人调查核实监督事项期间，

新修订的《互联网跟帖服务管理规定》也正式施行，它重点明确了跟帖评论服务提供者的跟帖评论管理责任，要求跟帖评论服务提供者原则上应当对跟帖评论实行“先审后发”，加强对评论跟帖的审核和管控。网络信息平台的发展和壮大拓宽了不法分子获取、传播公民个人信息的渠道，大量涌现的非法出售或提供公民个人信息行为严重破坏社会公共秩序，损害社会公共利益。在此背景下，网络服务提供者应当自觉承担维护社会公共利益的责任，一方面，加强对本平台所发布的各类信息内容的审核与管控，对违法信息及时下架、控制传播，对违法群体进行账号限制与封禁；另一方面，平台还有必要借助信息传播与普及的优势，制作普法视频、加强对广大网民的普法宣传教育工作，真正实现最广泛的社会动员和引导。

第二，该案承办人将检察建议制发前的调查核实工作落到了实处，经由同多方主体交流意见，形成了切实可行的建议措施。2021 年 6 月发布的《中共中央关于加强新时代检察机关法律监督工作的意见》明确提出，检察机关要“进一步提升法律监督效能”，加强对“监督事项的调查核实工作”。该案承办检察官全面细致地完成了所监督事项的调查核实工作，除依法履行本部门内部职责，固定涉建议事项信息、完成本部门内的意见审核之外，还与被建议单位的本部及所在地分部围绕监管事项进行了实地探查，对网络平台公司运作业态有了直观了解，同时还走访了侦查机关网安部门，就专业事项和建议与来自实践一线的专业人员共同研判，听取了专业人员的意见。扎实细致的调查核实是形成针对性强、可行度高的检察建议的前提。据该案被建议单位向上海市人民检察院第一分院所发的《复函》内容显示，被建议单位按照建议内容实施整改取得了直观的效果，截至《复函》制发的 2023 年 7 月 20 日，检察建议在宣告送达后近两个月内，被建议单位便已直接处理违规视频 223 个、风险评论处理 804 条、封禁账号 92 个、投稿 70 多条、评论 200 多个，及时堵住了现存的漏洞，同时完善制度，建立和完善创作者风险警示、弹窗提醒等机制，并持续排查清理，搭建事前拦截风险、事中阻断风险、事后治理多场景功能，上海市人民检察院第一分院所制发的检察建议的效能得到充分发挥。

第三，跨行政区划的检察建议在制发程序、跟进落实等方面，客观上需要化解比本地监督更多的实施难题，但在互联网进一步普及的未来，异地监督情形必将更多地涌现，异地监督的经验和做法亟须总结。在该案中，案件承办人先是依法遵循本机关内部的异地监督程序，再是同被建议单位所在地的同级人民检察院取得联系，在其协助与配合下，与所在地的被建议单位取得了联系并最终送达了检察建议。在这一流程中，被建议单位所在地同级检察院的协助和配合至关重要，检察建议的制发首先需要获得异地同级检察院的认可，而同被建议单位就检察建议进行的意见交涉及最终宣告送达，也需要其予以支持和监督。作为检察监督的一种表现形式，检察建议跨行政区划的实施，需要进一步健全异地监督工作中的检察协作配合机制，促进具有普遍指导价值的、切实可行的检察建议在更广泛的范围内得以实施。

总体观之，上海市人民检察院第一分院依托办理阮某某故意杀人案，向北京 ** 信息服务有限公司制发的检察建议，为检察机关履行检察监督职责并提升社会治理效果提供了生动的阐释，对敦促网络信息服务平台进一步筑牢违法违规信息预警和监测防火墙，承担网络平台服务提供者的监管义务、保护公民个人信息不经由平台而受侵犯，能够起到有力的推动作用，这些举措最终将有助于共同营造清朗的网络环境，确保网络信息平台在法治轨道上健康运行。

（**点评人：**熊秋红，中国政法大学诉讼法学研究院院长、教授；
梁泽敏，中国政法大学刑事司法学院博士研究生）

【检察官点评】

党的二十大报告强调，“完善社会治理体系”“健全共建共治共享的社会治理制度，提升社会治理效能”。一篇高质量的检察建议，也是助推社会治理现代化的一剂良方。本篇检察建议具有高度说理性、实效性、针对性，充分体现检察机关的履职过程，通过高质量检察建议参与网络环境安全保障治理的检察力量和智慧。

一、吃透案情找准关键，深入分析共性问题

网络平台作为网络发展新业态，是互联网和数字经济发展的重要载体。但网络新业态发展中掺杂的侵犯公民个人信息等违法犯罪问题侵害人民群众的生命财产安全，影响社会和谐稳定。与以往侵犯公民个人信息多与诈骗罪等侵财类案件关联紧密的情况不同，故意杀人案件中发现侵犯公民个人信息犯罪行为的并不常见。经查明，本案被告人系通过在相关平台对“黑客”“手机定位”等关键词搜索后找到可非法查询公民个人信息的下家并购得被害人的具体住址信息、据此找到被害人并将其杀害。平台已经成为非法买卖公民个人信息黑色利益链中的关键一环，导致犯罪分子精准定位被害人，并将其杀害，造成极其严重的后果。

办案检察官在揭示平台漏洞导致个案悲剧的产生后，敏锐发现问题关键，表明该平台的管理缺陷并非个案，具有普遍性：相关平台在敏感词条识别、涉违法账号处置、跟帖评论监测与管理等方面均存在管理漏洞，导致黑色利益链滋生，人民群众的人身安全受到严重威胁。信息网络服务的普及极大提高人们生活效率的同时，若管理不当也会极大降低违法犯罪的成本、危害人民群众的幸福感、获得感乃至生命安全。由此也反映出平台管理问题的严重性、危害性，以及建立完善相关管理制度的紧迫性、必要性。使信息网络服务既能满足人民获取信息、提高效率的需求，又不会威胁到公民人身、财产安全，这是高质量发展的应有之义，也是检察机关就本案参与社会治理，以“我管”促“都管”的重要目的。

二、多方联动对症施策，一体履职综合履职

社会治理检察建议作为司法办案的“后半篇文章”，致力于解决办案过程中发现的问题，是提升办案质效的重要举措。一篇能够“解决问题”的检察建议，应当兼顾专业性与针对性。专业性体现了检察机关的严谨和司法公信力，使涉案单位更容易接受和尊重检察建议；针对性确保了对策的实践性、可行性，让具体落实不会成为无源之水，无本之木。为此，办案检察官在履职过程中针对对策建议的制定开展了全面、细致的调查研究。

一是贯彻数据赋能思维，进一步调查核实并收集证据。为了固定案件所涉平台管理共性问题，检察机关在被建议公司相关App中搜索“黑客”“手机定位”等关键词，逐一查看点击量较大的若干视频，并查看该类视频下的“评论区”。调查发现，存在诸多游走在违法红线边缘的视频，视频下的评论区更是成为不法分子寻找“客户”“买家”、非法交易公民个人信息的“平台”。在调查核实过程中，检察机关还充分发挥横向一体化优势，委托技术部门对调查情况进行技术协助，通过刻录光盘固定证据。

二是践行调查研究之风，赴多地走访调研以制定对策。为提出专业、严谨的对策建议，办案检察官走访调研上海市公安局网安总队了解情况，为最终制定包括加强对跟帖评论者发布内容的审核、设置对“评论区”关键词筛查、设立对发现问题的及时处理机制等具有实效性的建议对策积累了深厚的专业基础、经验基础。

同时，为使对策内容立足于企业实际并具有可行性，办案检察官还多次赴被建议公司开展实地走访调查，与该公司深入交流、面对面征求意见，以了解网络平台公司的运作业态和平台运行中的问题，并对该公司在评论审核、筛查等方面存在的困难有了更深的认识。对涉案单位的高质效走访工作，不仅为高度可行的建议内容获取了现实依据，也为促进企业深度整改打下了坚实的基础。

三、持续跟踪标本兼治，切实提升治理效能

为确保制发的检察建议切实提升社会治理效能，办案检察官还关注检察建议本身的“后半篇文章”，认真做好建议制发后的持续跟踪回访工作。

一是充分释法说理，宣告彰显刚性。邀请市人大代表参与，并在代表监督下，以宣告方式送达检察建议，向被建议单位释法说理，让检察建议掷地有声，从“隔空喊话”向“面对面、零距离”转变，切实增强检察建议的公开性、规范性和权威性。同时充分加强释法说理，与被建议公司进行多次座谈交流使其能理解接纳检察建议，积极整改、弥补漏洞。

二是积极跟踪回访，确保标本兼治。制发检察建议后，持续关注和跟踪整改工作，听取被建议单位的意见，认真梳理其整改措施及工作效果，分析检察建议的落实情况。在对整改工作的持续关注和跟踪下，被建议公司高度重视检察建议的对策，并据此从制度层面建章立制，通过建立和完善风险警示、弹窗提醒等机制，持续对非法关键词的排查清理。进一步创建并完善事前拦截风险、事中阻断风险、事后治理等多场景功能。

法治建设既要抓末端、治已病，更要抓前端、治未病。积极履职，以高质效办理案件为抓手、以高质量检察建议为契机，通过检察工作高质量发展服务经济社会高质量发展，是新时代检察机关高质效履职的必然要求。本篇检察建议正是检察官通过高质效履职，达到“已病”“未病”共治、办案与治理兼顾的生动体现。检察官在办理故意杀人案件的过程中，对发现的威胁人民切身利益的相关问题，通过提出检察建议，积极推动网络平台安全方面的综合治理，防患于未然，更好地保护公民、法人和其他组织的合法权益、切实保障民生；同时就发现的企业经营管理存在的漏洞、隐患，通过制发检察建议促进抓源治本、建章立制，为企业经营引入法治思维和法律视角，推动建设法治民营企业、助力互联网信息服务行业高质量发展，最终很好地实现了司法办案“三个效果”的有机统一。

（**点评人**：多丽华，上海市人民检察院第二分院第三检察部副主任、四级高级检察官）

【法官点评】

网络平台成为公众交际、交易、交往的重要媒介，在促进经济发展、便利公众等方面发挥着不可替代的多元功效。但与此同时，网络平台亦暴露出多层面的法律隐患，亟须加以规范性治理及应对。传统的刑事司法秉持技术中立的原则，对网络平台适用“避风港”规则，对其处置力度不大，但伴随着司法理念的深入和进步，对网络侵权犯罪行为的惩治开始与时俱进，通过预备行为实行化、共犯行为正犯化等加强对网络犯罪的惩治。而对于平台的责任认定也发生了巨大的变动，除了《刑法》专门设立了拒不履行信息网络安全管理义务罪之外，在民事侵权方面也加强对其规制，如《民法典》设置“通知与取下”制度、“反通知”制度、对平台侵权责任合理规定等。网络服务提供商作为平台的使用者，在信息搜集、传播等行为中发挥着重要的桥梁作用，对于规制网络侵权、犯罪行为发挥着主体效用。具体而言，网络平台具有以下责任：

第一，监管责任。网络平台作为供应商和信息发布者、传播者，负有对信息发布内容进行审核的义务，发现或接到举报存在危害国家安全、社会稳定、个人隐私的信息时，要及时消除、切断，采取措施消除影响，并向公安机关、网络监管部门报告。第二，禁止义务、注意义务。根据相关法律、司法解释，禁止侵犯公民个人信息的行为。平台应采取必要措施遏制通过网络修改、捏造、传播信息的行为，不能成为违法犯罪的参与者、协助者。第三，证据保存及协助义务。平台在发现侵权犯罪行为时，除了及时报案外，还要固定、保存相关证据，以备司法机关追究责任。第四，参与社会管理义务。平台应协助政府机关整顿、管理网络空间，删除、辟谣虚假信息、违法犯罪信息等，增强信息透明度，引导公众理性传播信息。

被告人通过网络平台非法获取公民个人信息，进而实施故意杀人的恶劣行径，在此过程中，网络平台作为关键的中间环节，对于危害后果的发生起到了推波助澜的作用。检察机关针对网络平台存在的法律风险和隐患，经过深入剖析和细致研究，提出了具有针对性的检察建议。经分析，** 平台在非法买卖公民个人信息的黑色利益链条中客观上占据了重要地位，成为犯罪分子精准锁定被害人并实施暴力犯罪的关键所在，导致了极其严重的社会后果和恶劣影响。

一、检察机关充分发挥了其职能优势，以案促改，延伸社会治理功能

在构建法治社会的进程中，检察机关不仅肩负着起诉犯罪行为的使命，同时致力于以案促改，深入推进社会综合治理的全面发展。为高效达成此目标，检察机关以典型案件为重要抓手，通过深入剖析，精准定位社会治理的薄弱环节和风险点，深入剖析案件办理过程中潜藏的问题，进一步拓展社会治理功能，为制定切实有效的治理措施提供坚实的支撑。

针对网络平台在故意伤人案件中暴露出的社会治理隐患，检察机关积极发挥“抓前端、治未病”的能动性，提出兼具实操性和针对性的检察建议，为进一步督促网络平台履行监管职责、管理义务、注意义务等社会治理义务提供明确指引，有效彰显了检察建议“办理一案、治理一类、惠及一片”的属性。

二、检察建议书聚焦于前端预防与后端责任承担双重维度，全方位规范个人信息保护

检察机关所提出的检察建议聚焦前端预防与后端责任承担双重维度，旨在全方位、体系化地规范个人信息保护工作。具体而言，检察机关建议网络平台加强社会治理力度，强化预警信息检测机制，提升敏感词条筛查能力，并注重重点评论区的清理工作。

对于涉法敏感词条的弹窗提醒及拦截功能，检察机关强调网络平台应充分发挥其监管责任与注意义务，对涉嫌违法犯罪的线索进行及时发现、妥善处置，并及时报送有关部门。此举旨在从源头上防范因管理不当而引发的侵权犯罪隐患，有效消除因个人信息非法采集、买卖等行为所导致的交易风险、涉诉风险及犯罪风险。

检察机关的检察建议聚焦隐患排查与源头治理，建议网络平台构筑违法犯罪信息预警检测的“防火墙”。通过深入研判网络平台的运行机制，针对其中存在的法律漏洞，提出内外联动的防范机制。在内部方面，应加强线索排查工作，完善弹窗提醒与法律告知制度，并严格审核跟帖评论者发布的内容及发布的视频信息。同时，强化网络安全管理和培训机制，提升员工的法律素养与风险防范意识。在外部方面，检察机关建议加强公众监督功效，如健全违法信息公众投诉举报制度等，以激励公众的参与性、积极性和主人翁意识。通过这些举措，检察建议旨在构建既能够预防犯罪又能够保障个人信息安全的网络环境。

总而言之，本篇检察建议涵盖了预警、预防、责任承担、机制完善以及公众监督等多个方面，具有全面性和针对性。

三、检察机关充分发挥监督履职的效用，全流程关注和跟踪整改工作

从本篇检察建议可以看到，检察机关充分发挥监督履职的效用，通过延伸司法辐射力、扩大司法对社会综合治理的功效，对网络平台风险进行了全链条梳理和规范。

首先，针对网络平台违法行为的高发、频发态势，检察机关切实增强了检察建议的针对性、现实性、规范性和权威性。在制发检察建议的过程中，检察机关充分调研和分析网络平台存在的具体问题，结合相关法律法规和司法实践，提出了切实可行的建议和措施。这些建议不仅具有针对性和指向性，还具有实操性和应用性，为被建议单位提供了有效的指导和支持。

其次，检察机关在制发检察建议后，持续关注和跟踪整改工作，确保建议得到有效落实。在与被建议单位保持密切联系的同时，及时了解整改进展和遇到的困难，并提供必要的帮助和指导。同时，检察机关还加强了公、检、法、企之间的信息交流及配合，形成了多层面、多角度的合力，共同推动网络平台对个人信息保护工作的加强。

最后，被建议单位对检察机关的检察建议也给予了积极响应和高度重视。被建议单位通过建章立制等形式，搭建起覆盖全流程的涉及法律隐患的事前拦截风险、事中阻断风险、事后治理多场景功能。这不仅有助于提升网络平台自身的法律意识和风险防控能力，也为整个社会的综合治理和稳定发展提供了有力保障。

（**点评人：**石魏，北京市东城区人民法院刑事审判庭法官）

【律师点评】

一、案件本身的重要社会影响

网络平台作为互联网发展新业态，有力地推动了数字经济的快速发展，但网络新业态发展中掺杂的侵犯公民个人信息等违法犯罪问题严重侵害着人民群众的生命财产安全，影响着社会和谐稳定。

在阮某某故意杀人案中，** 公司成为非法买卖公民个人信息的平台，成为连接买卖双方的关键点，进而成为黑色利益链中的一环，导致犯罪分子能精准定位被害人。被害人的死亡结果与犯罪分子在 ** 平台上购买信息的行为之间有刑法意义上的因果关系，后果严重。此案凸显了互联网行业健康发展中亟待治理的信息安全问题，这一问题的有效治理对于整个行业生态及社会秩序至关重要。

二、检察机关履职情况及价值

司法实践中，侵犯公民个人信息多与诈骗罪等侵财类案件关联紧密，故意杀人案件中发现侵犯公民个人信息犯罪行为的并不常见。但本案承办检察官能够在办好案件的同时关注源头治理，敏锐发现问题，锁定关键症结，“抓前端、治未病”依法履职。

根据本案中发现的侵犯公民个人信息的问题，上海市人民检察院第一分院认为北京 ** 信息服务有限公司（以下简称 ** 公司）在加强违法信息预警监测等方面具有一定的改进和完善空间，遂结合《网络安全法》《个人信息保护法》等相关法律法规，依法向 ** 公司制发检察建议书，从筑牢违法信息预警监测“防火墙”、开展精准预防、落实跟帖评论服务与管理制度、完善网络安全管理和培训机制及注重发挥人民群众监督作用等方面提出切实可行的检察建议。

同时，检察机关也始终密切关注着检察建议的落地实施情况，持续督促 ** 公司加强事前预防、事中监管和事后整改，以确保各项措施得到有效执行。最终，** 公司全面采纳了检察建议，并迅速采取了三项有力的举措来强化信息监测工作。这一行动不仅推动了互联网信息服务行业的健康有序发展，还更加有效地保护了公民、法人和其他组织的合法权益，维护了国家安全和公共利益。此举也充分展示了检察机关积极履职的坚定立场。

三、该份检察建议书的亮点

检察建议是人民检察院依法履行法律监督职责的重要方式，检察建议书不仅要符合法律法规，还要考虑到实际情况的复杂性和多样性。高质量、可操作性强的检察建议不仅能够增强监督刚性、提升办案质效，更能推动社会治理难题的协同共治。该案的检察建议书具有诸多亮点：

（一）深入分析、注重实效，确保检察建议的精准性和可执行性

1. 检察建议基于实际调研和深入分析而提出。检察机关在提出建议前，对 ** 平台的运营模式、信息监测机制等方面进行了深入了解和分析。这种基于实际情况的务实态度，使得检察建议更加贴近实际，更易

于被 ** 平台接受和实施。

2. 检察建议提出的建议措施注重实效性和可操作性。该份检察建议书中提出的建议措施层次清晰、维度丰富。既有自治又有联动，既有制度又有技术，既有治理也有预防。这些建议不仅完全符合法律法规的要求，而且紧密结合了 ** 平台的实际情况，因此具备较强的精准性和可操作性。

（二）多方联动、协同配合，形成信息安全防护的最大合力

该份检察建议还强调了跨部门协作和信息共享的重要性。它提出要加强与相关部门的沟通协作，共同构建信息安全防护体系，实现信息资源的共享和互通。这种跨部门协作的思路有助于形成合力，提升整体的信息安全防护能力。

1. 内外联动，完善网络安全管理和培训机制。就外部而言，该份检察建议书建议 ** 公司探索建立与行政机关、司法机关协作联动的工作机制，定期与互联网信息办公室、公安机关召开联席会议，加强信息交流与互通。就内部而言，该份检察建议书建议强化员工的法治培训，定期组织员工学习《网络安全法》《个人信息保护法》等法律法规，以案释法，不断增强员工的法律意识，提高违法违规信息的鉴别能力。上述各项举措充分展现了检察机关在个人信息治理领域的深刻理解和精准把握，是其卓越工作能力的集中体现。

2. 广泛动员，发挥人民群众的监督作用。信息安全与民众福祉紧密相连。为构建牢固的信息安全防护体系，形成强大的信息安全防护合力，该份检察建议书强调发挥人民群众监督作用，提出建立健全违法信息公众投诉举报制度，发挥违法违规举报平台的作用，调动人民群众的积极性，鼓励广大网民积极参与共同监督，助力科技向善。确保建议能够在法律效果和社会效果上实现有机统一。

（三）持续跟踪、标本兼治，提升个人信息保护的治理效能

该份检察建议书亦着重强调监督与反馈机制的关键性。在提出具体建议的同时，检察机关明确要求 ** 平台定期汇报实施情况，并接受相应监督。此种监督与反馈机制的设立，旨在保障检察建议的切实执行，并能及时揭示并解决执行过程中所遇到的各种问题。** 公司对此高度重视，从制

度层面构建规范体系，从源头进行治理，不断完善创作者风险警示、弹窗提醒等机制，并持续开展排查清理工作，建立起事前拦截风险、事中阻断风险、事后治理的多场景功能体系，以全面响应和落实检察建议。

总体而言，这是一份优秀的检察建议，展现了检察机关的专业素养和严谨态度。它不仅有助于推动 ** 平台加强违法信息监测工作，也为其他互联网平台的监管提供了有益的借鉴和参考。该文书对于维护网络空间的清朗、促进互联网行业的健康发展具有重要的价值，对于推动我国法治进程的稳步发展亦具有深远意义。

（**点评人：**叶衍艳，北京衍星律师事务所主任）

26. 仇某某侵害英雄烈士名誉、荣誉案：英烈不容诋毁，法律不容挑衅

【案情简述】

2021年2月19日上午，被告人仇某某为博取眼球，获得更多关注，使用其新浪微博账号“辣某某”（粉丝数250余万），先后发布2条微博，歪曲卫国戍边官兵祁某某、陈某甲、陈某乙、肖某某、王某某等人的英雄事迹，诋毁贬损卫国戍边官兵的英雄精神，在网络上迅速扩散，引发公众强烈愤慨，造成恶劣社会影响。截至当日15时30分仇某某删除微博时，上述2条微博共计被阅读202569次、转发122次、评论280次。

2021年2月20日，江苏省南京市公安局建邺分局对仇某某以涉嫌寻衅滋事罪立案侦查并刑事拘留。同日，江苏省南京市建邺区人民检察院提前介入引导侦查，围绕犯罪对象、动机、情节、行为方式及造成的社会影响等方面提出收集证据的意见，并同步开展公益诉讼立案调查。4月26日，建邺区人民检察院以仇某某涉嫌侵害英雄烈士名誉、荣誉罪提起公诉，并在听取祁某某和烈士近亲属的意见后提起附带民事公益诉讼，请求判令仇某某在国内主要门户网站及全国性媒体公开赔礼道歉、消除影响。2021年5月31日，建邺区人民法院公开开庭审理本案，判决全部采纳检察机关指控的事实、罪名及量刑建议，支持检察机关的公益诉讼。

仇某某案是《刑法修正案（十一）》新增侵害英雄烈士名誉、荣誉罪，将侵害英雄烈士名誉、荣誉的行为入刑后的全国首案，引发了公众的广泛关注。一方面，案发时机敏感，2020年6月，印度军队公然违

背与我方达成的共识，悍然越线挑衅。在与之交涉和激烈斗争中，边防官兵誓死捍卫祖国领土，彰显了新时代卫国戍边官兵的昂扬风貌。陈某乙烈士“清澈的爱，只为中国”的战斗口号感动了亿万国人。此后不久仇某某就公然诋毁英雄烈士，严重损害了公众的民族感情。另一方面，本案的犯罪媒介为互联网，相较于普通犯罪具有传播迅速、影响力大等特点。被告人仇某某作为一名拥有 250 万粉丝的网络大 V，通过微博发表侵害英雄烈士名誉、荣誉的言论，引发超过 20 万余次阅读，其行为的危害性相较于线下传播呈几何倍数增长，引发的舆论后果极其恶劣。

习近平总书记在颁发“中国人民抗日战争胜利 70 周年”纪念章仪式上的讲话指出：“天地英雄气，千秋尚凛然。”一个有希望的民族不能没有英雄，一个有前途的国家不能没有先锋。英雄烈士是民族最闪亮的坐标，是时代精神的价值高地，也是中华民族共同的历史记忆和宝贵的精神财富，值得我们每个中华儿女敬仰。办理仇某某案件过程中，检察机关积极主动履职，同步开展刑事追诉和民事公益诉讼，体现了维护英雄烈士名誉、荣誉和民族情感的决心，以案释法向全社会传导“网络不是法外之地”的观念，引导公民在网上发表言论应以法律边界为限，尊重先烈、遵纪守法。同时，高度重视文书质量和释法说理工作，切实做到了办案政治效果、社会效果和法律效果的有机统一。

【文书原文】

江苏省南京市建邺区人民检察院

公诉意见书

审判长、审判员、人民陪审员：

根据《刑事诉讼法》第一百八十九条、第一百九十八条和第二百零九条等规定，我们受南京市建邺区人民检察院的指派，代表本院，以国家公诉人的身份，出席法庭支持公诉。现就本案发表如下意见。

一、本案事实清楚，证据确实、充分

首先，被告人仇某某使用“辣某某”的新浪微博账号，发布侵害英雄烈士名誉、荣誉的内容，由刚才出示的第一、第二组的证据予以证明，包括电子数据、被告人仇某某的供述和辩解等相互印证，该事实足以认定。

其次，被告人仇某某在国家弘扬英雄烈士精神和事迹这一特定的时间节点，通过网络实施上述行为，在网络上迅速扩散、蔓延，给网络传播真实、正能量信息的有序状态造成严重损害，造成网络公共秩序严重混乱。刚才公诉人出示的第二、第三组的证据，包括电子数据、大量的证人证言等足以证明。

最后，被告人发布的涉案微博，歪曲事实，诋毁贬损英雄烈士的行为，侵害英雄烈士的名誉荣誉，损害社会公共利益，情节严重的事实，刚才公诉人出示的第二、第三组证据，包括电子数据、证人证言等足以证明。

（如果其当庭对主观故意提出辩解，则发表公诉意见书时论述：其一，记者的职业经历以及长期的自媒体运营经历，决定了你明知自己在微博上公开发表这样的言论可能导致侵害英雄烈士名誉、荣誉的后果而希望或放任该后果的发生；其二，你所辩解的游戏中的技能是中性的，没有侮辱诽谤的观点不能成立。一方面，刚才出示的大量证据表明社会公众对这些戏谑词汇的理解就是侮辱诋毁。另一方面，你自己在发出后不久删除并准备道歉，正如你自己曾供述的之所以删除和准备道歉就是因为认识到行为的性质和后果。）

二、应当以侵害英雄烈士名誉、荣誉罪追究仇某某刑事责任

（一）仇某某的行为符合《刑法》第二百九十三条寻衅滋事罪的规定

仇某某的行为发生在2021年2月19日，按照行为时的刑法，其行为符合寻衅滋事罪的规定。仇某某发布的微博，歪曲事实，诋毁贬损英雄烈士的名誉荣誉，煽动群众对国家、军队的不信任，伤害民族感情，触及国家核心利益，超越了言论自由的底线。仇某某在其拥有250余万粉丝的微博上，公然侮辱、诋毁英雄烈士，在网络上迅速扩散、蔓延。微博属于开放性的自媒体平台，是具有“公共属性”的网络空间，在这样的公共网络空间里，编造虚假信息、发表不当言论，给网络传播真实、正能量信息的有序状态造成严重损害，情节恶劣。网络空间不是法外之地，现代社会已经形成了线上与线下的二元结构，网络秩序是社会公共秩序不可分割的一部分。根据“两高”《关于办理利用信息网络实施诽谤等刑事案件适用法律若干问题的解释》第五条的规定，利用信息网络辱骂、恐吓他人，情节恶劣，破坏社会秩序的；编造虚假信息，在信息网络上散布，起哄闹事，造成公共秩序严重混乱的，以寻衅滋事罪定罪处罚。仇某某利用信息网络辱骂英雄烈士，情节恶劣，破坏社会秩序；编造虚假信息，造成公共秩序严重混乱，其行为符合《刑法》第二百九十三条第（二）、（四）项的规定。

（二）仇某某的行为符合《刑法》第二百九十九条之一侵害英雄烈士名誉、荣誉罪的规定

首先，从本罪的保护客体看。本罪保护的客体是英雄烈士的名誉和荣誉。英雄烈士的名誉和荣誉具有双重属性，一方面具有个人法益的属性；另一方面由于英雄烈士的名誉和荣誉是事迹和精神的象征，是整个国家和民族宝贵的精神财富，也是社会主义核心价值观的重要内容，具有公共法益的属性。侵害英雄烈士的名誉和荣誉必然侵害社会公共利益。因此，该罪名本质上不同于《刑法》第二百四十六条的侮辱、诽谤罪，这也是侵害英雄烈士名誉、荣誉罪归入《刑法》第六章第一节“扰乱公共秩序罪”的重要原因。被告人仇某某在国家公开发布戍边官兵被授予英雄等荣誉称号及事迹后不久，就在网络上发文歪曲英雄烈士的战斗行为、诋毁英雄烈士的战斗精神、贬损英雄烈士的牺牲价值，通过网络迅速扩散，引发恶劣社会影响，其行为不仅侵害了英雄烈士个人的名誉和荣誉，更重要的是侵害贬损这个战斗群体的战斗行为和牺牲价值，触及国家核心利益和价值观的底线，损害社会公共利益，侵害了本罪的双重客体。

其次，从客观行为上看。《刑法》第二百九十九条之一的侵害英雄烈士名誉、荣誉罪的客观行为方式为“侮辱、诽谤或者以其他方式”。这里的“侮辱”是指以暴力、语言、文字等方式对英雄烈士的名誉、荣誉进行贬低、损害，予以轻蔑的价值判断；“诽谤”是指散布捏造的事实，诋毁、贬损英雄烈士的名誉、荣誉；“其他方式”是除侮辱、诽谤之外的行为方式。英雄烈士及其名誉、荣誉不是空泛的概念，而是民族精神和价值的载体。本案中，仇某某通过在微博上发表文字公然对戍边英雄官兵这一特殊群体的战斗行为和牺牲精神价值进行贬损和轻蔑的价值判断，符合侵害英雄烈士名誉、荣誉罪的行为特征。

最后，从情节上看。被告人仇某某利用信息网络实施本罪，而网络具有易扩散性和不可控性，加剧了侵害英雄烈士名誉、荣誉的程度，造成了恶劣社会影响；被告人仇某某在国家弘扬英雄官兵事迹这一特定的时间节点，实施上述行为，涉及军事、外交等国家重大利益；仇某某的行为触及价值观的底线，容易对群众尤其是年轻人的价值取向造成恶劣影响和冲击。因此，仇某某的行为符合本罪情节严重的要求。

（三）按照“从旧兼从轻”的原则应当以侵害英雄烈士名誉、荣誉罪追究其刑事责任

在《刑法修正案（十一）》实施前，类似的网络上侮辱、诋毁英雄烈士的案件，多以寻衅滋事罪定罪处罚，按照“两高”《关于办理利用信息网络实施诽谤等刑事案件适用法律若干问题的解释》，仇某某的行为是符合寻衅滋事罪的犯罪构成。《刑法修正案（十一）》将侮辱、诽谤等侵害英雄烈士名誉、荣誉的行为独立规定为侵害英雄烈士名誉、荣誉罪，实现对英雄烈士的特殊保护。由于侵害英雄烈士名誉、荣誉罪的法定最高刑为有期徒刑三年，而寻衅滋事罪的法定最高刑为有期徒刑五年，根据刑法第十二条的规定，依照“从旧兼从轻”的原则，仇某某的行为应当以侵害英雄烈士名誉、荣誉罪追究其刑事责任。

三、量刑情节及量刑建议

侵害英雄烈士名誉荣誉罪的法定刑为三年以下有期徒刑、拘役、管制、剥夺政治权利。按照一般的量刑规则，法定最高刑为有期徒刑三年的，量刑起点一般为有期徒刑一年。被告人具有以下从轻情节：被告人到案后如实供述，具有坦白情节，可以减少10%；自侦查阶段开始认罪认罚，可以减少20%；愿意公开赔礼道歉、消除影响，可以酌情减少10%；发布微博后5小时自行删除、多次发布道歉声明因被处置未能发出，可以酌情减少10%。

被告人仇某某具有以下酌情从重情节：在全网弘扬戍边官兵英雄事迹时，侵害五名英雄烈士的名誉、荣誉，酌情增加10%；利用信息网络手段，造成恶劣社会影响，酌情增加10%。

综合上述情节，建议对被告人仇某某判处有期徒刑八个月。

（如仇某某当庭反悔认罪认罚，则撤销予以从轻的坦白和认罪认罚共30%从轻的情节，提出一年有期徒刑的新量刑建议。）

四、本案引发的思考

被告人仇某某走到今天这个地步，公诉人希望你从内心深入去反思，你的性格、你的个性、你与他人交流的方式以及你在网络上标新立异的言语风格，都需要自省。当这些停留在你个人自由范围之内时，法律并不会介入，但是当你的言论伤害别人时，特别是触碰民族大义、民族情感、核心价值底线的时候，法律必将严惩。现代社会是法治社会，没有人可以挑衅法律！现代社会是网络社会，网络不是法外之地！

在审查起诉阶段，公诉人多次提审被告人，仇某某表示自愿认罪认罚，也表达愿意公开道歉，表示在出狱后做一些公益工作进行自我救赎。公诉人希望这些意愿是发自你内心的、来自你灵魂深处的。案发时，你的妻子怀孕，在审查起诉期间，你儿子出生了，如果没有你的犯罪行为，一切都是那么美好。

可是，我们的英雄烈士呢？陈某甲烈士，还有四个月就要做爸爸了，他没有机会跟妻儿团聚了；肖某某烈士一直憧憬着娶上他心爱的姑娘；王某某烈士也曾想给父母养老送终，但是他们没有能够等到这一天，而是把生命和青春永远地留在了高原；陈某乙烈士牺牲时尚不满19岁，他在日记里写到“清澈的爱，只为中国”；英雄团长祁某某身负重伤，多年的戍边岁月中，10余次与死神擦肩而过。祖国万里河山无恙，离不开戍边官兵的鲜血浸染。我们所享有的岁月静好，是因为像他们一样的英雄在默默为我们守护，每一位英雄烈士都值得我们怀念，值得我们尊敬，值得我们永远铭记！

“一个有希望的民族不能没有英雄，一个有前途的国家不能没有先锋”，英雄烈士的事迹和精神是我们这个民族共同的记忆和精神财富，是中华民族的精神内核之一，也是社会主义核心价值观的重要内容。侮辱、诋毁英雄烈士，是对民族感情的伤害、是对良知底线的突破、是对核心价值观的侵犯。英雄不容诋毁，法律不容挑衅！

公诉人：李某某、董某某
2021年5月31日当庭发表

【学者点评】

2020年6月15日，中印双方在两国边境加勒万河谷地区发生激烈冲突，造成我军战士祁某某身负重伤，陈某甲、陈某乙、肖某某、王某某壮烈牺牲。事件一经报道，引发无数国民动容，国家有关单位和社会各界都对五名战士不畏牺牲、保家卫国的行为给予高度认可和赞扬。然而，事件发生不到一年，本案被告人仇某某便用拥有250余万粉丝的新浪微博账号“辣某某”发布侵害英雄烈士名誉、荣誉的内容，恶意歪曲事实，贬低损害卫国戍边官兵的人格和荣誉，相关言论经网络空间传播发酵后，造成极其恶劣的社会影响。该案经公安机关立案侦查后，南京市建邺区人民检察院迅速响应，依法对仇某某批准逮捕、提起公诉。此案发生于《刑法修正案（十一）》生效前后，适逢侵害英雄烈士名誉、荣誉行为正式入刑，在我国法治发展进程中具有典型意义。检察机关依法认真履职，办案检察官所撰写的公诉意见书结构严谨、层次分明、解法精准、说理清晰、论证有力，法治宣传教育得当，整体质量高，是利用法治手段营造弘扬爱国精神、崇尚英雄事迹的网络环境和社会风气的优秀范本。

一、梳理事实清晰，调取证据明确

本案作为全国首个侵害英雄烈士名誉、荣誉类刑事案件，对于如何认定犯罪事实和适用法律，在法律界讨论热烈、观点不一，并受到社会各界人士的重点关注。同时该案又系网络犯罪，还正值国家大力弘扬5名卫国戍边官兵英雄事迹和精神开展爱国主义教育之际，须及时处理以防止证据流失、损害扩大。检察机关在此前没有类案和量刑指导意见可供参考的情况下积极响应，同时指派两位副检察长办理该案，提前介入并引导公安机关侦查取证，在网络上迅速收集电子数据，在公诉意见书中详细分析、准确评价了被告人仇某某的行为性质，对事实认定和定罪量刑提供了有力帮助，最终历时不足 4 个月便出色完成了公诉任务，凸显了检察机关的责任担当和办案质效。

二、用法释法精准，逻辑分析严密

本案发生于 2021 年 2 月，此时《刑法修正案（十一）》尚未正式施行，公安机关遂以涉嫌寻衅滋事罪对仇某某立案侦查。但《刑法修正案（十一）》新增了侵害英雄烈士名誉、荣誉罪，作为新法出台后相关领域办理的首案，对被告人仇某某的行为予以准确定性，既关乎个案公正，更关乎全面依法治国建设和法治宣传教育。是故，对被告人仇某某应定何罪，是本案的焦点。

检察机关的公诉意见书以证据和事实为基础，引用法律准确规范，释法说理清晰严密。首先，公诉意见书结合被告人行为发生于 2021 年 2 月 19 日这一客观事实及其行为造成的严重后果，援引“两高”《关于办理利用信息网络实施诽谤等刑事案件适用法律若干问题的解释》第 5 条的规定，明确其构成寻衅滋事罪。其次，公诉意见书详细分析了侵害英雄烈士名誉、荣誉罪的构成要件，重点解读了英雄烈士的名誉和荣誉具有公共法益的属性，再结合本案发生于国家大力弘扬 5 名卫国戍边官兵英雄事迹和精神开展爱国主义教育之际的互联网上这一情节，所造成的不良后果易扩散、不可控，社会影响重大，认定被告人仇某某构成侵害英雄烈士名誉、荣誉罪。接着，进行释法说理，着重说明《刑法》第 12 条规定的“从旧兼从轻”原则，妥善处理了新罪适用溯及力的问题，对比分析两罪的法定刑高低，最终确定应以“轻罪”侵害英雄烈士名誉、荣誉罪对仇某某予以处罚，在当时的汹涌民意间保持了法律的理性和冷静，在依法保护法益、惩治犯罪的同时做到了罪刑法定，使被告人罚当其罪，依法保障了其各项合法权利，也为后续的类案审理提供了强有力的示范。

三、内容详略得当，教育意义深刻

本案公诉意见书撰写质量高。一方面，文书考虑全面，针对庭审中可能出现的不同情形提前做出了预设，如被告对自身的主观故意提出辩解、反悔认罪认罚等，并准备了相应的解决方案，符合公诉意见书的应有要素，体现了办案检察官的职业素养。另一方面，文书详略得宜，考虑到庭审时间和庭审参与人员精力有限，本案公诉意见书既言简意赅、简明扼要，又保证了要素齐全、内容充盈，对司法实践中较为常见的“寻衅滋事罪”描写较少，将更多的笔墨用于分析侵害英雄烈士名誉、荣誉罪这一新罪的构成及具体的法律适用上。

最为重要的是，一份高质量的公诉意见书不仅能有效指控犯罪，也是对社会公众进行法治宣传教育的重要载体。本案公诉意见书出色地完成了这两重任务，既使法院和被告人均接受了量刑建议，又根据情理适度延伸，开展严肃的法庭教育，指明该案所折射的社会意义、民众普遍的情感共识和价值追求。公诉人犀利地指出了被告人自身性格、社交方式、言语风格等存在问题，应当深入自省并加以改正，借由其妻怀孕生子这一事实，结合5名英雄烈士的个人经历、家庭情况晓之以理、动之以情，给予被告人直击心灵的深刻教育，并衷心希望被告人自愿认罪认罚，通过实际行动弥补过错；同时，引用“一个有希望的民族不能没有英雄，一个有前途的国家不能没有先锋”向全社会作出教育，指出“英雄不容诋毁，法律不容挑衅”，很好地实现了该案办理在政治效果、法律效果、社会效果上的有机统一。

（**点评人：**董坤，中国社会科学院法学研究所研究员、博士生导师）

【检察官点评】

仇某某侵害英雄烈士名誉、荣誉案鲜明地体现了网络不是法外之地的概念，成为适用《刑法修正案（十一）》侵害英雄烈士名誉、荣誉罪的全国首案。本案的公诉意见书，整体上简洁凝练，通俗易懂，但又对一些核心的问题有着教科书般示范性的经典阐释，对新类型案件同类文书的专业化制作具有一定的示范意义。此份公诉意见书的特点主要体现在五个方面：

一是明确微博平台的“公共属性”。公诉意见书指出微博属于开放性的自媒体平台，是具有“公共属性”的网络空间。也就是我们一般所说的微博的广场效应，谁都可以来发声，谁都可能听到，可以相互自由的关注，边界比较开放。仇某某在微博上有着250余万粉丝，他说的一句话会迅速向这如此大量的粉丝传递，然后二次、三次的传播，速度极快、范围极广。正如文书中指出的，在这样具有“公共属性”的网络空间里，编造虚假信息、发表不当言论，给网络传播真实、正能量信息的有序状态造成严重损害。很多人都传这样的虚假信息，不少不明真相的人就会信以为真，任凭不当言论的大量传播，舆论的导向就会发生问题，这就产生了一种众口铄金、积毁销骨的效果。如果时间长了，公众的印象已经根深蒂固，就很难根除，这就是网络社会的一个基本特点。现代社会是由网络空间与现实空间组成，两个空间虽有各自的特点，但都是社会的一部分，都要遵行法律，也就是网络空间不是法外之地。之所以要强调这一点，就是由于网络长期形成的匿名性、虚拟性的特点，让很多人误以为不需要受到法律的管辖，以为在网上发表言论不用像在现实生活中那样付出同样的法律责任。本案就是破除这一误区的一个重要例证，因为网络秩序同样是社会公共秩序不可分割的一部分。这一点“两高”《关于办理利用信息网络实施诽谤等刑事案件适用法律若干问题的解释》也有具体的规定。

二是强调英雄烈士名誉、荣誉的公共价值。英雄烈士的名誉、荣誉并不仅是其个人的事或者家属的事，同时还具有公共价值属性，这也是国家专门设置侵害英雄烈士名誉、荣誉罪的初衷。公诉意见书中对此有充分的阐释：英雄烈士的名誉和荣誉是事迹和精神的象征，是整个国家和民族的宝贵精神财富，是社会主义核心价值观的重要内容，具有鲜明的公共法益属性。这是因为国家、民族不仅由客观实体构成，也是一系列精神概念和想象构成的，英雄烈士的名誉、荣誉是这个想象的重要组成部分，他们是民族的脊梁。仇某某诋毁英雄烈士的战斗经历、贬损英雄烈士的牺牲价值，就不仅仅是贬损他们个人，而是贬损了整个战斗，这就触及了国家核心利益和价值观的底线，损害了社会公共利益。

三是对新罪名的教科书式表达，准确适用“从旧兼从轻”原则。本案发生在2021年2月19日，但《刑法修正案（十一）》在当年的3月1日才正式实施，这就必然涉及新旧法律的适用问题。在本案案发时侵害英雄烈士名誉、荣誉的罪名还没有出现，根据当时的法律和司法解释，应该适用《刑法》第293条寻衅滋事罪，符合第293条第2项和第4项的规定，这一点公诉意见书首先就点了出来，但并没有过多展开。因为根据从旧兼从轻原则，比较寻衅滋事罪和侵害英雄烈士名誉、荣誉罪的法定最高刑，显然侵害英雄烈士名誉、荣誉罪要低于寻衅滋事罪，根据新旧法律衔接的处理原则，在有利于被告人时应当适用新罪，因此适用侵害英雄烈士名誉、荣誉罪。公诉意见书更多在侵害英雄烈士名誉、荣誉罪的犯罪构成上着笔，就本罪的目的意义和核心内容进行了充分的阐释。

四是两手准备，庭审实质化之下的认罪认罚从宽制度的适用。本案属于认罪认罚案件，因此总体篇幅较短，没有过多铺陈。但为了充分应对庭审实质化，也就是应对被告人的翻供可能，检察官在公诉意见书中其实是做了两手准备。在一些关键节点，单独准备了不认罪的预备方案。比如在主观故意方案，公诉意见书中就用括号的方式准备了一段不认罪使用的表述方式：“其一，记者的职业经历以及长期的自媒体运营经历，决定了你明知自己在微博上公开发表这样的言论可能导致侵害英雄烈士名誉、荣誉的后果而希望或放任该后果的发生；其二，你所辩解的游戏中的技能是中性的，没有侮辱诽谤的观点不能成立。一方面，刚才出示的大量证据表明社会公众对这些戏谑词汇的理解就是侮辱诋毁。另一方面，你自己在发出后不久删除并准备道歉，正如你自己曾供述的之所以删除和准备道歉就是因为认识到行为的性质和后果。”这些准备不是完全空想的，很有可能是被告人此前曾经作出的一些辩解。虽然被告人声称认罪认罚，谁能保证完全不翻供反悔，而只要翻供，那么回到此前坚持过的一些辩解可能性就会更大一些，为此作出的一些准备就会产生有备无患的效果。此外，从行文看，检察官在量刑建议上也做了两手准备，如果当庭反悔，则撤销予以从轻的坦白和认罪认罚共30%从轻的情节，提出1年有期徒刑的新量刑建议。这一点特别值得其他认罪认罚案件学习，避免撤销认罪认罚量刑建议后现场计算的尴尬。

五是代入身份发表法庭教育意见，产生动人心弦的释法说理效果。

公诉人抓住了被告人与几名英雄烈士同为父亲、儿子、爱人这样的身份，进行有针对性的释法说理。尤其是被告人的儿子就是在诉讼期间出生的，公诉人在公诉意见书中说道，如果没有你的犯罪行为，一切都是那么美好。这很容易让被告人泪目。公诉人紧接着说，陈某甲烈士，还有4个月就要做爸爸了，他没有机会跟妻儿团聚了；肖某某烈士一直憧憬着娶上他心爱的姑娘；王某某烈士也曾想给父母养老送终，但是他们没有能够等到这一天，而是把生命和青春永远地留在了高原；陈某乙烈士牺牲时尚不满19岁，他在日记里写到“清澈的爱，只为中国”；英雄团长祁某某身负重伤，多年的戍边岁月中，10余次与死神擦肩而过。这些同样作为父亲、丈夫、爱人、儿子的受害人所承受的牺牲，所无法享受的天伦之乐，就让初为人父的被告人有了极强烈的共鸣，激发被告人的同理心，从而产生一种将心比心的教育效果，不生硬，但很深刻，不仅让被告人，也会让所有旁听人员和社会公众产生强烈的共鸣，充分体现了法律的温度和力度。

（**点评人**：刘哲，北京市人民检察院第一检察部副主任、三级高级检察官）

【法官点评】

2021年2月，仇某某在卫国戍边官兵誓死捍卫国土的英雄事迹报道后，使用其微博账户“辣某某”（粉丝数250余万）发布2条微博，以戏谑口吻贬损英雄团长“临阵脱逃”，并提出4名战士因为营救团长而牺牲、立功，质疑牺牲人数、诋毁牺牲战士的价值。这2条信息在网络上迅速扩散，被阅读202569次、转发122次、评论280次，造成恶劣社会影响，引发公众强烈愤慨。

公安机关对仇某某以涉嫌寻衅滋事罪立案侦查，江苏省南京市建邺区人民检察院介入侦查，围绕犯罪对象、动机、情节、行为方式及造成的社会影响等方面提出证据收集的指导意见，并同步开展公益诉讼立案调查。本案系新罪名案件，没有类案和量刑指导意见供参考，建邺区人民检察院在依法审查证据、认定事实基础上，邀请不同职业、年龄、文化程度的群众参加听证，就量刑问题听取意见。同年4月，建邺区人民检察院以仇某某涉嫌侵害英雄烈士名誉、荣誉罪提起公诉。

2021年5月31日，南京市建邺区人民法院依法公开开庭审理本案，采纳检察机关指控的事实、罪名及量刑建议，支持检察机关的公益诉讼，当庭宣判以侵害英雄烈士名誉、荣誉罪判处仇某某有期徒刑8个月，并责令仇某某通过国内主要门户网站及全国性媒体公开赔礼道歉，消除影响。本案是《刑法修正案（十一）》实施后以侵害英雄烈士名誉、荣誉罪定性的第一案，公诉意见书在准确审查、判断证据的基础上，认定事实清楚、适用法律准确、释法说理充分，对于同类案件办理及法律文书写作具有较高的参考价值，尤其是对“英雄烈士”界定、“情节严重”把握和从旧兼从轻刑法原则适用具有重要指导意义。

公诉意见书准确界定了侵害英雄烈士名誉、荣誉罪中“英雄烈士”内涵。该罪中“英雄烈士”的界定，应与《民法典》《英雄烈士保护法》等前置法基本对应，是指已经牺牲或者逝世的英雄烈士。行为人以侮辱、诽谤或其他方式侵害健在的英雄模范人物名誉、荣誉，构成犯罪的，适用侮辱罪、诽谤罪追究刑事责任。侮辱、诽谤行为严重危害社会秩序和国家利益，还可以适用公诉程序追诉。在同一案件中，行为人的行为所侵害群体中既有已牺牲的烈士，又有健在的英雄模范人物时，应整体评价为侵害英雄烈士名誉、荣誉的行为。本案中，仇某某的行为既侵害了身负重伤的祁某某的名誉、荣誉，也侵害了已经牺牲的陈某甲、陈某乙、肖某某、王某某烈士的名誉、荣誉，实际上是侵害了整个战斗团体的名誉、荣誉，应适用侵害英雄烈士名誉、荣誉罪处理，这也符合“两高一部”《关于依法惩治侵害英雄烈士名誉、荣誉违法犯罪的意见》中的相关规定。同时，对那些虽然没有被评定为烈士，但事迹、精神被社会公认的已故英雄模范人物，他们为国家、民族和人民作出巨大贡献和牺牲，承载着社会主义核心价值观，应与英雄烈士一体保护，纳入侵害英雄烈士名誉、荣誉罪的保护范围。

公诉意见书准确把握了侵害英雄烈士名誉、荣誉罪“情节严重”的标准。侵害英雄烈士名誉、荣誉的行为引起广泛传播，造成恶劣社会影响，或具有其他情节，可以认定为“情节严重”。根据“两高”《关于办理利用信息网络实施诽谤等刑事案件适用法律若干问题的解释》中第2条“情节严重”的规定，或虽然未达到上述数量、情节要求，但在特定时间节点通过具有公共空间属性的网络平台和媒介公然侵害英雄烈士名誉、荣誉，引起广泛传播，造成恶劣社会影响的，认定为“情节严重”。在相对封闭的网络空间，如在亲友微信群、微信朋友圈等发表不当言论，没有造成大范围传播的，一般可不认定为“情节严重”。

公诉意见书准确适用了“从旧兼从轻”的刑法原则。根据“从旧兼从轻”原则，对于行为时法尚未规定为犯罪，裁判时法新增为犯罪的行为，应当以行为时法作为依据；对于行为时法规定为犯罪，裁判时法不认为是犯罪或者虽认为是犯罪但处刑较轻的，应当以裁判时法作为依据。本案不涉及行为时法尚未规定为犯罪、裁判时法新增为犯罪的情况，要解决是否适用裁判时法，即判断裁判时法是否不认为是犯罪、裁判时法是否处刑较轻。有观点认为，应将被告人的行为分别代入行为时法和裁判时法，以比较可能得出的“处断刑”为标准，选择有利于被告人的结果。公诉意见书不赞同这种观点。一方面，以法定刑为准具有法律依据。最高人民法院《关于适用刑法第十二条几个问题的解释》规定，“处刑较轻”指刑法对某种犯罪规定的刑罚即法定刑比修订前刑法轻，法定刑较轻是指法定最高刑较轻；如果法定最高刑相同，则指法定最低刑较轻。另一方面，“处断刑”会基于案件事实、量刑情节、自由裁量权等差异性、不确定性因素而产生不同的结果，如果以“处断刑”为标准，极易造成同案不同判情况，具有不确定、不客观风险。本案中，微博是具有“公共属性”的网络空间，仇某某在微博上公然侮辱、诋毁英烈的行为符合寻衅滋事罪的规定，应处五年以下有期徒刑、拘役或者管制。而2021年3月1日正式实施的《刑法修正案（十一）》增设了侵害英雄烈士名誉、荣誉罪，仇某某的行为发生在2月19日，且符合该新增罪名，应处三年以下有期徒刑、拘役、管制或者剥夺政治权利。根据《刑法》“从旧兼从轻”原则，当认定为侵害英雄烈士名誉、荣誉罪。

本案公诉意见书事实表述清晰，释法说理充分，结构层次分明，有力地诠释了互联网不是法外之地，清晰体现了检察机关严惩犯罪、捍卫英烈名誉的坚定决心；为诋毁英雄的行为划出法治红线，对越线者严惩不贷，向社会传递英烈不容诋毁、法律不容挑衅的强烈信号；在网络空间弘扬社会主义核心价值观，对侮辱英烈行为所要付出的法律代价进行了普法宣传，为社会公众上了一堂生动的法治实践课。

（点评人：白春子，安徽省高级人民法院刑事审判第二庭副庭长）

【律师点评】

一、本案的重大社会影响

仇某某侵害英雄烈士名誉、荣誉案是《刑法修正案（十一）》增设侵害英雄烈士名誉、荣誉罪后的第一案。为了惩治歪曲历史、恶搞英烈、诋毁先辈等违法行为，营造清朗的网络环境，2021 年施行的《刑法修正案（十一）》增设了侵害英雄烈士名誉、荣誉罪。本案的适用不仅彰显出刑法为诋毁英烈行为划出的法治红线，更体现出对越线者严惩不贷的司法立场，以及对英雄烈士名誉、荣誉的全面保护。

2020 年 6 月，面对印军越线挑衅和蓄谋攻击，我戍边官兵殊死搏斗，坚决捍卫祖国领土和主权完整。然而，微博名为“辣某某”的账号却发布两条信息，诋毁英烈，贬低、嘲讽戍边官兵，造成了恶劣社会影响。上述 2 条微博共计被阅读 202569 次、转发 122 次、评论 280 次，大量网友留言批评这则微博信息，共青团中央官方微博也迅速予以驳斥。新浪微博官方发布公告称，对“辣某某”账号予以禁言一年的处罚，“辣某某”微博账号内容随即被清空。

随着仇某某被采取强制措施，本案的法律适用问题也引发热议。《最高人民检察院工作报告》《人民法院报》均提及本案的适用问题，同时，专家学者们通过发表文章、召开专题研讨会的形式交换意见，提出观点。2022 年 2 月 21 日，本案入选最高人民检察院第三十四批指导性案例。对侵害英烈名誉、荣誉行为的重拳出击不仅体现出全民族团结一致、共护英雄的底线意识，更彰显出全社会敬仰英雄、学习英雄的民族凝聚力。

二、本案的主要法律问题

本案审理过程中的焦点主要集中在条文理解、新旧法选择与刑事附带民事公益诉讼条件这三个方面：

第一，本案是适用新罪的第一案，涉及对侵害英雄烈士名誉、荣誉罪的精准理解与适用问题。本罪认定的核心在于对“英雄烈士”范围的准确理解。“英雄烈士”是指已经牺牲、逝世的英雄烈士。如果行为人以侮辱、诽谤或其他方式侵害健在的英雄模范人物名誉、荣誉，构成犯罪的，可以适用侮辱罪、诽谤罪追究刑事责任。本案中，仇某某的行为既侵害了已牺牲的陈某甲、陈某乙、肖某某、王某某烈士的名誉、荣誉，也侵害了身负重伤的祁某某的名誉、荣誉，实际上侵害了整个战斗团体的名誉、荣誉，因此适用侵害英雄烈士名誉、荣誉罪处理是合适的。这一意见与2022年“两高一部”《关于依法惩治侵害英雄烈士名誉、荣誉违法犯罪的意见》第1条第3款的规定相一致：“被侵害英雄烈士群体中既有已经牺牲的烈士，也有健在的英雄模范人物的，可以统一适用侵害英雄烈士名誉、荣誉罪。”

第二，本案危害行为发生在《刑法修正案（十一）》发布后施行前，涉及新旧法的选择问题。我国关于《刑法》溯及力问题坚持“从旧兼从轻”原则，而在本案中，若要对“辣某某”仇某某适用新罪名，前提是根据旧法，其行为也构成犯罪。根据2013年“两高”《关于办理利用信息网络实施诽谤等刑事案件适用法律若干问题的解释》相关规定，仇某某的行为涉嫌寻衅滋事罪，可认定为“情节严重”，法定刑为“五年以下有期徒刑、拘役或者管制”；而作为新罪的侵害英雄烈士名誉、荣誉罪的法定刑为“三年以下有期徒刑、拘役、管制或者剥夺政治权利”。由此可见，新罪名的处刑更轻，所以应当适用侵害英雄烈士名誉、荣誉罪定罪处刑。

第三，本案需要对英雄烈士的名誉与荣誉进行周延保护，涉及刑事附带民事公益诉讼适用条件问题。最高人民法院、最高人民检察院《关于检察公益诉讼案件适用法律若干问题的解释》规定了侵害英雄烈士等的姓名、肖像、名誉、荣誉等损害社会公共利益的犯罪行为提起刑事公诉时，可以向人民法院一并提起附带民事公益诉讼。提起刑事附带民事公益诉讼有利于社会公共利益受侵害的状态及时得到修复。在本案的附带民事公益诉讼中，人民法院判决责令仇某某自判决生效之日起10日内通过国内主要门户网站及全国性媒体公开赔礼道歉，消除影响。在2021年3月1日播出的《新闻联播》中，针对恶意诋毁戍边英雄的行为，微博账号为“辣某某”的仇某某公开道歉。

三、本案的检察履职情况

首先，检察机关精准适用法律，迅速锁定方向。检察机关在审查批捕阶段认真研判案情，贯彻“从旧兼从轻”原则，以侵害英雄烈士名誉、荣誉罪对仇某某批准逮捕；在定罪量刑问题上，检察机关充分分析了本案客观事实与社会危害性程度，立足本罪立法目的，提出了精准量刑建议。

其次，检察机关积极履职，全面保护法益。检察机关衡量本案情况，制定了提起刑事附带民事公益诉讼的方案，委托南京军事检察院与四名牺牲英烈家属所在地的军事检察院取得联系，在军地协作的基础上，认真听取了英烈家属的意见。同时，又邀请了不同职业、不同年龄、不同文化程度的群众公开听证，确保本案的政治效果、法律效果、社会效果相统一。

最后，本案公诉意见书体现了情理法交融。其中第四部分“本案引发的思考”发人深省，不仅让被告人仇某某认罪悔罪，也给全社会敲响了警钟。公诉意见书尽显天理、国法、人情之交融，既深刻地彰示了法治力量，又生动地诠释了民族情怀。侮辱、诋毁英雄烈士，是对民族感情的伤害、是对良知底线的突破、是对核心价值观的侵犯。英雄不容诋毁，法律不容挑衅！

（**点评人：**赵春雨，北京市盈科律师事务所高级合伙人）

27. 白某某等 34 人集资诈骗、非法吸收公众存款案:“巴铁骗局”的轰然倒塌

【案情简述】

2013 年 9 月至 2017 年 6 月,被告人白某某租赁北京市东城区银河 ** 大厦等写字楼作为集资场所,先后成立北京 ** 投资担保有限公司、北京 ** 资产管理有限公司等多家公司,其依托上述公司建立集资团队,未经有关部门依法批准,采用散发传单、借助网络媒体、召开客户答谢会等手段向社会公开进行虚假宣传,夸大个人经营能力,谎报公司实力,隐瞒自融资、自担保真实情况,虚构项目有担保、资金有保障的事实,通过销售债权、私募基金、转让股权等方式,借助线下线上两种途径,诱使集资参与人签订《出借与咨询服务协议》《基金合伙人协议》《股权认购协议》等,承诺还本付息和高额回报,先后吸收 6 万余名集资参与人资金共计 95 亿余元。白某某收到集资款后,仅将少量资金用于挥霍性投资,大量资金用于还本付息、员工工资及提成等不能产生利润的非法集资成本支出,部分资金用于家庭购房和子女出国,同时还存在转移隐匿资产行为,另有部分资金存在大额取现去向不明的情况,案发前致使 3 万余名集资参与人共计 48 亿余元的集资款不能返还。

非法集资如同“击鼓传花”,一旦资金链断裂出现兑付危机,虚假繁荣的假想即轰然倒塌。白某某等 34 人集资诈骗、非法吸收公众存款一案,涉案金额特别巨大、受害人数特别众多,社会影响极为恶劣,引发极大社会舆论关注,也诱发社会不稳定因素,部分投资人毕生积蓄付之一炬,重大经济损失导致家庭失和、亲友反目甚至病重离世,严重影响

社会和谐稳定。面对社会关切和被害人期待，北京市人民检察院第二分院高度重视，细致审查案件事实、证据，研究论证法律适用，确保精准指控和惩处每名涉案犯罪分子。针对白某某及其辩护人提出的吸收资金是为了从事经营活动，所吸资金也实际用于生产经营，未挥霍转移、隐匿资金的辩护意见，检察机关分析被告人白某某等人实施的集资行为具有非法性、公开性、利诱性、集资对象不特定等特征，确属非法吸收公众存款性质，继而对白某某是否构成集资诈骗罪进一步论证，证明其客观上采取了虚构事实、隐瞒真相的诈骗手段实施集资行为，主观上具有“以非法占有的目的”，符合集资诈骗罪的构成要件，有力论证了指控意见，驳斥了被告人的辩解。

2018 年 8 月 30 日，北京市人民检察院第二分院以被告人白某某犯集资诈骗罪，其余被告人犯非法吸收公众存款罪，向北京市第二中级人民法院提起公诉。2019 年 1 月 22 日，法院公开开庭审理本案。同年 8 月 27 日，北京市第二中级人民法院作出一审判决，认定被告人白某某犯集资诈骗罪，判处无期徒刑，剥夺政治权利终身，并处没收个人全部财产。其余被告人犯非法吸收公众存款罪，判处有期徒刑 3 年至 10 年不等，并相应处以 5 万元至 50 万元罚金。宣判后，原审被告人白某某、孔某某、甘某某等 23 人不服，提出上诉。12 月 27 日，北京市高级人民法院裁定驳回上诉，维持原判。

集资诈骗、非法吸收公众存款等侵害民生民利的犯罪行为严重危害金融秩序，损害投资者利益，是影响社会稳定的重要隐患，也是司法机关持续打击的重点领域。集资高额回报的“诱饵”既可能成为投资者的“陷阱”，更成为诸多以身试法者的牢笼和枷锁。尽管随着国家打击整治力度持续加大，金融市场秩序逐步规范，当前金融犯罪案件数量有所下降，但整体仍在高位运行，需要各职能部门进一步强化综合治理措施，司法机关守护好法律防线，彻底铲除非法集资的土壤，也需要公民守牢“钱袋子”，合力形成抵御非法集资违法犯罪的防护栏。

【文书原文】

北京市人民检察院第二分院

公诉意见书

审判长、审判员、人民陪审员：

根据《中华人民共和国刑事诉讼法》第一百八十九条、第一百九十八条和第二百零九条的规定，我们受北京市人民检察院第二分院的指派，代表本院，以国家公诉人的身份，出席法庭支持公诉，并依法对刑事诉讼实行法律监督。在刚刚结束的法庭调查中，公诉人结合讯问被告人，集中、系统出示了五大部分、涵盖两千五百余册卷宗的证据材料，经当庭质证，证据均来源合法，形成了完整的证明体系，充分证实起诉书指控事实清楚，证据确实、充分。

为进一步揭露犯罪、指控犯罪，现对本案事实、证据发表如下意见：

一、在案证据充分证明各被告人实施的非法集资行为，分别构成集资诈骗罪或非法吸收公众存款罪

根据《刑法》第一百七十六条、第一百九十二条以及最高法2010年《关于审理非法集资刑事案件具体应用法律若干问题的解释》（以下简称"2010年解释"），违反法律、公开宣传、以承诺还本付息进行利诱、对社会不特定公众吸收资金的，是非法吸收公众存款或者变相吸收公众存款，数额较大的构成非法吸收公众存款罪；以非法占有为目的，使用诈骗方法非法集资，数额较大的构成集资诈骗罪。

（一）被告人白某某等人实施了变相吸收公众存款的非法集资行为。主要表现在以下4个方面

一是集资行为具有非法性。《商业银行法》规定："未经国务院银行业监督管理机构批准，任何单位和个人不得从事吸收公众存款等商业银行业务。"无论是完全仿照银行吸储、以确定的存款利率和期限的形式面向社会吸收存款，还是以投资、借款、消费返利等其他各种名义，变相向社会公众吸收资金，承诺定期返本付息，都属于非法集资。公诉人出示的营业执照、工商资料等书证，证实了本案吸资公司均未取得相关许可，故白某某等人通过线下、线上平台，以多种名义向社会公众吸收资金并承诺返本付息的行为，明显违反《商业银行法》的规定，具有非法性。

二是实施了公开宣传的行为。公诉人出示的传单、媒体广告、社区宣传、客户答谢会等材料，与被告人供述、证人证言相互印证，证实了白某某等人通过媒体、传单、电话、答谢会、论坛等多种途径，向社会公众广泛宣传 ** 集团理财、基金等产品，集资行为具有公开性。

三是通过承诺返本付息对投资人进行利诱。公诉人出示的出借与服务协议、基金合伙协议、股权认购协议等书证，与投资人证言、交易数据等相互印证，证实无论是债权转让、私募基金、出售原始股，还是线上理财，** 集团均承诺“到期还本”，年化率从 6%、12% 到最高 50% 不等，集资行为具有利诱性。

四是集资对象不特定。白某某等人共向多达 6.48 万余人吸收资金，公诉人出示的理财产品宣传材料、** 集团员工证言、投资人证言，均证实吸资业务对投资人的范围毫无限制，对投资人的资格亦不进行审查，集资对象具有公众性和不特定性。

（二）被告人白某某以非法占有为目的，使用诈骗方法非法集资，符合集资诈骗罪的构成要件

1. 在客观方面，白某某在非法集资过程中，采取了虚构事实、隐瞒真相的诈骗手段

一是隐瞒自融资、自担保，并虚构优质债权和担保进行集资。公诉人出示的理财产品宣传材料、理财合同及担保函等，证实白某某等人对外宣称公司具有优质的债权来源和实力雄厚的第三方担保机构。而真实情况是，白某某对所有项目并不存在合法、有效的债权。所谓的债权项目均系白某某自己的项目，项目投资均未完成，有的甚至尚未开始，以项目名义吸收的资金全部进入白某某控制的个人账户进行支配，上述行为属于自融资自用款，而非享有真实权利的债权转让。

关于白某某宣称的实力雄厚的第三方担保机构，包括 ** 投资担保公

司、资产管理公司、所谓 ** 集团公司也均是白某某自己的公司，上述公司非但无担保实力，** 更是仅有公司几份内部文件显示为香港公司，依法不能在内地从事经营活动。可见，上述担保属于自担保和无效担保，当 ** 集团丧失偿还能力时，上述公司也根本无法履行担保责任。

二是隐瞒地方项目真实情况，虚构公司实力进行集资。公司宣传材料、项目材料、投资人证言等，证实白某某隐瞒自身无经济实力及对地方项目的商业投资性质，在签下巨额投资、借款合同后，便对外宣称对项目享有债权，打着 PPP、P2C 等旗号，误导投资人相信其宣传的地方项目有国家保障、政府背书，无任何风险。同时，白某某在集资过程中，隐瞒地方项目的实际投入及进展情况，对外虚构公司实力，谎称"集团即将完成 5000 亿工程量""** 涉及建设资金 600 亿元"，甚至编造虚假项目，诱骗投资人投入资金，并在多个项目停止后，继续利用项目吸收资金。

三是在巴铁项目中隐瞒真实情况，虚构研发进展、项目价值和上市信息等进行集资。巴铁项目相关书证、证人证言均证实，白某某在巴铁技术研发仅 3 个多月后即停止研发投资，根本不具备车辆生产、试验、上路、配套建设等条件和后续环节。而白某某却进行了大量虚假宣传，谎称巴铁技术研发多年、具备了落地、生产样车、设计线路、建设等条件，并将"模型车"对外宣称为"试验车"，误导公众。尤其在集团出现资金兑付困难后，继续使用不具有法律效力的估值报告对外宣传巴铁价值、虚构 ** 公司即将上市、发行 300 亿元股本金等消息，并设计出最高达 50% 的超高回报继续诱骗投资人进行投资。

2. 白某某在主观上以非法占有为目的。"2010 年解释"第四条第二款明确规定：具有"集资后不用于生产经营活动或者用于生产经营活动与筹集资金规模明显不成比例，致使集资款不能返还的；肆意挥霍集资款，致使集资款不能返还的；抽逃、转移资金、隐匿财产，逃避返还资金"等情形之一的，可以认定为"以非法占有为目的"。具体体现在以下六个方面：

一是大部分资金未用于生产经营活动。白某某非法集资数额 95.97 亿元，用于投资项目的支出仅 13 亿余元，不足集资总额的 14%，可见，白某某非法吸收的绝大部分资金均未用于生产经营活动，投资项目的资金与集资总额明显不成比例。

二是资金使用成本过高，而生产经营的盈利能力不具有支付全部本息的现实可能性。一方面，白某某在非法集资过程中，需要支付巨额吸资成本和运营成本，包括吸收资金的到期本息、庞大业务员团队的高额工资提成、租赁高档写字楼及物业、装修等费用。在案银行流水、审计报告等证实，本案的返本付息、人工运营支出高达73亿元，占集资总额的77%，而上述高额的资金使用成本仅能够促进吸资，不能产生任何利润。另一方面，证据证实，白某某投资的所有项目均无盈利，根本无法支付本息。需要进一步指出的是，公诉人并非仅根据案件结果判定其偿还能力。本案中，由于资金使用成本过高、投资项目与集资额明显不成比例，白某某通过本案中极其有限的投资，无法获得偿还95亿余元本金及支付利息的现实可能性。

三是对资金使用的决策极度不负责任。本案所有投资决策均由白某某一人决定。在案的项目材料、集团人员及项目合作方证言，均证实白某某肆意使用资金的情况：首先，缺失投前考察、草率决定投资。在地方项目中，风险防控部门形同虚设，白某某或者未经尽职考察草率投资，或者不听劝阻执意投资，或者不顾规模随意投资，最终导致资金被骗，或者项目烂尾、资金搁置。在巴铁项目中，白某某不顾各方反对停止研发、执意投入2400万元生产一辆仅有展示意义的模型车。在农业餐饮等项目中，白某某没有相关从业经验，也未雇用专业人员，随意投资，导致上亿元资金血本无归；在购买牌照过程中，白某某未经考察草率付款，导致数千万元资金损失，另有上亿元资金去向不明。其次，随意终止合作、导致项目搁置、资金损失。在河北辛集、湖北南漳、山东金乡等大部分工程借款项目中，白某某随意终止合同、停止投资，因违约致项目搁置，导致投资的预期利益无法实现，前期投资也收回困难。最后，事后未能尽职、放任损失扩大。在大多数地方项目中，白某某中途停止投资后，没有及时与合作方协商前期投资权益问题，而是采取放任、搁置的态度，致使损失进一步扩大。在借款、购买牌照资金出现问题后，白某某也未采取报案或有效追索行为，对广大投资人的巨额资金损失持放任态度。

四是归还本息主要通过借新还旧来实现。由于白某某自身无经济实力，其投资的所有项目又均无盈利，根本无法实现向投资人承诺的投资回报，本案用于归还投资人本息的55亿元资金，只能通过使用投资人自己的钱款实现借新还旧。资金链的断裂实属必然。

五是明知没有归还能力仍大量骗取资金。公诉人出示的项目材料、合同、审计报告及被告人供述、证人证言等，证实2016年8月，白某某在集团已经开始出现资金兑付困难、所有投资项目早已停止、员工陆续离职、办公地退租，集团已经不能正常运转的情况下，仍通过虚假宣传、提高利率等方式骗取投资人资金。自2016年8月至2017年7月，非法集资数额仍高达8亿元。而对于这最后的8亿元，白某某也不再要求集团员工制作返息表，可见，其既没有还款能力，也没有还款意愿。

六是转移资金、隐匿财产，逃避资金返还。公诉人出示的大额提现、购买牌照等证据，证实白某某控制的银行账户存在1亿元的现金支出，均去向不明，其中包括2016年8月出现资金兑付困难后提现的1500万元。另证实白某某支付7000万元购买深圳**公司股权后，通过虚假转让方式隐匿公司，逃避资金返还。

可见，白某某集资后，用于生产经营活动的资金与集资规模明显不成比例，且在有限的项目投资中，由于其草率投资、随意毁约、放任损失等肆意使用资金的行为，致使所有项目无任何盈利，对投资人的返本付息只能通过借新还旧来实现，最终必然导致资金链断裂。资金链断裂后，白某某一方面在明知没有归还能力的情况下继续骗取资金，另一方面通过转移资金、隐匿财产，逃避返还资金。上述行为均证实了白某某的非法占有目的。

综上所述，白某某主观上具有非法占有目的，客观上使用了诈骗手段进行非法集资，集资数额95亿余元，损失数额48亿余元，数额特别巨大，构成集资诈骗罪。

（三）被告人王某甲、孔某某、甘某某等33人的行为构成非法吸收公众存款罪

被告人王某甲作为主管吸资业务的副总裁，全面搭建了集团的线下吸资模式，同时分管集团核心吸资部门财富中心等部门的工作。被告人孔某某作为集团总裁，参与部分集团管理工作，并曾阶段性地负责集团全面工作。被告人甘某某作为行政副总裁，全面主管集团行政工作，包括吸资业务宣传的审核工作等。被告人林某甲作为财富中心行政总经理，主管财富中心的吸资业务。被告人王某乙作为集团财务总监，负责集团财务管理工作。被告人雒某某作为集团人力总监，负责集团人事管理工作。被告人万某某作为集团企划总监，负责集团的宣传工作。被告人黄某某作为财富中心行政副总经理，负责财富中心的培训工作。被告人龚某某作为财富中心培训部讲师，负责向吸资业务员和投资人授课。被告人王某丙、衡某某、时某某作为财富中心总经理，分别负责下辖多家分公司的吸资业务管理工作，主要包括传达公司通知，领取、分发、督促完成吸资指标，并对外销售理财产品。被告人林某乙、张某甲、刘某甲、张某乙、刘某乙、宋某某、晏某某、耿某某作为财富中心副总经理，分别负责各分公司的吸资业务管理工作，包括传达通知，领取并督促完成吸资指标，并对外销售理财产品。被告人张某丙、韩某某、苏某某、张某丁、庞某甲、付某某、庞某乙、郎某某、杨某某、胡某某、陈某某、苗某某分别作为财富中心下辖分公司的业务总监、高级团队经理和团队经理，负责各自团队的吸资业务管理工作，并对外销售理财产品。被告人郭某某作为分公司理财顾问，负责对外销售理财产品。

综上，被告人王某甲等33人，无论是集团核心管理层、各部门高管还是财富中心各层级吸资人员及培训人员，均在客观上共同参与实施了本案的非法吸收公众存款犯罪行为，主观上亦均明知集团未经批准，采用公开宣传方式向社会非法集资。根据主客观相一致的原则，上述33名被告人的行为构成非法吸收公众存款罪。

二、各被告人的行为具有严重的社会危害性

（一）被告人的行为破坏了国家金融管理秩序

金融安全是国家安全的重要组成部分，是经济平稳健康发展的重要基础。国家之所以对吸收公众存款业务实行特许经营，并通过一系列法规进行管理，一方面是运用金融手段，进行经济调控；另一方面由于不合格的吸存主体往往缺乏正规的资金运作和监管措施，其自身经济实力和承担风险能力均不具备面向社会公众吸收资金所要求的安全保障，无法保证广大投资人的资金安全和利益。本案中，以白某某为首的各被告人，公然违反国家金融管理法规，未经许可，打着响应国家政策、金融创新等旗号，以高额回报为诱饵，甚至隐瞒公司经营的真实情况，虚构经济实力、安全保障，披着PPP、P2C、私募基金、股权出售等貌似合法的外衣，骗取广大投资者信任，实施非法集资活动。三年多的时间，非法吸收公众资金高达95亿余元，涉及全国多个省市的投资人6万余人，最终，给3万余人造成高达48亿余元的损失。上述数字，足以说明各被告人的行为破坏了国家的金融管理秩序，为国家金融安全埋下隐患，具有严重的社会危害性。

（二）被告人的行为给众多投资者造成了巨额财产损失，也影响了社会和谐稳定

本案大量的虚假宣传诱使全国多个省市的6万余名投资人深陷白某某等人的非法集资陷阱。而白某某本身既无经济实力，亦无有效担保，其在吸收资金后，仅将极少比例资金投入项目，根本不具有还本付息的可能性，使得整个非法集资成为一场"庞氏骗局"。这场骗局，使得3万余名投资人损失惨重，其中，有些投资人因此家庭失和、亲友反目，还有投资人因为不堪打击，病重离世。更有一部分投资者，至今仍被白某某等人的虚假宣传所洗脑和蒙蔽，甚至到处为被告人鸣冤叫屈，幻想白某某还能兑现承诺，还本付息。可见，被告人的犯罪行为，不仅给众多投资者造成了巨额财产损失，也影响了他们身后的千万个家庭，影响了社会和谐稳定，具有严重的社会危害性。

三、被告人应承担的法律责任

根据《中华人民共和国刑法》第一百九十二条、第一百七十六条、第二十五条之规定，应对被告人白某某以集资诈骗罪追究刑事责任，对被告人王某甲等33人以非法吸收公众存款罪追究刑事责任。关于被告人的各项法定及酌定量刑情节：

被告人王某甲、孔某某、甘某某在非法吸收公众存款犯罪中起主要作用，应系主犯；被告人林某甲、王某乙等30名被告人在非法吸收公众存款犯罪中起次要、辅助作用，系从犯。

被告人黄某某、雒某某、晏某某、刘某乙、宋某某系主动投案，且能如实供述自己的犯罪事实，依照《刑法》第六十七条第一款规定应认定为自首。除王某甲外，其余被告人截至目前，基本都能够如实供述自己的犯罪事实，可以认定具有“如实供述”情节。

被告人郭某某曾被判处有期徒刑以上刑罚，刑罚执行完毕后五年内，再犯应当判处有期徒刑以上刑罚之罪，系累犯。

被告人胡某某、耿某某、郭某某、万某某、林某乙、雒某某、甘某某、张某乙、宋某某、晏某某、张某甲、龚某某、韩某某、王某丙、衡某某、苗某某具有退赃情节。其中，被告人胡某某是在公安侦查阶段，即主动提交个人房产退赔，建议法庭在量刑时综合考虑上述被告人的具体退赃情节、数额及时间。

被告人王某甲，作为本案吸资模式的设计者和集团核心吸资业务部门的领导管理者，自到案后，不仅拒不认罪，而且在大量证据面前，对自己实施的客观行为始终不作如实供述，反映出其对自己的罪行没有悔罪态度，建议合议庭在量刑时充分考虑其在共同犯罪中的地位、作用、认罪悔罪态度、人身危险性及再犯罪可能性。

审判长、审判员、人民陪审员：

起诉书认定本案34名被告人的犯罪事实清楚，证据确实、充分，请合议庭综合全案的事实、情节，以及各被告人的地位、作用及态度，对被告人做出公正判决。

公诉意见暂时发表到此。

公诉人：***

2019年1月22日当庭发表

【学者点评】

公诉意见书是在刑事公诉案件之法庭调查结束之后，法庭辩论起始时，公诉人总结法庭调查情况，并对案件事实、证据和法律适用进行分析、有所阐发而使用的检察文书。一份好的公诉意见书，应当符合检察文书的规范要求，观点鲜明，结构严谨，论证充分，逻辑清晰，语言表达顺畅，富有说服力和感染力。白某某等 34 人集资诈骗罪、非法吸收公众存款罪案件的公诉意见书，符合优秀检察文书的标准，是一份有理有力、富有说服力的公诉意见书。

白某某等 34 人集资诈骗罪、非法吸收公众存款罪案件，是一起涉及面广、案情纷繁复杂、头绪繁多、涉案金额极其巨大的案件。检察机关办理这一案件，面临的被害人群体和投资人群体也较为复杂，"一部分投资者，至今仍被白某某等人的虚假宣传所洗脑和蒙蔽，甚至到处为被告人鸣冤叫屈"，他们并未醒悟，让幻想麻醉自己，祈望白某某兑现承诺，还本付息。对于集资诈骗罪、非法吸收公众存款罪案件的被害人和投资人来说，追回自己的资产才是他们所关心的，至于被告人被追究刑事责任，不是他们所关切的，有些人还会认为因被告人被立案侦查与检控和审判，影响了追赃挽损，因而对公安司法机关的诉讼行为有所抵触。因此，公诉意见书需要扎实的说理论证，严正指控被告人的恶行，并充分进行检控必要性的说明。

这一案件，要在法庭辩论伊始稳稳扎住公诉阵脚，起到稳定乾坤的作用，需要做足"课外功课"，所谓"功夫在庭外"，并非虚言。该案在审查起诉中，检察机关组织力量，三级合力完成对案件事实的核实认定、证据审查判断等工作，扎扎实实的庭外审查工作，为公诉意见书的质量奠定了基础。

这一份公诉意见书，主文分三大部分：第一部分依据法定证明标准，本着案件事实和证据，分析论证对白某某等 34 人的指控是正确的。第二部分针对各被告人的行为具有社会危害性进行分析论证，并指出这些危害行为的严重性。两个部分形成递进的论证关系。第三部分，分别就被告人的罪责进行了阐述。

公诉意见书的第一部分是重头戏，涉及案件事实的认定和相关证据的审查判断以及证明标准问题。检察机关对本案事实的认定是清晰的，即"被告人王某甲等 33 人，无论是集团核心管理层、各部门高管还是财富中心各层级吸资人员及培训人员，均在客观上共同参与实施了本案的非法吸收公众存款犯罪行为，主观上亦均明知集团未经批准，采用公开宣传方式向社会非法集资。根据主客观相一致的原则，上述 33 名被告人的行为构成非法吸收公众存款罪”。公诉人就此进行的论证是：围绕犯罪构成要件，展开事实和证据的充分的剖析。文书的这一部分，要论证的核心观点是“在案证据充分证明各被告人实施的非法集资行为，分别构成集资诈骗罪或非法吸收公众存款罪”，论证方法是，首先列出接下来要展开论证的法律依据，即《刑法》第一百七十六条、第一百九十二条以及最高人民法院2010年《关于审理非法集资刑事案件具体应用法律若干问题的解释》，通过揭示非法吸收公众存款罪、集资诈骗罪的内涵，确立罪与非罪的界限，从四个方面论证白某某等人实施了非法集资行为，包括集资行为的非法性、实施了公开宣传的行为、通过承诺返本付息对投资人进行利诱、集资对象不特定；又进一步从客观方面指出白某某等人具有集资诈骗的具体行为，从主观方面揭露白某某等人有非法占有的目的，有力地证成白某某等人集资诈骗的犯罪性质；随后，又阐明被告人王某甲、孔某某、甘某某等33人的行为构成非法吸收公众存款罪。这些论证，都以具体认定的事实作为依据，而非抽象的分析，既有事实的力量，也有逻辑的魅力，说服力很强。

在被告人的行为之社会危害性部分，公诉人首先围绕集资诈骗罪、非法吸收公众存款罪之法益展开论证，鲜明指出“被告人的行为破坏了国家金融管理秩序”，高屋建瓴地指出金融安全是国家安全的组成部分，指出本案被告人被指控的行为“足以说明各被告人的行为破坏了国家的金融管理秩序，为国家金融安全埋下隐患，具有严重的社会危害性”。这一番先声夺人的指控，具有亮出旗号，为接下来的铺陈定下基调。

公诉意见书，对被告人行为的社会危害性进行了描述，涉及如下情节以及相应的逻辑关系：（1）被告人进行了大量的虚假宣传；（2）诱使全国多个省市的6万余名投资人拿出真金白银，使这些财物遭受血本无归的风险；（3）白某某本身既无经济实力，也没有有效担保，导致巨额被骗取或者投资的资金陷入有去无回的命运，其非法敛财的主观意图昭然若揭；（4）从被告人吸收资金后的财产去向，也可以洞见被告人的犯罪意图，白某某等人“仅将极少比例资金投入项目，根本不具有还本付息的可能性”，不可能有被害人和投资人的财产安全与预期的回报。

公诉意见书以"庞氏骗局"界定本案的诈骗和诱惑行为，并指出这场骗局令人震惊的恶果——3万余名投资人损失惨重。财产损失还有一系列家庭"次生灾害"，诸如"家庭失和、亲友反目"，甚至因"不堪打击，病重离世"。公诉意见书严肃指出："被告人的犯罪行为，不仅给众多投资者造成了巨额财产损失，也影响了他们身后的千万个家庭，影响了社会和谐稳定，具有严重的社会危害性。"

基于上述分析和论证，公诉意见书至此水到渠成地论证被告人的罪责，这部分以刑法条文为依据，具体指出被告人应负的刑事责任，清清楚楚，要言不烦，分类对被告人的各项法定及酌定量刑情节，很好体现了分别情况，依照《刑法》规定的量刑情节，体现宽严相济的司法精神。

这份公诉意见书，严格遵循检察文书的程式要求，从形式到内容，都十分严整规范。难能可贵的是，将一起案情冗杂的案件，条分缕析，论证得头头是道，体现了检察官对案件有充分的了解，全篇折射出检察官忠实履职，高质效办好每一起案件的当代检察官的敬业态度和专业精神。

（**点评人**：张建伟，清华大学法学院教授、博士生导师）

【检察官点评】

曾在科技产业博览会上闪亮登场的"巴铁"项目，满满的科技感，加上白某某等人的虚假宣传，一度吸引全国数以万计的投资者。然而，"巴铁"项目实际仅研发3个多月即停止研发投资，吸引公众眼球的"试验车"也不过是耗巨资打造的"模型车"！当骗局落下帷幕，风光一时的"巴铁之父"白某某站在了被告席上。

该案系重大疑难复杂的金融犯罪案件，社会影响大。一是案件规模大。涉案金额95亿余元，涉及全国6万余名投资人，证据卷宗2500余册。二是案件情况复杂。集资手段包括债权转让、私募基金、原始股出售、线上P2P等多种方式，资金去向涉及工程、借款及中外闻名的高科技项目"巴铁"等20余个项目。三是法律适用争议焦点突出。非法吸收的95亿余元资金中有13亿元用于投资，对类似投资数额大、投资项目多的情形，以往司法实践对认定诈骗故意持保守态度。该案的公诉意见书对集资手段、资金去向等关键事实证据进行清晰展现，对各被告人犯罪事实进行精准高效指控。

一、对近年非法集资案件中争议较大的“非法占有目的”认定问题进行了充分论证，对类案办理具有重要示范作用

白某某是否具有非法占有目的，是本案争议焦点，同时也是区分非法吸收公众存款罪和集资诈骗罪的关键。公诉意见书最大的亮点在于，将白某某行为准确定性为集资诈骗罪，准确、规范地释明法理，针对类案认定焦点问题“非法占有目的”进行充分阐释，在传统观点之外适度突破创新，具有很强的借鉴意义。一是对《关于审理非法集资刑事案件具体应用法律若干问题的解释》中关于非法集资“四性”、诈骗手段、犯罪故意、社会危害性和被告人罪责等的阐释和论证客观规范、繁简得当、针对性强。其开展线上理财业务未经金融监管部门批准，其发行私募基金、出售股权、债权转让等承诺返本付息，实为变相吸收资金，行为具有非法性；通过媒体、传单、电话、答谢会、论坛等多种途径向社会公开宣传；承诺到期还本并支付年化率6%、12%—50%不等的收益，具有利诱性；共向6.48万余人吸收资金，具有集资对象不特定的特征。二是对此类“投资大、项目多”非法集资案件中的非法占有故意，未简单根据48亿余元集资款不能归还的结果客观归罪，而是按照主客观相一致的原则，在充分揭露其诈骗手段的基础上，通过整体分析案件集资与投资比，剖析项目投资决策程序、资金使用真实情况，结合资金链断裂后继续诈骗、隐匿资产等行为，综合其还款能力、履行行为进行了充分的论证，指出白某某归还本息主要通过借新还旧来实现，白某某明知没有归还能力仍大量骗取资金，白某某资金使用成本过高导致其生产经营的盈利能力不具有支付全部本息的现实可能性。

二、本案公诉意见书另一亮点在于，对主要策划控制者与其他行为人区分定性

白某某作为集团掌控人和主要策划者，决定资金是否投入生产经营，了解资金运行总况，明知有无还款能力，因此能够根据在案证据推定其非法占有目的。而其他33名集资参与人，不具备决策权，对项目真实性、资金去向、归还能力等不完全知晓，在案不能证明具有非法占有目的，故指控其构成非法吸收公众存款罪是符合客观证据情况的。

三、文书制作规范，对犯罪构成、犯罪故意、社会危害性等阐释和论证规范性高、针对性强、释法说理充分，法治宣传效果良好

将释法说理贯穿公诉意见书始终，创新庭审指控模式，高质效完成出庭指控任务。该案获评北京市检察机关2019年度优秀精品案件、维护市场经济秩序精品案件。

白某某案最主要的启示是，金融诈骗犯罪需要司法机关与金融监管机构联动履职，加强研判，必要时与有关科技信息部门加强沟通，及早识破骗局，合力打击犯罪。最高人民检察院2023年工作报告提出，检察机关坚决维护金融安全，严厉打击金融犯罪，防范化解金融风险。2023年共起诉金融诈骗、破坏金融管理秩序犯罪2.7万人，其中集资诈骗、非法吸收公众存款犯罪1.8万人，保持惩治涉众型金融犯罪高压态势，尽最大努力追赃挽损。

（**点评人**：王伟，北京市西城区人民检察院副检察长、三级高级检察官；于伟香，北京市西城区人民检察院四级高级检察官）

【法官点评】

白某某等34名被告人严重破坏国家金融管理秩序，涉嫌集资诈骗罪和非法吸收公众存款罪一案，是近年来非法集资案件中影响深远、规模巨大的典型案件之一，检察机关对该案提起公诉对惩治和预防非法集资犯罪具有重要的示范效应，有助于维护国家的金融秩序和社会的稳定。本文将从案件本身的重要社会影响、对法治进程的意义、公诉意见书的特点、法律条文解析释义及文书撰写精要等方面进行点评。

一、案件的重要社会影响

（一）严重破坏国家金融秩序

被告人公然违反国家金融管理法规，未经许可进行非法集资活动，通过设立多个虚假项目，运用各种极具迷惑性和隐蔽性的金融工具和伪装手段，使广大投资者易入罗网难以识破，涉案金额最终高达95.97亿元，不仅严重破坏了国家金融管理秩序，对国民经济产生了巨大的负面影响，还可能诱发金融风险，危及国家的经济安全。

（二）给投资者造成巨大损失

本案中，白某某等人通过虚假宣传，诱使全国多个省市6万余名投资者陷入集资骗局，最终造成3万余名投资者损失48亿余元，受害者人数之多、涉及范围之广，前所未有。这些损失不仅影响了投资者个人的经济状况，也给其家庭带来了沉重的经济负担，还诱发了一系列社会问题，破坏了社会的和谐与稳定。

二、本案提起公诉对法治进程的意义

（一）展示法治建设成果

对本案提起公诉，显示了国家对非法集资犯罪零容忍的态度，向社会传递了国家打击非法金融活动、规范金融市场正常业务行为的坚定决心。检察机关通过提起公诉，不仅有效保障了被告人的诉讼权利，也充分考虑了被害人的合法利益，展示了我国法治建设的成果和进步。

（二）提升公众法治理念

依法严惩金融犯罪行为，保护广大投资者的合法权益，有助于营造良好的金融环境，促进社会和谐稳定，本案的提起公诉不仅是对犯罪行为的有力打击，更是增强公众对检察机关保护广大投资者合法权益、营造良好金融环境信心的重要手段，在彰显法律公平与正义的同时，提升了社会公众的法治观念。

（三）法律威慑和警示意义

本案的及时提起公诉彰显了法律的威慑力和规范作用，对我国金融市场的健康发展具有重要的推动和保护作用。本案的重要性还在于其不仅是对非法金融活动的严厉打击，更是对整个社会的警示，在严厉惩处破坏金融秩序的犯罪分子之外，也使社会公众能清楚地看到非法集资行为的巨大风险和危害，进而提高金融投资的警觉性和防范意识。

三、公诉意见书的特点

本案的公诉意见书内容翔实、证据展示充分、法律适用准确，充分展示了检察机关在办理复杂经济犯罪案件中的专业能力和责任心，尤其在认定非法集资的非法性、公开性、利诱性和集资对象的公众性和不特定性等方面，本案提供了具体的司法实践案例和范本。具体而言，本公诉意见书具有如下特点：

（一）证据展示全面翔实

公诉人在法庭上结合对被告人的讯问，集中、系统出示了五大部分、涵盖两千五百余册卷宗的证据材料，证据来源合法，形成了完整的证明体系，确保了案件事实清楚，证据确实、充分，展示了检察机关在审查、判断和运用证据方面的专业性和规范性。

（二）法律适用准确

公诉意见书准确引用了《刑法》及最高人民法院《关于审理非法集资刑事案件具体应用法律若干问题的解释》等相关法律和司法解释，认定被告人的行为分别构成集资诈骗罪和非法吸收公众存款罪，体现了检察机关对法律的准确理解和适用。

（三）公诉意见详尽、完整

在公诉意见书中，检察机关详细分析了各被告人实施的具体犯罪行为和在共同犯罪中的地位、作用，清晰地阐明了主犯、从犯、自首、如实供述、退赃等各项量刑情节，展示了对案件事实的全面掌握和对量刑理论的精准运用。

四、法律条文解析释义

本案涉及的主要法律条文是《刑法》第176条和第192条。根据《刑法》第192条的规定，集资诈骗罪是以非法占有为目的，使用诈骗方法非法集资，数额较大的行为。该罪名要求行为人在主观上具有非法占有目的，在客观上实施了利用虚构事实、隐瞒真相等诈骗手段进行非法集资的行为。本案中，白某某通过隐瞒公司真实情况、虚构优质债权和担保、夸大项目进展等方式，骗取了数额特别巨大的公众资金，符合集资诈骗罪的构成要件。

根据《刑法》第176条的规定，违反法律规定，未经有关部门批准，非法吸收公众存款或者变相吸收公众存款，扰乱金融秩序的，构成非法吸收公众存款罪。最高人民法院于2010年发布的《关于审理非法集资刑事案件具体应用法律若干问题的解释》明确规定，未经有关部门批准、向社会公开宣传、承诺还本付息、向社会不特定对象吸收资金的行为即为非法吸收公众存款或变相吸收公众存款的行为。本案中，除白某某以外的其他33名被告人通过媒体宣传、客户答谢会等方式，公开宣传、承诺高额回报等方式变相吸收公众存款，数额巨大，符合该罪的构成要件。

五、文书撰写精要

一是公诉意见书的结构应当合理安排、条理清晰、层次分明，按证据展示、案情概述、社会危害、法律适用的大致顺序逐一展开分析和论证，行文要注意逻辑性、连贯性及过渡的自然性，使公诉意见书具有较强的规范性和说服力。

二是对案件事实的陈述应当尽量详尽和完整，犯罪的起因、时间、地点、手段、结果、涉案金额、受害人数及每个被告人的具体行为等都应详细描述，诉讼证据的引用应当具体、明确，确保每一项指控事实都有确凿的证据支持，体现出公诉意见书的专业性和严谨性。

三是公诉意见书的语言应当严谨规范又通俗易懂，既要使用规范的法律用语，又要避免过度的术语化、学理化，既要使用公众易懂的表达方式，又要避免文书的口语化、通俗化，这样不仅方便法庭审理，也便于公众理解。

四是解决法律适用问题时，准确引用相关法律条文和司法解释，并结合案件具体事实进行详细分析和论证，使法律规定与案件事实有机结合，确保法律适用的准确性，增强公诉意见书的权威性和适用性。

五是提出量刑建议时，应当综合考虑被告人的犯罪事实、性质、情节、社会危害程度、共同犯罪中的地位、作用等社会危害性情节，以及认罪、悔罪态度、退赃、退赔情况等人身危险性情节，尽量做到罪责刑相适应，体现出法律的公平正义。

本案不仅具有重要的社会影响，也对法治进程和国家金融秩序的维护具有重要意义，检察机关通过深入剖析该案的证据、犯罪事实及法律适用问题，进一步彰显了法治在惩治破坏金融管理秩序犯罪、金融诈骗犯罪、维护金融市场正常秩序、保护投资者合法权益方面的重要作用，同时也为检察机关在类似案件中的办案思路和工作方法提供了宝贵经验。公诉意见书结构清晰、语言精准、表达规范，但释法说理略显不足，虽然详细论述了白某某构成集资诈骗罪的主客观要件，但未论述其他33名被告人构成非法吸收公众存款罪的主观要件，其实这也是本案的关键所在，白某某和其他33名被告人共同实施了非法集资的客观行为，为何白某某和其他33名被告人分别构成不同的犯罪？遗憾的是，公诉意见书中并未进行详细的说明和论证。

（**点评人：**周岸岽，云南省高级人民法院刑事审判第一庭副庭长）

【律师点评】

金融领域的涉众型犯罪是近年来高发的新型经济犯罪，不仅持续时间长、涉及面广、金额巨大，而且犯罪手法多种多样，损害广大人民群众的切身利益，严重破坏市场经济秩序，极易引发大规模群体性事件。白某某等34人集资诈骗罪及非法吸收公众存款案便是此类涉众型金融犯罪领域的一个典型案例，在全国范围内具有较大影响，涉及各地投资人6万余人，集资规模达95亿余元。检察机关在办案中通过"专业化审查+专业化辅助"办案，从海量证据材料中梳理出重点证据，并在公诉意见书中对集资手段、资金去向等关键事实证据进行清晰展现，对各被告人犯罪事实进行精准高效指控，展现了检察官优秀的办案专业能力，让人民群众切实感受到公平与正义的重要渠道，为司法实务提供了优秀范本。

一、构建"专业化审查+专业化辅助"办案机制，夯实案件审查及庭审指控的证据基础

本案是北京近年办理的"线下"集资规模最大的案件之一，涉及全国6万余名投资人，证据侦查卷宗2500余册。北京检察机关组建强大的办案团队，用科学的办案方法，优质地完成了案件的审查起诉工作，庭审的公诉意见书集中展现了检察机关的工作成果。一是北京市三级检察机关同步提前介入，引导侦查机关从组织架构、集资方式、资金去向、投资项目等方面取证，全面查明集资情况。二是与检察技术、司法审计人员密切配合，通过“专业化审查+专业化辅助”办案机制，精准调取电子数据、确认审计检材并提出鉴定、审计思路，综合查明资金去向。三是检察办案人员远赴河北、山东、云南等多地自行补充侦查，彻底查明项目投资、资金使用真实情况，为论证非法占有目的奠定事实基础。通过上述工作，经退回补充侦查和自行补充侦查形成补充证据卷宗800余册、鉴定意见13份，为公诉意见书准确认定、清晰阐明法律事实夯实证据基础。

二、检察文书层层释明案件法律适用的难点和重点，有效认定了非法占有的主观故意，确保了案件定性的精准度

集资诈骗罪和非法吸收公众存款罪两个罪名在构成要件、保护法益、犯罪行为上均具有一定的相似性，一直以来都是此类案件认定的难点和重点。检察办案人员在公诉意见书中充分关注本案犯罪事实的特点，结合现行法律规定对案件定性即非法占有主观故意进了全面论证。一是对非法集资“四性”、诈骗手段、犯罪故意、社会危害性和被告人罪责等的阐释和论证客观规范、繁简得当、针对性强。二是对此类“投资大、项目多”非法集资案件中的非法占有故意，未简单根据48亿余元集资款不能归还的结果客观归罪，而是按照主客观相一致的原则，在充分揭露其诈骗手段的基础上，通过整体分析案件集资与投资比，剖析项目投资决策程序、资金使用真实情况，结合资金链断裂后继续诈骗、隐匿资产等行为，综合其还款能力、履行行为进行了充分的论证，对类案具有示范作用。三是对案件不同涉案人员根据实际行为区分处理。案件的被告人众多，公诉意见书对各被告人在共同犯罪中的具体角色进行梳理和分析，通过考量犯罪集团的内部层级，明确犯罪行为中相关人员的主次关系，为后续全案人员的责任认定提供了充分的证据基础；同时综合考虑各被告人的认罪认罚态度、是否构成累犯、是否存在退赃等各项法定和酌定情节，对案件中多名被告人进行了精准的定罪量刑，在依法追究各被告人刑事责任的同时，有效地保障了每一位被告人的合法权益。

三、将释法说理融会贯穿于庭审指控，提高了案件庭审的说服力，凸显了良好的庭审社会效果

针对案件证据量大、事实庞杂、定性争议大、群众工作压力大等特点，积极创新庭审指控模式，将释法说理贯穿其中，通过精心准备公诉意见书等庭审预案和多媒体示证系统，将打包示证与综合阐述事实相结合、将阐述事实与证明犯罪相融合，辅以PPT生动的图表、图示，环环相扣、清晰透彻地阐明案件事实、准确释明法理，生动讲明非法集资的社会危害性，实现了向合议庭指控犯罪、对被告人进行法治教育、对旁听投资人开展法治宣传三重效果的统一，高质效地完成了该重大案件的出庭支持公诉工作，并取得了投资人对检察机关履职行为的支持和肯定。一方面，完成了对被告人的有效指控，贯彻落实了法律对于非法集资行为的零容忍态度，强化了法律的威慑力，对其他潜在的非法集资行为起到了警示作用，为投资者营造一个更为安全、和谐的经济环境。另一方面，提升了公众对于非法集资风险的认识，通过庭审举证显示了非法集资的运作过程，让投资者更深刻地意识到金融投资中存在的现实风险，避免陷入非法集资的陷阱。

检察文书作为检察机关履行职能的主要载体，是人民群众感受公平正义的直接途径。在人民法治理念不断增强的今天，如何更好地回应人民群众对公平正义的高期待、树立更高的司法公信力，是检察机关必须回应的问题，也是一份优秀检察文书立足之根本。本案的公诉意见书制作规范，对犯罪构成、犯罪故意、社会危害性等阐释和论证规范性高、针对性强、释法说理充分，法治宣传效果良好。文书清晰阐述了法理、明确了事理、深刻揭示了情理，体现了检察履职"高质效办好每一起案件"的价值追求。

（**点评人：**李春斌，北京德恒杭州律师事务所高级权益律师）

28. 宋某甲等人提供侵入、非法控制计算机信息系统程序、工具案：专业精准打击证券黑客犯罪

【案情简述】

2017年3月至2020年12月，宋某甲、宋某乙为牟取非法利益，由宋某甲对深圳 ** 科技股份有限公司为证券公司开发的“通达信”软件客户端中的通信、控制模块进行脱壳、篡改，剥离其中静态防御措施后，使用其自行开发的外挂主程序接管控制与通信模块，重新搭建对外接口，使其得以调用“通达信”软件客户端通信模块功能，后再通过镜像欺骗以及篡改等手段破坏动态反外挂模组，并将上述程序代码封装成可以通过证券公司交易系统安全检测的“TradeX”交易接口，侵入由 ** 承建、维护的84家证券公司交易系统。宋某甲、宋某乙通过销售通达信平台的API接口并提供后续服务，共发展客户1240名，收取销售服务费人民币902万余元。

本案由上海市公安局侦查终结，以宋某甲、宋某乙涉嫌提供侵入计算机信息系统程序罪，于2021年4月2日移送上海市人民检察院第二分院审查起诉。上海市人民检察院第二分院于同年4月29日将本案交上海市普陀区人民检察院审查起诉。上海市普陀区人民检察院经审查认为被告人宋某甲、宋某乙其行为均已触犯《刑法》第285条第2款、第3款，第25条第1款之规定，犯罪事实清楚，证据确实、充分，应当以提供侵入计算机信息系统程序罪追究其刑事责任，于2021年5月28日向上海市普陀区人民法院提起公诉。2021年8月12日，普陀区人民法院以提供侵入计算机信息系统程序罪分别判处被告人宋某甲有期徒刑3年9个月，

并处罚金人民币125万元；宋某乙有期徒刑2年3个月，并处罚金人民币55万元。

本案系一起通过外挂主程序接管控制并侵入证券公司交易系统的网络犯罪案件，既严重扰乱了网络空间秩序，又给金融监管秩序造成了一定冲击，更破坏了人民群众的网络安全感。针对本案犯罪形式新颖，犯罪手段隐蔽等特点，普陀区人民检察院注重对言词证据和实物证据的一体分析，通过对被告人的供述、深圳**科技股份有限公司提供的情况说明、外挂程序分析报告等相关材料进行逐一对比，精准认定被告人宋某甲、宋某乙的行为符合提供侵入计算机信息系统程序罪的构成要件，同时重视对电子数据、鉴定意见、资金交易记录等证据综合分析、对比碰撞，准确认定涉案金额和非法获利情况，依法打击犯罪。

网络既是重要的基础设施，又是政治、经济、国防、科技、教育等领域开展工作的重要载体，日益成为国家核心竞争力的关键因素。党的二十大报告强调，加快建设网络强国、数字中国；健全网络综合治理体系，推动形成良好网络生态；强化网络安全保障体系建设，对新时代网络强国建设、网络法治工作提出新任务新要求。检察机关必须积极履职，以更高质量的检察履职为健全网络综合治理体系建设提供有力法治保障，切实做到为大局服务、为人民司法、为法治担当。

【文书原文】

上海市普陀区人民检察院

起诉书

沪普检刑诉〔2021〕494号

被告人宋某甲，男，1975 **月**日生，公民身份号码4101211975********，汉族，本科文化，程序员，户籍在广东省广州市天河区**街**号**房，暂住广东省广州市番禺区**大道**号广州**花园**

居 ** 号。2020 年 12 月 31 日因涉嫌提供侵入、非法控制计算机信息系统程序、工具罪及帮助信息网络犯罪活动罪被上海市公安局刑事拘留，同日延长刑事拘留期限至三十天，2021 年 2 月 5 日，因涉嫌提供侵入计算机信息系统程序罪，经上海市人民检察院第二分院批准，同日由上海市公安局执行逮捕。

被告人宋某乙，男，1976 年 ** 月 ** 日生，公民身份号码 4101211976 ********，汉族，本科文化，程序员，住广东省佛山市顺德区 ** 路 ** 城市花园 ** 座 **。2020 年 12 月 30 日因涉嫌非法经营罪被上海市公安局刑事拘留，次日延长刑事拘留期限至三十天，2021 年 2 月 5 日，因涉嫌提供侵入计算机信息系统程序罪，经上海市人民检察院第二分院批准，同日由上海市公安局执行逮捕。

本案由上海市公安局侦查终结，以被告人宋某甲、宋某乙涉嫌提供侵入计算机信息系统程序罪，于 2021 年 4 月 2 日移送上海市人民检察院第二分院审查起诉。上海市人民检察院第二分院经审查，于 2021 年 4 月 29 日交本院审查起诉。本院受理后，于同日已告知被告人有权委托辩护人及认罪认罚可能导致的法律后果，依法讯问了被告人，听取了被告人及其辩护人的意见，审查了全部案件材料。被告人宋某甲、宋某乙均同意本案适用简易程序审理。

经依法审查查明：

2017 年 3 月至 2020 年 12 月，被告人宋某甲、宋某乙为牟取非法利益，由被告人宋某甲负责对深圳 ** 科技股份有限公司（以下简称深圳 ** 公司）为证券公司开发的“通达信”软件客户端中的通讯、控制模块进行脱壳、篡改，剥离其中静态防御措施后，使用其自行开发的外挂主程序接管控制与通讯模块，重新搭建对外接口，使其得以调用“通达信”软件客户端通讯模块功能，后再通过镜像欺骗以及篡改等手段破坏动态反外挂模组，并将上述程序代码封装成可以通过证券公司交易系统安全检测的“TradeX”交易接口，侵入由深圳 ** 公司承建、维护的 84 家证券公司交易系统；并由被告人宋某乙负责编写接口使用说明、开通接口授权文件及绑定证券账户，通过互联网对外向上海 ** 网络科技有限公司（以下简称上海 ** 公司）等公司及个人出售“TradeX”交易接口。

经司法鉴定，“TradeX”具备自动化登录证券账号、查询证券账号信息、证券账号持仓数据、进行证券交易的功能。经司法审计鉴定，被告人宋某甲、宋某乙通过销售通达信平台的API接口并提供后续服务，共发展客户1240名，收取销售服务费人民币902万余元（以下币种同）。

2020年12月30日，被告人宋某甲、宋某乙分别被公安机关抓获。上述二名被告人到案后均如实供述自己的罪行。

上述事实，有以下证据证明：

1. 深圳**公司提供的情况说明、外挂程序分析报告等相关材料，证明被告人宋某甲、宋某乙对深圳**公司“通达信”客户端进行破解，并侵入证券公司交易系统的事实。

2. 建设银行、招商银行等提供的银行账户交易明细、支付宝（中国）网络技术有限公司提供的支付宝账户交易明细、上海政信会计师事务所有限公司出具的审计报告，证明2017年3月29日起，被告人宋某甲、宋某乙通过销售通达信平台的API接口并提供后续服务，共发展客户1240名，收取销售服务费9027219.01元。截至目前，宋某甲和宋某乙共计非法获利5831263.53元，其中宋某甲4117795.77元，宋某乙1713467.76元。

3. 上海弘连网络科技有限公司计算机司法鉴定所出具的鉴定报告，证明“TradeX”具备自动化登录证券账号、查询证券账号信息、证券账号持仓数据、进行证券交易的功能。

4. 证人曾某某、阮某某、罗某某、文某某、马某某等人的证言、QQ聊天记录，证明被告人宋某甲、宋某乙对外出售非法交易接口“TradeX”外挂程序并牟利的事实。

5. 搜查证、搜查笔录，证明2020年12月30日，公安机关依法分别对被告人宋某甲、宋某乙办公场所进行搜查，当场查获涉案手机、硬盘、电脑等物品的事实。

6. 扣押决定书、扣押清单、扣押笔录，证明公安机关从被告人宋某甲、宋某乙处查获扣押涉案赃证物品的事实。

7. 公安机关出具的抓获经过、户籍信息，证明被告人宋某甲、宋某乙的到案过程以及身份信息，其均无前科。

8. 被告人宋某甲、宋某乙的供述，证明被告人宋某甲、宋某乙均对其对外出售非法交易接口“TradeX”外挂程序并牟利的犯罪事实供认不讳。

上述证据收集程序合法，内容客观真实，足以认定指控事实。被告人宋某甲、宋某乙对指控的犯罪事实和证据均没有异议，并自愿认罪认罚。

本院认为，被告人宋某甲、宋某乙对外出售“TradeX”交易接口牟利，情节特别严重，其行为均已触犯《中华人民共和国刑法》第二百八十五条第三款、第二款，第二十五条第一款之规定，犯罪事实清楚，证据确实、充分，应当以提供侵入计算机信息系统程序罪追究其刑事责任。被告人宋某甲、宋某乙自愿认罪认罚，依据《中华人民共和国刑事诉讼法》第十五条的规定，可以从宽处理。被告人宋某甲起主要作用，根据《中华人民共和国刑法》第二十六条第一款的规定，系主犯；被告人宋某乙起次要作用，根据《中华人民共和国刑法》第二十七条的规定，系从犯，应当从轻或减轻处罚。被告人宋某甲、宋某乙如实供述自己的罪行，根据《中华人民共和国刑法》第六十七条第三款的规定，可以从轻处罚。建议对被告人宋某甲判处有期徒刑四年，并处罚金；对被告人宋某乙判处有期徒刑二年六个月，并处罚金。根据《中华人民共和国刑事诉讼法》第一百七十六条的规定，提起公诉，请依法审判。

此致

上海市普陀区人民法院

检察官：魏某某

2021 年 5 月 28 日

【学者点评】

本案在全国范围内尤其是证券领域引起了广泛关注，系全国首例通过破解第三方股票交易软件（通达信）通信协议及安全检验技术，非法侵入数十家证券公司交易系统，为千余个场外配资等非法股票分仓交易软件提供接口的黑客案件。在打击黑客案件方面具有典型意义，检察机关在做到准确有力打击犯罪的同时，又能有效防范证券市场发生系统性风险，在一定程度上实现了解决社会矛盾纠纷、维护社会团结稳定等社会功能。

由于本案犯罪手法新颖，且具有极强的专业性，检察机关需要兼顾解决计算机专业术语与法律适用等多方面的问题，包括对“TradeX”程序属性、运行模式的专业性表述以及案件定性、法律适用的准确性把握等。承办人在法律文书撰写过程中，通过对案件事实与证据的仔细研判，做到起诉书对案件事实表述的专业性与精准度，并根据打击犯罪的时、度、效，从对本案的社会危害度、市场影响度进行分类分层，对起诉书的表述做了审慎把握，做到在打击犯罪的同时有效防范证券市场发生系统性风险。刑事检察文书是检察机关履行刑事检察职能的主要载体，是高质效办好每一个刑事案件的有机组成部分，更是人民群众感受公平正义的直接途径。起诉书一方面体现承办人具有较高的专业素养，另一方面能够直击痛点，回应公众期盼，彰显了检察机关的为民担当，是检察机关依法履职持续发挥效能的鲜活反映。

第一，起诉书准确归纳提炼出本案被侵害的客体——“通达信”服务器，该系统具备自动处理数据的功能，能够帮助客户实现交易指令的传输以及证券行情的获取，符合“两高”《关于办理危害计算机信息系统安全刑事案件应用法律若干问题的解释》对于计算机信息系统的认定。对于提供侵入计算机信息系统程序罪类型犯罪，难点在于如何准确归纳出被侵害的客体，承办人能够准确认定并清晰阐述，是该文书较为突出的特点。

第二，起诉书法条援引准确，量刑建议具有妥当性。被告人宋某甲、宋某乙二人利用“通达信”系统的漏洞，使用其“TradeX”交易接口，侵入由“通达信”承建、维护的广发证券、国泰君安、华泰证券等84家证券公司交易系统。其行为符合提供侵入计算机信息系统程序罪的同时，也符合帮助信息网络犯罪活动罪的犯罪构成，由于提供侵入计算机信息系统程序罪的法定刑最高可达七年有期徒刑，帮助信息网络犯罪活动罪的法定刑最高为三年。同一行为触犯两个罪名，符合想象竞合择一重处，起诉书对两名被告人以提供侵入计算机信息系统程序罪提起公诉，做到法律适用的准确性，充分表现承办检察官对法律使用的熟练掌握和准确运用能力。

第三，起诉书聚焦案件核心问题，条分缕析展开论证。本案“TradeX”具备接入券商股票交易系统实现委托、交易，获取行情的功能，该程序主要攻击的是客户端的交易模块，通过黑客技术劫持和利用客户端局部模块与交易服务器进行通信，属于注入式外挂程序，可以非法接入证券公司交易系统，绕过证券公司风控，逃避监管，被用于场外配资等非法业务。本案关于“TradeX”程序属性的表述，语言精练，表述规范，犯罪事实叙写清楚、完整。

第四，起诉书概括归纳复杂问题，具有重要借鉴意义。由于“TradeX”程序具有相当的隐蔽性以及灵活性，起诉书关于“TradeX”程序运行模式的专业性描述难度较大。承办人通过深入揭示该程序运行模式，揭示了该非法交易接口具有侵入性，进一步阐释了被告人行为的危害性。起诉书对“TradeX”程序属性的表述明确了该程序具有避开或者突破计算机信息系统安全保护措施，未经授权侵入计算机，获取计算机系统数据的功能，符合最高人民法院、最高人民检察院《关于办理危害计算机信息系统安全刑事案件应用法律若干问题的解释》第 2 条的规定，属于专门用于侵入计算机信息系统的程序。

（**点评人**：江溯，北京大学法学院研究员、博士生导师）

【检察官点评】

信息网络环境下，不法分子利用互联网技术手段，破解券商计算机信息系统服务器接口，开发、经营证券交易类软件，不仅侵害了券商的合法权益，扰乱了正常的证券市场交易秩序，而且损害了计算机网络公共秩序。

本案系全国首例通过破解第三方股票交易软件通信协议及安全检验技术，非法侵入数十家证券公司交易系统，为千余个场外配资等非法股票分仓交易软件提供接口的黑客案件，在全国范围内尤其是证券领域引起广泛关注。本案犯罪手法新颖，且具有极强的专业性，办案机关所撰写的起诉书表述专业、叙写精准、适用法律准确，做到在打击犯罪的同时有效防范证券市场发生系统性风险，充分体现办案机关切实维护证券市场的稳定，以高水平办案服务保障经济社会高质量发展的检察作为。

一、积极履职尽责，高质效办好新类型案件

本案中，犯罪分子利用“TradeX”程序实施了一系列高度专业化的犯罪活动，不仅成功突破了交易系统的安全防线，还以此为基础为上千个违法违规场外配资和非法股票分仓交易软件提供了不受监管的接入服务，给检察机关的审查起诉工作带来了巨大挑战。检察机关在办理该类新型案件时积极履职，充分发挥专业化办案能力，深入分析“TradeX”程序的内在特性和运作机制等专业技术问题，通过对案件事实进行细致的梳理和严谨的证据审查，为准确认定案件事实打下坚实的基础。与此同时，还秉承“办理一起案、打击一类犯罪、治理一个领域”的思路，转变办案理念，通过全面检视场外配资非法交易接口破解方、非法股票分仓交易软件开发方、场外配资方的生态链，准确还原非法场外配资的完整逻辑。非法接口作为场外配资犯罪的源头，为股票分仓交易软件接入证券市场搭建通道，一旦被植入“木马程序”或“变种病毒”，极易导致客户证券账户信息及交易数据泄露，降低持牌证券机构公信力，且由于规避了实名交易和穿透监管，极易滋生操纵证券市场及内幕交易等违法犯罪活动，严重扰乱证券市场秩序。检察机关根据非法接口黑客团伙的犯罪手法，将发现的监管漏洞向同级证监部门进行预警通报，并将暴露出的证券公司系统漏洞及潜在风险层报最高人民检察院转发中国证监会，由中国证监会牵头对证券公司及证券信息技术系统服务机构开展系统优化及风险排查，防范证券交易市场发生系统性风险。

二、剖析“TradeX”软件法律性质，体现办案专业性

起诉书对于“TradeX”软件的工具性和入侵性作了缜密论述，将复杂的计算机网络犯罪行为以专业且精确的语言予以呈现。一是针对“TradeX”软件的技术特性作了详细说明。起诉书中指出“TradeX”这款应用程序能够自动对接证券公司的股票交易系统，并借此执行下单交易以及实时获取市场数据等功能。通过对“TradeX. DLL”文件的特征分析可知，此“TradeX”程序实属注入型外挂软件，其非法渗透进入证券公司的交易系统，在规避证券公司的风险控制要求的同时成功逃过监管部门的审查，进而服务于诸如场外配资等违法违规活动。据此，起诉书中明确指出，“TradeX”程序具备故意绕开甚至突破计算机信息系统安全防护机制，未经许可擅自侵入计算机系统，并非法获取系统内数据的功能，符合最高人民法院、最高人民检察院《关于办理危害计算机信息系统安全刑事案件适用法律若干问题的解释》第 2 条之规定，即此类程序应被定义为专用于非法侵入计算机信息系统的工具。二是详细说明“TradeX”程序的运作机制。当各大证券公司采用的“通达信”客户端在对用户设备的安全性和云端访问权限执行严格检查时，“TradeX”采用了一种高阶的欺诈策略，即创建虚假的系统镜像以及伪造适应性防御代码，从而使非法的程序化交易接口得以冒充经过官方授权的合法客户接口，潜入证券公司的交易系统之内。这一非法接口不仅成功规避了系统的安全性检测，还实现了对实时行情数据的非法抓取以及对证券交易功能的擅自操控。通过深入剖析“TradeX”的核心技术手段，充分阐述其通过对“通达信”客户端的破解和运用高级伪装技术，非法渗透进入证券公司的交易体系的行为特征，揭露了这一非法接口实质上的入侵属性。

三、把握罪行主要特征，精准认定犯罪性质

起诉书准确认定了本案涉及的违法行为性质。一是明确被侵犯的客体。由“通达信”通信协议与相关证券公司服务器共同构建并高效运行的计算机信息系统，旨在为客户提供安全、便捷的证券交易服务，支持交易指令的实时传输及证券市场行情数据的即时获取，并具备智能化的数据处理能力，满足了司法解释中对计算机信息系统的定义要求。二是分析行为特征，准确适用法律。基于对黑客团伙破解并销售相关软件行为的专业分析，办案机关根据《刑法》第 285 条第 3 款的规定，依法认定二名被告人均涉嫌提供侵入计算机信息系统程序罪，并根据二人的责任大小区分了刑事责任。此外，涉案软件专门针对“通达信”服务下券商交易模块实施攻击，使不法分子得以利用非法配资和分仓软件从事非法证券交易活动，这无疑是在为违法犯罪活动提供定制化的技术工具和服务支持，同时构成帮助信息网络犯罪活动罪，同一犯罪行为触犯了两个罪名，属于刑法中的想象竞合犯，应从一重罪处罚。最终，检察机关对被告人以提供侵入计算机信息系统程序罪提起公诉，确保了法律适用的准确性。

党的二十大报告指出，要强化经济、重大基础设施、金融、网络、数据等安全保障体系建设。目前，计算机信息网络犯罪逐渐呈现专业化、复杂化、新型化的特点，检察机关应当始终坚持高质效办案理念，根据计算机信息网络犯罪的新特点和新形态，及时更新法律适用理念，准确界定犯罪构成要件，确保每一起犯罪案件都能得到公正、精准的法律评价，通过高质效办案有力维护国家计算机信息系统安全和金融市场秩序。

（**点评人**：多丽华，上海市人民检察院第二分院第三检察部副主任、四级高级检察官）

【法官点评】

随着信息化时代的到来，各类计算机犯罪也接踵而至，其犯罪手法之高、专业化之强给刑法的规制带来了严峻挑战。为有力回应和直面这一挑战，《刑法修正案（七）》增补了原有的计算机犯罪的条款，增设了非法获取计算机系统数据、非法控制计算机信息系统罪和提供侵入、非法控制计算机信息系统程序、工具罪。2011 年 8 月，最高人民法院、最高人民检察院发布了《关于办理危害计算机信息系统安全刑事案件应用法律若干问题的解释》（以下简称《解释》），为提供用于侵入、非法控制计算机信息系统的程序、工具案件提供了可操作的标准。

本案是全国首例通过破解第三方股票交易软件（通达信）通信协议及安全检验技术，非法侵入数十家证券公司交易系统，为千余个场外配资等非法股票分仓交易软件提供接口的黑客案件。在全国范围内尤其是证券领域引起广泛关注。本案的起诉书在对涉案的“TradeX”程序属性、运行模式精准表述的基础上，准确定性案件，正确适用法律，收到了良好的社会效果。

办理此类危害计算机信息系统安全的犯罪，首先遇到的困难是要准确了解涉案程序、工具的工作原理并将之准确地表述出来。这些用于违法犯罪活动的程序、工具往往具有相当的隐蔽性和灵活性，加之信息技术工作的专业壁垒，此项工作的难度可想而知。本案的起诉书界定，涉案的“TradeX”接口通过对“通达信”软件客户端交易主程序进行脱壳并破解，截获底层通信协议，劫持软件登录流程，后通过注入的方式对客户端核心通讯模块反非法接口措施文件进行篡改，并在各证券公司使用的“通达信”软件对客户终端完整性及云端限制进行安全检测时，以镜像欺骗以及伪造动态防御代码的方式，将非法的程序化交易接口伪装成证券公司许可的客户接口，侵入证券公司交易系统，实现非法获取行情数据及证券交易功能。这种准确到位的表述和界定为后续的法律适用奠定了坚实的基础。

根据《刑法》第285条的规定，提供侵入、非法控制计算机信息系统程序、工具罪是指提供专门用于侵入、非法控制计算机信息系统的程序、工具，或者明知他人实施侵入、非法控制计算机信息系统的违法犯罪行为而为其提供程序、工具，情节严重的行为。该罪的犯罪构成要件中，主客体要件均无争议。要准确适用法律，对案件的罪与非罪、此罪与彼罪做出正确判断，关键在于对客观要件中两个关键词的理解。

第一个关键词是计算机信息系统。根据《解释》第11条的定义，“计算机信息系统”和“计算机系统”是指具备自动处理数据功能的系统，包括计算机、网络设备、通信设备、自动化控制设备等。需要注意的是，《刑法》所保护的“计算机信息系统”的内涵和外延均广于《计算机信息系统安全保护条例》（1994年2月发布，2011年1月修订）的相关规定。该条例第2条对于计算机信息系统的定义，是指由计算机及其相关的和配套的、设施（含网络）构成的，按照一定的应用目标和规则对信息进行采集、加工、存储、传输、检索等处理的人机系统。

《刑法》加强对“计算机信息系统”的保护是时代发展的应有之义。随着计算机信息技术的发展，数据的存储、处理方式和能力都在发生着日新月异的变化，网络终端设备的多样化，带来网民数量的快速增加。据中国互联网络信息中心2024年3月22日发布的统计报告显示，截至2023年12月，我国网民规模达到10.92亿，较2022年新增网民2480万人，互联网普及率达到77.5%。网络已经完全融入人们的生产和生活，这使得网络安全的重要性日益凸显。立法者希望更有效地保护计算机信息系统的安全，对网络犯罪行为进行更合理的规制，必然会尽可能地把需要保护的对象纳入保护范围中来。

本案中，起诉书准确认定“通达信”通信协议与证券公司服务器已构成完整运行的计算机信息系统，能够帮助客户实现交易指令的传输以及证券行情的获取，具备自动处理数据功能，符合《解释》对于计算机信息系统的认定，应纳入刑法保护的范围。

第二个关键词是侵入。“侵入”计算机信息系统行为是指通过终端设备对他人的计算机信息系统进行非法访问，或者对其进行数据截收的行为。“侵入”行为比较常见表现形式包括：一是盗取他人访问密码，冒充合法用户实施侵入；二是合法用户越权访问；三是利用技术手段进入本无权进入的计算机系统，比如破解保护措施，或者利用计算机系统的漏洞，从而侵入计算机及其相关设备；四是通过“陷阱门”“后门”进行非法入侵。

证券领域的交易外挂程序，从技术分类上而言，主要包括模拟操纵类（不损害客户端完整性）、注入类（基本不损害客户端完整性，但可能对部分系统“API”进行拦截以躲避追查）、篡改类（严重损害客户端完整性）、脱机挂（完全依赖于协议代码破解或者协议代码泄露）。

本案涉及的“TradeX”程序属于注入式外挂程序。起诉书通过深入揭示该程序的运行模式，揭示了该非法交易接口具有“侵入”性。该外挂程序可以非法接入证券公司的交易系统，绕过证券公司的风控，逃避监管，被用于场外配资等非法业务。起诉书明确了该程序具有避开或者突破计算机信息系统安全保护措施，未经授权侵入计算机，获取计算机系统数据的功能，符合《解释》第2条的规定，属于专门用于侵入计算机信息系统的程序。

（**点评人：**林辛建，北京市第一中级人民法院督察室主任）

【律师点评】

本案系全国首例通过破解第三方股票交易软件（通达信）通信协议及安全检验技术，进而非法侵入数十家证券公司交易系统，为千余个场外配资等非法股票分仓交易软件提供接口的黑客案件，在全国范围内尤其是证券领域引起了广泛关注。

提供侵入、非法控制计算机信息系统程序、工具罪的实行行为具体包括两种情形：一是提供专门用于实施侵入、非法控制计算机信息系统的程序、工具；二是明知他人实施侵入、非法控制计算机信息系统的违法犯罪行为而为其提供程序、工具。对于第一种情形，最高人民法院、最高人民检察院《关于办理危害计算机信息系统安全刑事案件应用法律若干问题的解释》（以下简称《解释》）第 2 条规定，具有下列情形之一的程序、工具，应当认定为专门用于侵入、非法控制计算机信息系统的程序、工具：（1）具有避开或者突破计算机信息系统安全保护措施，未经授权或者超越授权获取计算机信息系统数据的功能的；（2）具有避开或者突破计算机信息系统安全保护措施，未经授权或者超越授权对计算机信息系统实施控制的功能的；（3）其他专门设计用于侵入、非法控制计算机信息系统、非法获取计算机信息系统数据的程序、工具。

在本案中，通达信通信协议与证券公司服务器构成了完整运行的计算机信息系统，能够帮助客户实现交易指令的传输以及证券行情的获取，具备自动处理数据功能，符合《解释》中关于“计算机信息系统”的规定。宋某甲在对通达信软件客户端中的通讯、控制模块进行脱壳、篡改，剥离其中的静态防御措施后，使用其自行开发的外挂主程序接管控制与通讯模块，重新搭建对外接口；再通过镜像欺骗以及篡改等手段破坏动态反外挂模组，并将上述程序代码封装成可以通过证券公司交易系统安全检测的“TradeX”交易接口。经司法鉴定，“TradeX”交易接口具备自动化登录证券账户、查询证券账户及持仓数据、证券交易等功能，可以获取证券公司交易系统的数据。

因此，“TradeX”交易接口是专门为突破证券公司计算机信息系统的安全保护措施和获取数据而设计，符合《解释》第 2 条第 1 项规定的“具有避开或者突破计算机信息系统安全保护措施，未经授权或者超越授权获取计算机信息系统数据的功能的”特征，是专门用于非法侵入《刑法》第285条第2款规定的计算机信息系统的程序。宋某甲、宋某乙提供“TradeX”交易接口这种专门用于侵入计算机信息系统的程序，构成《刑法》第285条第3款规定的提供侵入计算机信息系统程序罪。

本罪以“情节严重”为成立条件，若属于“情节特别严重”则适用加重处罚的规定。对此，《解释》第3条规定，提供专门用于侵入计算机信息系统的程序20人次以上，违法所得5000元以上的，属于“情节严重”；前述标准5倍以上即100人次以上，违法所得25000元以上的，属于“情节特别严重”。根据上海政信会计师事务所出具的鉴定意见，宋某甲、宋某乙共计向1240个公司及个人出售“TradeX”交易接口2506个，宋某甲、宋某乙共计非法获利902余万元。因此，他们的行为系属提供侵入计算机信息系统程序情节特别严重，根据《刑法》第285条第3款的规定，应当判处3年以上7年以下的有期徒刑。

此外，由于“TradeX”交易接口专门用于攻击通达信服务的券商交易模块，使非法配资、分仓软件实现证券交易，为违法犯罪提供了程序、技术上的支持，所以宋某甲、宋某乙的行为还符合《刑法》第287条之二规定的帮助信息网络犯罪活动罪，与《刑法》第285条第3款规定的提供侵入计算机信息系统程序罪具有想象竞合关系。如上所述，宋某甲、宋某乙的行为构成提供侵入计算机信息系统程序罪的情节加重犯，法定最高刑为7年有期徒刑，而帮助信息网络犯罪活动罪的法定刑最高为3年，根据想象竞合从一重罪论处的原理，应当认定为侵入计算机信息系统程序罪。因此，起诉书对两名被告人以提供侵入计算机信息系统程序罪提起公诉，符合罪刑法定原则的要求，实现了法律适用的准确性。

本案的犯罪手法新颖且具有极强专业性，而检察机关的起诉书做到了以下两点：第一，细致的研究和分析。检察机关对“TradeX”交易接口的属性和运行模式进行了深入的研究，掌握了案件的核心技术细节，为后续的法律适用和定性提供了重要的依据。第二，准确且专业的表述。

在起诉书的查明事实部分，检察机关作出了准确、专业的表述，充分展现了承办检察官对案件中专业问题的深入了解和专业素养，为案件的成功办理提供了有力的支持。

金融是国民经济的血脉，也是国家核心竞争力的重要组成部分，金融高质量发展能够更好地服务实体经济，为企业提供高质量、高效益、更加安全的金融服务。而“TradeX”交易接口的存在和使用，对金融市场的正常交易秩序造成了严重的干扰和破坏。检察机关对“TradeX”交易接口的制作者和销售者提起公诉，一方面打击扰乱计算机管理秩序和金融秩序的犯罪行为，另一方面旨在向互联网领域黑色、灰色产业从业人员发出震慑信号：不论是在网络安全还是金融领域，违法行为都将受到法律的严惩，同时也引导社会公众在进行相关金融活动时具有规范意识，有效保护了证券领域的计算机信息系统的安全，有助于营造一个更加清朗、安全的网络环境和金融市场。

（**点评人**：徐宗新，上海靖霖律师事务所主任）

29. 黄某甲不服法院生效刑事裁判申诉案：十八年的等待

【案情简述】

1996年，青春年少的黄某甲，怎么也想不到，自己会莫名卷入一场“血雨腥风”。等到无罪释放走出监狱时，他已经42岁了。人生中最宝贵的18年，这一路坎坷的申冤之路，走得那么久、那么沉重。

1994年春节期间，海南省琼山市**镇（现为海口市秀英区**镇）**村和**村村民因修电闸结下仇怨。同年7月5日下午2时许，**村村民黄某子和朋友王某乙路过**村时，黄某乙、黄某丁便伙同黄某癸、黄某戊、黄某庚、黄某辛、王某甲（另案处理）持刺刀、棍棒、锄头等凶器追打二人。在追打过程中，黄某乙、黄某甲用刺刀朝王某乙的身上乱砍，其余同伙用棍棒乱打，致黄某子死亡、王某乙重伤。案发后，当地警察赶到现场，并进行了勘查。

反复的抓捕，黄某甲最终难脱厄运。案发两年后的春节刚过，1996年3月，琼山市公安局开始侦办此案，但他们没有直接抓黄某乙，而是带走了二三十个年轻小伙，其中就包括案发时不在现场的黄某甲。但几天后，黄某甲被放了回来。过了三个月，黄某甲又被抓了，这一次他被羁押了半年。同年11月21日，黄某甲的父亲为其办理了取保候审。黄某甲以为厄运已经过去，可万万没想到，1998年5月，黄某甲第三次被抓。这一抓，就是漫长的羁押和牢狱生活。

他人的指认、供证的“印证”，黄某甲被定罪。原来随着犯罪嫌疑人黄某乙和黄某丁先后落网，二人均指认黄某甲参与作案，尽管在作案工具上说法不一，黄某乙称黄某甲拿了“长约40公分的剑”，黄某丁则说黄某甲手持“西瓜刀”。在案的目击证人黄某寅也提到了黄某甲参与作案。2000年6月，海南中级人民法院开庭审理了这一案件。同年7月11日，根据被告人口供与证人证言，法院作出一审判决，黄某甲犯故意杀人罪，判处无期徒刑。黄某乙、黄某丁也一同被追究刑事责任。一审判决后，黄某甲立即提起上诉。2000年12月，海南省高级人民法院裁定驳回上诉，维持原判。

主犯悔过，案件迎来巨大转机，然而机会终未变为现实。2002年5月，黄某乙因作违心指认，饱受内心煎熬，最终鼓起勇气写下一封悔过信，其在信中称："追打黄某子一案，事实上黄某甲没有参与，之所以会向办案机关提供了虚假证词，指证黄某甲有罪，是因为他曾带办案人员回村抓捕涉案人员，因而凡涉案人员均对他的作为心怀怨恨。现陈述实情，还黄某甲一个清白，恳请有关部门及时予以处理。"2002年海南省检察院复核该案，黄某丁也称自己是迫于刑讯逼供做的伪证，"黄某甲根本不在现场"。同时，复核人员还找到了黄某甲的不在场证据，几名工友证明，案发当天黄某甲没有回家，而是一同在澄迈的一个村里工地上搅拌水泥。原案定罪的证据体系逐渐被打破，然而刑事申诉检察部门将案件移交公诉部门重新审查时，黄某甲的几个工友改变了之前的口供，称记不清了，复核工作陷入僵局。最终，2007年1月，海南省人民检察院驳回了黄某甲的申诉请求。

苍天不负有心人，天道轮回正义彰显。2013年初，最高人民检察院等单位组成的联合检查组到海口监狱专项检查之际，黄某甲向检查组反映了自己的冤情。2013年10月，最高人民检察院对黄某甲案件正式立案复查。

在这次复查中取得了两个突破性进展：一方面，7名同案犯中唯一一名坚持称黄某甲参与了作案的王某甲推翻了以往的说法，称自己确定不了黄某甲参与作案。另一方面，唯一指认黄某甲作案的证人黄某寅被证明案发时并不在现场，其证言的可信度不高。2014年3月，最高人民检察院向最高人民法院提出了再审检察建议书，启动了再审程序。2014年9月29日，海南省高级人民法院再审开庭，当天黄某甲被宣判无罪释放。

【文书原文】

最高人民检察院

再审检察建议书

高检刑申再建〔2014〕1号

申诉人（原审被告人）黄某甲，男，1972年**月**日出生，汉族，海南省琼山市人，小学文化，农民，住海口市秀英区**镇**村。因涉嫌故意杀人罪，于1996年6月21日被收容审查，11月21日因证据不足、超期羁押被解除收容审查，取保候审。1998年6月25日被逮捕。因犯故意杀人罪，被判处无期徒刑。现在海南省海口监狱服刑。

原审被告人黄某乙，别名黄某丙，男，1972年**月**日出生，汉族，海南省琼山市人，小学文化，农民，住海口市秀英区**镇**村。因涉嫌故意杀人罪，于1997年6月7日被刑事拘留，1998年6月25日被逮捕。因犯故意杀人罪，被判处死刑缓期二年执行。现在海南省三亚监狱服刑。

原审被告人黄某丁，男，1976年**月**日出生，汉族，海南省琼山市人，小学文化，农民，住海口市秀英区**镇**村。因涉嫌故意杀人罪，于1999年8月2日被逮捕。因犯故意杀人罪，被判处有期徒刑八年。现已刑满释放。

原案被告人黄某戊，又名黄某己，男，1967年**月**日出生，汉族，小学文化，农民，海口市秀英区**镇人，住海口市秀英区**镇**村。因涉嫌故意杀人罪，于2005年9月2日被逮捕。因犯故意杀人罪，被判处无期徒刑。现在海南省美兰监狱服刑。

原案被告人黄某庚，男，1972年**月**日出生，汉族，小学文化，农民，海口市秀英区**镇人，住海南省陵水县**农场。因涉嫌故意杀人罪，于2005年9月14日被逮捕。因犯故意杀人罪，被判处有期徒刑八年。现已刑满释放。

原案被告人黄某辛，男，1965年**月**日出生，汉族，小学文化，农民，海口市秀英区**镇人，住海口市秀英区**镇**村。因涉嫌故意杀人罪，于2005年9月30日被逮捕。因犯故意杀人罪，被判处有期徒刑五年。现已刑满释放。

原案被告人黄某壬，又名黄某癸，男，1975年**月**日出生，汉族，小学文化，农民，海口市秀英区**镇人，住海口市秀英区**镇**村。因涉嫌故意杀人罪，于2005年9月30日被逮捕。因犯故意杀人罪，被判处有期徒刑五年。现已刑满释放。

原案犯罪嫌疑人王某甲，外号“黎某某”，男，1981年出生，黎族，小学文化，海南省琼中县人，住琼中县**镇**村。因涉嫌故意杀人罪，于2001年3月28日被刑事拘留，5月21日被逮捕。因犯罪时未满十四周岁，后被释放。

原案被害人黄某子，男，汉族，殁年32岁，海口市秀英区**镇人，住海口市秀英区**镇**村。

原案被害人王某乙，男，汉族，时年34岁，海南省定安县人，住定安县**乡**村。

2000年5月25日，海南省人民检察院海南分院以故意伤害罪对被告人黄某乙、黄某甲、黄某丁提起公诉。同年10月11日，上述三名被告人被海南省海南中级人民法院以故意杀人罪分别判处死刑缓期二年执行、无期徒刑及有期徒刑八年。同年12月21日，海南省高级人民法院作出终审裁定，驳回黄某甲和黄某乙的上诉，维持原判。2001年10月25日，犯罪嫌疑人王某甲归案后因犯罪时未满十四周岁，被退回公安机关作撤案处理。法院宣判后，黄某甲仍不服，一直申诉。2003年11月12日，海南省人民检察院对该案立案复查。2007年1月30日，海南省人民检察院作出《刑事申诉复查通知书》，认定申诉人的申诉理由不能成立，决定不予提请抗诉。2005年9月，在逃同案犯黄某戊、黄某庚、黄某辛及黄某壬先后归案。2006年3月10日，海口市人民检察院对上述四人以故意杀人罪提起公诉。同年6月9日，上述四名被告人被海南省海口市中级人民法院以故意杀人罪分别判处无期徒刑、有期徒刑八年和有期徒刑各五年。2007 年 1 月 21 日，海南省高级人民法院作出终审裁定，驳回四名被告人的上诉，维持原判。2013 年 10 月 14 日，黄某甲向我院申诉。

海南省海南中级人民法院（2000）海南刑初字第 83 号刑事判决书认定：1994 年春节期间，琼山市 ** 镇 ** 村委会 ** 村和 ** 村村民因修电闸之事发生矛盾，双方结下仇怨。黄某乙胞兄因此曾被黄某子等 ** 村村民殴打，黄某乙由此亦伺机报复。1994 年 7 月 5 日下午 2 时许，** 村村民黄某子和朋友王某乙路过 ** 村时，被黄某乙等人发现。被告人黄某乙、黄某甲、黄某丁便伙同黄某辛、黄某庚、黄某己、黄某癸、王某甲（另案处理）持刺刀、棍棒、锄头等凶器追打二被害人。被害人王某乙逃跑时摔倒在地，被追赶上来的黄某乙、黄某甲、黄某丁及同伙抓住，黄某乙、黄某甲用刺刀朝其身上乱砍，其余同伙用棍棒乱打，王某乙被打倒在田坑里，被告人及其同伙才住手。黄某子逃到 ** 村黄某丑厨房内躲藏起来，也被随即追赶而至的黄某乙等人搜出，黄某己持锄头将黄某子打倒在地，被告人黄某乙、黄某甲持刀朝其乱砍、乱刺。其余同伙也持木棍朝其乱打。户主黄某丑、黄某寅、黄某卯上前劝阻，也受到被告人一伙的威胁。黄某子跪地求饶，被告人黄某甲、黄某丁等人停止了殴打。但被告人黄某乙仍上前用刺刀朝黄某子身上砍、刺数刀，尔后，被告人及其同伙才逃离现场。

海南省海南中级人民法院认为，被告人黄某甲辩解称，他没有参与杀人，案发时，他不在现场。经查，被告人黄某甲参与杀人，不仅有被告人本人在侦查阶段的多次供述，而且有同案人黄某乙、黄某丁的多次供认及现场目击证人黄某丑、黄某寅、黄某卯的证言所证实。因此，被告人这一辩解无理，不予采纳。

海南省高级人民法院认为，被告人黄某乙、黄某丁供述黄某甲参与作案且持刀砍、刺被害人黄某子；黄某乙、黄某丁与黄某甲系同村人素无矛盾，无陷害黄某甲的原因；黄某甲提供的证人曾某甲、曾某乙等人未能证实案发当天黄某甲的确切行踪。因此，黄某甲提出的辩解无证据佐证，海南省高级人民法院未予采纳。

我院经依法审查，认为原审判决认定黄某甲故意杀人的事实不清，证据不确实、不充分，公安机关办案不规范，取证不及时，提取证据未按规定入卷，导致认定黄某甲参与作案存在重大疑问，现有证据不能证明黄某甲有作案时间，具体理由如下：

第一，原审认定黄某甲故意杀人的证据不确实、不充分。

1. 原审被告人黄某甲的供述缺乏稳定性，证明力较弱，原审同案人的互供之间存在矛盾。黄某甲在侦查阶段虽作过有罪供述，但承认持刀伤害被害人的供述仅有一次，且在全案中其有罪供述不稳定，时供时翻，供述前后不一。原审其他被告人供述就案发关键情节不能相互印证，存在的矛盾没有得到合理排除。

2. 现场三名目击证人中，黄某卯和黄某丑的证言中没有提及黄某甲参与作案，海南省海南中级人民法院刑事判决书中关于“证人黄某丑、黄某寅、黄某卯的证言证实，1994 年 7 月 5 日下午，他们目睹了黄某乙、黄某甲等一伙人持刀、棍等凶器，在其家厨房里殴打被害人黄某子”的认定，及“被告人黄某甲参与杀人，有现场目击证人黄某丑、黄某寅、黄某卯的证言所证实”的认定，与原审在案证据明显不符。黄某寅的证言虽然证实黄某甲在案发现场，但却没有证实其有持械殴打被害人的行为，与原审被告人黄某乙、黄某丁的供述及被害人黄某子的法医鉴定结论之间没有形成完整、封闭的证据链条。

综上，原审在案证据不能证实黄某甲有故意杀人的行为。

第二，公安机关办案不规范、取证不及时，提取证据未按规定入卷，导致认定黄某甲参与作案存在重大疑问。

1. 1996 年 3 月至 1998 年 5 月，黄某甲先后三次被抓，但在案侦查卷宗没有接警记录、立案及破案的相关材料，导致公安机关如何确定其为犯罪嫌疑人的事实不清。

2. 原案 1994 年 7 月 5 日事发，公安机关除于案发次日询问目击证人黄某卯、制作现场勘查笔录外，其后并没有及时提取相关证据，目击证人黄某丑、黄某寅的证言系事发三年后才提取，原审被告人系事发五年后才全部到案，导致其证言及供述的证明力明显不足，作案工具等实物证据未能提取到案。

3. 原案侦查取证期间，对于证人黄某辰、黄某巳证实黄某甲案发时不在现场的证据没有按规定入卷。

第三，现有证据不能证明黄某甲有作案时间。

1. 原案涉案的八人中，除黄某甲提出无罪辩解外，二名原审被告人黄某乙、黄某丁与后续到案的黄某己、黄某辛和黄某壬均供认案发时黄某甲不在现场，其供述连续、稳定，前后一致，彼此能够相互印证，真实性和可信度较高。虽然黄某庚的供述缺乏连贯性，前后有异，但亦没有明确指认黄某甲参与殴打。未成年人王某甲虽然曾证实黄某甲在案发现场，但供述存在反复，且有诸多矛盾和疑点不能得到合理排除；其供述时监护人不在场，供述内容的真实性和可信度也较低，证明力相对较弱。

2. 证人吴某甲、吴某乙、曾某甲、曾某乙、黄某辰、黄某巳和王某丙的证言：证明了黄某甲打工的时段、地点、案发次日行迹等事实、可以间接证实黄某甲没有作案时间的无罪辩解，黄某辰和黄某巳的证言证明了黄某甲不在案发现场，与黄某甲的无罪辩解及其同案人的供述能够相互印证。

综上所述，本院认为，海南省海南中级人民法院（2000）海南刑初字第83号刑事判决书和海南省高级人民法院（2000）琼刑终字第126号刑事裁定书，认定黄某甲故意杀人的事实不清，据以定罪的证据不确实、不充分，认定黄某甲参与作案存在重大疑问，现有证据不能证明黄某甲有作案时间。本案符合《中华人民共和国刑事诉讼法》第二百四十二条第（一）项及第（二）项规定的应当重新审判的条件。为维护司法公正，保障申诉人的合法权益，同时为节约司法成本，提高诉讼效率，建议按照审判监督程序对黄某甲故意杀人一案重新审判。

此致

中华人民共和国最高人民法院

中华人民共和国最高人民检察院

2014年3月26日

【学者点评】

黄某甲等人故意杀人案发生于1994年，海南省海南中级人民法院一审判决认定，黄某甲系主犯，判处其无期徒刑，剥夺政治权利终身；黄某甲辩称其没有参与杀人，案发时不在现场，一审法院认为被告人的辩解无理，不予采纳。一审判决作出后，黄某甲提出上诉。海南省高级人民法院二审作出了驳回上诉、维持原判的裁定。黄某甲进而向最高人民检察院提出申诉，称自己没有参与作案，以前在公安机关侦查阶段供认参与作案，是被公安人员逼供和诱供造成的，请求再审宣告无罪。最高人民检察院经依法审查，认为原审判决认定黄某甲故意杀人的事实不清，证据不确实、不充分，公安机关办案不规范，取证不及时，提取证据未按规定入卷，导致认定黄某甲参与作案存在重大疑问，现有证据不能证明黄某甲有作案时间，故建议按照审判监督程序对黄某甲故意杀人一案重新审判。最高人民检察院制发的再审检察建议书简要陈述了原案被告人和被害人的基本情况，原案从公诉到一审、二审的办理情况，详细阐述了原审判决存在事实不清、证据不足问题的具体理由。该案由海南省人民检察院承办。海南省高级人民法院经过重新审理，改判黄某甲无罪。最高人民检察院制发的再审检察建议书为纠正冤错案件提供了坚实的基础。

一、严格把握刑事证明标准

根据2012年《刑事诉讼法》第242条的规定，对于据以定罪量刑的证据不确实、不充分、依法应当予以排除，或者证明案件事实的主要证据之间存在矛盾的案件，当事人及其法定代理人、近亲属提出申诉的，人民法院应当重新审判。证明被告人有罪的证据应当达到法定的证明标准，否则不能认定有罪。刑事证明标准是贯穿刑事诉讼始终的一条金线，贯穿侦查、审查起诉和审判的全过程。最高人民检察院在进行法律监督的过程中，重点围绕定罪的证明标准，阐述了应当启动审判监督程序的具体理由。

其一，原审认定黄某甲故意杀人的证据不确实、不充分。原因之一在于原审被告人黄某甲的供述缺乏稳定性，原审同案人的互供之间存在矛盾；原因之二在于现场3名目击证人中，其中两人的证言没有提及黄某甲参与作案；另一人的证言虽然证实黄某甲在案发现场，但却没有证实其有伤害被害人的行为。认定被告人有罪应当达到案件事实清楚，证据确实、充分的证明标准。被告人的供述应当具有稳定性，多次供述之间能够相互印证，供述与证人证言之间能够相互印证。对于被告人存在翻供、时供时翻等情形的，重点审查对于关键事实的供述次数，以及被告人黄某甲对于关键情节的供述和其他同案被告人的供述以及证人证言之间的相互印证情况。经检察机关审查，黄某甲虽然在侦查阶段做过有罪供述，但是承认持刀伤害被害人的供述仅有一次，在全案中有罪供述不稳定，原审其他被告人供述中关于关键情节的内容不能相互印证。再审法院经审理认为检察机关的检察建议意见正确，予以采纳。

其二，公安机关办案不规范导致认定黄某甲参与作案存在重大疑问。公安机关取证工作的规范程度直接影响证据的有效性和证明力。本案中，公安机关于 1996 年 3 月至 1998 年 5 月 3 次羁押黄某甲，但是在案侦查卷宗没有接警记录、立案和破案的相关材料，导致公安机关如何将黄某甲确定为犯罪嫌疑人的事实不清。1994 年 7 月 5 日案发后，公安机关除了在案发次日询问目击证人黄某卯、制作现场勘验笔录外，没有及时收集相关证据，目击证人黄某丑、黄某寅的证言系事发 3 年后取得，同案被告人案发 5 年后才全部到案，影响证人证言与被告人供述的证明力，而且，作案工具等实物证据未能提取到案，致使案件的直接证据和实物证据不足。原审侦查期间，对于证人黄某辰、黄某巳案发时不在现场的证据没有按照规定入卷。最高人民检察院在审查之后认为，上述公安机关在办案过程中的不规范、取证不及时、提取证据未按照规定及时入卷等问题，导致认定黄某甲参与作案的证据的证明力存疑。

其三，现有证据不能证明黄某甲有作案时间。原案涉案的 8 人中，除黄某甲提出无罪辩解外，有 4 名被告人供认案发时黄某甲不在现场，且供述稳定，能够相互印证；虽然 1 名被告人的供述缺乏连贯性，但没有明确指认黄某甲参与殴打。有 7 名证人证明了黄某甲打工的时段、地点、案发次日行踪等，可以间接证明黄某甲没有作案时间。黄某甲的判决生效后，2003 年 10 月起检察机关开始复查黄某甲案至检察建议作出时，同案犯黄某乙和黄某丁始终证实黄某甲没有参与作案，黄某乙称以前供述黄某甲参与作案是因为怀疑黄某甲检举自己而被抓，为报复黄某甲作了虚假供述。检察机关认为，黄某甲的有罪判决作出后，出现了证明黄某甲无罪的新证据，且新证据与黄某甲的辩解可以相互印证。因此该案不能排除黄某甲不在犯罪现场的合理怀疑。

综上所述，再审检察建议书通过三方面的论证，充分表明了对于原审被告人黄某甲据以定罪量刑的证据不确实、不充分，证明案件事实的主要证据之间存在矛盾，依法应当启动审判监督程序。

二、准确发挥法律监督职能

检察机关是宪法规定的“国家法律监督机关”，应当运用国家权力，依照法定程序，检查、督促和纠正法律实施中的违法行为。具体到刑事审判监督领域，检察机关可以通过提起抗诉、提出检察建议和纠正违法通知书等方式对人民法院的审判活动进行监督，其中提出再审检察建议是一种柔性的监督方式，与提起抗诉不同，制发检察建议并不必然引起再审程序的启动，但是可作为人民法院启动再审程序的重要依据。最高人民检察院于2013年受理了原审被告人黄某甲的申诉，经依法审查后认为，本案属于事实不清、证据不足的判决，建议最高人民法院启动审判监督程序对该案重新审判。最高人民法院经过审查认同最高人民检察院检察建议书的基本意见，由海南省高级人民法院受理了被告人黄某甲的申诉，启动审判监督程序，依法重新组成合议庭对该案进行了全面审理，结合新收集的证据，改判申诉人黄某甲无罪。最高人民检察院的检察建议，发挥了法律监督的纠错功能，体现了检察机关依法履职的严谨性和准确性。

2013年发布的《最高人民检察院关于加强和改进刑事申诉检察工作的意见》第2条规定：“刑事申诉检察是人民检察院依法办理刑事申诉、国家赔偿和刑事被害人救助案件的职能活动，是检察机关法律监督职能的重要组成部分，是司法救济程序的重要环节，承担着权利救济保障、司法活动监督、自身执法监督、社会矛盾化解等多重职能。”对确有错误的生效裁判依法提起抗诉或再审检察建议并出席再审法庭，是检察机关发挥法律监督职能的重要方式。最高人民检察院印发的《2023—2027年检察改革工作规划》中将“研究推进刑事再审检察建议工作”列为一项重要任务。本案中，原审判处黄某甲有罪的判决作出后，出现了证明黄某甲没有参与故意杀人犯罪的新证据，最高人民检察院受理黄某甲不服法院生效裁判的申诉后，通过认真审查案卷材料，倾听申诉人黄某甲的意见，补充完善新的证据，及时提出检察建议，推动法院启动了审判监督程序，实现了纠正错判，维护公正，沉冤昭雪的良好效果，彰显了检察建议的法律监督价值功能。

（**点评人**：熊秋红，中国政法大学诉讼法学研究院院长、教授；刘开元，中国政法大学刑事司法学院博士研究生）

【检察官点评】

一个普通的农村小伙，在其24岁时被牵涉进一桩命案，26岁时被逮捕，后被判处无期徒刑。在看守所及监狱度过十余年后，终获无罪判决，出狱时已至中年。案情的反转，引起了舆情高度关注，也对涉案人员和社会造成了巨大的影响。人生最美好的年华，因一桩错案而枉付囹圄；人生最珍贵的青春，因办案不慎而失不再来。由此可见，我们办的确实不是简单的案子，而是别人沉甸甸的人生。特别是一旦错捕、错判、错押，造成的后果不仅是案件本身被否定，还有当事人及其亲属承受痛苦、法律公正遭受质疑以及司法权威受到损害。通过申诉复查，准确发现错误，勇于纠正错误，依法提出再审检察建议，正是检察履职的价值所在。由此，才能让全社会坚定法治信仰，相信正义终会到达。2015年11月，本案入选“全国检察机关刑事申诉检察精品案件”。

尽管案件经过中级人民法院一审、高级人民法院二审，“罪犯”已服刑多年，但最高人民检察院在申诉复核过程中仍然审慎严谨、一丝不苟，严格按照法律规定办理。其中重点在于立足客观事实，深入剖析原定案证据存在的问题，结合新发现的证据（黄某乙等入监服刑后申冤、原在逃同案人黄某己等归案后收集的证据），准确指出原审判决认定申诉人黄某甲故意杀人的事实不清，证据不足；在此基础上，明确提出现有证据不能证明黄某甲有作案时间的意见。坚持了检察机关客观公正的立场，展现了正视问题、有错必纠的态度。本案由最高人民检察院启动，通过检察机关上下联动、有效监督、强力推动，申诉人最终被改判无罪，重获自由。可见检察机关积极、充分履职，对扭转案件的走向起到十分关键的作用，对下级检察机关办理相关案件具有很强的指导和示范意义。

纵观全案办理过程，检察机关主要履职特点有：一是客观评价全案证据。一方面，对原审认定的证据进行了回顾，指出了原审被告人黄某甲供述不稳定、证明力弱，与原审同案人供述存在矛盾；3名目击证人有两人没有提及黄某甲参与作案，一人虽称黄某甲在场却未证实有持械殴打被害人的行为，与其他被告人的供述等证据没有形成完整、封闭的证据链条。另一方面，对新发现的证据进行了综合分析，后续到案4名被告人均称原审被告人黄某甲不在场，与先归案的另两名被告人及黄某甲本人供述连续、稳定，前后一致。并结合新收集的证人证言，能够证明黄某甲打工的时间、地点等情况，间接证实黄某甲没有作案时间。二是直面侦查取证问题。包括没有收集证据支撑公安机关如何确定原审被告人黄某甲为犯罪嫌疑人，对2名目击证人事发3年后才收集其证言，对2名证人证实黄某甲不在场的证言未按规定入卷等，结合司法实践经验可知，这些问题有的影响了证据的证明力，有的还影响了后续诉讼环节办案人员对全案的判断。三是明确审查结论和提出再审建议。在全面分析在案证据的基础上，得出了“原审据以定罪的证据不确实、不充分，认定黄某甲参与作案存在重大疑问，现有证据不能证明黄某甲有作案时间”的明确结论，从而提出了“建议按照审判监督程序对黄某甲故意杀人一案重新审判”的明确意见。这为案件的转折带来了希望，也为正义的最终到达带来了希望。

本案系经刑事申诉导入审判监督程序，最终由人民法院再审改判，主要涉及对相关诉讼法律法规的理解和适用。再审检察建议书适用现行《刑事诉讼法》第253条，内容与修正前一致。该条第1款规定了人民法院应当重新审判的五种情形，其中前两项应当适用于本案，即有新的证据证明原判决、裁定认定的事实确有错误，据以定罪量刑的证据不确实、不充分，原判决、裁定适用法律确有错误等情形，符合人民法院应当重新审判的条件。通过刑事再审检察建议督促法院自行启动再审程序以纠正错误裁判，维护了司法公正和法律权威，强化了检察机关采取抗诉以外的刑事审判监督方式。

本案再审检察建议书撰写方面有以下特征：一是时间线清晰，逻辑严谨。罗列原审当事人基本情况时删繁就简，写明了被采取强制措施的时间，与案发时间和各诉讼环节时间相吻合，便于全面展现本案的诉讼流程。在论述证据存在的问题时，首先回顾原审认定的相关证据，其次说明公安机关取证不规范、不及时，最后阐述新发现证据所证明的问题，时间环环相扣，逻辑十分严谨。二是用事实说话，论证充分。在分析“原审定罪证据不确实、不充分”“公安机关办案不规范、取证不及时”“现有证据不能证明黄某甲有作案时间”这三个关键问题时，都逐条列举了客观事实和相应证据，说理清晰，论证充分。三是重点突出，与出庭意见呼应。全文表述繁简得当，论述问题突出重点。结合本案终审判决书对辩护人和出庭检察员双方的意见分析情况来看，再审检察建议书论证的重点也是庭审的焦点，检察员出庭意见与再审检察建议书所持观点、论证理由相互呼应，也体现了法律文书即出庭之基础。

（**点评人**：王雁飞，四川省广安市人民检察院检察长）

【法官点评】

刑事检察文书，是法律知识、法学理论和办案实践的结合集成，也是连接检察机关和人民群众的重要桥梁，是人民群众感受司法公平公正的直观载体。优秀的刑事检察文书，不仅有助于推动检察机关高水平履职，也有利于让人民群众在案件中、文书里感受到公平正义。本案文书为最高人民检察院切实履行刑事诉讼监督职责，针对省级人民法院生效刑事裁判提出的再审检察建议书。文书聚焦事实查明、证据审查、办案程序等重点环节或场景，从证据数量、证据质量、证明标准等多维度着力，对刑事裁判存在问题逐项分析，从内容上看，援法精准，说理透彻，论证严密；从形式上看，要素齐备、重点突出、语言规范，是一篇优秀的再审检察建议书。

一、严循文书规范，阐述检察意见立场理由

本案再审检察建议书严格遵循刑事检察文书行文规范。第一部分，在介绍被告人基本情况后，进一步说明案件来源，即海南省海南中级人民法院对3名被告人作出一审刑事判决，海南省高级人民法院作出终审裁定，被告人黄某甲仍不服，向最高人民检察院申诉。随后，文书简要介绍一审刑事判决认定的主要事实，以及海南省海南中级人民法院、海南省高级人民法院针对黄某甲辩解的意见。在此基础上，进一步阐明最高人民检察院提起检察意见的立场及理由。文书相关内容讲究文理，形式规范、结构完整、表述严谨。

二、严守证明标准，审查在案证据数量质量

我国《刑事诉讼法》规定的“犯罪事实清楚，证据确实、充分”是一个主客观相结合的证明标准。所谓“犯罪事实清楚”，是从主观状态上说的，指办案人员对定罪量刑有关的事实和情节已经查明或认识清楚。所谓“证据确实、充分”，是从客观标准上说的，是对证据质和量的综合要求，是实现办案人员对案件事实查明或认识清楚的客观根据。司法实践中，“证据确实、充分”较难把握，要结合侦查人员、检察人员、审判人员的主观判断，只有对案件已经不存在合理的怀疑，形成内心确信，才能认定案件“证据确实、充分”。根据《刑事诉讼法》第55条的规定，“证据确实、充分”要求：（1）定罪量刑的事实都有证据证明；（2）据以定案的证据均经法定程序查证属实；（3）综合全案证据，对所认定事实已排除合理怀疑。案件中，从证据质量上看，部分证据不够稳定，甚至彼此矛盾，对犯罪事实的证明力不够。如原审被告人黄某甲的供述缺乏稳定性，证明力较弱，原审同案人的互供之间存在矛盾；又如现场3名目击证人中，其中黄某卯和黄某丑两位证人的证言并未提及黄某甲参与作案。从证据数量上看，能够有效证明被告人黄某甲犯罪事实的有罪证据缺乏，办案机关证据收集不够充分。基于上述情况，对于法院生效裁判认定的事实，存在符合常理的、有根据的怀疑，尚未达到内心确信的程度，不能排除合理怀疑。故在对证据实质性审查的基础上，检察官明确提出意见：原审认定黄某甲故意杀人的证据不确实、不充分。

三、严格办案程序，指出侦查程序规范不足

法律的生命不仅仅在于出台，更在于得到严格贯彻实施。侦查活动是刑事诉讼的基础环节，也是起诉和审判活动顺利进行的重要保证。侦查活动质量如何，对起诉和审判活动有着直接影响。因此，《刑事诉讼法》对侦查活动作出一系列的程序限制。对于办案人员违反法定程序、程序不规范等情形，应明确予以否定性评价，才能使程序性违法行为的受害者获得救济，才能使相关法律得到严格实施，具有更持久的生命力。案件中，公安机关未严格遵守法定侦查程序要求，相关工作和活动规范性不足。一是黄某甲先后三次被抓，但在案侦查卷宗没有接警记录、立案及破案的相关材料，导致公安机关如何确定其为犯罪嫌疑人的事实不清。二是原案事发后，公安机关没有及时提取全部证据，目击证人黄某丑、黄某寅的证言系事发 3 年后才提取，原审被告人系事发五年后才全部到案，导致其证言及供述的证明力明显不足，作案工具等实物证据亦未能提取到案。三是对证人黄某辰、黄某巳证实黄某甲案发时不在现场的证据，没有按规定入卷。综合考量以上情形，检察官指出公安机关办案不规范、取证不及时，提取证据未按规定入卷，导致认定黄某甲参与作案存在重大疑问等问题。

四、严把事实查明，直指生效裁判事实问题

定罪量刑的事实都要有证据证明，即作为认定犯罪嫌疑人、被告人犯罪、犯何种罪，决定是否对其判处刑罚，判处何种刑罚的依据的事实，包括构成某种犯罪的各项要件和影响量刑的各种情节，都有办案机关经法定程序收集的证据证明。这其中关于犯罪客观方面的作案时间、作案空间、因果关系、作案工具等事实，因属于确定犯罪人、犯罪行为的必要条件，更应如此，必须要有充分的证据证明，否则无法排除其未实施犯罪的可能性。经全面细致梳理证据，检察官发现黄某甲作案时间存在疑问，刑事生效裁判所载明的黄某甲犯罪事实，缺少必要的调查核实程序，以及有力的证据支撑。作案时间是指作案人实施犯罪活动从开始到结束的持续时间。任何人作案都离不开一定的时间，如果不具备作案时间，就可以排除其直接实施犯罪的嫌疑，因此作案时间是确定犯罪人的关键性条件。案件中，一是原案涉案的 8 人中，除黄某甲提出无罪辩解外，另有 5 人均供认案发时黄某甲不在现场，相关供述连续、稳定，前后一致，彼此能够相互印证。剩下 2 人中，黄某庚亦未明确指认黄某甲参与殴打。未成年人王某甲虽曾证实黄某甲在案发现场，但供述存在反复，且有诸多矛盾和疑点不能得到合理排除，且其供述时监护人不在场，证明力相对较弱。二是7名证人的证言，证明了黄某甲打工的时段、地点、案发次日行迹等事实，可间接证实黄某甲没有作案时间的无罪辩解，且黄某辰和黄某巳的证言证明了黄某甲不在案发现场，与黄某甲的无罪辩解及其同案人的供述能够相互印证。由此，检察官得出结论性意见：现有证据不能证明黄某甲有作案时间。相关论述，有理有据，逻辑严密，说服力强。

（**点评人**：谷升，北京市高级人民法院申诉审查庭三级高级法官）

【律师点评】

黄某甲再审案是检察机关纠正冤错案件的典型案例之一，再审检察建议书中，检察机关对证据的审查判断具有示范意义，具体在以下方面体现。

第一，规范言词证据的审查判断，精准运用印证规则。在八种证据的法定形式中，证人证言、被害人陈述、犯罪嫌疑人、被告人供述和辩解是典型的言词证据，在刑事诉讼的证明过程中具有重要价值。言词证据的优缺点鲜明，其优点在于直观明确、生动形象，往往能够直接证明案件事实。而其缺点在于，不论是主观上存在记忆偏差、判断错误，抑或是当事人故意提供虚假陈述，甚至是语言这种表达方式本身，都不可避免会存在内容虚假、偏离事实的可能性。因此，对言词证据的审查判断关乎事实的正确认定，进而影响司法公正的实现。

最高人民法院《关于适用〈中华人民共和国刑事诉讼法〉的解释》第93条规定，对被告人供述和辩解应当着重审查以下内容，其中第6项为被告人的供述是否前后一致，有无反复以及出现反复的原因；第8项为被告人的辩解内容是否符合案情和常理，有无矛盾；第9项为被告人的供述和辩解与同案被告人的供述和辩解以及其他证据能否相互印证，有无矛盾，存在矛盾的，能否得到合理解释。黄某甲案的原审和再审证据中，兼有证明其有罪和无罪的证据，尤其是在同案犯口供的认定上包含着巨大的证据风险。检察机关通过对每份证据以及各证据之间的关系进行审查判断提出了黄某甲无罪的建议，运用证据进行的推理符合经验和逻辑，遵循了证据裁判规则。

第二，严格审查证据的合法性，发挥检察机关监督职能。黄某甲案再审过程中，检察机关从两方面发挥了监督职能。

一方面，检察机关对取证合法性进行监督。原审中，同案人因公安机关逼供、诱供而指认黄某甲参与作案。黄某甲在原审和申诉过程中均提出自己因遭受刑讯逼供而被迫做过有罪供述。检察机关不仅排除了上述通过违法取证获得的证据，而且在再审过程中主动介入、予以指导，完成了大量的调查取证工作，以确保司法救济程序发挥应有的作用。

另一方面，检察机关加大督办力度，守住了纠正冤错案件的最后一道关口。黄某甲案是最高人民检察院向最高人民法院发出再审检察建议并得到改判的案例。2012 年，最高人民检察院调整刑事申诉案件的办理程序，改变以往刑事申诉检察部门将需要提出抗诉的案件移送公诉部门审查的模式，改由刑事申诉检察部门直接将案件报请检察长或检委会讨论决定，为刑事申诉检察部门更好地履行职能提供了制度保障。黄某甲再审案办案行为规范，由最高人民检察院主动启动，上下级检察院联动，充分发挥了检察机关强化法律监督、维护公平正义的职能，成功纠正了一起错案。

《刑事诉讼法》第 55 条规定，对一切案件的判处都要重证据，重调查研究，不轻信口供。证据是刑事诉讼的核心所在，审查判断证据不仅要从不同证据种类与分类的特点出发，对单个证据进行真实性、关联性、合法性方面的审查，还要对全案证据进行综合审查判断，核实证据与证据之间是否一致，能否形成相互印证，排除合理怀疑，得出唯一结论。

检察机关纠正黄某甲案的意义不止于个案，其对证据裁判规则的严格遵循有利于防止冤错案件的再度发生。该案充分体现了刑事检察申诉制度的重要价值，检察机关敢于监督、善于监督、依法监督、规范监督，站在维护人民群众利益的角度，敢于担当，依法纠错，维护了司法公正。

（**点评人**：许兰亭，北京君永律师事务所名誉主任）

30. 于某某不服法院生效刑事裁判申诉案：被验证了的“疑罪从无”式纠错

【案情简述】

美满家庭飞来横祸，美丽妻子死于非命。1996 年，34 岁的于某某有着一个令人称羡的家庭。于某某年轻有为，是蚌埠市 ** 局副局长、** 区（现为 ** 区）区长助理，是当年的蚌埠市委 ** 部重点培养的“跨世纪干部”。妻子韩某某比于某某小一岁，气质高雅、端庄美丽，是 ** 市 ** 中学的教师。1996 年 12 月 2 日，于某某早早起床，将儿子送往学校后去上班。出门的时候，妻子韩某某还没起床，于某某还叮嘱道可别迟到，第一节就是她的课。市 ** 中年级主任在早上八点半前后发现韩某某未到学校，便拨打了韩某某家中的电话，但电话始终没有拨通。整个上午，韩某某都没有来学校。中午时分，韩某某的父亲从学校接到外孙送回家，发现女儿俯卧在厚厚的冬被中，大半个头埋在被中，一动不动，好像是睡过了头。韩父轻轻地推了推女儿的头，没有动静，触手冰凉。他掀开被子，发现女儿下身赤裸，整个人已经僵硬。悲痛和惊惧之下，韩父第一时间给于某某打了电话。接着，于某某用办公室的电话报了警。

真相扑朔迷离，2800 元导致怒杀妻？翻看于某某的一审判决，认定的案件“事实”为：1996 年 12 月 2 日 7 时 20 分，于某某送孩子去上学，回家后与妻子因一笔来源不明的 2800 元现金发生争吵厮打。厮打过程中，于某某见韩某某声音越来越大，恼羞成怒，将其推倒在床，然后从厨房拿了一根塑料绳，将韩某某的双手拧到背后捆上。接着，他又用棉被盖住韩某某头面部，并隔着棉被用双手紧捂其口鼻，将其捂昏迷后，匆忙离开现场，到单位上班。约 9 时 50 分，于某某从单位返回家中，发现韩某某已经死亡，便先解开捆绑韩某某的塑料绳，用菜刀对韩某某的颈部割了数刀，然后将其内衣向上推至胸部、将其外面穿的毛线衣拉平，并将尸体翻成俯卧状。接着又将屋内家具的柜门、抽屉拉开，将物品翻乱，造成家中被抢劫、韩某某被奸杀的假象。经法医鉴定，死者韩某某口、鼻腔受暴力作用，致机械性窒息死亡。

三次上诉、四次审理，四次有罪判决。1998 年 4 月 7 日，蚌埠市中级人民法院以故意杀人罪判处于某某死刑，缓期二年执行。于某某不服，向安徽省高级人民法院提出上诉。同年 9 月 14 日，安徽省高级人民法院裁定部分事实不清，证据不足，发回重审。1999 年 9 月 16 日，蚌埠市中级人民法院重新审理后以故意杀人罪判处于某某死刑，缓期二年执行。于某某再次提出上诉。2000 年 5 月 15 日，安徽省高级人民法院再次裁定发回重审。同年 10 月 25 日，蚌埠市中级人民法院第三次判决于某某犯故意杀人罪，但将刑罚改为无期徒刑。于某某继续提出上诉。2001 年 7 月 1 日，省高级人民法院作出终审裁定，驳回上诉，维持原判。

从于某某被判入狱那天起，于某某和他的家人们就没有放弃过申诉。于某某的父亲、哥哥成年累月地往返于合肥和北京的司法机关申诉。监狱中的于某某坚持写申诉信。2004 年 8 月 9 日，安徽省高级人民法院驳回于某某的申诉。2007 年，安徽省人民检察院接受了于某某的申诉材料。2010 年，案件终于有了重大转机。最高人民检察院检察官到监狱向于某某核实证据，并发现了关键疑点：现场勘查笔录中记录的“双人床的左右床头柜抽屉各拉出 10 厘米，上有手印”。经查阅侦查机关的原始记录，发现当年现场确有两枚陌生人遗留的指纹。结合从被害人阴道中发现了他人精子的情况，表明存在其他人作案的可能。

2013 年 5 月 24 日，最高人民检察院经审查，向最高人民法院提出再审检察建议。同年 6 月 6 日，最高人民法院将最高人民检察院再审建议转至安徽省高级人民法院。同年 8 月 5 日，安徽省高级人民法院不公开开庭审理了于某某杀妻案，法庭认为：现场的两枚陌生指纹以及被害人体内的精子 DNA 鉴定均表明有他人作案的可能性。同年 8 月 8 日，安徽省高级人民法院作出再审判决：撤销原审判决裁定，原审被告人于某某无罪。历经 17 年冤狱的于某某被当庭释放。

于某某无罪释放后，蚌埠市公安局立即启动再侦查程序，抽调精干力量组成专案组，经过走访排查、DNA 特征比对筛查，最终锁定了武某某——三级警督、蚌埠市交警支队 ** 队大队长。2013 年 11 月 27 日，武某某被抓获。到案后，武某某供述了 17 年前强奸杀害韩某某的犯罪事实：案发前一个月，他通过熟人认识了于某某的妻子韩某某，对韩某某产生了好感，还得知了韩某某的住处。案发当天早晨 7 点，他身着警服，敲开了韩某某的家门，见她独自在家，便心怀不轨，企图和韩某某发生性关系，但遭到韩某某的拒绝。然后武某某控制住韩某某的双手，将她强行推入卧室。为了制止韩某某的反抗，武某某在床上拿了一个枕头，捂压在韩某某的面部，并将韩某某的毛衣上翻套在枕头上面，用头抵住韩某某的下巴，强奸结束后，武某某发现韩某某停止呼吸。随后武某某找来菜刀割断韩某某颈部，切断韩某某家中电话线，翻乱抽屉，伪造犯罪现场，并将液化气罐打开搬至客厅，在卧室内点燃蜡烛，意图制造爆炸彻底毁灭犯罪现场。2015 年 5 月 15 日下午，武某某被安徽省芜湖市中级人民法院判处死刑，剥夺政治权利终身。

【文书原文】

最高人民检察院
再审检察建议书

高检刑申再建〔2013〕1 号

申诉人（原案被告人）于某某，男，1962 年 ** 月 ** 日出生，汉族，山东文登人，大学本科学历，1979 年始在安徽省蚌埠市委 ** 科工作，1994 年 6 月任蚌埠市 ** 局副局长，1995 年任蚌埠市 ** 区区长助理（挂职）。现于安徽省阜阳监狱服刑。

1997 年 12 月 24 日，蚌埠市人民检察院指控于某某犯故意杀人罪向蚌埠市中级人民法院提起公诉。1998 年 4 月 7 日，蚌埠市中级人民法院（1998）蚌刑初字第 5 号刑事判决书以故意杀人罪判处于某某死刑，缓期二年执行。于某某不服提出上诉。1998年9月14日，安徽省高级人民法院（1998）皖刑终字第241号刑事裁定书以原审判决认定于某某故意杀人的部分事实不清、证据不足，裁定撤销原判，发回重审。被害人韩某某的父母提起附带民事诉讼，1999年9月16日，蚌埠市中级人民法院（1999）蚌刑初字第53号刑事附带民事判决书以故意杀人罪判处于某某死刑，缓期二年执行。于某某不服提出上诉。2000年5月15日，安徽省高级人民法院（1999）皖刑终字第567号刑事附带民事裁定书认定本案事实不清、证据不足，裁定撤销原判，发回重审。2000年10月25日，蚌埠市中级人民法院（2000）蚌刑初字第59号刑事附带民事判决书以故意杀人罪判处于某某无期徒刑。于某某不服提出上诉。2002年7月1日，安徽省高级人民法院（2001）皖刑终字第28号刑事附带民事裁定书裁定驳回上诉，维持原判。2002年12月8日，于某某向安徽省高级人民法院提出申诉，2004年8月9日，安徽省高级人民法院（2004）皖刑监字第29号驳回申诉通知书驳回于某某的申诉。于某某又向安徽省人民检察院提出申诉。安徽省人民检察院经复查，提请本院按照审判监督程序提出抗诉。

蚌埠市中级人民法院（2000）蚌刑初字第59号刑事附带民事判决书认定：被告人于某某和胡某某等女青年关系暧昧，却怀疑其妻韩某某同他人关系不正常。为此两人曾闹过离婚。1996年12月1日，于某某一家三口在逛商场时，韩某某将2800元现金交给于某某让其存入银行，但却不愿告诉这笔钱的来源，引起于某某的不满。12月2日上午7点20分，于某某送其子去上学，回来后再次问韩某某2800元现金是哪来的。因韩某某坚持不愿说明来源，引起二人发生争吵厮打。在厮打中，于某某见韩某某越吵声音越大，即恼羞成怒将其推倒在床上，然后从厨房拿了一根塑料绳，将韩某某的双手拧到背后捆上。接着又用棉被盖着韩某某的头面部并隔着棉被用双手紧捂其口鼻，将其捂昏迷后匆忙离开现场到单位上班。约9点50分，于某某从市政府办事回来返回家中，见韩某某已经死亡，便先解开捆绑韩某某的塑料绳，用菜刀对韩某某的颈部割了数刀，然后将其内衣向上推至胸部，将其外面穿的毛线衣拉平并将尸体翻成俯卧状。接着又将屋内家具的柜门、抽屉拉开，将物品翻乱，造成家中被抢劫、韩某某被奸杀的假象。临走时，于某某又将液化气打开并点燃一根蜡烛放在床头柜上的烟灰缸里，企图使液化气排放到一定程度，烛火引燃液化气，达到烧毁现场的目的。但后因被及时发现而未引燃。韩某某的尸体经蚌埠市公安局法医检验鉴定为：死者韩某某口、鼻腔受暴力作用，致机械性窒息死亡。

安徽省高级人民法院（2001）皖刑终字第28号刑事附带民事裁定书认为，上述判决认定基本事实清楚，基本证据确实。

本院经依法审查，认为原审判决、裁定认定于某某故意杀人的事实不清、证据不足，在案证据之间存在矛盾，作为定罪主要证据的于某某的有罪供述不具有确定性，且有罪供述的某些情节得不到其他证据的印证，案件存在的矛盾和疑点无法得到合理排除，原审判决据此认定的事实不具有唯一性和排他性。

一、原审判决认定事实的证据不确实、不充分

（一）原审判决采信的“现场手印检验报告”不能作为定案依据

根据安徽省人民检察院复查调取的公安机关侦查内卷中的手写“现场手印检验报告”及其他相关证据，能够证实现场存在外来指纹。侦查机关在现场提取了28枚手印，其中有2枚手印鉴定人员认为是较新鲜的，不是于某某及其家人所留，但侦查机关并未将该2枚手印情况写入手印检验报告，而只是针对其余26枚手印作出检验。原审判决采信的“现场手印检验报告”不具有客观真实性，依据该证据得出的“没有发现外人进入现场的痕迹”的结论与客观事实不符。

（二）原审被告人于某某的有罪供述不具有确定性，证明力较弱

于某某在侦查阶段虽曾作过有罪供述，但其有罪供述不稳定，时供时翻，供述先后矛盾，且其有罪供述与现场勘查笔录、尸检报告等证据也存在诸多矛盾。同时，侦查机关存在连续审讯逼取口供的情况，无法排除违法取证的合理怀疑。

（三）原审判决认定于某某具有作案时间和伪造现场时间的证据不确实、不充分

原审判决依据朱某某的证言，认定于某某于7点45分到单位上班，而证人刘某某则证实7点40分之前见到于某某，二者相互矛盾；原审判决认定于某某于9点50分回家伪造现场，10点20分回到单位，而按照于某某的辩解，其在10点前后回到单位，后接到传呼并用办公室电话回此传呼，并在侦查阶段将传呼机提交侦查机关。安徽省人民检察院复查及本院审查时，相关人员证实侦查机关曾对有关人员及传呼机信息问题进行了调查，并调取了通话记录，但案卷中并没有相关调查材料及通话记录。依据现有证据，于某某关于在10点前后回到单位的辩解不能合理排除。为此，原审判决认定于某某具有20分钟作案时间和30分钟伪造现场时间的证据不确实、不充分。

二、原审判决定罪的主要证据之间存在矛盾

原审判决认定于某某有罪的证据主要是现场勘查笔录、尸检报告以及于某某曾作过的有罪供述。作为唯一直接证据的于某某的有罪供述，虽然在某些细节上与现场勘查笔录、尸检报告等证据相印证，但依然存在诸多矛盾，无法排除。如于某某曾作的有罪供述中有关菜刀放置的位置、拽断电话线、用于点燃蜡烛的火柴丢弃在现场以及与被害人发生性行为等情节与现场勘查笔录、尸检报告等证据存在矛盾。在案间接证据亦不足以证明于某某实施故意杀人行为。

三、原审判决认定于某某故意杀人的事实不具有唯一性和排他性

根据从公安机关侦查内卷中调取的手写“手印检验报告”以及DNA鉴定意见，现场提取了外来指纹，被害人阴道提取的精子并不是于某某的精子，其他人作案的可能得不到合理排除。同时，根据侦查机关蜡烛燃烧实验反映的情况，该案存在杀害被害人并伪造现场均在上午8点之前完成的可能。原审判决认定于某某故意实施杀害被害人韩某某的证据未形成完整的证据链，认定的事实不能排除合理怀疑。

综上，本院认为，安徽省高级人民法院（2001）皖刑终字第28号刑事附带民事裁定书定案的证据不确实、不充分，认定的事实不具有排他性，认定于某某故意杀人的事实不清、证据不足，原审裁定确有错误。本案符合《中华人民共和国刑事诉讼法》第二百四十二条第（一）项及第（二）项规定的应当重新审判的条件。为维护司法公正，保障申诉人的合法权益，同时为节约司法成本，提高诉讼效率，建议按照审判监督程序对于某某故意杀人一案重新审判。

此致

中华人民共和国最高人民法院

中华人民共和国最高人民检察院

2013 年 5 月 20 日

【学者点评】

于某某申诉案不仅引发了公众对司法公正和程序正义的深刻反思，也促使了社会对冤假错案防范机制的重视和完善。本案彰显了我国司法体系对于事实真相的坚持追求和对于冤假错案的零容忍态度，向社会传递了一个明确的信息：无论案件多么复杂，无论时间多么漫长，司法机关都将坚持依法办案，确保每一起案件都能得到公正、公平、公开的审理。检察机关对于证据的严格审查和对于被告人供述的审慎评估，展示了司法机关对证据规则的严格遵守和对于程序正义的坚持。

原审判决、裁定认定于某某故意杀人的事实存在多处不清和证据不足的问题。主要证据之间存在矛盾，尤其是于某某的有罪供述存在不稳定性和与其他证据的矛盾。现场手印检验报告等证据的不完整性，以及关于作案时间和伪造现场时间的证据不确实，于某某的有罪供述在某些细节上与现场勘查笔录、尸检报告等证据存在矛盾，均导致原审判决认定的事实缺乏唯一性和排他性。

该案指导意义体现为：第一，坚持全面审查证据，全面收集证据，及时补充证据。检察机关办理申诉案件应当坚持全案复查、公开公正原则，实事求是、依法纠错原则，全面审查原有证据，审查据以定案的证据是否确实、充分，是否存在矛盾或者可能是非法证据。同时，检察机关应该重点关注原审证据的全面性，发现是否存在侦查活动遗漏收集关键证据，补充收集、调取能够证实被告人有罪或者无罪、犯罪情节轻重的新证据，确保证据的真实性、合法性、关联性。

第二，准确把握“排除合理怀疑”，坚持案件唯一性。确保“证据确实、充分”的标准核心在于对“排除合理怀疑”的深入理解与精确把握。

检察机关办案不仅要收集到充分的证据来支持起诉或辩护的立场，更要确保这些证据能够消除任何合理的、合乎逻辑的疑虑。审查物证应当注意审查是否与其他证据矛盾，无罪辩解是否存在合理性，检验报告、科学实验报告的论证是否严谨，案件判断在逻辑是否周延。当有罪供述出现反复且前后矛盾时，若存在无法合理解释的重大矛盾，且无法排除存在其他人作案的可能性时，不得认定主要案件事实的结论具备唯一性。

（**点评人**：王贞会，中国政法大学诉讼法学研究院副院长，教授、博士生导师）

【检察官点评】

刑事再审检察建议书是检察机关依法履行法律监督职责，维护社会公平正义，建议法院启动再审程序，使确有错误的生效刑事判决和裁定得以纠正，充分保护当事人的合法权益的一种法律文书。本案系一起由故意杀人案件引起的申诉案件，在历经了一审、两次发回重审、终审等诸多诉讼程序。本案再审检察建议书格式规范、释理说法充分、认证逻辑严谨，是一份优秀的法律文书。

一、恪守正义，维护权益，秉持“疑罪从无”

本案是我国《刑事诉讼法》新旧交替的时代缩影，我国《刑事诉讼法》在1996年进行了修改，在条文中明确了对于证据不足的案件，司法办案人员应当“疑罪从无”，不做犯罪处理，尽管法有明文规定，但是“疑罪从无”理念还未能深植司法办案人员心中，长期受“疑罪从轻”理念影响，司法工作人员一时之间难以彻底转变执法办案思维惯性，在办理重大刑事案时，绝大多数承办人既担心错放犯罪嫌疑人，又担心冤假错案造成无法挽回的损失，仍然采取留有余地判决的折中方式。1998年4月7日于某某被蚌埠市中院判处死缓，直到2013年8月8日被安徽省高级人民法院再审宣告无罪，历时17年，而这17年，也是“疑罪从无”理念在实践中不断完善深化的17年。本案最终得以纠正改判，反映出我国司法理念与时俱进、法治文明不断进步，体现出检察机关贯彻“疑罪从无”理念、坚持履行监督职能的决心。

本案充分说明了对于冤假错案检察机关主动进行监督的必要性。检察机关落实刑事监督工作，纠正法院错误判决，不但实现司法公正，维护法律权威，而且从根本上保障了申诉人的合法权益。检察机关收到申诉以后，主动介入案件，对全案证据逐一审核排查，发现认定事实的证据存在诸多矛盾，全案疑点无法合理排除，原判决错误，决定制发再审检察建议，促使法院改判，还申诉人以清白。本案为通过制发再审检察建议方式督促法院纠正错误判决提供了范本。

二、注重策略，一体履职，求证抽丝剥茧

（一）坚持全案上下联动，实现监督一体履职

本案再审检察建议书多处提到安徽省人民检察院复查，最高人民检察院审查，两级人民检察院通力合作，展现检察机关充分发挥“一体化”办案优势，形成最高人民检察院靠前指导、省人民检察院协作配合的联动立体化工作模式，上下联动，构建监督合力。上级院对下级院办理本案时的重点、疑点、敏感点，主动介入，及时指导，消除原案件所在地安徽省人民检察院面临的办案阻力和干扰，牵头排查全案证据，明确办案标准，下级院对上级院的调查核实，积极配合，主动提供案卷材料，由上至下践行疑罪从无原则，切实发挥检察监督的职能。

（二）深挖案件关键证据，准确把握唯一性标准

本案证据较多，案件又年代久远，部分证据已经灭失，且原证据与新证据之间互有矛盾，如何去伪存真、还原真相，考验着承办人的办案智慧和法律素养。《刑事诉讼法》第 195 条第 1 项和第 53 条第 2 款是我国现行法律对如何适用案件事实唯一性证明标准的明文规范，规定了对于用于定罪的案件事实必须是排除了符合常理的疑点，全案事实必须是唯一确信，排除他人作案可能性。本案中，原审法院用以确定于某某故意杀人事实的证据存在“现场手印检验报告”证据不真实、“于某某具有作案时间和伪造时间”证据不可靠、“于某某有罪供述”证据不确定等问题，且经两级人民检察院审查发现公安机关存在隐匿关键证据、刑讯逼供等情形，通过反向否定，足以证明原审裁判案件事实不楚，证据不确

实、不充分，不符合刑事案件结论唯一性标准。

三、撰写精练，彰显理性，规范行文体系

（一）形成体系，逻辑严谨

本案再审检察建议书格式规范、释理说法充分、结构逻辑严谨。在归纳本案争议焦点的基础上，将论证主体分为原判决认定事实的证据存疑、原判决定罪证据矛盾及原判决认定的犯罪事实未排除合理怀疑三大部分，并将掌握的证据分门别类地对应纳入争议焦点体系，层层递进，打破证据链，体现层次性、针对性和完整性。

（二）保持客观，彰显理性

在进行本案事实认定时，坚持从客观实际出发，依托手印、DNA 鉴定等客观证据，避免了因主观想象、习惯经验、价值取向等因素造成对案件事实认定的偏差。在记录于某某案发当日的活动轨迹这一事实时，用语客观公正，言之有据。涉及定罪主要证据时，以举例方式列举对比，突出主要证据前后之间的矛盾，否定原判决证据证明力。

（三）有的放矢，详略得当

对于与原审法院认定事实一致的部分，再审检察建议书不再赘述。重点明确检察机关与原审法院认定案件事实不一致的部分，写明分歧和依据，着重对原审用于认定事实的于某某有罪供述与现场勘验笔录相矛盾的情况予以说明，并否定原证据证明的于某某故意杀人这一事实的客观性，同时对两枚他人的指纹等新证据的来源内容、形式、证明事项等进行完整阐释。

四、灵活运用，整合资源，提升办案质效

在本案中，检察机关采用了再审检察建议进行监督并取得成功。不同于抗诉是我国刑事诉讼法所明确规定的再审检察建议不具有法律赋予的强制效力，是否采纳再审建议，启动纠错程序，决定权在法院。但再审检察建议有它独特的优势：一是采用建议的方式，便于检察机关与法院展开沟通，降低法院因纠正自身错误而产生的对抗情绪，有利于实现最终效果；二是同级检察院可以直接对同级法院发出再审检察建议，而抗诉需要提请上级检察机关提出，再审检察建议比抗诉在程序上要少走一步甚至多步。检察机关灵活适用再审检察建议，不但有效节约司法资源，而且有助于化解检察监督的冲突。

（**点评人**：征汉年，江苏省建湖县人民检察院检察长、三级高级检察官）

【法官点评】

2013 年 8 月，于某某故意杀人案 17 年后被再审改判、宣告无罪，成为全国瞩目的热点事件。该案自 1996 年案发至 2012 年终审判决，经历了六年六审，最终以故意杀人罪判处于某某无期徒刑。于某某向安徽省人民检察院提出申诉，安徽省人民检察院启动复查程序，对一审裁判和生效裁判中的证据采信、事实认定、法律适用等进行实质性审查，从中发现于某某作案时间存疑、有罪供述多次改变，被害人阴道内精斑为他人所留，现场提取的两枚指纹鉴定意见没有随案移送等重大疑点，原判认定于某某故意杀人犯罪事实不清、证据不足，遂提请最高人民检察院按照审判监督程序抗诉。2013 年 5 月，最高人民检察院向最高人民法院提出再审检察建议。安徽省高级人民法院启动再审程序，判决撤销原审判决裁定，宣告于某某无罪。在法庭最后陈述时，于某某向出庭检察员鞠躬表示感谢。他说："检察官对我起到的作用，是生与死，是活着与生活的区别。"三个月后，杀害于某某妻子的真凶被抓获归案。

于某某再审被宣告无罪案，是检察机关依法监督纠正确有错误的生效刑事裁判的典型案例。该案再审检察建议书的制作和提交，对于防范冤错案件，加强司法人权保障，提高刑事诉讼的整体水平，维护刑事司法公正，具有重大意义。

第一，再审检察建议书坚持疑罪从无原则。疑罪从无是《刑事诉讼法》确定的重要原则之一，也是刑事诉讼中尊重和保障人权的重要举措。根据《刑事诉讼法》相关规定，对一切案件的判处都要重证据，重调查研究，不轻信口供。只有被告人供述，没有其他证据的，不能认定被告人有罪和处以刑罚；没有被告人供述，证据确实、充分的，可以认定被告人有罪和处以刑罚。对于有线索指向被告人存在犯罪嫌疑，但是所收集的证据在证明被告人是否实施犯罪行为上存在重大矛盾或者不能排除重大疑点，既不能排除被告人有作案的可能，又不能完全确定是被告人作案，证据与指控的事实之间不能形成完整证据链条，没有形成内心确信并排除合理怀疑的，应当依法作出证据不足、指控犯罪不能成立的无罪认定。在于某某案件侦办过程中，办案机关秉持疑罪从有、疑罪从轻观念，在证据不足情况下有罪推定，降格处理作出留有余地的判决，为冤错案件发生埋下祸患。该案纠错再次证明，有罪推定、疑罪从轻的错误观念，是导致冤错案件的根本原因。只有彻底摒弃这些不符合法治精神的错误观念和做法，才能从根本上消除冤错案件再次发生的现实危险。于某某再审意见书是坚持“疑罪从无”原则纠正冤错案件的标杆性法律文书。

第二，再审检察建议书坚持证据裁判原则。证据裁判原则在刑事审判中具有重要地位，是确保办案质量的重要保障。首先，裁判的形成应当以证据为依据，不能脱离证据凭推测或者主观臆断认定案件事实。本案中，于某某因与妻子存在矛盾、关系不好，就被锁定为杀妻凶手，即使经 DNA 鉴定，被害人阴道擦拭物检出的精斑并不是于某某所留，办案人员仍然分析认为系于某某用捡来他人避孕套中精斑来伪装犯罪现场，自始至终在有罪推定观念下办理案件。其次，认定案件事实应当依照法定程序全面审查证据。本案中，据勘查笔录记载共提取了 28 枚指纹，除了于某某家人的 26 枚指纹外，梳妆台抽屉边缘还有 2 枚新鲜指纹，公安人员仅随案移送了 26 枚指纹，另外 2 枚没有移送。没有移送的这 2 枚指纹鉴定意见对能否排除其他人作案具有重要的证明价值，由于办案人员没有全面审查，没有通知侦查机关移送隐瞒的证据，使得案件的关键事实无法获得确切证明，还导致其他证据可信度大大降低。最后，对认定或者不能排除系非法收集的言词证据，不能作为定案的根据。于某某在侦查阶段虽曾作过有罪供述，但其有罪供述出现反复，供述随证据改变而发生变化，与现场勘查笔录、尸检报告等证据也存在矛盾。更为重要的是，于某某的有罪供述是在六天六夜连续审讯的情况下收集的，无法排除办案人员采取非法手段收集证据的合理怀疑；尽管如此，司法机关最终还是根据于某某的有罪供述认定案件事实。从再审检察建议书的分析中可以清晰发现，由于办案机关没有坚持证据裁判原则，以致所认定的案件事实与客观事实不相符合，最终导致冤错案件发生。

第三，再审检察建议书坚持“唯一性”的证明标准。刑事审判关乎被告人自由权甚至生命权剥夺，案件质量问题尤为重要，在认定事实和采信证据上绝对不容许出任何差错。认定犯罪事实应当坚持“唯一性”证明标准，既要做到对被告人定罪量刑的事实都有证据证明，经过法定程序查证属实，又要做到定案证据之间具有内在联系，共同指向同一待证事实，且能合理排除矛盾；从正面肯定的角度做到内心确信无疑，从反面否定的角度做到排除合理怀疑得出唯一结论。对于被告人有罪供述出现反复且前后矛盾，关键情节与其他在案证据存在无法排除的重大矛盾，不能排除有其他人作案可能的，应当认为认定主要案件事实的结论不具有唯一性。于某某冤错案件就是未能坚持法定证明标准，在证据之间存在重大矛盾，对犯罪事实不能排除合理怀疑的情况下，降低证明标准，草率定案，教训十分深刻。

于某某申诉改判无罪案是检察机关充分发挥法律监督职能，通过再审检察建议方式，监督人民法院纠正已生效的错误判决、裁定，使蒙冤被告人重获清白与自由的典型案例。再审检察建议书体现了检察机关坚持疑罪从无、贯彻证据裁判，严格把握法定证明标准，以及依法监督、敢于监督、善于监督的司法理念和工作要求，为依法审查和纠正冤错案件提供了明确的思路和可供参考的样本。

（**点评人：**白春子，安徽省高级人民法院刑事审判第二庭副庭长）

【律师点评】

一、本案的重大社会影响

于某某杀妻案司法程序艰难曲折，备受社会关注。在 1998 年至 2001 年，人民法院经过四次审理，均判决于某某有罪，但刑罚从死刑缓期 2 年执行改为无期徒刑。经过于某某及其家属漫长的申诉，直至 2013 年 8 月 8 日，安徽省高级人民法院作出再审判决：撤销原审判决裁定，原审被告人于某某无罪。历经17年冤狱的于某某被当庭释放，正义虽然迟到，但没有缺席。

与其他冤错案件不同，于某某案是在真凶尚未出现前就得以平反。因此，在于某某被宣告无罪后，警方随即启动再侦查程序，本案真凶武某某最终落网。于某某案的沉冤昭雪，凸显出从有罪推定到无罪推定的理念转变，进而纠正了本案证据运用的错误问题，改变了原有的侦查方向，最终促使真凶落网，本案的真相得以水落石出。本案改判后，中央政法委出台了《关于切实防止冤假错案的指导意见》，该指导意见对加强防止和纠正错案机制建设提供了指引，对审判环节坚持疑罪从无原则、证据裁判原则、严格证明标准、保障辩护律师辩护权利等作了重申性规定，并就法官、检察官、人民警察对办案质量终身负责提出了明确要求。于某某案的成功改判，对刑事司法尤其是死刑案件的办理具有重要示范意义，入选了最高人民检察院第七批指导性案例。

二、本案的主要法律问题

首先，本案客观证据不具有客观真实性。侦查机关在现场提取了28枚手印，其中有2枚手印不是于某某及其家人所留，但侦查机关未对该2枚手印进行检验，蚌埠市公安局也并未将该情况写入检验报告。此外，被害人阴道内的精液也并不是被告人于某某的精液，上述证据均说明存在他人作案的可能性，人民法院据此认为“没有发现外人进入现场的痕迹”这一结论与在案证据明显不符。2012年《刑事诉讼法》第53条确立了“排除合理怀疑”的证明标准，通过司法人员对全案证据进行审查后形成的主观判断，来衡量案件事实认定者的心证程度。本案的客观证据无法排除存在他人作案的合理怀疑，对于应当检验而没有检验，导致案件事实存疑的，人民检察院应当作出合理的说明或者退回侦查机关补充侦查，调取有关证据。

其次，本案言词证据与客观证据之间存在矛盾。于某某在侦查阶段曾作过有罪供述，但有罪供述不稳定，时供时翻，供述前后矛盾，且其有罪供述与现场勘查笔录、尸检报告等证据存在诸多矛盾；同时，侦查机关存在连续审讯逼取口供的情况，无法排除非法取证的合理怀疑。根据《刑事诉讼法》第56条的规定：“采用刑讯逼供等非法方法收集的犯罪嫌疑人、被告人供述和采用暴力、威胁等非法方法收集的证人证言、被害人陈述，应当予以排除。”此外，对于被告人反复与矛盾的供述应当综合分析是否符合案情与常理，是否与其他在案证据相印证。在言词证据与客观证据存在矛盾的情况下，要准确考察矛盾的核心因素以及是否能够做出合理解释。如果确实无法做出合理解释，要按照存疑有利于被告人原则处理。

最后，本案关键证据存在缺失。于某某辩称自己案发当时在单位上班，并提交了证实其不在案发现场的证据，侦查机关也据此调取了通话记录。以上证据均未收集在卷。上述证据疑点使本案不能排除他人作案的合理怀疑。2010 年 6 月 13 日，最高人民法院、最高人民检察院、公安部、国家安全部和司法部联合发布了《关于办理死刑案件审查判断证据若干问题的规定》，强调办理死刑案件，对被告人犯罪事实的认定，必须达到证据确实、充分。本案中并未对与案件事实有关联的物证、书证进行全面收集，并未达到证据确实、充分，且本案的结论不具有唯一性和排他性，不能排除合理怀疑。

三、本案的检察履职情况

第一，检察机关主动担当，积极作为。于某某到监狱服刑后，不断提出申诉。安徽省人民检察院重视于某某的申诉请求，经仔细复查证据后提请最高人民检察院按照审判监督程序提出抗诉。最高人民检察院经审查，于 2013 年 5 月 24 日向最高人民法院提出再审检察建议，认为于某某故意杀人的事实不清、证据不足，使得本案最终获得无罪的改判。可以看出，于某某案的平反，与检察机关的主动担当、积极作为密不可分。

第二，检察机关认真履职，充分取证。在已经掌握的证据基础上，专案组的检察官们多次前往事发地蚌埠市收集证人证言，并对于某某是否存在作案时间的推演进行侦查实验。为了不断夯实证据链，专案组成员还专门赶赴辽宁、上海等刑事证据的检测和鉴定机构，调取了当年于某某案 DNA 检测样本图谱，重新评估被害人死亡时间等。最高人民检察院与安徽省人民检察院两级检察机关的有力监督为于某某讨回了公道。

四、本案再审检察建议书的特点

本案再审检察建议书清晰精准地分析了原判决中的证据问题，是本案检察履职成果的核心呈现。检察建议书从“原审判决认定事实的证据不确实、不充分”“原审判决定罪的主要证据之间存在矛盾”“原审判决认定的事实不具有唯一性和排他性”三个方面，条理清晰、层层递进地展开论证，将原判决的证据矛盾、证据缺失、逻辑错误等问题进行了详细阐述，推翻了不稳定的证据架构，最终得出本案事实不清、证据不足的结论。安徽省高级人民法院围绕再审检察建议书的内容慎重裁判，最终宣告于某某无罪。

（**点评人：**赵春雨，北京市盈科律师事务所高级合伙人）

31. 汪某甲不服法院生效刑事裁判申诉案：法为公器，绝不可滥用

【案情简述】

2003年8月，杭州**文化艺术有限公司（以下简称**公司）法定代表人汪某甲分别获得“联合国亚太残疾人十年”系列纪念活动组委会（以下简称组委会）和**集团浙江影视旅业（以下简称**影视城）授权，以组委会名义策划实施“同一首歌：走进联合国亚太残疾人十年”大型公益文艺晚会暨第五届中国农民旅游节开幕式。同年9月9日、10月4日，**公司分别与组委会、**影视城签订联合举办开幕式合同书。当日及10月8日，**影视城按合同约定先后支付给汪某甲226万元。同月16日，因有人向组委会反映**影视城有商业操作卖票行为，汪某甲联系**影视城整改并要求按合同约定领取余款222万元以便支付演员费用，**影视城同意并联系银行准备现金。同月17日上午，央视音乐部制片人马某某、导演谢某某看演出场地后发现存在商业操作并向汪某甲明确提出有卖票行为会取消演出，当日下午汪某甲签字确认了**影视城要求参演的演员名单并提取了事先约定的222万元合同余款。10月21日，央视音乐部通知组委会停止节目录制，当天，汪某甲将取消录制消息告知**影视城，并于次日商讨补救措施，于10月23日派员赴京争取活动如期举行未果。

2003年10月24日，某公司以**影视城违约，要求赔偿为由向法院提起民事诉讼。同月27日，**影视城以汪某甲涉嫌合同诈骗为由向东阳市公安局报案。东阳市公安局于11月14日立案侦查，于11月26日对汪某甲刑事拘留，并于同月27日函请金华市中级人民法院移送案件。同年12月2日，金华市中级人民法院将案件移送东阳市公安局处理。同月

31 日，汪某甲被逮捕。2004 年 10 月 10 日，东阳市人民检察院以汪某甲构成合同诈骗罪和伪造事业单位印章罪向同级人民法院提起公诉。同年 12 月 23 日，东阳市人民法院一审审理后认定汪某甲犯伪造事业单位印章罪、合同诈骗罪，依法判处其有期徒刑 14 年 6 个月，并处罚金 5 万元。汪某甲不服，提起上诉。2005 年 3 月 29 日，金华市中级人民法院经审理后作出刑事裁定，撤销原判，发回重审。同年 6 月 23 日，东阳市人民法院依法另行组成合议庭审理此案并重新作出一审判决，定罪量刑较原一审判决未发生改变。汪某甲仍不服再次提出上诉。金华市中级人民法院再次审理并于同年 9 月 29 日作出终审判决，除将一审判决中认定的诈骗数额 448 万元改为 222 万元外，对其他事实均予认定，最终判决汪某甲犯合同诈骗罪、伪造事业单位印章罪，决定执行有期徒刑 12 年 6 个月，并处罚金 4 万元。2006 年 3 月 24 日，汪某甲到狱服刑。2011 年 6 月 9 日，汪某甲获得假释，假释期间继续向浙江省高级人民法院、省人民检察院申诉。2013 年 10 月 6 日，省人民检察院以部分事实认定有误，伪造事业单位印章罪量刑偏重为由，向省高级人民法院提出再审检察建议，建议省高级人民法院启动审判监督程序，重新审理此案。同年 12 月 19 日，省高级人民法院出具再审决定书，指令金华市中级人民法院另行组成合议庭对本案进行再审。金华市中级人民法院再审后依法撤销原审判决，宣告汪某甲无罪。

本案从最初的民事案件演变成刑事案件，后历经五次审判最终判定为无罪案件，申诉人从企业负责人成为阶下囚，最后改判无罪再恢复自由身，人生的跌宕起伏、申诉的艰辛曲折可见一斑。罪与非罪，须在犯罪事实是否清楚，证据是否确实、充分，情节是否显著轻微基础上作出司法判断。司法实务中，合同诈骗案往往案情复杂，犯罪行为与经济纠纷相互交织，罪与非罪界限较难区分。是否构成合同诈骗罪，关键在于行为人在签订、履行合同过程中是否存在非法占有的主观目的，是否采取隐瞒真相、虚构事实等手段骗取对方当事人财物。本案申诉人是否构成合同诈骗罪，关键在于其是否在明知合同已不能履行的情况下仍从对方当事人处领取了 222 万元。浙江省检察院对申诉案件经过全面复查后，发现部分事实认定有误，认为没有证据支持申诉人主观上具有非法占有的故意，客观上存在诈骗行为，私刻印章与合同诈骗无关联且情节轻微，属于原判认定事实、适用法律确有错误，依法向省高院制发再审检察建议，推动人民法院按照审判监督程序对本案予以纠正。省人民检察院在办理申诉案件中，贯彻了疑罪从无、实事求是、依法纠错的原则，坚持了对法律负责、对人民负责的态度，保护了当事人合法权益，促进了司法公正，保障了国家法律的统一正确实施。

该起错案虽然最终得以纠正，但其带来的负面后果却是惨痛的，不仅严重侵犯申诉人合法权益，致其黄金时期失去自由、资产、公司、声誉，人生和事业轨迹南辕北辙，更是损害了法律的权威、司法公信力和一地的营商环境。时至今日，该案带给我们的警醒亦是长远的，司法机关在经济社会中要保持《刑法》的谦抑克制，平等保护市场主体，防止用刑事手段干预插手经济纠纷。检察机关作为司法机关和法律监督机关，承担刑事指控职能，更要充分发挥审前过滤把关作用，构建以证据为中心的刑事指控体系，同时加强侦查、审判等刑事法律监督，加强执法司法监督制约，防止冤假错案产生，为营造法治化的营商环境保驾护航。

【文书原文】

浙江省人民检察院

再审检察建议书

浙检控申再建〔2013〕2号

原审被告人汪某甲，曾用名汪某乙，男，1973年**月**日出生，浙江省淳安县人，文化程度大专，户籍所在地淳安县**镇**村，案发前租住在杭州市下城区**村，2011年6月9日被假释。

金华市中级人民法院（2005）金中刑二终字第112号刑事判决书认为：汪某甲以非法占有为目的，在履行合同过程中，明知合同已不能履行，而采用欺骗的方法，骗取**影视城人民币222万元，其行为已构成合同诈骗罪。同时，汪某甲为作伪证之目的，伪造事业单位印章，其行为亦已构成伪造事业单位印章罪。汪某甲在公安机关尚未掌握其伪造事业单位印章犯罪事实的情况下，主动交代该节犯罪，但在庭审中又否认系其定制印章的事实，故依法不能认定为自首，对被告人汪某甲以合同诈骗罪判处有期徒刑12年，罚金4万元；以伪造事业单位印章罪判处有期徒刑1年；决定执行有期徒刑12年6个月，罚金4万元。

原审被告人汪某甲不服金华市中级人民法院的生效判决，多次向我院提出申诉。

经本院复查查明，2003年7月至9月，汪某甲以杭州**文化艺术有限公司（以下简称**公司）法定代表人身份，与“联合国亚太残疾人十年”系列纪念活动组委会（以下简称组委会）和**集团浙江影视旅业有限公司（以下简称**影视城）多次商议，以组委会名义报经中央电视台同意赴浙江举办“同一首歌：走进亚太残疾人十年大型公益文艺晚会”。2003年9月9日、10月4日**公司分别与组委会、**影视城签订了《关于联合举办〈同一首歌：走进联合国亚太残疾人十年〉大型公益文艺晚会暨第五届中国农民旅游节开幕式的合同书》，之后三方均积极履行合同义务。2003年10月17日中央电视台文艺节目中心·戏曲音乐部制片人马某某、导演谢某某与中国残疾人福利基金会张某某等人到横店查看场地时发现有商业运作行为；当日下午，汪某甲在**影视城朱某某陪同下领取222万元人民币现金并签名确认演员名单。鉴于**影视城方违规进行商业运作，之后又不断接到相关举报，央视于2003年10月21日上午口头通知组委会停止录制晚会，11月4日出具书面通知。10月22日**影视城与**公司签订了会议纪要，承诺不进行商业操作，商讨晚会补救方案等。10月23日、24日双方赴北京多方寻求挽回办法均未果。

本院认为，金华市中级人民法院（2005）金中刑二终字第112号刑事判决存在错误：

1. 部分事实认定有误。2003年10月17日央视一行查看场地时并未明确告知汪某甲取消演出，汪某甲系在认为合同能够继续履行的情况下，由横店方人员陪同领取222万元人民币现金的，原判认定“汪某甲在未如实告知横店方该关键事实（明知合同已不能履行）的情况下，仍签名确认演员名单及领取赃款222万元，足见其有非法占有该款的主观故意”与事实不符。在央视通知演出取消后，** 影视城要求汪某甲共同努力争取继续履行合同，因此汪某甲仍有继续找演员并签约的行为，并非原判认定的“为造成其在积极履行合同之假象，在10月22日至27日间仍与多名演员签订协议”。汪某甲没有非法占有合同中相关款项的故意。汪某甲指使他人私刻中央电视台·戏曲音乐部印章的行为与合同诈骗并无关联，也未曾作伪证之用，原判认定“汪某甲为作伪证之目的，伪造事业单位印章”与事实不符。

2. 伪造事业单位印章罪量刑偏重。汪某甲指使他人私刻中央电视台·戏曲音乐部印章的行为，构成伪造事业单位印章罪，其在公安机关尚未掌握犯罪行为之前，主动交代并如实供述，应当以自首论，其在庭审中的辩解并非对事实本身的否认，不属于翻供，鉴于此印章并未实际使用，又属于自首，可以考虑免除处罚。

综上所述，本院认为，汪某甲主观上没有非法占有 ** 影视城 222 万元的故意，客观上也不存在虚构事实、隐瞒真相、诱骗当事人继续履行合同的行为，合同款去向明确，无挥霍、恶意转移，原判认定汪某甲构成合同诈骗罪的事实不能成立，没有证据支持，依法应予纠正。伪造事业单位印章罪量刑偏重。为维护司法公正，建议你院对该案按照审判监督程序重新审判。

此致

浙江省高级人民法院

浙江省人民检察院

2013 年 10 月 6 日

【学者点评】

一、检察机关履职情况

原审被告人汪某甲不服金华市中级人民法院的生效判决，向浙江省人民检察院提出申诉。浙江省人民检察院对此进行了立案复查，经过调查认为，原审判决存在部分事实认定有误，认定汪某甲构成合同诈骗罪的事实不能成立，没有证据支持，伪造事业单位印章罪量刑偏重。主要理由是：

第一，部分事实认定有误。央视一行查看场地时并未明确告知汪某甲取消演出，汪某甲系在认为合同能够继续履行的情况下，由横店方人员陪同领取222万元人民币现金，原审判决认定汪某甲有非法占有该款的主观故意与事实不符。在央视通知演出取消后，**影视城要求汪某甲共同努力争取继续履行合同，汪某甲仍有继续找演员并签约的行为，并非原审判决认定的“为造成其在积极履行合同之假象，在10月22日至27日间仍与多名演员签订协议”。汪某甲指使他人私刻中央电视台·戏曲音乐部印章的行为与合同诈骗并无关联，也未曾作伪证之用，认定“汪某甲为作伪证之目的，伪造事业单位印章”与事实不符。第二，伪造事业单位印章罪量刑偏重。汪某甲指使他人私刻中央电视台·戏曲音乐部印章的行为，构成伪造事业单位印章罪，其在公安机关尚未掌握犯罪行为之前，主动交代并如实供述，应当以自首论，其在庭审中的辩解并非对事实本身的否认，不属于翻供，鉴于此印章并未实际使用，又属于自首，可以考虑免除处罚。

据此，浙江省人民检察院以制发再审检察建议书的方式建议浙江省高级人民法院对该案按照审判监督程序重新审判。浙江省高级人民法院采纳检察机关意见后指派浙江省金华市中级人民法院再审，经再审判决汪某甲无罪。

二、本案的指导意义

（一）整体把握案件事实，精准认定当事人行为性质

在分析合同诈骗罪时，需要着重审查其在签订和履行合同过程中是否存在非法占有的主观故意，并考量其是否采取了隐瞒真相或虚构事实等手段来骗取对方当事人的财物。具体到本案，判断汪某甲是否构成合同诈骗罪的核心在于确定他是否在明知合同已经无法履行的情况下，仍然非法获取了222万元的资金。但是，“非法占有目的”作为一种主观心理要素难以直接查证，只能借助各种外在事实加以推断。对此，检察机关在审查是否构成合同诈骗罪时，应当全面、细致地围绕涉案当事人的客观行为进行深入的综合分析，在详细审查相关证据、整体把握案件事实的基础上，检察机关应综合考虑行为人主观上的非法占有目的、被害人财产损失的严重程度、欺诈事实在案件中的核心地位以及被害人保护的必要性与强度，以确保案件处理的准确性和公正性。

（二）注重开展案件实质性审查工作，坚持有错必纠

检察机关办理当事人不服人民法院生效判决、裁判的刑事申诉案件，应当认真对待当事人的申诉权利，全面复查案件卷宗材料，发现确实存在问题或疑点的，应当主动展开积极调查，通过当面听取案件当事人及其辩护律师的意见、询问被害人或证人等方式进一步核实。发现原审判决、裁定确实存在错误的，检察机关应当坚守国家法律监督机关立场，坚持有错必纠的原则，通过依法采取抗诉、再审检察建议等方式督促纠正，切实维护当事人合法权益。

（**点评人**：王贞会，中国政法大学诉讼法学研究院副院长，教授、博士生导师）

【检察官点评】

一、案件本身的重要社会影响

本案为再审案件，其原案属于典型的以刑事手段插手民事纠纷导致冤假错案的情形。2003 年 7 月至 10 月，原审被告人汪某甲受委托联系“同一首歌”栏目到 ** 影视城演出，三方分别签订了文艺演出合同。按照合同约定，** 影视城支付给汪某甲人民币 222 万元费用。之后，因“同一首歌”栏目组负责人员发现影视城对外售票，违背录制节目的宗旨和栏目制作有关规定，决定停止在 ** 影视城录制“同一首歌”文艺晚会。汪某甲与 ** 影视城遂产生民事纠纷，后因 ** 影视城报案进入刑事程序。经过侦查、审判，原审判决认定汪某甲构成合同诈骗罪、伪造事业单位印章罪，数罪并罚被判处有期徒刑 12 年 6 个月，并处罚金人民币 4 万元。原审判决在事实认定、法律适用上均存在错误，导致民事案件被错误地按照刑事案件处理，汪某甲被错误判处刑罚，造成了恶劣的社会影响。本案纠正冤假错案，为汪某甲沉冤昭雪，不仅救济了原审被告人的合法权利，而且实现了司法程序的自我纠错，体现了司法公平正义的价值追求。

二、对检察工作、法治进程的重要意义

本案检察机关充分履行法律监督职能，在发现原有生效判决确有错误的情况下，秉持客观公正理念，制发再审检察建议，及时纠正了冤假错案。法律监督职能是《宪法》赋予检察机关的职责，检察机关的任务就是通过行使检察权，保障法律正确实施，维护国家法制统一、尊严和权威。本案中，办理控告申诉业务的检察机关通过对生效法律文书实行法律监督，提请人民法院纠正原案错误，集中体现了检察机关的法律监督对于维护社会公平正义、促进司法公正的重要作用，特别是在新时代全面依法治国进程中，检察机关法律监督职能再次焕发出了新的生机与活力。

三、检察机关履职情况

汪某甲合同诈骗、伪造事业单位印章一案，由浙江省人民检察院向浙江省高级人民法院提出再审检察建议，认为一是汪某甲主观上没有非法占有目的、客观上不存在虚构事实、隐瞒真相、诱骗当事人继续履行合同的行为，合同款去向明确，无挥霍、恶意转移，原判认定汪某甲构成合同诈骗罪的事实不能成立，没有证据支持，应当依法予以纠正。二是伪造事业单位印章罪量刑偏重，建议按照审判监督程序重新审判。2014 年 6 月 6 日，经再审开庭审理，浙江省金华市人民法院采纳再审检察机关意见，宣告汪某甲无罪。

四、本案主要涉及两个法律问题

一是关于合同诈骗罪。根据《刑法》第 224 条的规定，合同诈骗罪是指以非法占有为目的，在签订、履行合同过程中，骗取对方当事人财物，数额较大的行为。其判断的重点在于主观上具有非法占有的目的，客观上实施了虚构事实、隐瞒真相骗取财物的行为。本案中，汪某甲接受委托，以促成文艺演出为目的签订相关合同，在文艺演出（计划）终止后，及时告知合作方 ** 影视城，并共同尝试予以补救，无法认定具有非法占有合同履行款的目的。同时，现有证据也不足以认定其对 ** 影视城实施了虚构事实、隐瞒真相的行为。

二是关于伪造事业单位印章罪。本案中，汪某甲于 2003 年 4 月指使他人私刻中央电视台文艺节目中心 · 戏曲音乐部印章一枚，一直存放于汪某甲办公室，未曾使用。其伪造事业单位印章的行为事实清楚，证据确实、充分，但是一直未实际使用，没有造成任何损失后果，属于情节显著轻微、危害不大，根据《刑法》第 13 条的规定，应认定不构成犯罪。

五、文书撰写精要

一是精准监督，充分释法说理。在文书中，针对原审判决的合同诈骗罪、伪造事业单位印章罪的两点错误进行了充分释法说理，特别是对合同诈骗罪的非法占有目的、虚构事实行为，结合案件事实证据进行了充分的论证，在厘清全案事实发展脉络的基础上，精准适用法律，全面准确、有理有据，体现出较好的法律适用能力和文书撰写水平。

二是重点突出，结构清晰严谨。本案涉及合同诈骗罪、伪造事业单位印章罪两个罪名，涉案人员较多、案情复杂，生效判决系发回重审后形成的判决，经历一审、二审共 4 次审判，提出的观点较多、理由庞杂。在撰写再审检察建议书时，承办人分罪名特别是对于案件核心问题进行了充分论证，保证原审生效裁判的上一级人民法院在不深入阅卷的情况下也能准确把握案件主要事实和原审判决错误之处，进一步增强了法律文书的说理性。

三是说理透彻，文字规范准确。整篇再审检察建议书符合法律文书的撰写规则，文字表达精准、结合证据、逻辑严密、层次分明、条理清晰、用语规范，是同类法律文书中的上乘之作。

（**点评人：**杨帆，天津市人民检察院第一分院副检察长）

【法官点评】

检察建议是人民检察院为促进法律正确实施、维护社会和谐稳定，在履行法律监督职能过程中，结合执法办案，建议有关单位完善制度，加强内部制约、监督，正确实施法律法规，完善社会管理、服务，预防和减少违法犯罪的一种重要方式。本案文书为省级人民检察院针对刑事二审案件作出的再审检察建议书。文书严格遵循我国刑法罪责刑相适应原则精神，坚持全面准确贯彻宽严相济刑事政策，在全面细致把握事实的基础上，正确适用法律，以犯罪构成要件为切入点，针对刑事生效判决存在问题深入分析，论证严密，说理透彻，在此基础上，提出按照审判监督程序重新审判的建议。从整体上看，文书要素齐备、重点突出、详略得当、规范严谨，是一篇优秀的检察建议书。

一、从犯罪构成切入，严密论证事实认定问题

合同诈骗罪是指以非法占有为目的，在签订、履行合同过程中，采取虚构事实或者隐瞒真相等欺骗手段，骗取对方当事人的财物，数额较大的行为。利用签订合同诈骗钱财，侵犯他人财产权益，扰乱市场经济秩序，社会危害性较大，但因刑事犯罪与经济纠纷交叉，较难区分与识别，因而成为理论与实践中的热点、难点问题。案件涉及主要问题即在于是否构成合同诈骗罪及相关量刑问题。对此，文书严格依据《刑法》条文规定，从犯罪构成要件切入，展开论述。

犯罪构成是指依照我国刑法规定，决定某一具体行为是否构成犯罪的条件，它体现了社会危害性及其程度，为该行为构成犯罪所必需的一切客观和主观要件的有机统一，是使行为人承担刑事责任的根据。一般认为，任何一种犯罪的成立都必须具备四个方面的构成要件，即犯罪主体、犯罪主观方面、犯罪客体和犯罪客观方面。合同诈骗罪的主体，个人或单位均可构成。合同诈骗罪的主观方面，指犯罪主体对自己危害行为及其危害结果所持的心理态度，表现为直接故意，并且具有非法占有对方当事人财物的目的。合同诈骗罪的客体，是复杂客体，即国家对经济合同的管理秩序和公私财产所有权。本罪的对象是公私财物。合同诈骗罪的客观方面，表现为在签订、履行合同过程中，以虚构事实或者隐瞒真相的方法，骗取对方当事人财物，数额较大的行为。区分一般经济纠纷与合同诈骗犯罪的重要标准在于：主观上，是否具有故意，是否具有非法占有对方当事人财物的目的；客观上，是否存在以虚构事实或者隐瞒真相的方法，骗取他人财物的行为。

检察官以事实为依据，以法律为准绳，认为刑事生效判决未达到我国《刑事诉讼法》“犯罪事实清楚，证据确实、充分”的要求：一是从主观方面看，刑事二审判决所记载事实，证据收集不够充分，调查核实质量不高，汪某甲没有非法占有案涉款项的故意。主要理由包括：其一，2003年10月17日央视一行查看场地时并未明确告知汪某甲取消演出，汪某甲系在认为合同能够继续履行的情况下，由横店方人员陪同领取222万元人民币现金的，原判认定“汪某甲在未如实告知横店方该关键事实（明知合同已不能履行）的情况下，仍签名确认演员名单及领取赃款222万元，足见其有非法占有该款的主观故意”与事实不符。其二，在央视通知演出取消后，**影视城要求汪某甲共同努力争取继续履行合同，因此汪某甲仍有继续找演员并签约的行为，并非原判认定的“为造成其在积极履行合同之假象，在10月22日至27日间仍与多名演员签订协议”。二是从客观方面看，刑事二审判决部分事实，缺乏必要的调查核实程序和证据支撑。汪某甲指使他人私刻中央电视台·戏曲音乐部印章的行为与合同诈骗并无关联，也未曾作伪证之用，原判认定“汪某甲为作伪证之目的，伪造事业单位印章”与事实不符。即综合全案来看，客观上不存在虚构事实、隐瞒真相、诱骗当事人继续履行合同的行为。

二、综合考量情节，准确落实宽严相济刑事政策

我国《刑法》罪责刑相适应原则要求，对犯罪分子判处的刑罚轻重，应当与其所犯罪行的轻重和罪过大小以及应承担的刑事责任大小相当。宽严相济刑事政策亦要求，在具体案件办理中，要统筹处理好“宽”与“严”、“惩”与“防”的辩证关系，对于轻微犯罪案件以及其他具有法定从轻、减轻处罚情节的犯罪嫌疑人，特别是社会危害较轻的初犯、偶犯、过失犯、未成年犯，要依法落实“宽”的政策。以《刑法》有无明文规定为标准，可以将量刑情节分为法定情节和酌定情节，前者是《刑法》明文规定在量刑时应当予以考虑的情节，如自首等；后者是《刑法》未作明文规定，根据《刑法》精神与有关刑事政策，在量刑时需要酌情考虑的情节，如是否如实供述等。检察官综合全案证据，对案件犯罪主体、犯罪对象、危害后果等深入分析，进而对量刑问题予以阐释，对法院生效判决存在问题进行揭示，提出伪造事业单位印章罪量刑偏重。具体理由包括：一方面，本案存在自首的情形，属于法定的可以从轻或者减轻处罚的情节。自首，是指犯罪以后自动投案，如实供述自己的罪行的行为。被采取强制措施的犯罪嫌疑人、被告人和正在服刑的罪犯，如实供述司法机关还未掌握的本人其他罪行的，以自首论。对于自首的犯罪分子，可以从轻或者减轻处罚。其中，犯罪较轻的，可以免除处罚。需注意的是，犯罪人自动投案，如实供述自己的罪行后，为自己进行辩护，提出上诉，或者更正、补充某些事实的，应当允许，不能将这些行为视为没有如实供述自己的罪行。本案汪某甲在公安机关尚未掌握犯罪行为之前，主动交代并如实供述，应当以自首论，其在庭审中的辩解并非对事实本身的否认，不属于翻供。另一方面，本案存在犯罪较轻且自首的情形，属于法定的可以免除处罚的情节。本案中伪造的印章并未实际使用，犯罪行为较轻，且汪某甲属于自首，故可以考虑免除处罚。

三、注重讲究文理，充分展示检察文书三性

检察建议书作为检察履职的重要载体，集中体现刑事案件的办案质效和检察人员的法治素养。除了阐明事理、释明法理、讲明情理之外，也要注重讲究文理，展现文书的严谨性、规范性和逻辑性。文书首部首先介绍当事人情况，正式内容第一部分归纳总结金华市中级人民法院刑事二审判决的内容，简要介绍刑事二审判决的裁判理由、裁判结果；接下来介绍案件来源，即原审被告人汪某甲不服金华市中级人民法院的生效判决，多次向浙江省人民检察院提出申诉。文书正式内容第二部分，全面介绍浙江省人民检察院复查查明的事实，为后续阐明刑事二审判决存在问题埋下伏笔。正式内容第三部分重点论述刑事二审判决存在问题，基于原判认定汪某甲构成合同诈骗罪的事实不能成立，没有证据支持；伪造事业单位印章罪量刑偏重。检察官在履职过程中全面阐释了这两大难点问题。在此基础上，文书正式内容第四部分明确建议浙江省高级人民法院对该案按照审判监督程序重新审判。

（**点评人：**谷升，北京市高级人民法院申诉审查庭三级高级法官）

【律师点评】

本案是一起检察机关依法履行法律监督职能，坚决纠正违法使用刑事手段插手非公有制经济纠纷的典型案例。2003 年，被告人汪某甲成立公司，与 ** 集团浙江影视城（以下简称影视城）签订合同，影视城委托其引进央视某知名节目并策划开幕式。合同履行过程中，汪某甲根据合同约定从影视城处领取人民币 220 余万元用于签约演员、支付演员费用，后因影视城违规商业运作，违背央视公益活动性质，活动被央视叫停，汪某甲与影视城多方寻求挽回办法均未果。影视城以汪某甲合同诈骗为由向公安机关报案。审理期间，汪某甲主动交代其曾私刻央视音乐部印章的行为。最终汪某甲因合同诈骗罪、伪造事业单位印章罪被判入狱。汪某甲不服判决，向浙江省人民检察院提起申诉。浙江省人民检察院在审查过程中发现原审判决存在事实不清、量刑偏重的问题，遂发出再审检察建议书，推动审判监督程序启动。在该建议书中，浙江省人民检察院通过厘清案件事实、精准认定合同诈骗罪构成要件、正确把控量刑尺度，最终纠正了本起冤假错案。

第一，聚焦案件事实，精准把握合同诈骗罪构成要件。在审判实践中，针对合同诈骗罪，如何把握罪与非罪的分界线，区分合同诈骗罪与民事行为中单纯的合同欺诈，行为人主观上是否具有非法占有目的是最为关键的因素。而如何认定合同诈骗罪行为人主观上的非法占有目的，一直是司法实践中的重点和难点。

本案中浙江省人民检察院通过梳理锁定案件事实，紧扣被告汪某甲是否具有“非法占有合同相关款项的主观故意”这一核心要件。在事实认定上，原审法院对于被告汪某甲存在非法占有目的的认定是基于其早就收到央视音乐部制片人的口头通知，知晓合同无履行条件，在这种情况下仍然从影视城处领取合同价款，从而认定其在领取价款时就具有非法占有目的。浙江省人民检察院则没有囿于原审对于事实的认定，而是重新梳理案件过程，充分考虑了被告汪某甲的行为目的、双方行为与商业逻辑，认为央视音乐部制片人的口头通知并不足以让被告汪某甲得出合同无法履行的结论。在节目正式被要求停办后，被告汪某甲领取合同款项是出于继续努力履行合同的目的，且被告汪某甲与影视城在当时均产生了积极履约的行为。基于对上述事实的认定，浙江省人民检察院认为被告汪某甲的行为具有正当性，符合商业逻辑，在主观上并无非法占有合同价款的目的，因此，被告汪某甲的行为不构成合同诈骗罪。根据再审检察建议书可以看出，浙江省人民检察院坚持以事实为依据，以法律为准绳，通过对案件时间线的梳理，从各方的行为与目的出发，还原了案件事实，基于事实认定被告汪某甲的行为不符合合同诈骗罪的构成要件，体现了浙江省人民检察院对案件事实认定的严谨和对法律适用把握的精准。

第二，坚持宽严相济刑事政策，严把刑事犯罪入罪门槛。原审法院认定被告汪某甲私刻央视音乐部印章的行为构成伪造事业单位印章罪，并且在庭审时存在翻供的行为，因此原审法院并未将其主动交代伪造印章的行为认定为自首。浙江省人民检察院在再审检察建议书中则从定罪与量刑两个角度出发，认为被告人汪某甲的行为虽构成伪造事业单位印章罪，但其在法庭上的辩解行为是正当权利，被告人汪某甲并未对事实进行否认，不属于翻供，应当认定为自首，且该印章并未实际使用、社会危害性较小，进而可以免除处罚。浙江省人民检察院在再审检察建议书中对于被告人汪某甲自首行为的认定和对量刑的论述充分保障了被告人汪某甲的辩护权，体现了宽严相济的刑事政策和罪责刑相适应原则。

第三，发挥审判监督职能，为司法公正把关。本案中面对被告人汪某甲的申诉，检察院没有受到一审、二审法院有罪裁判的影响，也没有出于避免和法院产生“冲突”的目的对被告人的申诉置若罔闻、敷衍了事，而是积极查明案件事实，从合同诈骗罪、伪造事业单位印章罪的构成要件出发，坚持疑罪从无原则与罪刑责相适应原则，及时指出原审中的错误事实认定及量刑过重问题，推动再审程序启动。

本案从一审到再审，罪与非罪、量刑轻重，对被告汪某甲的命运有着重大影响。浙江省人民检察院再审检察建议书在案件事实的重重迷雾中梳理时间线，精准把握法律适用与量刑原则，维护了个案正义。而本案不仅对被告汪某甲的个人命运具有重大影响，也对后续公检法机关在司法实践中如何认定合同诈骗罪的主观要件，把握罪与非罪的分界线，尊重市场主体的平等交易在保持谦抑性的同时维护我国司法审判体系的公正具有重要意义。检察机关对于案件事实的严谨认定、法律构成要件的精准理解、公平正义的坚定守护，充分体现了人民检察院不仅是法律监督的执行者，更是审判司法公正的守护者，为实现个案公平正义与法治社会建设提供了坚实的基础。

（**点评人：**李春斌，北京德恒杭州律师事务所高级权益律师）

32. 吴某甲不服法院生效刑事裁判申诉案：彰显最有利于未成年人原则的抗诉

【案情简述】

2010年6月20日23时许，不满16周岁的吴某甲喝酒回家后想继续喝酒，便产生到开经销店的潘某某家盗窃啤酒的想法。随后吴某甲爬窗进入潘某某房内，因担心被发现和被抓捕便顺手在房内一柜子边拿了一把尖刀，并到卫生间拿了四条毛巾将头脚包住。因吴某甲踩中盆子引起响声，潘某某被惊醒后走到客厅用手电筒照看认出吴某甲并劝其离开。吴某甲见事情败露，便持尖刀在大厅追赶潘某某。当潘某某跑向大门去开门时，吴某甲冲上去拦住大门并将刀插在大门旁边墙上，威胁不让走、不让叫。潘某某趁吴某甲低头之机将插在墙上的尖刀扔在地上，吴某甲夺过潘某某手上的手电筒摔在地上，并用手掐住潘某某脖子，潘某某大声呼喊救命惊醒邻居，吴某甲听到门外应答声后，便松手逃离现场。次日经医务人员检查，潘某某右腿膝盖上有擦伤痕迹，脖子上有指甲掐伤伤痕。

2010年8月11日，吴某甲因涉嫌抢劫犯罪被执行逮捕，同年11月5日，环江毛南族自治县人民检察院以吴某甲犯抢劫罪提起公诉。11月27日，环江毛南族自治县人民法院作出一审判决，认定吴某甲犯抢劫罪，判处有期徒刑5年6个月，并处罚金1000元。吴某甲及其法定代理人不服判决提出上诉，河池市中级人民法院于2011年3月23日裁定驳回上诉，维持原判。吴某甲及其法定代理人仍不服，向广西壮族自治区人民检察院提出申诉。广西壮族自治区人民检察院经立案复查后向广西壮族自治区高级人民法院发出再审检察建议书，建议按审判监督程序对原案再审。河池市中级人民法院于2013年1月18日作出再审决定，并于同年

6月9日作出再审判决，以被告人吴某甲犯抢劫罪，判处有期徒刑4年6个月，并处罚金1000元。吴某甲及其法定代理人对再审判决仍不服，继续向广西壮族自治区人民检察院提出申诉，请求依法抗诉。2014年2月20日，广西壮族自治区人民检察院按照审判监督程序向广西壮族自治区高级人民法院提出抗诉。同年10月11日，广西壮族自治区高级人民法院作出刑事判决，原审被告人吴某甲不负刑事责任。

抢劫罪中的抢劫行为，分为一般抢劫行为和法律拟制的特殊抢劫行为，转化型抢劫属于刑法分则拟制的抢劫行为之一。本案法律适用上的难点就在于，《刑法》规定已满14周岁不满16周岁的相对刑事责任年龄人犯抢劫的应当负刑事责任，而“犯抢劫”是否包括法律拟制的转化型抢劫存在理论和实务上的认识分歧。立法之所以对犯盗窃罪，为窝藏赃物、抗拒抓捕或者毁灭罪证而当场使用暴力或者以暴力相威胁的行为按抢劫罪定罪处罚，一定程度上是考虑了该不法行为与普通抢劫行为的危害具有相当性。但同时，规定相对刑事责任年龄人仅对《刑法》中危害性质明显和危害后果严重的八种行为负刑事责任，亦是充分考虑未成年人不同身心特点，其认识能力和控制能力与成年人相比存在欠缺，需兼顾教育为主、惩罚为辅的未成年人刑事司法原则。转化型抢劫与普通抢劫以及携带凶器抢夺、聚众打砸抢等其他拟制的抢劫在主观恶性、行为性质恶劣程度、危害后果等方面存在区别，因此主流观点认为相对刑事责任年龄人不对转化型抢劫负刑事责任，最高人民法院《关于审理未成年人刑事案件具体应用法律若干问题的解释》对此也作出了明确规定。本案中，广西壮族自治区人民检察院根据在案的事实、证据，深入研析法律，一方面，重点细致分析原审被告人吴某甲持尖刀追赶潘某某的动机和起因，深入论证其符合转化型抢劫犯罪客观构成要件，进一步在法律适用上释明相对刑事责任年龄人对转化型抢劫不负刑事责任。另一方面，针对再审认定的直接抢劫，从证据入手指出证明原审被告人构成抢劫罪的主观目的证据、客观行为证据不确实、不充分，从而导致案件定性错误，法律适用错误。该案抗诉书逻辑清晰、层次分明、分析全面、说理充分，抗诉意见被采纳，案件最终得以改判。

该案主要聚焦案件定性及法律适用，在省级人民检察院提出抗诉后获受诉高级人民法院直接改判，在法律适用上对同类案件处理具有一定的参考意义。该案历时4年，历经一审、二审、再审均作出有罪判决，河池市中级人民法院和广西壮族自治区高级人民法院三次驳回申诉人再审请求，在广西壮族自治区人民检察院受理申诉、立案复查发出再审检察建议后，广西壮族自治区高级人民法院指令再审，河池市中级人民法院在再审中并未采纳省级人民检察院复查意见，由此可见案件纠正的难度之大。广西壮族自治区人民检察院在原审被告人再次申诉后，充分发挥审判监督职能，依法直接向省高级人民法院提起抗诉，正是省级人民检察院的敢于监督、善于监督，坚持监督，排除阻力纠正了错误起诉、错误判决，保证了法律的正确统一实施，维护了未成年人的合法权益，使原审被告人获得相应国家赔偿，最终实现息诉罢访、案结事了。

【文书原文】

广西壮族自治区人民检察院

刑事抗诉书

桂检控申审刑抗〔2014〕1号

原审被告人吴某甲，男，1995年**月**日出生，壮族，小学文化，农民，住环江毛南族自治县**乡**村**屯**号，现在广西壮族自治区未成年犯管教所服刑。

环江毛南族自治县人民法院以（2010）环刑初字第145号刑事判决书对被告人吴某甲抢劫一案作出一审判决，认定吴某甲犯抢劫罪，判处有期徒刑五年零六个月，并处罚金一千元。吴某甲及其法定代理人不服，提出上诉，河池市中级人民法院以（2011）河市刑二终字第42号刑事裁定书裁定驳回上诉，维持原判。吴某甲及其法定代理人仍不服，向本院提出申诉。本院经立案复查后向广西壮族自治区高级人民法院发出再审检察建议书，建议依照审判监督程序对原案进行再审。2013年6月9日，河池市中级人民法院经再审对案件作出（2013）河市刑再字第2号刑事判决书，以被告人吴某甲犯抢劫罪，判处有期徒刑四年零六个月，并处罚金人民币一千元。吴某甲及其法定代理人对河池市中级人民法院再审判决仍不服，继续向本院提出申诉，请求依法抗诉。本院依法受理。

经依法审查，本案的事实如下：

2010年6月20日23时许，原审被告人吴某甲在环江毛南族自治县**乡**村**屯“上某某”家喝酒回到自己家里后，因还想继续喝酒，便想到该屯开经销店的潘某某家中存有啤酒，即产生进入潘某某家盗窃啤酒的想法。随后，吴某甲爬窗户进入潘某某房内，并用随身携带的打火机照明，因担心被发现和被抓捕便顺手在房内的一柜子边拿了一把尖刀以威胁、阻止他人抓捕，为防被人认出和走路不发出响声便在房内拿了四条毛巾将头和脚包住。当吴某甲准备进入大厅时踩中盆子引起响声。潘某某被响声惊醒后，走到客厅用手电筒照看认出了吴某甲并劝其离开，吴某甲既未答话也未离开，潘某某便上前拉开吴某甲包扎在头上的毛巾。吴某甲见事情败露，担心潘某某将其偷盗行为说出去，便持尖刀在大厅内追赶潘某某，二人在大厅内追赶约二十分钟。当潘某某跑向大门去开门时，吴某甲冲上去拦住大门不让潘某某出去，同时将刀插在大门旁的墙上，威胁不让走、不让叫。潘某某趁吴某甲低头之机，把吴某甲插在墙上的尖刀扔在地上，吴某甲夺过潘某某手上的手电筒摔在地上，并用手掐住潘某某的脖子，潘某某大声呼喊救命惊醒邻居吴某乙，吴某甲听到吴某乙的应答声后，便松手和开门逃离现场。次日，经医务人员检查，发现潘某某右腿膝盖上有被擦伤的痕迹，脖子上有被指甲掐伤的伤痕。

上述事实，有户籍证明、扣押物品清单和照片、现场勘验检查笔录、医生检查笔录、辨认笔录及照片，证人吴某丙等人证言、被害人潘某某陈述和被告人吴某甲供述与辩解等证据证实，足以认定。

本院认为，吴某甲进入他人住宅实施盗窃，为抗拒抓捕、毁灭罪证而当场使用暴力威胁，具有社会危害性，其行为符合转化型抢劫犯罪的客观构成要件，但鉴于案发时吴某甲未满十六周岁，根据最高人民法院《关于审理未成年人刑事案件具体应用法律若干问题的解释》第十条第一款的规定，已满十四周岁不满十六周岁的人盗窃、诈骗、抢夺他人财物，为窝藏赃物、抗拒抓捕或者毁灭罪证，当场使用暴力，除故意伤害致人重伤、死亡或者故意杀人的情形外，均不能适用《中华人民共和国刑法》第二百六十九条的规定以转化型抢劫罪对其追究刑事责任。原案的一审、二审判决、裁定认定的事实清楚，证据确实、充分，对被告人吴某甲的客观行为定性准确，但对其以抢劫罪定罪处罚适用法律确有错误，再审判决改变一审、二审裁判关于吴某甲实施转化型抢劫事实的认定，以吴某甲实施直接抢劫判定其行为构成抢劫罪，该判决据以定罪的证据不确实、不充分，定性错误、适用法律错误，应予纠正。理由如下：

一、再审判决认定事实存在错误

再审判决认定："潘某某用手电照射认出是被告人吴某甲并劝其离开，后又上前拉开被告人吴某甲包扎在头上的毛巾，被告人吴某甲拿着尖刀在客厅内追赶潘某某。"再审判决未认定被告人吴某甲持尖刀追赶潘某某的动机和起因是"见事情败露"这一案件情节。根据被告人吴某甲的供述，其入室盗窃行为被发现后，其持刀追赶威胁潘某某是因为"见事情败露"，担心潘某某跑出去喊人和将事情说出去被别人知道不好，当追赶上潘某某时仍威胁潘某某不许叫、不许走。被害人潘某某的陈述也证实了其拉开吴某甲包在头上的毛巾后，吴某甲才追赶她，不让她走、不让她叫。吴某甲的供述与潘某某的陈述足以证实吴某甲持刀追赶暴力威胁的动机和起因是"见事情败露"而阻止潘某某出去喊人。吴某甲"见事情败露"而持刀追赶暴力威胁的动机和起因这一情节承接了之前吴某甲入室后顺手拿尖刀是为了威胁、阻止他人抓捕的目的和之后持刀追赶暴力威胁潘某某的目的，是案件的关键情节，影响原审被告人吴某甲的罪与罚。再审判决未能全面把握原案事实，未能全面客观运用原案证据，未将该情节予以认定，属于认定事实错误。

二、再审判决据以定罪的证据不确实、不充分

再审判决认定："吴某甲对被害人使用暴力，其主观目的并非抗拒抓捕、窝藏赃物或毁灭罪证，而是非法占有被害人的财物。吴某甲在占有他人财物的故意支配下，对被害人使用威胁及暴力手段的行为符合抢劫罪的构成要件，其行为已构成抢劫罪。"经审查，再审判决认定吴某甲使用暴力的主观目的是非法占有被害人的财物的证据只有原审被告人吴某甲的供述，但其供述没有其他证据予以印证，且吴某甲不存在抢啤酒的言语和动作，没有客观行为印证其关于“使用暴力去抢啤酒”的供述的真实性和客观性。因此，再审判决认定吴某甲使用暴力的主观目的是非法占有被害人财物，其行为构成直接抢劫罪的证据不确实、不充分，依法应当予以排除。

三、再审判决认定吴某甲构成抢劫罪属定性错误、适用法律错误

《中华人民共和国刑法》第二百六十三条规定的抢劫罪是指以非法占有为目的，以暴力、胁迫或其他令被害人不能抗拒的方法，当场强行劫取公私财物的行为。抢劫罪的主观方面是直接故意，且有以非法占有公私财物为目的；客观方面表现为以暴力、胁迫或其他令被害人不能抗拒的方法，当场强行劫取公私财物。抢劫行为属于双重行为，是由暴力、胁迫或其他强制行为的手段行为和当场劫取他人财物的目的行为共同组成。原案中，吴某甲不存在抢啤酒的言语和动作的客观行为，其也没有实际取得财物，现有证据不能认定吴某甲具有当场劫取公私财物的目的行为，吴某甲的暴力行为与其供述要抢啤酒的目的行为的因果关系不能成立，吴某甲的行为不构成《刑法》第二百六十三条规定的抢劫罪。再审判决认定吴某甲构成《中华人民共和国刑法》第二百六十三条规定的抢劫罪属定性错误，适用法律错误。

此外，再审判决认定吴某甲构成抢劫罪既遂，属于犯罪形态认定错误。即使按照再审判决认定的事实，吴某甲构成抢劫罪，再审判决判定“入户抢劫是刑法所规定的加重情节之一，已具备加重形态的全部要件，无论行为人是否抢到财物，均应是犯罪既遂。吴某甲的行为已构成抢劫罪既遂”。但根据最高人民法院《关于审理抢劫、抢夺刑事案件适用法律若干问题的意见》（法发〔2005〕8号）第十条“抢劫罪的既遂、未遂的认定”的规定，抢劫罪侵犯的是复杂客体，既侵犯财产权利又侵犯人身权利，具备劫取财物或者造成他人轻伤以上后果两者之一的，均属抢劫既遂；既未劫取财物，又未造成他人人身伤害后果的，属抢劫未遂。据此，《中华人民共和国刑法》第二百六十三条规定的八种处罚情节中除“抢劫致人重伤、死亡的”这一结果加重情节之外，其余七种处罚情节同样存在既遂、未遂问题，其中属抢劫未遂的，应当根据刑法关于加重情节的法定刑规定，结合未遂犯的处理原则量刑。原案中，吴某甲既没有劫取到财物也没有造成被害人轻伤以上的后果，其行为应属于未遂。据此，再审判决认定吴某甲的行为已构成抢劫罪既遂属于犯罪形态认定错误。

综上所述，本院认为，河池市中级人民法院再审判决认定吴某甲实施直接抢劫事实，判定其行为构成抢劫罪，该判决据以定罪的证据不确实、不充分，定性错误、适用法律错误，应予纠正。为了正确地实施法律，维护司法公正，保护未成年公民的合法权益，依照《中华人民共和国刑事诉讼法》第二百四十三条第三款的规定，并经本院检察委员会审议决定，对河池市中级人民法院（2013）河市刑再字第2号刑事判决书，提出抗诉，请依法判处。

此致

广西壮族自治区高级人民法院

广西壮族自治区人民检察院

2014年2月20日

【学者点评】

一、指导意义

（一）严格遵循证据规则，确保事实认定的准确性和公正性

在办理再审申诉案件时，检察机关作为法律监督机关办理再审申诉案件进行证据审查时，应当严格遵守证据规则，注重证据链条的完整性。检察机关应当确保被告人的供述与在案的其他证据在真实性、客观性与合法性上均达到法律标准，建立起供述与在案证据之间的坚实联系，确保全部证据能够相互印证，形成一个完整、严谨且无可置疑的证据体系。

（二）全面准确适用法律

检察机关复查申诉案件过程中，应从定罪量刑、程序合法和法律监督三个方面准确适用法律。在定罪量刑适用法律时，检察机关应当结合犯罪主体、主观方面、犯罪动机、犯罪形态、损害后果等具体案件情形，把握好此罪与

彼罪、罪与非罪之间的判断标准，精准适用相应罪名和刑罚，达到罪责刑相适应。检察机关应严格遵循《刑事诉讼法》等法律规定的程序，确保案件处理的每一个环节都符合法律要求，对案件处理过程中的各个环节进行严格的监督，确保程序公正、合法，避免出现程序违法或程序瑕疵。

（三）坚定维护未成年人合法权益，履行保护职责

对于涉罪未成年人，检察机关应坚持“教育为主、惩罚为辅”的原则，依法对涉罪未成年人“少捕慎诉少监禁”。通过落实专业化办理、法律援助、合适成年人到场、社会调查、亲情会见、附条件不起诉、社会观护、帮扶教育、犯罪记录封存等特殊保护制度，最大限度地促进涉罪未成年人悔过自新、回归社会。

二、社会影响

公正是法治的生命线。司法公正对社会公正具有重要引领作用，司法不公对社会公正具有致命破坏作用。本案中，检察机关坚守司法公正，坚持以事实为根据，统一法律适用标准，坚持贯彻证据裁判规则，对被告人孤证进行合理排除，将能够互相印证的证据用来证明案件关键情节，未成年人应当特殊、优先保护。检察机关强调未成年人权益保护，落实特殊保护制度，强化法律援助和心理疏导，同时加强与其他部门的协作，形成未成年人保护合力。办案中注重教育挽救，努力帮助涉罪未成年人回归社会，体现法律的温度和关怀。

（**点评人**：王贞会，中国政法大学诉讼法学研究院副院长，教授、博士生导师）

【检察官点评】

未成年人法律制度与成年人法律制度有着重大的差别。核心一点就是存在刑事责任年龄的问题。《刑法》第 17 条第 1 款、第 2 款规定：已满 16 周岁的人犯罪，应当负刑事责任。已满 14 周岁不满 16 周岁的人，犯故意杀人、故意伤害致人重伤或者死亡、强奸、抢劫、贩卖毒品、放

火、爆炸、投放危险物质罪的，应当负刑事责任。而本案的被告人在案发时正是已满 14 周岁不满 16 周岁的人。对此，只能对特定罪名承担责任，具体来说就是《刑法》第 17 条列举的这些罪行，也就是包含这些罪行的罪名，范围可能略广，但仍然是极为有限的。综观这些罪行，显然是刑法中最严重罪行的集合。

刑法之所以要对已满 14 周岁不满 16 周岁的人所承担刑事责任范围做如此的限定，显然是因为这些未成年人的年龄比较小，对世界的认知、对自身行为的认识以及对自己行为的控制能力还在成长阶段。这一部分人基本来说就是刚上初中的学生，还是处于比较懵懂无知的状态，还有很大的成长空间。因此，对他们的教育挽救力度自然要比 16 周岁以上的未成年人要大一点。这也是体现了一种分层次保护、分层次处理，其实就相当于对小学生、初中生、高中生这些不同年龄段的未成年人给予不同层次的保护，体现了在刑事责任年龄的分层次设定上。《刑法》第 17 条第 3 款还增加了对已满 12 周岁不满 14 周岁的核准追诉制度，体现的就是进一步的细化。虽然说是分层次保护，但并不是说单纯不追究，而是分层次、有范围地进行追究，体现的是惩罚与保护并重。

上述司法理念在本案刑事抗诉书中得到了充分体现，具体表现为三个方面：

一、准确阐释不满 16 周岁的人不能适用转化型抢劫的规定

转化型抢劫看起来也是抢劫，但与直接抢劫还是不同，不能直接纳入不满 16 周岁的人需要承担刑事责任的范围。这也体现了未成年人分层次保护、分层次处理的严格性。转化型抢劫作为拟制性规定与直接抢劫不是一个概念，因为它必须有一个前罪的前提，即盗窃、诈骗、抢夺他人财物，显然未成年人并不对这三种罪行承担刑事责任。转化型抢劫所使用的暴力目的不是直接指向财产的，不是为了抢劫财物而使用的暴力，目的是窝藏赃物、抗拒抓捕或者毁灭罪证。要么是采取盗窃等平和手段获取财物之后为了巩固财物的占有，或者根本就没有取得财物只是想要跑路。但无论如何，此行为都缺少抢劫所应当具备“两个当场”的要求，即缺少当场使用暴力当场取得财物的同时性。

正因此，最高人民法院《关于审理未成年人刑事案件具体应用法律若干问题的解释》第10条第1款对此作出明确规定，已满14周岁不满16周岁的人盗窃、诈骗、抢夺他人财物，为窝藏赃物、抗拒抓捕或者毁灭罪证，当场使用暴力，故意伤害致人重伤或者死亡，或者故意杀人的，应当分别以故意伤害罪或者故意杀人罪定罪处罚。即只有存在特别严重结果时才能认定故意伤害罪或者故意杀人罪，不适用转化型抢劫的规定。根据该条第2款规定，已满16周岁不满18周岁的人犯盗窃、诈骗、抢夺罪，为窝藏赃物、抗拒抓捕或者毁灭罪证而当场使用暴力或者以暴力相威胁的，应当依照《刑法》第269条的规定定罪处罚；情节轻微的，可不以抢劫罪定罪处罚。可见，16周岁是转化型抢劫条款适用的分界线，已满16周岁才可以适用，但同样还要考虑情节问题，情节轻微的，可不以抢劫罪定罪处罚。可见，转化型抢劫显然要比直接抢劫要轻，这也是其没有纳入不满16周岁的人承担刑事责任的原因。原审判决对于未满16周岁的人适用转化型抢劫的条款显然没有很好把握和贯彻《最高人民法院关于审理未成年人刑事案件具体应用法律若干问题的解释》。

二、明确能否以直接抢劫追究刑事责任取决于证据事实

如果不构成转化型抢劫，那么本案能否构成直接抢劫，定罪量刑不能超越事实证据。一般来讲，能够认定为直接抢劫的，就不会认定为转化型抢劫。吴某甲去潘某某家是去偷啤酒的，不是抢啤酒的，因为其通过包毛巾等方式进行了某种伪装，目的就在于平和窃取。直到其踩到脸盆惊醒潘某某，潘某某拉开吴某甲包扎在头上的毛巾后，吴某甲才拿着尖刀在客厅内追赶潘某某。尖刀并不是提前准备好的，而是在潘某某的房内拿的。可见，吴某甲的持刀追赶是因为“事情败露”，目的是阻止潘某某出去喊人。除了吴某甲自己的供述之外，没有任何证据能够证明持刀的目的是抢啤酒。刑事抗诉书抓住这一关键点，并进一步强调吴某甲不存在抢啤酒的言语和动作，没有客观行为印证其关于“使用暴力去抢啤酒”供述的真实性和客观性。可见，认定直接抢劫的证据不确实、不充分，同样依法应当予以排除。

三、检察机关循序渐进、坚定不移地履行监督职能

纵观本案的审判监督过程，并不是一开始就向法院提出抗诉，而是

先通过再审检察建议为审判机关自行纠正创造机会。在审判机关将转化型抢劫变更为直接抢劫，绕开未成年人不能构成转化型抢劫的条款之后，仍然判决有罪的情况下，检察机关依据申诉人的申诉主张，进一步提出审判监督程序抗诉，在审判监督程序的抗诉书中充分阐明：不满16周岁的人不能适用转化型抢劫的规定，直接抢劫需要两个当场和主客观相一致的证据标准，不能仅以口供定案，最终促成本案被彻底纠正。本案中检察机关在开展审判监督程序过程中有理有力有节的监督方法，不是为了监督而监督，是为了更好地守护司法公正而监督，不是动辄抗诉，而是坚定不移地传达信号，锲而不舍追求公正目标，也是彻底地在贯彻未成年人司法制度。

（**点评人：**刘哲，北京市人民检察院第一检察部副主任、三级高级检察官）

【法官点评】

审判监督是人民检察院对于人民法院审判活动所进行的法律监督。对于法院违反法律程序进行审判活动，或者所作出的裁判存在事实认定或法律适用错误的，检察院可以提起抗诉，也可以提出检察建议，从而引发刑事诉讼二审程序或审判监督程序的启动。本案文书为涉未成年人申诉案件的省级人民检察院刑事抗诉书，检察官秉承客观公正理念，围绕争议问题，充分说理，透彻评析，既充分体现检察机关全面准确贯彻宽严相济刑事政策，依法正确履行检察职责，坚持“宽容不纵容”的工作思路，也深刻诠释未成年人保护检察理念，切实保障了未成年被告人合法权益。

文书中，检察官首先对当事人基本信息、案件来源等内容进行介绍，一并说明了被告人为未成年人、被告人及其法定代理人不服判决等情况，进而阐述检察官查明的本案事实，在此基础上，严格贯彻我国《刑事诉讼法》“重证据、重调查研究、不轻信口供”精神，综合运用全案证据，全面把握案件事实，针对再审判决存在的问题逐项分析，论证严密，有理有据，尤其是结合本案未成年人因素，论述再审判决以被告人实施直接抢劫判定其行为构成抢劫罪存在错误等问题，以法为据，条分缕析，值得学习借鉴。

一、全面把握原案事实，阐明认定事实问题

定罪量刑必须以事实为根据。这里的事实既包括直接决定案件定性的核心事实，也包括可能影响案件量刑的边际事实，如案件发生的前因后果、社会形势、文化传统、民情习俗等。这些因素虽然不属于案件关键性的核心事实，但却是客观存在的、影响法律事件发生、发展的因素，对于避免认定事实偏离客观真相发挥作用，在查明事实真相中扮演着不可或缺的角色。制作检察文书，要注意全面搜集、论证各类事实，既要高度关注直接决定定罪量刑的核心事实，也要重视把握影响定罪量刑的边际事实。本案再审判决就存在忽略边际事实的不足，检察官明确指出再审判决未认定被告人吴某甲持尖刀追赶潘某某的动机和起因是“见事情败露”这一案件情节。该情节涉及案件发生的前因后果，属于影响定罪量刑的边际事实。根据被告人吴某甲的供述，其入室盗窃行为被发现后，其持刀追赶威胁潘某某是因为“见事情败露”，担心潘某某跑出去喊人和将事情说出去被别人知道不好，当追赶上潘某某时仍威胁潘某某不许叫、不许走。被害人潘某某的陈述也证实了其拉开吴某甲包在头上的毛巾后，吴某甲才追赶她，不让她走、不让她叫。吴某甲的供述与潘某某的陈述足以证实吴某甲持刀追赶暴力威胁的动机和起因是“见事情败露”而阻止潘某某出去喊人。吴某甲“见事情败露”而持刀追赶暴力威胁的动机和起因这一情节承接了之前吴某甲入室后顺手拿尖刀是为了威胁、阻止他人抓捕的目的和之后持刀追赶暴力威胁潘某某的目的，是案件的关键情节，一定程度上影响原审被告人吴某甲的罪与罚。再审判决未能全面把握原案事实，未将该情节予以认定，属于认定事实错误。

二、不只依靠口供，揭示定罪证据问题

根据《刑事诉讼法》第55条的规定，对一切案件的判处都要重证据，认定证据确实、充分，应当符合三个条件：（1）定罪量刑的事实都有证据证明，是指作为认定犯罪嫌疑人、被告人犯罪、犯何种罪，决定是否对其判处刑罚，判处何种刑罚的依据的事实，包括构成某种犯罪的各项要件和影响量刑的各种情节，都有办案机关经法定程序收集的证据证明。这是认定“证据确实、充分”的基础。（2）据以定案的证据均经法定程序查证属实，是指经过侦查机关、人民检察院、人民法院按照法律规定的程序，包括关于修改刑事诉讼法的决定新增加的非法证据排除程序的查证，作为定案根据的证据被认定属实。这一条件侧重认定证据“确实”的方面。（3）综合全案证据，对所认定事实已排除合理怀疑。这是指办案人员在每一证据均查证属实的基础上，经过对证据的综合审查，运用法律知识和逻辑、经验进行推理、判断，对认定的案件事实达到排除合理怀疑的程度。本案再审判决认定吴某甲使用暴力的主观目的是非法占有被害人的财物的证据只有原审被告人吴某甲的供述，但其供述没有其他证据予以印证，且吴某甲不存在抢啤酒的言语和动作，没有客观行为印证其关于“使用暴力去抢啤酒”的供述的真实性和客观性。对于再审判决认定的这一事实，仍有符合常理的、有根据的怀疑，尚未达到确信的程度。经过抽丝剥茧、细致入微的分析论证，检察官得出结论：再审判决认定吴某甲使用暴力的主观目的是非法占有被害人财物，其行为构成直接抢劫罪的证据不确实、不充分，依法应当予以排除。

三、充分释法明理，论证适用法律问题

最高人民法院《关于审理未成年人刑事案件具体应用法律若干问题的解释》第 10 条第 1 款规定：“已满十四周岁不满十六周岁的人盗窃、诈骗、抢夺他人财物，为窝藏赃物、抗拒抓捕或者毁灭罪证，当场使用暴力，故意伤害致人重伤或者死亡，或者故意杀人的，应当分别以故意伤害罪或者故意杀人罪定罪处罚。”该条涉及未成年人适用《刑法》第 269 条的问题。根据《刑法》对未成年人犯罪应当从轻、减轻处罚的立法精神，一般认为对未成年人构成转化型抢劫罪应作严格解释，即行为人应当构成盗窃罪、诈骗罪或者抢夺罪的才能转化为抢劫罪。鉴于 14 周岁至 16 周岁年龄段未成年人依法对盗窃罪、诈骗罪或者抢夺罪不负刑事责任，因此，上述解释规定：14 周岁至 16 周岁的未成年人，不管在何种情况下，均不能适用《刑法》第 269 条规定转化为抢劫罪。至于其后续暴力、威胁行为构成何种罪的就定何种罪，比如定故意伤害罪等。据此，本案的一审判决、二审裁定认定的事实清楚，证据确实、充分，对被告人吴某甲的客观行为定性准确，但对其以抢劫罪定罪处罚适用法律确有错误。再审判决改变一审、二审裁判关于吴某甲实施转化型抢劫事实的认定，以吴某甲实施直接抢劫判定其行为构成抢劫罪。但被告人吴某甲不存在抢啤酒的言语和动作的客观行为，其也没有实际取得财物，现有证据不能认定其具有当场劫取公私财物的目的行为，吴某甲的暴力行为与其供述抢要啤酒的目的行为的因果关系不能成立，故吴某甲的行为不构成《刑法》第263条规定的抢劫罪。再审判决认定吴某甲构成《刑法》第263条规定的抢劫罪属定性错误，适用法律错误。此外，依据最高人民法院《关于审理抢劫、抢夺刑事案件适用法律若干问题的意见》第10条“抢劫罪的既遂、未遂的认定”的规定，吴某甲既没有劫取到财物也没有造成被害人轻伤以上的后果，其行为应属于未遂。再审判决认定吴某甲的行为已构成抢劫罪既遂属于犯罪形态认定错误。检察官综合运用法律解释方法，深入解读蕴含于我国刑法相关条文中对未成年人保护的人文关怀、法治精神，并坚定践行在检察活动、文书撰写过程中，这既是高质效办好每一起案件的有机组成部分，更是人民群众感受公平正义的直接途径。

（**点评人：**谷升，北京市高级人民法院申诉审查庭三级高级法官）

【律师点评】

一、案件本身的重要社会影响

吴某甲不服法院生效刑事判决申诉一案，具有极其显著的典型意义。此案不仅涉及抢劫罪与转化型抢劫罪之间的深度思辨探讨，而且触及了未成年人犯罪这一特殊领域的法律适用问题。该案的精准指控与公正审判，不仅是对抢劫罪理论研究的深化与丰富，更将为未成年人犯罪的司法实践提供重要的指导。

二、检察机关履职情况及价值

刑事抗诉是我国检察机关对已生效刑事判决或裁定在认为存在错误时依法提出的重新审理请求，它适用于原判决或裁定在事实认定、法律适用、诉讼程序、量刑决定上存在错误，或新证据出现可能影响判决结果，以及审判人员违法行为等情形，旨在纠正司法错误，维护法律权威和公正，保障当事人合法权益。

本案历经了一审、二审、再审程序。其中一审、二审法院认定吴某甲构成转化型抢劫；再审判决改变一审、二审裁判关于吴某甲实施转化型抢劫事实的认定，以吴某甲实施直接抢劫判定其行为构成抢劫罪。

经过对案件事实及核心焦点的深入、全面审查，检察机关认定再审判决所依据的定罪证据既不确定亦不充分，存在定性错误、法律适用错误的问题，亟待纠正，并据此从事实认定、证据审查、法律适用等多个层面，进行了条理分明、逻辑严密的论证分析，力求阐明抗诉理由的充分性和合理性。此次抗诉旨在捍卫司法裁判的精确性与公正性，充分展现了检察机关勇于担当、积极履职的鲜明态度。

三、该份刑事抗诉书的亮点

刑事抗诉书的制作是一项复杂而精细的系统性工作，不仅需要对案件事实的全面认知，还需要对证据链条的缜密分析，更需要对法律适用的精准把握。此刑事抗诉书充分展现了检察机关深厚的专业素养和严谨的工作态度，具有如下核心亮点。

（一）清晰梳理案件概况，确保抗诉的合理性和合法性

该抗诉书开篇就对案件相关情况进行了全面清晰的梳理，概括了一审、二审及再审判决的核心观点，简要介绍了抗诉的提起背景，由此构建出一个完整的案件脉络。在此基础上，该抗诉书提炼了检察机关提起抗诉所依据的事实基础与法律支撑，为后续深入阐述案件的事实争议、证据争议、法律适用争议以及论证检察机关抗诉的合理性与合法性提供了坚实的依据。

（二）深刻剖析原审错误，确保事实认定的精准性与客观性

刑事抗诉的基石在于对事实的精准判断，该抗诉书在事实认定方面

展现了极高的精准性和客观性。

本案中，“吴某甲持刀追赶暴力威胁”这一关键情节是判定吴某甲行为性质的关键因素，其直接关系到是否构成转化型抢劫罪，从而影响其刑事责任的界定。该抗诉书针对这一关键情节细致分析了该行为背后的动机和起因是“见事情败露”，通过对案件事实的深刻把握，判断原审一审、二审判决、裁定认定该情节符合转化型抢劫罪的构成要件，定性正确；而再审判决未能全面把握原案件的事实，未能全面客观运用原案证据，未将该情节予以认定，属于对案件事实的认定出现了疏漏，该疏漏对原审被告人的定罪和量刑产生了重大影响。因此，该抗诉书是在精准把握案件事实的基础上展开后续的分析探讨，具有客观性。

（三）严格审查在案证据，确保定案证据的确实性和充分性

在案证据是链接案件事实与法律适用的关键纽带，该抗诉书在证据审查方面体现出高度严谨性。

该案中，再审判决认定吴某甲使用暴力的主观目的是非法占有被害人财物，吴某甲在占有他人财物的故意支配下，对被害人使用威胁及暴力手段的行为符合抢劫罪的构成要件，其行为已构成抢劫罪。但是，抗诉书在严格审查在案证据后对此提出质疑：再审判决得出这一结论的主要依据是吴某甲本人的供述，但是根据在案证据显示，吴某甲并未采取任何直接的、旨在抢夺啤酒的行动，也没有客观行为印证其关于“使用暴力去抢啤酒”的供述的真实性和客观性，未达到证据确实、充分的标准。

（四）准确引用法律条文，确保法律适用的严谨性与准确性

法律适用的精准性，关乎案件公正、合理与权威，对保障当事人权益、维护社会公正、推进法治建设至关重要。本案的抗诉书在法律适用方面体现了很强的严谨性和准确性。

首先，就原案的一审、二审判决而言，忽视了吴某甲在案发时未满十六周岁，未考虑最高人民法院《关于审理未成年人刑事案件具体应用法律若干问题的解释》第 10 条第 1 款之规定，认定吴某甲的行为适用《刑法》第 269 条关于转化型抢劫罪的相关规定，属于适用法律确有错误。

其次，就原案的再审判决而言，忽视了吴某甲采取暴力行为的目的不在于抢劫啤酒，而只是因为“见事情败露”才持刀追赶，吴某甲的暴力行为与其供述的要抢啤酒的目的行为之间的因果关系不成立，其行为并不构成抢劫罪。再审判决认定吴某甲构成《刑法》第 263 条规定的抢劫罪属定性错误，适用法律错误。

最后，就该案的犯罪形态而言，抗诉书认为即使按照原再审判决认定的事实，即吴某甲的行为构成抢劫罪。但是，由于吴某甲既没有劫取到财物，又未造成被害人轻伤以上的结果，按照最高人民法院《关于审理抢劫、抢夺刑事案件适用法律若干问题的意见》第 10 条“抢劫罪的既遂、未遂的认定”的规定，其行为应当属于犯罪未遂，原再审判决认定犯罪形态既遂属于法律适用错误。

综上所述，这份刑事抗诉书的优秀之处在于对案件细节的深入剖析、对在案证据的审慎评估以及对法律适用的精准把握。这份抗诉书不仅体现了检察机关深厚的专业素养，更体现了其勇于担责敢于发声，坚守法治底线的决心。

（**点评人：**叶衍艳，北京衍星律师事务所主任）

33. 刘某甲不服法院生效刑事裁判申诉案：错误指认导致的冤案

【案情简述】

2012 年 3 月 21 日，正在深圳龙岗公司宿舍休息的刘某甲突然被警察带走。刘某甲是广西北流市 ** 镇农民，退伍后到深圳帮父母养猪，工作是开车到深圳龙岗一些酒店餐馆运潲水，因在个人婚姻上与父母意见不合，曾于 2011 年 8 月 4 日到 9 月底在深圳 ** 纸品厂打工，2012 年春节后到深圳 ** 公司打工。直到坐到讯问室，刘某甲才得知自己卷入了一起生产、销售伪劣产品的案件。

当年法院判决显示，自 2011 年 8 月开始，龙某甲在阿某某（在逃）安排下，将广州市白云区 ** 街 ** 路一废品场的工棚作为制假工场，并先后雇用龙某乙、陈某甲等人，假冒一些注册商标，非法生产冒牌瓶装洗发水、沐浴露。在此期间，龙某甲安排生产、发放工资并参与生产；龙某乙、陈某甲在龙某甲的安排下协助从事上述假冒产品的生产。当年 10 月 25 日，广州市公安机关接到广州宝洁有限公司品牌保护经理的举报，将正在涉嫌造假的龙某甲、龙某乙、陈某甲等人当场抓获，现场扣押假冒宝洁公司飘柔、海飞丝等洗发水产品一批，经鉴定价值人民币 15.8 万余元。公安机关当日便将该案立案侦查。从制假工人口中，得知“刘某甲”系主犯。由此，才出现了开头荒唐的一幕。直到当年 10 月 22 日，刘某甲被法院判决犯假冒注册商标罪，判处有期徒刑 3 年 3 个月。

在监狱里，刘某甲不停地向广东省人民检察院写申诉信。2013 年 6 月 16 日，省检察院决定对该案立案复查。检察官通过阅卷发现，卷宗里早期几个犯罪嫌疑人的笔录中并没有提到“刘某甲”，而只有龙某甲、龙某乙、陈某甲等人到案后称老板叫“刘某甲”，并对刘某甲进行了指认。经向当年办案民警了解，当时警方根据龙某甲提供的“刘某甲”读音及年龄，在全国人口信息库中搜索广西北流市人，从而找到现在被判刑的刘某甲，便让龙某甲等人辨认该刘某甲，3 名犯罪嫌疑人均分别辨认出该刘某甲，不过当时没有邀请见证人在场，也没有见证人签名。同案的龙某乙、陈某甲已刑满释放，两人均为流动人口，难以找到核实相关情况。检察官转而到阳江监狱提审了制假工人龙某甲，龙某甲供述自己在侦查阶段的辨认中并未明确指认刘某甲是老板，侦查阶段未说明“刘某甲”的具体身高年龄等情况，没有见过“刘某甲”来过生产场地，没有和别人说过老板的情况。

证据发生变化，真相到底是什么呢？2013 年 9 月 17 日，检察官到监狱见到了刘某甲，刘某甲提供了案发期间能够证明其并未离开深圳的见证人。检察官专程来到刘某甲打工的工厂，与刘某甲曾经共事的人员都在，他们都证实了与刘某甲的日常工作和生活都在一起，记忆中刘某甲并未长时间单独到外地。2013 年 11 月 20 日，广东省人民检察院认为本案有新的证据，证明原生效刑事裁定确有错误，可能影响定罪，且原审裁判据以定罪的证据不确实、不充分，主要证据之间存在矛盾，属人民法院应当重新审判的案件，向广东省高级人民法院提出抗诉。2014 年 8 月 7 日，广东省高级人民法院公开开庭再审后，判决刘某甲无罪。这宗因错误指认而被判刑 3 年 3 个月的冤案，得以画上圆满的句号。

【文书原文】

广东省人民检察院

刑事抗诉书

粤检刑申抗〔2013〕2 号

申诉人刘某甲不服广州市萝岗区人民法院（2012）穗萝法刑初字第 390 号刑事判决和广州市中级人民法院（2012）穗中法知刑终字第 66 号刑事裁定，向本院提出申诉，经审阅原审卷宗材料和进行必要的调查，现已查明：

自2011年8月开始，龙某甲在“阿某某”安排下，将广州市白云区龙归街龙河西路一废品场的工棚作为制假工场，并先后雇用龙某乙、陈某甲等人，在未经广州宝洁有限公司、宝洁（中国）有限公司、联合利华等商标注册人授权许可的情况下，在上述地点假冒上述公司持有并合法使用的潘婷、海飞丝、飘柔、玉兰油、清扬等注册商标，非法生产冒牌瓶装洗发水、沐浴露。在此期间，龙某甲安排生产、发放工资并参与生产；龙某乙、陈某甲在龙某甲的安排下协助从事上述假冒产品的生产。2011年10月25日，公安人员查获上述制假窝点，抓获龙某甲、龙某乙、陈某甲，并缴获冒牌洗发水、沐浴乳成品6264瓶（经鉴定，共价值人民币158373.84元）以及制假工具一批等物品。2012年3月21日，龙某甲、龙某乙、陈某甲被广州市萝岗区人民法院以共同犯假冒注册商标罪分别判处有期徒刑刑罚。2012年3月21日，广东省深圳市公安局水径派出所在深圳市龙岗区将申诉人刘某甲抓获。当日，广州市公安局萝岗区分局以刘某甲涉嫌生产、销售伪劣产品对其刑事拘留，2012年4月11日被逮捕。5月16日，萝岗区公安分局将该案移送萝岗区人民检察院审查起诉，8月14日，萝岗区人民检察院以刘某甲构成假冒注册商标罪向萝岗区人民法院提起公诉。

广州市萝岗区人民法院审理认为，刘某甲伙同同案人未经注册商标所有人许可，在同一种商品上使用与其注册商标相同的商标，其行为已构成假冒注册商标罪，且情节特别严重。刘某甲在共同犯罪中起主要作用，系主犯，应当按照其组织的全部犯罪处罚。依照《中华人民共和国刑法》第二百一十三条、第二十六条第一款及第四款、第五十二条、第五十三条以及最高人民法院、最高人民检察院《关于办理侵犯知识产权刑事案件具体应用法律若干问题的解释》第一条第二款第（二）项、第十二条第一款、最高人民法院《关于适用财产刑若干问题的规定》第一条、第二条第一款、第五条、第八条的规定判决刘某甲犯假冒注册商标罪，判处有期徒刑三年三个月，并处罚金人民币四万元。

刘某甲不服一审刑事判决，提出上诉。广州市中级人民法院组成合议庭书面审理了本案。

广州市中级人民法院审理认为，原审判决认定事实清楚，证据确实、充分，定性准确，审判程序合法，量刑适当，应予维持。2012年11月10日，广州市中级人民法院作出（2012）穗中法知刑终字第66号刑事裁定如下：驳回上诉，维持原判。

本院认为：有新的证据证明原生效刑事裁定确有错误，可能影响定罪；原生效刑事裁定据以定罪量刑的证据不确实、不充分，理由如下：

一、有新的证据证明广州市中级人民法院（2012）穗中法知刑终字第66号刑事裁定认定的事实错误

该裁定认定2011年8月开始，龙某甲在刘某甲安排下，由刘某甲租赁生产场所、提供原材料，将广州市白云区龙归街龙河西路一废品场的工棚作为制假工场，并在龙某甲的安排下先后雇用龙某乙、陈某甲协助从事假冒洗发水产品的生产、销售。

本院复查期间，询问了证人冯某某、郭某某、陈某乙、刘某乙等人，深圳市**纸品厂出具了《情况说明》，均证明2011年8月4日起至9月底，刘某甲在深圳市**纸品厂参加工作，上班时间均和郭某某、陈某乙在一起，并无请假外出的情况，下班后均在厂区内活动，住单位宿舍，且有和刘某甲同宿舍证人冯某某证实刘某甲在厂期间均在宿舍休息。证人刘某乙也证实从2009年起，刘某甲均在深圳拉潲水，且晚间休息也和刘某乙在一起，并无离开深圳去广州的时间。上述证据说明刘某甲是一位在深圳市从事拉潲水养猪职业的人，其2011年8月至9月的生活工作情况和原案认定的作案时间有根本冲突，刘某甲并无参与本案犯罪的时间。

二、指证刘某甲租赁场地、雇用龙某甲等人生产、销售产品的证据不足

本院询问了证人吴某某、谢某某、办案警官荣某某、曾某某，根据上述证言，侦查机关未去涉案地广州市白云区太和镇夏良村找制假场地出租人吴某某核实出租场地的情况，却出具《情况说明》说找不到吴某某的联系方式，也未收集到直接指证刘某甲租赁场地、雇用人员、销售假冒产品的相关证据。根据龙某甲等人的证言，龙某甲等人知道刘姓老板是根据“阿某某”的介绍，是“阿某某”雇用他们从事生产销售，由于无法核实“阿某某”的具体情况，龙某甲等人的证言属于间接言词证据，且龙某甲、龙某乙、陈某甲、刘某甲四人使用的电话号码没有任何通信联系。原案没有形成完整证据链指证刘某甲有租赁、雇用、销售等行为。

三、龙某甲、龙某乙、陈某甲关于幕后老板是谁及刘某甲的形象特征的供述相互矛盾，不能相互印证

讯问笔录中，龙某甲第一次供述只知道老板姓刘，没有见过本人，第二次说了一个叫刘某甲（同音字）的人，并说刘某甲25岁，1.75m左右身高，但根据入所体检表，刘某甲身高是1.68m；龙某乙第一次提到刘老板的特征是20多岁，1.70m身高；第二次说刘老板27岁左右，1.75m，门牙有点凸，但办案警官证实抓获刘某甲时便发现刘某甲门牙不凸并当场报告了领导；第三次及一审庭审时均称不知道真正老板是谁；陈某甲前三次供述均称不知道老板是谁，在辨认刘某甲照片时突然说听龙某甲说老板姓刘，见过一次，有照片可以认出来；第四次供述及一审庭审时亦称不知道老板是谁。

四、龙某甲等人对刘某甲照片的指认无法排除合理怀疑认定刘某甲参与假冒注册商标犯罪

据已认定刘某甲参与犯罪的关键证据是龙某甲、龙某乙、陈某甲对刘某甲照片的指认。但三人对刘某甲照片的指认难以排除合理怀疑：一是刘某甲照片的产生具有一定的随机性和任意性。侦查机关办案人员通过全国人口信息库查找广西壮族自治区北流市20多岁的叫“刘某甲”的人从而找到刘某甲的照片。在龙某甲等人对刘老板的描述存在诸多模糊矛盾之处的情况下，据以查找到的刘某甲照片是否具有排他性可疑。二是刘某甲照片和其本人实际形象是否相符存疑，一般而言户口信息表登记的照片和本人实际形象有一定出入，从而使辨认样本的相符度存疑。三是龙某甲等三人对刘某甲照片的辨认过程不规范，不符合公安部办理刑事案件程序规定要求。龙某甲等三人对刘某甲照片的辨认均无见证人在场，三份辨认笔录均无见证人签名。辨认时适用的2011年公安部《公安机关办理刑事案件程序规定》第二百五十一条规定：“辨认经过和结果，应当制作《辨认笔录》，由侦查人员签名，辨认人、见证人签字和盖章。”审判刘某甲时适用的2012年《公安机关办理刑事案件程序规定》第二百五十三条规定："辨认经过和结果，应当制作辨认笔录，由侦查人员、辨认人、见证人签名。"因此制作辨认笔录时要求见证人在场并签名是公安机关办案法定程序要求。见证人的见证是通过目睹侦查机关诉讼活动的进行以证明其真实性和合法性，缺失见证人见证的辨认存在程序瑕疵严重影响辨认笔录的证明效力。特别在本院复查期间提审龙某甲时，龙某甲供述辨认刘某甲照片时向侦查人员表示的是刘某甲照片好像是刘老板，而该份辨认笔录中记载的是确定性指认，在龙某甲否认原有指认和侦查人员坚持原有辨认结果的情况下，缺失见证人见证严重影响该辨认的证明效力。根据2010年最高人民法院、最高人民检察院、公安部《关于办理死刑案件审查判断证据若干问题的规定》第三十条规定，辨认笔录没有见证人签名的，通过办案人员补正或者作出合理解释的，辨认结果可以作为证据使用。本院询问办案民警时，办案民警坚持原辨认结果并辩称在看守所内无法找到见证人。在看守所内有从事后勤保障等其他工作的人员，完全可以作为见证人，此解释不具有合理性应当不予以采信，此三份辨认笔录因为不能确定真实性无法作为定案证据。

五、刘某甲一直坚称没有参与犯罪，刘某甲从被抓获到二审定罪后一直稳定地供称没有到过广州，并无参与犯罪

综上所述，本案有新的证据证明原裁定认定的事实确有错误，可能影响定罪，且据以定罪的证据不确实、不充分，主要证据之间存在矛盾。广州市中级人民法院生效刑事裁定认定事实错误，根据《中华人民共和国刑事诉讼法》第二百四十三条第三款的规定，向你院提出抗诉，请依法再审。

此致

广东省高级人民法院

广东省人民检察院

2013年11月20日

【学者点评】

刘某甲假冒注册商标案经过检察机关的再审抗诉，法院依法再审并最终认定刘某甲无罪，充分体现了我国司法体系的公正性、严谨性和对公民权益的尊重。此案不仅纠正了司法错误，也彰显了检察机关在维护法律公正和保障人权方面的积极作用。同时，这一结果增强了公众对司法系统的信任，体现了司法透明度和公众参与度的重要性。此案是对法律公正和正义的坚定维护，对于保护商标权、维护市场秩序和公平竞争具有积极意义。

本案刑事抗诉书的指导意义体现在：

第一，注重对证据的全面性、完整性及充分性的审慎审查。检察机关在履行其法律职责时，应当秉持公正、客观、全面的原则，着重审查证据的全面性。检察机关在审查证据过程中，应当确保所有能够证明犯罪嫌疑人、被告人有罪、罪重的证据，以及证明其无罪、罪轻的证据，均得到全面、细致的收集和审查。对于案件关键事实的认定，尤其应当给予高度重视，对于可能遗漏的但对于案件具有关键性影响的证据，检察机关应当采取积极有效的调查措施，予以补充和完善，以确保案件事实的完整性和准确性，从而保障法律的正确适用和司法公正的实现。

第二，注重审查证据的真实性、合法性以及证据之间相互印证的情况，排除合理怀疑。在涉及以间接证据认定犯罪的案件中，检察机关应当根据逻辑推理和司法经验，对相关证据的真实性和合法性进行严格核实。若发现有进一步调查的必要，检察机关应依法通过询问相关证人等方式进行深入调查以补充或核实证据。对于犯罪嫌疑人、被告人提出的无罪辩解或对同案犯的指证，检察机关应当审慎地审查其内容的合理性，并细致地分析这些辩解或指证与在案其他证据之间的印证关系。若检察机关发现现有证据无法构建成完整证据链，不能排除一切合理怀疑，应严格遵循“疑罪从无”的法律原则，坚决履行检察机关的法定职责。

第三，注重反向审视前期的证据收集、审查工作。检察机关经严格审查在案证据发现前期证据收集与审查工作中存在疏漏或问题，不仅应当坚守排除合理怀疑的证据标准，确保证据的充分性、合法性和真实性，而且应当开展深入的反向审视，对前期证据收集与审查的各个环节进行全面、细致的评估。对于发现的任何不符合法定程序、办案规范或证据规则的情形，检察机关应当及时、准确地指出，并提出相应的纠正意见或建议，以促进证据收集与审查工作的规范化、标准化和科学化。

（**点评人**：王贞会，中国政法大学诉讼法学研究院副院长，教授、博士生导师）

【检察官点评】

最高人民检察院《2023—2027 年检察改革工作规划》中提出，要充分发挥检察机关审前把关、过滤作用，健全以证据为核心的刑事指控体系；健全强化对刑事审判活动的监督机制，细化抗诉标准，完善刑事申诉案件办理机制。一篇优质的刑事抗诉书，正是刑事审判活动监督的起点和关键所在。本案的刑事抗诉书在刑事证据审查认定方法方面具有高度释明性、针对性、功能性，充分体现了在刑事检察领域践行“高质效办好每一个案件”的基本价值追求，亦是落实“构建以证据为中心的刑事指控体系”要求的生动阐释。

一、正确把握刑事证据审查方法，以程序正义保障实体公正

“高质效办好每一个案件”中“高质效”的基本内涵就是要保证案件实体公正和办案程序公正。申言之，实体公正是目标，程序公正则以保障实体公正为目标，又有其独立的价值。一方面，其要求规范司法行为，要求在法定的时限、以法定的方式实施司法行为；另一方面，保证当事人以看得见的方式去感触司法过程的公正。

本案中据以认定申诉人刘某甲参与龙某甲等人假冒注册商标犯罪的关键证据之一是公安机关对龙某甲等三人制作的辨认笔录。承办检察官经过细致审查，发现在龙某甲等人对于刘某甲的描述本身存在多种矛盾模糊之处的情况下，辨认所用“刘某甲”照片的产生具有随机性，辨认照片的相符度存疑，且龙某甲等三人的辨认笔录没有见证人签名，缺失见证人见证。虽然复查期间办案人员解释称辨认当时在看守所内无法找到见证人。但对于上述问题没有给出合理解释。因此，检察机关提出的抗诉理由之一就是公安机关组织龙某甲等三人对刘某甲的户籍照片进行的辨认程序存在程序瑕疵，辨认笔录的真实性存疑，无法成为本案的定案根据，不能作为证据使用。通过程序正义最大限度地保障实体正义的实现，才能够有效防止冤假错案的发生，依法保障人权。

二、强化梳理分析刑事证据矛盾，贯穿单证审查与综合分析

证据矛盾，是指证据内部、证据之间、证据与案件事实之间所含信息的差异与冲突。证据矛盾的存在反映出案件存在疑点，证据体系存在不能印证的情况，一定程度上会损害“以印证为中心”的证明结构，给指控与证明犯罪带来困难，也是造成错案的重要原因。

本案抗诉书中，承办检察官深入梳理了存在的多组证据矛盾。一是同案犯龙某甲的供述前后不一，不能自圆其说。对于制假场地、原料包装的提供者，龙某甲曾称是司机“阿某某”租的，后又供称系由刘某甲提供；对于刘某甲的外貌特征描述，龙某甲前后两次的供述中外表年龄相差 10 岁，在检察机关申诉阶段讯问中又否认供述过刘某甲的年龄、身高。二是同案犯之间的供述存在矛盾，无法相互印证。龙某甲、龙某乙关于与老板“刘某甲”某次一起吃夜宵的在场人员供述不一。龙某乙、陈某甲均供称听龙某甲说老板姓刘，但龙某甲对此否认。三是龙某甲等三人的指认和刘某甲的实际情况矛盾。龙某甲、龙某乙均供述刘老板身高 175cm，与刘某甲 168cm 的身高存在较大差异。陈某甲关于见到刘老板带着一个女人两个孩子来制假工厂的供述与刘某甲本人未婚、无子女的社会关系亦不符合。

基于以上在案证据，承办检察官通过既审查单个证据合法性和证据细节，注意审查证据内容是否自相矛盾、证据内容与情理是否存在矛盾，判断单个证据的真实性和证明力；又通过综合分析确认相关证据是否相互印证，是否存在矛盾或差异，尤其是提炼出了根本性证据矛盾并进行辨析。

本案的成功办理较为典型地展现了在出现证据矛盾、事实认定存在疑难的场合，正确的证据审查及事实认定方法，是“以印证为中心”的证据结构和证据审查过程发现和查明案件真相的生动实践。

三、自行补充侦查制发检察建议，依法履职尊重和保障人权

为进一步查明刘某甲是否实施租赁场地、雇用龙某甲等人生产、销售假冒产品行为，检察机关复查期间开展了自行补充侦查，询问了证人冯某某、郭某某、陈某乙等人，并由深圳市 ** 纸品厂出具了《情况说明》，通过自行补充侦查强化在案证据体系，形成完整证据锁链，证明原二审维持裁定认定的事实错误，刘某甲并无参与龙某甲等人制假的犯罪时间，刘某甲的生活工作情况与原案认定的作案时间有根本冲突。进而基于以上对于证据能力的审查、对证据矛盾的分解、对于事实认定的分析，得出在案证据无法排除合理怀疑认定刘某甲参与假冒注册商标犯罪的结论。

同时，检察机关在提出抗诉后，还就本案执行向法院制发了检察建议书。最高人民法院《关于适用〈中华人民共和国刑事诉讼法〉的解释》第464条规定，再审期间，被告人可能经再审改判无罪，或者可能经再审减轻原判刑罚而致刑期届满的，可以决定中止原判决、裁定的执行。

本案中，在原生效刑事裁定据以定罪量刑的证据不确实、不充分的情形下，申诉人刘某甲应当依法宣告无罪但仍在监狱处于被羁押状态，检察机关从维护司法公正的角度出发，为保障无罪的人不受刑事追究，建议法院中止原生效裁定的执行，系落实人权法治保障的具体举措，体现人民利益、反映人民愿望、维护人民权益落实到全面依法治国的现实展开。

党的二十大报告指出，公正司法是维护社会公平正义的最后一道防线。刑事申诉作为对人民法院已发生法律效力刑事判决、裁定的最终救济途径，在申诉办案环节中，检察官要切实秉持客观公正立场，依法履行法律监督职能，同步确保实体公正与程序公正，通过刑事抗诉纠正确有错误的裁判，从而切实维护司法公正，保护当事人合法权益，实现社会公平正义，促进社会和谐稳定，树立和维护法治权威。

（**点评人：**多丽华，上海市人民检察院第二分院第三检察部副主任、四级高级检察官）

【法官点评】

刘某甲不服法院生效刑事裁判申诉案刑事抗诉书语言凝练、逻辑严密、论理充分，是一篇不可多得的优秀检察法律文书。

这篇刑事抗诉书指出，有新的证据证明原生效刑事裁定确有错误，可能影响定罪；原生效刑事裁定据以定罪量刑的证据不确实、不充分。理由具体包括：有新的证据证明刑事裁定认定的事实错误；指证刘某甲租赁场地、雇用龙某甲等人生产、销售产品的证据不足；龙某甲、龙某乙、陈某甲关于幕后老板是谁及刘某甲的形象特征的供述相互矛盾，不能相互印证；龙某甲等人对刘某甲照片的指认无法排除合理怀疑认定刘某甲参与假冒注册商标犯罪；刘某甲一直坚称没有参与犯罪。这篇抗诉书指出的错案理由，在笔者看来，与其说是出现了新证据证明原生效裁定确有错误，毋宁说是原生效裁判运用印证证明的方法出现了偏差，虚假印证（或者说是无效印证）导致了错案的出现。因此，从这篇刑事抗诉书出发，对准虚假印证这一司法“病灶”，诊断出印证证明模式的内在局限，开出保障其在司法实践中正确运用的“药方”，对于防范冤假错案，具有相当大的价值和意义。

所谓虚假印证，主要是指在案证据之间能够形成表面上的印证关系，但由于互相印证的证据自身不可靠（特别是基础证据不可靠），对证据证明价值的判断不准确、不客观，或者证据体系不完整（包括选择性使用证据）等原因，导致证据印证关系具有虚假属性，最终认定的案件事实偏离客观真相。司法实践中常见的虚假印证包括：

一是围绕虚假供述组建证据体系形成的虚假印证。目前纠正的冤假错案，通常都存在采用刑讯逼供等非法方法取得的虚假供述。所谓虚假供述，并非是指供述的所有内容都是虚假的。实际上，虚假供述所涉的许多信息都可能是真实的，甚至还包含独特的案件细节信息，否则，如果供述彻头彻尾都是虚假的，就根本不可能被法庭所采纳。问题在于，此类供述虽有真实成分，但对于关键的定罪事实，即犯罪行为是否系被告人实施，供述内容却是虚假的。这种掺杂真实成分的虚假供述，与侦查讯问的信息渗透机制和非法讯问方法紧密相关。侦查讯问通常是在羁押环境下进行，犯罪嫌疑人受到侦查人员的暗示和压力等因素影响，不得不顺从作出特定的供述。

二是忽视或隐匿无罪证据形成的虚假印证。根据法律规定，司法机关必须全面收集能够证实犯罪嫌疑人、被告人有罪或者无罪、犯罪情节轻重的各种证据。但在侦查初期，犯罪嫌疑人尚不明确，侦查机关通常会全面进行调查，避免遗漏有价值的线索和证据。不过，一旦确定犯罪嫌疑人，侦查工作的重心就往往聚焦到有罪证据的收集上。特别是犯罪嫌疑人作出认罪供述后，后续取证工作主要是为了确证犯罪嫌疑人有罪，很少关注无罪证据。同时，受追诉偏见影响，即便侦查机关发现无罪证据，也往往固守有罪证据形成的印证关系，以致忽视乃至故意隐匿无罪证据。

三是误判证据失真风险形成的虚假印证。尽管从认识论角度看，证据之间的印证关系能够增强各自的可信度，但印证关系本身并不能确保证据的真实性。例如，案件中存在多名证人，证人证言之间能够互相印证，但毫无疑问，即便多名证人分别指证犯罪嫌疑人，也不能排除错误指认的可能性。

四是任意裁剪证据体系形成的虚假印证。在刑事诉讼各阶段，如果人为对证据进行剪裁，仅仅选择不利于被追诉者的有罪证据，回避可能证明被追诉者无罪的证据，并刻意塑造证据体系的一致性，就可能导致虚假印证。这与前述忽视或隐匿无罪证据的做法既有联系，又有区别。对证据体系的裁剪，可能并未隐匿无罪证据，只是单纯基于案卷材料中的有罪证据拼凑证据体系，忽视案件事实存在的其他可能性。如对证人的书面证言，或者证人在其他诉讼中的证言，如果仅仅节取部分内容，就可能导致歪曲的或者不准确的结论。同样，对于被告人供述和辩解，如果只关注认罪供述，不重视分析无罪辩解，或者简单地将辩解视为狡辩而不予理睬，这种选择性使用证据的做法存在虚假印证的重大风险。有些办案人员对无罪辩解、无罪线索的理解存在偏差，认为没有证据证实的无罪辩解、无罪线索就等于不存在，进而不予调查核实，这无异于变相地让被告人承担证明自己无罪的证明责任。有的案件，尽管部分证据可以形成印证关系，但这种印证关系可能是虚假印证，未能排除被告人无罪的现实可能性，或者说未能达到排除合理怀疑的证明标准，而司法机关没有引起足够重视，忽视对事实证据疑问的调查核实。

审视刘某甲案，上述一种或几种虚假印证的影子若隐若现。笔者认为，这是原生效裁判认定事实错误的重要原因。往者不可谏，来者犹可追。承认并认识印证证明的局限不是为了否定，而是为了更加科学地运用这一证明模式，合理限定其运用的场景，发挥其积极的作用。

（**点评人**：林辛建，北京市第一中级人民法院督察室主任）

【律师点评】

辨认作为侦查实践中广泛使用的一种措施，在刑事诉讼中起着举足轻重的作用。一方面，辨认为侦查活动提供破案线索、引导侦查方向，有助于查明案件事实；另一方面，辨认笔录作为法定证据种类，发挥着重要的证明作用。2012 年《刑事诉讼法》第 48 条首次增加“辨认笔录”作为证据种类，至此长期在司法实践中发挥重要作用的辨认有了立法依据。该条款明确了辨认笔录法定证据种类地位，同年修改的《公安机关办理刑事案件程序规定》《人民检察院刑事诉讼规则》进一步完善了辨认规则。

本案审判时适用的 2012 年《公安机关办理刑事案件程序规定》第 253 条规定，辨认经过和结果，应当制作《辨认笔录》，由侦查人员、辨认人、见证人签名。据此，制作辨认笔录时要求见证人在场并签名是公安机关办案法定程序要求。没有见证人签名的辨认笔录，如果办案人员无法作出合理解释，则依法不得作为定案的根据。在本案中，公安机关组织龙某甲等人对刘某甲户籍照片进行辨认时，均未安排见证人，辨认笔录上没有见证人签名，办案民警对此解释称，辨认在看守所内进行，无法找到见证人。但是由于在看守所内从事后勤保障等其他工作的人员完全可以作为见证人，所以办案民警的解释不具有合理性。而且，广东省人民检察院的工作人员在讯问龙某甲时，龙某甲称其在公安机关组织辨认时只是说其中一张“好像是”老板，而并未进行确定性指认。但是，办案人员却在辨认笔录中记载了确定性指认，这与实际情况是不符合的，辨认笔录的真实性存在疑问。因此，抗诉书认为相关辨认笔录不得作为定案根据是正确的。

刑事审判监督程序抗诉是检察机关认为人民法院作出的已发生法律效力的刑事判决、裁定确有错误，提请或提出再审抗诉的特殊诉讼程序。《刑事诉讼法》第254条第3款规定，最高人民检察院对各级人民法院已经发生法律效力的判决和裁定，上级人民检察院对下级人民法院已经发生法律效力的判决和裁定，如果发现确有错误，有权按照审判监督程序向同级人民法院提出抗诉。《人民检察院刑事诉讼规则》第591条进一步规定，人民检察院认为人民法院已经发生法律效力的判决、裁定确有错误，具有下列情形之一的，应当按照审判监督程序向人民法院提出抗诉：（1）有新的证据证明原判决、裁定认定的事实确有错误，可能影响定罪量刑的；（2）据以定罪量刑的证据不确实、不充分的；（3）据以定罪量刑的证据依法应当予以排除的；（4）据以定罪量刑的主要证据之间存在矛盾的；（5）原判决、裁定的主要事实依据被依法变更或者撤销的；（6）认定罪名错误且明显影响量刑的；（7）违反法律关于追诉时效期限的规定的；（8）量刑明显不当的；（9）违反法律规定的诉讼程序，可能影响公正审判的；（10）审判人员在审理案件的时候有贪污受贿，徇私舞弊，枉法裁判行为的。

《刑事诉讼法》及相关司法解释对检察机关提起二审抗诉和再审抗诉的要求不同，前者是检察机关“认为”一审裁判确有错误，而后者则是检察机关“发现”生效裁判确有错误。从用词上可以看出，一个是“认为”，另一个是“发现”，再审抗诉在对“确有错误”这一条件的把握上应当比二审抗诉更为严格，这主要是因为再审抗诉涉及如何处理纠正错判与维护生效裁判的稳定性之间的关系。

广东省人民检察院对本案提起再审抗诉，最终使错误的刑事裁判得到纠正，其成功经验主要体现在：第一，检察机关对于生效裁判中的证据采信和事实认定问题进行实质审查，从中发现存在的问题。第二，检察机关严格依法履职，其针对刘某甲是否存在作案时间的争议，检察机关积极主动地收集相关证据，对办案人员和新的证人进行深入询问，对同案犯进行了有针对性的提审，确保了案件的审查全面而彻底。本案的成功审查不仅在法律上纠正了判决的错误，更为检察机关履行刑事抗诉职责提供了鲜活的范例。这对于解决检察人员不愿抗、不敢抗、抗不准等现象，改变抗诉案件数量少、抗准率低的困境，以及重个案轻类案、重二审轻再审的倾向，将起到有力的推动作用。检察机关应当继续保持对法律的敏感度和专业素养，不断完善抗诉机制，促进司法公正，维护社会正义。

（**点评人：**徐宗新，上海靖霖律师事务所主任）

34. 谢某甲不服法院生效刑事裁判申诉案：以防卫过当成功抗诉改判

【案情简述】

2003年4月6日下午，原审被告人谢某甲之子谢某乙到被害人魏某某经营的炭场盗窃被魏某某妻子抓住，当时身在青海的魏某某给谢某甲多次打电话威胁，经同村村民石某某调解，谢某甲同意支付3000元了结此事。同年5月27日晚10时许，魏某某酒后携带长约50公分的忍者快刀翻墙进入谢某甲租住院内，踹开门让谢某甲交出儿子谢某乙未果，在客厅用快刀砍划谢某甲左手背形成四处条形裂创。二人遂发生厮打，谢某甲将魏某某手中的快刀夺过来，魏某某绕茶几追赶谢某甲夺刀。夺刀过程中，谢某甲朝魏某某头部砍击造成枕顶部四处砍伤。魏某某站在沙发上与谢某甲夺刀时，被谢某甲抱住双腿将其摔倒，头部摔在茶几大理石台面上。魏某某起身扑向谢某甲时被其用刀捅到腹部，魏某某倒地，谢某甲报警，公安人员赶到后，将魏某某送医救治，魏某某经抢救无效于次日下午因严重颅脑损伤合并腹部脏器损伤死亡。

2003年12月16日，山东省莱芜市莱城区人民法院作出一审刑事附带民事判决，以故意杀人罪判处谢某甲有期徒刑12年，赔偿附带民事诉讼原告人经济损失47001.08元。谢某甲不服，以“系正当防卫，被害人有过错，无杀人故意，民事赔偿承担比例过大”为由提出上诉。莱芜市中级人民法院于2004年4月7日作出刑事附带民事裁定，驳回上诉，维持原判。二审裁定生效后，谢某甲仍不服，向山东省人民检察院提出申诉，2013年5月13日，山东省人民检察院提出抗诉。2013年12月3日，山东省高级人民法院作出终审判决，采纳了山东省人民检察院“防卫过当”的抗诉意见，撤销原判量刑部分，判决原审被告人谢某甲犯故意杀人罪，判处有期徒刑9年。

本案系认定防卫过当减轻原审被告人处罚的一个成功案例。防卫过当必须同时满足防卫行为“明显超过必要限度”和“造成重大损害”两个条件。司法实践中对重大损害的认定易于把握，但是对明显超过必要限度的认定系疑难复杂问题，经常出现重大分歧，而对明显超过必要限度的认定也是适用防卫过当条款，还是适用特殊防卫条款的关键。因此需要对案件起因、不法侵害的性质，案发所处时空环境，案件发展过程，危害程度，防卫强度、手段对比等方面与防卫造成的重大损害进行比较，综合分析论证。特殊防卫是正当防卫的特殊形态，在防卫起因和防卫限度的要求上与一般的正当防卫有所区别，但在防卫对象、防卫时间、防卫目的的要求上仍应遵循正当防卫制度的一般规定，即其行使必须有特定暴力犯罪侵害存在的基础条件，必须有暴力犯罪侵害正在进行的时机条件，必须有防卫意图的主观条件。就防卫时机而言，只有当严重危及人身安全的暴力犯罪正在进行时才可进行特殊防卫，当高强度侵害被有效制止转化为低程度危害或对于不法侵害人确已失去侵害能力或者确已放弃侵害的，由于防卫时间不适格，不能再进行特殊防卫。本案中谢某甲夺刀后，被害人的侵害能力、暴力程度已明显降低，且被害人在缠斗中明显处于下风。谢某甲本可采用强度较小的防卫手段制止不法侵害，但其采取刀砍的高强度防卫手段，防卫手段和强度明显超出了必要限度，其行为造成被害人重大损害，故山东省人民检察院以事实为依据，以法律为准绳，在综合全案证据，准确认定被害人死因的情况下，提出了防卫过当应构成故意伤害罪的抗诉意见。

2020年，“两高一部”联合出台《关于依法适用正当防卫制度的指导意见》，对于依法适用正当防卫制度涉及的相关问题作出系统规定，统一执法标准，另外“两高”分别发布了正当防卫典型案例，为司法实践提供参考样板。本案发生在指导意见和指导性案例发布之前，当时司法机关某种程度上仍受“死者为大”认识窠臼影响，正当防卫条款仍在“沉睡”，司法机关能够依法对原审被告人行为认定防卫过当并作出减轻处罚的改判，是坚守正当防卫立案精神的生动个案体现。当前，“法不能向不法让步”的司法理念深入人心，但在具体司法实践中，司法机关仍要不偏不倚，公平公正，既要通过判例鼓励敢于正当防卫同不法侵害进行斗争，但也要通过判例指引防卫的限度，不能滥用防卫权，对防卫过当做到不枉不纵。

【文书原文】

山东省人民检察院

刑事抗诉书

鲁检控刑抗〔2013〕1号

原审被告人谢某甲，男，1954年**月**日出生于莱芜市莱城区**镇**村，身份证号码3709191954********，汉族，小学文化，个体装修户，原住莱芜市莱城区**街道办事处**村，现在泰安监狱服刑。

莱芜市莱城区人民法院以（2003）莱刑初字第191号刑事附带民事判决书对被告人谢某甲故意杀人一案判决被告人谢某甲犯故意杀人罪，判处有期徒刑12年，赔偿附带民事诉讼原告人各项经济损失47001.08元。一审宣判后，谢某甲提出上诉，附带民事诉讼原告人就附带民事部分提出上诉，莱芜市中级人民法院以（2004）莱中刑终字第9号刑事附带民事裁定书裁定驳回上诉，维持原判。判决生效后，原审被告人谢某甲不服，向本院提出申诉。

经依法审查，本案的事实如下：

2003年4月6日下午，原审被告人谢某甲之子谢某乙到被害人魏某某经营的炭场内盗窃时被魏某某的妻子王某某抓住，当时被害人魏某某从青海给原审被告人谢某甲多次打电话威胁，经同村村民石某某调解，原审被告人谢某甲同意支付3000元了结此事。2003年5月27日晚10时许，被害人魏某某酒后携一长约50公分的忍者快刀翻墙进入原审被告人谢某甲租住的院内，被害人魏某某踹开门让原审被告人谢某甲交出谢某乙未果，在客厅用快刀砍划原审被告人谢某甲左手背。随后原审被告人谢某甲与被害人魏某某发生厮打，在厮打中，原审被告人谢某甲趁机将被害人魏某某手中的快刀夺下，于是被害人魏某某绕茶几追赶原审被告人谢某甲夺刀。在夺刀过程中，原审被告人谢某甲用刀砍被害人魏某某头部，造成被害人魏某某头部四处砍伤。在追赶中，被害人魏某某被大理石茶几绊倒，被害人魏某某起身站在沙发上与原审被告人谢某甲夺刀，被原审被告人谢某甲抱住双腿将其摔倒，头部摔在大理石茶几上。被害人魏某某起身扑向原审被告人谢某甲时，被原审被告人谢某甲用刀捅到腹部，致被害人魏某某倒地。原审被告人谢某甲拨打110报警，公安机关赶到后，将被害人魏某某送往医院救治。被害人魏某某经抢救无效于次日下午因严重颅脑损伤合并腹部脏器损伤死亡。

本院认为，该裁定确有错误，理由如下：

1. 原审被告人谢某甲的行为应构成故意伤害罪

原审判决、裁定均认定原审被告人谢某甲的行为构成故意杀人罪，但是综合本案主客观证据，原审被告人谢某甲并不具备杀人的犯罪故意，其主观上应当是伤害的故意。

山东省人民检察院法医学分析意见书证实，被害人魏某某在入院后，腹部脏器损伤经过积极治疗后，一般不会导致死亡，严重颅脑损伤是其主要死亡原因的可能性大。在厮打中，原审被告人谢某甲将被害人魏某某摔倒在茶几上，魏的头部曾磕碰大理石台面。另外，被害人魏某某被茶几绊倒，会磕碰到房间内的物品。这两次磕碰是被害人魏某某颅脑损伤的原因。而无论是用刀捅刺魏某某的腹部，还是将魏某某摔倒，原审被告人谢某甲追求或者放任魏某某死亡的主观故意都不明显。这一系列的打击行为是在被害人魏某某侵入谢某甲的住宅，砍伤其手背后的反击行为。在被夺取快刀后，被害人魏某某并未放弃伤害行为，反而继续追逐。在捅刺被害人魏某某的腹部后，魏某某倒在地上无力反抗，原审被告人谢某甲遂拨打电话报警。因此，在本案中，从主观心态和客观的打击行为上看，原审被告人谢某甲对于魏某某的死亡既没有积极追求，也没有放任发生。在夺刀之后，原审被告人谢某甲处于优势地位，应采取相应的手段防卫，但采取了高强度的防卫措施，造成了伤害后果，其行为应构成故意伤害罪。

2. 认定谢某甲阻止魏某某离开的证据不足

二审裁定认定，被害人魏某某寻找原审被告人谢某甲之子未果后，要求从原审被告人谢某甲的屋子里出去，原审被告人谢某甲说不让其出去。经复查，该事实只有赵某某一人的证言能够证实，当时与赵某某同住西屋的吴某某不能证实有此情节。因此，证实谢某甲阻止魏某某离开的证据仅有一名证人的证言，认定该事实的证据不足。

3. 认定被害人魏某某脑挫裂伤系刀砍所致属认定事实错误

二审裁定认定，被害人魏某某跌倒在茶几上，原审被告人谢某甲手持快刀朝被害人魏某某头部猛砍数刀，造成被害人魏某某枕顶部四处砍伤，左枕顶部挫裂创一处，右颞顶部挫裂创一处。但莱芜市公安局莱城分局法医学鉴定书证实左枕部及右颞顶部挫裂创符合钝器伤特征。结合现场勘查笔录、法医物证鉴定书、法医学鉴定书以及原审被告人谢某甲的供述及辩解可以认定，被害人魏某某头部两处挫裂伤是在厮打过程中撞到大理石茶几或者被茶几绊倒后磕碰房间内物品所致，而非刀砍所致。

4. 原审被告人谢某甲具有防卫过当的法定情节

被害人魏某某酒后持刀翻墙进入原审被告人谢某甲的屋内，将原审被告人谢某甲的左手背砍伤。为保护自己的人身安全，原审被告人谢某甲予以反击。在原审被告人谢某甲将刀夺过之后，被害人魏某某追着原审被告人谢某甲夺刀，继续伤害原审被告人的意图明显。从被害人魏某某用刀砍伤谢的左手背到原审被告人谢某甲用刀捅向魏的腹部前，不法侵害行为一直处于持续状态。但是原审被告人谢某甲在夺刀之后，其处于优势地位，可以采取适当强度的措施进行自卫，却采用了刀砍、捅刺等高强度的防卫手段，导致被害人魏某某死亡，防卫明显超出必要限度。原审被告人谢某甲行为具有防卫过当的法定情节。

综上所述，莱芜市中级人民法院的（2004）莱中刑终字第9号刑事附带民事裁定书定性不当，部分事实认定错误，未认定谢某甲具有防卫过当的法定情节，为维护司法公正，准确惩治犯罪，依据《中华人民共和国刑事诉讼法》第二百四十三条第三款之规定，对莱芜市中级人民法院（2004）莱中刑终字第9号刑事附带民事裁定书提出抗诉，请依法判处。

此致

山东省高级人民法院

山东省人民检察院

2013年5月13日

【学者点评】

一、本案指导意义

（一）仔细把握证据审查，确保事实认定正确

检察机关办理申诉案件过程中，应当重点把握证据审查和事实认定。检察机关审查申诉案件应当依法坚持证据裁判原则，定罪量刑的事实认定必须要证据证明。检察机关应综合运用印证、经验法则等手段审查案件主要事实认定的准确性和真实性，关注事实认定中主体、客体、主观方面、客观方面、因果关系等构成要素的准确性，若故意杀人犯罪中被害人受到多处损伤时，应当及时进行法医鉴定，准确查明致命伤与死亡原因。同时，需审查原有证据材料的真实性、合法性、关联性，坚持非法证据排除规则。

（二）加强法律适用审查，准确认定罪名与刑罚

检察机关办理申诉案件应当加强对原审裁判法律适用审查。一方面，检察机关在案件复查时应当注重罪名认定，区分故意杀人和故意伤害可采取从客观到主观的分析思路，如综合案件起因、行凶工具、打击部位及力度、行为人与被害人之关系、行为人是否有施救行为、是否表现出悔罪等客观事项予以认定，从事前、事中、事后三个阶段综合判断行为人是否具有伤害行为与伤害意识的节制性，从而准确适用罪名。对原审裁判的刑罚合理性审查应当综合考虑案件的具体情况，审查案件是否存在法定量刑情节与酌定量刑情节，原审裁判刑罚是否与法律规定幅度相

适应。本案中，原审判决未充分考虑被告人谢某甲存在防卫过当的量刑情节导致刑罚过重，再审中检察机关依法予以纠正，体现了检察机关法律监督职能。

二、社会影响

本案对正当防卫案件的审理，不仅是对一起具体案件的细致分析和判断，更是对刑事司法领域中正当防卫制度的深入研究和探索。通过对《刑法》第20条的深入解读和与具体案情的结合研讨，本案的再审提供了宝贵的实践经验和理论思考。本案的审理体现了刑事司法对正当防卫制度的重视和尊重。正当防卫作为法律赋予公民在紧急情况下的一种自我保护权利，其适用范围和条件需要得到严格而精准的界定。本案中，原审裁判在认定原审被告人的行为构成故意杀人罪后，未能进一步分析其行为是否可能构成正当防卫或防卫过当，这在一定程度上削弱了正当防卫制度在司法实践中的作用。而检察院抗诉的介入，正是对正当防卫制度价值的重新认识和肯定，也体现了对公民权利的尊重和保护。

三、法律条文解析释义

《刑法》第20条第2款规定，正当防卫明显超过必要限度造成重大损害的，应当负刑事责任，但是应当减轻或者免除处罚。

首先，防卫过当必须是明显地超过必要限度。所谓“必要限度”是指为有效制止不法侵害所必需的防卫的强度。“明显超过必要限度”是指一般人都能够认识到其防卫强度已经明显超过了正当防卫所必需的强度。要求对不法侵害人造成了重大损害。“重大损害”是指由于防卫人明显超过必要限度的防卫行为造成不法侵害人人身伤亡及其他严重损害。这一规定表明，对防卫人防卫行为是否超过限度在认定时要有一定的宽容度，不能简单要求一一对等。即使防卫行为客观上超过了一定限度，但对加害人的损害尚未达到重大损害程度的，也不以防卫过当追究。其次，防卫过当的行为应当负刑事责任。由于防卫过当的行为所造成的损害是明显超出正当防卫所必需的防卫强度造成的，且属于重大损害，具有一定的社会危害性，因此法律规定应当负刑事责任。最后，对防卫过当的行为应当减轻或者免除处罚。防卫过当的动机是出于正当防卫，其主观恶性较小，社会危害也小于其他故意犯罪。

四、文书撰写精要

原审被告人谢某甲的行为应定性为故意伤害罪而非故意杀人罪。检察机关证实，被害人魏某某死因主要是颅脑损伤，非谢某甲捅刺腰腹部所致。谢某甲在魏某某无力反抗后报警，显示其无积极追求或放任魏某某死亡的主观意图。此外，认定谢某甲阻止魏某某离开的证据不足，且被害人魏某某头部挫裂伤非刀砍所致，而是厮打中磕碰所致。谢某甲虽具有防卫行为，但在夺刀后使用高强度手段导致魏某某死亡，防卫明显超出必要限度，构成防卫过当。

（**点评人：**王贞会，中国政法大学诉讼法学研究院副院长，教授、博士生导师）

【检察官点评】

本案抗诉书在准确审查判断证据的基础上，认定事实清楚，抗点选取精准，结构层次分明，释法论理充分，逻辑清晰，用词严谨，同时贯彻了《刑法》第20条所蕴含“法不能向不法让步”的司法理念，对同类案件办理及法律文书写作具有较高的参考价值，是一篇优秀的法律文书。

一、聚焦争议难点，条分缕析阐明抗诉立场

案件定性，是构建案件处理的逻辑起点，本案争议焦点在于案件构成故意伤害（致人死亡）罪还是故意杀人罪。检察官从法医学分析意见书这个客观证据切入，采纳了“被害人魏某某在入院后，腹部脏器损伤经过积极治疗后，一般不会导致死亡，严重颅脑损伤是其主要死亡原因的可能性大”的意见，构建起被害人是主要由于严重颅脑损伤致死的逻辑起点，并对案件细节进行条分缕析，通过被害人头部损伤的客观证据，结合案发过程综合分析了原审被告人缺乏追求被害人死亡的意志因素及客观行为，进而认为原审被告人的行为应构成故意伤害罪。

二、依法认定事实，全面客观运用证据指出原审裁判错误

事实认定，是得出正确判决的基础与前提。事实认定应当综合运用在案证据，使认定的事实符合客观实际，排除合理怀疑。本案中，检察官首先指出，本案仅有一人的证人证言，不能根据这一单个证据证实原审被告人谢某甲有阻止被害人离开的事实发生，进而通过证据间的相互印证，认定了原审裁判“认定谢某甲阻止魏某某离开的”证据不足；同理，在认定被害人头部4处伤口是否全部为被告人持刀所致的问题上，检察官通过法医学鉴定书证实被害人左枕部及右颞顶部挫裂创符合钝器伤特征，并出具法医学分析意见书证实上述2处挫裂创符合具有棱边的质地较硬的钝性物体作用形成，结合现场勘验检查及相关言词证据，认定原审关于被害人脑挫裂伤系刀砍所致的结论与事实及本案证据不符，是事实认定错误，应予纠正的抗诉意见。

三、找准抗点，抽丝剥茧准确判定不法行为正在发生

找准抗点，是抗诉案件是否成功的前提要求，而对于抗诉事实的认定及分析是抗诉案件是否成功的关键。本案中，检察官对于原审被告人谢某甲对被害人魏某某具有防卫的事实与分析是该案得到山东省高级人民法院改判从轻处罚的重要依据。《刑法》第20条规定，为了使国家、公共利益、本人或者他人的人身、财产和其他权利免受正在进行的不法侵害，而采取的制止不法侵害的行为，对不法侵害人造成损害的，不负刑事责任。本案中，对于被害人的行为是否认定为不法侵害，其不法侵害是否处于持续状态是本案的焦点问题。检察官从被害人进入原审被告人租住房屋的特性（用于生活休息），案发当日的生理状态（酒后）、时间（深夜10时许）、入屋方式（翻墙进入）、是否持有工具（持一长约50公分的忍者快刀）、不法侵害事实（被害人踹开门让谢某甲交出儿子谢某乙，并用所持快刀砍划谢某甲左手背四刀，在谢某甲夺过刀后，被害人继续追着谢某甲夺刀并厮打）等细节对不法侵害的紧迫性与必要性进行了充分阐述，反映了被害人不法侵害行为一直处于持续状态，据此认定了谢某甲的反击行为具有防卫性。通过上述抽丝剥茧的分析，严丝合缝地证实了原审被告人实施行为的正当性，继而论述其夺刀后，力量对比就此出现反转，即使被害人仍然追打、抢刀，但因为被害人手上没有任何与原审被告人手上的刀进行抗衡的作案工具，因此被害人追打、抢刀的行为对原审被告人没有达到“行凶杀人”等严重危及人身安全的程度（即原审被告人没有遭受生命危险的紧迫性）。此时，原审被告人对被害人采取抱摔、磕碰的行为可以认定为不超过一般防卫的界限，但对被害人采取刀砍、捅刺的防卫手段则超过了必要强度，应当对原审被告人以“防卫过当”予以减轻处罚。

四、多维度挖掘抗点，吃准吃透抗诉事实与证据

在全面履行检察机关刑事诉讼监督职责中必须坚持“在监督中办案，在办案中监督”的理念，从事实认定入手，重点围绕争议焦点梳理证据体系，通过提炼在案证据信息，充分运用证据规则，逻辑推理、日常生活经验法则等对证据的真实性、合法性、关联性进行分析判断，对于审判机关事实认定被害人具有不法行为及被害人死亡原因等关键情节与检察机关意见不一致的案件，应予以高度关注，并积极通过技术协助审查，吃准吃透案件事实与证据，全面梳理分析法院判决的理由和依据，注重加强对抗诉理由的说理性、逻辑性分析，客观论证监督意见，提升监督质效。

五、彰显“法不能向不法让步”的司法理念

司法需要回应社会关切，但更要秉持理性、客观的态度。同样，司法判断需要严格依法、保持独立中立，但也要有鲜明立场和导向。本案的成功抗诉，主要是对《刑法》第 20 条认定的防卫行为的准确理解和适用。防卫案件表现的是正义与邪恶、侵害与反侵害的较量。山东省高级人民法院于 2013 年对本案作出改判，时间比“昆山反杀案”早，从本案到“昆山反杀案”，都充分证实司法的理解和适用应当是能动的，需要天理、法理、常理、人情和良知相统一。本案的成功抗诉，是尊重民众朴素情感和道德诉求，反映社会普遍正义观念，坚守维护公平正义善意的结果，体现了“法不能向不法让步”的司法理念，贯彻了宽严相济刑事政策的司法要求，回应了人民群众对公平正义的司法期盼。

本案抗诉书既合乎法律文书所需要具备的重点突出、观点鲜明、层次清楚等特点，也较好地兼顾了深刻性、思想性，文书的术语准确、文字精练、行文规范。

（**点评人：**张和林，广东省珠海市人民检察院检察长、二级高级检察官；李振娣，广东省珠海市人民检察院一级检察官）

【法官点评】

本案系适用正当防卫条款纠正原判错误的典型案件。长期以来，司法机关对于命案适用正当防卫条款总体持谨慎保守态度，使得有些本可以认定为正当防卫的案件被认定为防卫过当，本可以认定为防卫过当的案件被认定为具有斗殴等情节的一般故意杀人、伤害案件。正当防卫条款处于“沉睡”状态。本案检察机关于2013年对谢某甲故意杀人申诉一案决定提起抗诉，在整体司法环境变化之初激起了一丝丝司法进步的涟漪，对于推动树立现代刑事司法理念，严格落实证据裁判原则，激活《刑法》“第二十条”都具有积极意义。正是由于一件件诸如本案昭示的司法理念更新，一个个可敬的司法人员使命担当，才逐渐撬动《刑法》制度的变迁。近年来，“昆山龙哥案”等涉正当防卫案件引发广泛关注，促使“两高一部”联合出台《关于依法适用正当防卫制度的指导意见》，推动了正当防卫制度完善。“正”不能向“不正”低头，“法”不能向“不法”让步的精神已深植人心，“第二十条”已被唤醒。

一、检察机关对本案提起抗诉，充分履行法律监督职责，体现了责任意识和担当精神

本案发生、判决于2003年，检察机关提起抗诉时已是10年后，对于一个涉及命案的陈年旧案，对于一个证据尚可且已从轻判罚的故意杀人案件，在一个正当防卫条款时常“沉睡”的司法环境下，检察机关从案件定性、事实认定、量刑等方面指出问题决定抗诉，敢为人先，倡正气之先，其勇气可嘉。特别是检察机关坚持实事求是、依法纠错，在本案中没有扮演追诉者的角色，不是因为原判定罪量刑较轻提起抗诉，而是认为原判定性判刑较重，更是难能可贵，令人肃然起敬。

二、检察机关关于案件定性的抗诉意见有相当事实证据基础，更为妥当

证据是认定案件事实的基础。定案事实必须建立在坚实的证据基础上。案件办好办坏，有时很大程度上在于证据把握能力，所谓成也证据，败也证据。同样的证据量，不同的司法机关或人员可能因司法理念、审查判断方法与能力等差异，分析得出的结论会有所不同，甚至大相径庭。实践中故意伤害致人死亡与故意杀人往往难以区分。这就需要在正确司法理念指引下，综合审查判断证据，审慎决定案件的性质。行为人主观故意虽系内心活动，但却可以通过客观情况及外化的客观行为得以揭示。检察机关从原审被告人谢某甲实施加害行为的力度、时机以及致被害人魏某某倒地无力反抗后随即报警等一系列行为对案情进行复盘还原，认为谢某甲不具有杀人故意，其对于谢某甲死亡既无积极追求，又难言放任，总体上应为伤害故意，这是有较为充分的事实证据基础的。同时，原判在事关案件性质的两处关键事实的认定欠妥，也是导致定性偏差的原因。关于谢某甲阻止魏某某离开、持刀猛砍魏某某头部数刀一节，要么只有孤证、无其他证据佐证，要么与客观证据证实的情况相矛盾，均不应认定。本案检察机关则坚持证据裁判原则，有一分证据，就说一分话。

三、检察机关关于量刑情节的抗诉意见符合事理常情

刑事司法要兼顾国法、天理、人情，弘扬社会主义核心价值观，真正做到法理情高度融合，让公平正义更加可触可感。本案虽然事出有因，但被害人魏某某酒后深夜持刀翻墙进入原审被告人谢某甲家中，将谢某甲左手背砍伤，谢某甲人身安全已处于现实危险之中，其为保护自身安全予以反击，符合人之常情，事之常理。在谢某甲夺下刀具后，魏某某追赶欲夺回刀具，其继续伤害意图明显，不法侵害仍处于持续状态。故总体认定谢某甲行为具有防卫性质妥当。在这一点上，法律不应强人所难，司法也不能苛求于人。但谢某甲在魏某某加害能力明显减弱的情况下，仍采取持刀砍击、捅刺等高强度手段防卫，防的手段与害的危险不相匹配、不成比例，明显超出必要限度，属防卫过当。检察机关的这种处理，使得刑法制度、法律原则真正落地生根，让双方当事人切实感受到公平正义。

本案的处理给我们提供了很多有益的视角和启示。一是要全面看待和切实履行检察机关职责。检察机关不仅作为国家公诉人有追诉指控犯罪的职责使命，也有维护社会公平正义、保证国家法律统一正确实施的客观义务和职责。二是要全面看待和切实纠正各类错案。错案不仅包括那些“真凶出现”“亡者归来”的冤案，也包括重罪轻判的错案，还包括一些轻罪重判的案件。出现冤案会严重损害司法公正和权威，频现错案照样会损害司法公信力。三是要全面看待和切实推广个案公正。司法观念更新、刑事制度变革并非朝夕之功、一蹴而就。个案的价值和公正是有限的，但个案的较好处理能起到以点带面的作用，推动法治进步。更为重要的是，要将个案实现的正义制度化、规范化，形成可复制、推广的制度机制。在程序上，应当继续完善冤错案件主动发现、及时复查、依法纠正机制，坚持实事求是、有错必纠，严格落实证据裁判、疑罪从无原则，坚决守住防范冤假错案的底线，切实加强人权司法保障。在实体上，树立新时代刑事司法理念，更加注重维护社会公平，推动正当防卫等制度创新，注重法理情相融合，“三个效果”相统一，让刑事案件办理接地气、聚人气、扬正气，不断提升司法公信力。

（**点评人：**姜远亮，最高人民法院刑事审判第五庭审判长、三级高级法官）

【律师点评】

刑事案件终审后，如果发现裁判确有错误，应当依法再审，进行纠错。为此，我国《刑事诉讼法》第三编第五章“审判监督程序”就刑事案件的申诉和再审进行了专门规定。根据规定，刑事案件的再审有两种情况，一是经当事人及其法定代理人、近亲属提出申诉，由人民检察院或人民法院受理并立案后进入再审；二是经人民检察院或人民法院发现错误后，依职权自行提起再审。其中，人民检察院对生效裁判提出抗诉的案件，人民法院应当再审。本案就是检察机关履职抗诉依法纠错的典型案例。

本案虽然是一件20年前判决、11年前抗诉的旧案，但现在仍然具有很强的现实指导意义。被告人谢某甲在家中面对酒后持长刀翻墙踹门、入室行凶的魏某某，奋起反击夺刀自卫，导致被害人魏某某死亡，谢某甲的行为如何定性？相信每一个看了此案的人都会想，自己如果碰到类似情况该如何应对？所以这个案件值得深入研究。在实体上，该案为我们如何理解故意伤害、故意杀人以及正当防卫的区别与联系，提供了一个鲜活的案例；在日常生活行为引导上，该案也为我们树立正确的防卫观、如何合法行使防卫权，提供了案例参考。检察机关在本案中的抗诉表现既可圈可点，也有值得进一步探讨的地方。

从案件的办理过程我们就可以看到，本案从始至终充满了争议。根据材料显示，2003年5月本案案发之后，莱芜市莱城区公安机关、检察机关以涉嫌故意伤害罪对犯罪嫌疑人谢某甲刑事拘留、逮捕和起诉，但莱城区人民法院在判决时改变了指控罪名，于2003年12月16日以故意杀人罪判处被告人谢某甲有期徒刑12年。被告人谢某甲不服，提出上诉。2004年4月7日，莱芜市中级人民法院裁定驳回上诉，维持原判。

谢某甲在监狱服刑期间，向山东省人民检察院提出申诉。2013年5月13日，山东省人民检察院向山东省高级人民法院提出抗诉，认为本案被告人谢某甲应构成故意伤害罪而不是故意杀人罪，且被告人的行为有防卫性质，属于防卫过当。

山东省高级人民法院经开庭审理，于2013年12月3日作出判决，虽然驳回了检察机关关于被告人谢某甲应构成故意伤害罪的抗诉意见，维持了原审认定的故意杀人罪的定性，但采纳了检察机关关于被告人谢某甲属于防卫过当的抗诉意见，将刑期由原审判决的12年有期徒刑改判为9年有期徒刑。应当说，检察机关的抗诉最终取得一定效果。

从上面回顾的案件审理过程我们看到，本案定性到底是故意伤害还是故意杀人，是检察机关与审判机关的争议焦点。关于这一问题，山东省人民检察院的刑事抗诉书从案件事实和犯罪构成要件两方面做了阐述：一是从事实入手，通过新出具的法医学分析意见书，证明被害人魏某某右颞部、枕部左侧的头皮挫裂伤是魏某某在打斗中磕碰房间内大理石台面等硬物导致，并非如原判认定系被告人谢某甲刀砍造成，而被害人魏某某死亡的主要原因恰恰是严重颅脑损伤可能性大，这就从事实上阻断了被告人谢某甲对被害人魏某某造成的其他刀伤在魏某某死亡结果上的因果关系；二是在认定本案是否具有故意杀人的主观要件时，没有拘泥于被告人谢某甲曾经承认想杀死被害人魏某某的口供，而仍然是从事实入手，通过分析被告人谢某甲在事发全过程中的具体行为，揭示被告人谢某甲实际并没有杀死被害人魏某某的主观故意。应当说，抗诉书体现了实事求是的精神，抓住了案件的关键问题，具有很强的说服力。

关于被告人谢某甲的行为具有防卫性质，抗诉书做了周密的论证，关注到了被害人魏某某在被夺刀后持续追击被告人谢某甲的行为，证明其继续伤害被告人谢某甲的意图明显，并强调了被害人魏某某在最终被捅刺倒地之前对被告人谢某甲的不法侵害一直处于持续状态，因此，被告人谢某甲在此期间对被害人魏某某的伤害行为具有防卫性质。可见，抗诉书支持了当事人在面对不法侵害时有依法自卫的权利，应当说，这一抗诉意见对于弘扬社会正气、保护公民人身和财产权利具有良好的指引作用，这是本案抗诉的亮点所在，这一意见也得到了人民法院的认可，值得点赞。

当然，值得进一步探讨的是，本案再审中检察机关和人民法院虽然均认同被告人谢某甲的行为具有防卫性质，但都认为其行为属于防卫过当，而没有采纳本案辩护律师提出的正当防卫观点。其主要理由是认为，被告人谢某甲在夺刀之后处于优势地位，本可以采取适当强度的措施进行自卫，却采用刀砍、捅刺等高强度的防卫手段导致被害人魏某某死亡的后果，故认定其防卫明显超出了必要的限度。

应当说，上述观点本身并无明显不妥，也符合传统意义上的防卫过当概念，尤其是与11年前本案抗诉之时司法界的普遍认识基本相符。但是在近年来，学界和司法界对正当防卫理论有了更多的思考和探索，尤其是在“昆山反杀案”等案件发生后，理论研究和司法实践开始更加关注保障被侵害人的合法权益，强调“法不能向不法让步”。对于防卫人的防卫程度是否“精准”，限度是否过当，不宜站在事后的角度苛责，而应更加重视侵害人对防卫人带来的现实危险是否已经完全解除。因此，本案如果放在当下语境，笔者认为在一定程度上还存在探讨被告人谢某甲构成正当防卫的空间。当然，我们不能以当下刑法理论的发展和司法实践的标准来审视11年前的案件，如前所述，就本案而言，本案仍然是一件值得肯定的经典抗诉案例。

（**点评人：**朱勇辉，北京市京都律师事务所主任）

35. 韩某某故意杀人案：莫让无端戾气成为伤人“利器”

【案情简述】

2013年7月23日晚间，北京市发生了一起震惊全国的恶性刑事案件：行凶者韩某某因停车琐事与一女士发生口角后，为逞凶泄愤，将对方年仅两岁多的女儿摔掷在地，致使女婴重伤，后经医治无效死亡。

案件引发了举国上下的广泛关注和普遍愤慨，行凶者手段之凶暴狠戾，目的之卑劣残忍，令人发指。其暴行发生于街头闹市之中，众目睽睽之下，行凶者实施犯罪后毫无悔意，不仅不积极救治伤者，反而伙同他人驾车逃离现场。次日公安机关在房山区某娱乐场所将韩某某抓获时，他还在若无其事地进行生意洽谈。若非人证、物证俱在，公共监控探头完整地记录下了其当众行凶的全过程，办案人员几乎无法相信面前这个平静到甚至有些淡漠的中年男子，就是在一天之前当街行凶，摔死两岁女婴的凶徒。韩某某到案后，千方百计为自己减轻罪责，试图把罪责推诿到醉酒之上，在被讯问时对犯罪经过含糊其词，对细节拒不供认，甚至还提出了在醉酒状态之下认为摔掷的对象是购物车而不是女婴的辩解。

针对拒不认罪的嫌疑人，公安机关开展了扎实的调查核实工作，走访了大量现场目击证人，逐一核实案发过程的每一个细节，同时对曾因盗窃犯罪和斗殴行为而多次被拘留甚至判处刑罚的韩某某人生过往经历进行了全面的还原。1999年，韩某某曾因盗窃机动车被判处无期徒刑，后被改判有期徒刑20年。服刑期间，他还曾因破坏监管秩序，殴打管教民警而被加刑。被加刑后，韩某某看似洗心革面，幡然悔悟，因表现良好、改造态度端正而多次被减刑，2013年被假释出狱。其再次行凶时，距离他出狱尚不满3个月。

公诉人在庄严的法庭之上，用相互印证、完备扎实的证据体系，无可辩驳地证实了韩某某作为具有完全刑事责任能力的成年人，在对行为对象系婴儿有明确认知的前提下，以将其高举过头顶，摔掷在水泥地面的方式，故意剥夺他人生命。其行为造成一名毫无反抗能力，身体器官尚未发育完全的2岁幼儿颅骨崩裂，最终因颅脑损伤死亡的严重后果，应以故意杀人罪追究其刑事责任。

检察机关指出，韩某某的犯罪行为已经不只是对法律尊严的严重侵犯，更严重违背了中华民族尊老爱幼的传统，突破了基本道德底线，考虑到韩某某的犯罪行为针对幼儿实施，犯罪性质恶劣，手段特别残忍，后果特别严重，其当众施暴，公然逃离，主观恶性极大，社会影响恶劣，加之其假释出狱后两个月即再次故意犯罪，因琐事严重施暴，人身危险性大，检察机关认为应对其从严从重科处刑罚，提出了对其判处死刑的量刑建议。

经过公开开庭审判，法院采纳量刑建议，对韩某某以故意杀人罪判处死刑，在被执行死刑前，这个对婴孩施暴的凶徒流下了悔恨的眼泪。虽然韩某某已经伏法，但本案的影响持续至今，它提醒每一名社会成员，摒弃“锱铢必较、睚眦必报”的戾气，弘扬理性包容、厚德扬善的美德，正确应对矛盾、化解矛盾，共护和谐。

【文书原文】

北京市人民检察院第一分院

公诉意见书

审判长、审判员、人民陪审员：

根据《中华人民共和国刑事诉讼法》第一百八十四条、第一百九十三条、第一百九十八条和第二百零三条的规定，我们受北京市人民检察院第一分院的指派，以国家公诉人的身份，出庭支持公诉，并依法对刑事诉讼实行法律监督。现对本案发表如下公诉意见：

一、在案事实清楚，证据确实、充分，韩某某、李某某的行为分别触犯了《刑法》第232条、第310条第1款的规定，构成故意杀人罪和窝藏罪

在法庭调查和示证过程中，公诉人针对起诉书指控的犯罪事实，依法讯问了被告人，出示了现场监控录像，宣读了证人姜某某等人的证言，出示了鉴定意见、现场勘验笔录、书证等客观证据。这些证据经过当庭举证、质证，证明来源合法，内容客观真实，具备关联性，而且在案证据相互印证，形成了完整的证明体系，证明我院起诉书指控犯罪事实清楚，证据确实、充分。

对于具备完全刑事责任能力的被告人韩某某，我院以故意杀人罪提交法庭审判立足于主、客观两个方面。

客观方面：韩某某将被害人高举过头顶后重重摔在水泥地面上，对毫无反抗能力、身体器官都很脆弱的幼儿，韩某某实施的是极端暴力行为，这一行为具有非常的力度，造成了被害人颅骨崩裂等现实危害，导致颅脑损伤死亡的严重后果。韩某某的行为足以剥夺他人生命，也造成了死亡后果，符合故意杀人罪的客观表现。

主观方面：至于作案动机、具体的想法，当然只有韩某某自己内心清楚。但是韩某某的整体犯罪表现、案发时的行为足以证明，韩某某案发时具有针对幼儿实施犯罪行为的主观认知，而将幼儿高举过头顶后用力摔下这一行为，从行为力度、力量对比、危害后果、生活常识判断，对幼儿生命带来的应当是必然的致命后果，而韩某某却不计后果、不加控制地刻意实行，足以说明其具有刑法意义上的杀人故意。依据《刑法》第232条的规定，韩某某构成故意杀人罪。

窝藏罪的构成包括“明知是犯罪的人”和“帮助其逃匿”两个基本要求，被告人李某某在现场目击案发经过的前提下，开车带韩某某离开，帮助韩某某逃匿。依据《刑法》第310条的规定，李某某构成窝藏罪。

二、公诉人建议法庭综合犯罪性质、情节后果、主观恶性、社会危害性、人身危险性以及从轻、从重处罚情节，对被告人韩某某、李某某处以相应的刑罚

故意杀人犯罪侵犯的是公民生命权，严重影响社会安全，社会危害性极大。《刑法》第232条规定，故意杀人的，处死刑、无期徒刑或者10

年以上有期徒刑。《刑法》第65条规定，累犯应当从重处罚。公诉人建议法庭在对韩某某量刑时考虑如下因素。

首先，韩某某针对幼儿实施杀人行为，致人死亡，犯罪性质恶劣，手段特别残忍，后果特别严重；

其次，韩某某当众施暴、作案后公然离开，主观恶性极大，社会影响恶劣；

最后，韩某某出狱后2个月就再次故意犯罪，仅因口角纷争就严重施暴，人身危险性大。

综合上述因素以及累犯应当从重处罚的情节，公诉人建议法庭对韩某某判处死刑。

被告人李某某作案后主动投案，且如实供述犯罪事实，符合《刑法》第67条关于自首的规定，公诉人建议对李某某从轻处罚，判处有期徒刑2年。

审理至此，韩某某故意杀人、李某某窝藏一案的犯罪事实已经全部呈现于法庭，案件事实、全部证据、法律依据公诉人也已经在上述意见中予以详细阐述。法理之外，公诉人要结合本案借助于今天的庭审特别提出如下内容。

首先，针对的是韩某某和李某某：本案缘起于停车问题引发的几句言语不和，韩某某为此竟重摔幼儿，致人死亡。案件发生后引起了极大的社会反响，因为这种公然实施的犯罪行为已经不只是对法律尊严的严重侵犯，更严重违背了中华民族尊老爱幼的传统、突破了基本道德底线。韩某某曾经接受过法律处罚，本次在假释考验期间再次犯罪，根本原因仍然在于对法律的漠视。已经发生的事实无可挽回，希望通过本次庭审能够再一次警醒被告人：敬畏法律、恪守道德。

其次，关于未成年被害人：未成年人是未来、是希望，理应受到特别的关心和爱护，本案中2岁幼儿竟然无辜受害，成为发泄愤怒的对象，痛惜之余，公诉人希望通过本案再次提醒我们：关爱未成年人，杜绝未成年人无辜受害。

最后，关于本案：一个简单的口角纷争竟然演变成一件令人扼腕的命案。试想，如果当初韩某某能够以理性、克制的态度面对口角纷争，这场人间悲剧是完全可以避免的。生活中难以事事尽如人意，轻微摩擦、细微矛盾随时都可能存在，我们每个人应当做的是，从尊重与理解出发，以理性、包容的心态正确应对、化解矛盾。血的教训、生命的代价，不应当仅仅只是让被告人幡然警醒，更应当引起世人的深思与感悟。那么，公诉人最后特别提出：让我们摈弃“锱铢必较、睚眦必报”的戾气，发扬理性包容、厚德扬善的美德，传承文明、护佑和谐。

审判长，公诉意见暂时发表到此。

公诉人：王某某、庞某某

20 ** 年 ** 月 ** 日当庭发表

【学者点评】

“韩某某、李某某故意杀人、窝藏案”是一起震惊社会的刑事案件。本案中，被告人韩某某涉及故意杀人罪、被告人李某某涉及窝藏罪。韩某某行为严重侵犯了公民的生命权，对社会安全产生了极大的负面影响。韩某某因停车问题与人发生口角之争，尔后竟然对一名无辜的 2 岁幼儿实施极端暴力行为，导致幼儿死亡，其手段之残忍、后果之严重，令人发指。韩某某的行为不仅违背了法律，也严重违背了中华民族尊老爱幼的传统美德，引起了社会的广泛关注和强烈谴责。李某某在明知韩某某犯罪后，不但未采取制止或报案等正当措施，反而帮助其逃匿，挑战了社会的基本道德底线和法律尊严。本案的发生，引发了极大的社会反响：一是引起社会对公共安全的广泛关注，公众普遍要求加大对类似犯罪的打击力度；二是促使社会各界对未成年人保护问题给予更多重视，公众呼吁建立健全未成年人保护体系；三是激发人们对于如何加强法律意识、提高个人素质的深刻反思，提醒人们在日常生活中应恪守法律、尊重生命。

本案是一起涉及故意杀人和窝藏的重大刑事案件，检察机关对本案的处理对于法治进程和检察工作具有重要意义。首先，本案中检察机关的公诉彰显了我国法治建设的成果，体现了法律面前人人平等的原则，无论犯罪者是谁，只要触犯法律，都将受到法律的制裁，增强了公众对法治的信心。其次，检察机关在本案的办理中积极履职，通过公诉人的精彩陈述和充分举证，使得案件事实得以清晰呈现，为法院依法判决提供了有力支持，展示了机关依法独立行使审判权、检察权的原则。最后，本案体现了检察机关对维护社会公平正义的坚定决心和过硬能力，对提升检察工作的公信力和权威性起到了积极作用，促进了社会对于法治理念的认同和尊重。

本案中，检察机关严格按照法律规定履行了调查取证和提起公诉的职责，公诉人充分展示了其扎实的法律功底和出色的庭审技巧，其履职情况值得充分肯定。事实层面，检察机关依法讯问被告人韩某某和李某某，对其二人的犯罪行为提起公诉，并在法庭上出示了充分的证据，包括出示现场监控录像、宣读证人证言、出示鉴定意见等，形成了完整的证据链和证明体系，确保了案件事实的清晰呈现，成功揭露了被告人的罪行，为法院依法判决提供了有力支持，充分展示了检察机关在刑事诉讼中的主导作用。法律层面，检察机关在办案过程中始终坚持公正、文明、规范的原则，充分保障了被告人的合法权益，在尊重和保护人权的前提下，对被告人的行为进行了法律上的分析和定性，提出了量刑建议，建议法庭综合各种因素对被告人韩某某、李某某处以相应刑罚，体现了检察机关在司法程序中检察工作的专业性和严谨性。

本案涉及的法律条文主要包括《刑法》第 232 条、第 310 条第 1 款、第 65 条和第 67 条等规定。其中，第 232 条规定了故意杀人罪的构成要件和相应的量刑标准，“故意杀人的，处死刑、无期徒刑或者十年以上有期徒刑”；第 310 条第 1 款规定了窝藏罪的构成要件，“明知是犯罪的人而为其提供隐藏处所、财物，帮助其逃匿的，处三年以下有期徒刑、拘役或者管制”；第 65 条规定了累犯应当从重处罚的原则；第 67 条规定了自首可以从轻或减轻处罚的情形。检察机关对于上述法律条文的理解和应用进行了准确深入的分析和阐释，明确了被告人韩某某和李某某的行为分别构成故意杀人罪和窝藏罪，为法庭审理提供了法律依据。在论证韩某某构成故意杀人罪时，公诉人从主客观两个方面进行了充分阐述，既指出了韩某某实施暴力行为的客观事实，又分析了其主观上的杀人故意；在论证李某某构成窝藏罪时，公诉人明确指出李某某明知韩某某犯罪而帮助其逃匿的行为符合窝藏罪的构成要件。同时，公诉人还充分考虑了累犯应当从重处罚和自首可以从轻或减轻处罚的情节，提出了合理的量刑建议。最终，公诉人建议韩某某因其故意杀人罪判处死刑、李某某因其窝藏罪被判处有期徒刑 2 年。

本案公诉意见书紧扣主题、层次分明，结构严谨、逻辑严密，语言精练、表述精准，是一篇较为优秀的法律文书。一方面，本文书写作规范、论证充分，符合法律文书的基本写作要求：首先介绍了案由、被告人和案号等基本信息，然后详细阐述了案件事实、证据以及指控的犯罪事实，接着分析了被告人韩某某、李某某的行为构成故意杀人罪和窝藏罪的理由，最后提出了公诉人对被告人韩某某、李某某的量刑建议。另一方面，本文书在论证过程中注重客观事实与法律条文的结合，全面、详细地列举和分析证据，清晰、客观地陈述案件事实，准确地适用和解释法条，科学地提出了量刑建议，体现了公诉人对案件的全面把握和深刻理解，便于法官对本案依法进行审理，彰显了检察机关的履职能力和我国法治建设的成果，为司法机关树立了良好的形象，促进了社会对于法治理念的认同和尊重。“徒善不足以为政，徒法不足以自行。”在坚持依法治国和以德治国相结合的基本原则的指引下，文书从社会道德和法治精神两个角度对案件进行了深入的阐述，使得本案不仅在法律层面上具有重要意义，也在社会道德和法治教育方面起到了警示作用，提醒我们要敬畏法律、恪守道德，共同营造一个安全、和谐、文明的社会环境。

最高人民检察院检察长应勇指出：“保护未成年人健康成长是全社会共同的责任。检察履职贯穿司法办案、帮扶救助、权益维护、犯罪预防等全过程，肩负重要责任。要始终坚持对性侵、伤害、虐待等侵害未成年人犯罪‘零容忍’，依法从严惩治。”① 本案再次提醒我们关爱未成年人，杜绝未成年人无辜受害的重要性。检察机关对本案的成功办理，有助于进一步推动法治进程，促进社会的和谐稳定，增强了公众对司法公

① 《最高检会同教育部举办专场检察开放日活动：少年有梦 法不可违 久久为功用法治呵护未成年人成长》，载《检察日报》2024 年 6 月 1 日，第 1 版。

正的信心，助力社会主义法治国家的建设。

（**点评人：**李怀胜，中国政法大学网络法学研究所所长，博士生导师）

【检察官点评】

新时代新征程最高人民检察院提出“高质效办好每一个案件”的检察履职办案基本价值追求，强调着力提高检察人员运用法律政策的能力，做到“三个善于”，其中“善于从法律条文中深刻领悟法治精神”是关键。检察机关深刻把握法治精神的人民性，确保严格依法办案与群众朴素公平正义观的协调统一；始终坚持对严重影响人民群众安全感、获得感的暴力犯罪案件依法从严、从快办理这一目标要求，切实做到了以人民群众对公平正义的感受为第一感受，把办案质量、效率、效果有机统一于公平正义，让人民群众在案件中有更多实实在在、可感可触的司法获得感。韩某某故意杀人案的公诉意见书，正是检察机关践行以“三个善于”引领做实“高质效办好每一个案件”这一理念的突出体现。

一、案件造成的社会影响

2013年7月23日，北京市大兴区发生了一起备受社会关注的“摔童案”。被告人韩某某因停车问题与李某某发生争执，后将李某某之女被害人孙某某（殁年2岁10个月）从婴儿车内抓起举过头顶摔在地上，致其重度颅脑损伤死亡。案件发生后震惊全国，引发全国媒体、网站的广泛报道。韩某某当街对幼儿施暴，致人死亡，作案后更是毫无畏惧，公然离开现场，其行为激起群情愤慨和口诛笔伐，舆论热度持续强势攀升，一度冲上热搜榜首。民众之所以对本案表现出强烈关注，正是因为本案施暴者韩某某当众杀害幼儿的行为挑战了社会道德底线、践踏了公众良知。这一藐视法律的行为不仅对被害人家属心理造成了巨大伤害，也严重影响了人民群众的安全感、获得感。

二、案件对法治进程、检察工作的重要意义

本案系针对幼儿实施的暴力犯罪，犯罪性质特别恶劣、情节后果特别严重、社会危害性极大，因此被列入了2013年“全国十大法制案件”之一。庭审当天，不仅中央电视台、北京电视台、《法制日报》、《新京报》、正义网、凤凰网、腾讯网等五十多家新闻媒体对庭审活动进行了现场报道，网民也通过微博、微信等“自媒体”平台对案件给予了密切关注。

对于极端暴力犯罪和突发、严重影响人民群众安全感的恶性案件、社会热点案件，检察机关始终保持着高压态势，坚持依法从严、从快办理。针对本案，检察机关仅用时7天即依法提起公诉，在办案过程中所体现出的检察“硬气”，不仅让人民群众深刻感受到了检察机关指控犯罪的力度与决心，也让期待着在“每一个司法案件中感受到公平正义”的人们底气倍增。

不可否认的是，随着社会公众民主法治意识的显著增强，日益公开透明的社会舆论环境也对检察机关办案带来了新挑战。面对舆论对本案的广泛关切，检察机关自觉接受公众和媒体的关注与监督，案件办理的各个阶段、作出的每项决定均在第一时间向社会公开，全面提升办案透明度，努力做到让司法有力量、有是非、有温度；让群众有温暖、有遵循、有保障，为百姓生活织密织牢安全网，为社会大局持续安全、稳定贡献新时代检察力量。

三、检察机关履职情况

本案审查逮捕、审查起诉办理期间，检察机关在提前介入引导侦查，全面、细致收集定罪证据的同时，坚持从严、从快办理案件，在充分保障韩某某、李某某相关诉讼权利前提下，于最短时间内高质量完成了对案件的审查逮捕和审查起诉工作。

案件庭审质证阶段，检察机关运用多媒体示证技术将全部证据材料当庭予以展示，重点出示了现场监控录像、现场勘验笔录、证人证言等证据，有力证明了起诉书所指控的犯罪事实。

法庭辩论阶段，控辩双方主要围绕本案侦查程序是否违背回避原则、现场目击证人的证言能否作为定案依据以及韩某某作案时在主观上是否

明知其所摔的对象是孩子等焦点问题进行了激烈辩论。公诉人从审查认定的案件事实、证据情况、法律依据、社会危害性及司法程序等方面进行了详尽、缜密的论证，有理、有力、有据地驳斥了对方的辩解。同时，公诉人注重庭审释法说理与法治宣传教育，取得较好的法律效果与社会效果。

四、法律条文解析释义

《刑法》第 232 条规定的故意杀人罪，是指故意非法剥夺他人生命的行为，其侵犯的是公民的生命权，系严重影响社会安全，社会危害性极大的极端暴力犯罪，依法应被判处死刑、无期徒刑或 10 年以上有期徒刑。本案中，被告人韩某某当街针对幼儿实施故意杀人行为，致人死亡，作案后公然离开现场，反映出其主观恶性极大，犯罪性质恶劣，手段特别残忍，后果特别严重，社会影响恶劣。同时，韩某某曾因故意犯罪被判处有期徒刑以上刑罚，在出狱后 2 个月仅因口角纷争就实施了当街杀人的严重暴力犯罪。依据《刑法》第 65 条之规定，构成累犯，应当从重处罚。被告人李某某在现场目击案发经过的前提下，开车带韩某某离开，帮助韩某某逃匿，依据《刑法》第 310 条之规定，构成窝藏罪。其作案后自动投案，且如实供述犯罪事实，符合《刑法》第 67 条关于自首的规定。

综合全案量刑情节，检察机关建议法院对韩某某判处死刑，剥夺政治权利终身；建议对李某某从轻处罚，判处有期徒刑 2 年。法院对检察机关认定的量刑情节及所提出的量刑建议均予以采纳。

五、文书撰写精要简析

在综合全面、重点突出的示证基础上，公诉人通过公诉意见对被告人的犯罪事实进一步分析论证，既翔实阐述了检察机关所指控的事实和相关法律依据，表达了检察机关对侵害弱势群体利益的行为必须严格禁止和惩处的坚定立场，又注重了情、理、法的交融，强有力地回应了社会公众的关注，取得了良好的庭审效果。特别是法庭教育部分，公诉人并未局限于就个案说法，而是注重挖掘极端案例背后隐藏着的社会个体的负面因子，思考此类恶性案件爆发的深层次原因，呼吁全社会每个个体共同努力，传播法治正能量，从根本上化解社会戾气，维护社会平衡稳定。

本案的公诉意见书通篇集指控犯罪、释法说理、普法宣教于一体，让公众认识到违法者必将为自己的行为付出代价，法律也必将以自己独特的方式、独具的威严，横扫社会戾气，精准诠释公平正义。

（**点评人**：吴春姝，北京市顺义区人民检察院党组书记、代检察长）

【法官点评】

起诉书是检察机关代表国家对犯罪进行控诉的法律文书，公诉意见书则是对起诉书的肯定、补充和完善，是公诉人在法庭辩论阶段对证据和案件情况集中发表意见时使用的法律文书。公诉意见书作为法律文书的一种，所记载的内容最为丰富，承载的功能最为全面，堪称检察法律文书的经典和代表。一份高质量的公诉意见书，既是指控犯罪的利器，又是普法宣传的载体；不仅充满理性思辨，又富有情感渲染；既关系公诉案件质量的高低，又关系出庭公诉的成败，更关系对被告人最终的定罪量刑。因此，公诉意见书的质量尤为重要。公诉意见书质量的高低，关系到出庭公诉效果的好坏。

韩某某、李某某故意杀人、窝藏案社会关注度极高，电视、报纸和网络媒体对案情和案件庭审进行了全方位的报道，社会公众对于该案的案发过程以及庭审中的争议焦点都掌握了充分的信息，这无疑都对检察机关的表现提出了更高的要求。本案的公诉意见书融法、情、理于一体，展示了公诉人代表国家惩罚犯罪、弘扬正气、宣传法治、教育群众的工作全貌，实现了法律与社会效果的统一，是一篇不可多得的公诉意见书。

一是这篇公诉意见书的结构完整、内容规范。这篇公诉意见书符合最高人民检察院关于刑事诉讼法律文书格式的相关规定。意见书全篇四个部分层层递进。首先，根据法庭调查情况，概述法庭质证情况、各证据的证明作用，并运用各证据之间的逻辑关系证明被告人的犯罪事实清楚，证据确实、充分。其次，根据被告人的犯罪事实，论证应适用的法律条款并提出定罪及从重、从轻等意见。再次，综述起诉书认定的犯罪事实清楚，证据确实、充分，依法应当认定被告人有罪，并提出量刑建议。最后，根据庭审情况，在揭露被告人犯罪行为社会危害性的基础上，进行必要的法治宣传和教育工作。

二是这篇公诉意见书对法律适用的阐释充分。实践中公诉意见书常见的问题是：法律论证缺乏深度，未得到旁听者的认同，说服力不够；未认定对被告人有利的情节，从而使检察机关的公正性大打折扣。本篇公诉意见书在准确认定证据和事实的基础之上，以法律规范为大前提，案件事实为小前提，通过一般经验法则和逻辑分析，得出裁判适用法律的结论，对韩某某的行为构成故意杀人罪进行了充分论证，从而将检察机关的结论建立在逻辑推理的基础上，突出体现以“法律为准绳”的法律原则。这篇公诉意见书提到“至于作案动机、具体的想法，当然只有韩某某自己内心清楚。但是韩某某的整体犯罪表现、案发时的行为足以证明，韩某某案发时具有针对幼儿实施犯罪行为的主观认知，而将幼儿高举过头顶后用力摔下这一行为，从行为力度、力量对比、危害后果、生活常识判断，对幼儿生命带来的应当是必然的致命后果，而韩某某却不计后果、不加控制地刻意实行，足以说明其具有刑法意义上的杀人故意”。

此外，本篇公诉意见书还全面客观地分析了被告人的定罪量刑情节，体现了检察机关的“客观义务”，保障了诉讼参与人的合法权益。公诉意见书不仅全面阐述了韩某某的主观恶性、造成的危害后果以及累犯等从重处罚的情节，还客观公正地认定了对被告人李某某有利的事实和情节。

三是这篇公诉意见书进行了深刻的法治宣传和教育工作。公诉意见书的法治宣传和教育内容旨在实现刑法的特殊预防和一般预防功能，在促使被告人认罪悔罪的同时，教育公众以此为戒，合理合法调整自身的行为，并形成示范效应。而实践中，公诉意见书法治宣传和教育内容的常见问题是高度格式化、模板化，抓不到案件的情感点，千篇一律、浮于表面，既起不到教育感化被告人的作用，也无法与公众形成共鸣，实现法治宣传、教育的初衷和目的。

本篇公诉意见书紧扣案件事实，围绕着“敬畏法律、恪守道德”“关爱未成年人，杜绝未成年人无辜受害”“让我们摈弃‘锱铢必较、睚眦必报’的戾气，发扬理性包容、厚德扬善的美德，传承文明、护佑和谐”，层层递进开展法治宣传和教育。公诉意见书首先揭露被告人犯罪行为的社会危害性，体现出法律对于这种犯罪行为给予否定的价值评价，并通过这种价值评价，惩罚犯罪，安抚被害人的亲属，修复因这一案件对社会情感造成的伤痕；其次是引导媒体和公众以理性平和的视角来观察真相，做更深层次的理性分析，帮助他们对案件形成法律和道德层面上的双重认识，继而形成认识上的趋同和情感上的共鸣，帮助社会公众树立法治观念和对法律权威的信仰，从而将“情、理、法”有机地统一起来。

四是这篇公诉意见书用语兼顾严谨与生动。公诉意见书应体现严谨、平和、理性的原则，无论是遣词造句还是逻辑观点都应确保严谨无漏洞，要能体现国家公诉人应有的气度与风范。同时，注意感情融入，这不仅能反映出公诉人对被害方的一种人文关怀，同时也能感染群众、说服法官，促使被告人心服口服。公诉意见书的语言要生动形象，不仅让人听懂听清，还要入情入理使人心悦诚服。因此，适当使用具有文学色彩的语言进行通俗化的法理解析与情理阐释是十分必要的，但不能过于追求辞藻华丽而越位，不能只追求形式而忽略内容。

（**点评人**：林辛建，北京市第一中级人民法院督察室主任）

【律师点评】

这是一起令人扼腕叹息的案件，仅因为停车纠纷，被告人韩某某竟公然施暴，将对方年仅 2 岁的女儿当街摔死！这一严重侵犯他人生命权利、漠视社会公德、挑战人伦的恶性犯罪，必须得到法律的严惩。面对这样一个案件，相信承办检察官的内心与常人一样，充满了对犯罪的愤慨。但是，作为国家公诉人，检察官在办案中又必须保持冷静，严格依法指控，确保案件事实准确，法律适用得当。

本案公诉意见书言简意赅，不拖泥带水，从事实、刑罚适用和社会意义三个方面展开论述。在事实层面，首先通过总结法庭调查和示证过程，确认了本案被告人韩某某故意杀人的犯罪事实清楚，证据确实、充分。然后，重点从客观方面和主观方面对本案犯罪进行了较为详细的分析，在客观方面回顾了被告人摔死被害人的过程和关键事实，清晰展现了本案犯罪事实经过和后果；在主观方面直接从客观事实入手推定主观故意，定性本案为故意犯罪，结论既符合法律规定，也与人们的生活常识判断一致。而对于被告人李某某所犯窝藏罪，由于事实简单清楚，公诉意见以被告人李某某“目击案发经过”但“开车带韩某某离开，帮助韩某某逃匿”一笔带过，干净利落。

公诉意见书在刑罚适用层面，对被告人韩某某所犯故意杀人罪，从行为性质、主观恶性、累犯三个角度论述了本案犯罪性质恶劣、手段特别残忍、后果特别严重、主观恶性极大、社会影响恶劣且人身危险性大，层层递进，最后向法庭提出对被告人韩某某应判处死刑的量刑建议，结论自然而就，说服力强。对被告人李某某所犯窝藏罪，依法认定构成自首并建议对李某某从轻处罚，体现了公诉人客观、理性、公正的立场。

在这样一起社会高度关注的案件中，首先，指控犯罪只是公诉意见书的一部分，显然还需要对案件做更多的剖析，以实现法庭教育和社会观念引领。为此，本案公诉意见书在第三部分特别对被告人韩某某的犯罪原因做了分析，警醒被告人及潜在的被告人敬畏法律、恪守道德；其次，公诉意见书针对本案被害人系幼儿提出未成年人保护问题，回应了公众关切；最后，为避免类似惨案的再度发生，公诉意见书特别提出要摈弃“锱铢必较、睚眦必报”的戾气，发扬理性包容、厚德扬善的美德，传承文明、护佑和谐。这使本案的出庭意见上升到更高的层面，实现了在指控惩治犯罪的同时，弘扬正气，引领公众知法守法、共建和谐社会的良好效果。

综上所述，本案公诉意见书可谓深入浅出、简单明了，既出色完成了犯罪指控，又达到了良好的社会效果，是一篇值得学习的典范之作。

当然，一篇公诉意见书是简洁还是繁述，需要根据案件的需要做不同的处理。就本案公诉意见书而言，虽然目前的效果已经非常不错，但个人认为如果在某些方面稍做更多论述，可能会有更好的效果。比如，公诉意见书通篇没有提到被告人及其辩护律师的意见并对这些意见进行有针对性的直接反驳，使得本案公诉结论在权威性上似乎打了一定折扣。公诉意见书中有些用词还可以再精雕细琢，避免歧义。比如，说被告人摔幼儿时“不计后果”，让人对本案被告人主观上对摔死孩子的后果是直接故意（积极追求死亡后果）还是间接故意（对死亡后果放任不管）产生一定疑惑。又如，说被告人“重摔幼儿，致人死亡”，虽然是客观表述，但这样的用词让人觉得本案罪名是不是还有故意伤害（致人死亡）罪的可能。此外，从体例看，最后的“法庭教育”部分单独列为第三部分，结构更加清晰。

（**点评人：**朱勇辉，北京市京都律师事务所主任）

36. 季某甲受贿案：被“朋友圈”套牢的人生

【案情简述】

2014年1月，中央纪委对**市委原副书记、市长季某甲立案调查。此前，人们对他的印象主要集中在两点：一个是在他主政**期间，以更新城市基础设施，改变城市风貌为名，大拆大建，他也因此得到了“季挖挖”“推土机市长”等别称；另一个则是他作风强势霸道，行事高调张扬，在尚未被查处之前，这位性格特征十分鲜明的干部已经引起了广泛的关注和争议。回顾季某甲的从政履历，可以说是干群反映强烈，瑕疵问题不断，对他的批评和信访举报从未止息。季某甲受贿一案案发之后，检察机关通过审查起诉阶段抽丝剥茧的细致工作，完整地还原了他在长达二十余年时间里，利用职务便利为他人攫取利益，大肆收受贿赂的犯罪事实，也揭开了他“带病”提拔、屡告不倒背后的真相。

在工作上性格张扬的季某甲，在实施权钱交易犯罪的过程中却大反常态，可谓处心积虑，步步为营。他受贿犯罪的特点和规律，可以用“长期利益关系”“工程项目腐败”“权钱分离式交易”等关键词来概括，首先是在利益输送相对方的选择上，季某甲并非来者不拒，而是会在有求于他的商人老板中进行筛选，通过长期的相处观察对方的性格特点，确认对方机敏伶俐，低调可靠，自己有把握确保其“忠心耿耿”的前提下，季某甲才会放心将其列入可信的“朋友圈”名单，放心大胆地收钱办事。其收受的贿赂堪称五花八门，既包括装修材料、家具家电、购物卡等小额日常所需，也有豪车、别墅等高价财物，在其长长的受贿清单上，甚至有行贿人为其出资近200万元购买的“天价”墓穴用地。对于一些不熟悉的行贿人，他则会授意可信的行贿人充当中间人和“防火墙”，由他们出面接洽，自己则隐身幕后。

在权钱交易领域的选择上，季某甲绝大多数受贿行为的谋利事项都与工程承揽和项目开发建设有关，多年主政地方的经验使他清楚地知道，上述领域虽然有制度规范，但相关规定不严密，监管网格粗、孔隙大，权力所能发挥的作用既至关重要，又难寻踪迹，因此他以推进城市基础设施更新建设为由“明修栈道”，私下里却利用职务便利帮助行贿人拿项目揽工程“暗渡陈仓”，使得行贿人从工程建设中获取巨额利益，其本人也收受贿赂不亦乐乎。据检察机关统计估算，其收受的贿赂款90%以上均来源于上述两个领域。

从受贿犯罪行为模式来看，季某甲收受财物和利用职权为行贿人谋利行为的时间间隔往往较长，这也正是其狡猾之处，他不惜“放长线钓大鱼”，以“先办事后收钱”等方式混淆视听，掩盖罪行。根据证据显示，其收受贿赂数额较大的两起事实中，谋利行为和收受财物行为的时间间隔分别达到8年和15年之久。

季某甲靠着上述伎俩，从多次针对他的举报和控告中侥幸脱身，但法网恢恢，疏而不漏，自诩“小心谨慎”的他终究还是在严肃的纪律与法律面前败下阵来，仕途戛然而止于2013年。季某甲在提交给司法机关的忏悔材料中坦陈：其在与商人的交往中失去底线、界线、防线，不讲原则、不分彼此、不加防范，愧对党，也毁掉了自己的家庭。

检察机关在起诉书中清晰完整地指控了其受贿犯罪的全部事实，并在起诉书中详细剖析了其逐渐丧失理想信念，走上违法犯罪道路的深层次原因，警示每一名党员领导干部，要警钟长鸣，以案为鉴知纪守法，才能守住内心和人生的平安。

【文书原文】

山东省烟台市人民检察院

起诉书

烟检公二刑诉〔2014〕28号

被告人季某甲，男，1957年**月**日出生，身份证号码********，汉族，博士研究生学历，** 省 ** 市人民政府原市长，曾任中共 ** 省 ** 市 ** 县委副书记、** 太湖国家旅游度假区工作委员会书记、** 市人民政府市长、** 市人民政府市长，中共 ** 市委书记。出生地 ** 省 ** 市（原 ** 县），户籍地 ** 号。因涉嫌受贿罪，经山东省人民检察院决定，于 2014 年 1 月 29 日被刑事拘留，同年 2 月 13 日被逮捕。

本案经最高人民检察院指定，由山东省人民检察院侦查终结，以被告人季某甲涉嫌受贿罪，于 2014 年 8 月 19 日向本院移送审查起诉。本院受理后，于同年 8 月 20 日告知被告人有权委托辩护人，依法讯问了被告人，听取了辩护人的意见，审查了全部案件材料。其间，因部分事实不清，证据不足，退回补充侦查一次；因案情重大、复杂，延长审查起诉期限两次。

经依法审查查明：

1992 年下半年至 2013 年上半年，被告人季某甲利用其担任中共 ** 省 ** 市 ** 县委副书记、** 太湖国家旅游度假区工作委员会书记、** 市人民政府市长、** 市人民政府市长、中共 ** 市委书记、** 市人民政府市长等职务上的便利，为苏州市 ** 经贸有限公司法定代表人徐某某等七个单位和个人，在工程承揽、项目开发、工作调动等方面提供帮助；利用其担任中共 ** 市委书记职权和地位形成的便利条件，通过其他国家工作人员职务上的行为，为苏州市 ** 经贸有限公司违规承揽项目提供帮助。1999 年年底至 2012 年下半年，季某甲本人或通过其特定关系人非法收受上述单位和个人给予的财物共计折合人民币 1132.089318 万元。具体事实如下：

一、1992 年下半年至 2009 年，被告人季某甲利用其担任中共 ** 太湖国家旅游度假区工作委员会书记、** 市人民政府市长、中共 ** 市委书记等职务上的便利，接受苏州市 ** 经贸有限公司法定代表人徐某某的请托，为徐某某调任 ** 太湖国家旅游度假区发展总公司项目合作部经理、承揽昆山宾馆设备供应项目、开发“龙都广场”房地产项目、竞拍江都市宁通高速公路附近土地提供帮助；利用其担任中共 ** 市委书记职权和地位形成的便利条件，接受徐某某的请托，通过 ** 太湖国家旅游度假区管理委员会有关领导职务上的行为，为苏州市 ** 经贸有限公司违规承揽太湖文化论坛办公大楼空调设备供应项目提供帮助。2000年4月至2009年底，季某甲本人或通过其妻高某某、其女季某乙、其弟季某丙，先后四次在其**市家中等地，收受徐某某给予的人民币770万元、价值人民币2.7176万元的“特灵”牌空调2套、价值人民币2.939万元的“特灵”牌空调2套、价值人民币6.82万元的“大金”牌空调1套，以及价值人民币7.13252万元的装修材料，共计折合人民币789.60912万元。

二、1995年2月至2011年9月，被告人季某甲利用其担任中共**县委副书记、**市人民政府市长等职务上的便利，接受**市**经济开发区党工委原书记张某某的请托，为张某某的妻子调至吴县**建设开发总公司工作，张某某朋友的亲属到**地下铁道有限责任公司建设分公司工作、**区政府在**市购买办公用房提供帮助。2010年6月，经张某某决定，季某甲以低于市场价人民币50.2624万元的价格购买吴中经济开发区**墓区墓穴用地153平方米。

三、1998年底至1999年3月，被告人季某甲利用其担任**市人民政府市长职务上的便利，为吴县市**石雕艺术有限公司法定代表人何某某承揽**市城市广场路面铺设工程提供帮助。1999年底，季某甲在其**市家中收受何某某给予的人民币5万元。

四、2001年至2009年，被告人季某甲利用其担任**市人民政府市长、中共**市委书记等职务上的便利，接受**（扬州）房地产开发有限公司法定代表人周某某的请托，为该公司“瘦西湖新天地”房地产项目在获取土地使用权、推进拆迁进度、增加容积率等方面提供帮助。2003年8月和2012年下半年，季某甲分别在美国**大学、**市家中收受周某某给予的3000美元和价值人民币2万元的购物卡，共计折合人民币4.4831万元。

五、2002年年底至2013年上半年，被告人季某甲利用其担任**市人民政府市长、中共**市委书记、**市人民政府市长等职务上的便利，为江苏**集团有限公司与扬州市**国有资产控股（集团）有限公司合作开发“凯运天地”房地产项目提供帮助；接受江苏**集团有限公司董事长朱某甲的请托，为上述项目的规划审批和拆迁事宜提供帮助，并为该公司路虎汽车4S店项目用地和违规建设提供帮助。2000年10月至2010年6月，季某甲本人或通过其妻高某某、其女季某乙、其弟季某丙，先后九次在**市家中等地收受朱某甲给予的人民币合计160万元、价值人民币3万元的“瑞雪”图一幅、价值人民币23.727947万元的“道奇牌酷搏型”汽车一辆，并以低于市场价人民币54.5709万元的价格购买朱某甲公司开发的**市**小区68号别墅一套，共计折合人民币241.298847万元。

六、2003年底至2004年3月，被告人季某甲利用其担任**市人民政府市长职务上的便利，接受苏州**建筑装饰有限公司实际控制人朱某乙的请托，为该公司承揽**迎宾馆1号楼改造工程项目、违规施工、催要工程款提供帮助。2007年下半年至2010年6月，季某甲本人或通过特定关系人祝某某先后三次在朱某乙办公室等地收受朱某乙给予的人民币13万元和代为支付的装修、家具费用21.435851万元，共计折合人民币34.435851万元。

七、2005年5月至2006年3月，被告人季某甲利用担任中共**市委书记职务上的便利，接受特定关系人祝某某的请托，为南京**工程有限公司承揽苏北人民医院空调设备供应项目提供帮助。2006年12月，季某甲通过祝某某在南京**工程有限公司，收受该公司实际控制人韦某某给予的人民币7万元。

案发后，涉案赃款赃物已全部追缴。

认定上述事实的主要证据如下：

1. 物证：空调五套、“道奇牌酷搏型”汽车一辆、“瑞雪”图一幅；2. 书证：季某甲任职文件、干部履历表、涉案企业工商登记资料、项目审批手续、银行对账单、会议纪要、财务账目等；3. 证人高某某、徐某某、张某某、周某某、朱某甲、朱某乙、何某某、韦某某等人证言；4. **墓区现场勘验检查笔录；5. 鉴定意见；6. 被告人季某甲供述和辩解、亲笔供词。

本院认为，被告人季某甲身为国家工作人员，利用职务上的便利，为他人谋取利益。利用其职权和地位形成的便利条件，通过其他国家工作人员职务上的行为，为他人谋取不正当利益，非法收受他人给予的财物，数额特别巨大，其行为触犯了《中华人民共和国刑法》第三百八十五条第一款、第三百八十八条之规定，犯罪事实清楚，证据确实、充分，应当以受贿罪追究其刑事责任，根据《中华人民共和国刑事诉讼法》第一百七十二条的规定，提起公诉，请依法判处。

此致

山东省烟台市中级人民法院

副检察长：傅某某

检 察 员：谭某某

王某某

代理检察员：张某某

王某某

2014 年 12 月 17 日

【学者点评】

党的十八大以来，司法机关对于贪腐案件的定罪量刑充分展示了党和国家对于惩治腐败犯罪的信心与决心。对于贪污腐败案件的及时公正处理不仅仅体现正义与价值，还充分彰显了党中央运用法治思维和法治手段解决公职人员贪污腐败问题的智慧。在季某甲受贿案中，季某甲作为国家公职人员非法收受各类财物折合人民币上千万元，这种为他人谋取不正当利益从而收受巨额贿赂的行为在社会上造成了非常恶劣的影响。山东省烟台市人民检察院及时地将本案移送审查起诉，表明了党和国家在国家公职人员的贪污腐败问题中坚持法治精神以及坚持有贪必惩、滥权必肃的决心。

季某甲受贿案案件情节复杂且受贿数额巨大，山东省烟台市人民检察院在案件处理过程中因部分事实不清，证据不足，退回补充侦查 1 次，因案情重大、复杂，延长审查起诉期限 2 次。检察机关在此次受贿案件中充分体现了坚持依法履职，为大局服务、为人民司法的精神，深刻反映了检察履职理念在实践中持续深化的现实情况。依法履职首先强调的基础便是依法履职，要求检察机关在法律框架的限定空间内履行自身职责，反映在季某甲受贿案中便是检察机关退回补充侦查以及延长审查起诉的工作符合刑事诉讼法的相关规定。在季某甲受贿案中，检察机关并未对案件应付了事，在证据不足的情况下通过退回案件来补充案件证据，厘清案件事实便是依法履职的良好典范。检察机关在面对重大复杂的案情时，延长审查起诉期限两次便是一种自我加压、积极履职的行为。山东省烟台市人民检察院在季某甲受贿案中的履职情况完全符合检察机关应当坚持依法履职的理念，在履职过程中将“努力把工作往前推进一步，往深做实一分，引领法治、促进治理”落到了实处。

从刑法理论的角度来看季某甲受贿案，可以看出季某甲的行为完全符合《刑法》中受贿罪的构成要件。《刑法》第385条第1款规定：“国家工作人员利用职务上的便利，索取他人财物的，或者非法收受他人财物，为他人谋取利益的，是受贿罪。”首先从犯罪的主体来看，国家工作人员包括国家机关中从事公务的人员，国有公司、企业、事业单位、人民团体中从事公务的人员，国家机关、国有公司、企业、事业单位委派到非国有公司、企业、事业单位、社会团体从事公务的人员，以及其他依照法律从事公务的人员。季某甲在收受各类财物时分别任中共**太湖国家旅游度假区工作委员会书记、**市人民政府市长、中共**市委书记等各类职务，毫无疑问当时季某甲属于国家工作人员。其次从犯罪的客体来看，一般认为受贿罪侵害的客体是国家工作人员的廉洁性，而本案中季某甲以权谋私的行为严重侵犯了国家工作人员的廉洁性。再次从犯罪的主观方面来看，本案中季某甲在收受各种财物时其主观上都持直接故意的态度，符合受贿罪对于主观故意的要求。最后从受贿罪的客观要件来看，如何理解“利用职务上的便利”存在不同的观点，但一般来说应当理解为包括利用本人职务范围内的权力，以及利用本人的职务和地位所形成的便利条件，本案中季某甲违规帮助他人承揽项目以及调动岗位的行为均属于其当时公职职务范围内的权力，其行为明显属于利用职务上的便利。同时受贿罪中的“收受财物”并不仅仅包含直接收受他人的钱款或物品，而应当看国家工作人员是否获取了物质性利益，例如本案中对方以显著低于市场价的价格将吴中经济开发区**墓区墓穴用地出售给季某甲便是一种典型的收受财物行为。

（**点评人：**李怀胜，中国政法大学网络法学研究所所长，博士生导师）

【检察官点评】

党的十八大以来，以习近平同志为核心的党中央，把“人心向背”视作决定党和国家前途命运的关键因素，以雷霆万钧之势推进反腐败斗争，凝聚党心民心，“打虎”“拍蝇”“猎狐”多管齐下，反腐败斗争取得压倒性胜利并全面巩固。季某甲是党的十八大之后落马的江苏“首虎”，在**市委副书记、市长任上被查。季某甲在**、**、**等地方任职期间，在全城大拆大建，尤其是在**大规模砍伐梧桐树，引发民怨，被市民称为“季挖挖”“推土机市长”。对季某甲的严肃查处顺应了党心民心，契合了全面从严治党的大时代背景。

一、案件的社会影响及重要意义

在季某甲的大拆大建中，伴随着大贪大腐，季某甲与开发商、建筑商相互勾连，形成利益共同体，大肆收受贿赂。本案起诉书指控季某甲的7项犯罪事实中有6项与工程承揽、项目开发有关。习近平总书记在二十届中央纪委三次全会上强调，要把严惩政商勾连的腐败作为攻坚战重中之重，要深化整治基建工程等权力集中、资金密集、资源富集领域的腐败，清理风险隐患。在实现中国式现代化新征程上，季某甲案对于全面构建亲清政商关系、深化整治基建工程领域腐败、查处新型腐败和隐性腐败等方面，仍有很强的警示教育意义。

二、检察机关的履职情况

本案的办理是在2018年国家监察体制改革前，经最高人民检察院指定，由山东省人民检察院反贪部门立案侦查，侦查终结后移送山东省烟台市人民检察院审查起诉。

山东省检察院抽调26名检察官组成专案组负责侦办此案，季某甲的利益输送发生在特定关系人组成的封闭的圈子里，请托事项和收受财物并不是完全一一对应的，二十多年积累下来的利益关系及情感关系，给侦查取证、指控证明犯罪带来困难。专案组坚持客观公正立场，在证人配合下，促使季某甲认罪悔罪，5名公诉人更是以求极致的精神，在全面核实梳理事实和证据基础上，构建指控证明体系。公诉人针对争议问题如行贿人、特定关系人代为保管贿赂款、请托事项与受财事实的认定等做了充分论证后，依法定罪起诉。

本案的成功侦办、起诉是监察体制改革前检察机关作为反腐利剑，服务反腐败大局的生动实践。新时代，检察机关的职能有变，但面对严峻复杂的反腐败形势，必须以永远在路上的坚韧和执着，充分履行职务犯罪检察职能，在反腐败斗争中更好地发挥检察作用。

三、法律条文解析释义及司法适用

本案发生在 2015 年《刑法修正案（九）》实施之前，系根据 1997 年《刑法》对受贿罪以数额标准定罪量刑，季某甲受贿数额达 1132 万余元，数额特别巨大，应适用最高量刑档，即 10 年以上有期徒刑或者无期徒刑、死刑，可以或并处没收财产。本案的法律适用具体有以下特点。

一是季某甲的行为分别触犯《刑法》第 385 条受贿罪和第 388 条斡旋受贿罪的规定，起诉书对涉嫌两罪的事实根据犯罪构成要件的不同进行了区分。

《刑法》第 385 条规定，国家工作人员利用职务上的便利，索取他人财物的，或者非法收受他人财物，为他人谋取利益的，是受贿罪。《刑法》第 388 条规定，国家工作人员利用本人职权或者地位形成的便利条件，通过其他国家工作人员职务上的行为，为请托人谋取不正当利益，索取请托人财物或者收受请托人财物的，以受贿论处。受贿罪和斡旋受贿罪的犯罪构成存在“利用职务便利”和“谋利”两方面差异。在“利用职务便利”方面：受贿是行为人“利用自身职务上的便利”；斡旋受贿是行为人“利用自己的职权或者地位形成的便利条件”，通过他人的职务行为来进行。在“谋利”方面：受贿有索取和收受两种方式，索贿不要求以为他人谋取利益为必要条件，而非法收受他人财物，必须为他人谋取利益，这里的利益可以是正当利益也可以是不正当利益；斡旋受贿要求必须是为请托人谋取不正当利益。

本案中，季某甲除了利用本人职务上的便利，收受他人财物构成受贿，还利用担任 ** 市委书记的职权便利，为行贿人“违规”承揽项目提供帮助，收受财物，构成斡旋受贿。起诉书根据斡旋受贿的上述犯罪构成要件特征，作了规范、准确的表述：“季某甲利用其担任中共 ** 市委书记职权和地位形成的便利条件，接受徐某某的请托，通过 ** 太湖国家旅游度假区管理委员会有关领导职务上的行为，为苏州市 ** 经贸有限公司违规承揽太湖文化论坛办公大楼空调设备供应项目提供帮助。”

二是依法对季某甲多种形式的新型隐性受贿予以认定。季某甲的受贿形式呈现多样性。季某甲除了直接收受财物外，还通过收受股票收益（徐某某的 770 万元），接受他人提供的装修，低于市场价购买别墅、墓地等方式受贿。季某甲的受贿手段呈现隐蔽性，主要发生在长期固定的朋友圈中，利益输送在封闭的圈子里完成，多数请托事项和收受贿赂不是一一对应的，从事实上看有的是请托事项过去多年后，才收受相应的贿赂。而且，部分受贿款是以特定关系人收取，并保管在特定关系人或者行贿人处。虽然季某甲的受贿呈现多样性和隐蔽性特征，但均无法掩盖其权钱交易的本质，检察机关指控季某甲的全部犯罪事实均被法院采纳。

四、文书撰写精要

该起诉书整体形式要件完备，采用总分结构，按照时间顺序，围绕犯罪构成要件这条主线，将多起复杂的事实进行了概括提炼，逻辑清楚，用语规范、精练。这份 10 年前的起诉书仍然能给我们以指引和借鉴，是一份堪称范本的优秀文书。

一是以总分结构，按照时间顺序编排，逻辑清晰。本案事实较为错综复杂，既有受贿也有斡旋受贿，且涉及横跨 20 余年的 7 项事实，收受财物的有季某甲本人，也有其多名亲属以及特定关系人，收受财物的次数达 21 次。文书在行文结构上采用总分的手法，先总体概括了季某甲涉及受贿和斡旋受贿的事实和金额。在分述中，按照 7 个行贿单位和个人进行了归类，以时间结构编排，考虑到本案的谋利事项与受财事实时间吻合度不紧密，每个行贿主体的谋利事项横跨时间较长，文书以最早的谋利事项为时间线标准，对 7 项事实进行了编排，逻辑清晰。

二是按照犯罪构成要件归纳事实要素，对于关键细节描述准确、到位。在具体实施的表述中，分为谋利事项和受财事实两部分，时间、地点、经过、手段、数额等与定罪量刑有关的事实要素齐备。季某甲接受谁的请托，为具体哪个项目提供帮助，分几次在什么地点，通过谁收受的什么形式的财物，财物的价值等要素均作了准确精练的表述。尤其是对于多次收受财物的事实，文书进行了高度凝练概括，值得学习。如第5起受财事实的表述“2000年10月至2010年6月，季某甲本人或通过其妻高某某、其女季某乙、其弟季某丙，先后九次在**市家中等地收受朱某甲给予的人民币合计160万元、价值人民币3万元的‘瑞雪’图一幅、价值人民币23.727947万元的‘道奇牌酷搏型’汽车一辆，并以低于市场价人民币54.5709万元的价格购买朱某甲公司开发的**市**小区68号别墅一套，共计折合人民币241.298847万元”。仅用一句话准确概括了9次的受财事实。

特别指出的是起诉书对于关键细节描述准确、到位。如前所述，关于斡旋受贿的表述，就准确、规范的与受贿罪进行了区分，季某甲利用本人的职权便利，通过其他领导的职务行为，为“违规”承揽项目提供帮助，将该起事实认定为斡旋受贿，清晰准确。

（**点评人**：吴春妹，北京市顺义区人民检察院党组书记、代检察长）

【法官点评】

2015年1月16日，山东省烟台市中级人民法院公开开庭审理了**省**市人民政府原市长季某甲受贿一案。检察机关指控，季某甲利用其担任多个职务的便利，为他人在工程承揽、项目开发、工作调动等方面提供帮助，并通过特定关系人非法收受财物共计折合人民币1132.089318万元。2015年4月7日，季某甲被判处有期徒刑15年，并处没收个人财产人民币200万元，他当庭表示服从判决，不上诉。季某甲是党的十八大后**落马的第一只“老虎”，案件审理备受舆论关注。本案起诉书格式规范、要素齐全、用语严谨、简洁明快，全文仅2000余字，是一篇优秀的法律文书。

一、职务身份表述精准

起诉书在首部对被告人的职务表述清晰规范，首先表述“**省**

市人民政府原市长”这个最后任命的主要职务，再按照任职顺序表述其他曾任职务，从与案件有关的职务即中共 ** 省 ** 市 ** 县委副书记写起。党内职务表述完整，政府职务表述规范，均不使用简称。在案件由来部分，起诉书特别强调了告知被告人有权委托辩护人的具体时间，列明了退回补充侦查和延长审查起诉期限的情况，突出了对被告人及辩护人诉讼权利的保障。

二、指控事实层次清晰

起诉书在指控事实部分先总括性地表述了被告人受贿犯罪的整体事实，用简要短语归纳了谋利事项的类别，明确了受贿犯罪数额；点出了直接受贿和斡旋受贿两种方式，为此后适用相关《刑法》条文奠定基础。此后，起诉书逐单详细列明了指控事实。首先，值得注意的是各单指控事实的排列顺序。职务犯罪司法实践中，一名被告人犯罪事实有多单的，有的法律文书按照严重程度、犯罪数额大小来排列，有的按照时间顺序先后排列。中管干部职务犯罪案件的起诉书、判决书等一般是按照犯罪时间前后顺序排列的，这样可与其职务变迁相对应，更有利于展示其滑入腐败深渊的全过程，以及是否属于党的十八大以后不收手、不收敛的情形。其次，每单具体事实和总括部分一样，都是先表述谋利事实，再表述收受财物的事实，与举证的顺序一致。在描述谋利事实时，按照谋利时间、职务便利、请托人、请托事项顺序表述；在描述收受财物事实时，按照收受财物时间、地点、形式、数额的顺序表述。最后，作为对被告人从轻处罚的量刑事实，起诉书写明案发后涉案赃款赃物已全部追缴，并为庭审中发表的涉案财物处理意见相呼应。在重大职务犯罪案件中，被告人案发后如实供述自己的全部犯罪事实，主动交代办案机关尚未掌握的部分犯罪事实，有自首情节、立功表现的，一般都会在起诉书中予以认定，并作为从宽处罚的理由。

三、细节把握规范到位

在指控事实部分，如请托和收受财物有中间人、特定关系人参与的，均写明与被告人的关系及具体姓名，以与证据相互呼应。表述请托人时，先冠以单位职务，单位写明全称，与工商登记资料一致；请托人在单位没有职务而是实际控制人的，起诉书也作了明确表述。表述收受财物地点的，按照惯例进行了概述，如“美国 ** 大学”“ ** 市家中”“朱某某办公室”等，不必写到具体地址。涉及财物数额的，外币折算为人民币，按照惯例以万元为单位，精确到小数点后六位，即到分这一最小货币单位。涉及房产的，地址写到门牌号码，如“ ** 市某某小区某某号”；系特殊房产的也予以写明，如“墓穴用地”“别墅”。涉及车辆、电器的，写明品牌（汽车一般还写明型号），如“ ** 牌 ** 搏型汽车”“ ** 金牌空调”。

四、证据排列顺序合理

关于证据排列，实践中没有特别统一的做法。有的按照《刑事诉讼法》规定的证据种类排列，有的按照先客观后主观的顺序排列，有的按照破案顺序排列。总的来讲，证据排列要与案件事实相呼应，按照有利于证明案件事实、方便社会公众理解的顺序排列。本案起诉书中，先将证据材料按照分类集中列明，同种证据较多的选择几个重要的材料，简要列举证据名称；再按照物证、书证、证人证言、勘验笔录、鉴定意见、被告人供述的顺序排列。在本案中，物证、书证、证人证言在各单犯罪事实中均有涉及，所以排列在前。而勘验笔录仅涉及低价购买墓地部分事实，鉴定意见仅涉及收受画作、低价购房等事实，因此排列在后。最后列明被告人供述，显示司法机关重证据不重口供的取证理念。

五、犯罪构成论述充分

起诉书依据《刑法》第385条第1款、第388条的规定，从直接受贿、斡旋受贿两个部分精要论述了被告人行为符合受贿罪的犯罪构成要件，犯罪事实清楚，证据确实、充分，应当以受贿罪追究其刑事责任。

（**点评人**：黄玉良，广东省高级人民法院刑事审判第二庭副庭长）

【律师点评】

一、代持型受贿的既、未遂认定

与“一手交钱、一手交货”的传统受贿不同，代持型受贿中的行贿一方与受贿一方基于高度信任，通常心照不宣、高度默契，通过迟滞交付财物等方式来逃避监察调查。我国的司法实践通常将行为人取得的财物，作为受贿既遂的标准。在传统的受贿案件中，只有钱款的占有从行贿人处转移至受贿人处，才能认定受贿既遂的成立。然而，在代持型受贿中，由于财物在行受贿双方间未实际交付，较难判断受贿犯罪的着手实施行为和完成状态，给既、未遂形态的认定带来困难。

人民法院案例库中的“于某某受贿、徇私舞弊假释案”指出，受贿罪中收受他人财物既、未遂的认定，应当把握财物的实际权属情况：财物已经脱离行贿人的控制，并已经实际置于受贿人控制之下，即为受贿罪的既遂，否则为未遂。对于虽有约定，但由行贿人代为保管、没有实际交付的贿赂，根据案件情况，可以认定为未遂。也有学者认为，国家工作人员同意接收行贿人给予的金钱，并要求行贿人保管金钱，如果行贿人“按照可以识别的方式管理”的，宜认定为受贿既遂；否则，应认定为受贿未遂。

在司法实践中，代持型受贿也有被认定为受贿未遂的可能。如果有证据证明行贿人未按照受贿人的安排进行管理、使用，或者行贿人与受贿人的关系不密切，不具有代为管理钱款的信任基础，那么就无法认定行贿人按照可以识别的方式进行管理，钱款已经处于受贿人的实际控制之下。

二、借贷型受贿的司法认定

国家工作人员向请托人借款的，不会轻易否定受贿罪的成立。2003年11月13日最高人民法院发布的《全国法院审理经济犯罪案件工作座谈会纪要》指出，国家工作人员利用职务上的便利，以借为名向他人索取财物，或者非法收受财物为他人谋取利益的，应当认定为受贿。具体认定时，不能仅看是否有书面借款手续，应当根据以下因素综合判定：

一是有无正当、合理的借款事由；二是款项的去向；三是双方平时关系如何、有无经济往来；四是出借方有无要求国家工作人员利用职务上的便利为其谋取利益；五是借款后有无归还的意思表示及行为；六是有无归还的能力；七是未归还的原因等。

在本案中，季某甲的辩解，以及部分证人的证言证明，道奇牌酷搏型汽车系季某甲“借用”的车辆。其一，对于借款事由，季某甲及其家人经济状况良好，完全有能力自行购买车辆，则不具备借用车辆的正当、合理事由；其二，对于双方关系以及请托事项，季某甲曾为朱某甲谋取利益，收受过朱某甲的贿赂，二者之间具有权钱交易关系，并无经济往来；其三，对于归还的意思和行为，季某甲的借用时间长达 2 年零 9 个月，在此期间具备归还条件却未归还，不具有归还的意思和行为。

三、低价购房型受贿的司法认定

对于低价购房型受贿，最高人民法院、最高人民检察院《关于办理受贿刑事案件适用法律若干问题的意见》规定，国家工作人员利用职务上的便利为请托人谋取利益，以明显低于市场价格向请托人购买房屋等物品的，以受贿论处。受贿的数额按照交易时的市场价与实际支付价格的差额计算。据此，国家工作人员低价从开发商处购买房屋的行为是否构成受贿罪，要判断：一是有无不合理的低价，二是有无请托事项。

其一，不合理低价的本质在于，行为人购房的交易损害了开发商的利益，开发商对其设定的优惠条件，并非适用于不特定人群。在正常的房屋买卖交易中，开发商通常有明确统一的价格和优惠幅度，如果开发商减少自己的利润空间，甚至放弃利润，违背市场规律地给予特定人低价优惠时，就不具有合理性。

其二，“为他人谋取利益”是受贿罪的构成要件，表现形式是权钱交易，交易双方呈双向对价关系。在司法实践中，如果仅是国家工作人员身居高位的职务因素单向辐射到开发商，开发商被动给出低价但未提出请托或收到任何谋利反馈，不存在权钱交易，那么就不应认定具备请托事项要件，不构成受贿罪。

至于受贿的金额，一般用购房同期的市场价，减去行为人实际支付的价格；在同等交易价格不明的情况下，实践中通常采取委托价格认定机构对房屋交易时的市场价格进行价格认定。

四、合作投资型受贿的司法认定

在本案中，朱某甲成立先创公司，邀请季某甲的妻子入股10%，50万元全部由朱某甲代为出资。后来，朱某甲将50万元的股本金以及90万元的分红款，送给季某甲的妻子。对此，最高人民法院、最高人民检察院《关于办理受贿刑事案件适用法律若干问题的意见》第3条指出，国家工作人员利用职务上的便利为请托人谋取利益，以合作开办公司或者其他合作投资的名义获取“利润”，没有实际出资和参与管理、经营的，以受贿论处。最高人民法院发布的第3号指导案例“潘某某、陈某某受贿案”也持相同立场。

本案这种由请托人出资的合作投资型受贿，与干股型受贿具有相似之处。本来，合作开办公司，既可以货币出资，也可以劳务出资。若国家工作人员没有任何出资，更没有参与经营管理，却获得了“利润”，同时利用职务上的便利为他人谋取利益的，则应构成受贿罪。

（**点评人：**徐宗新，上海靖霖律师事务所主任）

37. 湄公河惨案：犯我中华者，虽远必诛

【案情简述】

2016年，电影《湄公河行动》的放映掀开光影交织的幕布，将人们的视线再次拉回2011年10月5日这一天，中国商船“华平号”和“玉兴8号”在湄公河金三角水域遭遇袭击，13名中国船员惨死湄公河，船上被发现藏有大量冰毒，举国震惊。事件发生后，中国政府立即采取行动，抽调警力向老挝、缅甸和泰国三国派遣专案组，全力侦办案件，展开跨国性的深入调查，以还遇难同胞清白。很快，警方锁定了犯罪嫌疑人糯某某等人并查清了案件真相。糯某某犯罪集团长期盘踞在湄公河流域，罔顾法律，无恶不作。缅甸军队曾征用中国船只对其进行清剿，糯某某犯罪集团得知后怀恨在心，为报复中国船只并获取不法泰国军人的支持，武装劫持中国船只，绑架中国船员勒索赎金，虐杀中国船员并将尸体抛入湄公河，为使船员背上骂名，还在船上放置毒品栽赃陷害，船舱弹孔密布，尸体也早已面目全非，惨绝人寰，令人痛心。

2012年4月，在多方努力下，警方成功擒获糯某某犯罪集团并引渡至中国接受审判。昆明市人民检察院受理案件后第一时间成立专案组审查案件，面对这起犯罪嫌疑人及案发地点皆在境外的涉外案件，专案组积极应对挑战，对案件各项细节反复梳理研究，写下这份专业性极强、令人动容的公诉意见书。法庭上糯某某拒不认罪，检察官沉着冷静，将准备好的证据逐一出示，最终糯某某当庭表示认罪，深知罪行深重并祈求原谅。2012年11月6日，昆明市中级人民法院依法判处被告人糯某某、桑某某、依某某、扎某甲死刑，判处被告人扎某乙死缓，判处被告人扎某丙有期徒刑8年。同时，判决6名被告人连带赔偿各附带民事诉讼原告人共计人民币600万元。一审判决后，糯某某等6名被告人提出上

诉。2012 年 12 月 26 日，云南省高级人民法院对本案进行二审宣判，裁定驳回上诉，维持原判。2013 年 2 月 27 日，最高人民法院依法核准了死刑，同年 3 月 1 日，4 名罪犯在昆明被执行死刑。

逝去的生命纵然无法挽回，但必须避免悲剧再次发生。此次事件引起中国政府对湄公河流域航道安全问题的高度重视，中方召集老挝、缅甸、泰国在北京召开湄公河流域执法安全合作会议，并发布《关于湄公河流域执法安全合作的联合声明》。随后，四国联合开展湄公河联合巡逻执法行动，为保障湄公河流域的安全和稳定作出积极贡献。

当前，我国对外经贸投资逐渐扩大，国际司法合作的需求不断增长。检察机关妥善办理湄公河案件等涉外案件，依法惩治犯罪，保障中国公民合法权益，收获了良好的法律效果和社会效果，充分展示中国检察机关的专业素质和公正执法形象以及中国政府维护公民权利的决心和能力，尽显大国担当。正如本案公诉意见书所写："今天，我们对糯某某等六被告人的审判，最重要的价值就是为了践行一个庄严的承诺，即中华人民共和国有能力、有责任保护他的每一位公民，不论他身处何处。"

【文书原文】

云南省昆明市人民检察院

公诉意见书

审判长、审判员：

根据《中华人民共和国刑事诉讼法》第一百五十三条、第一百六十条、第一百六十五条、第一百六十九条之规定，我们受云南省昆明市人民检察院指派，代表本院，以国家公诉人的身份，出席法庭支持公诉，并依法对刑事诉讼实行法律监督。现对本案发表如下公诉意见，请法庭注意。

一、检察机关对糯某某犯罪集团六被告人提起公诉，是中华人民共和国行使国家主权、切实维护我国公民合法权益的集中体现

首先，中华人民共和国是独立主权国家，不受任何外来侵犯和干扰。

国家的一切权力属于人民，尊重和保障人权是我国宪法确立的基本原则。司法主权是国家主权的重要组成部分。今天，将糯某某犯罪集团提交我国审判机关审判，依法追诉其犯罪行为，正是我国行使司法主权的重要体现。糯某某犯罪集团是长期盘踞在湄公河流域的跨国有组织犯罪集团，为报复中国船只被缅甸军队征用清剿该组织，并为获取不法泰国军人的支持，先后策划劫持中国船只、在船上放置毒品栽赃陷害、杀害中国船员，并非法绑架中国船员作为人质，勒索财物。其行为已严重侵犯了我国公民的人身权利和财产权利。保护我国公民的合法权益，行使对该案的司法管辖权，既是我国国内法的要求，也是我国履行缔结或参加国际条约所确定的国际义务。

其次，根据该案的案件事实，并依据国内法和国际法的规定，我国依法对本案享有司法管辖权。第一，糯某某犯罪集团所实施的犯罪行为发生在我国船舶内，根据《中华人民共和国刑法》第6条关于“凡在中华人民共和国船舶或者航空器内犯罪的，也适用本法”的规定，我国依法享有刑事管辖权。第二，糯某某犯罪集团实施的犯罪行为，是在我国领域外对我国公民实施的严重侵犯人身权利和财产权利的犯罪行为。根据《中华人民共和国刑法》第8条关于保护管辖的规定，依法对其刑事追诉，是对我国公民合法权益的保护。第三，糯某某犯罪集团是一个跨国有组织的武装犯罪集团，其所实施的故意杀人、绑架、劫持船只等跨国有组织暴力犯罪及运输毒品的国际犯罪，侵害了国际社会的共同利益，根据我国缔结的《联合国打击跨国有组织犯罪公约》第15条和《联合国禁止非法贩运麻醉药品和精神药物公约》第4条关于犯罪发生在犯罪时悬挂该缔约国国旗的船只上，该缔约国可以确立管辖权的规定，以及《联合国禁止非法贩运麻醉药品和精神药物公约》第3条第1款关于各缔约国应采取可能必要的措施，将故意非法运输麻醉药品和精神药物的行为确定为其国内法中的刑事犯罪的规定，依照《中华人民共和国刑法》第9条履行我国承诺的国际义务。

二、该案的办理构建了我国和周边国家执法司法机关紧密合作、在全球化背景下共同打击国际犯罪的新格局

“10·5”惨案发生后，糯某某犯罪集团的犯罪行为受到了国际社会的普遍谴责，为了加大打击跨国有组织犯罪的力度，中、老、缅、泰四国共同发表了《关于湄公河流域执法安全合作的联合声明》，在平等互利、互相尊重主权的基础上，就加强湄公河流域的执法安全合作、打击跨国有组织犯罪、维护国际航运安全等方面达成八项共识。依据该联合声明，中、老、缅、泰四国警方在较短时间内迅速查明了案件事实，及时抓获、移交犯罪嫌疑人，彻底摧毁了糯某某犯罪集团，充分体现了四国打击国际犯罪的信心和决心；并且在四国湄公河流域执法安全合作机制框架下，建立了联合巡逻执法、共同应对突发事件等相互合作的长效机制，有效维护了湄公河流域航行安全秩序，切实保护了四国船舶、人员的生命财产安全。

依据中华人民共和国和老挝人民民主共和国、泰王国双边刑事司法协助条约，以及中华人民共和国与缅甸联邦共和国警务合作机制和国际司法惯例在相互尊重国家主权和平等互利的基础上，我国司法机关与老、缅、泰三国司法机关积极开展了多边、双边的刑事司法协作，有效完成了境外证据的调取和交换、移交在押人员、联合审讯、犯罪嫌疑人身份查询、司法文书送达等工作。特别是在此次的法庭审理中，泰王国与老挝人民民主共和国应我国司法机关的申请，派出13名警务人员、专家证人出庭作证，直接、客观地证实了糯某某犯罪集团劫持中国船只、运输毒品、杀害中国公民的犯罪事实。这是中、老、缅、泰四国政治互信和司法互信的重要体现，也为世界各国联合打击国际犯罪提供了典型范例。

三、坚持打击与保护、实体与程序并重，切实保障诉讼参与人合法权益，彰显我国司法公开、公正、公平和文明的形象

正义不但要实现，而且要以看得见的方式实现。司法活动的价值所在，就是要通过公平、公正、公开实现社会正义。坚持打击与保护、实体与程序并重是我国刑事司法的一项基本原则，也是我国司法文明的重要体现。准确适用法律，是贯彻“打击与保护并重原则”的前提。糯某某犯罪集团武装劫持中国船只、运输毒品数量特别巨大、非法剥夺13名中国公民生命、绑架中国船员勒索巨额赎金，不仅构成起诉书所指控的犯罪，而且手段残忍、情节恶劣、后果严重，社会危害极大，应予严惩。各被告人应当根据所犯罪行分别承担刑事责任。对于在法庭质证中所提及的同案人员友某波因未达到刑事责任年龄、岩某因犯罪证据不足，均依法不作追诉，从实体上切实保障犯罪嫌疑人的合法权益。

程序正义是确保实体正义得以实现的前提。严格依照刑事诉讼程序切实保障诉讼参与人的合法权益也是我国法律公正、公平、公开的根本要求。在案件办理过程中，司法机关不仅告知了被告人依法享有的各项诉讼权利，而且根据其本人申请，为其指定了辩护人；为了保障被告人使用本民族语言进行诉讼的权利，无论是在讯问，文书制作、送达时，还是在法庭庭审中，均为其聘请了翻译；在讯问犯罪嫌疑人时全程进行同步录音录像；及时通过使领馆查证其身份，并保障使领馆的探视、参与庭审旁听的权利。

为了保障其他诉讼参与人的权利，司法机关在审查起诉和审判阶段，完成了对30余名被害人及其近亲属诉讼权利义务的告知工作，根据被害人及其近亲属要求为其指定了诉讼代理人。通过今天在中华人民共和国的法庭上对糯某某犯罪集团成员的审判，使被害中国船员及其亲属能够通过参与刑事程序直接控诉犯罪、表达诉求，将最大化地实现刑事司法程序对被害人的体恤和抚慰功能。

四、对本案六被告人所实施犯罪行为的刑法评价

被告人糯某某、桑某某、依某某作为糯某某武装犯罪集团的首要分子，为报复中国船只并陷害中国船员，其与不法泰国军人共谋策划，于2011年10月5日组织、指挥其犯罪集团成员，在湄公河水域武装劫持中国船只“玉兴8号”和“华平号”，捆绑、控制中国船员，其行为危及船舶航行安全、侵犯中国公民人身及财产权利，后果严重；在“玉兴8号”和“华平号”上故意放置毒品甲基苯丙胺84516.01克，并武装押运，意图栽赃中国船员运输毒品，数量特别巨大，作案动机特别卑劣；故意杀害杨某甲等13名中国公民，严重侵害其生命法益；另于2011年4月2日至4月6日策划实施绑架罗某某等中国公民作为人质，勒索赎金2500万泰铢，数额特别巨大，严重侵害中国公民的人身安全、行动自由及财产权益；并武装劫持中国船只“正鑫1号”“中油1号”“渝西3号”。上述行为均已触犯《中华人民共和国刑法》第一百二十二条、第三百四十七条第二款、第二百三十二条、第二百三十九条之规定，构成劫持船只罪、运输毒品罪、故意杀人罪、绑架罪。

被告人扎某甲、扎某乙作为糯某某武装犯罪集团的成员，积极实施武装劫持中国船只“玉兴8号”和“华平号”及枪杀中国船员，并参与绑架人质、勒索赎金，其行为均已触犯《中华人民共和国刑法》第一百二十二条、第二百三十二条、第二百三十九条之规定，构成劫持船只罪、故意杀人罪、绑架罪；被告人扎某丙参与武装劫持中国船只“玉兴8号”和“华平号”，其行为已触犯《中华人民共和国刑法》第一百二十二条之规定，构成劫持船只罪。

糯某某犯罪团伙，以被告人糯某某为首，桑某某、依某某等人为核心成员，纠集扎某甲、扎某乙、扎某丙等多名犯罪分子，成员众多、组织结构完备、非法拥有武器装备、通过犯罪活动牟取不法利益，长期盘踞在湄公河流域，实施非法拦截来往船只、强取财物、武装贩运毒品等犯罪活动，系为共同实施犯罪而组成的犯罪集团。

被告人糯某某、桑某某、依某某系组织、领导犯罪集团的首要分子，根据《中华人民共和国刑法》第二十六条、第六十九条之规定，应当按照其犯罪集团所犯的全部罪行数罪并罚。鉴于被告人糯某某、桑某某、依某某所犯罪行极其严重，建议法庭对三被告人依法从严惩处。

被告人扎某甲、扎某乙作为犯罪集团的成员，在其所参与的共同犯罪中起主要作用，根据《中华人民共和国刑法》第二十六条、第六十九条之规定，是主犯，应当按照其所参与的全部犯罪数罪并罚。

被告人扎某丙在其参与的犯罪中起次要作用，根据《中华人民共和国刑法》第二十七条之规定，是从犯，依法应当从轻处罚。

综上所述，建议法庭根据庭审查明的犯罪事实、情节，对糯某某等六被告人作出罚当其罪的判决。

审判长、审判员，今天是2012年9月22日，距离13名中国公民殒命湄公河的2011年10月5日已经过去11个月17天，今天，我们在庄严的中华人民共和国法庭上，审判惨案的制造者！

曾经有一位独立制片人拍摄了一部叫作《湄公河之中国船家》的纪录短片，记录了“华平号”从中国关累港起航到泰国清盛港这段263公里的航程。“华平号”船长黄某某讲述着湄公河行船的艰辛，同时也讲述着他对未来的憧憬；“玉兴8号”船长杨某甲，正值壮年，他的儿子杨某乙刚满18岁，正梦想着在不久的将来子承父业，成为湄公河上的船长；何某某与陈某某是一对夫妻，对湄公河上的船员来说，长年抛妻别子是他们生活中最大的煎熬，能够举家团聚是很多船员的祈盼。湄公河上的中国船员们秉承着中国人惯有的勤劳、坚韧、豁达、友善，经年累月面朝江水背朝天，默默地拉近着一衣带水邻邦之间的距离，促进着沿岸国家的持续繁荣……然而，2011年10月5日清晨，当“华平号”和“玉兴8号”载着13位中国船员，满载着他们人生的希望与梦想起航时，却驶向了他们生命的最后航程。

10月5日中午，在泰国清盛县的湄公河上，恶行过后，中国船只“华平号”和“玉兴8号”弹痕累累；集中射杀中国船员的船舷血流成泊；生前或被手铐紧铐，或被绳索捆绑，或被布条蒙嘴蒙眼的中国船员均身中数弹……糯某某犯罪集团对13位手无寸铁的中国船员实施残杀，骇人听闻！惨绝人寰！法不容恕！

审判长、审判员，今天，我们对糯某某等六被告人的审判，最重要的价值就是为了践行一个庄严的承诺，即中华人民共和国有能力、有责任保护他的每一位公民，不论他身处何处；任何对中华人民共和国国家及其公民的犯罪，不管犯罪人为何人并且藏身何处，中华人民共和国都有能力、有责任依正当程序，将其绳之于法；同时，中华人民共和国将坚决打击国际犯罪，肩负起国际责任。

最后，我们要对魂断异国的十三位兄弟姐妹致以沉痛的哀悼，他们是：杨某甲、黄某某、王某甲、邱某某、蔡某某、杨某丙、李某甲、杨某乙、文某某、王某乙、曾某某、何某某、陈某某。

公诉意见发表完毕。

谢谢法庭。

公诉人：刘某某、张某某、武某某
李某乙、王某丙、李某丙、邓某某
2012年9月22日当庭发表

【学者点评】

本公诉意见书所指控的案件，正是震惊中外的“湄公河惨案”。2011年10月5日，以糯某某为首的犯罪集团，联合泰国军方相关人员，武装劫持在湄公河正常行使的“华平号”“玉兴8号”两艘中国商船，将“华平号”上的6名中国船员和“玉兴8号”上的7名中国船员全部残忍杀害抛尸，并编造中国商船因贩卖、运输毒品抗拒检查而与军方发生武装交火的事实，意图栽赃陷害以掩盖事实真相。该案发生后，党中央、国务院高度重视，迅速与老挝、缅甸、泰国召开四国湄公河流域执法安全合作会议，发布了《关于湄公河流域执法安全合作的联合声明》，确立了四国联合执法的合作机制。以此为基础，我国调动200多名警力，联合缅甸、老挝、泰国三个国家的警方合作办案，最终侦破该案，将以糯某某为首的犯罪集团的主要成员抓获归案。其中，以糯某某为首的6名犯罪嫌疑人由老挝引渡到我国后，由昆明市人民检察院提起了公诉，并由昆明市中级人民法院进行了审判。对于糯某某犯罪集团案的跨国侦办、起诉和审判，不仅是我国对发生于境外、作案人是外国人的刑事案件所进行的第一次完整的刑事诉讼，创造了中国司法史上的多项第一，也震慑了境外针对中国公民实施犯罪的犯罪分子，彰显了我国政府保护公民合法权益的强大决心和能力。

本案所体现出来的法律意义主要有两点：一是彰显了我国独立行使司法主权的能力和权威。在某种程度上，本案是改革开放后我国第一次对外国人在外国针对中国公民实施犯罪进行完整追诉的案件。由于案情十分复杂，犯罪人数众多，不同犯罪人具有不同国籍，犯罪地、抓捕地也分属于不同的国家。因此，该案的管辖权问题极其复杂，不仅涉及国内法、国际法、国际公约，以及我国与缅甸、老挝、泰国签订的有关刑事司法协助的相关条约，还涉及缅甸、老挝、泰国的国内法。而且，在案件的追诉过程中，我国政府、老挝、缅甸和泰国均提出了管辖权要求。最终，经过我国政府的积极争取，由我国行使了司法管辖权。因此，在人民检察院的公诉意见书中，就首先申明了我国行使管辖权的合法性，即根据2艘商船均为中国船只、13名被害人均为中国国籍、涉及毒品犯罪等事实，依据保护管辖、属地管辖和普遍管辖原则，我国有权行使管辖权。而我国行使管辖权的合法性的申明，既表明了我国行使司法主权的正当性，也有利于犯罪人认识到由我国行使管辖权是合法、公正的，从而在犯罪人面前树立起司法权威，促使他们认罪服法。当然，不可忽视的一点在于，我国能够顺利行使管辖权，也与我国综合国力的增长和国际地位的提高密切相关，在多国对某一案件均有管辖权的情况下，很难想象其他国家会尊重一个无足轻重的国家的主权，而由其行使管辖权。因此，本案最终由我国行使管辖权，彰显了我国独立行使司法主权的能力和权威。

二是本案开创了国际刑事司法领域合作的先河，也向国际社会展现了中国司法的公正、透明和民主。由于该案的犯罪行为地、犯罪分子所在地，以及犯罪分子国籍均为国外。因此，在相关国家之间开展密切的刑事司法合作，对于本案能否顺利起诉、审判至关重要。而在刑事案件中，证据是否确实、充分，是决定案件能否提起公诉以及进行审判的关键因素。对此，为保证证据的合法、有效，并能够达到法定的证明标准，我国开创了多国警方合作取证的有效模式。在与泰国的司法合作中，我国就与泰国警方进行了多项证据交换，如关于尸体检验、弹痕检测等现场勘验的证据材料，均来自泰方，同时，泰方向我国移交了 480 页的证据材料和关键的视听资料，而我国也向泰国警方提供了 400 余页的证据材料，以帮助其查明泰方军人参与本案的情况。这一系列举措开创了我国进行跨国刑事证据交换的多项第一。在提起刑事诉讼的过程中，检察机关还邀请了来自泰国、老挝的多名证人出庭作证，既有第一时间赶往现场的外籍警察，也有其他外籍目击证人，开创了多国外籍证人来华出庭作证的先河。同时，为了保证程序的客观、公正，司法机关依据犯罪嫌疑人的申请，为犯罪嫌疑人指定了辩护人，在讯问、文书制作、送达时均为其聘请了翻译，还切实保障了外国使领馆的探视权利，充分体现了中国司法的公正、透明和民主。总之，本案不仅是我国开展多国刑事司法合作的成功典范，还向国际社会展现了中国司法的公正、透明和民主，彰显了中国司法的权威。

（**点评人：**李会彬，北京市社会科学院综合治理研究所副研究员）

【检察官点评】

2011 年 10 月 5 日，糯某某集团成员在湄公河持枪劫持中国船只“玉兴 8 号”“华平号”，捆绑控制 13 名船员，并将事先准备的 8 万余克冰毒放置在船上。糯某某集团成员扎某甲、扎某乙、扎某丙参与武装劫船，向船员开枪后驾乘快艇逃离。按照事先约定，在岸边等候的泰国不法军人向两艘中国船只开枪射击，并将中国船员尸体抛入湄公河。2012 年 4 月，糯某某及多名团伙成员被老挝警方擒获，并于同年 5 月移交给我国进行审判。

透过昆明市人民检察院针对“湄公河”案发表的公诉意见书，我们直观地看到检察机关在法庭上指控有力，举证示证有条不紊，法庭讯问随机应变，法庭辩论有理有据，深刻有效地揭露了“糯某某犯罪集团”的罪行，充分展示了检察机关公平、公开、公正执法的良好形象，有力地维护了国家利益，彰显了司法主权。

公诉意见书的撰写和应勇检察长关于“三个善于”深刻内涵的论述不谋而合，是高质效办好该案的直接体现。

从本案来看，“善于从纷繁复杂的法律事实中准确把握实质法律关系”直接表现于抓住了案件的主要矛盾，也即刑事司法管辖权，检察机关依据国内法和国际法的规定条分缕析地论证了我国行使管辖权的合法性和合理性；“善于从具体法律条文中深刻领悟法治精神”直接表现于正确适用国内法、国际法和国际条约等法律，检察机关在实体上、程序上均“以法律为准绳”，既构建了我国和周边国家执法司法机关紧密合作的新格局，还切实保障了诉讼参与人的合法权益，彰显我国司法公开、公正、公平和文明的形象；“善于在法理情的有机统一中实现公平正义”，直接表现于检察机关“以事实为依据”，坚持打击和保护并重，既保障犯罪嫌疑人的合法权益，也充分体恤和抚慰被害人，达到了案件办理取得“三效”统一的最佳效果。

在法律适用方面，本案作为一个典型的团伙犯罪案件，检察机关根据犯罪行为特征准确界定了犯罪集团和一般共同犯罪，并在宽严相济刑事政策的指导下，依法认定量刑情节，区分了犯罪集团的首要分子、主犯和从犯，确保罚当其罪。在罪数形态方面，检察机关围绕以故意杀人、绑架、运输毒品以及劫持船只等罪名对被告人数罪并罚进行精准指控，提升了释法说理的效果。最终，法院对检察机关起诉认定的情节及量刑建议均予以采纳。

该案的成功办理对于我国的检察工作和法治进程具有重大而深远的意义：

一是坚决捍卫了我国的司法主权。司法主权是国家主权的重要组成部分，也是一个独立主权国家实现对国家利益和本国公民合法权益予以有效保护的重要途径。该案涉及的刑事管辖权问题比较特别，涉案多名犯罪嫌疑人分属不同国籍且在不同国家被抓获，案发船只为中国船只，但案发时船行驶于泰国水域，且还牵连其他刑事案件。检察机关经研究国内外及国际公约后认为，糯某某犯罪集团的恶劣行径不论是依照属地管辖原则还是保护管辖原则，以及《联合国打击跨国有组织犯罪公约》等国际公约的规定，我国均应对该案行使司法管辖权，从而有力维护我国的司法主权和公民的合法权益。最终，糯某某等人被公审，向国际社会释放了这样一个强烈信号：中国政府拥有保护海外中国公民利益的决心与意志，任何藐视中国法律、践踏和侵犯中国人权利的犯罪，都将受到中国法律的追索，不论犯罪地点是在境内还是境外。

二是开辟了国际司法合作的新途径。糯某某犯罪集团的犯罪行为涉及中、缅、老、泰四国，如何解决案件所涉及的国际条约、国际法原则以及外国法律适用、国际刑事司法协助等问题，确保执法办案活动既符合国内法要求，又符合国际法的要求是本案的另一大难题。本案中，检察机关与公安机关、审判机关密切配合，依据相关公约和条约，在相互尊重国家主权和平等互利的基础上，与老、缅、泰三国司法机关积极开展了多边、双边的刑事司法协作，在证据调取、在押人员移交、联合审讯、犯罪嫌疑人身份查询、司法文书送达、申请证人出庭等方面开创我国司法实践的先河，也为世界各国联合打击国际犯罪提供了典型范例。该案发生后，中、老、缅、泰四国联合发表了《关于湄公河流域执法安全合作的联合声明》，就加强湄公河流域的执法安全合作、打击跨国有组织犯罪等方面达成八项共识。我国在国际司法协助方面的积极探索为各国的司法合作提供了法律基础，也为东南亚甚至国际社会联合惩治跨国犯罪作出了良好示范。

三是社会主义法治理念始终贯穿检察办案全过程。通过公诉意见书我们看到，检察机关贯彻了“理性、平和、文明、规范”的执法理念，切实做到了执法办案公正、公平、公开、文明。“人权保障”理念在办案中得到了淋漓尽致的诠释，在诉讼权利告知、指定辩护、聘请翻译、使用本民族语言进行诉讼、多语种法律文书送达、使领馆探视、参与庭审旁听、实施证人保护等方面给予了诉讼各方充分而有效的保障。在确保程序正义理念看得见摸得着方面，检察机关依法排除经补证后仍无法完善的证据，对文书送达、通知诉讼参与人等程序执行了严格的法律监督，为案件实现实体正义奠定了坚实的基础。

四是检察一体化机制和优秀公诉人调配机制应用成效突出。像这样国际国内社会关注高的涉外重大复杂疑难案件，对办案人员的专业性将是一个极大的考验，从本案的办理来看，云南省、市两级检察院充分发挥检察一体化优势，出色完成介入引导侦查取证、审查完善证据体系、出庭指控、诉讼监督等相关工作。此外，云南省检察机关调配经验丰富、理论功底深厚的包括全国公诉业务专家在内的大量人员参与案件办理为案件高质效办理奠定了人才基础，同时也为今后办理涉外重大复杂疑难案件提供了有益的经验和参考。

（**点评人：**吴春妹，北京市顺义区人民检察院党组书记、代检察长）

【法官点评】

2011 年 10 月 5 日，两艘中国商贸船只在湄公河“金三角”地区水域遭劫持，13 名中国籍船员在湄公河泰国水域被枪杀。湄公河“10·5”惨案发生后，党中央、国务院高度重视，要求尽快查明案情、缉拿凶手，给遇难者家属一个负责任的交待，切实保护我国人民生命财产安全。在中方积极倡导下，中、老、缅、泰四国建立了湄公河流域执法安全合作机制，四国执法部门联合开展侦查工作和围捕行动，成功抓获糯某某等主要犯罪嫌疑人，陆续移交中国接受审判。2012年9月20日至22日，云南省昆明市中级人民法院依法公开开庭审理本案，糯某某等6人出庭受审。检察官在庭审中发表的公诉意见从管辖权确定、国际合作、办案程序、刑法评价等方面展开，虽然只有短短4000余字，但结构完整、理据充分，且大气磅礴、慷慨激昂，时隔十余年后再读仍觉振聋发聩、热血沸腾。

一、公诉意见书以管辖权确定开篇，彰显我国司法主权

对于涉外案件，司法管辖权的确定是追诉时要考虑的首要问题。本案之前，我国法院几乎没有公开审理的外国人在我国领域外对中国公民实施犯罪的案件。公诉意见书开宗明义，第一段就直接阐明，检察机关对糯某某犯罪集团6名被告人提起公诉，是中华人民共和国行使国家主权、切实维护我国公民合法权益的集中体现。随后，公诉机关根据该案的案件事实，依据国内法和国际法的规定，说明无论按照属地管辖、保护管辖、普遍管辖原则，我国均依法对本案享有无可辩驳的刑事司法管辖权，充分阐述了管辖本案的法律和法理依据。

二、公诉意见书强调国际司法合作，突出本案证据特征

在本案的刑事司法追诉过程中，从老挝向我国移交首犯糯某某开始，中、老、缅、泰四方积极而富有成效地开展全方位的双边、多边司法合作，为全球化背景下各国展开警务协作、司法合作，打击跨国犯罪提供了典型范例。公诉意见书首先强调了破获本案的重要意义，展示了四国湄公河流域执法安全合作机制取得的良好成效。随后，公诉意见书说明，依照中老、中缅、中泰各方达成的刑事司法合作协议及建立的双边、多边警务合作机制，各方本着尊重主权及平等互利的原则，成功实现跨国证据调查，保证了各国及时、高效地追诉糯某某犯罪集团成员的各项犯罪。公诉意见书还特别强调，应我国司法机关申请，经外方有权机关批准，外方证人及物证鉴定专家出庭作证，直接、客观、公正地证明了本案犯罪事实。这就主动解释了涉外审判常见的证据转化问题，反映了本案证据体系的鲜明特征。

三、公诉意见书着眼程序公正，展示我国法治形象

坚持打击与保护、实体与程序并重是我国刑事司法的基本原则。公诉意见重申了该司法原则，并从以下几个方面予以论述。一是糯某某犯罪集团成员的行为构成起诉书所指控的犯罪，各被告人应当根据所犯罪行分别承担刑事责任，符合我国《刑法》规定。二是对于同案人友某波因未达到刑事责任年龄、岩某因犯罪证据不足，均依法不作追诉，切实保障了犯罪嫌疑人的合法权益。三是司法机关在诉讼中依法保障了被告人、辩护人、被害人、代理人等各方的诉讼权利，展示了我国良好的法治形象。值得注意的是，公诉意见书强调了被害中国船员及其亲属通过参与庭审控诉犯罪、表达诉求的合理性和必要性，反映出司法活动对被害方心理抚慰的价值，是恢复性司法理念的有益体现。

四、公诉意见书依据事实和法律，作出准确刑法评价

对被告人犯罪行为的指控，是公诉意见书的核心问题。本部分公诉意见分两部分进行表述。首先，详细列出糯某某犯罪集团的具体犯罪行为，包括武装劫持中国船只、运输毒品数量特别巨大、非法剥夺 13 名中国公民生命、绑架中国船员勒索巨额赎金等，阐明其行为触犯的《中华人民共和国刑法》条文和构成的罪名，强调了犯罪行为的残忍性、恶劣性和严重后果，认为这些行为对社会造成了极大的危害，应当予以严惩。其次，论述糯某某等人属于犯罪集团，认定糯某某等三人系组织、领导犯罪集团的首要分子并建议从严惩处，扎某甲等两人系犯罪集团成员并系共同犯罪中的主犯，扎某丙在共同犯罪中系从犯并应从轻处罚。论述层次鲜明，理据充分，既有对行为性质、犯罪集团、主从犯的明确认定，也有针对各被告人的量刑建议，对犯罪行为进行了全面、精准的刑法评价，最终全部被判决采纳，取得了良好的法律效果和社会效果。

五、公诉意见书尾部以情动人，体现大国责任担当

湄公河“10・5”惨案严重伤害了中国人民的感情，社会各界广泛关注案件审理，深切同情这些无辜遇害船员的不幸遭遇，对糯某某等人的累累恶行感到强烈愤慨。公诉意见书在最后部分借助《湄公河之中国船家》纪录短片，生动描绘了“华平号”和“玉兴 8 号”中国船员最后一次临行启航的场景，对糯某某等人的罪恶行径给予强烈控诉，对不幸遇难的 13 名中国船员致以沉痛哀悼，可谓字字珠玑、声声泣血、催人泪下。同时，公诉意见书也庄严宣告：中国有能力、有责任保护他的每一位公民，不论他身处何处；任何对中国及其公民的犯罪，不管犯罪人为何人、藏身何处，中国都有能力、有责任将其绳之于法！近代以来，中国曾饱受屈辱和侵略，但今日之中国，有充足的底气向世界发出如此铿锵有力的宣言，让世界各国看到中国维护在外中国公民合法权益的决心，更昭示着中华民族将在伟大复兴的历史新征程上，无所畏惧，阔步前行！

（**点评人：**黄玉良，广东省高级人民法院刑事审判第二庭副庭长）

【律师点评】

一、本案的重大社会影响

2011 年 10 月 5 日，13 名中国船员在湄公河金三角水域惨遭不明身份武装分子袭击，被残忍杀害，这起案件被称为“10·5”湄公河惨案。该案是改革开放以来中国所遭遇的最严重的海外暴力事件之一。案件一经曝光，在国内外引起巨大轰动，一时间全球华人无比愤慨，中国政府高度关注。该案的成功办理，也具有极其重要的历史意义。

该案彰显了中国政府捍卫国家尊严和人民利益的坚定决心。犯中华者，虽远必诛，这是中华民族不变的家国情怀。面对世人的瞩目，中国政府态度极其坚决：杀害我国公民的凶手，无论逃到天涯海角，都要将其抓回。案发初期，案件真相扑朔迷离，为查明真相、严惩凶手、维护正义，中国政府第一时间启动应急机制，成立联合调查组，前往老挝、泰国等国进行调查取证。经过艰苦卓绝的侦查工作后，成功锁定了案件的主要犯罪嫌疑人糯某某。2012 年 8 月下旬，包括糯某某在内的犯罪集团主要成员全部落网，标志着“10·5”湄公河惨案的侦破。有媒体评价：“这是伟大的祖国给伟大的中国人民一个伟大的历史交待。”

该案彰显了中国的法治力量。2012 年 9 月 20 日，糯某某犯罪集团涉嫌劫持船只罪、运输毒品罪、故意杀人罪、绑架罪案在昆明市中级人民法院公开开庭审理。庭审通过电视直播，分别用老语、泰语、傣语、拉祜语4种语言进行现场翻译和同声传译。审理当天，世界关注，国人振奋。糯某某当庭表示悔罪，请求中国政府对其从宽处罚。2012年11月6日，在党的十八大召开前夕，“10·5”湄公河惨案宣判，一审法院判处糯某某、桑某某、依某某、扎某甲死刑。一审判决后，糯某某等被告人提出上诉。2012年11月26日，云南省高级人民法院经过审理后作出二审裁定：驳回上诉，维持原判。2013年3月1日，经最高人民法院核准，糯某某等4人在云南省昆明市被依法执行死刑。在海外杀害中国人的凶手全部移交给中国并在中国受审，用公开、透明、正当的刑事诉讼程序捍卫中国人民的合法权益，是中国政府依法治国基本方略的贯彻实施，是中国法治力量的世界展示。

2013年2月19日，湄公河“10·5”案专案组获评中央电视台“感动中国”2012年度人物。2014年，湄公河惨案的侦破过程被拍摄成影视剧搬上荧屏。中国政府和中国人民以自己的方式铭记这场刻骨铭心的惨痛悲剧，更加坚定和平发展、合作共赢的理念，积极参与东南亚地区事务，加强与东南亚地区国家的沟通互信，协同保障金三角地区的安全发展，构建东南亚地区的安全格局。

二、本案的主要法律问题

（一）关于跨国案件管辖问题

案件发生在境外，作案人员系外国国籍，是“两头在外”的典型案例。根据我国《刑法》所规定的属地管辖原则，凡在中华人民共和国船舶或者航空器内犯罪的，适用本法；根据《刑法》所规定的保护管辖原则，外国人在中华人民共和国领域外对中华人民共和国国家或者公民犯罪，而按《刑法》规定的最低刑为3年以上有期徒刑的，可以适用本法，但是按照犯罪地的法律不受处罚的除外。因此，虽然该案发生在我国领域外，糯某某等人亦长期活跃在泰国、缅甸等地，但就发生在我国船舶内且针对我国公民实施的犯罪行为，我国依然具有管辖权。

（二）关于跨国刑事司法协助问题

案发地“金三角”地区各种非法武装势力活跃，没有务实高效的国际合作无法顺利完成侦破、抓捕任务。2011年10月31日，在中国政府的倡导推动下召开了中老缅泰四国湄公河流域执法安全合作会议，并发布了《关于湄公河流域执法安全合作的联合声明》，为中国警方跨国侦办案件提供了法律依据，促使四国联合开展抓捕行动，创新了中国与周边国家刑事司法合作的多种模式。

（三）关于死刑犯的引渡问题

死刑犯不引渡原则是国际引渡条例签署中的重要原则。糯某某在老挝境内被抓获后，中国、缅甸、泰国同时向老挝提出引渡请求。在糯某某所犯罪行极有可能被判处死刑的情况下，如按照死刑犯不引渡的原则，只能不引渡或引渡后不能判处其死刑，无论何种结果均不能达到应有的法律效果和政治效果。我国与老挝政府于2002年签订的《中老引渡条约》，未约定死刑犯不引渡原则，为本案引渡成功和依法审判提供了法律基础。通过外交斡旋手段，老挝政府根据《中老引渡条约》将糯某某引渡到中国，糯某某最终被判处和执行死刑。

三、本案的检察履职情况

一是提前介入，引导侦查。因案情重大，云南省检察机关在全省范围抽调公诉骨干力量，组成专案组，提前介入案件，引导侦查取证。在两个月的时间内，检察官们克服了境外取证、语言沟通障碍等重重困难，与公安机关一道取得大量有效证据，为有力指控打下基础。

二是精准有力指控，展示中国法治形象。在电视直播的巨大压力下，公诉人沉着冷静，有效应对。庭审时，1号主犯糯某某和2号主犯桑某某均当庭翻供，拒不认罪。面对庭审中的突发状况，公诉人迅速调整庭审思路，重新组织讯问问题，环环相扣，一针见血，促使3号主犯依某某当庭指证糯某某的犯罪事实，向全世界的关注者展示了中国的法治形象，依照正当程序对犯罪分子进行追诉。

三是为多边刑事司法协助树立典范。本案从侦破到审判都面临诸多史无前例的新情况，检察机关对新情况进行研究、论证，最终与审判机关一起解决程序难题，为跨国刑事案件的办理提供了范本。在一审庭审中，泰国、老挝警方分别派员出庭作证，开创了外国警务人员在中国出庭作证的先例，为此后多边刑事司法协助提供了具有可操作性的蓝本。

（**点评人**：赵春雨，北京市盈科律师事务所高级合伙人）

38. 杭州余杭取快递女子被造谣出轨案：果断出手依法惩治网络暴力

【案情简述】

2020年7月7日18时许，郎某某在杭州市余杭区＊小区东门快递驿站内，使用手机偷拍正在等待取快递的被害人谷某某，并将视频发布在某微信群。后郎某某、何某某分别假扮快递员和谷某某，捏造谷某某结识快递员并多次发生不正当性关系的微信聊天记录、视频、图片。7月7日至7月16日，郎某某将上述捏造的微信聊天记录截图39张及视频、图片陆续发布在微信群。8月5日，上述偷拍的视频以及捏造的微信聊天记录截图27张被他人合并转发，并相继扩散到110余个微信群（群成员约2.6万人）、7个微信公众号（阅读数2万余次）及1个网站（浏览量1000次）等网络平台，引发大量低俗、侮辱性评论，严重影响了谷某某的正常工作生活。该事件在网络上引发广泛传播，严重扰乱了网络社会公共秩序。

2020年8月7日，谷某某向杭州市公安局余杭分局报案。8月13日，余杭分局作出对郎某某、何某某行政拘留9日的决定。10月26日，谷某某委托诉讼代理人向浙江省杭州市余杭区人民法院提起刑事自诉，并根据法院通知补充提交了相关材料。12月14日，法院立案受理并对郎某某、何某某采取取保候审强制措施。因相关事件及视频在网络上进一步传播、蔓延，案件情势发生重大变化。杭州市余杭区检察机关认为，郎某某、何某某的行为不仅侵害被害人的人格权，而且经网络迅速传播，已经严重扰乱网络社会公共秩序。由于本案被侵害对象系随意选取，具有不特定性，任何人都可能成为被侵害对象，严重破坏了广大公众安全感。对此类案件，由自诉人收集证据并达到“事实清楚，证据确实、充分”的证明标准难度很大，只有通过公诉程序追诉才能及时、有效收集、固定证据，依法惩罚犯罪、维护社会公共秩序。检察机关遂于12月22日建议公安机关立案侦查。2020年12月25日，余杭区分局对郎某某、何某某涉嫌诽谤罪立案侦查并于2021年1月20日移送余杭区人民检察院审查起诉。2021年2月26日，余杭区人民检察院依法对郎某某、何某某以涉嫌诽谤罪提起公诉。余杭区人民法院审理后当庭宣判，采纳检察机关指控的犯罪事实和量刑建议，判决二被告人有期徒刑1年，缓刑2年。

网络涉及面广、浏览量大，易造成较大社会影响且影响难消除，诽谤信息经由网络广泛传播，严重损害被害人人格权，如果破坏了公序良俗和公众安全感，严重扰乱网络社会公共秩序，应当认定为《最高人民法院、最高人民检察院关于办理利用信息网络实施诽谤等刑事案件适用法律若干问题的解释》第3条规定的“其他严重危害社会秩序的情形”。同时事件通过网络传播不断发酵，社会关注度高，危害后果已产生裂变，若没有公权力的介入，普通民众难以收集固定证据，被害人通过自诉很难实现权利救济，更无法有效追究犯罪嫌疑人的刑事责任。这是我国首例诽谤案自诉转公诉案件，本案检察机关积极履职，依法启动公诉程序，有效打击犯罪，有力维护被害人合法权益及网络社会公共秩序，对公民依法行使言论自由权起到了指引作用，对网络不法行为形成震慑，有力提升社会公众在网络时代的安全感。

【文书原文】

浙江省杭州市余杭区人民检察院

起诉书

杭余检一部刑诉〔2021〕119号

被告人郎某某，男，1993年**月**日出生，身份证号码3301841993

********，汉族，大专文化，个体工商户，住杭州市余杭区**街道**村**组**村**号。因捏造事实诽谤他人，于2020年8月13日被杭州市公安局余杭区分局行政拘留九日。因涉嫌诽谤罪，于同年12月26日被杭州市公安局余杭区分局取保候审。

被告人何某某，男，1996年**月**日出生，身份证号码3301841996********，汉族，大专文化，务工，住杭州市余杭区**街道**村**组**村**号。因捏造事实诽谤他人，于2020年8月13日被杭州市公安局余杭区分局行政拘留九日。因涉嫌诽谤罪，于同年12月26日被杭州市公安局余杭区分局取保候审。

本案由杭州市公安局余杭区分局侦查终结，以被告人郎某某、何某某涉嫌诽谤罪，于2021年1月20日移送本院审查起诉。本院受理后，于同年1月22日已告知被告人有权委托辩护人和认罪认罚可能导致的法律后果，同日告知被害人有权委托诉讼代理人，依法讯问了被告人，听取了被告人及其辩护人、被害人及其诉讼代理人的意见，审查了全部案件材料。

经依法审查查明：

2020年7月7日18时许，被告人郎某某在杭州市余杭区**街道**村**小区二期东门快递驿站内，使用手机偷拍正在等待取快递的被害人谷某某，并使用微信号ljtla****将视频发布在“三墩车队”微信群。后被告人郎某某伙同被告人何某某出于寻求刺激、博取关注的目的，分别使用微信号ljtla****、EL****假冒快递员和被害人谷某某，捏造了谷某某因取快递结识快递员、二人多次发生不正当性关系的微信聊天记录。被告人郎某某、何某某为增强聊天记录的可信度，还捏造“赴约途中”“约会现场”等视频、图片。同年7月7日至7月16日，被告人郎某某将上述捏造的微信聊天记录截图39张及视频、图片陆续发布在“三墩车队”微信群，引发群内大量低俗、淫秽评论。

同年8月5日，上述偷拍的视频以及捏造的微信聊天记录截图27张被他人合并转发，并相继扩散到“杭州6GT车友群”“万科**小区二期业主群”“龙盛球场足球联盟”等118个微信群（群人数约2.6万人），以及“叔道技能”“走岸”“乡村八卦”等7个微信公众号（阅读数2万余次）、“成人之美”网站（浏览量1000次）等网络平台，其中仅“叔道技能”微信公众号截至同年8月13日的阅读数就达17144次，引发大量低俗评论。被害人谷某某因被诽谤导致无法正常履职而被公司劝退，后又被医院诊断为抑郁状态。

同年8月至12月，多家媒体报道此事，相关话题引发网络热议，其中仅微博话题#被造谣出轨女子至今找不到工作#阅读量就达4.7亿、讨论5.8万人次。该事件在网络上的广泛传播给广大公众造成不安全感，严重扰乱网络社会公共秩序。

案发后，被告人郎某某、何某某主动到公安机关接受调查，并已赔偿被害人谷某某损失。

认定上述事实的证据如下：

1. 物证：手机2部；

2. 书证：户籍证明、微信聊天记录截图、公证书等书证；

3. 被害人陈述：被害人谷某某的陈述；

4. 证人证言：证人严某某、钱某某、沈某某等人的证言；

5. 被告人供述和辩解：被告人郎某某、何某某的供述和辩解；

6. 勘验、检查笔录：电子数据检查笔录、刑事提取笔录；

7. 电子数据：视频光盘、数据光盘。

上述证据收集程序合法，内容客观真实，足以认定指控事实。被告人郎某某、何某某对指控的犯罪事实和证据没有异议，并自愿认罪认罚。

本院认为，被告人郎某某、何某某捏造事实诽谤他人，情节严重，且严重扰乱网络社会公共秩序，其行为已触犯《中华人民共和国刑法》第二百四十六条第一款、第二款之规定，犯罪事实清楚，证据确实、充分，应当以诽谤罪追究其刑事责任。被告人郎某某、何某某犯罪以后自动投案，如实供述自己的罪行，系自首，根据《中华人民共和国刑法》第六十七条第一款之规定，可以从轻处罚。被告人郎某某、何某某自侦查阶段起自愿认罪认罚，根据《中华人民共和国刑事诉讼法》第十五条之规定，可以依法从宽处理。根据《中华人民共和国刑事诉讼法》第一百七十六条之规定，提起公诉，请依法判处。

此致

杭州市余杭区人民法院

检察官：丁某某　孔某某

2021 年 2 月 26 日

浙江省杭州市余杭区人民检察院
检察建议书

杭余检建〔2020〕104 号

杭州市公安局余杭区分局：

你局于 2020 年 8 月 13 日对郎某某、何某某 2 人侮辱、诽谤谷某某作出行政处罚，对郎某某、何某某分别行政拘留九日。被害人谷某某于 2020 年 10 月 26 日向杭州市余杭区人民法院提起自诉，杭州市余杭区人民法院于同年 12 月 14 日决定立案。

其间，相关视频材料仍在网络上传播、发酵，情势发生变化。本院接到上级院指令，对该案介入调查后发现，郎某某、何某某的行为不仅损害被害人名誉权，还严重危害网络社会公共秩序，给广大公众造成不安全感，严重危害社会秩序，符合《中华人民共和国刑法》第二百四十六条第二款之规定，属于公诉案件。

经研究，本院认为该案应以公诉案件立案处理。根据《中华人民共和国刑事诉讼法》第一百一十三条之规定，建议你局对郎某某、何某某涉嫌诽谤案予以立案侦查，并依法移送审查起诉。

杭州市余杭区人民检察院

2020 年 12 月 22 日

【学者点评】

本起诉书所涉案件是发生于2020年的杭州谷某某被便利店店主郎某某等人偷拍视频并被编造“少妇出轨快递小哥”的谣言案。该谣言经多个微信群转发传播后，迅速发酵于网络平台，不仅严重损害了谷某某的名誉，给谷某某造成严重的心理伤害，还给谷某某及其家人的工作、生活带来了极大的负面影响。虽然谷某某报警后，警方迅速查明了案情并及时澄清了此事，也给予了造谣者郎某某等人以行政处罚，但由该案引发的网络舆情并没有因此而平息，反而持续发酵。2020年8月至12月，经多家媒体报道此事后，民众持续关注并热议此事，其中仅微博话题#被造谣出轨女子至今找不到工作#阅读量就达4.7亿、讨论5.8万人次。可见，该谣言不仅侵犯了公民个人的权利，还产生了极为恶劣的社会影响，严重损害了网络社会秩序，给广大人民群众造成了不安全感。也正是因为如此，在谷某某以诽谤罪对郎某某等人向人民法院提起自诉后，经杭州市余杭区人民检察院建议，杭州市公安局余杭区分局对郎某某、何某某以涉嫌诽谤刑事立案侦查。该案的性质也由此发生了重大转变，即由自诉案件转为公诉案件。而检察机关的及时介入，无疑代表了国家对于类似造成恶劣社会影响的网络谣言的态度，即网络社会不是法外之地，网络言论同样需要受到法律规制，当诽谤他人的网络谣言构成犯罪，并且造成严重的社会影响、扰乱社会秩序时，国家同样会以公诉的方式追究当事人的刑事责任，以保护当事人的合法权益，还广大民众一个有序、清朗的网络社会空间。

该案所具有的法律意义有两点：一是彰显了提出检察建议是人民检察院履行法律监督职责的重要方式。法律监督是《刑事诉讼法》赋予人民检察院的基本职责，而检察建议则是人民检察院依法履行法律监督职责，参与社会治理，维护司法公正，促进依法行政，预防和减少违法犯罪，保护国家利益和社会公共利益，维护个人和组织合法权益，保障法律统一正确实施的重要方式。根据《人民检察院检察建议工作规定》第3条的规定，人民检察院可以直接向涉案单位、有关主管机关以及其他相关单位提出检察建议。而本案之所以由自诉案件转为公诉案件，正是因为人民检察院充分发挥了法律监督职能，向当地公安机关提出了对郎某某、何某某涉嫌诽谤案立案侦查的检察建议，由公安机关对郎某某等人造谣案进行立案侦查。这既弥补了诽谤犯罪案件作为自诉案件，由非专业的被害人进行追诉时面临取证困难、难以达到证明标准、无法追诉等问题，也彰显了国家对于造成一定社会影响、损害社会秩序的诽谤案件零容忍的态度。因此，本案中人民检察院检察建议的提出，正是新时代人民检察院依法履行法律监督职责，参与社会治理，维护司法公正，促进依法行政的重要体现，充分彰显了人民检察院在刑事诉讼中发挥监督职能的重要作用。也正因为如此，该案入选最高人民检察院公布的2020年度十大法律监督案例。

二是彰显了侮辱、诽谤罪并不是仅仅作为自诉案件而存在于司法实践中的，当其危害到社会秩序时，同样可以作为公诉案件进行追诉。根据《刑法》第246条的规定，侮辱、诽谤罪一般是作为自诉案件进行处理的，但如果侮辱、诽谤行为严重危害社会秩序和国家利益的，也可以转为公诉案件。根据最高人民法院、最高人民检察院《关于办理利用信息网络实施诽谤等刑事案件适用法律若干问题的解释》第2条第1款的规定，利用网络信息诽谤他人，同一诽谤信息实际被点击、浏览次数达到五千次以上，或者被转发次数达到五百次以上的，即可达到“情节严重”的程度，从而构成诽谤罪。而本案中的网络诽谤信息经微信群传播到多个网络平台后，浏览次数达到了几万次，并且引发了大量的低俗评论，已然达到了诽谤罪“情节严重”的标准。如果该谣言的负面影响仅止于此，其所造成的危害仍然主要表现为对谷某某个人名誉的损害，其对社会秩序的破坏相对较小，难以达到由自诉案件转为公诉案件的程度。但是，由于自媒体时代网络信息传播的不可控性，由该谣言所引发的后续负面舆情却持续发酵，不仅在网络平台上的阅读量巨大，还引起了广泛的讨论，严重扰乱了网络社会公共秩序，造成了极大的负面影响，达到了严重危害社会秩序的程度。基于案件情势发生了重大变化，人民检察院积极作为，及时向公安机关提出检察建议，将自诉案件转为公诉案件，正是保护被害人合法权益、降低维权成本、回应社会呼声、维护网络社会秩序、依法行使法律监督责任的充分体现。

（**点评人：**李会彬，北京市社会科学院综合治理研究所副研究员）

【检察官点评】

互联网时代，人们在享受着网络带来高效便捷的同时，也承受着网络违法犯罪带来的伤痛。由于网络信息传播速度快、影响范围广、缺乏实名认证等特点，网络违法犯罪实施成本低、惩治难度大。“键盘侠”躲在互联网后面颠倒是非、肆意妄为，严重扰乱了社会公共秩序，侵犯了他人合法权益，降低了人民群众的安全感。最高人民检察院始终强调，要着力解决人民群众关切的问题，不断增强人民群众获得感、幸福感、安全感。浙江余杭网络诽谤案的办理，正是检察机关主动作为，充分发挥法律监督和国家公诉的职能，积极回应社会关切的体现。

一、案件造成的社会影响

2020 年 7 月 7 日，杭州快递员郎某某偷拍正在等待取快递的谷某某并将视频发送至某微信群，后伙同何某某编造“女业主”出轨“快递小哥”的暧昧聊天记录，虚假信息随后被转发至多个微信群并很快出现在一些自媒体公众号和商业网站上。谣言迅速扩散，引发大量低俗言论。被害人谷某某名誉受损，因诽谤导致无法正常履职而被公司劝退，后又被医院诊断为抑郁状态。在媒体和网民的持续关注下，2020 年 8 月 13 日公安机关发布辟谣通报，郎某某和何某某因诽谤他人被拘留 9 日。2020 年 10 月，谷某某向杭州市余杭区人民法院提起自诉。诽谤案自诉立案当天，最高检发布了当周热点排行榜，谷某某案赫然排在第一。

经统计，“取快递女子被造谣出轨”这一话题，仅在微博、热搜平台上，网民阅读数就分别为 4.1 亿次和 8100 万次，讨论数分别为 5.8 万条和 4046 条，仅 12 月 10 日至 14 日 16 时，网络上共监测到相关消息 20150 条。“@梨视频”发布《#被造谣出轨女子至今找不到工作：被“社会性死亡”，要追责到底》视频被观看2033万次。新华网发起话题#所有网络暴力都不该轻易放过#，阅读量643万次。

二、案件对法治进程、检察工作的重要意义

本案受到社会各界广泛关注，也引起了最高人民检察院的重视，最高人民检察院研究后认为有必要启动公诉程序。2020年12月22日，浙江省杭州市余杭区人民检察院向杭州市公安局余杭区分局发出检察建议书，明确本案属于公诉案件，建议对郎某某、何某某涉嫌诽谤罪立案侦查。

自诉转公诉后，人民日报、新华社、光明日报、中国青年报、中国妇女报、澎湃新闻等多家媒体刊发相关文章，央视策划多期节目在各频道各栏目进行“刷屏”式报道。网民也对检察落实司法为民职责，为无辜者撑腰、让无力者有力的担当精神进行了高度评价。

本案被评为“2020年度十大法律监督案例”。检察机关在法院对刑事自诉案件立案的情况下，打破先例发出检察建议，推动案件由自诉转为公诉，是对《刑法》第246条规定的创新应用，具有重要的标杆意义。本案展现了检察机关保障公民合法权益的积极作为和维护社会秩序的责任担当，表明了检察机关坚持客观公正立场，努力成为中国特色社会主义法律意识和法治进步的引领者。

本案激活了诽谤罪自诉转公诉的条款，体现了网络时代公权力对公民人格权的保护，表明了社会法治进步和司法理念变革。同时，该案的成功办理也再次向公众传达了“网络空间不是法外之地”的理念，让所有人从事网络行为时心有所敬、行有所畏。

三、检察机关履职情况

本案刑事自诉立案后，舆论升级，立即引起检察机关的注意，对案件进行专门论证，从实体、程序、证据及网络诽谤新颖性四个方面展开研究，征求多位权威专家意见，最终认为应予公诉追诉。在最高人民检察院领导协调下，浙江省三级检察机关形成统一意见，检察机关向公安机关发出检察建议，在当事人已经自诉的情形下，依然建议转为公诉程序，由公安机关进行侦查。

公安机关刑事立案后，检察机关积极向被害人释法说理，被害人主动到法院撤案，落实了自诉转公诉程序不出现瑕疵的要求。自诉转公诉后，检察机关提前介入引导侦查，查阅相关案卷，与公安机关协同调查取证。同时充分保障犯罪嫌疑人和被害人的权利义务，根据犯罪嫌疑人何某某的要求为其指定法律援助律师，确保犯罪嫌疑人正当行使辩护权。

案件移送后，检察机关就本案认定的事实、情节、量刑建议充分听取犯罪嫌疑人和辩护人的意见，并对犯罪嫌疑人积极宣讲认罪认罚从宽制度，就赔偿谅解问题与犯罪嫌疑人及被害人积极沟通，最后2名犯罪嫌疑人均深刻意识到行为的严重性以及给网络社会秩序造成的恶劣影响，均自愿认罪认罚并积极赔偿。

案件庭审过程中，检察机关当庭讯问被告人并展示全部证据材料，出示了证明被告人基本情况的证据、证明被告人犯罪行为方面的证据、证明犯罪危害后果方面的证据以及其他证据，有力地证明了起诉书所指控的犯罪事实。法庭辩论阶段，公诉人从案件事实、相关证据、法律依据、社会影响等方面进行了详细分析和论证，全面阐述了被告人的犯罪行为，指出了其行为的社会危害性，并依据相关法律条款提出了具体的量刑建议。同时，公诉人注重法治宣传，向犯罪嫌疑人说明网络谣言和诽谤的严重危害，强调“网络空间不是法外之地”，通过对被告人行为的价值评判，对本案的惩处，借助社会舆论和媒体作用，对社会公众内心有所触动，使他人引以为戒。

四、法律条文解析释义

本案中，郎某某、何某某捏造事实诽谤他人，构成诽谤罪。《刑法》第246条规定了诽谤罪，根据第2款规定，诽谤罪原则上告诉才处理。诽谤罪在程序上交由被害人自我处分，是因为此类犯罪指向特定个体，其法益侵害性更具主观性，通常不危害社会秩序或国家利益，因此不具有使用国家司法资源一律启动公诉的必要性。

但是《刑法》还规定了诽谤罪在两种法定情形下也可以由人民检察院进行起诉：一是根据《刑法》第98条规定，如果被害人因受到强制、威吓无法告诉的，人民检察院可以代为告诉；二是《刑法》第246条第2款规定，如果诽谤行为严重危害社会秩序和国家利益的，可以作为公诉案件处理。最高人民法院、最高人民检察院《关于办理利用信息网络实施诽谤等刑事案件适用法律若干问题的解释》第3条规定，利用信息网络诽谤他人，具有下列情形之一的，应当认定为《刑法》第246条第2款规定的“严重危害社会秩序和国家利益”：（1）引发群体性事件的；（2）引发公共秩序混乱的；（3）引发民族、宗教冲突的；（4）诽谤多人，造成恶劣社会影响的；（5）损害国家形象，严重危害国家利益的；（6）造成恶劣国际影响的；（7）其他严重危害社会秩序和国家利益的情形。本案中，郎某某、何某某的行为造成不特定公众恐慌和社会安全感、秩序感下降，严重扰乱网络社会公众秩序，属于严重危害社会秩序的行为。因此，以公诉程序追究刑事责任符合法律规定。

特殊之处在于，本案中被害人谷某某已经向法院提起刑事自诉，法院已经受理，案件经受理后与法院形成了诉讼系属关系，在启动刑事公诉程序后，形成了公诉与自诉并存的局面，自诉转为公诉仍存在程序上的困难。根据《刑事诉讼法》以及最高人民法院《关于适用〈中华人民共和国刑事诉讼法〉的解释》的规定，在程序上可以有两种处理方案：被害人主动撤回自诉，终止自诉程序；如果被害人拒绝撤回自诉，人民法院应当以被害人不享有自诉权为由裁定终止审理。本案中，谷某某撤回自诉，以当事人的身份参与案件的公诉程序，完成了自诉案件到公诉案件的转化。

在审查起诉时，郎某某及其辩护人提出郎某某构成自首、如实供述并且已经交了赔偿金等辩解、辩护意见。何某某及其辩护人提出何某某构成自首，案发后积极向被害人道歉和赔偿并自愿认罪认罚。经审查认为，郎某某案发后未否认偷拍视频的事实，联系同案犯何某某去派出所主动投案，如实供述自己的罪行，系自首。检察机关对郎某某、何某某积极宣讲犯罪嫌疑人认罪认罚从宽制度，二犯罪嫌疑人自愿认罪认罚并赔偿了被害人的经济损失。检察机关分别建议判处郎某某、何某某有期徒刑1年，缓刑2年；有期徒刑1年，缓刑2年，法院对检察机关起诉认定的情节及量刑建议均予以采纳。

五、文书撰写精要简析

浙江省杭州市余杭区人民检察院撰写的起诉书简洁、凝练、严谨、全面。起诉书准确地指控了查明的犯罪事实，包括被告人身份、犯罪动机、犯罪行为、犯罪后果、到案经过、赔偿被害人损失的情况。特别针对犯罪手段的恶劣和犯罪影响的范围广泛运用大量精准的数字给出了直观描述。详尽的指控内容让社会公众看到了该诽谤案特殊性，即通过网络方式无限放大了传播范围，对被害人造成了巨大伤害；行为动机的随意性、行为对象的不特定性使每个公民都可能成为下个被害人，造成了公众的不安全感，严重损害网络生态环境，为论证对诽谤罪提起公诉奠定了基础。简要列举了认定事实的证据，说明了取证程序合法性和内容客观真实性，并明确了被告人具有认罪认罚情节。在法律适用部分，论证了被告人的行为属于诽谤他人，情节严重，且严重扰乱网络社会公共秩序，应有之义。即根据《刑法》第246条、“两高”《关于办理利用信息网络实施诽谤等刑事案件适用法律若干问题的解释》第3条的规定，应当属于严重危害社会秩序和国家利益的情形，应当由检察院提起公诉。全面认定了被告人的犯罪情节，包括自首和认罪认罚，准确引用相关法条，说明了可以从宽处罚的法律后果。全文格式标准、要件完备、内容精准，是一篇优秀的法律文书。

（**点评人：**吴春妹，北京市顺义区人民检察院党组书记、代检察长）

【法官点评】

郎某某、何某某诽谤案即为社会广泛关注的“杭州取快递女子被造谣出轨案”。根据检察机关查明的事实，被告人郎某某、何某某出于寻求刺激、博取关注等目的，通过偷拍视频、捏造微信聊天记录以及所谓“赴约途中”“约会现场”等视频、图片，在信息网络上肆意散布，造成该信息被大量阅读、转发，并引发众多低俗评论，严重侵害了被害人谷某某的人格权，影响其正常工作生活，使其遭受一定经济损失，社会评价也受到一定贬损。如何指控追究被告人的刑事责任，需要重点解决三个问题：一是被告人的行为是否属于诽谤犯罪；二是本案应否通过提起公诉的方式追责；三是被告人的具体量刑情节。

本案起诉书聚焦上述问题，运用确实、充分的在案证据和清晰、翔实的指控事实逐一进行了回应。

第一，围绕诽谤罪的构成要件，具体列明了被告人实施的犯罪行为。根据《刑法》第246条第1款的规定，捏造事实诽谤他人，情节严重的，构成诽谤罪。最高人民法院、最高人民检察院《关于办理利用信息网络实施诽谤等刑事案件适用法律若干问题的解释》（以下简称《解释》）对“捏造事实诽谤他人”作了具体规定，具有下列情形之一的，应当认定为“捏造事实诽谤他人”：（1）捏造损害他人名誉的事实，在信息网络上散布，或者组织、指使人员在信息网络上散布的；（2）将信息网络上涉及他人的原始信息内容篡改为损害他人名誉的事实，在信息网络上散布，或者组织、指使人员在信息网络上散布的。如果明知是捏造的损害他人名誉的事实，在信息网络上散布，情节恶劣的，以“捏造事实诽谤他人”论。《解释》同时还明确了“情节严重”的认定标准，利用信息网络诽谤他人，具有下列情形之一的，属于“情节严重”：（1）同一诽谤信息实际被点击、浏览次数达到5000次以上，或者被转发次数达到500次以上的；（2）造成被害人或者其近亲属精神失常、自残、自杀等严重后果的；（3）2年内曾因诽谤受过行政处罚，又诽谤他人的；（4）其他情节严重的情形。根据《刑法》及司法解释规定，起诉书重点叙述了二被告人实施的一系列捏造事实诽谤他人的行为及其危害后果，一方面从虚假信息的数量和散布网络的数量，以及虚假信息网络传播的具体情况，运用确实、充分的证据锁定相关信息被阅读、浏览的次数；另一方面指出被害人因此在工作及身心上无端遭受的损害，这样就从法律与事实两个层面完成了诽谤罪的定性指控。

第二，围绕“严重危害社会秩序”要件，通过摆事实、讲道理的方式，明确本案通过提起公诉的形式追究被告人刑事责任的正当性。根据《刑法》第246条第2款的规定，诽谤罪通常属于自诉案件，告诉的才处理，但是严重危害社会秩序和国家利益的除外。换言之，如果案件属于“严重危害社会秩序”的情形，检察机关可以提起公诉。事实上，类似本案的网络暴力违法犯罪案件，被侵害对象系随意选取，具有不特定性，任何人都可能成为被侵害对象，严重破坏了广大公众安全感。对此类案件，由自诉人收集证据并达到事实清楚，证据确实、充分的证明标准难度很大，通过自诉往往很难实现权利救济，更无法通过自诉有效追究犯罪嫌疑人刑事责任。只有通过公诉程序追诉才能及时、有效收集、固定证据，依法惩罚犯罪、维护社会公共秩序。2023 年 9 月 25 日，“两高一部”发布《关于依法惩治网络暴力违法犯罪的指导意见》（以下简称《指导意见》）明确提出，准确把握诽谤罪的公诉条件，对于网络诽谤是否严重危害社会秩序，应当综合侵害对象、动机目的、行为方式、信息传播范围、危害后果等因素作出判定。本案起诉书重点从侵害对象的随机性、动机目的的卑劣性、行为方式的恶劣性、虚假信息传播范围广、危害后果严重等方面进行指控，指出“该事件在网络上的广泛传播给广大公众造成不安全感，严重扰乱网络社会公共秩序”，故而对被告人可以也应当提起公诉追究其刑事责任，有力地回应了社会公众对本案由自诉转公诉的疑问。从本案看，被告人捏造事实网络散布，引发多家媒体报道，相关话题引发网络热议，其中仅微博话题“被造谣出轨女子至今找不到工作”阅读量就达 4.7 亿、讨论 5.8 万人次，导致被害人遭遇“社会性死亡”。该事件不仅严重侵害了被害人的人格权，给其个人身心、生活和工作造成严重困扰，诽谤信息在网络上的大范围流转，引发大量淫秽、低俗评论，由此也给广大公众制造不安全感，虽经公安机关辟谣，仍对网络公共秩序造成很大冲击。从实际看，网络诽谤涉及面广、浏览量大，一旦扩散，往往造成较大社会影响，与传统的发生在熟人之间、社区传播形式的诽谤案件不同，通过网络诽谤他人，诽谤信息经由网络广泛传播，不仅会严重损害被害人的人身权利，还会引起不特定公众恐慌和社会安全感、秩序感下降，冲击网络公共秩序。如果被告人的行为破坏了公序良俗和公众安全感，严重扰乱网络社会公共秩序，就应当认定为其犯罪“严重危害社会秩序”，属于检察机关提起公诉的案件范围。本案的做法为相关案件的处理提供了借鉴，也为《指导意见》的出台积累了经验。

第三，围绕公平公正处理案件，起诉书在明确被告人行为危害的同时，还详细列明了被告人具有的量刑情节，包括犯罪以后自动投案，如实供述自己的罪行，系自首；自侦查阶段起自愿认罪认罚，签署认罪认罚具结书；系初犯，案发后能够主动赔偿损失、认罪悔罪等，认为对被告人可以依法从宽处理，并据此提出建议法院判处二被告人有期徒刑1年、缓刑2年的意见。由于该指控意见立足于本案事实、证据和具体量刑情节，依据明确，理由充分，不枉不纵，较为合理，故最终量刑建议获得法院裁判支持，案件处理取得了良好的法律效果和社会效果。

（**点评人：**于同志，最高人民法院刑事审判第二庭审判长、二级高级法官）

【律师点评】

公诉案件起诉书是检察机关办案成果的凝练，体现了公诉规范化水平和严肃性。起诉书是根据事实和证据，追究被告人刑事责任的理由和根据的一种结论性请求书，具有指控犯罪、启动审判、限制审判范围和辩护防御指引功能。一份起诉书需要在紧紧围绕起诉书功能原理基础上，依据在案证据，以足以体现指控罪名的犯罪构成要件为基本标准。

一、发挥法律净化网络空间的功能，最大限度地保护公民人格权、维护社会秩序

本案呼应了新时代人民群众对人格尊严保护的更高需求，针对网络诽谤犯罪的特点，积极主动履职，加强与其他执法司法机关的沟通协调，依法启动公诉程序，及时有效打击犯罪，加强对公民人格权的刑法保护，维护网络社会秩序，营造清朗网络空间。追究严重网络诽谤案件，更贴合“努力让人民群众在每一起司法案件中感受到公平正义”的要求。在当前网络暴力日益严重的形势下，本案对于编造虚假事实、恶意网络传播、造成恶劣社会影响的行为追究刑事责任，对全社会具有积极、正向的标杆作用。它既向全社会传达了网络空间不是“法外之地”，也彰显了政法机关依法惩治网络乱象、维护互联网安全、保护人民合法权益的坚定决心。

二、及时直面社会呼声、积极履行检察职能

根据《刑法》第246条第2款的规定，侮辱、诽谤罪，告诉的才处理，但是严重危害社会秩序和国家利益的除外。“两高”《关于办理利用信息网络实施诽谤等刑事案件适用法律若干问题的解释》第3条对何谓“严重危害社会秩序和国家利益”作出了具体阐释。具体到本案，在2名被告人制作并网络传播虚假视频后，相关视频材料进一步在网络上传播、发酵，使案件情势发生了变化，被告人郎某某、何某某的行为不仅损害被害人人格权，而且经网络社会这个特定领域和区域得以迅速传播，严重扰乱网络社会公共秩序，给广大公众造成不安全感，属于严重危害社会秩序的行为。因此，以公诉程序追究刑事责任符合法律的规定。

诽谤罪既可以是自诉案件，也可以是公诉案件。该类案件一般由被害人自行提起自诉，但往往因被害人举证能力不足，导致案件不了了之。在网络名誉侵权案件中，被害人举证的难度更大。本案中，被害人至少需要就以下事实进行举证：微信群中传播的视频源是谁？视频源微信号的主体身份是谁？视频点击量多少？是否达到刑事立案标准？多少人对该视频进行了转发？而对此类电子证据的取证，需要微信服务提供商协助调查，没有公权力机关的协助和配合，根本无法完成。

本案的程序意义在于类似通过一系列个案持续激活正当防卫条款一样，它还激活了相关自诉和公诉程序衔接的条款，使得《刑法》第246条的立法本意得以实现，真正为人民服务，真正成为人民群众在每一个司法案件中感受到公平正义的重要保障。

三、文书涵盖事实要素全面、规范

涵射全部起诉书事实是撰写起诉书的基本要素。案件事实是起诉书的核心，更是审判的对象。案件事实经起诉指控后，随之成为法院审判的范围、未经法定程序禁止再诉（一事不再理原则）的范围以及辩方在审判过程中防御的范围。因此，《刑事诉讼法》第186条规定，人民法院对提起公诉的案件进行审查后，对于起诉书中有明确的指控犯罪事实的，应当决定开庭审判。明确的指控犯罪事实是刑事诉讼法对起诉指控案件事实的基本要求。《人民检察院刑事诉讼规则》第358条第三项进一步细化为：“犯罪的时间、地点、经过、手段、动机、目的、危害后果等与定罪量刑有关的事实要素。”最高人民法院《关于适用〈中华人民共和国刑事诉讼法〉若干问题的解释》第 180 条第二项要求，法院在庭前审查阶段应当审查“起诉书是否写明被告人的身份，是否受过或者正在接受刑事处罚，被采取强制措施的种类、羁押地点，犯罪的时间、地点、手段、后果以及其他可能影响定罪量刑的情节”。

本案指控的是被告人郎某某、何某某捏造事实诽谤他人，情节严重，且严重扰乱网络社会公共秩序的犯罪行为，符合最高人民法院、最高人民检察院《关于办理利用信息网络实施诽谤等刑事案件适用法律若干问题的解释》第 3 条规定的“其他严重危害社会秩序的情形”。从刑事诉讼法和相关司法解释可看出，明确的指控犯罪事实，就是要体现全部“影响定罪量刑的事实要素（情节）”。如果起诉书载明的案件事实过于笼统，不仅法院审判的范围不明确，且未经法定程序禁止再诉（一事不再理原则）的范围以及辩方在审判过程中防御的范围更不明确。本案起诉书根据犯罪方式、对象、内容、主观目的、传播范围和造成后果等，综合全案事实、性质、情节和危害程度等予以了评价。

一是起诉书对事实表述符合明确性要求，完整的案件事实紧紧围绕“七何”（何时、何人、何地、何行为、何手段、何工具、何后果）要素展开。文字表述中立、客观、理性。二是事实表述准确、简洁，采用类似“白描”的叙述方法，全面、客观、真实描述犯罪事实。尽量围绕犯罪构成，把复杂的问题用简单的方法来处理，突出被告人行为的危害特征，便于受众最短时间接受。三是注重文字的简洁，突出重点，在描述事实时没有带有感情色彩、道德评价和法律评价的词语。四是案件事实表述全面、客观、真实，包括直接影响案件定罪量刑的核心事实，也包括其他影响定罪量刑的边际事实，包括与案件有关的前因后果等。如被告人遇见被害人的起因、被告人编造虚假信息并经网络传播后被害人受舆论影响丢失工作并抑郁的事实描述。五是在量刑情节方面，将自首情节、认罪认罚情节在案件事实后予以表述。

（**点评人：**郝春莉，北京市东卫律师事务所主任）